科技论文规范写作与编辑

（第5版）

Standard Writing and Editing of Academic Papers (5th ed.)

梁福军 编著

清华大学出版社

北京

内容简介

本书是《科技论文规范写作与编辑》(第4版)的提升版和《科研论文写作与发表》的配套版。融进对科技论文的新认识,讲述科技论文的规范写作、表达,既有工作实践、探索心得,又有相关标准、规范,还有论文案例评析和参考修改。

本书共有 15 章,涵盖科技论文基础知识及高质量科技论文的实现途径,科技论文主体各个组成部分(题名、引言、材料与方法、结果与讨论、结论)的内容、结构、写作要求及常见问题,科技论文辅体各个组成部分(摘要、署名、关键词、基金项目、致谢、作者简介等)的基本内容及写作要求,以及蕴含于各个组成部分的各种要素(量和单位、插图、表格、式子、参考文献、标点符号、数字、字母、术语等)的规范使用和表达。随书附赠课件 PPT 和教学大纲,可为开展课堂教学提供方便。

本书可作为各类科研人员、科技工作者论文写作的参考书,普通高等院校各类专业本专科生、硕博士研究生的论文写作课程的教材,以及科技出版工作者的编辑加工或编审类工具书和培训资料。

图书在版编目(CIP)数据

科技论文规范写作与编辑 / 梁福军编著. -- 5 版.

北京 : 清华大学出版社, 2024. 9. -- ISBN 978-7-302
-67125-1

Ⅰ. G301

中国国家版本馆 CIP 数据核字第 2024R0132L 号

责任编辑:冯　昕　赵从棉
封面设计:傅瑞学
责任校对:欧　洋
责任印制:宋　林

出版发行:清华大学出版社
　　　　　网　　　址:https://www.tup.com.cn,https://www.wqxuetang.com
　　　　　地　　　址:北京清华大学学研大厦 A 座　　　　邮　　编:100084
　　　　　社 总 机:010-83470000　　　　　　　　　　　邮　　购:010-62786544
　　　　　投稿与读者服务:010-62776969,c-service@tup.tsinghua.edu.cn
　　　　　质量反馈:010-62772015,zhiliang@tup.tsinghua.edu.cn
印 装 者:三河市龙大印装有限公司
经　　销:全国新华书店
开　　本:185mm×260mm　　　印　张:28.5　　　字　数:689 千字
版　　次:2010 年 6 月第 1 版　2024 年 9 月第 5 版　印　次:2024 年 9 月第 1 次印刷
印　　数:28601~30100
定　　价:85.00 元

产品编号:104786-01

第5版序

梁博士请我为他的再版新书写个序，我欣然答应了，这与其说是因为我认识他，不如说是因为我为他的执着精神所感动。他的第一本著作《科技论文规范写作与编辑》，到后来该书的每次再版（第2～4版），以及他的其他著作，如《SCI论文写作与投稿》《科技书刊语病剖析：修辞818例》等，均值得我们赞许。

科技论文写作是一项系统工程，成就一篇好论文往往并不容易。目前不少作者不懂写作要求、方法，写好的论文不是内容不完整，就是结构不合理，逻辑还往往不通顺；不少编辑忽视引领写作，未能有效指导作者对论文做实质性修改。梁博士的著作能够解决这些问题，弥补这种不足，对论文达到内容上有价值、写作上有水准、编排上合规范具有重要参考价值。

梁博士的著作多次重印、再版，已被不少图书馆、资料室列入馆藏资源，很多高等院校将其用作课堂教材，科研人员将其作为写作参考书，学生将其作为写作自学用书，不少机构将其列为培训资料或教材。《科技论文规范写作与编辑》还荣获2016年度中国机械工业科学技术奖二等奖。

梁博士从一名期刊编辑的单一身份渐渐变成兼专家、学者、老师的多重身份，经常受邀授课、作讲座，传授写作知识，讲述写作观、编辑观，分享个人成长过程、学术见解，还为学生、年轻学者和编辑同行指点迷津、释疑解惑。

《科技论文规范写作与编辑》（第5版），融进梁博士对科技论文的新认识，建立起论文质量与标准体系，讲述论文各个组成部分的写作方法与技巧。本书既有工作实践、探索心得，又有相关标准、规范，还有论文案例评析、修改，内容全面，材料详实，点面结合，层次清楚，特此推荐给广大师生及有论文写作、学习需求的读者，助推大家写出、写好论文，把论文写在祖国大地上。

相信梁博士的再版新作将为各领域各行业不同层次的科技工作者的论文写作提供更多有益指导，促进我国科研、教育、文化等领域的繁荣与发展，在实现创新强国、科技强国、教育强国的伟大征程中发挥积极推动作用。同时期待梁博士在以后的岁月里继续加油奋进，撰写出更多、更好的作品，为"中国梦"的伟大民族复兴事业添砖加瓦。

俄罗斯自然科学院外籍院士

内蒙古科学技术研究院常务副院长

内蒙古工业大学副校长

郭洪飞

2023年8月22日

第4版序

　　科技论文对推动科技进步有重要的作用，但成就一篇高质量的论文并不容易。高质量的论文至少要达到价值高和语言好，价值高就是内容好、结构对，语言好就是语法通、逻辑顺。科技论文在内容上是否有价值、写作上是否有水准、编排上是否达到规范具有重要的现实意义。

　　作者必须高度重视科技论文的质量问题，培育写作修养，掌握写作方法，提升写作质量，写成、写好论文。编辑应该了解科技前沿，熟悉写作标准、规范，提升编审能力，把好论文质量关，审好、改好论文。

　　梁福军博士长期从事学术期刊编辑工作，他梳理实践经验，坚持考究探索，撰写出《科技论文规范写作与编辑》《SCI 论文写作与投稿》《科技语体语法与修辞》等系列写作类著作或教材，弥补了国内相关领域的不足，并实时出版新书或更新再版，对广大师生和科技工作者的论文写作起到了较好的宏观指导、细节规范作用。这些著作的价值从其发行销量和读者反馈中可见一斑。

　　本书对《科技论文规范写作与编辑》（第 3 版）作了适时改进，融进了梁博士对科技论文的最新认识，建立了较为完整的科技论文质量体系，参考了新发布的新闻出版行业标准，尤为重要的是，还增补了较多有代表性的原创论文案例分析和评价，系统总结了论文各个组成部分的写作要求和规则，并对全书结构体例进行调整和布局优化，语句再次进行润色和修辞提高。

　　本书既有工作实践、探索心得，又有相关标准、规范，还有科技论文范例、评价，内容全面，材料详实，点面结合，层次清楚，特此推荐给广大师生及有科技论文写作或学习需求的读者作为写作参考书，希望大家写出、写好论文，把论文写在祖国大地上，发表在高水平期刊上，把科技成果有效应用在实现祖国现代化和中华民族复兴的伟大事业中。

北京卓众出版有限公司总编辑、编审

《编辑学报》副主编

张品纯

2020 年 3 月 31 日于北京

FOREWORD OF THE THIRD EDITION

第3版序

　　本书系统阐述了科技论文规范写作与编辑的规则，包括科技论文的基础知识，结构组成及其规范表达，量、单位、插图、表格、式子、数字、字母、名词、标点符号的规范使用，语法、句式、修辞，以及常见语病等，以科技论文写作为主线，现代汉语、英语语法及相关标准、规范为依据，结合大量实例撰写而成。首先介绍了科技论文的基础知识，从理论层面梳理了科学研究与科技论文的关系，从概念层面明确了科技论文的定义和作用，详细阐释了科技论文与其所承载的科学研究之间的互动关系；然后系统介绍了科技论文的结构组成及其规范表达，把从科学研究，到语句表达，再到论文形成，整个过程梳理得简明清晰。后面章节继续深化和拓展，对论文表达的规范性、准确性进行了深入阐述。全书体现了超前的起点意识、细致的过程行动和明确的结果导向，从论文撰写入手，倒推至科学研究，可以看出，作者的意图是从论文撰写的规范来增强作者科研过程的严谨性，帮助作者在科研过程中少走弯路。

　　本书内容全面，结构清晰，材料详实，修辞恰当，语句优美，深浅适宜，适于科研、技术、科普等领域的科技工作者参考，也适于科技期刊、图书、网媒、数字出版等的编辑参考，还可作为高等学校教师、学生的论文写作教材和自学用书，以及科技写作、编辑的培训教材和学习材料，对我国科普读物的规范写作、表达也会有较高的参考价值，对科技工作者写好科技论文有很好的指导作用。

中国工程院院士　周守为

周守为

2017年3月3日于北京

第1、2版序一

我很高兴作为第一位读者看到了梁福军博士撰写的这本书。他很早就打算写一本有关科技论文写作与编辑方面的专著，今天他的愿望得以实现，在此我衷心地向他表示祝贺！

在现代科学技术高速发展的今天，科技论文是报道、交流、存储和传播科技成果及科技信息的最重要载体之一。高质量科技论文的出版，不仅取决于科技工作者的创新劳动成果，也取决于对创新劳动成果的规范、有效的表述，而对创新劳动成果的规范、有效的表述又直接依赖于科技论文的写作水平和编辑质量。标准化、规范化写作和编辑不仅能使具有发表价值的创新劳动成果以符合科技论文写作要求及有关国家标准和出版规范的形式发表，更能有效、方便和广泛地宣传创新劳动成果。因此，对科技论文写作、编辑知识的深入掌握以及写作、编辑技能的熟练运用，是科技工作者和科技编辑开展各自工作所需具备的一项基本素质和重要能力。

目前，我国不少科技工作者忽视对劳动成果表述能力的锻炼和提升，他们在科技项目完成后能够写出论文，但所写的论文有的表达晦涩，可读性不强，以致论文的质量受到影响，甚至很难将自己的劳动成果与同行进行有效的交流。还有不少科技编辑，对科技论文写作基础知识、有关国家标准和出版规范，以及语言表达中语法、修辞、逻辑等的理解不够深入，对有关规范写作和编辑的规则、方法、技巧等的掌握不够扎实，以致在论文加工、修改过程中经常忽略表达的规范性问题。因此，为科技工作者和科技编辑提供一部具有系统性的理论知识，并能对实际科技论文写作、编辑具有指导作用的参考书，以提升科技论文质量，规范编辑出版，是非常必要和有意义的。

本书系统地阐述了科技论文规范写作与编辑的基础理论和实用知识，全面分析和展示了科技论文规范写作和编辑的规则、技巧及注意事项，其内容有很强的针对性和实用性。科技论文写作和编辑中大到论文结构布局的合理安排、基本组成部分的规范表达，小到数字、文字、标点符号等的规范使用，在本书中均可找到答案。

本书具有以下特点：①全面系统，实例丰富。采用论述与实例相结合的方式，理论联系实际，书中很多实例及对实例的分析凝聚了作者长期的工作经验及创新研究成果。②以点带面，层次清晰。将抽象问题具体化，复杂问题简单化，帮助读者带着问题学习，清楚地理解和解决实际写作、编辑中遇到的各种问题。③分散难点，循序渐进。将原本繁多的问题分散开来，帮助读者由浅入深、循序渐进地理解和掌握论文规范表达的原则和技巧。④抛砖引玉，读者之友。既可以使读者从详尽的知识内容和丰富的具体实例中领悟并掌握写作、编辑技巧，又可以推动同行之间的交流探讨。

　　本书不失为科技工作者撰写论文或科技编辑加工论文的一本实用化参考书。希望本书能够帮助各学科领域的研究人员及学生更好地撰写论文，帮助编辑更好地编辑加工和指导作者修改论文，帮助作者高效地与审稿专家和编辑对论文修改进行沟通，从而最终实现科技论文的规范发表和科研成果的有效传播！

《机械工程学报》编委会副主任，前主编

机械工业信息研究院（机械工业出版社）前副院长（副社长）

石治平

2009 年 9 月于北京

第1、2版序二

当今世界，科技发展突飞猛进，创新创造日新月异，特别是信息科技的快速提高，对科技成果和科技信息的传播、报道、交流和储存的要求越来越高，对科技论文写作质量和科技编辑素质的要求也越来越高。科技论文作为科技发展的重要载体之一和知识产权的重要记录之一，在体现科技成果对科技发展做出贡献的同时，还要让科技工作者能够对其正确理解、便于查找和有效利用，并从中得到启迪与传承。因此，科技论文的写作和科技书刊的出版必须符合有关国家标准和出版规范的规定和要求。

科技论文的内容决定其价值，而表达和编辑质量则能进一步提升内容，因此要力求科技论文的内容与形式的高度有机统一。这就是说，科技论文在内容上，要达到新颖独特、材料详实、论据充分、详略得当；在文字表达上，要达到用词正确、语言规范、表达严谨、行文流畅；在结构安排上，要达到布局妥当、结构清晰、层次分明、条理清楚；在表达细节上，还要符合有关国家标准和出版规范中规定的对量和单位，数字、符号和数学式，插图和表格，参考文献引用与著录等的要求。

虽然科技写作和编辑方面的文献不少，但内容分散，观点也不够统一，专著虽然也有，但既有系统性又有实用性的好的专著并不多见。在科学技术分工向高度细化深入又高度交叉融合发展的今天，科技工作者期待有更全面和系统的、能为其科技论文写作和编辑提供实际和有效帮助的著作，因此，本书的出版是很有意义的。

梁福军博士撰写的这本书主张将"写作"与"编辑"高度地融合在一起，将"内容"与"形式"有机地结合为一体，全面阐述了科技论文各个组成部分以及蕴涵在其中的各个细节的规范表达和使用的规则与技巧。最难能可贵和颇为有益的是，书中结合大量实例归纳总结了科技论文中常见的语病，对许多疑点或难点语言现象和问题进行了剖析，提出了许多新的见解和观点。

本书是作者长期经验的积累，并且体现了作者广泛的涉猎、系统的研究和精心的思考，做到了在博采众长的基础上开拓创新、独有所长。本书的撰写过程也十分艰辛，梁福军博士抱持"如果能为社会多做一点事情，心中就会感到莫大的欣慰"的坚强信念，在日常十分繁忙的工作和生活夹缝中，以极大的热情和毅力，持之以恒地完成了本书的撰写，最终由量的积累换来了质的飞跃，这是非常可敬可贺的。

我相信，本书能够帮助科技论文作者和书刊编辑加强和提高对科技论文的规范性及其重要性的认识，能够使他们在较短时间内进一步掌握和深刻领会有关科技论文规范写作和编辑的知识、技能和方法，从而提高科技论文的写作水平，提高科技书刊的出版质量，提高科学技术的传播效率，加快科学技术的发展速度。为此，我愿意向广大的科技工作者推荐本书。

中国工程院院士　钟群鹏

2009 年 10 月于北京

第5版前言

　　科技论文的质量似乎是一个永恒的主题，我对科技论文的求知探索也一直在路上，自己的思想认识也在不断地变化和调整着。

　　近年来，我受邀做有关科技论文写作或编辑的讲座、报告、演讲或授课较多，接触了不少老师、学生，专家、学者，以及编辑同行、大咖，有机会与他们面对面交流，倾听他们心存的疑惑及提出的相关问题；每当我的回答与他们的疑惑、问题相碰撞，我心中埋藏已久的某个困惑、问题也会迎刃而解，我的思想认识就会发生变化，对科技论文的认识也会上升一个层次，写作灵感有时会突然光顾，让我在苦闷中不断地得到这样那样的惊喜。对《科技论文规范写作与编辑》(第4版)（下称旧版）再版，进行调整、补充和完善，既有现实意义，也有实现基础，更有科学价值。因此，一种强烈的使命责任感经常萦绕在我的心头，只有更新、再版，才能与时俱进，对得起广大读者。

　　为此，在 2023 年暑期，我开始了再版征程，对旧版的体例重新布局，调整、补充、删减相关内容，由旧版的 10 章调整为新版的 15 章。主要变化有以下方面：

　　(1) 旧版有关科技论文基础知识的内容繁多，其中较多非重点内容，如科技论文的特点、分类、概念链等占用了较多篇幅。新版紧扣主题词"科技论文""质量""写作与编辑"，大力简化非重点内容，将相关内容进行浓缩，使主题更加鲜明地集中于科技论文的质量，侧重讲述科技论文的相关术语（概念）、质量体系（依据），以及高质量科技论文的实现（写作与编辑）。论文质量是全书的核心，是全书各部分及所有论文写作方法、规则、要求的目标与依据。

　　(2) 旧版第 2 章"主体部分"将论文主体各个部分（题名、引言、材料与方法、结果与讨论、结论）放在一章写，因这些部分的内容较多，在篇幅上显得较为庞大臃肿，而且写作时还会无形中受到这样那样的限制，该有的内容没有写进来或写得不够充分。新版基于论文主体各部分的写作是本书的重点内容以及"论"（引论、本论、结论）的研究模式，将论文主体各部分分开写，各用一章来讲述（第2～6章，分别对应题名、引言、材料与方法、结果与讨论、结论）。同时，新版对论文主体各部分写作的内容与结构、要求、常见问题进一步进行了梳理、总结，内容上更加准确、具体、多样、全面，指导性、引领性更强。

　　(3) 旧版第 3 章"辅体部分"将论文辅体各个部分（署名、摘要、关键词、致谢、作者简介、基金项目、中图分类号、日期信息等）放在一章写，因摘要较为特殊，更像论文主体部分的成员，其内容也较多，涉及内容与结构、摘要的类型、写作要求、常见问题、英文摘要等，与辅体部分的其他成员放在一章写，显得不够协调和平衡。新版将摘要拿出来，单列一章（第 7 章），置于论文主体部分的后面，形式上与论文主体各部分并列，符合人们常将摘要作为论文主体部分的观念。

（4）旧版第 4～10 章有一定提升空间，新版对其部分内容、结构进行了调整、删减和优化，使各级层次标题更加合理，各级主题、重点更加突出，语言表达更加精练、准确。其中，调整或变化较大的有"量和单位"部分的常用领域量和单位使用注意事项，"插图"部分的插图设计制作要求，"表格"部分的表格设计制作要求，"参考文献"部分的顺序编码制、著者-出版年制相关内容的布局和表述。

总之，新版对旧版适时改进，融进我对科技论文的新认识，建立更加完善的集语言修辞、内容结构、价值意义于一体的科技论文质量体系，增补一些权威期刊发表的典型论文的部分章节内容作为案例，较为完整地总结了科技论文各个组成部分的写作要求、规则，加强了对案例的分析、评价，并尽可能给出较为规范的参考修改。为便于老师开课，新版还配备了课件 PPT 和教学大纲。

本书选取了较多优秀期刊中的文章内容作为案例，在此对这些文章的作者和刊载这些文章的期刊表示诚挚的谢意！对西北农林科技大学闫锋欣老师、北京理工大学出版社曾仙编辑、天津理工大学副教授（《机械设计》编委、副主编）张磊博士提出高水平建设性意见致以诚挚的敬意！也感谢清华大学出版社冯昕编辑长期以来的选题和出版支持。最后也感谢家人长期以来在背后给予的默默支持！

期待本次再版能对广大读者撰写科技论文更有裨益。限于水平，书中难免有不足和错误，敬请大家一如既往地给予批评和指正。

梁福军

2023 年 3 月

第4版前言

《科技论文规范写作与编辑》(第3版)(下称旧版)问世已近3年。时间虽不长，却发生着这样那样的一些变化，既有笔者主观认识层面的，也有外部客观环境层面的，对旧版进行更新、再版的现实意义是不言而喻的，似乎是一个永恒的主题。

笔者对科技论文写作的求知探索一直在路上，自身的思想认识也在不断地变化着。近年笔者受邀进行专题科技论文写作的讲座、报告、演讲或授课较多，接触了较多的老师、学生，专家、学者，有机会与他们当面交流，倾听他们提出的每个问题；每当笔者的回答与他们的问题相碰撞时，笔者心中埋藏已久的某个疑惑就会瞬间土崩瓦解，认识就会发生变化，对事物的认识水平也就上升一个台阶，写作新灵感就会冒出。

2019年有新的相关标准问世，如2019年5月29日发布的新闻出版行业标准CY／T 171—2019《学术出版规范　插图》和CY／T 170—2019《学术出版规范　表格》，对学术期刊、论文中插图和表格的规范使用有更加明确的规定。因此，非常有必要补充、调整和重写旧版中相应的内容。

旧版中对论文组成部分的写作进行了较为详尽的阐述和总结，但各部分不平衡，有的较为详细，有的过于简略，如"结果与讨论""材料与方法"两部分就较为简单，其中实例也少，而且对实例的分析、评价较弱，应该更加具体和有针对性。因此，一种强烈的使命感和责任感常萦绕在笔者的心头，只有更新、再版，才能与时俱进，才能对得起广大读者。

为此，2019年年底，笔者开始了再版征程，对旧版体例重新布局，调整、补充、删减相关内容，由旧版的11章调整为新版的10章。

相对于旧版，新版的主要变化有以下几个方面：

(1)旧版第1章"科技论文基础知识"，侧重于概念，如"科学研究""科技论文""科技论文的结构""标准""规范""规范发表"等的阐述。新版不再介绍概念，而直接从科技论文的特点、分类入手，阐明科技论文的概念链，全面论述科技论文的价值、结构和语言三大体系，进而提出科技论文的质量体系。论文的质量是全书的主题，是全书中各个部分以及所有写作规则、要求的依据与目标。

(2)旧版第2章"结构组成及规范表达"，表述上较为笼统，各部分的差异未作明显区分。新版将论文分为主体和辅体两大部分，各用一章来讲述。主体是按"论"的研究模式来展开，侧重写作的内容与结构；辅体是按"体"的体例模式而形成，虽不属"论"的内容，不在引论、本论、结论的研究模式内，却是科技论文发表不可缺少的组成项目，侧重论文的体例和社会属性。

（3）旧版第 4 章"插图的规范使用"，对插图的设计制作要求或规范分散在对插图分类的介绍中，不易查找。新版依据 CY／T 171—2019《学术出版规范　插图》，对该章内容与结构重新布局，对插图分类与使用规范的表述分开进行，补充了对各个示例插图的解释、说明，对处理细节的描述和点评突出了概念之间、规范之间的差异，将插图的规范使用总结为全局选用、一般设计和具体处理三个层面，同时还用新标准的内容更新或补充了所有相关术语和规范。

（4）旧版第 5 章"表格的规范使用"，对表格的设计制作要求或规范分散在对表格的分类介绍中，不够突出，阅读和参考的有效性差一些。新版依据 CY／T 170—2019《学术出版规范 表格》，对该章内容与结构重新布局，对表格分类和使用规范分开表述，突出了概念之间、规范之间的差异，还将表格的规范使用总结为全局选用一般规则和具体设计制作要求，特别对表格处理实例部分进行了补充、完善，加强了对处理细节的描述和点评，对每个实例给出了处理后较为规范的一个或几个参考修改方案，同时还用新标准更新了所有相关术语和规范。

（5）将旧版第 8 章"语言的规范使用"中的"标点符号正确使用"一节与第 9 章"英文的规范表达"中的"英文标点符号"一节合并，单设一章"标点符号"。

（6）去掉了第 8 章"语言的规范使用"中的汉语语法部分以及第 11 章"常见语病"。这些内容被去掉，不是因为它们不重要，而是受到书的篇幅限制。这些被去掉的内容对应论文的语言体系，属于语法和修辞范畴，相当重要，是科技论文质量的重要方面，暂时忍痛割爱，留其以后再另外成书吧！

（7）对全书语句表达进行了语言润色和修辞提高，进一步增强表达的逻辑性、条理性，最大限度地提升语言表达效果。

总之，本书是旧版的适时改进版，融进了笔者对科技论文的最新认识，建立了集价值、结构、语言于一体的科技论文质量体系，参考了新发布的新闻出版行业标准，增补了部分权威科技期刊发表的典型论文作为案例，较为完整地总结了科技论文（特别是原创论文）各组成部分的写作要求、规则，加强了对案例的分析、评价，并尽可能给出较为规范的参考修改方案。

期待本次改版能对广大读者撰写科技论文给予更好的指导。由于笔者水平有限，书中难免会有不足和错误，敬请大家一如既往地给予批评和指正。

梁福军

2020 年 3 月

PREFACE OF THE THIRD EDITION
第3版前言

2016年，幸运之秋，激动之年，笔者荣获第五届中国科技期刊编辑银牛奖，荣获中国机械工程学会先进工作者称号，本书第2版荣获2016年度中国机械工业科学技术奖二等奖！本书第1版、第2版的发行销售、推广应用、社会与经济效益，以及组织、个人对本书的评价等，都出乎意料地好！本书第1版问世于2010年，5次重印，发行量7600册。2014年再版，2016年再版后又两次重印，发行量5000册。两版至今已印刷8次，发行量总计1.26万册，曾一度成为当当网的畅销书之一。

本书由200多家经销商（书商）及清华大学出版社官方旗舰店、京东、当当、亚马逊等众多电商平台推介，被全国数百家大专院校及研究院所、国家重点实验室、图书馆、期刊社、培训机构等使用，成为科技工作者撰写论文的参考书，高等院校学生学习写作知识和技能的教材，也成为科技期刊、图书、新媒体编辑及其他出版从业人员加工文稿、编辑文档、指导写作的工具书。

本书建立了科技写作规范体系，为社会提供了高质量的科技写作资源，为上万人提供了写作与编辑参考，直接为社会培养了大量从事科学研究、工程技术研发以及其他方面的科技人才，间接体现了本书所创造的社会、经济效益，提升了科学技术的传播效率，从源头上加快了科学技术的发展速度。

本书得到了读者的广泛关注，相关领导、知名专家、中青年学者、编辑同行和大众读者等都对本书给予了高度评价。中国工程院周守为院士（中国科协副主席），中国工程院钟群鹏院士（《机械工程学报》编委会主任），《机械工程学报》主编宋天虎教授级高工，机械工业信息研究院（机械工业出版社）王文斌院长（社长），北京理工大学宁汝新、北京航空航天大学刘强、哈尔滨理工大学刘献礼等教授，中国科协学会学术部期刊处李芳处长，中央军委办公室综合局王晋大校等专家、学者和领导，都对本书给予了充分肯定。

面对如此的成绩和赞誉，笔者感受到了一种压力。笔者清醒地认识到，本书第1、2版（下称旧版）还存在一些不足，如书的篇章结构布局还需调整和优化，书中不少地方还需要补充、修正和完善。特别是，2015年国家标准GB／T 7714—2015《信息与文献　参考文献著录规则》（取代GB／T 7714—2005《文后参考文献著录规则》）发布实施，新标准与旧标准相比有较大改进，因此需要用新标准的要求来调整有关参考文献的引用和著录部分的内容。

为此，笔者再次改版（第3版，下称新版），对旧版重新布局，补充和调整相关内容，由旧版的8章调整为新版的11章。

　　新版的主要变化有以下几个方面：

　　（1）旧版第 1 章"规范发表的实现过程"一节中的内容与当前数字出版模式下的实际过程略有出入，或表述不够完整、全面，新版进行了修正和补充。

　　（2）旧版第 2 章"关键词"一节中的内容有欠缺之处，新版修正了一些表述，并补充了一个小节"关键词标引常见问题"。

　　（3）旧版第 2 章"正文的表达方式"一节中，较为详细地阐述了"议论"一种表达方式，而对另外两种表达方式"记叙"（叙述）和"说明"只是简单交代了概念。新版重新撰写了"议论"，修正和补充了一些表述，而且用较多的篇幅补写了"记叙"和"说明"，并为每种表达方式给出一些示例。

　　（4）对旧版第 2 章"致谢""作者简介""资助项目""论文日期信息"等小节，补充了一些写作示例或式样，方便读者撰写论文直接套用，并将"资助项目"的文字表达改为"基金项目"。

　　（5）旧版将参考文献部分放在第 2 章一个小节来讲述，位置不够突出，读者若不仔细查看，容易误以为本书没有这方面的内容。其实参考文献在科技论文的结构中占有非常重要的位置，因此新版将其列为一个独立章节（第 7 章）来讲述。

　　（6）旧版将插图和表格放在同一章（第 4 章）来表述，整章篇幅冗长，再加上其中一些内容相对较多，又以小标题的形式出现，没有独立成节，这样，在目录中就体现不出来，使得不便于阅读和查找的问题较为突出。因此，在新版中将插图和表格分别成章（第 4 章、第 5 章），独立讲述，这样就重新调整了层次标题，使得重要内容以及对图表的各种分类事项的表述更加醒目、突出。

　　（7）旧版第 6 章内容非常多，包括较为系统的现代汉语语法概论以及句式、标点符号、常见语病等，内容和体系过于臃肿庞大，篇幅显得过长，不便于阅读和查找。特别是常见语病这部分内容，其本身就是一个较为完整的体系，而且有的语病可能不属于语言范畴，从某种角度上看，放在第 6 章中也不太合适。因此，在新版中将其列为一个独立章节（第 11 章）来讲述。

　　（8）新版进一步考究用词和句子表述的合适与妥帖性，运用语言要素的多种修辞方式，对旧版较多语句重新表达，涉及语音、语义、词汇、语法、逻辑、语境、标点、辞格等诸多要素，进一步提升了全书语言的表达效果。

　　（9）新版还增大了开本，使其页码总数不因内容增多而增加更多。

　　总之，新版在结构、布局，内容、形式，以及自身语句表达、修辞等方面均做了较大的调整和修正，期待能给读者撰写、编辑文章带来更大的帮助。由于笔者水平有限，书中错误仍在所难免，敬请广大读者批评指正。

梁福军
2017 年春节于北京

第2版前言

本书第 1 版自 2010 年出版后较为畅销，已 5 次重印，销量远超过同类书。第 1 版以其独特的内容和鲜明的特色，受到有关专家、学者的一致好评和广大读者的广泛关注，被众多高等院校作为教材或写作参考书使用，其写作体系和内容已被学生和科技工作者广泛使用和借鉴。

第 1 版连同 2014 年出版的《英文科技论文规范写作与编辑》自成一体，笔者完成其撰写，感觉到为科技论文的规范写作、编辑进而实现规范出版做了一件有益之事，甚为高兴，仿佛了却了一件心事，完成了一份心愿。但在欣喜之余，又有新的现实问题出现——第 1 版是在 2010 年出版的，当时写作参照的国家标准均为 2010 年以前的标准；但 2011 年开始又发布了一些新的国家标准（以下称"新标准"）代替旧的国家标准（以下称"旧标准"）。新标准是在旧标准的基础上修订的，删除了一些陈旧的内容，增补了一些以前没有的新内容，修改、完善了一些不太恰当或不合时宜的内容。因此，从内容方面，非常有必要依据新标准对第 1 版进行修订；同时，从写作方面，也非常有必要依据新标准对第 1 版进行修订。

与第 1 版修订最为密切的三个新的标准分别是 GB／T 16159—2012《汉语拼音正词法基本规则》（代替 GB／T 16159—1996）、GB／T 15834—2011《标点符号用法》（代替 GB／T 15834—1995）、GB／T 15835—2011《出版物上数字用法》（代替 GB／T 15835—1995《出版物上数字用法的规定》）。新标准修订了旧标准在使用中发现的问题及未覆盖到的部分，重视标准的实际应用，完善和细化了条款内容，并增补了一些新的规则，规定的规则更具操作性，对语言文字使用能起到重要的引导和规范作用。

在对第 1 版进行全面修订的过程中，笔者与本书的责任编辑冯昕女士进行了沟通，确定了再版思路——保持第 1 版现有的体例和结构，根据新标准对书的内容进行点上重点修订，再结合通读发现的问题进行面上全面修订。按照这一思路，修订顺利展开，并最终得以完成。本次修订内容主要有以下几个方面：

（1）根据 GB／T 16159—2012，重写了"汉语人名规范表达"的有关内容。主要包括：姓和名分写，姓在前，名在后，姓和名的首字母分别大写；复姓连写，双姓中间加连接号，双姓两个首字母都大写；笔名、别名等按姓名写法处理；缩写时，姓全写，首字母大写或每个字母大写，名取每个汉字拼音的首字母，大写，后面加小圆点。

（2）根据 GB／T 15834—2011，重写了"标点符号正确使用"的有关内容。主要包括：更换了大部分示例；对句末点号的功能做了修改，更强调句末点号与句子语气之间的关系；对逗号的基本用法做了补充；省略号的形式统一为六连点"……"（特定情况下允许连用）；取消了连接号中的二字线、半字线，将连接号规范为短横线"-"、一字线"—"和浪纹线"～"；明确了书名号的使用范围；增加了分隔号"/"的用法；突出了标点符号的基本用法，增加了标点符号用法的补充规则，对功能有交叉的标点符号的用法做了区分，并对标点符号误用高发环境下的规范用法做了说明。

（3）根据 GB／T 15835—2011，重写了"数字"的有关内容。主要包括：旧标准在汉字数字和阿拉伯数字选用中，明显倾向于使用阿拉伯数字，新标准不再强调这种倾向性；在继承旧标准中关于数字用法应遵循"得体原则"和"局部体例一致原则"的基础上，通过措辞上的适当调整，以及更为具体的规定和示例，进一步明确了具体操作规范；增补了"计量""编号""概数"作为基本术语。

（4）根据新旧标准内容上的变化，对全书中所有不符合新标准的标点符号和表达不规范的数字等进行修改，使之符合新标准的规定。

（5）对全书进行了通读，修正了所有发现的错误，包括错字错句、表达不规范、逻辑不正确、行文不统一等问题，并对较多语句进行了修辞锤炼，以进一步提高语言的表达效果。

再版最终完成了，笔者感觉轻松了不少，但觉得做得还是不够，希望以后还有机会再版，到时再进行更为完善的修正。

由于笔者水平有限，书中错误在所难免，敬请广大读者批评指正。

梁福军

2014 年 5 月

《孟子·离娄上》中有一句话："离娄之明，公输子之巧，不以规矩，不能成方圆"，这句话的意思是，即使有离娄的目力和鲁班的技巧，如果不用圆规或曲尺，也不能正确地画出方形或圆形，凡事都须遵循一定的标准、规范和法则。

作为社会重要产品的科技出版物同样有标准化、规范化的问题，作为科技出版物的一种重要组成部分的科技论文也就有规范发表的问题。当今世界，科技发展突飞猛进，信息网络铺天盖地，科技论文数量猛增，特别是互联网技术的迅猛发展、日益普及以及出版观念的变化向传统出版模式提出挑战，网络出版、数字（优先）出版、在线出版、开放获取（Open Access，OA）出版、按需印制（Print on Demand，POD）出版越来越普及，电子（数码）期刊、网络期刊越来越实用，网上论文早已琳琅满目，层出不穷。但论文在发表的规范性方面参差不齐，很多论文与"规范"还相距甚远，因此讲求论文的规范发表更具现实意义。

论文规范发表首先要求规范写作。规范写作能提升论文水平，反映作者治学态度及写作修养，为论文发表奠定基础。一篇论文能否发表主要取决于是否有发表价值，但表达的规范性也是不容忽视的重要因素，作者不能凭个人爱好、认识及风格随意写作。现实中，不少作者在写作中往往忽略了这方面的要求，提交的论文虽有较高的学术水准，但写作不规范，不仅影响了论文的质量、可读性，而且增加了编辑工作量，延迟了论文发表时间。

论文规范发表还要求规范编辑。规范编辑能提高论文水平，反映编辑工作态度及编辑修养，为标准化、规范化出版提供保障。编辑是指导作者写作，实施有关标准、规范，执行编辑规章、制度，以及实现论文规范发表的核心，编辑不能凭个人爱好、认识及风格随意修改论文。实际中，不少编辑特别是新编辑，在工作中常常忽略表达的规范性问题，论文的质量和可读性就会受到影响。

论文与读者见面所经过的每个环节，包括投稿前的撰写，录用时的加工，定稿后的排校，都包含着对它的不断修改和完善。论文每经过一个环节，每被修改一处，就向规范性前进了一步，整个过程就是一个精益求精、不断提高，逐步达到规范的过程！

目前，写作和编辑方面的著作很多，且不乏颇具影响的专著；科技论文写作和编辑方面的文献也不少，但多为文章，内容较为零散，观点不够一致，内容全面、系统而又实用的好书并不多见。笔者撰写本书的目的是，基于将写作与编辑相统一的思想，系统地阐述科技论文写作和编辑的基础理论和知识，帮助作者和编辑提高对论文规范发表重要性的认识，熟悉有关国家标准和出版规范，掌握科技论文写作、编辑的基础知识及技巧，提高结构安排、遣词造句、语言运用、细节表达等基础写作修养和技能。

本书内容涉及科技论文各个组成部分（如题名、署名、摘要、正文、参考文献等），以及量、单位、图表、语言、标点、数字、名词等的规范使用和表达。现在的语法书虽然很多，但多是以文艺语体为背景写的，科技工作者使用起来不大方便和有效。因此，本书没有采取多数同类书只讲语病不讲语法、只举文艺语体实例不举科技语体实例的做法，而是特意用较多篇幅有针对性地讲述了现代汉语语法，全面阐述分析了汉语书面语在科技论文中规范使用的场合及规则，详细归纳总结了科技论文常见语病，对许多难点或疑点语言现象或问题进行了剖析，并提出一些新的见解、观点。考虑到中文科技论文中有较多的英文表达，本书还对科技论文中的英文规范表达的原则以及英文标点符号使用的场合进行了阐述。

由于写作和编辑所涉及的知识面非常宽泛，而且很多内容没有定型，新问题会经常出现，因此本书中对一章一节的安排，一段一句的编写，一词一词组的选择，一字一标点的使用，一个意思一个疑点的解释，一个规则一个例子的分析，一个观点一个难点的研究等，都非常考究，多数内容是笔者的经验和心血的凝结。限于水平、能力和时间，书中对不少内容只能略涉一下，尽管笔者做了很大努力来考究和写作，但一定仍有不少偏颇、疏漏和不当之处，热切希望广大读者给予批评指正！

书中一些实例引自科技期刊和同行专著，为表达或排版需要，笔者对有的实例做了一定修改，在此向有关作者或前辈们表示衷心的感谢！同时感谢《机械工程学报》前主编石治平先生为本书撰写所提出的宝贵意见！感谢《机械工程学报》编辑部主任王淑芹女士为本书出版所给予的热心帮助！最后，感谢我的家人对撰写本书所付出的辛勤劳动及所给予的大力支持！

梁福军

2010 年 5 月

目 录

第 1 章 绪　论

　　科技论文在作为科学研究手段、体现科研成果标志、用作科技交流工具、成为能力培养途径、推动科技进步发展等方面发挥着重要作用，特别是有创造创新内容、科学分析论证和独到学术见解，表达严谨、层次清楚、用词准确、语句通顺、逻辑正确、修辞恰当的高质量论文，对指导科研和写作有十分重要的参考价值。然而，实际中常有这样的现象，论文因写作质量而未被期刊录用，或因编辑质量而未被检索系统收录，或因编排格式不规范而未能有效传播，其质量、可读性及录用率因内容缺创新、结构不合理、表达不规范而受到较大影响。科技论文的质量既影响刊登它的期刊的水平，也影响论文自身及刊登它的期刊在人们心目中的形象。因此，科技论文实现较高质量，在内容上创新、写作上达标、编排上规范，具有重要现实意义。本章主要讲述科技论文的质量体系、内容与结构，以及高质量科技论文的特点及实现途径——规范写作与编辑。

1.1　科技论文相关术语

　　科学指知识体系，对任何领域的任何事物均可探究而形成学问及知识体系，广义上是一个庞大无穷的体系，包括自然、社会和思维的各个领域。技术泛指根据自然科学原理和生产实践经验，为某一实际目的（目标）实现而协同组成的各类工具、设备、技术和工艺体系，广义上与社会科学相应的技术也可包括在内。科学与技术并列组成"科学技术"（简称科技）这一术语时，其中科学的范围就缩小了，仅指研究自然现象及其规律的自然科学，因此科技论文中的"科"通常指自然科学，但从广义上讲，科技论文中的"科"包括社会和思维领域也是没有问题的。

　　论文是分析、探讨、讨论、研究某话题（或问题）的文章。任何领域都可以有要分析、探讨、讨论或研究的话题，因此论文的概念很广，覆盖自然、社会和思维各个领域。总体上，论文可分为专业问题分析、研究（科研论文）和大众话题探讨、评论（议论文）两个层面。

　　科研论文是科研活动、成果的记录，也称科学论文，目标是探求科学，讨论或研究某种问题，有学术（学术论文）和技术（技术论文）两个层面。与科技论文侧重自然科学和专业技术不同，科研论文还包括社会和思维科学。不同领域的人对科研论文的范围理解不同。从事自然科学或专业技术研究的人员，通常不会将社会、思维领域纳入科研论文，而从事社会科学的人，一般不会将自然领域纳入科研论文。其实这种区分并无多大实际意义，为表述方便，在无须区分时，本书将科研论文、科学论文和科技论文视作一个概念，统称科技论文。

　　议论文是一种论说文章，对事物、现象或问题进行分析、评论，表明作者的观点、立场，多以短文出现，"论"占据文章较多部分。科技论文也离不开"论"，但表达方式更加宽泛，多以长文出现，除了"论"，还有"说""叙"也往往占据文章较多篇幅。

　　论文不管什么类别，总体上由引论、本论和结论组成。引论亮出问题或论点、论题，提出是什么；本论分析、讨论问题，由论证来证明文章观点，回答为什么；结论解决问题，对全文进行概括、总结，拔高、深化，使全文点题、呼应，相接、圆合，回答怎么办。

科技论文的引言属于引论，材料与方法、结果与讨论属于本论。其中与"论"密切相关的是"讨论"（引言中也有"论"，但往往侧重"立题"），本质上是"议论文"，篇幅相对较短，而其他部分对背景、材料、方法及成果进行描述、说明和总结，本质上是"说明文""记叙文"或说明、记叙、议论等相结合的混合文，篇幅往往较长。

议论文在结构上遵循"是什么→为什么→怎么做"的逻辑顺序，内容上包含论点、论据和论证三要素，写作上侧重分析与评论，重在以理服人。它一般没有科研背景（如基金项目、课题、团队等），更多在社会、生活领域，作者对感兴趣的任何事物或关心的任何问题均可发表议论，发表的观点、见解和认识相对随意，一般不用上升至科学、学术或技术层面，常由非专业人士如新闻记者、通讯员、编辑来撰写，甚至中小学生、普通大众都可以写。

1.2　科技论文质量体系

科技论文的质量至少包括语言修辞、内容结构、价值意义三个层面，这三个层面的质量体系相互作用形成一个综合质量体系。

扫一扫

视频讲解

1.2.1　语言修辞体系

科技论文是一大堆语言文字，以词为基本单元，有规律地按各种规则组合起来，构成一个有组织的语言修辞体系，如图 1-1 所示。

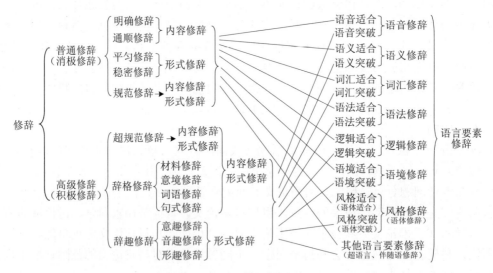

图 1-1　科技论文语言修辞体系

1）语言要素修辞

选词造句通过调整语言要素使其"适合"而符合语言要求即语言要素适合，或"突破"而达到语用艺术即语言要素突破，这就是语言要素修辞。

几个词语并列，当其语法结构相近、字数相同时读起来就顺畅；几个句子先后出现，当其末尾的词语押韵时读起来就上口。语音的这种关联使语言表达呈现出带有某种语言色彩的生动性、和谐性。利用语音的这种特点所进行的修辞为语音修辞。

选词造句的基础是表义（表意），当语义未得到准确表达时，即使用尽了华丽的辞藻及语言的一切可能形式，也难以收到好的效果。利用语义的这种特点所进行的修辞为语义修辞。

同一语义表达可有多个选词方案，涉及义项、词类、色彩等多个方面，词汇选用合适并加以锤炼，能使语言表达准确贴切、鲜明生动。利用词汇的这种特点所进行的修辞为词汇修辞。

语法是选词造句的基本规则，语言的表义、组织、意蕴、气势、力量、情感、色彩等的实现依靠语法。利用语法的这种特点所进行的修辞为语法修辞。

语言表达应有基本的可读性，符合逻辑（事理、思维规律），让人看得清楚、明白。利用逻辑的这种特点所进行的修辞为逻辑修辞。

语言表达离不开自身（内部）环境，如词语间是否搭配、上下文是否衔接、语气是否顺畅等，也离不开外部环境，如社会、历史、文化，时间、地点、场合，以及当事人的身份、学识、心情等。利用语境的这种特点所进行的修辞为语境修辞。

语言表达总是在特定交际领域，为特定目的，向特定对象，传递特定内容，受语体制约，为语体服务，适合语体是表达的重要原则。利用语体的这种特点所进行的修辞为语体修辞。

语言表达还有风格，指文章整体所表现出的主要思想、表述特点及气氛、格调，如语体、民族、时代、地域、流派及个人等风格。一定风格要求一定语言表达方式，同一文章应有一致风格。利用风格的这种特点所进行的修辞为风格修辞。

2）普通修辞

语言适合的功用在于消除语病，使语言表达及格或达标，属于普通修辞（消极修辞）。这是写作的基本素养，关注语义的准确表达与传递，达到语义的明确、通顺、平匀、稳密、规范。明确、通顺只与内容有关，平匀、稳密只与形式有关，而规范与内容、形式均有关。

明确是从表义准确性来说的，用准确、明白的语言把意思分明地表达出来，表义准确而不含混。

通顺是从行文逻辑来说的，语言表达的条理次序能顺序衔接、关联照应、稳定统一，没有逻辑、语法上的语病。

平匀是从句子结构来说的，一句话用一种句法结构表达，而不混用几种结构，达到语句平易而匀称，平易是浅显易懂，匀称是均匀协调或比例和谐。

稳密是准确用词，恰当安排语句结构，稳当组织语言文字，使内容情状同语句贴切，稳指行文稳当，同内容相贴切，密指用词数量恰到好处，用词不要过多而造成冗余，也不要过少而造成苟简。

规范是从出版规范来说的，语言表达和文章结构体例受有关标准与规范的制约，涉及标点符号、数字、字母、术语、量和单位、插图、表格、式子、参考文献等诸多方面。

3）高级修辞

语言突破的功用是使表达效果上档次，提效果，甚至达到语用艺术，是一种高级修辞（积极修辞）。"一句话，百样说"，但其中至少有一两句是最好的，选出最佳的，就属高级修辞。

扫一扫

视频讲解

辞格修辞（辞格、修辞格）是高级修辞的重要方面，是在人类漫长语用实践中形成的有某种稳固结构、一定规律和鲜明生动表义功能的各种修辞方式。它是语言要素的综合运用，既同语言的内容比较贴切，又同语言的形式紧密相关，能将内容和形式完美结合，达到一种特殊的语言表达效果。辞格的魅力很大，"语言的华巧""华巧的语言"就是针对辞格来说的。

高级修辞还有超规范修辞和辞趣修辞。超规范修辞指语言表达在特殊情况下可突破有关标准、规范的规定。辞趣修辞是通过调整字词的音、形、意的外在感观形式等而达到某种意境和情趣。辞趣修辞只与形式有关，而超规范、辞格修辞与内容和形式都有关。

4）内容和形式修辞

内容是表义的实质，在于将意思清楚表达出来，形式是呈现意思的一种外在感观，将意思以某种式样呈现出来（如句法结构、字体字号、行间距、正斜体、行文体例、排版格式等均属形式范畴），语义是蕴含在语句形式里面的内容。修辞为语言内容服务，为准确表达所做的内容上的修辞称为内容修辞，为提升表达效果所做的形式上的修辞称为形式修辞。

内容修辞是基础，处于主要地位，形式修辞是构架，处于次要地位，内容决定形式，形式服务于内容，内容实现时形式才有意义，二者完美结合便可创造出丰富璀璨的语言。

普通修辞、高级修辞通过内容、形式与语言要素修辞相关联映射，形成语言修辞体系。

扫一扫
视频讲解

1.2.2　内容结构体系

科技论文也是一个内容结构体系，如图 1-2 所示。不同文体类型的论文有不同结构，同类论文一般有相同、相近的结构，但由于研究领域、内容、方法、过程、成果等的不同，其结构不可能完全相同，甚至差别较大。科技论文按其内容属性、结构特征在整体上可分为主体和辅体两部分。

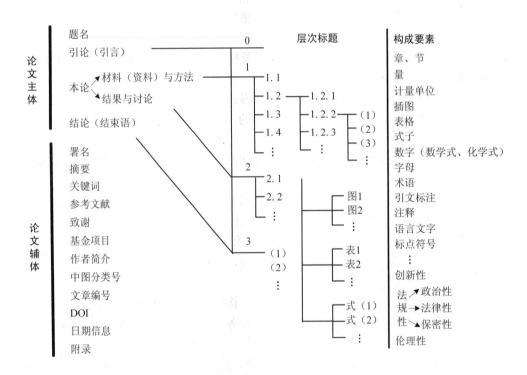

图 1-2　科技论文内容结构体系

论文主体是科技论文的核心部分，总体上由题名、引论（引言）、本论和结论（结束语）四部分组成。本论的结构与文体（如综述论文、理论型论文、调查型论文、实验型论文、设计型论文等）密切相关，包括材料（资料）与方法、结果与讨论，以及内含的各级层次标题，以及量、计量单位、插图、表格、式子（数学式、化学式）、数字、字母、术语、引文标注、注释、语言文字等。一般将论文主体中引言后面的部分（本论、结论）称为论文的正文，也有人将引言也列入正文。

论文辅体是围绕论文主体的辅助信息，包括署名、摘要、关键词、参考文献、致谢、基金项目、作者简介等。科技论文还可有附录，可视作论文主体的附件，属于论文辅体。

题名、署名、摘要、关键词甚至图题、表题还可以有相应的英文部分。

1.2.3　价值意义体系

扫一扫

视频讲解

科技论文应是一个以原创性为核心，各价值要素相互作用、影响的价值意义体系，如图 1-3 所示。其发表的意义在于对人们认识、改造世界产生影响：发前人所未发，在科学理论、方法或实践上获得新的进展、突破，富有创造性、科学性，有很大价值；或在前人基础上有所发现、发明，富有一定创造性、科学性，有较大价值；或为人类知识和技术宝库增添库藏，有一点创新，就有价值。

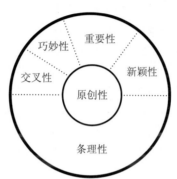

图 1-3　科技论文价值意义体系

原创性即首创性，是创新的高级形态，指论文的成果是作者个人或团队独立工作的结果，其核心部分的任何内容未曾发表过（他人也未发表过），也没有正在投稿。原创性强调时间上的首次报道，重在首次创作、创造而非抄袭或模仿，是科技论文价值体系的核心要素，对人类认识和改造世界发挥着相当重要的作用。

新颖性即有新意，属于创新的常规形态，指论文报道的内容是鲜为人知、非公知公用或模仿抄袭的，虽无原创性，却有值得借鉴之处。报道的内容若是模仿，则也应仿中有变，若是老问题，也应老中有新，均从"新"的角度阐明问题（如古方今用、老药新用、旧法改进等）。新颖性要求论文的内容至少包含某种新鲜的成分、结果，可以是对以前人们未知的某种现象的描述，或向以前被人们广为接受的某个假设提出疑问，或其他什么新的方法、技术等。

重要性指论文的内容至少对同一领域的研究人员有较大参考价值。实际中很多投稿未经审稿就被退稿，究其原因，并非学术论点错误，而是其关键内容还未达到最终应有的研究结果，往往只是一个新概念或新成果形成的中间步骤，果子还未成熟就要推出，即论文发表过急，产生不了实际作用，谈不上什么重要性。重要性与原创性不在一个层面，有重要性不一定有原创性，而有原创性则必有重要性。

巧妙性指论文研究方法的新奇、别致、技巧，由简单路径、巧妙改进等而得到可靠、可信结果，或将一个领域的知识巧妙应用于另一领域。巧妙性包含一种"新"，可体现在参数设置、算法改进、路线优化、理论提炼、结构设计、技术应用或场景模拟等诸多方面，但不一定创新，更侧重巧妙、特别、艺术。写作用好巧妙性，可带给读者一种愉悦和创作灵感，也即一种"新"意。巧妙性通常含新颖性，但新颖性未必有巧妙性。巧妙性用好了，是一种艺术（写作在某种程度上也是一门艺术），多是从方法的局部调整、节点改进来说的，原创性、新颖性多是从理论、方法、产品整体或局部功能来说的。巧妙性无须以创新为前提，原创性可以有也可以没有巧妙性，没有原创性的论文也可以有巧妙性。

交叉性指论文的内容能让本领域和其他领域的读者感兴趣，都容易看懂（不少读者会对自己领域以外的研究工作有浓厚兴趣）。交叉性要求论文写作考虑学科覆盖面及读者专业背景、层次等要素，对影响广泛的重大科学进展的报道，应按文体需求写出能让非专业人员容易看懂的文本，如物理学进展可让生物学研究者看懂，生物学进展也能让物理学研究者看懂。

条理性指论文表述所具有的有规矩、有逻辑、不混乱的性质，思路清晰，主次分明，句句是理，段段是道，可理解性强，易读、易懂、易消化、易接受。再好的内容也是用语言表达的，条理性差就不能准确、全面表达内容，影响论文的价值。条理性涉及因素较多，与论文语言、内容和结构等都有关，但其中的核心要素是思维的逻辑。逻辑不通时，其他要素用得再好也起不了本质作用，而逻辑通了，其他要素才会派上用场。写作中思维的条理性胜过语言本身及其风格。可见，在科技论文价值意义体系中，占权重最大的要素应是条理性，条理差时其他要素就会黯然失色，甚至被淹没而与读者无缘。

扫一扫

视频讲解

论文的语言修辞质量、内容结构质量可大体归为写作质量，价值意义质量归为成果质量，写作质量与成果质量构成论文的内在质量。论文还有一个外在质量，这就是选题质量。一篇论文的选题好，不见得其写作、成果就好；一篇论文的写作、成果好，不见得其选题就好。可见，论文的写作质量、成果质量与选题质量之间没有内在的必然相关性。然而，若没有好的写作质量，成果、选题再好也难以体现出来，可以说写作质量在论文质量体系中处于核心地位。

扫一扫

视频讲解

1.3　科技论文的文体类型

扫一扫

视频讲解

科技论文按文体的一种简略分类如图 1-4 所示。

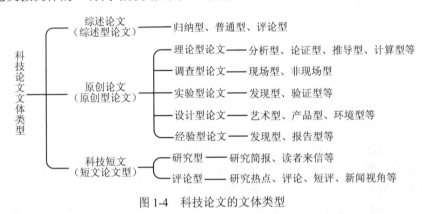

图 1-4　科技论文的文体类型

1. 综述论文

综述论文（综述型论文）主要针对相关文献资料进行述评，阐述研究现状，总结问题，进行展望，提出可指导某领域（行业）或某研究点发展方向的新认识。按对所引文献的提炼程度即综述的层次水准，可分为不同层次类型。

1）归纳型综述论文

归纳型综述论文进行一般性归纳整理，侧重资料整理，由作者（常为一般研究人员或科技工作者）对搜集到的文献资料进行归纳、整理，按顺序分类排列，使其互相关联、前后连贯，有一定条理、系统、逻辑性及较强介绍、说明、知识性。它在一定程度上反映出某领域或研究点的研究现状与进展，但较难有作者自己的见解和观点，不过对相关人员、管理者了解领域现状、主题知识具有一定的学习和参考意义，对科普也有较重要的参考价值。

2）普通型综述论文

普通型综述论文进行归纳整理并给予评论，由有一定学术水平（较高发展潜力）的学者，对较多文献资料进行阅读、归纳、整理和系统分析，按作者的理解、认识来引导对文献的归纳整理，系统、逻辑性强，表达出作者的观点或对问题的倾向性认识。它以汇集文献资料为主，辅以注释，客观而少评述，对领域、研究点的研究工作有一定指导意义和参考价值。

3）评论型综述论文

评论型综述论文进行归纳整理、综合分析、讨论议论，并提出指导性结论和展望，侧重综合评述研究，由有较高学术造诣的作者（常为领域、行业权威专家、学者），搜集大量文献资料，加以归纳整理、综合分析、讨论议论，反映或总结当前某领域或研究点的研究现状、进展和发展前景，提出合乎逻辑、具有启迪和指导性的结论或建议，逻辑、系统和学术性强，有作者自己较多的评论和见解，对领域、行业发展和同行研究工作有普遍指导意义。学生撰写此类论文应在导师或相关老师严格指导下完成，共同署名。

2. 原创论文

原创论文（原创型论文）主要针对作者所获得的某种科研原始结果再进行相应的研究，获得新结果，提出新成果。原创论文按原始结果获得途径、方式可有以下分类。

1）理论型论文

理论型论文的原始结果主要通过理论研究来获得，以某学科范畴中某课题或论题的纯粹抽象理论问题为研究对象，基于对相关成果严密理论推导、分析和讨论，概括和总结已有理论，论证和探讨客观对象内在规律，提出正面观点和见解，建构新理论。

理论型论文的成果虽在较多文献基础上提出，但进行的研究是原创研究，提出的成果已经实现（若提出理论，则理论有成体系的内容，具有理论价值；若提出方法或产品，则方法或产品已实现，具有使用价值），是对客观事物认识或改造手段的补充、丰富、完善或创造、发明、改良，属于科学技术范畴。综述论文进行的研究是非原创研究，提出的成果并未实现，只是未来应该实现的，代表未来发展方向（若提出理论，则只是说未来应该有这样的理论；若提出方法或产品，则只是提出一个名称、口号，代表一种发展方向，方法、产品本身在未来实现），是对客观事物发展方向的归纳、总结和预测，属于科学学范畴。另外，理论型论文主要引用对建构相关理论有用的文献资料，而综述论文引用的文献资料较为宽泛，只要对表述某种研究现状和发展趋势有用的均可引用。

按具体研究方式，理论型论文又有不同类别，如分析型、论证型、推导型、计算型等。

分析型论文特点：分析讨论严谨，数学运算正确，资料数据可靠，结果结论可信，不强求实验验证，但有实验验证或案例更好。

论证型论文特点：议论要素完备，论点鲜明，论据充分，论证合理，结果可信，不强求实验验证，但有实验验证或案例更好。

推导型论文特点：数学推导严密准确，数学模型建立科学合理，逻辑推理通顺正确，概念定义准确可靠，所得结论无懈可击。

计算型论文特点：数据结构明确，关系表达严密，适于定量分析。

2）调查型论文

调查型论文的原始结果主要通过调查研究来获得，通过察看、摸底或了解情况来搜集材料，或从有关个人、组织机构借鉴材料，或从权威部门统计报表、年鉴获取数据等方式而获得调查结果（数据资料），再对调查结果进行研究而提出新的观点、认识、借鉴或建议等。

调查型论文按数据资料来源的性质分为现场型、非现场型两类。现场型指研究人员亲临现场（相关位置、地点或区域等），通过实地观察、测量或与当地相关人员接触（如询问、交谈、沟通）等方式了解情况而获得数据资料。非现场型指研究人员不到现场，而通过向目标人群发放调查问卷、测试题目、进行访谈（如电话、聊天软件、网上会议）等方式了解情况，或直接将有关统计报表、年鉴等作为数据资料。调查均应在一定理论指导下进行。

3）实验型论文

实验型论文的原始结果主要通过实验研究来获得，按一定研究目的，排除次要或相关不大的外界因素，突出主要因素并运用一定材料手段（如仪器、设备、软件等），人为地变革、控制或模拟研究对象（原型），使目标事物或过程发生、再现，从而去认识自然事物（现象、性质、原理、机制、规律等）。

实验型论文主要为检验某一科学理论或假说，或为发明创造，或为解决实际问题，有计划、有目的地进行实验，如实记述实验材料与方法、严格记录实验过程，准确呈现实验结果，并对实验结果进行某种方法的研究，通过分析、讨论、归纳、总结等而得出创新性结果、结论。准确齐备的实验结果及其他相关参考资料是实验型论文写作的依据与基础。

实验型论文与理论型论文有明显区别。实验与理论有内在联系，实验是搜集科学事实、获得感性材料的基本方法，是检验假说、形成理论的实践基础，理论是实验的升华及科学的至上追求，是将实验成果补充、发展到现有知识体系的新知识。实验与理论又有本质区别，实验可上升到理论而得到提升，理论可借助实验而得到验证。然而，理论能得到实验验证更好，但不见得非得经过实验验证，如爱因斯坦提出相对论，是通过物理思想加上数学推导出来的，与实验几乎没有关系，即相对论不是从实验中推导出来而是依靠颠覆性思维创建的。同理，实验若能上升到理论，得到理论提升更好，但不见得非得理论提升，通常这种提升有相当难度，有时也无必要，历史上有很多科学发现、发明是通过实验获得的，与理论没有什么关系。因此，实验型论文并非必须搞出一点理论甚或高大上的理论。

实验型论文明显不同于实验报告。它侧重"研究"（对实验结果进行研究），追求可靠的理论依据、先进的实验方案、创新的实验方法、适用的测试手段、准确的数据处理、严密的分析论证及可信的结果与结论。实验报告是实验方案的介绍、实验过程的记录、实验结果的显示，侧重"介绍"，是实验材料的罗列叠加和实验过程的流水明细，一般没有具体分析论证。

实验型论文按具体研究方式可分为发现型、验证型两类。

（1）发现型论文。发现型论文主要记述和总结由实验发现的事物的背景、现象、本质、特性、运动变化规律及新发现对现实问题的意义、前景，即先做实验，由实验结果证明或推出新结果、新结论，进而提出新发现，其中主要的结果、结论可上升到科学理论，补充和丰富现有科学认知。发明型论文是发现型论文的一个类别，阐述所发明、创造的装备、系统、工具、材料、工艺、模型、配方等的功效、性能、特点、原理及使用条件等，突出技术、技术运用及创新性。

（2）验证型论文。验证型论文主要提出（预先设定）假说并进行验证，通过对由某实验方案而获得的实验结果进行分析、解释、推理，得出新的结果、结论来支持该假说，即先提出某种假说，然后做实验，由实验结果验证假说。任何一种科学理论在得到实验确证前均表现为假说，而一旦被实验验证就可上升到理论。有了假说就能根据相关要求有计划地设计和进行实验，假说得到实验支持时就会成为有关科学理论的基础。

4）设计型论文

设计型论文的原始结果主要通过设计、创作来获得，将已有研究成果应用于研发新事物或解决实际问题，包括产品设计、技术研发、软件开发、系统集成、算法改进、工艺完善、方法优化、产品制造、材料发展等，即运用现有理论、方法、技术改进或产生新事物，进行发明和创造。此类论文按设计目的可大体分为艺术型、产品型、环境型三类。

5）经验型论文

经验型论文的原始结果主要来自作者个人或团队的经验或体会，通过分享作者个人或有关组织机构的实践经验或案例，包括工作和非工作经验，对其中的亮点（成因、机制、规律、效果、优势或局限等）进行分析、讨论，进而提出作者个人的观点、主张、借鉴、建议等，让同行或有共同兴趣者参考受益。此类论文可分为发现型、报告型等。

人类通过个体实践活动，获得对事物的认知、改造方法，补充知识。人只要生存就与客观事物接触，生活、工作中无时无刻不在与事物接触并有心得涌现，对事物产生新的认知，也在不知不觉中积累着经验。人的一生就是思想不断变化、认识不断成熟的过程，对事物的认识随着年龄的增长越来越深刻、细腻。人在非科研实践中，虽未专门做科研，却从未停止过对数据、资料，案例、现象、体会、经验等的积累，以及对感兴趣的现象或问题进行思考、分析，收获新发现，提出新认知、新方法，与专门做科研有着殊途同归的等同效果。

理论、实验型论文重学术，研究价值大，调查、设计、经验型论文重技术，实用价值大。

3. 科技短文

科技短文（短文型论文，简称短文）篇幅短小，行文简明扼要，但加进了作者个人的观点、认识和评价，对科技发展、科学评价、学术引证等有重要作用，在科技期刊上有增多趋势。此类论文有以下两类。

1）研究型短文

研究型短文是将原创成果简化发表，即原创成果的短篇报道，聚焦突出发现，面向领域内外的广大读者。通常是原创论文的简化版，多由背景、原理和结论三部分组成，一般没有专门的讨论部分。可由作者对其未被录用的原创论文进行删减、压缩和修改而成。一般不多于 4 页，可有适量的插图和引文。研究简报、读者来信[①]可列入研究型短文。

2）评论型短文

评论型短文快速报道最新科技成果或行业资讯（发布科研信息、共享科研发现、展现技术技巧），同时发表评论，加进个人主观评价及认知，提出能为科研发展提供借鉴和指导的观点、主张、见解或认识等。报道内容极广，各领域、层面都涉及，常见的有研究热点、评论、短评、新闻视角等类型。

研究热点也称研究前沿，包括学科进展、研究现状、学术评论等。常由领域专家对其已发表的某一期刊文章进行总体阐述，或对文章中能引起读者兴趣的内容（观点、原理、方法、技术等）进行评论（多为正面评价）。通常有 1~4 页，少量插图，可有适量引文。

评论是对有争议、热门和受到广泛关注的话题进行评价，通常为那些对科学感兴趣但其自身又不是科学家或学术权威的读者开设。

短评是对某期刊已发表文章的阐述及能引起读者兴趣的评论，而且只能发表在该期刊。撰写或投稿前，应先将此短评稿提交给被评论文章的作者，获得其同意许可时才可正式投稿。短评在内容和结构上通常与研究热点相差不多。

新闻视角是向公众交流科学新闻和发表相关评论，是所有媒体就科学研究进行评论的仿效最广，最受尊敬、欢迎的论坛，深受读者喜爱。

---

① 有的期刊将评论型短文中的短评作为读者来信。

1.4　科技论文的内容与结构

1. 综述论文的内容与结构

1）题名

综述论文题名应表出研究主题，体现领域、范围、研究点，如"残疾人智能移动助行器""氧化还原介体催化强化污染物厌氧降解"等；还体现研究类，常见标志词语有综述、研究进展、研究现状、发展现状及趋势、综述与展望、研究现状与展望、挑战及技术展望等。

有一类综述论文是关于理论、机理、机制、模式、策略等研究的，其题名末尾不带综述的标志词语时，易与原创论文（尤其是理论型论文）题名相混淆。其实其间价值取向有本质差别，综述论文做回顾性研究，提出方向性认识，原创论文做探索性研究，提出原创性成果。例如："赤霉素介导下植物对重金属的耐性机理""环境绿色修复的地球化学基础与相关理论""刷式密封高温摩擦磨损行为"为综述论文时应加上必要的标志词语。

2）引言

引言构成综述论文的序论，主要将读者导入综述主题，概述有关主题的概念、知识，限定主题的领域、范围，表达综述的目的、理由或作用、意义，进行文献回顾，交待所选主题的历史背景、发展过程、研究现状、争论焦点、应用价值或实践意义。这部分重在提出问题（综述的重要性、必要性），同时让读者对本综述论文的主题形成初步印象。

本论内容较多且复杂时，引言中还可对本论作简要介绍，也可提示全文的总结论，为读者阅读、理解本论提供方便，还可提及交待本论中使用的研究方法及本文的主要贡献。除非必要，不宜将有关作者个人感受、体会及选题、谋篇过程等方面的内容列入引言。

3）本论

本论无固定结构模式，一般应按主题层次（或上下位关系）、内容性质或类别（如目标、问题、原理、方法、论点、年代）等进行主题分解，再为各级主题分别选取恰当标题作为论文的层次标题。本论通常包括以下方面：

（1）历史发展（按时间顺序简述主题的来龙去脉、发展概况及各阶段的研究水平）。

（2）现状评述（论述研究现状，评述已经和未解决的问题，提出解决途径；指出争论焦点，比较各种观点的异同并做出理论解释，亮明作者的观点；详细介绍有创造性和发展前景的理论和假说，引出论据，指出可能的发展趋势）。

（3）前景预测（通过纵横对比，肯定主题的研究水平，指出问题，提出可能的发展趋势，指明研究方向，揭示研究捷径，为行业发展或专题研究提供指导）。

4）结论

结论是对本论分析、论证的问题加以综合概括，引出基本论点（问题解决的答案），总结全文，也是对引言中的立题通过在本论中给予充分论证而得出的结论，篇幅通常较短。可对本论的主要内容简要概括，提出作者自己的见解，表明作者赞成什么、反对什么（结论）；或按本论的主要论述，提出几条语言简明、含义确切的意见和建议（展望）。对于篇幅较小的综述，可以不单独列出结论，而在本论中各部分的结尾用简短语句高度概括就可以。

引言是提出问题，本论是论述问题，结论是解决问题，所提出的问题不管多么新颖、高端，最终均要在本论中被充分议论、论证，得出可靠的结果、结论，尽显论文的科学价值。

2. 原创论文的内容与结构

1）题名

原创论文是原创研究、成果的记录和报道，研究主题（领域、范围、研究点、研究类）及成果（理论、方法或产品）是明确、具体的，题名应明确表述、体现研究主题及成果形态。

2）引言

引言围绕研究主题阐明研究背景。大体包括：研究领域、范围，研究意义，侧重领域研究的理论重要性；文献回顾，阐明研究现状，指出问题，引出本文的研究点，侧重研究点确立的现实重要性；本文研究目的及预期效果；本文研究与过去相关研究的异同。

引言的核心在于立题，问题意识鲜明，明确指出问题，确立本文要解决的问题（目的、目标）。引言若未交待问题，或虽交待了问题但问题模糊、不明晰，则论文的正文就会缺少依据，合理性不足，说服力不强，可信度下降。

引言侧重交待清楚某一主题的研究现状，回顾的文献可能较多，篇幅通常较长，短了就不太容易表述清楚。但有的论文如经验型论文，引文通常很少甚至没有，引言自然很短。

3）本论

本论是体现原创论文工作及成果的核心部分或基础环节，讲述为了何目的、目标，用何材料、方法，经何过程、步骤，做何处理、研究，得到何结果、结论。通常可概括为材料与方法、结果与讨论两部分。

（1）材料与方法。包括用什么做研究、怎样做研究及结果统计处理几部分内容。

用什么做研究指研究所用的材料，可以是各类文献、资料、文本、文档、数据、原始结果等，各类工具、设备、设施、仪器等，各类原料、试剂、动植物、样本（标本）等，各种软件、系统、平台、算法、程序等。

怎样做研究指研究所用的方法，是研究方案的解决层面。方法分对材料处理、处置及对各级主题研究的方法，涉及相关具体技术、方法、操作、步骤，具体条件、参数，以及有关仪器、设备、对象、材料等操作、测试、测定的规程、注意事项、常见问题、解决措施等。

结果统计处理指对原始结果使用合适的处理方法，分析和解释其定量变化，进行科学分析、推断，以正确辅助制订研究计划。这部分属于研究方案的数据处理层面。

（2）结果与讨论。包括做出什么"结果"及对其"讨论"而又得到什么两部分内容。

"结果"回答发生或得到什么，即研究出什么，如由数学模型、实验、调查、计算等得到的数据、图表。全文的一切结论由结果得出，一切议论由结果引发，一切推理由结果导出，结果构成本论的核心。理论上讲，在论文各组成部分中，结果可能最短，因为很多数据资料可直接用图表列示而省去冗长的文字表述。另外，结果具有客观性，列示时不宜加进个人主观色彩，除非必要，在结果中不必有评论和说明，评论和说明应放在"讨论"中。

"讨论"对结果进行分析、论证，推出、提出新发现，表述具体观点、认识，给出合理意见、建议，说明研究结果的意义，阐述与前人研究结果的异同，如果有些结果不理想，未达到预期目标，则对有关差异及可能出现的意外情况进行解释。最后进行总结，根据研究结果表明作者自己的见解，指出研究的局限性，提出日后可继续完善、改进的研究方向。

本论部分涉及因素较多，如研究类、文体、学科、专业、领域、范围，主题、子主题，研究对象、成果形态，表述侧重、思路，出版要求、写作风格等，再加上研究目标、对象多样，所用研究方案、方法广泛，所走研究流程、过程相异，因此在内容和结构上无固定模式。

4）结论

结论是对全文进行高度概括性总结，反映对由某种研究方法得到的结果进行分析、推理、判断、归纳等逻辑或论证方式研究而得到的主要研究成果。通常按如下结构顺序展开：明确交待提出了何成果，简洁描述成果的功能或优势，综合说明成果的科学意义（价值、创新点），交待成果的实证、测试效果或应用情况，指出成果的局限及未来研究方向（包括提出建议、研究设想、改进意见、尚待解决的问题等）。

3. 两类论文的差异

原创论文和综述论文的主体均由引言、本论和结论组成，但内容侧重不同：

（1）原创论文的引言重在交待主题研究的重要性，而综述论文的引言重在描述对主题研究方向进行研究的重要性。

（2）原创论文的本论侧重对结果进行分析、讨论，注重方法的科学性与结果的可信性；综述论文的本论侧重研究主题的详细信息，涉及发展背景、工作意义，作者评论、认识意见诸多方面、层面，不仅写明研究动态、最新进展，还要从多个方面、层面进行评述，并基于评述对研究现状进行展望和前景预测。

（3）原创论文的结论重在对研究成果进行总结，突出成果的价值性；综述论文的结论重在对现状进行总结和展望，突出成果的指导性。

1.5 高质量科技论文的特点

科技论文的质量是其语言修辞、内容结构和价值意义的融合，高质量科技论文应该明显具有一些基本特点，如创新性、科学性、学术性（技术性）、规范性等。衡量一篇科技论文的质量高低要考察其是否具有基本特点、具有基本特点的数量以及达到这些特点的程度，具有的基本特点越多，达到基本特点的程度越高，论文的质量就越高。

1）创新性

创新性是科技论文的灵魂和价值，是体现其水平的重要标志。创新是指突破或做出了前人没有突破或做出的发现、发明或创造，在理论、方法或实践上获得新的进展或突破，体现出与前人不同的新成果，其理论水平、实践成果或学术见解达到某领域、某时段的最高水平。一篇论文如果在其研究领域内提出新观点、新理论或新方法，有独到的见解，或理论上有发展，或方法上有突破，或技术上有发明，或产品上有提升，那么就具有创新性。

创新性要求论文所揭示的事物本质、属性、特点及运动所遵循的规律或规律的运用是首创或部分首创的，是有所发现、发明、创造和前进的，而不是对前人工作的复述、模仿或解释，不同程度的创新对应于人类对客观对象掌握的相应知识或所具有的认知水平。原创（首创）属于创新程度最高的，对某一点有发展属于一定程度的创新（新颖性），而重复或基本重复他人工作就不是创新。实际中有很多课题是通过引进、消化、移植国内外已有先进科技、理论来解决某地区、行业、系统的实际问题的，只要对丰富理论、促进生产发展、推动科技进步等有积极效果，报道这类成果的论文也应视为有一定程度的创新。

创新性使得科技论文与教科书（讲义）、实验报告、工作总结等有较大差异。教科书的主要任务是介绍和传授已有知识，是否提出新的成果并不重要，其主要读者是外行、初学者，强调系统性、完整性和连续性，常采用深入浅出、由浅入深和循序渐进的写法。实验报告、工作总结等则要求把实验过程、操作内容和数据，所做工作、所用方法，所得成绩、存在的缺点，工作经验、实践体会等详细写出来，也可以把与别人重复的工作写进去（并不否认实验报告或工作总结在某一点或某些方面也可以有新意）。科技论文却不同，要求报道的内容应有作者自己的最新研究成果，而基础性知识，与他人重复性研究内容，常规的具体实验过程、操作或方法，详细的数学推导，浅显的分析等通常不写或略写。

2）科学性

科学性是科技论文的基本要求。科技论文的科学性表现为：内容客观、真实、准确，未弄虚作假，能经得起他人的重复和实践检验；论点鲜明、论据充分、论证严谨，能反映出作者的科学思维过程和所取得的科研成果；以精确可靠的数据资料为论据，经过严密的逻辑推理进行论证，理论、观点清楚明白，有说服力，经得起推敲和验证。科技论文的科学性可总结为内容、形式和过程三个方面：

（1）科技论文的内容是科学研究的基础，既是前提又是结果，其科学性是客观存在及规律的反映，是生产、实验的依据。主要体现：观点、论据和方法经得起实践检验，不能凭主观臆断或个人好恶随意取舍素材或得出结论，必须将足够、可靠的实验、观察或调查数据或现象作为立论基础，论据真实充分，方法准确可靠（实验能经得起复核和验证），观点正确。

（2）科技论文的形式是其内容的结构呈现，其科学性在于结构清晰，行文严谨，符合思维规律，通顺严密，格式规范等。主要体现：表达概念、判断清楚明白且准确恰当；修饰、限定使用明确的修饰语；描述、表义不用华丽辞藻和感情色彩句；使用准确术语、标准量名称及计量单位，插图、表格、式子、数字等的表达准确、简洁，符合有关标准和规范。

（3）科技论文的过程是其形成的整个过程，其科学性在于作者在研究和写作中的科学态度、精神。主要体现：在从选题、搜集材料、论证问题，到研究结束、形成论文的一系列节点和过程中，用实事求是的态度对待任何问题，踏踏实实，精益求精，避免不准备就写文章（不走过程就要结果），不草率马虎、武断轻言，杜绝伪造数据、谎报成果甚至抄袭剽窃。

科学性要求基于实验、调查数据，相关文献及现有知识，以最充分、确凿有力的论据作为立论依据，不带个人偏见，不主观臆造，从实际出发，得出符合实际的结论。

科技论文无论所涉及的主题大小如何，均应有自己的前提或假说、论证素材和推断结论；还要通过推理、分析提升到科学的高度，不要出现无中生有的数据和经不起推敲的结论，而要巧妙、科学地揭示论点和论据之间的内在逻辑关系，达到论据充分，论证有力。

3）学术性（技术性）

学术性对应科技论文中的学术论文，技术性对应科技论文中的技术论文。

学术性也称理论性，是学术论文的主要特征。学术论文在总体研究目标支配下，在科研活动前提下阐述学术见解、成果，揭示事物发展、变化的客观规律，探索客观真理，推动科学技术发展。有无学术性以及学术性是否强，是衡量科技论文学术水准的重要方面。

学术不是一般的认识和议论，而是思维反复活动和深化的结果，是系统化、专门化的学问，是具有较为深厚实践基础和一定理论体系的知识。学术性至少包括两层含义：从一定理论高度分析和总结由观察、实验、调查或其他方式所得结果，形成一定的科学见解，提出并解决某种具有科学价值的问题；用事实和理论对自己所提出的科学见解或问题进行符合逻辑的说明、分析或论证，将实践上升为理论。

一篇论文若只是讲述了某一具体技术和方法，或说明解决了某一实际问题，那么学术价值还不够，不是学术论文，但技术价值可能较大，则属于技术论文。科研特别是工程技术研发人员，应善于从理论上总结与提升研发成果，不仅写出技术论文，还能写出学术论文。

4）规范性

规范性是科技论文的标准化特性和结构特点。科技论文要求结构严谨、脉络清晰、前提完备、演算正确、推断合理、前后呼应、自成系统、符号规范、语言通顺、图表清晰，这些均属规范性，决定了科技论文行文应具有简洁平易性，用准确的专业术语或通俗易懂的语言表述科学道理，语句通顺、协调，表达准确、严谨，语言自然而优美，内容深刻而完备。

科技论文须按一定体例格式来撰写，达到较好的可理解性和可读性：文字表达上，语言简明准确、详略得当，层次分明、条理清楚，论述严谨、推理恰当；技术表达上，术语、量和单位使用正确，数字、字母、式子表达规范，插图、表格设计科学，参考文献标注、著录规范。不规范会影响甚至降低论文的发表价值，使读者对论文内容的真实性和可靠性产生怀疑，甚至产生厌烦情绪。

5）法规性

科技论文有广泛的宣传性、指引性，须以遵纪守法、不损害国家和民族利益为前提，这就是其法规性，包括政治性、法律性和保密性。

科技论文有时也会涉及政治问题。比如，讲述科技发展方向和服务对象时，可能涉及国家经济、科技政策；提到某些国家和地区时，可能涉及国家领土主权和对外关系问题；翻译国外科技论著时，可能遇到其中某些提法与国家法律、方针、政策相抵触甚至不合国情之处。在这些方面表述或处理不当就会犯政治性错误。

科技论文如同私人财产一样，一经发表就受到国家法律的保护，作者在拥有版权的同时也负有较多责任（国家宪法、民法通则、著作权法、专利法、商标法等对知识产权有明确的规定，著作权是知识产权的一种重要类别）。论文内容不符合国家法律法规、经不起实践检验就会犯法律性错误。

科技论文发表须保守国家机密，遵守国家法律，有的内容在某时间和范围内施行保密，有的不在保密范围却受专利法保护。不能引用秘密资料和内部文件，不能发表尚未公布的国家和地区计划。引用全国性统计数字应以国家政府和权威部门公布的为准。未经公布的国家特有资源和尚未公开的工艺、配方，国外还没有的新发明、重大科技成果和关键技术，各项专利，与国防和国家安全有关或涉及国家重大经济利益的项目，以及医疗秘方、疫情、发病率、死亡率等，均属保密范围，应谨慎对待，妥善处理，避免泄密而犯保密性错误。

6）伦理性

科技论文还有伦理性，写作和投稿要注意避免抄袭剽窃、一稿多投等伦理问题。期刊出版单位通常在其《作者须知》或相关文档中发布有关声明，规定作者对其论文研究工作的完整性应承担的伦理责任。

扫一扫

1.6 高质量科技论文的实现

视频讲解

科技论文一经写出，在形式上就是论文，但未必是高质量论文，其内容是否合理、结构是否妥当、表达是否规范还不一定。前期作者的写作和后期编辑的编辑是论文质量提升的两个重要环节，规范写作和规范编辑是论文质量的保障及实现途径。

1）规范写作

规范写作是高质量科技论文实现的先行、基础环节。作者写作完成、定稿后向期刊投稿，期刊编辑部先进行编辑初审，除了对论文做形式审查（如主题与刊登方向是否相符，政治错误、伦理道德问题是否存在等），还要审查论文是否达到写作、投稿的基本要求（如文献引用是否有代表性，研究背景是否阐述清楚，结论是否有并高度概括，创新点是否有或交代清楚等），写作差的论文在编辑初审环节就被淘汰，失去专家评审机会；即使没有失去专家评审机会，专家评审也较难通过；即使专家评审通过了，也要退作者修改，修改工作量很大，甚至多次退修，论文发表周期最终会延长很多。

对于稿源丰富的期刊，当在两篇均有发表价值的论文中只录用一篇时，被录用的肯定是写作规范的那篇。写作规范的论文的编辑加工和后期作者修改的工作量较小，甚至不用退作者修改，发表周期短。因此，为了使有发表价值的论文能得到及时发表，避免因写作不规范而退稿或推迟发表，作者努力提高论文的写作质量很有实际意义。

论文写作不规范，无论对作者还是编辑均有百害而无一利。作者在投稿前须认真研读投稿须知或浏览样刊、样式论文，准确领会和掌握目标期刊的论文写作要求，并付诸写作实践。

规范写作能提高论文的水平，反映作者具有严谨的治学态度、较高的写作水平和修养，为论文发表提供有利条件。一篇论文能否发表主要取决于它是否具有发表价值，但写作的规范性也是不容忽视的重要因素。

2）规范编辑

规范编辑是作者规范写作和专家评审的后续，是编辑指导作者对论文规范写作的关键、核心环节。编辑须认真通读论文原文，根据科技论文写作要求及有关出版标准、规范和编辑规章、制度，总结、归纳论文中需要修改、补充和完善的问题的性质、种类，提出具体修改要求，连同专家评审意见一并退作者修改。作者须按编辑要求和专家意见对论文进行全面调整、补充、删减、完善，编辑再作核对、检查。若作者修改后的论文在质量上仍有适合作者来完成的提升空间，则可根据实际情况重复以上过程，直到论文质量达到一定标准。

规范编辑能提高论文的水平，反映编辑具有严谨的工作态度、较高的业务水平和优良的编辑修养，为论文的质量提升及标准化、规范化起着重要的桥梁作用。

作者和编辑须高度重视科技论文的质量，熟悉其基本知识，了解其质量体系，懂得其应有特点，知道其文体分类，明白其内容和结构，掌握其写作方法，了解其规范表达，理解其实现途径，全面做好准备，扎实开展研究，认真细致撰写，反复推敲修改，写出、写成、写好论文。编辑要了解科技前沿、发展动态，更新写作知识，熟悉有关国家标准、规范，提升编审能力，有效指导作者写作，严格编辑加工，把好论文质量关，审好、改好、出好论文。

第2章　题　名

扫一扫

视频讲解

　　题名（title）又称题目、标题、文题或篇名，是简明确切地反映科技论文研究主题，体现领域、范围、研究点和研究类的不同词语之间的一种逻辑组合，必要时加进适当的修饰语以体现研究的深度、方法或成果的属性、功能等。有的题名还包括副题名或引题。题名相当于论文的"标签"，通常是别人最先浏览的内容，是检索系统优先收录的部分，也是体现论文水平与范围的第一重要信息，具有画龙点睛、启迪思维、激发兴趣等诸多功能。题名是专家审稿的切入点，能否反映论文主要内容成为专家审稿评估的重要标准，直接影响审稿结果；好题名直接带给读者查询结果的准确性及使用的方便性，而差题名，可理解性差，缺少特色，容易失去读者，导致论文"丢失"，不能被潜在的读者查到。可见，题名的好坏直接影响人们对论文的第一印象。本章主要讲述科技论文题名写作要求，题名内容、结构、语言表达，以及英文题名、系列题名表达。

扫一扫

视频讲解

2.1　题名写作要求

　　题名准确反映或概括研究内容，写作要求准确、清楚、简洁，吸引人，给人以鲜明印象。

　　准确（accuracy）是从内容表达来说的，指题名明确、充分反映或表达论文的主要内容，恰当反映研究的范围和深度，与论文的内容紧密贴切，别人看了容易判断论文的内容和范围。这就要求，题文相扣，不过大或过小，题名应明确或大体体现研究结果、成果，不要过于华丽或承诺太多，也不宜使用非定量、含义不明的词。

　　清楚（clarity）是从结构表达来说的，指题名清晰、明白地反映论文的主要内容、特色及研究工作的独到之处，力求直接明快、重点突出。这就要求，题名中宜将表达主要内容的关键词放在题名开头或其他恰当位置。若题名反映系列研究内容，或内容层次较多，或过短不足以反映论文内容，则可采用主、副题名相结合的形式，用副题名对主题名补充说明。

　　简洁（brevity）是从语言表达来说的，指题名简练、确切、醒目，以最少的词语和字符概括尽可能多的内容，即在准确、清楚地反映特定内容的前提下，用词越少越好。这就要求，题名用词必须精选，避免冗长、烦琐而难给人留下鲜明印象；也不要太短，主题表达不清，令人摸不着头脑。简洁应以清楚为前提，即清楚优于简洁，过度简洁会影响清楚表达。

　　吸引人（attractive）指题名的综合表达效果好，别人看了有爱不释手而想继续深入阅读全文的愿望和冲动。吸引人的题名用词准确、结构合理、详略得当、语序正确、修辞妥当、逻辑通顺、透出美感，有既能概括全文，将某一论文在同类研究中凸显出来，又能引人注目，将读者需求在众多研究中定格下来的特质。

扫一扫

视频讲解

2.2　题名内容表达

　　题名内容表达应反映研究主题（领域、范围、研究点、研究类），与正文主要内容相扣。
　　1）题文相扣
　　题名应恰当反映研究的范围和深度，与论文内容互相匹配、紧扣，题要扣文，文要扣题。

这是题名表达的基本原则。实际中常有不扣文而过于笼统的题名，多由缺少研究点所致。

【1】可重构制造系统的研究
【2】气动系统内部结露研究
【3】汽车主动安全控制液压执行器

以上题名缺少研究点，研究对象笼统，范围大而不明，应补出研究点即细化研究对象。

题名【1】参考修改

✓可重构制造系统研究现状与发展趋势
✓可重构制造系统基础理论和方法
✓可重构制造系统生产路径规划及方法
✓可重构车间计算机辅助工艺规程设计（画线部分可用缩写 CAPP）
✓车间级可重构制造系统计算机辅助工艺规程设计（画线部分可用缩写 CAPP）
✓可重构机床计算机辅助工艺规程设计（画线部分可用缩写 CAPP）
✓可重构制造系统：车间生产路径规划及方法

题名【2】参考修改

✓气动系统内部结露机理与实验

题名【3】参考修改

✓汽车主动安全控制液压执行器的性能与原理

【4】35Ni-15Cr 型铁基高温合金中铝和钛含量对高温长期性能和组织稳定性能的影响研究

此题名长而含混，"35Ni-15Cr"中的数字表义，可有百分含量（质量分数）、质量比、体积比、金属牌号等多种理解。修改方法是站在读者角度，清晰表出领域、范围，这些数字若指百分含量，则不必写在题名中（正文中可写），题名中只要反映含 Ni 和 Cr 这一事实即可。

题名【4】参考修改

✓Ni、Cr 合金中 Al、Ti 含量对高温性能和组织稳定性的影响

2）概念准确

题名中概念表达要充分注意其外延和内涵，使用定量、含义明确的词，力求用词有专指性，避免概念表达不准确。

【5】对偏远农村地区种植作业中机动力、人、畜组合的现状调查
【6】5 自由度大工作空间/支链行程比混联机械手的运动学设计与尺度综合

题名【5】中机动力、人、畜并列不妥，"人"的外延可包括青壮年、婴幼儿和老人，而婴幼儿和老人不具劳动能力，显然不属题名所指；"畜"可包括牛、羊和猪，羊和猪显然不能用作动力。题名【6】中运动学设计与尺度综合并列不妥，因为在外延上前者包含后者。

题名【5】参考修改

✓对偏远农村地区种植作业中机动力与劳力、畜力组合的现状调查

✓对偏远农村地区种植作业中机动力、劳力和畜力组合的现状调查

题名【6】参考修改

✓5 自由度大工作空间／支链行程比混联机械手的运动学设计

【7】超音速火焰喷涂 Ni-CeO$_2$ 复合涂层的数值模拟及<u>耐磨耐腐蚀</u>研究

此题名中"耐磨耐腐蚀"是研究点，但与正文相应研究内容的内涵没有完全相扣，其实研究的是涂层的"耐磨耐腐蚀性能"，而不是其"耐磨耐腐蚀"，即研究点概念表达不完整。

题名【7】参考修改

✓超音速火焰喷涂 Ni-CeO$_2$ 复合涂层数值模拟及其耐磨耐腐蚀性能研究

3）术语使用

题名提倡使用术语，加强表达的专业性、严谨性、学术性。该用术语却用了一般词语，或不必要地对术语重新给出定义，或给出与公认的术语定义有出入的解释，均不可取。

【8】基于<u>计算机</u>的工艺设计技术的智能化发展策略
【9】新冠病毒 <u>COVID-19</u> 的起源探索研究

题名【8】中画线术语不准确，应改为"计算机辅助工艺规程设计"或其缩写 CAPP。题名【9】中 COVID-19 是新冠肺炎的名称，与修饰语新冠病毒冲突，应改为新冠病毒的名称。

题名【8】参考修改

✓基于计算机辅助工艺规程设计的智能化发展策略
✓基于计算机辅助工艺规程设计（CAPP）的智能化发展策略
✓基于 CAPP 的智能化发展策略
✓基于 CAPP（计算机辅助工艺规程设计）的智能化发展策略

题名【9】参考修改

✓新冠病毒 SARS-CoV-2 的起源探索研究
✓新冠病毒 2019-nCoV 的起源探索研究

4）缩略语使用

题名中可直接使用业界公认或合适的缩略语（缩写），但通常不宜用自定义缩略语。

【10】空间曲面电火花线切割 <u>CAD/CAM</u> 系统

此题名使用 CAD/CAM 合适，CAD（Computer Aided Design，计算机辅助设计）和 CAM（Computer Aided Manufacturing，计算机辅助制造）为常用缩略语。

【11】基于四元数的台体型 <u>5SPS-1CCS</u> 并联机器人位置正解分析
【12】高精度 <u>STM.IPC-205BJ</u> 型原子力显微镜的设计

此两题名使用缩略语 5SPS-1CCS、STM.IPC-205BJ 合适，分别指台体型并联机器人机构、原子力显微镜的一种型号。

【13】基于 <u>STEP-NC</u> 数控系统的译码模块及坐标问题

此题名使用缩略语 STEP-NC 是可以的，STEP-NC 是 CAD/CAM 和 CNC（计算机数字控制）之间进行数据传递的一个接口标准，题名中若不直接使用此缩略语就不方便表达。

【14】6-DOF 水下机器人动力学分析与运动控制

DOF 是 degree of freedom（自由度）的缩写，在设计和机构学领域使用广泛，中文题名中用其中文名称更好。类似的缩略语还有 MEMS（Micro Electro-Mechanical System，微机电系统），PDM（Product Data Management，产品数据管理）等。

【15】PDMS 微流控芯片复型模具的新型快速制作方法

此题名使用缩略语 PDMS 不合适，读者看了可能难以明白其所指。这里 PDMS 是一种化学名称"聚二甲基硅氧烷"（polydimethylsiloxane，PDMS），可改为"聚二甲基硅氧烷""PDMS（聚二甲基硅氧烷）"或"聚二甲基硅氧烷（PDMS）"。

【16】HFCVD 衬底三维温度场有限元法模拟

此题名使用 HFCVD 不当。它是 hot filament chemical vapor deposition（热丝化学气相沉积）的缩略语，非公知公用，可改为"热丝化学气相沉积"或"热丝化学气相沉积（HFCVD）"。

【17】面向 JAUMIN 的并行 AFT 四面体网格生成

此题名使用 JAUMIN、AFT 两个缩写式算法（程序）名称，简短好记，若用全写（JAUMIN: J adaptive unstructured mesh applications infrastructure；AFT: advancing front technique）及中文名，不仅难保证中文名的准确性，而且会使题名冗长、难记，也会给检索带来不便。

【18】RMS 中基于 ST 的 VMC 生成方法

此题名用 RMS、VMC 将就能说得过去，但 ST 就难懂了。RMS、VMC 分别是 reconfigurable manufacturing system、virtual manufacturing cell 的缩写，在制造自动化领域有一定使用，但 ST 是作者自定义的，别人无法搞懂，是 similarity theory、similarity technology 还是其他，可用 ST 来充当缩写的词语实在太多了。

题名【18】参考修改

✓基于相似性理论的虚拟制造单元生成方法

✓基于相似性理论的虚拟制造单元（VMC）生成方法

✓基于相似性理论的 VMC（虚拟制造单元）生成方法

✓可重构制造系统中基于相似性理论的虚拟制造单元生成方法

✓可重构制造系统（RMS）中基于相似性理论的虚拟制造单元（VMC）生成方法

✓RMS（可重构制造系统）中基于相似性理论的 VMC（虚拟制造单元）生成方法

2.3 题名结构表达

扫一扫

视频讲解

题名结构表达指对论文研究主题进行表述的句法结构，是基于论文研究主题各组成项的某种逻辑组合的语法架构。

1）结构合理

题名起标签、标示作用，习惯上多用以名词或名词性词组为中心的偏正结构，但中心动词前有状语时用动宾结构，"论……""谈谈……"之类题名也为动宾结构。题名也可用陈述句，直接表达中心论点，但应避免用冗长的主、谓、宾语结构齐全的完整语句逐点描述有关内容。因陈述句有判断式语意，往往不简洁、不醒目，重点不明显、不突出，因此题名一般不用或少用陈述句式。题名也可用疑问句，有探讨性语气，征询、探讨意味浓厚，表达显得较为生动，容易引发思考，评论、驳斥类论文题名宜用疑问句。

【1】研究整车物流中的委托代理问题

此题名是动宾结构（研究＋委托代理问题），改为常规的偏正结构更好（整车物流的委托代理问题）。

【2】应用信息经济学研究整车物流中的委托代理问题

【3】利用单吸气储液器改善双缸压缩机的声学特性

此两题名为动宾结构，因中心动词"研究""改善"前有状语"应用信息经济学""利用单吸气储液器"，故不便或不能将这两个动词作为偏正结构中的名词而将题名改为偏正结构。

【4】论整车物流的委托代理问题

【5】谈谈整车物流的委托代理问题

此两题名为"论（谈谈）＋宾语"，属于动宾结构，不必用偏正结构。

【6】在2020年年初检测到的新型冠状病毒2019-nCoV对人类造成越来越大的威胁

【7】新型冠状病毒2019-nCoV感染能治愈吗？

题名【6】为陈述句，主、谓、宾齐全，但没有冗词，可直接表达中心论点。题名【7】为疑问句，表达出对新型冠状病毒感染这一重大公共问题既有疑惑、担心而又持关切、期待的疑问语气，容易引起大众的共鸣。

2）系列题名

系列题名是主题名相同但系列序号、副题名不同的系列论文的题名。无固定格式，主、副题名间常加系列序号，用破折号或冒号分隔，这种分隔号位于系列序号前或后均可。

【8】可重构制造系统——Ⅰ基础理论

【9】可重构制造系统——Ⅱ实验和仿真

【10】可重构制造系统——Ⅲ车间生产路径规划及方法

【11】可重构制造系统——Ⅳ可重构机床的研制

这4个题名为系列题名，其主、副题名间用破折号分隔，副题名前分别冠以罗马数字Ⅰ～Ⅳ（用阿拉伯数字或其他字符也可以）。

系列论文因主题名相同而有较多重复内容（如引言），仅阅读其中部分论文难以了解内容全貌，当它们不能被同一期刊发表时就有失连贯性。

扫一扫
视频讲解

2.4　题名语言表达

题名语言表达侧重其用语及语言组织符合语法、逻辑、修辞等要求，给人以美感。

1）简短精练

题名侧重反映主要研究内容或对象，宜简短精练，但不能太短而影响内容准确表达，对帮助读者理解论文难以发挥作用，也不能过长而不方便读者快速浏览、了解信息。

【1】关于钢水中所含化学成分的快速分析方法的研究

此题名含较多冗词，语言较为烦琐，"关于""所含""研究"等词不出现时并不影响题意表达。冗词去掉后，改为"钢水化学成分的快速分析法"，字数则由原来的 21 个减少到 12 个，干净利落、简短明了。

值得注意的是，题名末尾的"研究"在多数情况下可以省略；但若省略后难以读通而影响题意表达，则不能省略。

【2】新型内外组合搅拌桨的开发及其流场特性研究
【3】低压燃油雾化喷嘴流动能量损失特性数值研究

题名【2】末尾的"研究"表研究类，可去掉，去掉后只是形式上的省略而完全不影响题意。题名【3】的"研究"不可去掉，"数值研究"为研究类，去掉"研究"就根本说不通。

【4】织构化动压轴承热流体润滑特性理论与试验研究
【5】黏性流体液滴撞击超疏水壁面奇异射流的试验与模拟研究

题名【4】的"理论与试验研究"表示研究类，"研究"不可去掉，去掉时研究类"理论与试验研究"就变成研究点"理论与试验"，将研究方式表达为研究内容或成果。题名【5】的"试验与模拟研究"表研究点，"研究"可去掉，去掉时研究点表达变得简洁，且不影响题意。

对 2.2 节中修改后的实例【7】（超音速火焰喷涂 Ni-CeO$_2$ 复合涂层数值模拟及其耐磨耐腐蚀性能研究），其末尾的"研究"不可去掉，因为"数值模拟""研究"均为研究类，其间是并列关系，若去掉"研究"，二者就不能并列了。

若题名偏短不足以显示论文内容或反映不出系列研究的性质，则可在主题名后面加副题名，使整个题名既充实、准确，而又不流于笼统、一般化。

【6】有源位错群的动力学特性——用电子计算机模拟有源位错群的滑移特性

此题名用破折号分隔，前面部分为主题名，后面部分为副题名。

2）语序正确

题名语序不当会造成表意混乱，令人费解。题名中"的"字位置不同，题名所表达出来的意思就可能不同。例如：

【7】计算机辅助机床几何精度测试

此题名将"计算机辅助测试"这一术语拆分成两部分，一部分"计算机辅助"位于题名开头，另一部分"测试"位于题名结尾，属于典型的语序不当，应改为"机床几何精度的计算机辅助测试"。

【8】基于 EDM 能量算子的解调方法及其在机械故障诊断中的应用

此题名中 EDM（一种解调方法）应为介词"基于"的对象，"其"字不是指"算子"而是"解调方法"，故第一个"的"字位置不妥；另外，EDM 的语序出错，应为 EMD（empirical mode decomposition，经验模式分解）。

题名【8】参考修改

✓基于经验模式分解的能量算子解调方法及其在机械故障诊断中的应用
✓基于经验模式分解（EMD）的能量算子解调方法及其在机械故障诊断中的应用

✓基于 EMD 的能量算子解调方法及其在机械故障诊断中的应用

✓基于 EMD（经验模式分解）的能量算子解调方法及其在机械故障诊断中的应用

3）索引方便

题名中宜使用核心关键词，所用词语符合编制题录、索引和检索的有关原则，便于关键词选定、理解及实用信息提供、文献检索，不宜出现不方便查询的语言要素，如式子、特殊符号、生僻字词、非公知公用缩略语等。

【9】<u>可重构系统</u>基础理论与方法

此题名的"可重构系统"过于笼统，代之以论文的主要关键词"可重构制造系统"，索引就方便了。

【10】基于关键设备工序紧凑的工序分类分批的 <u>Job-shop</u> 调度算法

Job-shop 来自英文文献，中文题名直接用此英文词语不太合适，一是中英文混用不大协调，二是索引不方便。可将此英文词语改用中文，必要时可在此中文后括注其英文名称。

题名【10】参考修改

✓基于关键设备工序紧凑的工序分类分批的车间调度算法

✓基于关键设备工序紧凑的工序分类分批的车间（Job-shop）调度算法

2.5　英文题名表达

英文题名表达除了应符合上述有关要求（内容、结构、语言），还应遵守以下原则。

1）词数恰当合适

英文题名词数以 10～12 个单词为宜，最好不超过 100 个字符（含空格和标点）。不同机构的期刊对题名词数要求不同。例如，AMA（美国医学会）规定题名不超过 2 行，每行不超过 42 个字符和空格；AMS（美国数学学会）要求不超过 12 个词，用词质朴、明确、实事求是，避免用广告式、冗赘夸大式字眼；NCI（美国国家癌症研究所）要求不超过 14 个单词；*Nature* 要求不超过 3 行，每行 30 个字符（含空格），一般不应含数字、首字母缩略语、缩写或标点符号（必要时可用一个冒号）；*Science* 要求采用描述性短语，不用完整句子，每行最长 30 个字符，报告和研究型论文的题名不超过 3 行，综述论文的不超过 100 个字符。

【1】Transition Texture Synthesis

【2】Presence of Triploids among Oak Species

这两个题名分别只有 3 个和 6 个单词，词数恰到好处，简洁明确地表达了论文的内容。

【3】Study on <u>Brucella</u>

此题名过短，读者无法知道具体研究领域，其中 Brucella 是有关医学、分类学、遗传学、生物化学，还是别的什么领域，不得而知。

【4】<u>Preliminary Observations</u> on the Effect of Zn <u>Element</u> on Anticorrosion of Zinc Plating Layer

此题名有冗词 Preliminary Observations、Element，表意冗余，精简后效果将提升。

题名【4】参考修改

✓Effect of Zn on Anticorrosion of Zinc Plating Layer

简化题名通常可通过删除冠词和说明性冗词来实现。题名中的冠词有简化的趋势，凡可用可不用的均可省去。说明性冗词通常有：Research on、Study of (on)、Investigations on、Analysis of、Development of、Evaluation of、Experimental、On the、Regarding、Report of (on)、Review of、The Nature of、Treatment of、Use of 等，这类词语在题名中通常可省去，但有时不能，如果省略后造成难读难懂，甚至会影响原意的表达，就不能省略。

例如题名【5】～【9】中画线的词或词语就不宜或不能省去：

【5】A Comparative Study of Germination Ecology of Four *Papaver* Taxa

【6】An Efficient Clustering Algorithm for *k*-Anonymisation

【7】Differential Responses of Lichen Symbionts to Enhanced Nitrogen and Phosphorus Availability：An Experiment with *Cladina stellaris*

【8】Development and Seed Number in Indeterminate Soybean as Affected by Timing and Duration of Exposure to Long Photoperiods after Flowering

【9】Experimental Study of the Effect of Spinning on Elastohydrodynamic Lubrication Films

题名表达还要避免词意上的重叠，如 Zn Element 中的 Element、Traumatic Injuries 中的 Traumatic、at Temperature 100 ℃ 中的 Temperature 等，都是可以省去的，另外，Experimental Research、Experimental Study 可直接表达为 Experiment。

在题名难以简化或短题名不足以显示论文内容（语意未尽），或内容层次较多，或系列研究分篇报道时，可以在主题名之后加副题名，补充、说明主题名。例如：

【10】Industrial Engineering and Visualisation——A Product Development Perspective

【11】Nano-bearing: The Design of a New Type of Air Bearing with Flexure Structure

【12】Flow in a Pelton Turbine Bucket: Numerical and Experimental Investigations

题名【10】的破折号及【11】、【12】的冒号的前后部分分别为主、副题名。

2）表意直接清楚

题名表达应直截了当、清晰明白，以引起读者的注意，因此应尽可能将表达核心内容的主题词放在题名的开头。例如：

【13】The Effectiveness of Vaccination against Influenza in Healthy, Working Adults

【14】Improved Method for Hilbert Instantaneous Frequency Estimation

题名【13】中，若用 Vaccination 开头，读者可能会误认为这是一篇方法性论文，而用 Effectiveness 作为题名的第一个主题词，就直接指明研究的主题（是效果、疗效，而不是方法）。题名【14】中，用 Method 作为题名的第一个主题词，直接指明是方法性论文。

模糊不清的题名往往会给读者和索引工作带来麻烦和不便。例如：

【15】Hybrid Wavelet Packet-Teager Energy Operator Analysis and Its Application for Gearbox Fault Diagnosis

【16】A Complication of Translumbar Aortography

【17】New Hydraulic Actuator's Position Servocontrol Strategy

题名【15】的 Its 指代不明，需费力判断；【16】的 Complication，表意不明，需使劲想象。另外，为确保题名含义准确，应尽量避免用非定量、含义不明的词，如 Rapid、New、Good、Important、Advanced 等，如【17】的 New 指作者新提出的，还是别人提出的，表意不大明确。同时还应力求用词的专指性，如 A Vanadium-iron Alloy 明显优于 A Magnetic Alloy。

3）句法结构正确

题名常由名词性短语构成，基本上由一个或若干名词加上前置和（或）后置修饰语构成，主要动词多以分词或动名词的形式出现。例如：

【18】Particle Distribution in Centrifugal Accelerating Fields

【19】Ambient Temperature and Free Stream Turbulence Effects on the Thermal Transient Anemometer

【20】Improving the Concept of an Asynchronous Cyclotron

【21】Pricing Incentive Strategy of Information Sharing in Supply Chain

题名【18】、【19】画线部分为中心词语（名词性短语），后面部分为其后置修饰语；【20】、【21】的中心动词分别是其分词形式 Improving、动名词形式 Pricing。

有时题名可以用陈述句、疑问句。例如以下题名【22】、【23】为陈述句，【24】及【25】的副题名为疑问句：

【22】Sorghum Roots Are Inefficient in Uptake of EDTA-chelated Lead

【23】H7N9 Virulent Mutants Detected in Chickens in China Pose an Increased Threat to Humans

【24】Can Agricultural Mechanization Be Realized without Petroleum？

【25】A Race for Survival: Can Bromus tectorum Seeds Escape Pyrenophora semeniperda-caused Mortality by Germinating Quickly？

题名比句子简短，且不必主、谓、宾齐全，因此其中词的顺序显得尤为重要，词序不当会导致表达不准甚至错误。一般来说，题名表达应首先确定好最能够反映论文核心内容的主题词（中心词），再进行前后修饰扩展，修饰语与相应主题词应紧密相邻。例如：

【26】Cars Blamed for Pollution by Scientists

此题名的 for Pollution 和 by Scientists 的顺序颠倒，使想表达的本意"科学家将污染归罪于汽车"变成"科学家造成的污染归罪于汽车"，原因就在于这两个介词短语的顺序不当。

题名【26】参考修改

✓Cars Blamed by Scientists for Pollution

【27】Nursing of Trans-sphenoid Removal of Pituitary Adenomas

此题名将接受"护理"（Nursing）的对象"病人"（未出现）表达成"手术"（Trans-sphenoid Removal of Pituitary Adenomas），即对"手术"的护理，明显不合逻辑。

题名【27】参考修改

✓Nursing for Patients after Trans-sphenoid Removal of Pituitary Adenomas

修改后护理对象是病人，即对病人护理（Nursing for Patients），并明确了手术对象是病人。

【28】<u>Neutrons</u> <u>Caused</u> <u>Chain Reaction of Uranium Nuclei</u>

此题名为陈述句（Neutrons 为主语，Caused 为谓语，Chain Reaction of Uranium Nuclei 为宾语），若改为偏正式结构的短语，表达效果会更自然、恰当。

题名【28】参考修改

✓Chain Reaction of Uranium Nuclei Caused by Neutrons

修改后，Chain Reaction 为中心语，Uranium Nuclei、Caused by Neutrons 为后置修饰语。

【29】Multi-scale and Multi-phase Nanocomposite Ceramic Tools <u>and</u> Cutting Performance

此题名中 Tools 和 Cutting Performance 并列不妥，因为切削性能仅是刀具的一个属性，二者不在一个层面上，应在 Cutting Performance 的前面补出必要的限定语，如 and its。如果论文的主题就是 Cutting Performance，则可改为中心词语 Cutting Performance 加后置修饰语 Multi-scale and Multi-phase Nanocomposite Ceramic Tools 的偏正结构。

题名【29】参考修改

✓Multi-scale and Multi-phase Nanocomposite Ceramic Tools and its Cutting Performance
✓Cutting Performance of Multi-scale and Multi-phase Nanocomposite Ceramic Tools

【30】Numerical Simulation by Computational Fluid Dynamics <u>and</u> Experimental Study on Stirred Bioreactor with Punched Impeller

此题名按论文内容，应先介绍 Experimental Study（实验研究），再介绍 Numerical Simulation（数值模拟），因此连词 and 前后部分的顺序颠倒。

题名【30】参考修改

✓Experiment on Stirred Bioreactor with Punched Impeller and Numerical Simulation by Computational Fluid Dynamics

悬垂分词如 Using、Causing 等在题名中十分常见，其潜在的主语是"人"（作者、研究者）而不是"物"（研究对象），使用时容易出错。例如：

【31】Nanoscale Cutting of <u>Monocrystalline Silicon</u> <u>Using</u> Molecular Dynamics Simulation

此题名容易误解为 Monocrystalline Silicon Uses Molecular Dynamics Simulation（单晶硅使用分子动态模拟），因为只能是人使用分子动态模拟（Molecular Dynamics Simulation），而非单晶硅（Monocrystalline Silicon）。

题名【31】参考修改

✓Using Molecular Dynamics Simulation in Nanoscale Cutting of Monocrystalline Silicon

【32】New Scaling Method for <u>Compressor Maps</u> <u>Using</u> Average Infinitesimal Stage

此例 Compressor Maps Using Average Infinitesimal Stage（压缩机图使用平均无穷小阶）错误，因为是人而非压缩机图（Compressor Maps）使用平均无穷小阶（Average Infinitesimal Stage）。

题名【32】参考修改

✓Using Average Infinitesimal Stage in Scaling Method for Compressor Maps

【33】Characterization of <u>Bacteria</u> Causing Mastitis by <u>Gas-liquid Chromatography</u>

此题名错误地表示成细菌（Bacteria）使用气液色谱法（Gas-liquid Chromatography）而引起乳腺炎（Mastitis）。

题名【33】参考修改

✓Using Gas-liquid Chromatography in Characterization of Mastitis Caused by Bacteria

4）介词正确使用

题名中常用名词做修饰语，如 Radioactive <u>Material</u> Transport、<u>Multizone</u> Moving <u>Mesh</u> Algorithm 等，但有时将汉语中起修饰作用的名词译成英语时，用对应的名词直接做前置修饰语可能不合适。例如，用名词做修饰语来修饰另一个名词时，若前者是后者的一部分或所具有的性质、特点，则应将前置词 with 加名词的"with＋名词"短语放在所修饰的名词之后来修饰。例如："具有<u>中国特色</u>的新型机器"不能译为 <u>Chinese Characteristics</u> New Types of Machines，而应是 New Types of Machines <u>with Chinese Characteristics</u>；"<u>异形截面</u>工作轮"不能译为 <u>Noncircular Section</u> Rolling Wheel，而应是 Rolling Wheel <u>with Noncircular Section</u> 或 Rolling Wheel <u>with Special Shaped Section</u>。

中文题名中常使用"定语＋的＋中心语"的结构，此处"的"在英文中有两个相应的前置词 of、for，其中 of 主要表示所有关系，for 主要表示目的、用途等。题名中还常使用 in 表示位置、包含关系。例如：

【34】Inhibition Mechanism <u>of</u> Na_2MoO_4 <u>for</u> Carbon Steel <u>in</u> 55% LiBr Solution

【35】Nonlinear Estimation Methods <u>for</u> Autonomous Tracked Vehicle with Slip

题名【34】的 Inhibition Mechanism 与 Na_2MoO_4 为所有关系，其间用 of；Na_2MoO_4 与 Carbon Steel 间的 for 表示目的、用途；Carbon Steel 与 LiBr Solution 为包含关系，其间用 in。题名【35】中所指的方法 Nonlinear Estimation Methods 用于车辆 Autonomous Tracked Vehicle，表示方法的用途或使用场合，所以其间用 for 而不用 of。

5）字母大小写正确

题名大小写无统一规定，主要有实词首字母大写（虚词首字母小写）、第一个词首字母大写（其余小写，特殊词[①]除外）和全部字母大写三种情况。例如：

【36】Web Services Based Collaborative Design Model of Graphics CAD Systems on Internet

【37】Web services based collaborative design model of graphics CAD systems on Internet

【38】WEB SERVICES BASED COLLABORATIVE DESIGN MODEL OF GRAPHICS CAD SYSTEMS ON INTERNET

第一种格式较为标准，类似于专有名词，与正文区分明显，用得最多；第二种格式占用空间小，简洁、实用，可读性好，有增多趋势；一般不用第三种格式。其实题名的大小写只是个形式问题，作者遵循目标期刊的规定和习惯即可，不必考虑过多而分心于形式。例如：

---

① 专有名词首字母、首字母缩略词、德语名词首字母、句点后单词的首字母等，均应大写，而且第一个词应尽量避免使用首字母以"位次"开始的化学名称（如 α-toluene，其中的 α 表示位次）或以其他类似前缀开始的单词。

【39】Cryptochromes Interact Directly with PIFs to Control Plant Growth in Limiting Blue Light（*Cell*）

【40】Schizophrenia risk from complex variation of complement component 4（*Nature*）

【41】Active sites of nitrogen-doped carbon materials for oxygen reduction reaction clarified using model catalysts（*Science*）

2.6　中英文题名一致性

同一论文的中、英文题名在内容上应该一致，不要出现中文题名指这回事，而英文题名指另一回事的情况。这里说的是内容上的一致，并非强求中、英文词语一一对应（英文应为中文的意译，而非直译）。例如：

【1】工业湿蒸汽的直接热量计算

The Direct Measurement of Heat Transmitted Wet Steam

此英文题名的直译中文是"由湿蒸汽所传热量的直接计量"，与中文题名"工业湿蒸汽的直接热量计算"相比较，二者用词虽有差别，但在内容上一致。

【2】基于金字塔模型的粒子群优化算法及其在卫星舱布局设计中的<u>应用</u>

<u>Particle Swarm Optimization</u> Based on Pyramid Model for Satellite Module Layout

此中文题名是一个并列结构（算法＋应用），而英文题名是一个加有后置修饰语（Based on…）的名词短语（…Optimization），内容上不一致。若将中文题名改为"求解卫星舱布局的基于金字塔模型的粒子群优化算法"，则此例的中英文题名在内容上就一致了。

【3】5 自由度大工作空间／支链行程比混联机械手的<u>概念设计与尺度综合</u>

<u>Kinematic Design</u> of 5-DOF Hybrid Robot with Large Workspace/Limb-stroke Ratio

此中文题名的主题词是"概念设计与尺度综合"，而英文题名的主题词是 Kinematic Design（运动学设计），内容上不一致。可修改主题词，使二者在内容上一致。

2.7　页眉

页眉（眉题）常由主要作者姓名和论文题名构成，或只由论文题名构成，排在论文部分页面（单页码，或双页码，或除首页外的单页码、双页码）的最上方即书眉部分。例如：

【1】余锋杰 等：飞机自动化对接中装配准确度的小样本分析

【2】常用营养风险筛查工具的评价与比较

中文论文的页眉一般排为中文，其中的论文题名部分一般与论文题名相同，如果排为英文，又受版面限制，则可考虑缩减英文题名。例如：

【3】Max Ent Models for Subjectivity Analysis（缩减前：Constructing Maximum Entropy Language Models for Movie Review Subjectivity Analysis）

【4】Effect of Nutrients on the Growth of Lichen Symbionts（缩减前：Differential Responses of Lichen Symbionts to Enhanced Nitrogen and Phosphorus Availability：An Experiment with *Cladina stellaris*）

第 **3** 章

引　言

引言（introduction）又称前言、序言、概述或绪论，属科技论文的引论部分（开始、开场白），有总揽论文全局的重要性，主要描述研究背景，侧重立题，引导读者对论文的内容做好心理和知识准备，自然、有序、有目的地进入论文主题，为读者更加方便、有效、能动地阅读和理解论文做好铺垫。引言很重要，只要引言写好了，论文就差不多成功了一半。因此，必须对引言写作高度重视，下足功夫去完成，避免引言写作过于简单或不完整，例如没有体现前人基础和自我创新，没有交待研究意义和目的，甚至没有提出任何要解决的问题。本章主要讲述科技论文引言的内容、结构，写作要求及常见问题，并列举实例进行评析。

3.1　引言的内容与结构

1）引言的内容

（1）研究主题。表述对何领域中的何事物做何方面的研究，大体按领域、范围、研究点、研究类的顺序展开，即"研究主题＝领域＋范围＋研究点＋研究类"。领域是研究内容所属的领域范围、学科类别或研究方向，通常较为宽泛；范围是对研究领域的进一步限定和收缩，将研究领域描述得更加明确和具体；研究点通常是研究对象，是从研究范围中抽取出来的将对其做某类研究的某一事物，对应需要研究或解决的问题；研究类是针对研究点的核心研究内容或中心思想，往往对应科研类或研究方式。引言通常先陈述相关知识（科学常识、普遍事实、一般认知等）或最新研究成果，可引用文献，层层收缩，直到提出研究点及对其研究的重要性，还可辅以相关研究甚少或存在不足的表述来凸显此重要性。

（2）文献回顾。即文献综述，是对与研究主题相关的代表性文献进行述评，描述现有研究（包含作者在内的前人研究）的历史、现状，横向比较同类研究（现状描述），总结现有研究的优势和局限（不足、空白），提出存在或有待解决的问题（问题提出），说明本文研究与过去研究的关系。注意不要为回顾而回顾，即不提出问题，而要有意将重点逐渐转移到与研究主题相关的内容，提出其中有某一现实问题需要进一步研究，如理论空白填补、科学机理解释、工程应用推广、效率效果提升、计算精度提高、技术难点突破等。被回顾的文献应全面、新颖，有代表性（时间合适、新旧结合、数量恰当等）。

（3）本文工作。针对提出的问题，聚焦、提出本文将进行的研究工作，可包括研究目的、目标、方法、成果、价值。研究目的是本文要解决的问题，突出本文研究的重要性。研究目标是研究目的的分解，是为实现研究目的而确立的本文要实现的各个目标（只有一个目标时，目标就是目的）或要展开研究的各个子主题（研究主题的分解），各目标或子主题构成研究内容，可能涉及所用理论、方法、模型、技术、数据或材料等的某些或某一方面。研究方法是本文工作所采取的主要方法。研究成果是本文预期将获得的主要研究结果、成果（某种理论、方法或产品）。研究价值是本文研究成果的创新点、学术贡献或科学意义。研究目的阐述为什么研究，研究目标确立去研究什么，研究方法指出用什么方法研究，研究成果交待将研究出什么，研究价值总结研究有什么意义。

（4）写作安排。介绍论文章节安排，交待论文各主要部分的内容逻辑、行文顺序，涉及论文内容布局及层次标题安排，旨在通过对论文整体构架的简略介绍而达到对引言的完好收尾，指引、指导、方便读者阅读论文。写作安排这部分适于篇幅较长、结构稍复杂的论文，并非每一论文都需要。

2）引言的结构

将引言各部分内容按内在逻辑顺序来行文，便形成引言的大体结构：

研究主题（领域→范围→研究点→研究类）→文献回顾（现状描述→问题提出）→本文工作（研究目的→研究目标→研究方法→研究成果→研究价值）→写作安排

这是引言的常规结构，始于研究主题，然后是文献回顾，接着是本文工作，最后是写作安排。研究主题、文献回顾分别侧重描述研究工作的理论、现实重要性，二者构成研究背景。

实际中因学科领域差异、内容表达需要、文体类型差异以及个人写作风格等因素，引言的结构不是固定的，可与常规结构有或大或小的差异（差异较大时称非常规结构），例如先指出研究点、研究类后表述领域、范围，先提出问题后陈述研究主题，文献回顾缺少或极简（一句话带过），长或复杂论文没有写作安排等，均是可以的。

综述论文的文献回顾较多，动辄可能上百篇，但应主要分布在论文正文各主要组成部分中，其引言是否有文献回顾取决于表达需要。若研究主题非常明确，并在引言开头部分做了充分描述，引言中自然就不必再安排文献回顾，若有必要进一步加强对研究主题重要性的表述，则适当安排文献回顾是可以的，但应侧重点出当前少有相关综述研究或虽有却存在某种不足，行业、领域发展或某问题突破、解决需要综述研究来引领的现状，进而引出对本文主题进行综述研究的重要性。综述论文的本文工作应侧重指出主要提出了什么指导性的认识、观点，可以填补行业、领域或某问题突破、解决缺少此类综述论文引领的空白。

引言在形式上是若干段落，通常不设下级层次标题，各个段落均代表引言基本内容的一类或几类。一般来讲，引言若按其正常的内容类别来撰写，并按常规结构来布局，则从内容的角度看是规范的，同时若再能遵循引言写作要求，提升文字效能，则是高质量的。

3.2　引言的写作要求及常见问题

1）引言的写作要求

（1）把握总体要求。布局引言写作大纲，周密计划，合理安排，认真写作，按内容、结构要求逐次展开，不偏离主题、题目，不注释、重复摘要，不涉及、分析和讨论结果，不给出、评价结论，不铺垫太多、绕个大弯才进入主题。

扫一扫

视频讲解

（2）考虑读者层次。科技论文适用的读者通常是领域专家、学者权威或专门研究人员，其专业层次较高，一般有较广泛而扎实的专业基础知识。引言中通常不写一般、基础知识，若有必要写，则用叙述性语言（非描述性语言）简写。

（3）写清研究主题。全面、简练地陈述研究主题，讲清其范围和本质，避免内容过于分散、琐碎，主题不集中，但对重要内容的陈述不过于简略。应在陈述相关知识或最新研究成果的基础上，层层收缩，点出研究主题，还可辅以相关研究存在不足或甚少来凸显研究主题。

（4）充分回顾文献。回顾有足够代表性的相关文献，概括总结研究现状。确实查不到可引文献时也应给予交待。不要刻意回避对一些相关文献特别是对本文具有某种重要启示性意义的文献的引用，不要引用不相关文献，或过多引用作者自己的文献。对作者已有相关工作的陈述应重在交待本文写作的基础和动机，不要写成工作总结，也不必强调过去工作的成就。

（5）正确引用文献。按需引用文献中的有关内容，如结果、数据和语句。引用的结果必须正确，引用的数据必须准确，避免片面摘录部分结果而不能反映总体结果（以偏概全），对间接引用的数据（二次引用的数据，即不是从原文献中直接查到而是来自其引自别的文献中的数据）更应小心。引用的语句不要完全照搬，而应换用自己的思想和语言重新表述。

（6）善于发现问题。文献回顾中努力发现已有研究的局限性，总结存在的问题，阐明本文的创新，逐渐达到整个引言写作的高潮。阐述局限性要客观公正，不要把抬高作者自己的研究价值建立在贬低别人的研究工作之上。阐述创新要紧密围绕过去研究的不足，完整、清晰地表述本文的解决方法。局限性的涉及面不宜太大，只要解决一两个问题有创新就好。

存在的问题有多类，总结时应合理分类，进而采用合适的表述方法。常见的问题类别有：①以前的研究者尚未研究或处理不够完善的重要问题；②过去的研究衍生出的有待深入探讨、优化的新问题；③以前提出的不相容且只有进一步研究才能解决的问题；④可扩充到新的研究课题或领域中的过去的研究成果；⑤可扩展到新的应用范围的以前提出过的方法、技术。

（7）合理表述创新。慎重而有余地地表述本文创新及前人工作不足。可使用限于条件、目前研究甚少等谦虚用语，但不必过谦而用才疏学浅、水平有限、恳求指教、抛砖引玉等客套用语，也不自吹自擂，抬高自己，贬低别人。除非事实，一般不用首次发现（提出）、有最高学术价值、填补了国内外空白、达到国际先进水平等评价式用语。另外，还要适当用本文、我们、作者、笔者之类词语，明确作者所做工作，避免与别人工作相混淆而不作区分。

（8）正确使用术语。使用规范的名词、名称、缩略语等术语，不要随意使用甚至滥用非公知公用的术语和缩略语。非公知公用的术语、缩略语及作者自定义缩写首次出现时应给出其全称，甚至给予解释、定义，以便能有效阅读和方便理解。

（9）取舍适宜篇幅。按表达需要确定引言篇幅及段落数[①]，但不要为篇幅过分纠结。篇幅可长可短，与文体类别、研究领域、问题类型、研究主题是否热点、期刊办刊模式等多种因素有关：若研究主题为不少学者研究过或还在研究的问题，则引用、讨论较多文献；若只是近来才兴起的研究方向或只研究别人近期才提出的问题，研究的人较少或很少，则引用、讨论少量文献即可。忌表述空泛，主题不集中，篇幅过长；忌脱离前人，引文太少，篇幅过短。

（10）提升语言效能。引言初稿写完后，虽在写作上暂获一个小成功，但从语言表达效果看，往往还会有一些不足，存在提升空间。对引言初稿还要认真琢磨，检查语句表义是否准确、句间关联是否顺畅、语言要素修辞是否妥当，针对问题进行修改和完善，提升语言效能，保障引言写作质量。

高质量的引言应达到：内容全面、逐次展开，开门见山、不绕圈子，言简意赅、突出重点，尊重科学，实事求是。

2）引言写作的常见问题

（1）对内容与结构把握不到位；

（2）对研究现状的层面未区分；

（3）对国内外研究现状欠阐述；

（4）对研究背景意义交代不清；

扫一扫

视频讲解

---

① 学位论文的引言通常单写一章，并用足够的文字详细阐述，以反映作者掌握了坚实的基础理论和系统的专门知识，具有开阔的科研视野，对研究方案做了充分论证，有必要详细回顾有关历史、综述前人工作、进行理论分析等。

（5）引文较旧、较少、不全面；

（6）未引用高水平权威性文献；

（7）文献偏罗列，欠评论总结；

（8）创新点缺少或不明确突出；

（9）对论文整体结构未加说明。

3.3　引言实例评析

3.3.1　引言实例【1】

扫一扫

视频讲解

【1】

立体车库是近些年来国内普及率快速上升的一种产品，在"以用户为中心"的现阶段，立体车库人机界面（Human Machine Interface, HMI）的可用性质量会影响用户对产品的主观满意度[1]。目前，很多学者在各种产品人机界面的可用性方面展开了研究[2-3]。在 HMI 的可用性评价中常用到模糊评价法，模糊评价法中各项因子权重的合理化是影响评价结果客观性的重要因素[4]。权重计算中的一般方法如专家直接给出法、模糊数学法等都难以保证客观性。由于层次分析法（Analytic Hierarchy Process, AHP）的一致性检验步骤解决了由于专家逻辑错误和认识局限导致的判断不一致问题，有学者提出了产品人机界面的模糊层次分析法（Fuzzy Analytic Hierarchy Process, FAHP）[5-7]，但评价的方法并不统一，步骤也较烦琐，且缺乏结合 HMI 具体设计因素方面的深入，并没有充分发挥 AHP 的特点。针对这一点，在对立体车库 HMI 的交互特性进行分析后，结合模糊评价和 AHP 的优点提出了一种易于操作的可用性评价方法，除客观性外，该方法的另一个特点在于评价完成后，结合 AHP 模型可发现影响可用性的一些主要设计问题。

此例为《基于 FAHP 的立体车库人机界面可用性评价方法》一文的引言，有 3 部分。

第 1 部分（立体车库是……主观满意度）。先点出领域（立体车库）；接着用"人机界面"（HMI）对领域进行限定，确定范围（立体车库人机界面）；再进一步指出研究点（可用性质量）。人机界面属于软件设计范畴，其可用性质量与可用性评价方法（研究类）直接相关，这里未明确提到评价方法，但此语义明显（不过在第 2 部分第 2 句提到了）。这样，"立体车库人机界面的可用性质量评价方法"就是研究主题。这部分与题名相扣，按领域、范围、研究点展开，描述研究主题。

第 2 部分（目前……发挥 AHP 的特点）。开头总体描述针对主题的研究情况。接着列举所用的研究方法，如模糊评价法、专家直接给出法、模糊数学法、层次分析法（AHP）、模糊层次分析法（FAHP）等，还夹有对方法的评价。最后总结，指出这些方法的共性问题，如不统一、步骤烦琐、结合 HMI 设计因素不够、没有充分发挥 AHP 的特点。这部分为文献回顾，对现有各类相关研究方法进行评述，描述研究现状，指出存在的问题（对应上述研究点）。

第 3 部分（针对这一点……主要设计问题）。以"针对这一点"开头，与所指出的问题相呼应，引出本文工作——提出一种新方法（研究成果），还交待所用研究方法（分析立体车库 HMI 的交互特性，结合模糊评价和 AHP 的优点）及其优点（易于操作、评价结果客观、能发现一些主要设计问题），这些优点便构成研究价值。这部分按研究方法、研究成果、研究价值展开，交待本文工作。

此例引言的内容与结构：研究主题（领域→范围→研究点）→文献回顾（现状描述→问题提出）→本文工作（研究成果→研究方法→研究价值）。下面给出一种参考修改。

引言【1】参考修改

立体车库是用来最大量存取储放车辆的机械设备控制系统，成为近年来国内普及率快速上升的一种产品。人机界面（human machine interface, HMI）是这种产品的重要组成部分，是用户操作它的窗口，其设计质量直接决定了用户使用的体验好坏。在以用户为中心的现阶段，立体车库 HMI 设计的可用性质量直接影响用户对它的主观满意度[1]，而这一可用性质量又与其设计中使用的可用性评价方法直接相关，研究立体车库 HMI 的可用性评价方法十分重要。

目前，不少学者针对各种立体车库，对其人机界面的可用性进行了较多研究，使用了较多的可用性评价方法[2-3]。其中常用方法是模糊评价法，该方法中各项因子权重的合理化是影响评价结果客观性的重要因素[4]。权重计算可用不同的方法，方法不同，评价结果也不同。还有专家直接给出法、模糊数学法等一般方法，这些方法虽使用较为方便，但评价结果不很理想，往往难以保证评价结果的客观性。也有学者将层次分析法（analytic hierarchy process, AHP）用在立体车库 HMI 的可用性评价中，其最大优势是引进一致性检验步骤，解决了由专家逻辑错误和认知局限导致的判断不一致问题。也有学者提出立体车库 HMI 的模糊层次分析法（fuzzy analytic hierarchy process, FAHP）[5-7]。这些评价方法种类较多，各具特色，但存在的问题也很明显，如方法不统一，步骤较烦琐，特别是缺乏与 HMI 具体设计因素的良好结合，设计深度不够，不能充分发挥 AHP 的优点。因此，研发一种能够胜过现有相关评价方法的评价结果客观、方法统一、步骤简单的可用性评价方法更具现实意义。

针对以上问题，本文在对立体车库 HMI 的交互特性进行分析后，结合模糊评价法和 AHP 的优点，提出一种易于操作的可用性评价方法。该方法操作简单，评价结果客观，而且评价完成后可结合 AHP 模型来发现影响可用性的一些主要设计问题，进而日后针对这些问题进一步改进设计。

修改后的内容和结构基本没有变化，但在第 1 段中补充了研究类，并提升了文字效能。

3.3.2 引言实例【2】

【2】

微型扰流片作为一种新型二维修正弹的气动执行机构，具有结构简单、执行动作简捷、成本较低、可提供持续控制力等优势，近年来备受关注[1-5]。大量研究结果表明，扰流片控制力作用于弹箭尾端的气动布局在旋转稳定弹上的控制效果，比控制力作用在弹丸前端的鸭式布局优势更加突出[6-10]。Fresconi 等[3]利用六自由度弹道模型验证了用扰流片实现弹道修正的可行性，结果表明，采用扰流片控制力作用于弹箭尾端气动布局的旋转稳定修正弹弹道，其修正范围大于弹道散布且飞行稳定。法国国防部为专门研究旋转稳定弹的二维修正技术，设立了一个名为 MANEGE 的项目，Wey 等[5]将扰流片气动执行机构应用于 155 mm 弹丸，对不同初速、射角下的修正能力进行研究，发现在一定射击条件（不同初速、不同射角）下在弹道末端激活扰流片即可使修正距离大于无控散布范围。Arnoult 等[11]对该类气动布局的旋转稳定修正弹进行了 3 个马赫数 Ma 点的风洞实验,提出采用多可信度代理模型的 Co-Kriging 模型,将少量风洞数据作为扰流片气动系数的高可信度评估、大量的计算流体力学(CFD)方法数据作为低可信度评估,二者结合可提高修正弹扰流片气动力参数的计算速度和精度。

以上文献表明采用微型扰流片的气动布局能够有效提高旋转稳定修正弹的修正控制能力,但其几何外形依赖性即扰流片气动外形对修正弹修正能力及弹道的影响规律有待深入分析。文献[12-13]提出采用 Kriging 模型和人工神经网络作为气动力系数的代理模型,指出在给定扰流片激活时间后即可确定其最优结构。但文献中定义的优化目标函数较为单一(仅弹道修正量),并没有给出具体的扰流片气动力以及优化后的具体弹道结果,如修正距离、落点速度等诸元。此外,文献[5, 11-13]设计的扰流片都为小段圆形外环,没有具体对扰流片外形形态及其作用机理进行探究。在国内,钱龙等[14]、杨杰等[15-16]针对带扰流片旋转稳定弹初步开展了气动特性分析、外弹道建模仿真以及制导律设计等研究,但并未涉及扰流片外形设计问题。

本文以带微型扰流片的某旋转稳定弹为研究对象,通过研究其弹道修正机理建立以扰流片外形参数为设计变量、以弹道修正量和终点存速为优化目标,并考虑攻角、修正能力及扰流片尺寸约束的多目标优化设计数学模型,通过联立前馈神经网络气动响应模型和有控刚体弹道模型获得设计变量和目标函数之间的关系,并采用遗传算法获得全局最优解。与文献[12-13]相比,本文研究在 3 个方面有所改进:1)除弹道修正量外,增加终点存速这一重要弹道性能为目标函数;2)给出了亚声速、跨声速、超声速条件下弹丸的升阻比函数形态;3)对扰流片作用下弹丸的姿态变化及升阻特性进行了机理分析。本文研究结果可为该类旋转稳定修正弹的设计与研制提供一定的参考。

此例为《旋转稳定弹扰流片气动外形多目标优化设计》一文的引言,有 3 段。

第 1 段描述领域、范围。首句介绍微型扰流片(范围),指出它因有一些优势而备受关注。第 2 句引用文献,指出微型扰流片在旋转稳定弹(领域)上应用,其中气动布局的控制效果更加突出(扰流片控制力作用于弹箭尾端的气动布局在旋转稳定弹上的控制效果,比控制力作用在弹丸前端的鸭式布局优势更加突出)。后面几句通过文献回顾,描述微型扰流片在旋转稳定弹上应用的研究情况,描述和总结相关研究结果,佐证上文所述气动布局的优势。

第 2 段交待研究点和提出问题。首句对上文文献回顾进行总结,先说优势——采用微型扰流片的气动布局能够有效提高旋转稳定修正弹的修正控制能力,再说不足——扰流片气动几何外形依赖性(扰流片气动外形对修正弹修正能力及弹道的影响规律)有待深入分析,"气动外形"是研究点,此不足就是提出的问题。接着文献回顾,描述问题研究现状,总结存在的问题——没有给出具体扰流片气动力及弹道优化结果,没有对扰流片外形形态及作用机理进行探究,没有涉及扰流片外形设计问题(问题细化),"设计"是研究类。这里文献回顾是针对研究点和研究类展开的,更加收缩、集中、具体,与第 1 段中针对领域、范围的文献回顾的侧重不同。至此,研究主题就完整了(旋转稳定弹+扰流片+气动外形+设计)。

第 3 段交待本文工作。先交待研究对象——带微型扰流片的某旋转稳定弹。再表述研究方法及其目标——通过研究弹道修正机理(方法),建立多目标优化设计数学模型(目标);通过联立前馈神经网络气动响应模型和有控刚体弹道模型(方法),获得设计变量和目标函数的关系(目标);采用遗传算法(方法),获得全局最优解(目标)。接着进行对比,较为详细地总结指出本文工作的优势。最后总本文研究价值。

此例引言的内容与结构：范围→领域→文献回顾（现状描述→研究点→问题提出）→文献回顾（现状描述→问题提出）→本文工作（研究方法→目标→价值）。下面是一种参考修改。

引言【2】参考修改

微型扰流片是一种新型二维修正弹的气动执行机构，具有结构简单、执行动作简捷、成本较低，以及可提供持续控制力等优势，近年来备受关注[1-5]。大量研究表明，扰流片在旋转稳定弹上的控制效果方面，其控制力作用于弹箭尾端的气动布局，比作用在弹丸前端的鸭式布局的优势更加突出[6-10]。文献[3]利用六自由度弹道模型，对用扰流片实现弹道修正的可行性进行验证，结果表明采用扰流片控制力作用于弹箭尾端气动布局的旋转稳定修正弹弹道的修正范围大于弹道散布且飞行稳定。法国国防部为研究旋转稳定弹的二维修正技术，设立了一个名为 MANEGE 的项目。文献[5]将扰流片气动执行机构应用于 155 mm 弹丸，对于不同初速、射角下的修正能力进行研究，发现在一定射击条件（不同初速、射角）下，在弹道末端激活扰流片即可使修正距离大于无控散布范围。文献[11]对该类气动布局的旋转稳定修正弹进行了三个马赫数 Ma 点的风洞实验，提出采用多可信度代理模型的 Co-Kriging 模型，将少量风洞数据作为扰流片气动系数的高可信度评估、大量的计算流体力学（CFD）方法数据作为低可信度评估，将二者结合可提高修正弹扰流片气动力参数的计算速度和精度。

以上文献表明，采用微型扰流片的气动布局能够有效提高旋转稳定修正弹的修正控制能力，但对其几何外形依赖性的研究不足，即扰流片气动外形对修正弹修正能力及弹道的影响规律缺乏深入分析。文献[12-13]提出用 Kriging 模型和人工神经网络作为气动力系数的代理模型，指出在给定扰流片激活时间后即可确定其最优结构；但定义的优化目标函数较为单一（仅弹道修正量），未给出具体的扰流片气动力及优化后的具体弹道结果，如修正距离、落点速度等诸元。此外，文献[5, 11-13]设计的扰流片均为小段圆形外环，未具体对扰流片外形形态及作用机理进行探究。在国内，文献[14-16]针对带扰流片旋转稳定弹初步开展了气动特性分析、外弹道建模仿真及制导律设计等研究，但并未涉及扰流片外形设计问题。

本文对带微型扰流片的某旋转稳定弹气动外形进行多目标优化设计，通过研究弹道修正机理，建立以扰流片外形参数为设计变量，以弹道修正量和终点存速为优化目标，并考虑攻角、修正能力及扰流片尺寸约束的多目标优化设计数学模型；通过联立前馈神经网络气动响应模型和有控刚体弹道模型，获得设计变量和目标函数之间的关系；通过使用遗传算法，获得全局最优解。本文研究在较多方面有所改进，研究结果可为旋转稳定修正弹的相关设计与研制提供一定理论和方法参考。

修改后的内容和结构有局部调整，去掉了一些冗余表达，文字效能得到提升。

扫一扫
视频讲解

3.3.3　引言实例【3】

【3】

本文的研究目的在于预估某圆断面扭杆在给定扭角下储存给定年限后的剩余转矩值。由于给定时间很长，应该采用理论与试验相结合的方法解决这一问题。但目前没有相关文献。为此，本文引入损伤力学研究这一问题。

首先，以损伤力学作为理论基础，建立以扭角与材料常数为参量的转矩与时间函数关系，即转矩与时间的理论曲线以及转矩门槛值与扭转切应力门槛值的关系式。此函数关系表明：对一定材料，所给定的扭角愈大，则转矩随时间的衰减速度也愈快。

然后，为了缩短试验与研究的周期，在以上理论分析基础上，提出加速实验方案。为此，在大扭角（远大于储存扭角）情况下进行扭转试验，得到转矩的门槛值，并根据损伤力学理论确定扭转切应变门槛值。

最后，利用大扭角情况下得到的切应变门槛值，根据损伤力学的理论公式间接推断小扭角情况下转矩门槛值。

应当指出：在小扭角情况下，初始最大切应力已经接近材料屈服切应力。因此，在大扭角情况下，杆件必然处于弹塑性状态。从而我们需要进行弹塑性试验以及弹塑性常规固体力学与弹塑性损伤力学理论研究。

此例为《扭杆刚度衰减加速试验的损伤力学分析》一文[1]的引言，有5段。

第1段有4句，交待目的、问题、现状、目标、方法。第1句直接指出研究目的，但开头直接说目的，让人有"丈二和尚摸不着头脑"之感，是什么领域和领域的哪个方面（范围），得靠猜想或通过别的办法搞清。第2句试图指出当前研究存在的问题，但问题不够明确。第3句用极简语句"目前没有相关文献"描述研究现状，但如此笼统的表述有夸大嫌疑。第4句极简交待研究目标（研究这一问题），同时指出研究方法（引入损伤力学）。

第2～4段，较详细叙述本文工作，包括研究方法、步骤及相关结果。引言应侧重研究背景和本文工作，不必写研究方法，必要时可提及研究方法，句式用介宾结构（方法名称做介词宾语），用此介宾结构充当关键谓语动词的状语。因此，这部分详写方法不妥，况且在第1段已提过方法，这里再提方法造成冗余。有关方法和过程的内容应在论文的本论部分撰写。因此，这3段可删除，或将其中关键内容提炼出来写为研究目标。

最后一段表述随意，混用"应当指出""因此""从而"，缺乏逻辑性，使得这部分不知是表述结果、结论，还是表述作者的观点、认识，还是由论证而推出新的结果、结论（需要进行弹塑性试验及其常规固体力学、损伤力学理论研究），还是论述相关研究（弹塑性试验以及弹塑性常规固体力学与弹塑性损伤力学理论研究）的必要性。可将其中主要内容提炼为研究成果。

此例引言的内容与结构：研究目的→现状描述→研究目标→研究方法→本文工作。有以下问题：研究背景不充分，问题不明确，缺文献回顾；参考文献未标引且不具代表性（数量、种类少，发表时间早，缺当时近年文献）；未明确指出本文研究价值。下面给出一种参考修改。

引言【3】参考修改

在材料力学领域，有一个现实问题，这就是，当须要预估某圆断面扭杆在给定扭角下、储存给定年限后的剩余转矩值时，此给定年限跨度太长，不便单纯进行实验研究。因此，有必要采用理论与实验相结合的方法，由扭杆刚度衰减加速实验的损伤力学分析来解决这一问题。然而，目前相关研究不多见。

本文引入损伤力学，以其为理论基础，进行弹塑性常规固体力学、损伤力学理论及实验研究，对扭杆刚度衰减加速实验的损伤力学进行分析，建立以扭角与材料常数为参量的转矩

---

[1] 该文发表于2007年，引用4个参考文献：2个为图书（1992、1998年），1个为期刊论文（1998年），1个为会议论文（1994年）。

与时间函数关系，提出加速实验方案，推断小扭角情况下转矩门槛值。研究结果表明，在小扭角情况下初始最大切应力已经接近材料屈服切应力，在大扭角情况下杆件处于弹塑性状态，本文研究方法具有合理性。研究结果为以上问题的解决提供了方案，对相关研究具有一定的参考价值。

修改后，先点出领域（材料力学），突出问题即研究点（预估圆断面扭杆在给定扭角下、储存给定年限后的剩余转矩值），补充研究类（理论与实验研究），提炼出本文工作（研究方法、研究目标、研究成果、研究价值），研究成果就是主要研究结果，文字效能也得到提升。

3.3.4 引言实例【4】

【4】

虚拟制造单元（VMC）首次由 C. R. McLean 等在对传统制造单元扩展的基础上于 1982 年提出，思路是当生产任务变化时从共享资源库中选择合适的资源生成制造单元[1-2]。它是从已有物理资源中抽取出的某个整体或片段，并未改变原有资源物理布局，而仅是在逻辑上进行重构。本文基于设备模式和集合论给出一种在以下假设成立时的 VMC 生成方法：①重构对象为由有固定物理位置的设备构成的制造资源集合。②生产任务是动态变化的。③某一生产任务（如工件种类、工艺路线及加工量）是确定的。④同一工件可在不同时段内多次"访问"同一设备。⑤工件运送由 AGV 来实现。⑥不考虑重构内因。

此例为《可重构制造系统（RMS）中基于设备模式的虚拟制造单元（VMC）生成方法》一文的引言，仅有一段。

此例引言的内容与结构：研究主题（研究点）→本文工作（研究方法、研究成果）。第 1 句点出研究点"虚拟制造单元（VMC）"，介绍何人在何时首次提出及其生成思路；第 2 句介绍研究点，描述其含义和特征；第 3 句开头（本文基于……VMC 生成方法）交待本文研究方法、研究成果。很明显，此引言对研究主题描述不充分，且缺少文献回顾，存在的具体问题有以下方面：

（1）缺少对领域、范围即 VMC 上位概念 RMS（可重构制造系统）的介绍。VMC 是 RMS 的一种解决方案，对 VMC 描述前应先介绍 RMS（概念及相关知识）及研究意义、现状。

（2）缺少对 VMC 研究现状的文献回顾。应在 RMS 的概念与研究现状的简述中逐渐聚焦其解决方案之一的 VMC 的优势，再详述 VMC 的概念、特点及研究现状，通过文献回顾指出现有 VMC 生成方法的不足。

（3）对本文 VMC 生成方法的 6 点假设多余。假设属方法范畴，详细内容应放在论文的本论部分撰写，引言中可提及或点出"给出 6 点假设"，但不用列出假设的具体条款或内容。

（4）缺少对本文研究价值的总结。应概括总结本文研究方法的意义或创新之处。

下面针对以上问题给出一种参考修改。

引言【4】参考修改

现有制造系统的共同特点是基本不具有可重构性，当市场需求发生变化时会导致大量设备闲置、报废，造成资源、能源浪费。可重构制造系统（reconfigurable manufacturing system, RMS）的实施是解决这一问题的根本途径，可重构的本质是在制造系统全生命周期内通过逻辑或物理构形变化而获得最大生产柔性[1-2]。发达国家从20世纪90年代中期开展了有关研究，但目前还没有成熟完善的 RMS 实现（生成）方法，研究 RMS 的实现方法有重要意义。

RMS 的实现可通过改变可重构机床的模块化构件，或通过移动、更换或添加可移动设备，或以逻辑重构方式生成虚拟制造单元（virtual manufacturing cell，VMC）来进行。目前可重构机床的研制正处于初级阶段，而且现有制造系统的设备一般为普通设备，设备物理位置大部分被永久固定，因此用改变物理构形的方式实现 RMS 还有困难。然而以生成 VMC 的方式实现 RMS 的逻辑重构，最终能起到物理重构的效果。这是因为 VMC 的设备在物理位置上可以不相邻而且不可移动，在逻辑和概念上却可以相互关联构成虚拟动态实体，这种关联可通过物流系统如自动导引小车（automated guided vehicle，AGV）的路径网络来实现，而无须改变现有系统的物理布局。

制造单元生成方法多是基于成组技术，VMC 生成方法多数没有考虑多工件族间单元共享和单元间设备共享的问题，而且在单元生成前还须预先设置一些参数。例如，BABU 等[3]基于不同秩聚类（rank order clustering，ROC）提出可生成多种单元构形的单元生成算法，但没有考虑系统的单元共享，而且还须主观设置一些参数；SARKER 等[4]开发出基于工艺路线和调度而不是单元共享的 VMC 生成方法，用以在多工件和多机床调度系统中寻找最短生产路线；RATCHEV[5]提出基于"资源元"的类能力模式的制造单元生成方法，将工艺需求动态地与制造系统加工能力相匹配；KO 等[6-7]基于"机床模式"的概念给出可实现机床共享的 VMC 生成算法。目前对制造单元的研究主要集中在单元生成及计划上，很少有人将其应用到 RMS 中。

本文应用相似性理论提出"设备集合模式"的概念，并给出在一些假设成立时的 VMC 生成方法，以实现 RMS 的逻辑重构。研究成果实现了制造单元通过逻辑重构来达到其物理布局改变所能达到的效果，对 RMS 实现方法的研究有一定参考意义。

修改后有4段，主要内容和结构如下：

第 1 段描述研究 RMS（领域）的意义。指出现有制造系统具有不能适应市场需求的缺点，原因在于其缺少可重构性，而 RMS 正好能解决这一问题，但目前没有成熟的实现方法（研究类），因此研究 RMS 的意义重大。

第 2 段描述 VMC（范围）的原理及优势。指出 VMC 是 RMS 众多实现方案中一种具有现实可行性的方法，描述其工作原理和优势——逻辑重构（研究点），并指出逻辑重构的实现方法（AGV）（研究类）。

第 3 段描述 VMC 的研究现状（文献回顾）。总结现有 VMC 生成方法的不足，如没有考虑设备、单元共享，在单元生成前须预先设置一些参数。接着对相关 VMC 生成方法进行评述（现状描述），指出这些方法各自的特点，但存在共性问题——主要集中在单元生成及计划上，不适合 RMS（问题提出）。

第 4 段指出本文所用方法（应用相似性理论，以某些假设为前提）、本文工作（研究成果，提出一种 VMC 生成方法），写作上只提及用什么做了什么，但未交待具体内容（留下悬念，让读者去引言后面的正文中找答案）。最后总结了本文的研究价值。

修改后的内容和结构：研究主题（领域→研究类→范围→研究点→研究类）→文献回顾（现状描述→问题提出）→本文工作（研究方法→研究成果→研究价值）。增加了研究主题描述和文献回顾，阐明研究背景、理由及存在的不足，写明作者与前人研究工作的关联与区别。

3.3.5　引言实例【5】

【5】

①中药处方用量，俗称剂量，一般指成人中药处方中每一味中药的用量。②剂量作为方剂的基本构成要素，与方药疗效性及安全性密切相关。③中医界常言"中医不传之秘在于量"，方药用量一直是古今医家代代传承之临床经验的重要内容，而方药量效关系研究是现代中医科学研究中的重要课题之一。④近年来在多种因素影响下，中药临床用量超出《中华人民共和国药典》（以下简称《药典》）规定剂量的现象较为普遍[1-2]，且有逐渐增大之势。⑤邱凤邹等[3]对某医院 2008 年处方进行随机抽查，将 15 种常用中药的临床实际用药量与 2015 年版《药典》规定量进行对比，结果 15 种中药都有超剂量现象。⑥在当下医疗环境中，医患双方追求速效，大剂量中药处方成为主流，大剂量药物的使用往往被认为是中药处方取得疗效的关键之一。⑦随着药物超《药典》剂量使用不断增加，一方面造成药材资源的浪费，另一方面导致中药不良反应及药物中毒事件的频频发生[1]。⑧古今医家对小剂量中药处方应用有丰富的经验，对小剂量中药处方的理论及应用进行思考，实现精细、精准用药是非常值得探讨的问题。

此例为《临床应用小剂量中药处方的思考》一文的引言，400 多字，1 段，8 句。

第 1 句介绍中药剂量（中药处方用量、方药用量、剂量）的概念（成人中药处方中每一味中药的用量），点出领域（中药处方）及范围（剂量）。第 2 句介绍剂量与方药的关系（剂量是方剂的基本构成要素，与方药疗效性及安全性密切相关）。第 3 句介绍剂量的临床及科研价值（中医不传之秘在于量；古今医家传承临床经验的重要内容；方药量效关系是现代中医科研的重要课题）。这 3 句为领域知识。

第 4 句描述现状（近年中药处方超剂量现象较普遍，且有增大趋势，引用文献[1-2]）。第 5 句引用文献[3]的调查结果（15 种常用中药临床剂量存在超剂量）佐证上述现状描述。第 6 句解释超剂量的形成原因（医患双方追求速效，大剂量中药处方成为主流，大众认为大剂量药物使用是中药处方取得疗效的一种关键要素）。第 7 句描述超剂量的严重后果（药材资源浪费，中药不良反应及药物中毒事件频频发生，引用文献[1]）。这 4 句文献回顾，引出问题。

第 8 句提出研究目的（对小剂量中药处方的理论及应用进行思考，探讨实现精细、精准用药），但较为隐含；指出研究点（小剂量中药处方应用）和研究类（思考）。

此例引言的内容与结构：领域→范围→现状描述（文献回顾）→研究目的（研究点、研究类），合理清晰，但语言有提升空间。下面是一种参考修改，约 570 字，明确了问题和目的。

引言【5】参考修改

剂量（中药处方用量、方药用量、中药剂量）是方剂的基本构成要素，一般指成人中药处方中每一味中药的用量，与方药疗效性、安全性密切相关。中医界常言"中医不传之秘在于量"，剂量一直是古今医家代代传承之临床经验的重要内容，而方药量效关系是现代中医科研的重要课题之一。近年来在多种因素影响下，临床剂量超出《中华人民共和国药典》（《药典》）规定剂量较为普遍[1-2]，且有逐渐增大的趋势。邱凤邹等[3]对某医院 2008 年处方进行随机抽查，将 15 种常用中药临床实际用量与 2015 年版《药典》规定量进行对比，表明这些中药均存在超剂量。究其原因，当下医疗环境中，医患双方往往追求速效，使大剂量中药处方逐渐成为主流，大众总是将大剂量药物使用视作中药处方取得疗效的一种关键要素。结果是，剂量使用不断增加，造成药材资源浪费，中药不良反应及药物中毒事件时有发生[1]。

不可否认，大剂量用药在某些疾病特定阶段能够迅速控制病情，取得较好疗效，但忽视了众多医家应用小剂量的经验。其实，很多情况下，小剂量用药也是有效剂量，也能起到较好的治疗效果。古今医家对小剂量中药处方应用有丰富的经验，对小剂量中药处方的理论及应用进行思考，实现精细、精准用药是非常有现实意义的。本文针对古今医家对小剂量中药处方应用的相关经验进行梳理，探讨小剂量中药处方的有效性、理论基础与临床运用，并以临床案例加以验证。

3.3.6　引言实例【6】

【6】

近年来，由于高铁技术发展迅速，对接触网的安全性问题的关注也越来越高，在设计电气化铁路的标准中，接触网的疲劳寿命是必须考虑的。列车运行速度越快、接触网的波动幅度就会越大，就要求对接触网的疲劳寿命进行估算，以确保列车的安全运营。接触网主要由接触线、承力索、弹性吊索、整体吊弦等柔性线索组装连接。因此，保证列车安全运行的前提是接触网的安全可靠性。

随着列车速度逐渐提高，高速铁路安全性在保障列车的安全行驶中意义重大。在电气化铁路中，吊弦的破损情况比较常见，它对铁路交通中断会产生不容忽视的影响。列车在行驶过程中，接触网在给受电弓传输电能的同时会经受较高的动应力作用，使得接触网容易发生疲劳断裂，然而这种疲劳断裂属于脆性断裂，最重要的特点是在断裂之前结构的外观仍然不会发生明显的变化，因此，研究接触网的疲劳破坏、预测接触网的疲劳寿命就显得格外重要。近年来结构部件都向大型化的方向发展，由于接触网疲劳破坏而导致事故发生的频率越来越高，疲劳问题变得越来越重要。

高速铁路的安全运营对接触网悬吊线索的装备水平、安全可靠性提出了较高的要求，评价接触网悬吊线索疲劳性能的指标有外界环境因素、接触网的材料、线路条件、弓网关系、零部件损坏变形等，但是接触网材料、弓网关系在导致接触网故障方面占很大比重，此外，不同研究方法适用于不同工况，因而本文主要从材料特性、弓网关系、研究方法这 3 个方面进行分析。

此例为《高铁接触网悬吊线索疲劳寿命研究进展》一文的引言，有 3 段。

第 1 段。主要介绍高铁接触网的可靠性对高铁安全运营的重要性。首先陈述高铁接触网的疲劳寿命是其安全性的重要因素，接着解释对其疲劳寿命进行估算的必要性，然后介绍其组成，最后总结指出其安全可靠性对高铁安全运营的重要性。这部分交待领域（高铁接触网）及研究点（疲劳寿命），但写作逻辑稍差。例如：第 3 句介绍高铁接触网的组成（接触网主要由……组装连接），与上下文相关性不强，略显冗余；最后一句作为结果是以其前三句为原因而得出的，但这种因果关系不强，说服力不强，使用关联词"因此"的表达比不上去掉"因此"直接说的效果好。

第 2 段。主要描述对高铁接触网疲劳破坏研究及疲劳寿命预测的重要性。共 4 句，第 1 句强调高铁安全性的重要性，第 2 句指出高铁吊弦破损是造成铁路交通中断的重要原因，第 3、

4 句进一步指出对高铁接触网疲劳寿命进行研究和预测的重要性。这部分的亮点是解释了接触网发生疲劳断裂的主要原因（吊弦破损），明确了研究范围（悬吊线索），进而确定了研究主题（高铁接触网＋悬吊线索＋疲劳寿命＋研究进展），但写作逻辑较差，语义有重复。例如：第 1 句强调高铁安全性的重要性显得多余，相关语义已在第 1 段表述过了，不必重复；第 3、4 句也有类似问题。

第 3 段。侧重交待高铁接触网悬吊线索疲劳性能的影响因素及本文主要工作。先指出影响因素有外界环境、接触网材料、线路条件、弓网关系、零部件损坏变形等；再指出其中接触网材料、弓网关系是主要因素；最后交待研究目标（从材料特性、弓网关系、研究方法三方面分析）。这部分交待本文工作，但语句一逗到底，写作层次较差，而且对本文工作用了"分析"一词，与论文题名的"研究进展"不相扣，研究类（综述、研究进展）未得到体现。

此例引言内容和结构：研究主题（领域→研究点→范围）→本文工作（研究目标）。结构较为简单，缺少研究类及文献总结或回顾，有语病，表达冗余，术语不统一（如高速铁路、高铁，悬吊线索、吊弦）。下面给出一种参考修改。

引言【6】参考修改

近年来，高铁发展迅速，列车行驶速度不断提高，其安全性问题越来越突出，对保障列车安全行驶提出越来越大的挑战。高铁的安全运营，对高铁接触网悬吊线索的装备水平、安全可靠性提出了较高的要求。接触网是高铁运营系统中非常重要的一个组成部分，列车运行速度越快，接触网的波动幅度也会越大，对接触网造成的损坏就会越大，从某种程度上讲，接触网的可靠性就代表着列车的安全性。可以说，保证高铁安全运营的前提是高铁接触网的安全可靠性。

在高铁这种电气化铁路中，接触网主要由接触线、承力索、弹性吊索、整体吊弦等柔性线索组装连接，其中吊弦的破损情况比较常见，对铁路交通中断会产生不容忽视的影响。列车在行驶过程中，接触网在给受电弓传输电能的同时，会经受较高的动应力作用，使得接触网容易发生疲劳断裂，然而这种疲劳断裂属于脆性断裂，其显著特点是，在断裂之前结构的外观仍然不会发生明显的变化，因此研究接触网的疲劳破坏、预测接触网的疲劳寿命就显得格外重要。近年来结构部件向大型化的方向发展较快，由接触网疲劳破坏而导致事故频发，接触网疲劳问题变得越来越突出。可见，设计高铁系统时充分考虑接触网的疲劳寿命并对其进行估算，具有十分重要的现实意义。

评价接触网悬吊线索疲劳性能的指标主要有外界环境、材料疲劳特性、线路条件、弓网关系、零部件损坏变形等，其中材料疲劳特性、弓网关系是导致接触网故障的主要因素。本文分别从材料疲劳特性、弓网关系、研究方法三个方面阐述高铁接触网悬吊线索疲劳寿命研究进展，总结存在的问题并进行展望。研究结果可以填补当前相关综述研究甚少、相关研究缺乏指导和引领的不足。

修改后的内容和结构整体没有太大变化，但局部有较多合并、调整，并补充了研究类（研究进展、综述），表达更加规范，文字效能显著提升。

第 **4** 章

材料与方法

科研总是按一定方法（methods）使用一定材料（materials），实现既定目的（目标）。没有材料，科研无从谈起；没有方法，科研无法实现。材料与方法（materials and methods）是科技论文的方案部分，描述研究在什么条件下、怎样展开。这部分是快速判定相关研究是否真实可信（如实验能否复用）的重要途径，也是为他人对研究结果检测、引用提供的便利条件，构成论文科学性、先进性的基础性依据。一些论文在形式上没有材料、方法类标题，但在内容上有，凡论文依据、引用的理论知识、原理定律或文献资料，以及对这些理论知识、原理定律或文献资料所采取的研究方法均属材料与方法范畴。本章主要讲述科技论文材料与方法的内容、结构，写作要求及常见问题，并列举实例进行评析。

4.1 材料与方法的内容与结构

扫一扫

视频讲解

"材料与方法"在内容上有共性（以何目标，用何材料、何方法，经何过程做研究，交待为什么做，做了什么，用什么做，怎么做的），在结构上虽无固定模式（科研复杂，目标多样，涉及因素多，所用方法广泛，所走流程相异），却也呈现出较多共性。

4.1.1 材料与方法的内容

扫一扫

视频讲解

材料与方法的内容大体包括材料及使用方法、方法及过程、数据处理三个层面。

1）材料及使用方法

材料及使用方法指研究中所用的材料及对材料的使用（处理、处置或操作等）方法[①]。这里，材料是广义的，凡是研究得以进行所需用到的各类物资和信息资源均可包括在内；方法是针对某种材料的使用方法，而不是针对某研究主题的实现方法。材料可用来充当研究对象本身，或充当与研究对象关联的研究对象以外的事物，因此有研究对象和非研究对象两个层面。

扫一扫

视频讲解

研究对象层的材料是被研究的事物本身（如样本、研究区），任何事物都可作为研究对象，如宇宙、天体、山川、江河、人、动物、植物、产品、特定研究区及其组织、结构、机体、细胞等，涉及机理、机制、效果、规律、组成、成分、特性、功能、来源等多种属性。研究对象为人或动物时，应首先交待有关伦理和研究安全方面的伦理、规范与法律、法规。对于临床研究，研究对象是患者，须获得患者的知情同意，由有关单位（如伦理委员会）批准；对于动物研究，研究对象是动物，须符合有关动物管理、章程等的规定。

非研究对象层的材料是对研究对象进行某种操作所使用的物资资料，分为材料和设备。这里，材料是狭义的，包括各类化学物资、材料，药品、试剂，软件、系统，数据、资料，文本、文档等。表述材料，应写清名称、用途（功能）及使用方法；应详略适当，对通用材料及使用方法简单提及，对特殊材料及使用方法则详细说明；应区分来源的商业性，对商业来源可以不写厂家、地址，对非商业来源则应详写厂家、地址。设备包括机器、设施、器械、

---

① 这里指材料自身存在或投入使用所需对它进行的某种操作、处理或预备工作。

器具、器材、工具、仪器、仪表等。表述设备，应写清名称、选用理由，必要时交待其不足，涉及功能、参数、特性、数量、环境、来源等；应详写型号、厂家、用途及测量范围、精度等，写明设备使用或校正步骤，必要时交待对结果可能造成特定影响的某种操作（在讨论部分应有对应的分析）。

2）方法及过程

方法及过程属于研究方案的解决层面，是为实现研究目的（目标）而对各类所需材料的综合使用方案，材料使用中所需的方法，涉及具体技术、方法、操作、流程及具体条件（如环境、密封、噪声、通风、辐射、隔离措施、特殊光线）、参数（如浓度、温度、湿度、压强、电压、亮度、传热系数）等。表述方法及过程，总体上应包括有关设备及研究条件、测试方法等的注意事项，主要研究过程的描述，涉及研究目的、对象、材料、设备，操作流程、测定方法，出现的问题及采取的措施等。方法及过程也有研究对象和非研究对象两个层面。

研究对象层的方法及过程主要描述研究对象的获取、选择、制备（准备）的方法、过程及优势，如样本选取方案（样本类型、数量、组成、分组方法、步骤等），明确交待是否进行随机化分组和盲法实验，明确估计抽样误差、实验（或调查）范围；非研究对象层的方法及过程，主要描述研究的具体方案、方法及相应的过程，如某种工艺、技术、疗程、算法、程序、统计分析方法等，并交待方法选用的理由或不足。

实验是常见的研究方法，论文有无实验内容通常是判别其水准高低的一种重要依据。理论型论文有实验，理论成果的正确性得到实证；实验型、调查型论文有实验，获得别人没有的创新原始结果；设计型、经验型论文有实验，产品、方法成果的实用性、有效性得到验证。

实验方法的主要内容：实验设计方案，如随机、非随机、交叉、前后等对照试验；实验场所，实验室设施；干预措施、盲法；测量指标，结果判断标准，等等。

实验过程的主要内容：主次分明、重点突出的实验流程（选取主要、关键、特别流程，避免罗列全部过程）；详略得当、新旧区分的方法描述（对未发表的新方法应详述，提供所有必要的细节信息，对已发表的旧方法或通用方法可一带而过，即提及方法名称或直接引用文献）。

这部分写作应按研究的逻辑而非时间顺序来展开，写作详略程度取决于研究内容的复杂程度及重要性。

3）数据处理

数据处理的主要内容是表述数据处理方法，按方法的不同类别或层面（一般处理、模型运算、统计处理和数据模拟等）安排相应内容。对简单的数据处理，这部分通常较短甚至不写，而对于复杂的数据处理，则应安排单独的层次标题及相关内容。

统计处理是非常重要的数据处理方法，涉及较多参数，如重复次数、均值、标准误（standard error of mean，SEM）或标准差（standard deviation，SD）、P值等，以及各类统计分析、检验方法。对简单的统计处理，提一句"经统计学处理"就可写出处理结果，或直接用 P 值（如 $P>0.05$ 或 $P<0.05$、$P>0.01$）说明结果差异有无显著性。对于复杂的统计处理，应详写统计方法、过程及各相关参数（如差值、抽样误差等）对 P 值的影响等，在写明所用具体统计方法时，还要说明校正情况，给出描述性统计量的置信区间，注明精确的统计量值（如 t、F、u 值等）和 P 值，再根据 P 值做出统计推断而得出专业性的处理结果。

4.1.2　材料与方法的结构

　　在全文结构上，"材料与方法"常位于"结果与讨论"前，或不列入论文正文部分而以论文附加材料的形式出现，或只在在线论文中出现而纸刊论文中不出现。

　　在自身结构上，"材料与方法"的结构与研究主题、文体类型、研究对象、表述侧重、布局安排、出版要求及写作风格等多种因素相关。材料、方法既可分写也可合写。分写是将这二者分开单独写，即各写各的，分别用不同句组（句群）或段落表述，先材料后方法或先方法后材料均可。合写是将二者混在一起写，用相同句组或段落表述，即同一语言片段既表述材料也表述方法。

　　内容简单时，材料与方法可用相同标题（一级标题）下的分写结构，先写材料后写方法。以表 4-1 所示分写结构一为例：一级标题"材料和方法"统领，二级标题 1.1 交待材料（分为动物、试剂和仪器 3 类）；1.2～1.4 表述方法（按 3 个实验主题展开）；1.5 交待统计学处理。

表 4-1　材料与方法结构示例

分写结构一（相同一级标题）	分写结构二（不同一级标题）	合写结构（相同一级标题）
1 材料和方法	**1 实验材料**	**1 材料和方法**
1.1 动物、试剂和仪器	1.1 试剂与材料	1.1 伦理声明
1.2 动物分组和标本采集	1.2 仪器	1.2 生物研究安全性声明和设施
1.3 骨骼肌组织匀浆 MDH、SDH、PK 及 LD 检测	1.3 实验动物	1.3 样本收集和病毒隔离
1.4 肝组织匀浆 LDH 检测	1.4 细胞系	1.4 遗传和系统发育分析
1.5 统计学处理	**2 实验方法**	1.5 动物研究
	2.1 MTT 法检测细胞活力	1.6 鸡研究
	2.2 细胞划痕试验	1.7 老鼠研究
	2.3 Transwell 细胞侵袭试验	1.8 雪貂研究
	2.4 小鼠移植瘤实验	1.9 受体结合分析
	2.5 统计学处理	1.10 热稳定性试验
		1.11 聚合酶活性分析
		1.12 统计分析

　　内容复杂时，可将材料、方法分开写，各自用各自的标题，即不同标题下的分写结构，如"1 材料"、"1 资料"或"1 实验材料"，"2 方法"或"2 实验方法"。以表 4-1 所示分写结构二为例：一级标题"实验材料""实验方法"分别统领材料和方法两个部分。二级标题 1.1～1.4 将材料分 4 类表述；2.1～2.4 表述方法，按 4 个实验主题展开；2.5 交待统计学处理。

　　内容较为或特别复杂时，研究主题分解较多，不同子主题的实验方案不同，所需方法也不同，相应所用材料差别较大。因此不便在方法部分前面统一交待材料，而应将材料和方法按子主题分类，再将相同子主题下的材料和方法合写。以表 4-1 所示合写结构为例：一级标题"材料和方法"统领材料和方法部分；二级标题 1.1、1.2 进行实验伦理和安全声明，1.3～1.11 按子主题表述其材料和方法（材料和方法合写），1.12 交待统计学处理。

　　对于复杂实验型论文，总体研究目标只有一个，但具体研究目标可能较多，各目标的方案、方法及所需材料自然不同。因此，材料与方法的具体分类、事宜应根据具体目标分别撰写，即不只是写明材料、方法，还要交待具体研究目标，材料、方法与具体目标紧密相关。

　　在论文具体写作语境中，可将材料作为狭义材料，如不包括实验设备；材料、方法如果针对实验来说，可取"实验"类名称，如"实验""实验准备""实验部分"等；"材料"有时称为"资料""数据"更合适。这种名称变化及结构调整是按研究类、表达、体例和风格等要求所做的一个适应性改变，而材料与方法的本质并未发生变化。

扫一扫
视频讲解

4.2　材料与方法的写作要求及常见问题

1）材料与方法的写作要求

（1）把握内容结构。规划材料与方法的总体内容及各个组成部分，做到内容完整，各组成部分间连贯，对研究中各环节、步骤都要注意到，且有序安排行文顺序，为他人快速判定研究能否被复用、对论文结果的可信度提升提供科学依据。

（2）确定标题类型。标题因研究类不同有差别，如实验研究用"材料与方法""资料与方法""'材料'·'实验方法'"等，调查研究用"对象与方法""研究区概况""研究方法"等，基础与临床研究用"病例与方法""数据来源与方法"等，确定与研究类相匹配的标题用语及相应的写作方法。

（3）划分确定主题。确定统领全文的研究主题，按各个具体研究目标，将主题划分（分解）为多个子主题，对应不同的研究方案及材料与方法，同时还要与"结果"的主题确定配套统筹考虑，不同子主题下材料与方法的层次标题及段落安排与"结果"中的应大体一致。

（4）保证内容真实。所述内容必须实事求是，真实可靠，对核心内容要全面而具体地描述，达到所有数据、资料的准确性和研究的可靠性。如有不愿写或不方便写的内容，则尽量少写或不写，但只要写出来，就要保证真实可信，不要含混，不能缺乏依据。

（5）清楚描述材料。准确、明白地描述各主要材料的有关参数，涉及技术要求、性质、数量、来源，以及材料的选取、处理、制备方法等。通常应使用通用、标准的名称和术语，尽量少用或不用商业化、口语化的名称。

（6）有序描述方法。按研究步骤的逻辑顺序（侧重重要性程度而非时间顺序）描述方法，包括所涉及环境或条件，研究对象选择方法，特定材料、设备或方法选用的理由，实验流程、算法、程序，所用统计、分析方法等。有序描述方法有助于研究的复用和成果的推广。

（7）恰当表述创新。采用已有方法时，普遍方法可直接交待名称，较新方法应注明出处；改进前人方法时，应交代改进之处及依据；提出自己的创新方法时，应详加说明。不要将报道新方法（不存在，本文提出）与使用新方法（已存在，但非本文提出）相混淆，前者侧重详写方法自身的内容及实现步骤，后者侧重方法使用情况及相应操作步骤。[①]

（8）描述详略得当。不要将所用材料全盘搬入而写成材料清单，或将自己工作、体会罗列而写成实验报告，进而忽略对主要、关键和非一般常用内容的描述。描述应主次分明、重点突出、详略得当，侧重描述"使用了哪些关键材料""研究是如何开展的"，而非大杂烩、记流水账，使那些需要让人知道的重要内容湮没在一大堆冗长、无序的文字中。

（9）了解目标期刊。考察目标期刊已刊登的与自己论文文体相同或相近的那些论文的格式体例，了解其对材料与方法的具体写作要求。例如，有的临床医学类期刊要求作者提供研究对象（志愿者或病人）"授权同意"的声明和作者所在单位的同意函，有的生物学类期刊要求将有关伦理声明、生物研究安全性声明和设施方面的内容写进材料与方法。

（10）重视语言效能。材料与方法内容多而繁杂，对其准确、清楚、简洁且合乎逻辑的表达是基本要求，方便读者看得明白，易理解，也可为将来复用研究创造条件（减少出错概率）。

2）材料与方法写作的常见问题

（1）描绘的研究方案过于不完整；

（2）层次标题与研究类不太匹配；

扫一扫
视频讲解

---

① 若既有本文新方法提出，又有应用别的新方法而产生的新成果，则应分开独立发表，不宜在同一论文发表。

（3）主题分解不妥，多余或残缺；

（4）与"讨论"的主题不太对应；

（5）可信度不够，缺乏科学依据；

（6）对材料有关参数描述不完整；

（7）方法没有按逻辑顺序来描述；

（8）方法归属如自己、他人不明；

（9）罗列堆砌材料写成材料清单；

（10）不合目标期刊基本写作要求；

（11）语言文字效能较差，语病多。

4.3 材料及使用方法实例评析

4.3.1 材料及使用方法实例【1】

【1】

1 试验

1.1 试验材料

试验基底为镍网（纯度 99.9%，孔径 53 μm，丝径 74 μm），试验前须将镍网剪裁成 10 mm×20 mm 大小，依次放入石油醚、无水乙醇和去离子水中，用超声清洗机（GW0203）清洗 20 min，除去表面油污，随后氮气吹干备用。

石油醚、无水乙醇（天津市富宇精细化工有限公司），盐酸（广州和为医药科技有限公司），六次甲基四胺（上海埃比化学试剂有限公司），硝酸锌（上海阿拉丁科技股份有限公司），氢氟酸（天津市北辰方正试剂厂），以上化学试剂均为分析纯。

此例为《梯度润湿性 ZnOHF 薄膜上液滴定向铺展行为》一文的材料及使用方法。

第 1 段。描述研究对象（试验基底）的材料，涉及名称（镍网）、参数（纯度 99.9%，孔径 53 μm，丝径 74 μm），以及预处理或准备的方法（镍网剪裁成一定尺寸，放入石油醚、无水乙醇和去离子水中，用超声清洗机 GW0203 清洗 20 min，除去表面油污，氮气吹干备用）。

第 2 段。描述非研究对象的材料，包括石油醚、无水乙醇、盐酸、六次甲基四胺、硝酸锌、氢氟酸六类化学试剂，在材料名称后给出出处（如天津市富宇精细化工有限公司、广州和为医药科技有限公司等），交待其纯度级别（均为分析纯）。这些材料为标准化学试剂，按说明书要求即可使用，因此没有交待对其进行预先处理或准备的方法。

4.3.2 材料及使用方法实例【2】

【2】

1 对象与方法

1.1 对象 采用目的抽样法，选取 2021 年 4—6 月在南京市第二医院行肛瘘切除术的 HIV/AIDS 患者。纳入标准：①研究对象同时符合《中国艾滋病诊疗指南（2018 版）》的诊断标准[3]及《肛周脓肿、肛瘘和直肠阴道瘘治疗指南》（2016 版）[13]。②患者出院后 1 个月内能定期返院随访，知情并自愿参与研究。样本量以资料信息达到饱和，不再产生新主题为止[14]。按照访谈顺序将研究对象进行编号。本研究经南京中医药大学南京附属医院伦理委员会批准（批号：2021-LS-ky024）。

此例为《基于时机理论对 HIV/AIDS 肛瘘手术患者不同阶段疾病体验的质性研究》一文的材料及使用方法。

材料即研究对象（2021 年 4—6 月在南京市第二医院行肛瘘切除术的 HIV/AIDS 患者）。方法包括样本选取、标准及处理：用目的抽样法，样本量以资料信息达到饱和，不再产生新主题为止；符合《中国艾滋病诊疗指南（2018 版）》的诊断标准和《肛周脓肿、肛瘘和直肠阴道瘘治疗指南》（2016 版）；出院后 1 个月内能定期返院随访，对患者按访谈顺序编号。交待获得患者知情同意并由有关单位批准的内容（患者知情并自愿参与研究；本研究经……批准）。

4.3.3 材料及使用方法实例【3】

【3】

1 材料与方法
1.1 研究区概况

扬中市地理位置为北纬 32°00′～32°19′，东经 119°42′～119°58′，四面环江，是长江下游的一座岛市，市境呈南北走向。该市年均温度为 15.1 ℃，年均降水量为 1 000 mm，年均降水日数为 116.3 d，无霜期较长，年均日照时数为 2 135 h，年均相对湿度为 80%，属于北亚热带湿润性季风气候区，气候条件优越，适宜水稻生长，水稻高产达 9 570 kg·hm^{-2}，位居全省前列。市境内地势低洼平坦，土壤类型以长江冲积物母质发育而成的水稻土为主，平均 pH 值为 7.31。

1.2 样品采集与处理
1.2.1 样品采集

以扬中市土地利用现状图、遥感影像图为基础，结合研究区水稻田分布特征，采用多点混合取土法采集土样，每个混合土样由 5 个相邻近的样点组成。根据空间均匀布点原则，在研究区范围内共采集 99 个土壤样点，所取样本均为稻田土壤（图 1）。混合采样点密度为 2.3 个·km^{-2}，满足插值精度要求[16]。每个样点的取土深度为 0～20 cm，每个混合土壤样品

图例
・采样点
▒ 水域

0　3　6 km

图 1　土壤采样点位置示意

为 1 kg 左右。土壤采样时详细记录各样点的地理坐标以及周围环境状况等信息。土壤采集时间为 2016 年 10 月，此时水稻已临近收割，减少了人为施肥对样品的影响。

1.2.2　样品处理

土壤样品采集后自然风干，剔除可见侵入体及粗有机物等杂物，研磨后过筛，采用碱解扩散法测定土壤碱解氮含量[2] 265–268。

此例为《基于县域尺度的稻田土壤碱解氮空间异质性研究》一文的材料与方法。材料是研究对象层面的，是研究区及从中选取的样品（99 个土壤样点）；方法是样品采集和处理。注意：最后一句提到的"采用碱解扩散法测定土壤碱解氮含量"严格意义上不是指样品自身存在或投入使用所需对其进行的某种操作、处理或预备工作，即不属于"材料及使用方法"，而属于"方法及过程"（见方法及过程实例 3）。

4.4　方法及过程实例评析

4.4.1　方法及过程实例【1】

【1】

扫一扫

视频讲解

1.2　试验方法

1.2.1　水热法制备超疏水薄膜

用盐酸（pH=1）浸泡镍网基底 30 s 以去除表面氧化膜，然后用大量去离子水冲洗并用氮气吹干备用。配置 0.075 mol / L 六次甲基四胺溶液和硝酸锌溶液各 20 mL，将硝酸锌溶液置于磁力搅拌器上缓慢搅拌，同时以 1 滴 / s 的速度滴入六次甲基四胺溶液。待溶液混合均匀后添加 400 μL 体积分数为 5% 的 HF，将混合溶液搅拌 5 min 后移入反应釜。将镍网基底浸没在溶液中，密封后置于 95 ℃的干燥箱中保温 180 min。水热反应结束后取出，用去离子水冲洗表面的沉淀，放入干燥箱 60 ℃烘干 30 min，随后将样品置于暗室储存一周后得到超疏水薄膜。

1.2.2　光响应润湿性转换

使用波长为 254 nm 的紫外光（UV）对超疏水薄膜进行不同时间的光照处理，测量该表面对水的接触角随光照时间的变化情况。

1.2.3　制备 ZnOHF 均匀表面与梯度表面

制备均匀表面：对超疏水薄膜实施 UV 光照处理 3 h，获得均匀的超亲水表面，以下简称均匀表面。

制备单侧梯度表面：将超疏水薄膜置于位移台上，在其上方设置固定的遮光挡板。将实验台置于光源下进行 UV 光照处理，遮光挡板保持固定，每隔 1 h 将超疏水薄膜移动 1 mm，如图 1 所示。通过位移台的移动控制光照时间的变化，获得具有单侧梯度润湿性的表面，下文简称梯度表面。其中红色虚线为光照起始线，黑色虚线为光照分界线。

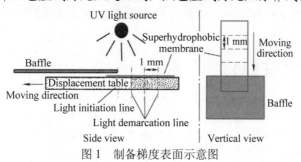

图 1　制备梯度表面示意图

1.3 表征

使用 X 射线衍射仪（RigakuMAX 2500）以 5（°）/min 的扫描速度在 10°～80° 范围内进行扫描，分析其产物中存在的物相。使用扫描电子显微镜（Hitachi S-3400N）观察样品表面的微观形貌，在观察前需对薄膜进行喷金处理以确保其导电性。使用傅里叶变换红外光谱仪（Bruker INVENIO R）测试 UV 光照前后样品表面的官能团变化。使用接触角测量仪（JC2000C1B）表征表面润湿性并观察液滴铺展情况，取 5 μL 水滴在样品表面至少 3 个位置测量接触角，取平均值作为最终结果；将水滴滴在均匀表面和梯度表面上，记录水滴在不同表面上的铺展过程。使用喷雾器连续均匀地喷洒水雾模拟大雾天气时的潮湿环境，将 2 cm^2 大小的双梯度表面置于量筒上方，随后放置在潮湿环境中 20 min，通过读取量筒中的集水量表征集水性能。

此例为《梯度润湿性 ZnOHF 薄膜上液滴定向铺展行为》一文的方法及过程。方法包括实验和表征。实验分 3 个主题，每个主题给出相应方法（水热法制备超疏水薄膜、光响应润湿性转换、ZnOHF 均匀表面与梯度表面制备），主题 3 给出两类方法（均匀表面制备、单侧梯度表面制备）。主题 1 的方法较详细，而主题 2 的很简略。表征是对实验所得产品在仪器上进行检测，以证明产品是否达到理想结果。

4.4.2 方法及过程实例【2】

【2】

1.2 方法

1.2.1 设计提纲　访谈提纲在预访谈后修订的基础上完成。内容包括：①HIV/AIDS 合并肛瘘给您的生活带来了哪些影响？您是如何应对它的？②针对您的身体状况，目前您最担心的问题是什么？③您能结合肛瘘和 HIV/AIDS 两者病情谈谈您现在的感受吗？每次访谈内容均围绕其该阶段的疾病体验进行。

1.2.2 资料收集　以现象学研究方法为指导，运用半结构化访谈形式收集资料。本研究以时机理论原型为框架，经专家咨询，最终确定 5 个阶段，分别为：诊断期、术后早期、出院准备期、调整期及随访期。访谈前与受访者确认时间和地点，本研究的前三个阶段患者系住院期间，选择医患沟通间为访谈地点；调整期在伤口造口门诊进行；随访期患者完全回归社区，采取网络通信方式调查。

1.2.3 质量控制　访谈小组成员统一进行培训，具备良好的访谈技巧以及丰富的 HIV/AIDS 肛瘘患者术后护理经验，包括一名主任护师和两名硕士研究生。先进行预访谈，针对访谈内容进一步修改访谈提纲。

在访谈过程中避免暗示性提示，不对访谈内容进行任何价值判断，保证访谈的公正性。资料由两名研究人员分别以笔录或录音的方式收集，在访谈过程中观察受访者的表情动作并记录，保证资料完整。访谈时间控制在 30～60 min。

此例为《基于时机理论对 HIV/AIDS 肛瘘手术患者不同阶段疾病体验的质性研究》一文的方法及过程。方法包括设计提纲、资料收集、质量控制 3 个主题，对每个主题均给出较详细的方法内容及过程（流程步骤），有时还给出方法实行细节或注意事项。

4.4.3 方法及过程实例【3】

【3】

1.2.2 样品处理

土壤样品采集后自然风干，剔除可见侵入体及粗有机物等杂物，研磨后过筛，采用碱解扩散法测定土壤碱解氮含量[2] 265–268。

　　此例同上文材料及使用方法实例 3，包括 4 个单句，最后一句所述（采用碱解扩散法测定土壤碱解氮含量）属于"方法及过程"中的方法，而前 3 句（土壤样品采集后……过筛）所述属于"材料及使用方法"中的方法。碱解扩散法是通用方法，故这里仅提及方法名称，没有交待其具体内容及过程。

4.5　数据处理实例评析

4.5.1　数据处理实例【1】

【1】

1.4　数据处理

　　采用 Excel 2013 软件记录数据，采用 ArcGIS 10.5 软件绘制采样图以及土壤中重金属含量分布图，采用 Origin 9.0 软件绘制箱线图，采用 SPSS 20.0 软件进行 5 种重金属含量数据的统计分析、相关性分析和主成分分析。

　　此例为《黔西南三叠统渗育型水稻土重金属污染特征及生态风险评价》一文的数据处理。数据处理主要包括记录数据，绘制采样图及土壤中重金属含量分布图，绘制箱线图，进行 5 种重金属含量数据统计分析、相关性分析和主成分分析，分别使用了工具软件 Excel 2013、ArcGIS 10.5、Origin 9.0、SPSS 20.0。

4.5.2　数据处理实例【2】

【2】

1.3　资料分析　　访谈结束后整理访谈录音和笔记，借助 Nvivo 11.0 软件进行资料转换。依据COLAIZZI[15]现象学资料分析法，对资料进行分析和推理，并对反复出现的观点进行编码汇总，提炼主题，最后将整理后的资料返回受访者处进行核实，确保真实性。资料分析由两名研究人员分别进行，对出现分歧的部分与第三方讨论共同确定，最终由导师共同协助资料分析，避免观点局限。

　　此例为《基于时机理论对 HIV/AIDS 肛瘘手术患者不同阶段疾病体验的质性研究》一文的数据处理。

　　数据处理包括访谈结果（录音、笔记）整理、转换、分析、推理，以及编码汇总、主题提炼、资料核实、与第三方讨论、导师协助资料分析等，涉及工具（Nvivo 11.0 软件）、方法（COLAIZZI 现象学资料分析，引用文献[15]），以及人员（受访者、研究人员、第三方、导师）。

4.5.3　数据处理实例【3】

【3】

扫一扫

视频讲解

1.2.3　数据处理

　　运用 SPSS 20.0 软件对土壤样品数据进行基本描述性统计分析，得出样品碱解氮含量的最大值、最小值、平均值、标准差以及变异系数等统计特征值，利用单一样本 K-S 检验分析数据的正态分布性。利用 GS+ 9.0 软件进行半方差函数模型拟合，并以 ArcGIS 10.2 软件为平台，运用普通 Kriging 插值方法对土壤碱解氮的空间分布特征进行分析，运用缓冲区分析方法探讨研究区土壤碱解氮含量的影响因素[17]。

此例为《基于县域尺度的稻田土壤碱解氮空间异质性研究》一文的数据处理，较详细地描述各项主要工作（样品数据描述性统计分析、数据正态分布性分析、半方差函数模型拟合、土壤碱解氮空间分布特征分析、土壤碱解氮含量影响因素探讨），交待所用软件（SPSS 20.0、GS+ 9.0、ArcGIS 10.2）和方法（单一样本 K-S 检验、普通 Kriging 插值、缓冲区分析）。

4.6　材料与方法实例评析

4.6.1　材料与方法实例【1】

【1】

2　研究方法与数据来源

2.1　研究方法

2.1.1　基于 PB-LCA 的建筑碳足迹核算模型

基于 PB-LCA 的建筑碳足迹是指将建筑整个生命周期过程当作一个整体，从整个投入产出链进行全面考虑，其中由于物质和能量的消耗而导致的 CO_2 排放，确定系统边界，将建筑碳足迹划分为 4 个阶段：建材准备、建造施工、建筑运行和建筑拆除[18]（图 1）。由于消耗是碳足迹产生的最终驱动力，因而基于消费侧对建筑碳足迹进行测算，即将建材准备、火力发电等产生的 CO_2 计入其中。

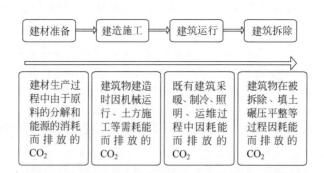

图 1　基于 PB-LCA 的建筑碳足迹核算概念模型

1）建材准备阶段的碳足迹核算方法。

建材种类繁多，消耗量大，获得建材碳排放因子工作比较复杂。本文主要采取对各个机构公布建筑中常用材料的碳排放因子[19]进行算术平均（表 1）。此外，在计算钢材、铝材这两种可回收建材时，按照未回收的消耗量计算，它们的回收系数分别是 0.8、0.85[20]。由于木材在生长过程中是碳源，因而其排放因子是负数。

表 1　5 种常用建材的 CO_2 排放因子

建材种类	钢材 (t／t)	木材 (t／m³)	水泥 (t／t)	玻璃 (t／t)	铝材 (t／t)
CO_2 排放因子	1.789	−0.483	0.822	0.966	2.600

因此，建材准备阶段的碳足迹核算的计算公式为：

$$E_{Manuf} = \sum_{j=1}^{5} M_j \cdot \beta_i \cdot \left(1 - \varepsilon_j\right) \tag{1}$$

式中，E_{Manuf} 为建材生产准备阶段的碳足迹，M_j 为第 j 种建材的使用量，β_j 为第 j 种建材的 CO_2 排放因子，ε_j 为第 j 种建材的回收系数。

2）建造施工阶段的碳足迹核算方法。

建筑施工阶段的 CO_2 足迹是房屋建筑项目在施工过程中因能耗而产生的 CO_2 排放。从宏观角度来看，建造施工主要在建筑业，因而为便于统计分析，使用建筑业能耗数据作为建筑业建筑施工阶段的能耗量，并测算出原煤、洗精煤、汽油、煤油、柴油、天然气和电力等 15 种能源品种的排放因子（由于近年来湖南 60% 的电量来自火电，所以本文在计算电力碳足迹时会乘以火电比例系数，即 $u = 0.6$，下同）。计算公式如下。

$$E_{Erect} = \sum_{i=1}^{15} C_j \cdot \alpha_i \cdot f_i \tag{2}$$

式中，E_{Erect} 为建造施工阶段的碳足迹，C_i 为第 i 种能耗量，α_i 为第 i 种能源的平均低位发热量，f_i 为第 i 种能源燃烧的 CO_2 缺省排放因子。

3）建筑运行阶段的碳足迹核算方法。

为计算湖南建筑运行阶段中的碳足迹，首先要计算建筑运行过程中的能耗，再乘以各种能源排放系数进行综合汇总。根据诸大建等[21]提出的运用归类与合并的方法，建筑能耗主要包含批发零售与住宿餐饮业和其他类及生活消费除油品类外的能源消耗。在保证研究数据的可得性和准确性的前提下，只计算民用建筑运行过程中的能耗。民用建筑主要包括公共建筑和居住建筑。每类建筑能耗又由电耗和热耗组成，其能耗构成及数据来源如下。

（1）公共建筑电耗。历年《中国能源统计年鉴》中湖南地区能源平衡表或《湖南统计年鉴》中的分行业能耗，是以下 3 项之和：交通运输、仓储和邮政业消耗的电力；批发零售业和住宿餐饮业消耗的电力；其他（包括办公、学校及事业单位）消耗的电力。

（2）公共建筑热耗。历年《中国能源统计年鉴》中湖南地区能源平衡表或《湖南统计年鉴》中的分行业能耗，是以下 3 项之和：交通运输、仓储和邮政业消耗的原煤、型煤、液化石油气、天然气和热力；批发零售业和住宿餐饮业消耗的原煤、型煤、液化石油气、天然气和热力；其他（包括办公、学校及事业单位）消耗的原煤、型煤、液化石油气、天然气和热力。

（3）居住建筑电耗。历年《中国能源统计年鉴》中湖南地区能源平衡表或《湖南统计年鉴》中的生活消耗电力。

（4）居住建筑热耗。历年《中国能源统计年鉴》中湖南地区能源平衡表或《湖南统计年鉴》中的生活消耗原煤、型煤、液化石油气、天然气和热力。

$$E_{Occup} = \sum_{i=1}^{n} F_i \cdot E_i \tag{3}$$

式中，E_{Occup} 为建筑运行阶段的 CO_2 足迹；F_i 为第 i 种燃料的 CO_2 排放因子；E_i 为第 i 种燃料消耗量；n 为建筑运行阶段中相关 CO_2 排放部门（或行业）总共消耗的 n 种燃料。

4）建筑拆除阶段的碳足迹核算方法。

由于湖南省建筑拆除的宏观数据十分缺乏，本研究中建筑拆除阶段的碳足迹参考国内外已有研究成果[11]，建筑拆除阶段的碳足迹按建造施工阶段碳足迹的 10% 计算，计算公式为：

$$E_{Demol} = E_{Erect} \bullet 10\% \tag{4}$$

综上所述，可以得到基于 PB-LCA 的湖南省建筑碳足迹核算的总公式为

$$E_{P-LCA} = E_{Manuf} + E_{Erect} + E_{Occup} + E_{Demol} \tag{5}$$

2.1.2　基于 PB-LCA 的建筑碳足迹机理模型

本研究采用地理探测器技术探究建筑碳足迹的影响机理大小。地理探测器是王劲峰、徐成东开发出用来探测空间分异性，以及揭示其背后驱动力的一组统计学方法，擅长于因变量 Y 为数值量（如碳排放）、自变量 X 为类型量（如土地利用图）的分析[22]。当因变量 Y 和自变量 X 均为数值量，对 X 离散化转换为类型量后，运用地理探测器建立的 Y 和 X 之间的关系将比经典回归更加可靠，尤其当样本容量＜30 时[23]。地理探测器软件自被开发后，已被广泛应用于自然科学、社会科学、环境科学和人类健康等方面。根据前人[9, 11, 16]的研究基础，本研究定义：基于 PB-LCA 的湖南省建筑碳足迹为因变量 Y，建筑业技术装备率 X_1、建筑业发展度（湖南省建筑业增加值占当年 GDP 值的比重）X_2、城镇化率 X_3、能源结构 X_4（基于 PB-LCA 的煤炭消费量占总能耗的比重）、居民消费水平 X_5、第三产业比重 X_6 为 6 个自变量。按照地理探测器的运行要求，先对数值型的 6 个自变量按照等间距法进行离散化处理，从而转换成类型量。

地理事物的分异性，通常受到自然环境或经济社会的深刻影响，探究其形成机理及分析其影响因素大小很有意义。地理探测器技术首次应用于探析地方性疾病的形成原因[24]，其模型公式如下：

$$P_{D,U} = 1 - \frac{1}{n\delta_U^2} \sum_{i=1}^{m} n_{D,i} \delta_{U_{D,i}}^2 \tag{6}$$

其中，$P_{D,U}$ 为基于 PB-LCA 的湖南省建筑碳足迹影响因素探测力指标；$n_{D,i}$ 为次一级类型样本数；n 为整个类型样本数；m 为次级类型个数；整个类型 δ_U^2 为碳足迹的方差；$\delta_{U_{D,i}}^2$ 为次一级类型的方差。

假设 $\delta_{U_{D,i}}^2 \neq 0$，模型成立，$P_{D,U}$ 的取值区间为 [0，1]，$P_{D,U}=0$ 时，表明碳足迹分布呈随机分布，$P_{D,U}$ 值越大，说明类型因素对碳足迹的影响越大。本研究选取建筑业技术装备率、建筑业发展度、城镇化率、能源结构、居民消费水平、第三产业比重这 6 个因素，分别探测各项指标对碳排放量的影响机理大小。

2.2　数据来源

每年建筑业企业的建材消耗数据、房屋建筑施工面积、建筑业技术装备率均来自于《中国建筑业统计年鉴》（2005—2017）；建筑业、建筑运行阶段的能耗数据来自于对应年份的《中国能源统计年鉴》和《湖南统计年鉴》；建筑业发展度、城镇化率、居民消费水平、第三产业比重来自于对应年份的《湖南统计年鉴》；15 种能源燃烧的缺省 CO_2 排放因子来自于《2006年 IPCC 国家温室气体清单指南目录》；15 种能源平均低位发热量则来自于《综合能耗计算通则（GB / T 2589—2008）》。

以上为《基于 PB-LCA 的湖南省建筑碳足迹测算及其机理分析》一文的材料与方法部分，

安排标题"研究方法与数据来源"及 2 级标题"研究方法""数据来源",其中研究方法分建筑碳足迹核算模型、机理模型两个主题讲述。

1) 2.1.1 节评析

该节讲述基于 PB-LCA 的建筑碳足迹核算建模方法。

第 1 段介绍基于 PB-LCA 的建筑碳足迹概念,将建筑碳足迹划分为建材准备、建造施工、建筑运行和建筑拆除 4 个阶段,给出概念模型(图 1);解释基于消费侧对建筑碳足迹进行测算的原因,把建材准备、火力发电等产生的 CO_2 也计入模型中。

接着分别讲述上述 4 个阶段的碳足迹核算方法,最后进行总核算。

(1) 建材准备阶段的碳足迹核算。对各机构公布的建筑常用材料的 CO_2 排放因子(文献[19])进行算术平均(表 1)。对钢材、铝材两类可回收建材,按未回收的消耗量计算,其回收系数分别是 0.8、0.85(文献[20]);对于木材,排放因子是负数(因为在生长过程中是碳源)。给出建材准备阶段的碳足迹核算计算公式——模型公式(1)。但公式(1)中有错误,错将 β_j 排为 β_i。

(2) 建造施工阶段的碳足迹核算。使用建筑业能耗数据作为建筑业施工阶段的能耗量,测出原煤、洗精煤、汽油、煤油、柴油、天然气和电力等 15 种能源品种的排放因子,计算电力碳足迹引入火电比例系数($u=0.6$,下同)。给出建造施工阶段的碳足迹核算计算公式——模型公式(2)。但公式(2)中有错误,错将 C_i 排为 C_j。

(3) 建筑运行阶段的碳足迹核算。计算建筑运行过程的能耗,再乘以各种能源排放系数进行综合汇总。建筑能耗主要包含批发零售、住宿餐饮业和其他类及生活消费除油品类外的能源消耗等构成(文献[21])。在保证研究数据的可得性和准确性的前提下,只计算民用建筑运行过程中的能耗。民用建筑能耗由公共建筑电耗、公共建筑热耗、居住建筑电耗、居住建筑热耗组成(按《中国能源统计年鉴》《湖南统计年鉴》)。给出建筑运行阶段的碳足迹核算计算公式——模型公式(3)。但公式(3)前缺少引出此公式的语句,如"建筑运行阶段的碳足迹核算计算公式为:"。

(4) 建筑拆除阶段的碳足迹核算。参考已有研究成果(文献[11]),按建造施工阶段碳足迹的 10%计算。给出建筑拆除阶段的碳足迹核算计算公式——模型公式(4)。

(5) 各阶段建筑碳足迹总核算。将以上各部分相加即可得到建筑碳足迹核算的总公式——模型公式(5)。但公式(5)中的下标"$P\text{-}LCA$"应为"PB-LCA"。

2) 2.1.2 节评析

该节讲述基于 PB-LCA 的建筑碳足迹机理建模方法。

第 1 段。交待本文所用方法(地理探测器技术),介绍地理探测器技术的发明人、功能、数学原理及应用情况(文献[22]、[23]),基于前人成果(文献[9, 11, 16])给出本文的定义(基于 PB-LCA 的湖南省建筑碳足迹为因变量 Y,建筑业技术装备率 X_1、建筑业发展度 X_2、城镇化率 X_3、能源结构 X_4、居民消费水平 X_5、第三产业比重 X_6 为 6 个自变量。按地理探测器运行要求,使用等间距法对这些数值型自变量进行离散化处理,转换为类型量)。

第 2 段。指出地理事物的分异性通常受到自然环境或经济社会的深刻影响,探究其形成机理、分析其影响因素大小很有意义。再指出地理探测器技术首次应用于探析地方性疾病的形成原因(文献[24]),并给出建筑碳足迹影响因素探测力指标计算公式——模型公式(6)。

第 3 段。对公式(6)进行讨论,并选取上述 6 个因素(自变量)分别探测各项指标对碳排放量的影响机理大小。

3）2.2 节评析

此节交待本文方法的数据来源，涉及年鉴（统计报表）、国家标准，如《中国建筑业统计年鉴》（2005—2017），对应年份的《中国能源统计年鉴》《湖南统计年鉴》，以及《2006 年 IPCC 国家温室气体清单指南目录》《综合能耗计算通则（GB／T 2589—2008）》，属三次文献。

实例【1】材料与方法的内容和结构大体合理，但也有问题，语言也有提升空间，例如有时"建造施工阶段""建筑施工阶段"混用，式（3）前面缺少必要的引导语，层次标题可以优化，公式中下标（i、j）出错、下标符号及其正斜体不当等。下面给出一种参考修改。

材料与方法【1】参考修改

2　方法与数据

2.1　基于 PB-LCA 的建筑碳足迹核算建模

基于 PB-LCA 的建筑碳足迹是将建筑全生命周期作为一个整体，从投入产出链进行全面考虑，包括由物质和能量消耗而导致的 CO_2 排放。确定系统边界，将建筑碳足迹划分为建材准备、建造施工、建筑运行和建筑拆除 4 个阶段[18]（图 1）。由于消耗是碳足迹产生的最终驱动力，因此基于消费侧对建筑碳足迹进行测算，即将建材准备、火力发电等产生的 CO_2 也计入其中。

1）建材准备阶段的碳足迹核算方法

建材种类繁多，消耗量大，获得建材碳排放因子比较复杂。本文主要对各机构公布的建筑常用材料的碳排放因子[19]进行算术平均（表 1）。对钢材、铝材这两种可回收建材，按照未回收的消耗量计算，其回收系数分别是 0.8、0.85[20]。木材在生长过程中是碳源，其排放因子是负数。

建材准备阶段的碳足迹核算计算公式为：

$$E_{\text{Manuf}} = \sum_{j=1}^{5} M_j \cdot \beta_j \cdot \left(1 - \varepsilon_j\right) \tag{1}$$

式中，E_{Manuf} 为建材生产准备阶段的碳足迹，M_j 为第 j 种建材的使用量，β_j 为第 j 种建材的 CO_2 排放因子，ε_j 为第 j 种建材的回收系数。

2）建造施工阶段的碳足迹核算方法

建造施工阶段的碳足迹是房屋建筑项目在施工中因能耗而产生的 CO_2 排放。从宏观角度看，建造施工主要在建筑业，故为便于统计分析，用建筑业能耗数据作为建造施工阶段的能耗量，并测算出原煤、洗精煤、汽油、煤油、柴油、天然气和电力等 15 种能源品种的排放因子（近年湖南省 60%的电量来自火电，本文计算电力碳足迹会乘以火电比例系数，即 $u = 0.6$，下同）。建造施工阶段的碳足迹核算计算公式为：

$$E_{\text{Erect}} = \sum_{i=1}^{15} C_i \cdot \alpha_i \cdot f_i \tag{2}$$

式中，E_{Erect} 为建造施工阶段的碳足迹，C_i 为第 i 种能耗量，α_i 为第 i 种能源的平均低位发热量，f_i 为第 i 种能源燃烧的缺省 CO_2 排放因子。

3）建筑运行阶段的碳足迹核算方法

计算建筑运行过程的能耗，再乘以各种能源排放系数进行综合汇总。按诸大建等提出的归类与合并方法[21]，建筑能耗主要包括批发零售、住宿餐饮业和其他类及生活消费除油品类外的能源消耗。在保证研究数据的可得性和准确性的前提下，只计算民用建筑运行过程中的能耗。民用建筑主要包括公共建筑和居住建筑。每类建筑能耗由电耗和热耗组成，能耗构成及数据来源如下。

（1）公共建筑电耗。历年《中国能源统计年鉴》中湖南地区能源平衡表或《湖南统计年鉴》中的分行业能耗，是以下 3 项之和：交通运输、仓储和邮政业消耗的电力；批发零售、住宿餐饮业消耗的电力；其他（包括办公、学校及事业单位）消耗的电力。

（2）公共建筑热耗。历年《中国能源统计年鉴》中湖南地区能源平衡表或《湖南统计年鉴》中的分行业能耗，是以下 3 项之和：交通运输、仓储和邮政业消耗的原煤、型煤、液化石油气、天然气和热力；批发零售、住宿餐饮业消耗的原煤、型煤、液化石油气、天然气和热力；其他（包括办公、学校及事业单位）消耗的原煤、型煤、液化石油气、天然气和热力。

（3）居住建筑电耗。历年《中国能源统计年鉴》中湖南地区能源平衡表或《湖南统计年鉴》中的生活消耗电力。

（4）居住建筑热耗。历年《中国能源统计年鉴》中湖南地区能源平衡表或《湖南统计年鉴》中的生活消耗原煤、型煤、液化石油气、天然气和热力。

建筑运行阶段的碳足迹核算计算公式为：

$$E_{Occup} = \sum_{i=1}^{n} F_i \cdot E_i \tag{3}$$

式中，E_{Occup} 为建筑运行阶段的碳足迹，F_i 为第 i 种燃料的 CO_2 排放因子，E_i 为第 i 种燃料的消耗量，n 为建筑运行阶段中相关 CO_2 排放部门（或行业）总计消耗的燃料种类数目。

4）建筑拆除阶段的碳足迹核算方法

湖南省建筑拆除的宏观数据十分缺乏，本文参考国内外已有成果[11]，建筑拆除阶段的碳足迹按建造施工阶段的碳足迹的 10% 计算，计算公式为：

$$E_{Demol} = E_{Erect} \cdot 10\% \tag{4}$$

综上所述，可以得到基于 PB-LCA 的湖南省建筑碳足迹核算总公式为

$$E_{PB-LCA} = E_{Manuf} + E_{Erect} + E_{Occup} + E_{Demol} \tag{5}$$

2.2　基于 PB-LCA 的建筑碳足迹机理建模

本文采用地理探测器探究建筑碳足迹的影响机理。地理探测器是由王劲峰等开发的用来探测空间分异性并揭示其驱动力的一类统计学软件，适于因变量 Y 为数值量（如碳排放）、自变量 X 为类型量（如土地利用图）的分析[22]。当 Y 和 X 均为数值量，对 X 离散化转换为类型量时，用地理探测器建立的 Y 和 X 之间的关系比经典回归更加可靠，尤其当样本容量 < 30 时[23]。地理探测器已广泛用于自然、科学、环境科学及人类健康等方面。根据前人研究基础[9, 11, 16]，本文定义：基于 PB-LCA 的湖南省建筑碳足迹为因变量 Y，建筑业技术装备率

X_1、建筑业发展度（湖南省建筑业增加值占当年 GDP 的比重）X_2、城镇化率 X_3、能源结构 X_4（基于 PB-LCA 的煤炭消费量占总能耗的比重）、居民消费水平 X_5、第三产业比重 X_6 为 6 个自变量。按地理探测器运行要求，先对数值型的 6 个自变量按照等间距法进行离散化处理而转换成类型量。

地理事物具有分异性，通常受自然环境或经济社会的深刻影响，探究其形成机理并定量分析其影响因素很有意义。地理探测器技术首次应用于探析地方性疾病的形成原因[24]，其模型公式如下：

$$P_{D,U} = 1 - \frac{1}{n\delta_U^2} \sum_{i=1}^{m} n_{D,i} \delta_{U_{D,i}}^2 \tag{6}$$

式中，$P_{D,U}$ 为基于 PB-LCA 的湖南省建筑碳足迹影响因素探测力指标；$n_{D,i}$ 为次一级类型样本数；n 为整个类型样本数；m 为次级类型个数；δ_U^2 为整个类型碳足迹的方差；$\delta_{U_{D,i}}^2$ 为次一级类型的方差。

假设 $\delta_{U_{D,i}}^2 \neq 0$，模型成立，$P_{D,U}$ 的取值区间为 $[0, 1]$，$P_{D,U} = 0$ 时，碳足迹呈随机分布，$P_{D,U}$ 越大，说明类型因素对碳足迹的影响越大。本文选取 $X_1 \sim X_6$ 这 6 个因素，分别探测各项指标对碳排放量的影响机理大小。

2.3 数据来源

每年建筑业企业的建材消耗数据、房屋建筑施工面积、建筑业技术装备率均来自《中国建筑业统计年鉴》（2005—2017）；建筑业、建筑运行阶段的能耗数据来自对应年份的《中国能源统计年鉴》《湖南统计年鉴》；建筑业发展度、城镇化率、居民消费水平、第三产业比重来自对应年份的《湖南统计年鉴》；15 种能源燃烧的缺省 CO_2 排放因子来自《2006 年 IPCC 国家温室气体清单指南目录》；15 种能源平均低位发热量来自《综合能耗计算通则（GB／T 2589—2008）》。

4.6.2 材料与方法实例【2】

【2】

1 实验部分

1.1 研究区概况及采样点设置

永定河（地理坐标为 $112°10' \sim 117°48'$ E，$38°50' \sim 41°13'$ N）为海河流域七大水系之一，流域面积为 4.7 万 km^2，全长为 747 km，流经内蒙古、山西、河北、北京、天津五省（区、市）。流域西北部多为山区，海拔较高，自西北向东南海拔递减。流域地处干旱和湿润气候的过渡带，属于半干旱大陆性季风气候区，四季分明，夏季多暴雨、洪水，冬季寒冷干燥[11]。流域多年平均降水量为 450 mm，大部分降水集中在 7—9 月，多年平均蒸发量为 1 009 mm[12]。永定河上游有 2 条主要支流，南为桑干河，全长为 390 km，流域面积为 2.6 万 km^2，北为洋河，全长为 241 km，流域面积为 1.625 万 km^2，在河北怀来县汇流称为永定河，发源于北京延庆县的妫水河也流入永定河，下游官厅水库至三家店的山峡段约为 110 km 的自然河流[13]，三家店以下为五湖一线段。

2017 年 3—4 月对永定河及其主要支流进行大型底栖动物采样调查，主要依据河流的长度和人员车辆的可到达性均匀布点，共设置 38 个采样点，其中桑干河有 10 个采样点，洋河有 8 个采样点，妫水河有 4 个采样点，官厅山峡段有 8 个采样点，北京市五湖一线段有 8 个采样点（图 1）。考虑到河流干涸、极度污染和监测安全等方面的因素，共有 8 个采样点未采集到大型底栖动物（YD24～YD31），其中桑干河有 3 个（YD29～YD31）、洋河有 2 个（YD27～YD28）、五湖一线段有 3 个（YD24～YD26）。

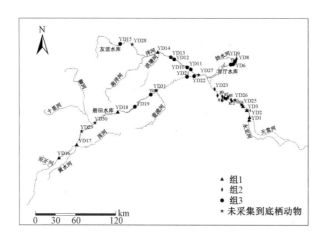

图 1　永定河流域采样点分布

1.2　大型底栖动物采集及功能摄食类群划分

依据各采样点生境特点，采用网径为 500 μm，采样面积为 0.09 m^2 的索伯网，重复采集 3 次，将采集的大型底栖动物混装到同一个样本瓶中，用 70% 的酒精保存后带回实验室，利用体式显微镜（Olympus SZ51）进行分类鉴定，样品尽量鉴定到属或种。样本鉴定后计数，折算成每平方米的密度（ind. / m^2）；用万分之一电子天平称量其湿重，并折算成每平方米的重量（g / m^2）。

根据大型底栖动物的食性类型，参考 BARBOUR 等和 CUMMINS 等[5, 14-15]大型底栖动物功能摄食类群的分类方法，将大型底栖动物划分为 5 类：刮食者、撕食者、收集者、滤食者、捕食者。

1.3　大型底栖动物统计分析方法

1.3.1　生物多样性指数

底栖动物群落特征分析采用物种优势度指数、Margalef 丰富度指数、Shannon-Wiener 多样性指数和 Pielou 均匀度指数。

1）Shannon-Wiener 多样性指数（H′）公式为

$$H' = -\sum_{i=1}^{S} \frac{n_i}{N} \times \ln \frac{n_i}{N} \tag{1}$$

式中：n_i 表示第 i 种的个体数，N 表示总个体数，S 表示总物种数。

2）Margalef 丰富度指数（D）公式为

$$D = \frac{S-1}{\ln N} \tag{2}$$

3）Pielou 均匀度指数（J）公式为

$$J = \frac{H'}{\ln S} \tag{3}$$

4）优势度指数（Y）公式为

$$Y = \frac{n_i}{N} f_i \tag{4}$$

式中：f_i 为该种出现的点位数占总点位数的百分比，当 $Y \geqslant 0.02$ 时，定为优势种[16]。

1.3.2 数据分析

利用聚类分析法分析大型底栖动物群落物种组成相似性，利用 Sorensen（Bray-Curtis）组间距进行判断，组间关联使用 Ward's method，聚类结果的差异显著性检验利用多响应置换过程（MRPP）进行判别[17]，聚类分析前所有大型底栖动物数据分别进行 $\ln(x+1)$ 转化。利用 Origin 中的单因素方差分析（one-way ANOVA）对组间总体进行差异显著性检验，组间差异性采用 Bonferroni 检验，显著水平设置为 0.05。聚类分析使用 PC-ORD 软件[18]，其余图件采用 Origin 9.0 完成。

以上为《永定河流域春季大型底栖动物群落结构和空间格局》一文的材料与方法部分，冠以标题"实验部分"，完整讲述该文调查研究的方法、材料，包括研究区及采样点设置、样本采集及类群划分、统计分析方法 3 部分，每部分一个层次标题。

1）1.1 节评析（研究区概况及采样点设置）

第 1 段为研究区概况，介绍永定河自然情况，给出较多数据，包括地理位置，流域大小（面积、长度），流经省（区、市），地形、气候、降水特征，主要支流等。

第 2 段为采样点设置，交待本文工作（采样调查），交待调查时间（2017 年 3—4 月）、调查对象（大型底栖动物）及调查范围（永定河及其主要支流），介绍采样点设置情况，涉及采样依据（按河流长度和人车可到达性均匀布点）、采样点数量（38 个）及区域分布（桑干河有 10 个，洋河有 8 个，妫水河有 4 个，官厅山峡段有 8 个，北京市五湖一线段有 8 个，共有 8 个采样点未采集到样本），并用图 1 展示。

2）1.2 节评析（大型底栖动物采集及功能摄食类群划分）

第 1 段描述样本采集方法，涉及材料、过程。方法包括采集、处置及鉴定分类。采集方法：依据采样点生境特点，采用网径为 500 μm、采样面积为 0.09 m² 的索伯网，重复采集 3 次。处置方法：将样本混装到同一样本瓶中，用 70% 的酒精保存，带回实验室。鉴定分类方法：利用体式显微镜（Olympus SZ51）进行属或种分类鉴定；鉴定后计数，折算成每平方米的密度（ind. / m²）；用万分之一电子天平称量其湿重，折算成每平方米的重量（g / m²）。涉及的材料：索伯网（网径 500 μm，采样面积 0.09 m²）、酒精（70%）、体式显微镜（Olympus SZ51）、电子天平（万分之一），其中索伯网用作采集工具，酒精用作处置材料，显微镜、电子天平用作测量工具。

第 2 段描述样本功能摄食类群划分结果，先交待划分依据（大型底栖动物的食性类型，参考文献[5, 14–15]中的分类方法），后给出划分结果（将样本分为刮食者、撕食者、收集者、滤食者、捕食者 5 类）。

3）1.3 节评析（大型底栖动物统计分析方法）

第 1 部分（1.3.1 节）介绍所用的统计指数，包括物种优势度指数、Margalef 丰富度指数、Shannon-Wiener 多样性指数和 Pielou 均匀度指数，并分别给出其计算公式[①]。

第 2 部分（1.3.2 节）描述数据分析的方法，涉及统计方法、统计检验方法、相关方法、过程、软件。样本群落物种组成的相似性分析使用聚类分析法，组间距判断利用 Sorensen（Bray-Curtis），组间关联使用 Ward's method（分层聚类凝聚法——笔者注），聚类结果的差异显著性检验利用多响应置换过程（MRPP）进行判别，聚类分析前对所有样本数据进行 $\ln(x+1)$ 转化。利用 Origin 中的单因素方差分析（one-way ANOVA）对组间总体进行差异显著性检验，组间差异性采用 Bonferroni 检验。聚类分析用 PC-ORD 软件，其余图件采用 Origin 9.0 完成。

4.6.3　材料与方法实例【3】

【3】

1　对象与方法

1.1　研究对象

将江苏省扬州市 2022 年 1 月 5 日和 1 月 23 日在中国传染病报告管理信息系统中报告的 2 例境外输入新冠肺炎确诊病例作为研究对象。

1.2　方法

1.2.1　调查方法：按照《新型冠状病毒肺炎防控方案（第八版）》的要求对研究对象开展面对面流行病学调查，排查追踪其密切接触者，并对其集中隔离医学场所进行风险评估。

1.2.2　资料收集：收集 2 例患者的流行病学调查资料及其在扬州市第三人民医院就诊的资料。

1.2.3　病例判定：按照《新型冠状病毒肺炎诊疗方案（第八版）》的要求，结合扬州市新冠肺炎医疗救治组专家会诊结果判定病例。

1.2.4　实验室核酸及抗体检测：按照《新型冠状病毒肺炎防控方案（第八版）》中《新型冠状病毒肺炎实验室检测技术指南》的要求，采用硕世核酸提取仪及核酸提取试剂盒提取病毒核酸，并采用 ABI7500 荧光定量 PCR 仪、江苏硕世生物科技有限公司和北京卓诚生物科技有限公司 SARS-CoV-2 检测试剂盒进行核酸检测，实验过程及结果判读严格按照试剂盒说明书要求进行。血清中 SARS-CoV-2 免疫球蛋白 M（IgM）、免疫球蛋白 G（IgG）抗体水平使用英诺特新型冠状病毒 IgM／IgG 抗体胶体金检测试剂和迈克生物公司全自动化学发光免疫分析仪 i3000 及其配套试剂进行检测。

1.2.5　测序文库构建和全基因组测序[5]：参照北京微未来 ULSEN 超灵敏度新型冠状病毒全基因组捕获试剂盒说明书的要求对病毒全基因组进行扩增，采用 Qubit3.0 荧光定量仪对扩增产物进行定量，连接测序试剂盒（SQK-LSK109，Oxford Nanopore）用于制备测序文库。使用 Oxford Nanopore MK1C 纳米孔测序系统和 Flow Cell 芯片（Flow Cell Priming Kit，货号 EXP-FLP002）以第 3 代纳米孔全基因组测序技术进行 SARS-CoV-2 全基因组测序。

1.2.6　序列拼接与分析：使用杭州柏熠科技有限公司的 SARS-CoV-2 全基因组分析系统对

[①] 公式中的各类指数如 H'、D、J、Y 属于物理量，应排为斜体如 H'、D、J、Y，在全文中（包括图表式）其他地方出现时也应统一排为斜体（该文有时排为斜体，多数排为正体，笔者在评析或修改中统一排为斜体）。全文中类似问题不再另行指出。

第 3 代测序数据进行组装拼接，获得全基因组序列，并在线①进行型别及变异位点分析。采用 DNAstar Lasergene V7.0 软件进行全基因组序列比对和同源性分析，参比序列来源于 GISAID 数据库不同型别变异株，使用 PhyloSuite V1.2.2 软件绘制系统发育树，进行 5 000 次 bootstrap 抽样，构建最大似然法系统发育树。

以上为《2 例新型冠状病毒肺炎病例的流行病学及基因特征分析》一文的材料与方法部分。以"对象与方法"为标题，"研究对象""方法"为两个子标题，分别交待本调查研究的样本及方法，在方法部分涉及有关"材料"。

1）标题 1（研究对象）

描述样本——2 例患者，涉及样本发现地点（江苏省扬州市）、时间（2022 年 1 月 5 日和 1 月 23 日）、数量（2 例）、来源（境外输入新冠肺炎确诊病例）及信息来源（中国传染病报告管理信息系统）。

2）标题 2（方法）

描述对样本进行调查研究的方法，主要包括以下内容。

（1）调查方法。描述有关伦理和研究安全方面的依据（按《新型冠状病毒肺炎防控方案（第八版）》），总述方法（对 2 例"人"患者进行面对面流行病学调查，排查追踪密切接触者，对集中隔离医学场所进行风险评估）。以下对方法及相关材料（产品、产地等）进行分述。

（2）资料收集。收集 2 例患者的流行病学调查资料、扬州市第三人民医院就诊资料。

（3）病例判定。按照《新型冠状病毒肺炎诊疗方案（第八版）》和扬州市新冠肺炎医疗救治组专家会诊结果判定病例。

（4）实验室核酸及抗体检测。按照《新型冠状病毒肺炎实验室检测技术指南》（来自《新型冠状病毒肺炎防控方案（第八版）》）进行核酸及抗体检测，实验过程及结果判读严格按照试剂盒说明书的要求进行。主要方法及材料包括：

①提取病毒核酸，使用硕世核酸提取仪及核酸提取试剂盒。

②核酸检测，使用 ABI7500 荧光定量 PCR 仪，以及 SARS-CoV-2 检测试剂盒（江苏硕世生物科技有限公司、北京卓诚生物科技有限公司）。

③检测血清中 SARS-CoV-2 免疫球蛋白 M（IgM）、G（IgG）抗体水平，使用新型冠状病毒 IgM／IgG 抗体胶体金检测试剂（英诺特）、全自动化学发光免疫分析仪 i3000 及其配套试剂（迈克生物公司）。

（5）测序文库构建和全基因组测序。引用文献[5]，描述主要方法及材料：

①测序文库构建，按 ULSEN 超灵敏度新型冠状病毒全基因组捕获试剂盒（北京微未来）说明书的要求对病毒全基因组进行扩增，并对扩增产物进行定量（用 Qubit3.0 荧光定量仪），连接测序试剂盒（SQK-LSK109，Oxford Nanopore）。

②全基因组测序，用第 3 代纳米孔全基因组测序技术进行全基因组测序，使用材料为 Oxford Nanopore MK1C 纳米孔测序系统和 Flow Cell 芯片（Flow Cell Primming Kit，货号 EXP-FLP002）。

（6）序列拼接与分析。描述主要方法及材料：

①对第 3 代测序数据进行组装拼接（用 SARS-CoV-2 全基因组分析系统，杭州柏熠科技

① 这里原文有网址，见文献[22]。

有限公司），获得全基因组序列，在线进行型别及变异位点分析。

②全基因组序列比对和同源性分析（用 DNAstar Lasergene V7.0 软件），参比序列来源于 GISAID 数据库不同型别变异株，绘制系统发育树（用 PhyloSuite V1.2.2 软件），进行 5000 次 bootstrap 抽样，构建最大似然法系统发育树。

4.6.4　材料与方法实例【4】

【4】

材料和方法

动物、试剂和仪器　昆明种雄性小白鼠 32 只，体重（18±3）g，由第二军医大学实验动物中心提供。SDS 由华东理工大学生物反应器工程国家重点实验室提供，高效液相色谱（high performance liquid chromatogram，HPLC）检测纯度在 95%以上；苹果酸脱氢酶（malate dehydrogenase，MDH）试剂盒、琥珀酸脱氢酶（succinate dehydrogenase，SDH）试剂盒、丙酮酸激酶（pyruvate phosphokinase，PK）试剂盒、乳酸脱氢酶（lactate dehydrogenase，LDH）试剂盒、乳酸（lactic acid，LD）检测试剂盒均购自南京建成生物制品研究所；Bradford 蛋白质定量试剂盒购自北京天根公司。UV754 分光光度计购自上海第三分析仪器厂，DK-8D 型电热恒温水槽购自上海森信实验仪器有限公司，高速台式离心机购自上海医用分析仪器厂。

动物分组和标本采集　将 32 只小鼠适应性喂养 1 周后随机分为对照组、SDS 组、运动组及 SDS＋运动组 4 组，每组 8 只，组间体重无差异。将 900 mg SDS 溶于 100 mL 蒸馏水中配制成无色透明的 SDS 溶液，SDS 组及 SDS＋运动组以 180 mg／（kg・d）的 SDS 灌胃给药；对照组及运动组以同样体积［20 mL／（kg・d）］蒸馏水灌胃，连续给药 15 天。15 天后，末次灌胃 30 分钟后，对照组及 SDS 组不做任何运动，摘眼球取血后，脱白处死取材；运动组及 SDS＋运动组进行无负重游泳，120 分钟后将小鼠捞出擦干，摘眼球放血后脱白处死。迅速取小鼠肝及腓肠肌，液氮冻存，待测。

骨骼肌组织匀浆 MDH、SDH、PK 及 LD 检测　取骨骼肌组织，用生理盐水洗去残留血液，滤纸拭干，准确称取组织重量，加 9 倍生理盐水制成 10%组织匀浆，2 500 r／min 离心 10 分钟，取上清加生理盐水稀释成 0.5%匀浆。采用考马斯亮蓝法进行骨骼肌蛋白定量，并按照试剂盒说明书检测骨骼肌组织匀浆中 MDH、SDH、PK 及 LD 水平。

肝组织匀浆 LDH 检测　取肝组织，用生理盐水洗去残留血液，滤纸拭干，准确称取组织重量，加 9 倍生理盐水制成 10%组织匀浆待测。采用考马斯亮蓝法进行肝脏蛋白定量，按照试剂盒说明书检测肝组织匀浆中 LDH 水平。

统计学处理　采用 SPSS10.0 统计软件，组间差异比较采用方差分析，$P<0.05$ 为差异有显著性。

以上为《红景天苷对不同状态下小鼠能量代谢的影响》一文的材料与方法部分，由 5 段组成（每段一个标题）。

第 1 段分列出所用的材料，分为动物、试剂和仪器 3 大类。动物类为 32 只昆明种雄性小白鼠，试剂类为 SDS[①]和 6 种试剂盒[苹果酸脱氢酶（MDH）、琥珀酸脱氢酶（SDH）、丙酮酸

---

① SDS 的英文名为 salidroside，中文名为红景天苷。

激酶（PK）、乳酸脱氢酶（LDH）、乳酸（LD）检测及 Bradford 蛋白质定量]，仪器类为 UV754 分光光度计、DK-8D 型电热恒温水槽和高速台式离心机。

每种材料均给出名称和来源（因为是商业来源，仅给出机构名称，未给出地址）。小白鼠是实验对象，给出了数量（32 只）和体重[（18±3）g]，以及来源（由第二军医大学实验动物中心提供）；SDS 是研究领域，给出来源（由华东理工大学生物反应器工程国家重点实验室提供）和属性参数[高效液相色谱（HPLC）检测纯度在 95%以上]；试剂盒属于标准医疗器械，6 种，给出了名称；仪器是标准设备或设施，3 种，也给出了名称。

第 2～5 段开头的黑体部分是标题，分别是动物分组和标本采集，骨骼肌组织匀浆 MDH、SDH、PK 及 LD 检测，肝组织匀浆 LDH 检测及统计学处理，相当于 4 个主题（目标），相对于论文的总主题（目标）来说，这些就是子主题（目标）。这部分分别给出在这些子主题下所用的方法，每个子主题下的方法又由不同的子方法组成，不同方法前后出现就形成了过程（步骤），从这个意义上说，方法就是过程。

子主题 1 主要是标本采集。使用的方法可概括为：小鼠分组→配制 SDS 溶液→灌胃给药→灌胃后处置→取材。表述各方法时，一般用省略施事（动作发出者，即该文作者）的句子（主动语态时即为省略施事的无主语句），表述做了什么事，谓语和受事（宾语）通常有较为明确的表述。方法通常较为具体，对应具体的操作，表述上严谨、细致，细节、数量等均应清楚表述。比如：对小鼠分组，交待小鼠总数（32 只）、分组数（4 组）、每组名称及对小鼠的预处置（适应性喂养 1 周）；配制 SDS 溶液，交待将多少 SDS（900 mg）溶于多少蒸馏水（100 mL）；灌胃给药，交待给哪些组灌药（SDS 组、SDS＋运动组）及数量标准[180 mg /（kg・d）]，哪些组（对照组、运动组）只灌水及数量[20 mL /（kg・d）]，以及灌药持续时间（15 d）；灌胃后处置，交待处置开始时间（末次灌胃 30 min 后）及具体处置方式（对照组、SDS 组不做运动，摘眼球取血，脱臼处死；运动组、SDS＋运动组无负重游泳，120 min 后捞出小鼠擦干，摘眼球放血，脱臼处死）；取材，交待提取对象名（小鼠肝及腓肠肌）及处置方式（液氮冻存）。

子主题 2 是骨骼肌组织匀浆 MDH、SDH、PK 及 LD 检测。使用的方法可概括为：取材→清洗→称重→制备组织匀浆→蛋白定量→检测。取材指提取骨骼肌组织；清洗指用生理盐水洗去骨骼肌组织的残留血液，并用滤纸拭干；称重指准确称取清洗后的骨骼肌组织的重量；制备匀浆是对骨骼肌组织加 9 倍生理盐水制成 10%组织匀浆，再以 2500 r / min 的转速离心 10 min，取上清加生理盐水稀释成 0.5%匀浆；蛋白定量就是对骨骼肌蛋白进行定量；检测指检测骨骼肌组织匀浆中的 MDH、SDH、PK、LD 水平。注意，蛋白定量使用了考马斯亮蓝法，这属通用方法，故未给出其具体内容，只交待了一下名称。另外，检测是按照试剂盒说明书的要求进行的，也是通用方法，在说明书上应有明确的使用说明，故也未给出具体内容。

子主题 3 是肝组织匀浆 LDH 检测。使用的方法基本同子主题 2，语句基本重复子主题 2，只是取材对象、测试目标不同而已（子主题 3 的取材对象为肝组织匀浆，测试目标为 LDH 水平；子主题 2 的取材对象是骨骼肌组织匀浆，测试目标为 MDH、SDH、PK、LD 水平）。子主题 3 的方法中没有对组织匀浆进行"2 500 r /min 离心 10 min，取上清加生理盐水稀释成 0.5%匀浆"操作。

主题 4 是统计学处理。方法是对组间差异进行比较，使用方差分析和 SPSS10.0 软件，并明确交待 P 值（$P < 0.05$ 为差异有显著性）。方差分析是一种常用的统计方法，SPSS10.0 软件是一种广泛使用的统计软件和工具，因此没有交待其具体使用方法。

这部分在结构上，材料与方法共用一个标题，先总体上交待材料，后按不同子主题分别表述相应的方法；在内容上，材料的数量、来源，方法的操作、步骤，详略适当，主次分明。总体上，目标明确，内容全面，表述具体，结构清晰，层次分明，写作较为规范。

4.6.5 材料与方法实例【5】

【5】

1 实验材料

1.1 试剂与材料

大黄素-8-O-β-D-葡萄糖苷（四川省维克奇生物科技有限公司，批号：wkq18082803，纯度≥98%）；RPMI-1640 培养基、胰蛋白酶（Gibco 公司）；青霉素、链霉素溶液（Amresco公司）；MTT（北京拜尔迪生物技术有限公司）胎牛血清（浙江天杭生物科技有限公司）；异氟烷（瑞沃德生命科技有限公司）；D-luciferin（Goldbio 公司）；Matrigel 基质胶（Corning公司）。

1.2 仪器

MCO-18AIC（UV）细胞培养箱（Sanyo 公司）；Nikon ECLIPSE TE2000-S 倒置相差显微镜（Nikon 公司）；IVIS Lumina Ⅲ 小动物活体光学二维成像系统（PerkinElmer 公司）；小动物麻醉机装置（北京众实迪创科技发展有限责任公司）。

1.3 实验动物

4~6 周龄的雌性 BALB/C 小鼠，体重约 20~22 g，购自北京斯贝福生物技术有限公司，合格证号：SCXK（京）2019-0010，小鼠适应环境 1 周，保持房间 12 h 昼夜节律，自由进食水。实验中所有操作均遵守北京市动物管理委员会的实验动物使用条例。

1.4 细胞系

人结肠癌 HCT116 细胞、人神经母细胞瘤 SH-SY5Y 细胞购自中国医学科学院基础医学研究所细胞库，北京中医药大学生命科学学院孙震晓课题组冻存。小鼠乳腺癌细胞 4T1-Luc 中国中医科学院医学实验中心刘长振课题组冻存。

2 实验方法

2.1 MTT 法检测细胞活力

取对数生长期肿瘤细胞，以 1 600 个细胞每孔接种于 96 孔板中，每孔加入 100 μL 培养基，在 5% CO_2、37 ℃ 培养箱中培养 24 h。显微镜下观察细胞贴壁并且生长良好，加入 1640 完全培养基（溶剂对照）或 1640 完全培养基配制好的不同浓度 EG 150 μL，5% CO_2、37 ℃ 培养箱培养，作用时间点分别设置分别为 0、24、48、72 h。到达待测时相，吸去培养基，每孔加入 0.5 mg·mL^{-1} MTT 100 μL，培养箱中孵育 4 h，倒去 MTT，加入 DMSO 150 μL 震荡溶解蓝紫色结晶，酶标仪 570 nm 检测溶液的吸光度（A）。按下列公式计算细胞活力[14-15]：

$$细胞活力(\%) = \frac{药物组测定的平均吸光度值}{对照组的平均吸光度值} \times 100\%$$

2.2 细胞划痕实验

取对数生长期的肿瘤细胞，胰蛋白酶消化成单细胞后磷酸盐缓冲溶液（PBS）洗涤，离心收集细胞沉淀，重悬细胞并计数，取适量细胞悬液均匀接种于 6 孔板中，加入 1640 完全培养基至每孔 3 mL。于 37 ℃、5%的 CO_2 培养箱中进行培养，待细胞长成单层细胞时，弃去培养基并使用 10 μL 枪头沿着无菌直尺划线；用 1 mL 预冷的无菌 PBS 轻轻洗涤处理孔 3 次，尽可能洗去划下的细胞，并进行拍照（0 h），EG 处理组分别加入 EG 50、100 mg·mL^{-1}，溶剂对照组只加 1640 完全培养基，24 h 后拍照，参考文献方法[16-17]分析实验结果，按下列公式计算迁移率：

$$迁移率(\%) = \frac{初始划痕面积 - 24\,h后划痕面积}{初始划痕面积} \times 100\%$$

2.3 Transwell 细胞侵袭实验

用无血清培养基将基质胶按照说明书比例稀释至蛋白浓度为 300 μg·mL^{-1}，取 100 μL 稀释液充分包被 Transwell 小室聚碳酸酯膜，置于 37 ℃、5%的 CO_2 细胞培养箱内过夜。取对数生长期无血清饥饿处理 12 h 后的肿瘤细胞，消化重悬后计数。用含不同浓度 EG（50、100 mg·mL^{-1}）的 RPMI1640 培养基（无血清）重悬，调整细胞密度至 5×10^5·mL^{-1}，每个小室上层加入 100 μL 含细胞的无血清培养基，即每孔内含有 5×10^4 个细胞。小室下层加入 0.5 mL 含 10%血清培养基，37 ℃、5% CO_2 培养箱中培养 24 h 棉签擦去未转移的细胞，使用 PBS 洗涤并用 4%的多聚甲醛溶液固定，加入 1%结晶紫染液对细胞染色约 30 min，洗涤、空气中自然干燥，显微镜下观察拍照，记录实验结果。参照文献方法[18-19]分析实验结果，按下列公式计算迁移率：

$$抑制率(\%) = \frac{对照组穿膜细胞数 - 加药组穿膜细胞数}{对照组穿膜细胞数} \times 100\%$$

2.4 小鼠移植瘤实验

取对数生长期的 4Tl-Luc 细胞，经胰蛋白酶消化、PBS 洗涤，离心收集细胞沉淀，加 PBS 缓冲液调整肿瘤细胞悬液密度至 5×10^4·mL^{-1}。取雌性 BALB/C 小鼠 12 只，均于右侧第四对乳垫接种肿瘤细胞悬液 0.1 mL[20]。随机分为 3 组，即对照组（PBS）、EG 低、高剂量组。接种后随即给药，对照组腹腔注射 PBS 缓冲液，EG 低、高剂量组分别按 2、4 mg·kg^{-1} 腹腔注射 EG 药液。对照组，EG 低、高剂量组均连续给药 13 d。小鼠于末次给药后禁食不禁水过夜，异氟烷麻醉后脱脊柱处死小鼠，取肿瘤组织、肝脏、肺、肾脏，4%多聚甲醛固定液固定。

小鼠肿瘤细胞造模后，每两天每只小鼠腹腔注射荧光素酶底物 0.1 mL（150 mg·mL^{-1}），自由活动 5 min 后放入吸入式麻醉机麻醉后进行活体荧光成像[21]，记录每只小鼠光强平台期信号最大值并对肿瘤转移进行定量评价。具体原理为 4Tl-Luc 是荧光素酶标记的细胞株，其能够稳定表达荧光素酶，当底物 D-luciferin 进入体内，被 ATP 和荧光素酶催化发生氧化反应，即可在体内产生发光现象，发光强度用小动物成像仪器检测。按下列公式计算肿瘤相对转移率：

$$肿瘤相对转移率 = \frac{肿瘤原位光子量}{肿瘤转移灶光子量}$$

2.5 统计学处理

实验数据采用 SAS 8.2 统计软件进行分析，所有测定数值以 $\bar{x} \pm s$ 表示，多样本均数的比较采用单因素方差分析，两样本均数的比较采用 t 检验，以 $P<0.05$ 为有显著性差异，$P<0.01$ 为有极显著性差异。

以上为《大黄素-8-O-β-D-葡萄糖苷抑制肿瘤细胞迁移和转移的体内外实验研究》一文的材料与方法部分。不同于常规的单独标题"材料与方法"，这里分开写，用了两个标题"实验材料""实验方法"，分别交待该文实验的材料和方法。

"实验材料"标题下有 4 个子标题：试剂与材料、仪器、实验动物、细胞系，这是按材料的大类来安排的（实验动物和细胞系均为操作对象），每个子标题下交待具体材料的名称和来源。例如："大黄素 -8-O-β-D- 葡萄糖苷"与研究主题直接相关，因此对其还交待了批号（wkq18082803）和参数（纯度＞98%）；"雌性 BALB/C 小鼠"是主要的操作对象，又是动物，不仅须在实验操作前对其做某种处置（小鼠适应环境 1 周，保持房间 12 h 昼夜节律，自由进食水），还须遵守有关法律法规（北京市动物管理委员会的实验动物使用条例）；"细胞系"包含三种细胞，故得名"细胞系"而非"细胞"。细胞在实验中用来接种到小鼠，是一种特殊的操作对象，其存活状态至关重要，因此对其保存情况做了交待（冻存；孙震晓课题组、刘长振课题组）。

"实验方法"标题下有 MTT 法检测细胞活力（细胞活力检测）、细胞划痕实验、Transwell 细胞侵袭实验、小鼠移植瘤实验、统计学处理 5 个子标题（子主题、分目标）。前 4 个为专题实验，详细表述各实验的方案及具体操作方法；最后一个为实验结果统计学处理，明确交待了进行统计学处理所用的软件及统计检验方法。

对每一具体方法及其每一步骤的表述，往往须要用某一（些）定量即含数字的表达来对所用的某一（些）材料加以限定（做定语）或对谓语动词进行修饰（做状语），涉及材料的规格、品种、计量（如尺寸、重量、质量、容量、浓度、密度、纯度、参数），使用情况（如数量、时间、效率、精度、处理次数），使用条件（如环境温度、湿度）等，凡涉及定量表达时，所用词语（术语）必须清楚、规范，所提数字（数据）必须真实、准确，所用单位必须正确，还应辅以恰当的表示程度的用语，如"约""大约""适量""少许""少量""不少""微微""较多""大量""轻轻""尽可能"等，表达实事求是，科学严谨，不能马虎、含混。

一个句子表述某一具体的方法或步骤时，还可能引用另外的方法。如果引用通用、常规的方法，可直接引用其名称（如"利用有限元分析与优化方法设计了航天器发动机推力支架桁架结构""用电穿孔法和基因枪法对细胞进行转换"）。对于引自参考文献中的方法，应标注引文序号。以实例【5】的方法为例，"酶标仪 570 nm 检测溶液的吸光度""重悬细胞并计数""取 100 μL 稀释液充分包被 Transwell 小室聚碳酸酯膜""肿瘤转移定量评价""参考文献方法分析实验结果"等，都是直接说方法，而没有交待所引方法的具体内容和操作步骤。

另外，在表述方法时，必要时还可对方法进行某种必要的解释，以方便理解。例如在以上"小鼠移植瘤实验"子主题下，就有这样的语句：具体原理为 4T1-Luc 是荧光素酶标记的细胞株，其能够稳定表达荧光素酶，当底物 D-luciferin 进入体内，被 ATP 和荧光素酶催化发生氧化反应，即可在体内产生发光现象，发光强度用小动物成像仪器检测。这个长复句是对"肿瘤转移定量评价"这一方法的原理的解释，严格意义上不属方法，因此这里可以不写，但写了更好，起着补充方法的作用。对此原理知道或熟悉的人可能不多，因此这种补充通常是必要的。

由子子方法、子方法以某种关系（如逻辑、时间）或步骤关联，便形成各个子主题实验的方法，各个子主题实验的方法汇总起来便形成全文整个实验的方法。

实例【5】在结构上，材料与方法分设标题，在各标题下按类别单设子标题（子主题），分别表述子主题的内容；内容上，材料的数量、来源，方法的操作、步骤，详略适当，主次分明。不过语言有较多提升空间，下面给出一种参考修改。

材料与方法【5】参考修改

1 实验材料

1）试剂与材料

EG（四川省维克奇生物科技有限公司，批号 wkq18082803，纯度＞98%）；RPMI-1640 培养基、胰蛋白酶（Gibco 公司）；青霉素、链霉素溶液（Amresco 公司）；MTT（北京拜尔迪生物技术有限公司）；胎牛血清（浙江天杭生物科技有限公司）；异氟烷（瑞沃德生命科技有限公司）；D-luciferin（Goldbio 公司）；Matrigel 基质胶（Corning 公司）。

2）仪器

MCO-18AIC（UV）细胞培养箱（Sanyo 公司）；Nikon ECLIPSE TE2000-S 倒置相差显微镜（Nikon 公司）；IVIS Lumina Ⅲ小动物活体光学二维成像系统（PerkinElmer 公司）；小动物麻醉机装置（北京众实迪创科技发展有限责任公司）。

3）实验动物

4～6 周龄的雌性 BALB/C 小鼠，体质量 20～22 g，购自北京斯贝福生物技术有限公司，合格证号：SCXK（京）2019-0010。小鼠适应环境 1 周，保持房间 12 h 昼夜节律，自由进食水。实验中所有操作均遵守北京市动物管理委员会的实验动物使用条例。

4）细胞系

人结肠癌细胞 HCT116、人神经母细胞瘤细胞 SH-SY5Y 购自中国医学科学院基础医学研究所细胞库，由北京中医药大学生命科学学院孙震晓课题组冻存。小鼠乳腺癌细胞 4Tl-Luc，由中国中医科学院医学实验中心刘长振课题组冻存。

2 实验方法

2.1 MTT 法检测细胞活力

取对数生长期肿瘤细胞，以 1600 个细胞每孔接种于 96 孔板中，每孔加入 100 μL 培养基，在 5% CO_2、37℃培养箱中培养 24 h。显微镜下观察细胞贴壁并且生长良好，加入 1640 完全培养基（溶剂对照）或 1640 完全培养基配制好的不同浓度 EG 150 μL，5% CO_2、37 ℃培养箱培养，作用时间点设置分别为 0、24、48、72 h。到达待测时相，吸去培养基，每孔加入 0.5 mg·mL^{-1} MTT 100 μL，培养箱中孵育 4 h，倒去 MTT，加入 DMSO 150 μL 震荡溶解蓝紫色结晶，酶标仪 570 nm 检测溶液的吸光度（A）。按以下公式计算细胞活力[14-15]：

$$细胞活力(\%) = \frac{药物组测定的平均吸光度值}{对照组的平均吸光度值} \times 100\%$$

2.2 细胞划痕实验

取对数生长期的肿瘤细胞，胰蛋白酶消化成单细胞后磷酸盐缓冲溶液（PBS）洗涤，离心收集细胞沉淀，重悬细胞并计数，取适量细胞悬液均匀接种于 6 孔板中，加入 1640 完全培养基至每孔 3 mL。在 37 ℃、5% 的 CO_2 培养箱中培养，待细胞长成单层细胞时，弃去培养基并使用 10 μL 枪头沿着无菌直尺划线；用 1 mL 预冷的无菌 PBS 轻轻洗涤处理孔 3 次，尽可能洗去划下的细胞，并进行拍照（0 h），EG 处理组分别加入 EG 50、100 mg·mL^{-1}，溶剂对照组只加 1640 完全培养基，24 h 后拍照，参考文献[16–17]的方法分析实验结果，按以下公式计算迁移率：

$$迁移率(\%) = \frac{初始划痕面积 - 24\,h后划痕面积}{初始划痕面积} \times 100\%$$

2.3 Transwell 细胞侵袭实验

用无血清培养基将基质胶按说明书比例稀释至蛋白浓度为 300 μg·mL^{-1}，取 100 μL 稀释液充分包被 Transwell 小室聚碳酸酯膜，置于 37 ℃、5% 的 CO_2 细胞培养箱内过夜。取对数生长期无血清饥饿处理 12 h 后的肿瘤细胞，消化重悬后计数。用含不同浓度 EG（50、100 mg·mL^{-1}）的 RPMI1640 培养基（无血清）重悬，调整细胞密度至 5×10^5·mL^{-1}，每个小室上层加入 100 μL 含细胞的无血清培养基，即每孔内含 5×10^4 个细胞。小室下层加入 0.5 mL 含 10% 血清的培养基，置于 37 ℃、5% CO_2 培养箱中培养 24 h，用棉签擦去未转移的细胞，使用 PBS 洗涤，并用 4% 的多聚甲醛溶液固定，加入 1% 结晶紫染液对细胞染色约 30 min，洗涤、空气中自然干燥，显微镜下观察拍照，记录实验结果。参照文献[18–19]的方法分析实验结果，按以下公式计算抑制率：

$$抑制率(\%) = \frac{对照组穿膜细胞数 - 加药组穿膜细胞数}{对照组穿膜细胞数} \times 100\%$$

2.4 小鼠移植瘤实验

取对数生长期的 4Tl-Luc 细胞，经胰蛋白酶消化、PBS 洗涤，离心收集细胞沉淀，加 PBS 缓冲液调整肿瘤细胞悬液密度至 5×10^4·mL^{-1}。取雌性 BALB/C 小鼠 12 只，均于右侧第四对乳垫接种肿瘤细胞悬液 0.1 mL[20]。随机分为 3 组：对照组（PBS），EG 低、高剂量组。接种后随即给药，对照组腹腔注射 PBS 缓冲液，EG 低、高剂量组分别按 2、4 mg·kg^{-1} 腹腔注射 EG 药液。对照组，EG 低、高剂量组均连续给药 13 d。小鼠在末次给药后禁食不禁水过夜，异氟烷麻醉后脱脊柱处死小鼠，取肿瘤组织、肝脏、肺、肾脏，4% 多聚甲醛固定液固定。

小鼠肿瘤细胞造模后，每两天每只小鼠腹腔注射荧光素酶底物 0.1 mL（150 mg·mL^{-1}），自由活动 5 min 后放入吸入式麻醉机麻醉后进行活体荧光成像[21]，记录每只小鼠光强平台期信号最大值并对肿瘤转移进行定量评价。具体原理为：4Tl-Luc 是荧光素酶标记的细胞株，能够稳定表达荧光素酶，当底物 D-luciferin 进入体内时，被 ATP 和荧光素酶催化发生氧化反应，即可在体内产生发光现象，发光强度用小动物成像仪器检测。按以下公式计算肿瘤相对转移率：

$$肿瘤相对转移率 = \frac{肿瘤原位光子量}{肿瘤转移灶光子量}$$

2.5 统计学处理

实验数据采用 SAS 8.2 统计软件进行分析，所有测定数值以 $\bar{x} \pm s$ 表示，多样本均数的比较采用单因素方差分析，两样本均数的比较采用 t 检验，以 $P < 0.05$ 为有显著性差异，$P < 0.01$ 为有极显著性差异。

4.6.6 材料与方法实例【6】

【6】

1 试验方法

1.1 复合织构分布设计

根据 ZOREV 提出的前刀面接触模型和正 / 切应力分布模型可知，刀-屑接触过程中前刀面分为黏结区和滑移区。黏结区法向应力高、速度低，而滑移区则具有相反的特性[16-17]，因此，在两个区域应该制备不同的织构。综上所述，设计一种凹坑与沟槽复合的织构刀具，凹坑具有良好的抗黏性能，而沟槽可以减少接触面积，引导和传输切削液[18]。因此在刀-屑接触表面的黏结区加工凹坑织构，在滑移区加工沟槽织构，并通过调整沟槽与主切削刃的夹角（垂直 / 平行），探索合理的织构组合。

1.2 织构刀具的制备

由于硬质合金刀具具有良好的物理力学性能，广泛地用于金属切削加工中。切削加工试验所采用的刀片型号为 TNMA160404 TH03 硬质合金刀片，其成分及相关性能如表 1 所示。采用型号为 MLPS-3W 的皮秒激光器在刀具前刀面加工织构，激光器性能见表 2，控制织构与主切削刃保持一定的距离（50～150 μm），避免织构破坏刀具的强度。激光加工参数如下：激光波长 1 064 nm，功率为 9 W，频率 500 kHz，扫描速度为 1 200 mm / s，加工次数为 1，加工方式为阵列加工。根据织构的上下左右位置不同，加工四种复合织构刀具，如图 1 所示：上下凹坑垂直沟槽复合织构（SXDV）、上下凹坑平行沟槽复合织构（SXDP）、左右凹坑垂直沟槽复合织构（ZYDV）、左右凹坑平行沟槽复合织构（ZYDP），并加工无织构（NT）、凹坑（DT）和沟槽（PT）作为对照组。

表 1 硬质合金材料的物理性质
Table 1 Properties of the cemented carbide materials

Composition	Density / (g · cm⁻³)	Hardness / GPa	Flexural strength / GPa	Thermal conductivity / (W · (m · k)⁻¹)	Thermal expansion coefficient / K⁻¹
WC+3%Co	13.8	10.6	1.08	87.9	5.3×10^{-4}

表 2 皮秒激光的性能规格
Table 2 Performance specifications for picosecond laser

Properties	Specification parameters
Wavelength / nm	1 064
Pulse duration / ps	≤15
Average laser power / W	≥100
Frequency / kHz	0-1 000
Pulse energy / μJ	≥200
Peak power / MW	20

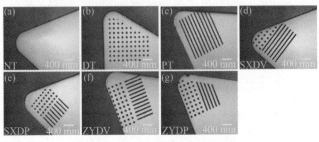

图 1 不同织构刀具表面的形貌
Fig. 1 Surface morphology of different textured tools

采用超景深显微镜（VHX-2000C）对所加工刀具微织构进行三维测量，结果如图 2 所示。沟槽以及凹坑的深度在 28～30 μm，沟槽宽度大约为 40 μm，间距 120 μm；凹坑直径大约为 80 μm，间距为 160 μm。

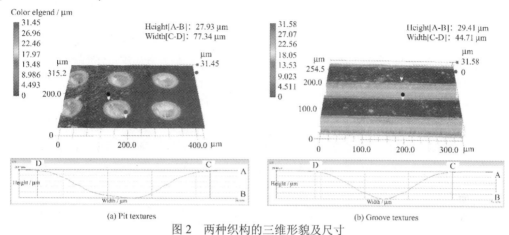

(a) Pit textures　　　　　　　　　(b) Groove textures

图 2　两种织构的三维形貌及尺寸

Fig. 2　Three-dimensional morphology and size of two textures

1.3　切削试验

切削试验采用型号为 CS6140 的普通车床（图 3），工件为长度 150 mm、直径 30 mm 的 6061 铝合金棒。配备的刀柄参数如下：前角 $\gamma_0=6°$，后角 $\alpha_0=6°$，刃倾角 $\lambda_s=-7.2°$，主偏角 $K_r=93°$。刀杆安装架上配有瑞士生产的 Kistler 9527B 三向测力仪，用来测量刀具切削加工过程中所受到的三向切削力。

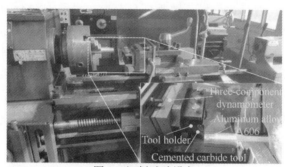

图 3　切削试验设备

Fig. 3　Experimental setup for cutting

切削过程中采用全合成微乳化油以 1∶15 稀释，用以冷却润滑，具体切削条件以及刀具的相关参数如表 3 所示。车削后，用扫描电子显微镜（SEM）观察刀面的磨损形貌以及材料粘着情况，用能量色散 X 射线光谱学（EDS）测量刀具表面磨损区材料化学成分以及比例。

表 3　刀具切削条件参数

Table 3　Parameters of tool cutting conditions

Tool	Uncoated tungsten carbide inserts (TNMA160404 TH03)
Workpiece	Al6061 bar
Cutting speed / (m / min)	120
Feed rate / (mm / r)	0.3
Depth of cut / mm	0.5
Cutting environment	Wet cutting
Cutting time / min	5

以上为《复合织构刀具切削铝合金的性能》一文的材料与方法部分，冠以标题"试验方法"，分复合织构分布设计、织构刀具的制备、切削试验 3 个子主题讲述方法及方法所涉及的主要材料。

1）1.1 节评析（复合织构分布设计）

这部分主要表述有关认知及本文复合织构分布设计方法，认知多于方法，未涉及材料。

共 4 句，前 3 句为基于常识（认知）的简单论述，第 4 句为基于以上认知而提出本文的方法。第 1 句由 ZOREV 提出的前刀面接触模型和正 / 切应力分布模型，得出刀-屑接触中前刀面分为黏结区和滑移区。第 2 句先引用文献[16–17]表述黏结区和滑移区的特性（黏结区法向应力高、速度低，滑移区正好相反），接着通过因果论证（因此）表述认知（在黏结区和滑移区应制备不同的织构）。第 3 句继续通过因果论证（综上所述）并引用文献[18]表述认知（设计凹坑与沟槽复合织构刀具优势明显，凹坑有良好的抗黏性能，沟槽可减少接触面积，引导和传输切削液）。第 4 句基于前面的认知交待本文的复合织构分布设计方法（在刀-屑接触表面的黏结区加工凹坑织构，滑移区加工沟槽织构，调整沟槽与主切削刃的垂直 / 平行夹角，探索合理的织构组合）。

这部分较多甚至重复使用关联词（如因此、综上所述），因果关系略显混乱，会造成理解偏差，比如第 3 句的认知是由作者提出还是引自文献[18]，难以准确理解。

2）1.2 节评析（织构刀具的制备）

这部分除首句交待本文选用硬质合金刀具的原因（具有良好的物理力学性能，在金属切削加工中得到广泛应用）外，其余主要交待本文的织构刀具制备方法及涉及的材料。

（1）方法：选用织构刀具。材料：硬质合金刀片（型号 TNMA160404 TH03），其成分（WC+3%Co）及相关性能（密度、硬度、弯曲强度、热导率、热膨胀系数）列于表 1。

（2）方法：在刀具前刀面加工织构[控制织构与主切削刃保持一定距离（50～150 μm）；激光加工参数：激光波长 1064 nm，功率 9 W，频率 500 kHz，扫描速度 1200 mm / s，加工次数 1，阵列加工方式]。材料：皮秒激光器（型号 MLPS-3W），其性能（波长、脉冲时长、平均激光功率、频率、脉冲能量、峰值功率）列于表 2。

（3）方法：加工复合织构刀具，图 1 直观显示无织构（NT）、单一织构（DT、PT）和复合织构（SXDV、SXDP、ZYDV、ZYDP）刀具的表面形貌，其中 NT、DT、PT 用作对照组。

（4）方法：对刀具微织构进行三维测量，图 2 显示测量结果（凹坑、沟槽两种织构的三维形貌及尺寸），并进行说明（沟槽、凹坑深度 28～30 μm；沟槽宽度约 40 μm，间距 120 μm；凹坑直径约 80 μm，间距 160 μm）。材料：超景深显微镜（型号 VHX-2000C）。

3）1.3 节评析（切削试验）

这部分主要交待本文的切削试验方法及涉及的材料。

（1）方法：进行切削加工试验。材料：切削设备（型号为 CS6140 的普通车床），用图 3 显示；工件（长度 150 mm、直径 30 mm 的 6061 铝合金棒）；刀柄（前角 γ_o=6°，后角 α_o=6°，刀倾角 λ_s=-7.2°，主偏角 K_r=93°）；三向测力仪（瑞士，型号 Kistler 9527B，测量刀具切削中所受的三向切削力）；全合成微乳化油（1∶15 稀释，冷却润滑）。表 3 列出切削条件及刀具相关参数（包括切削速度、进给率、切削深度、切削环境、切削时间）。

（2）方法：车削后观察刀具表面磨损形貌、材料黏着情况，测量刀具表面磨损区材料化学成分、比例。材料：扫描电子显微镜（SEM）；能量色散 X 射线光谱（EDS）仪。

以下给出该范文材料与方法的一种参考修改，修改后对方法和材料的表述更加分明，语句表达更加简洁、准确、严谨、通顺。

材料与方法【6】参考修改

1 材料与方法

1.1 复合织构分布设计

ZOREV 提出的前刀面接触模型和正 / 切应力分布模型表明，刀-屑接触过程中前刀面分为黏结区和滑移区。黏结区法向应力高、速度低，而滑移区则正好相反[16-17]，在两个区应制备不同的织构。设计一种凹坑与沟槽复合的织构刀具优势明显，凹坑有良好的抗黏性能，而沟槽能减少接触面积，引导和传输切削液[18]。本文在刀-屑接触表面的黏结区加工凹坑织构，在滑移区加工沟槽织构，通过调整沟槽与主切削刃的夹角（垂直 / 平行），获得合理的织构组合方案。

1.2 织构刀具的制备

硬质合金刀具有良好的物理力学性能，在金属切削加工中得到广泛应用。因此本文也采用硬质合金刀具，刀片型号为 TNMA160404 TH03，其成分及相关性能见表 1。

采用皮秒激光器在刀具前刀面加工织构。激光器型号为 MLPS-3W，其性能见表 2。为避免织构破坏刀具的强度，控制织构与主切削刃保持一定距离（50～150 μm）。激光加工参数为：激光波长 1 064 nm，功率 9 W，频率 500 kHz，扫描速度 1 200 mm / s，加工次数为 1，加工方式为阵列加工。

根据织构上下左右位置不同，加工 4 种复合织构刀具和 3 种对照组刀具，如图 1 所示。4 种复合织构刀具类型（图 1(d)～1(g)）分别为 SXDV（上下凹坑垂直沟槽）、SXDP（上下凹坑平行沟槽）、ZYDV（左右凹坑垂直沟槽）、ZYDP（左右凹坑平行沟槽），3 种对照组刀具类型（图 1(a)～1(c)）分别为 NT（无织构）、DT（凹坑）和 PT（沟槽）。

采用超景深显微镜（型号为 VHX-2000C）对所加工刀具微织构进行三维测量。测量结果如图 2 所示，可以看出，沟槽及凹坑深度在 28～30 μm，沟槽宽度约为 40 μm，间距为 120 μm；凹坑直径约为 80 μm，间距为 160 μm。

1.3 切削试验

进行切削试验。设备采用型号为 CS6140 的普通车床（图 3），工件采用长度 150 mm、直径 30 mm 的 6061 铝合金棒。配备的刀柄参数为：前角 γ_o=6°，后角 α_o=6°，刃倾角 λ_s=-7.2°，主偏角 K_r=93°。刀杆安装架上配有瑞士生产的 Kistler 9527B 三向测力仪，用来测量刀具切削中所受的三向切削力。

切削中采用全合成微乳化油以 1:15 稀释，用以冷却润滑，切削条件及刀具相关参数见表 3。车削后，用扫描电子显微镜（SEM）观察刀具表面磨损形貌及材料黏着情况，用能量色散 X 射线光谱（EDS）仪测量刀具表面磨损区材料化学成分及比例。

第5章

结果与讨论

结果与讨论（results and discussion）是科技论文本论的核心部分，描述由何科研而获得的原始结果，以及对此结果的讨论、评价性认识，旨在交待做出什么，据此又能得到什么。结果是研究的直接目标，缺少结果，研究就失去依据；讨论是研究的间接目标，缺少讨论，结果就停留在表象，研究就失去意义。结果讲求数据、资料、现象描述的真实性，能否复用是研究的基本要求；讨论讲求分析、论证、评论等的逻辑性，是否合理是研究的价值保障。结果与讨论通常合写，冠以一个总标题如"结果与讨论""结果与分析"等，也可分开写，有各自独立的标题如"结果""讨论"等。本章主要讲述科技论文结果与讨论的内容、结构，写作要求及常见问题，并列举实例进行评析。

扫一扫

视频讲解

5.1 结果的内容与结构

结果是论文的基础和成果的依据，是整个论文的立足点及价值之所在。全文的一切分析、讨论由结果引发，一切推理、判断由结果导出，一切结论、结语由结果得出。

1）结果的内容

结果的内容是论文主题研究的直接、显式发现（原始结果），大体包括以下两部分。

（1）研究简述。对某研究作不带细节的简洁描述或介绍，涉及主题、目标、对象、方法、常识、特例等，对象包括对象设置、样本选取或制备，涉及数量、时间、实验次数、范围、成员、储存等，常识包括概念、原理、知识等介绍。常识在表面上不属于结果，却是结果写作中较为重要的内容，若缺少这部分内容而直接展示或描述结果，可能会让读者有突兀之感，容易造成阅读障碍，必要的常识是结果写作的重要内容。

结果与方法密切对应，方法产生结果，结果来自方法，即结果一定是针对某一特定方法使用的具体结果，方法若有某种调整或变化，对应的结果就会随着发生相应变化。因此，研究简述中最核心的内容应是对方法的描述，但这种描述不是详写方法的具体内容与步骤，而是提及方法名称或对方法作简要交待，通常用简短语句（一两句话）交待用了什么方法即可，必要时可辅以常识性内容。这里的方法是以下"结果报告"中描述的"结果"的来源。

（2）结果报告。也称结果描述，是对研究简述中的研究所获得的原始结果作较为详细的描述，是从原始结果中选取与主题、方法密切相关的部分，经过某种处理而形成的与所选主题、方法对应的主要处理结果。从论文写作看，此处理结果相对随后对其进行讨论而得出的新结果（讨论结果，也可称研究结果，讨论结果、研究结果就是讨论性结果、研究性结果）来说也是一种原始结果，可看作论文写作的原始素材。笔者将原始结果、处理结果在论文写作中不作区分，统称原始结果。原始结果一般是直接的、明显的、具体的、肤浅的、感性的，多用图表显示，同时加上文字表述；讨论结果通常是间接的、隐含的、抽象的、深奥的、理性的，常用文字表述（宜定性和定量相结合）。

原始结果用图表显示形成图表结果，用文字表述形成文字结果。文字表述可从不同层次、方面来进行，如说明、对比、解释、样本选取或制备等，即对原始结果以不同的文字表述方式从不同角度重新描述，就形成不同的文字结果类型，如说明结果（说明性结果）、对比结果（对比性结果）、解释结果（解释性结果）、样本选取或制备结果等，本质上就是结果分析。其中不同层次、方面通常限于本原始结果范围内，即从多个不同角度来考察、分析结果。如果考察、分析的角度超出了本原始结果，比如加进了他人、作者前期相关研究结果以及知识、文献等来进行论证、整合或体系化，则属于讨论范畴，但必要的与他人、作者前期相关结果进行的简单比较可列入分析而不视作讨论。

如果结果中有典型实例、案例的结果支撑，那么论文的可信度、说服力会大大提升。

结果是针对某一目标的，而目标又往往是在一定前提条件下的，在一定前提条件下实现某一目标应获得的结果称为预期结果。预期结果需要与常规结果进行对照才能说明问题。

2）结果的结构

结果的结构是对结果内容进行表述所用语句、段落的结构组成，大体如下：

子主题 1（二级层次标题）
　　研究简述（主题、目标、对象、方法、常识等）
　　结果报告（图表结果、说明结果、对比结果、解释结果等）
子主题 2（二级层次标题）
　　研究简述（主题、目标、对象、方法、常识等）
　　结果报告（图表结果、说明结果、对比结果、解释结果等）
……
子主题 n（二级层次标题）
　　研究简述（主题、目标、对象、方法、常识等）
　　结果报告（图表结果、说明结果、对比结果、解释结果等）

主题复杂时，可继续分解，如主题 1 分为 1.1、1.2……，结构如下：

子主题 1（二级层次标题）
子子主题 1.1（三级层次标题）
　　研究简述（主题、目标、对象、方法、常识等）
　　结果报告（图表结果、说明结果、对比结果、解释结果等）
子子主题 1.2（三级层次标题）
　　研究简述（主题、目标、对象、方法、常识等）
　　结果报告（图表结果、说明结果、对比结果、解释结果等）
……

研究简述、结果报告中各内容项及其间顺序没有固定格式，取决于表达需要及写作思路。

5.2　结果的写作要求及常见问题

1）结果的写作要求

（1）统筹确定主题。结果涉及多个主题及其分解，包含多个层次、类别的数据资料，层次、类别不同，结果的性质就不同，而具体性质又决定结果在讨论中的重要、详略程度及描述细节、表述手段。结果写作应统筹全文来确定主题，与前文材料与方法及后文讨论相结合，

扫一扫

视频讲解

全盘考虑，系统关联，主次分明，让论文各个相关部分贯通、协调、对应而自成一体。

（2）确定层次标题。结果表达分若干段，一段对应一个主题，或为层次标题形式，每个标题有一段或几段，对应一个主题。标题与主题密切相关，主题可成为标题或包含在标题中。按主题重要、复杂程度及类别等对结果布局，从最重要到最不重要、由简单到复杂、按研究问题逻辑关系、按类别相同或差异性排列，与材料与方法、讨论中的相应标题基本对应。

（3）避免重复表述。论文中有些内容可能有交叉，既可写到这部分，也可写到那部分，最终写到哪部分，取决于论文内容布局和结构安排，布局和安排不当就会造成重复。结果写作须明确哪些内容纳入结果，哪些放到讨论，前者通常只描述结果而不解释，但后者须解释，且解释越详细、深入越好，并与已有成果比较，解释，但不必与结果中已详述的内容重复。

（4）科学整理数据。对数据选用合适方法按轻重、主次作科学分类、整理，提炼、取舍，避免所有数据全盘托出，或只选取符合自己预期的数据。对异常数据给予说明，除非有确凿证据表明其错误方可舍去。对过多出现的数据可考虑以补充部分的形式呈现。还要考察数据的准确、详实、一致及相关性。准确指真实，不伪造和篡改数据；详实指完整，不隐瞒或遗漏数据；一致指同一，不出现前后矛盾的数据；相关指相扣，不出现与主题无关的数据。

（5）客观描述结果。对各主要方法及由其获得的现象、数据客观真实地从多个角度、层面来描述，基本按结果的内容及结构来行文，如研究简述（主题、目标、对象、方法、常识等，常用句式"针对……，用……方法，发现了……"）和结果报告（图表结果、说明结果、对比结果、解释结果等），最好有典型实例（常见例证）、最佳案例（理想例证）结果的支撑。

（6）表述言简意赅。结果的内容取自基础科研活动，较为全面、详细，主题或目的可能不够集中，表述也较为随意，但经过了处理、分析后的结果，内容上有所聚类、凝练、集中，对其表述应简洁、严谨、概括。不要简单堆积实验记录、数据或观察、调查事实，而要突出有代表性和科学价值的数据，重要数据详述，一般数据简述，可有可无数据去掉。

（7）取舍文字图表。采用文字、图、表相结合多种方式表示结果，通常文字优先，再合理使用图表。数据较少时，如对少量测定结果，宜用文字；数据较多时，宜用图表。图表数据通常应完整、全面，再配以文字说明、总结，指出数据所蕴含的特性、趋势、意义，但应避免赘述，忌用冗长语句介绍、解释图表。对相同的数据用文字、图、表同时表述时，不要重复过多，但可以少量重复，即应有所侧重，以一种方式为主。

（8）淡化解释结果。原始结果属一手材料，结果写作应侧重结果说明、分析，而不是结果解释（如"根据初步测试，在体外细胞实验中显示""与未用药物处理组比较"等），因为解释往往意味着融进了个人主观色彩，容易破坏结果的原始性。必要时可适当解释，描述结果间差异，帮助读者先清楚了解结果的意义，但解释不宜过多。结果和讨论合写时，结果中常有详细的解释结果，但这种解释主要是针对讨论而出现的，本质上属于讨论而非结果。

（9）避免讨论结果。结果侧重展现、展示，而不是议事、说理。结果写作应避免总结结果的启示，探究结果的机理，推理结果的意义，提出结果的展望。这些内容属于对结果的讨论和认识，对整个论文虽然很重要，但论文核心毕竟在于"论"，通过对结果的讨论来提出新认识，因此这类内容应放在讨论部分，放在结果部分就会错位（喧宾夺主）。

（10）正确使用单位。结果中往往有较多的量值（数据）展示、呈现，离不开数值和计量单位。结果写作涉及有量纲的量时，应正确使用单位，不得遗漏、写错单位。

2）结果写作的常见问题

（1）实验数据或图表结果太多，相应的分析结果、说明结果偏少或没有；

扫一扫

视频讲解

（2）出现了不充分、不准确或不一致的数据，降低了研究结果的可信度；

（3）用仿真结果代替实验结果和测量数据，结果作为论据的可靠性有限；

（4）实验预测、测量结果不明确，同一量的测量数据的有效位数不一致；

（5）正文与图和（或）表对同一结果或对象的展示、说明重复或不一致；

（6）图特别是照片图的质量较差，字符、标尺等无法看清，多文种混用；

（7）图表中的信息不能支撑论题、论点，出现了无关或可有可无的数据；

（8）对结果展现、表述类别的区分认识不够，把对结果的分析当作讨论；

（9）对结果的意义解释太多，加进过多的作者个人认识，主观色彩浓厚；

（10）对常规结果对他人研究重要性的认识不够，忽视对常规结果的说明。

5.3　结果实例评析

5.3.1　结果实例【1】

扫一扫

视频讲解

【1】

3.2　实验结果

3.2.1　弹簧拉力变化特征

　　受试者穿戴外骨骼机器人进行坡地助力行走，分析外骨骼机器人驱动使能状态下的弹簧拉力变化与对应的行走步态周期关系，检验控制策略与方法的可行性与有效性。

　　以单侧腿左腿的运动为研究对象，图 11 展示了单个步态周期过程中，脚后跟处弹簧拉力的变化曲线。

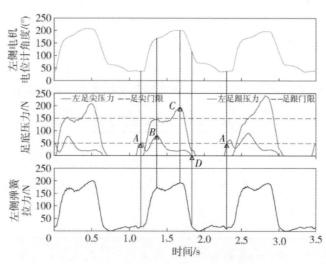

图 11　不同步态周期中弹簧拉力的曲线

　　图 11 中 A、B、C、D 与图 7 中 A、B、C、D 含义一致，AB 段表示由足跟着地到足跟压力达到最大的过程，即由足跟着地到支撑期中期过渡的过程，该阶段，电机以高速占空比运行，使得弹簧逐渐拉伸到 180 N 拉力，并开始采用力控制方式，使弹簧拉力维持在 180 N；BC 段表示足跟压力减小，足跟逐渐离地，腓肠肌开始收缩，压力重心由足跟过渡到足尖，该阶段由于足跟的离地，弹簧拉力出现略微降低，增大电机占空比，使得弹簧拉力恢复至 180 N，

并在足尖压力达到最大值时，弹簧拉力达到最大值 200 N；*CD* 段表示足尖逐渐离地的过程，此过程腓肠肌收缩逐渐降低，弹簧的拉力也逐渐降低，电机以较小的占空比进行反向转动，放松鲍登线，弹簧逐渐恢复原长；*D* 点至下一步态周期的 *A* 点，表示步态周期的摆动阶段，电机以较小占空比进行反向转动，至电位计达到初始站立状态时的角度 30° 时，电机占空比调至 0，保证弹簧处于原长位置不会对摆动期的运动造成干扰。

假设弹簧相对于踝关节转动中心的距离不变，约为 8 cm，则弹簧拉力与弹簧提供的踝关节转矩存在线性关系，计算公式如（10）式所示：

$$\tau = F \times l , \tag{10}$$

式中：τ 为弹簧所提供的踝关节转矩；l 为弹簧拉力相对于踝关节旋转中心的垂直距离。

在单个步态周期中，弹簧提供的最大踝关节跖屈力矩为 16 N·m，受试者体重为 70 kg，弹簧拉力提供的踝关节助力力矩为 0.23 N·m/kg，与上述坡地行走测试中采集的踝关节力矩 3.2 N·m/kg 相比，机械外骨骼机器人提供的踝关节运动扭矩约为生物力学踝关节扭矩的 7%。

3.2.2　运动摄氧量特征

受试者进行 3 组不同的摄氧量测试（其他条件相同的前提下，分别进行不穿戴外骨骼机器人、穿戴外骨骼机器人驱动使能与穿戴外骨骼机器人驱动不使能 3 组运动），将受试者不穿戴外骨骼机器人进行测试的数据作为基准，计算在穿戴外骨骼机器人驱动使能与穿戴外骨骼机器人驱动不使能两种状态下的摄氧量能耗降低百分比 η，计算公式如（11）式所示：

$$\eta = \frac{\Delta V_{O_2\_e} - \Delta V_{O_2\_n}}{\Delta V_{O_2\_n}} \times 100\% , \tag{11}$$

式中：$\Delta V_{O_2\_e}$ 表示穿戴外骨骼机器人时的运动总摄氧量；$\Delta V_{O_2\_n}$ 表示不穿戴外骨骼机器人时的运动总摄氧量。

2 名受试者在 3 种不同状态下的运动总净摄氧量消耗及能耗降低百分比如表 3 所示。

表 3　不同运动状态下运动总摄氧量及摄氧量能耗降低百分比

序号及平均值	不穿外骨骼 /(mL·min⁻¹)	穿外骨骼			
		驱动使能		驱动不使能	
		总摄氧量 /(mL·min⁻¹)	能耗降低百分比 /%	总摄氧量 /(mL·min⁻¹)	能耗降低百分比 /%
1	1 654.46	1 589.429	3.9	1 700.22	−2.7
2	1 600.23	1 550.26	3.1	1 650.28	−3.1
平均值			3.5		−2.9

从表 3 中可以看出，穿戴外骨骼驱动不使能状态下，与不穿戴外骨骼机器人相比，摄氧量消耗增加（2 名受试者的数据增加平均值为 2.9%），但在驱动使能状态下的摄氧量消耗降低（2 名受试者数据降低平均值为 3.5%）。

此例为《基于力位混合控制的踝关节外骨骼机器人四段式助力技术》一文的实验（测试）结果部分，由 3.2.1、3.2.2 节组成，对应两个子主题。

1）3.2.1 节（对应子主题"弹簧拉力变化特征"，有 5 段）

第 1 段为实验简述，交待实验主题（内容）及目标。实验主题：受试者穿戴外骨骼机器人进行坡地助力行走。实验目标：分析外骨骼机器人驱动使能状态下的弹簧拉力变化与对应的行走步态周期关系，检验控制策略与方法的可行性与有效性。

第 2 段给出不同步态周期中单侧左腿脚后跟处弹簧拉力变化实验结果，先点出研究对象（单侧腿左腿运动），再以插图（图 11）的形式展示具体结果（弹簧拉力变化曲线）。

第 3 段对实验结果进行分析。先对图中 A、B、C、D 的含义进行说明（与图 7 中 A、B、C、D 含义一致），再对 AB、BC、CD、DA 四段（过程）分别进行说明、解释。

AB 段：表示由足跟着地到足跟压力达到最大的过程。电机以高速占空比运行，弹簧逐渐拉伸到 180 N 拉力，采用力控制使弹簧拉力维持在 180 N。

BC 段：表示足跟压力减小、足跟逐渐离地、腓肠肌开始收缩、压力重心由足跟过渡到足尖的过程。因足跟离地，弹簧拉力出现略微降低，电机占空比增大，故弹簧拉力恢复至 180 N，足尖压力达到最大值时，弹簧拉力达到最大值 200 N。

CD 段：表示足尖逐渐离地的过程。腓肠肌收缩逐渐降低，弹簧拉力也逐渐降低，电机以较小占空比进行反向转动，放松鲍登线，弹簧逐渐恢复原长。

DA 段：表示步态周期摆动的过程。电机以较小占空比反向转动，至电位计达到初始站立状态的角度 30° 时，电机占空比调至 0，弹簧处于原长位置，不会对摆动期的运动造成干扰。

第 4 段为计算（方法）简述，基于假设描述弹簧拉力与弹簧提供的踝关节转矩存在线性关系，给出计算公式（10）。

第 5 段给出计算结果（最大踝关节跖屈力矩 16 N·m，踝关节助力力矩 0.23 N·m / kg[①]），描述对比结果（机械外骨骼机器人提供的踝关节运动扭矩约为生物力学踝关节扭矩的 7%[②]）。

2）3.2.2 节（对应子主题"运动摄氧量特征"，有 3 段）

第 1 段简述实验，交待实验主题（内容）及方法。主题：受试者进行 3 组摄氧量测试（不穿戴外骨骼机器人及穿戴外骨骼机器人驱动使能、不使能 3 组运动）。方法：以受试者不穿戴外骨骼机器人进行实验的数据为基准，计算穿戴外骨骼机器人驱动使能、不使能两种状态的摄氧量能耗降低百分比 η，并给出计算公式（11）。

第 2 段给出实验结果（2 名受试者在 3 种不同状态下的运动总摄氧量及能耗降低百分比），以表格（表 3）的形式展示。

第 3 段对实验结果进行对比，以文字描述对比结果：穿戴外骨骼机器人驱动不使能与不穿戴外骨骼机器人相比，摄氧量消耗增加（2 名受试者平均增加 2.9%）；穿戴外骨骼机器人驱动使能与不穿戴外骨骼机器人相比，摄氧量消耗降低（2 名受试者平均降低 3.5%）。

5.3.2　结果实例【2】

【2】

2　结果

11 例患者纳入研究，受访者均参与 5 次访谈，均为男性，年龄 20～44 岁。除 2 例为异性性行为途径感染 HIV 外，其余均为同性性行为感染。受访者一般情况见表 1。

---

① 最大踝关节跖屈力矩＝200 N×8×0.01 mm＝16 N·m；踝关节助力力矩＝16 N·m / 70 kg＝0.23 N·m / kg。

② 0.23 (N·m / kg) / 3.2 (N·m / kg)＝7%。

表 1　11 例受访者一般情况

患者编号	年龄 / 岁	婚姻情况	职业	学历	HIV 感染确诊时间 / 年	HIV 感染途径	换药方式	肛瘘病史
1	38	离异	信息技术员	本科	5	同性	自己	复发
2	29	未婚	教师	硕士	3	同性	家人	首发
3	29	未婚	舞蹈老师	大专	4	同性	自己	首发
4	27	未婚	酒店管理	大专	6	同性	家人	首发
5	33	已婚	工程师	本科	5	异性	家人	首发
6	22	未婚	健身教练	本科	0.25	同性	自己	首发
7	35	未婚	建材生意	本科	4	同性	自己	复发
8	29	未婚	人事管理	本科	3	同性	自己	首发
9	20	未婚	大学生	大专	3	同性	自己	首发
10	25	未婚	生物制药	本科	3	同性	家人	首发
11	44	已婚	生物制药	本科	0.5	异性	自己	复发

2.1　诊断期：担忧与懊悔　诊断期是从疾病诊断明确开始。患者均为门诊人员，经肛肠科医生诊断具备手术指征后，选择择期手术，该期可持续 3～7 天。

2.1.1　担心歧视　即使患者出现肛瘘症状，由于担心医院就诊会暴露感染 HIV，多数患者直到症状加重才选择就诊。个案 1："我确诊感染 HIV 已经 5 年了，手术必然会抽血检查，我担心医生知道我是艾滋病病人后，会用有色眼镜看我，甚至找个理由不给我手术，所以一拖再拖，实在不行了才来的。"多数患者整个围手术期是独自就诊。个案 11："我这次确诊肛瘘住院，我不让家人来，我怕她们发现，我还没想好怎么跟她们说我感染 HIV 这件事。"

2.1.2　懊悔轻视症状　个案 4："一开始我以为工作久坐引起的肛周酸痛。后来每次大便时会有浓液，因为我有同性性行为，没好意思和同伴说，自己抹点药，结果发现越来越严重（叹气）。"

2.2　术后早期：身心对应失调　术后早期是从患者决定手术治疗起至术后病情较稳定这一阶段，一般持续 5～8 天。

2.2.1　机体反应强烈　由于术后创口所在肛周活动度大，导致患者有意识限制自身日常行为，存在不同程度的躯体功能受限。个案 10："××（同病房患者）好动一些，每天渗液很多，所以我每天尽量不动。"个案 9："我现在这个样子，基本都是躺着，怕拉扯伤口。"由于肛周末梢神经丰富，多数术后患者存在显著伤口疼痛。个案 10："我每次换药都很痛，棉签一碰我，我都感觉像是在用刀割。"个案 5："我感觉到了晚上会更痛，一阵一阵的，昨天又是一晚都没睡好。"个案 8："我明白每天换药的必要性，但护士一碰我，我就肌肉紧张实在控制不了，我感觉都有阴影了。"

2.2.2　伤口知识缺乏　直肠肛管易受粪便、尿液等的污染，术后易发生切口感染。患者会出现因知识缺乏引起的换药过度或不足等情况。受访者有两例患者因坐浴温度不当引起了 1 度烫伤。个案 2："我每天坐浴的时候都会使用很烫的水，因为我觉得可以起到一个杀菌的作用。"个案 4："我不敢洗澡怕污染伤口。"患者日常活动起居臀部时常受到摩擦，为预防敷料掉落，多数患者更倾向于使用黏性高的胶布。个案 2："我喜欢使用黏的胶布，这样不易掉落。"将近一半的患者由于胶布使用不当出现皮肤发红、瘙痒、轻度破损的现象。

2.2.3　病耻感　个案 10："我知道我是一名艾滋病病人，我术后换药一直提醒医生戴手套，也不去其他病房走动。可是有一天因为同病房的小伙伴在卫生间坐浴的时候，我肚子痛，憋不住了，就去了隔壁病房上卫生间，结果出来时被护工轻轻飘飘的来了一句'有这个病还不自觉'（双目赤红，哽噎）。"

2.3　出院准备期：防护知识断层　　出院准备期是从患者达到出院标准，结束相关治疗办理出院这一阶段，该期通常较短，一般为 1～2 天。

患者住院期间处于医护协助模式，换药主要依靠医护人员，后续伤口护理与自我防护知识还存在空白。本次研究发现 7 例患者出院后的换药方式是自己换药。在出院前，患者预知自己将面临独自照护的局面，担心无法胜任术后护理任务。个案 7："我自己平常肯定一个人搞不定啊，那我在我们家门口的小诊所换可以吗？人家要知道我是 HIV，一定不会给换的。"个案 2："我回去自己换药需要准备些什么东西呢？接触过伤口的东西要怎么消毒啊？"

2.4　调整期：失助感　　调整期是患者出院后定期到伤口造口门诊复诊，半回归社区阶段，通常持续 2～3 周。

2.4.1　存在社会隔离　　HIV/AIDS 患者本身出于隐瞒感染事实就存在一定的社会隔离。而伤口部位于肛周，患者自己换药不易操作，加之伤口渗液、出血，接触传染源概率较高，暴露危险性大，患者往往因畏惧疾病传染拒绝向他人求助。个案 2："我都是自己换，怕传染别人，我不想承担这个风险。还是自己换吧，对着镜子，多花点时间，慢慢清理干净。"

2.4.2　经济负担重　　HIV/AIDS 肛瘘患者术后伤口治疗需长期换药，较长的恢复期增加医疗成本，加重经济负担。个案 8："我在事业单位，正处于事业上升期，身边的人都不知道我有艾滋病，我不想医保报销时被发现，就选择自费，所以负担不小。"

2.5　随访期：应对疾病积极性降低　　随访期是伤口达到临床愈合标准，患者完全回归社区，通常在术后 1 个月以后。

2.5.1　焦虑　　患者免疫功能出现不同程度的损伤，恢复差异容易引起同期患者相互攀比，产生不同程度的心理压力。个案 1："和我同一批的小伙伴们基本好了，真让人郁闷！"个案 11："前几天有人说我的伤口难长，让我难过了好几天。"个案 8："（有病情加重迹象）我真的都要烦死了，要是还不好，我就不管了，就一直这样吧。"

2.5.2　治疗依从性降低　　术后恢复后期，创面逐渐减小，患者放松警惕，治疗依从性下降，导致病情出现反弹。个案 8："我看这个伤口长得差不多了，没遵守饮食原则结果伤口又有脓液出来了。"个案 11："我的伤口基本上都好了，这几天工作忙，一直坐那高强度的整理文件，又复发了，还是不能太劳累，因为我的免疫力本身就比较低（CD4 细胞低于 300）。"

此例为《基于时机理论对 HIV/AIDS 肛瘘手术患者不同阶段疾病体验的质性研究》一文的结果部分，分为开头 1 段、1 个表格和 5 个子主题。

开头这段与该文"1 对象与方法"的"对象"相对应，交待样本（受访者）选取结果，涉及样本数量（11 例）、访谈次数（5 次）、年龄范围（20～44 岁）、感染途径（除 2 例为异性性行为感染，其余均为同性性行为感染）及样本成员一般情况（列于表格）。

5 个子主题在形式上为二级层次标题（2.1～2.5），内容上与"1 对象与方法"的"方法"描述的疾病全周期 5 阶段（①诊断期、②术后早期、③出院准备期、④调整期、⑤随访期）对应，但内容侧重不是阶段本身，而是患者在各阶段的疾病体验。因此，这 5 个层次标题相对这 5 个阶段在名称上增加了疾病体验类（①诊断期：担忧与懊悔；②术后早期：身心对应失调；③出院准备期：防护知识断层；④调整期：失助感；⑤随访期：应对疾病积极性降低）。

　　每个子主题再作分解，在形式上为三级层次标题（2.1.1、2.1.2，2.2.1～2.2.3，…，2.5.1、2.5.2），内容上是子主题的细分（子子主题），例如"担忧与懊悔"分为"担心歧视""懊悔轻视症状"，"身心对应失调"分为"机体反应强烈""伤口知识缺乏""病耻感"等。

　　在每一子主题的开场，即各二级层次标题下的首段，对相应疾病阶段作简单介绍，指出各阶段在疾病周期的时间范围及持续时间。这部分内容属于常识（专业知识）介绍，让各阶段具体所指清晰可见，也是结果写作的重要内容。

　　在每一子子主题（个别为子主题，如 2.3）部分，描述相应的访谈结果，内容上包括结果（描述）和个案（引用），个案是用实例来支持结果（增加可信度），结构上为结果和个案的多种不同组合，按访谈内容和表达需要来安排行文，较为灵活。例如：

　　2.1.1 节：结果一→个案 1；结果二→个案 11
　　2.1.2 节：个案 4
　　2.2.1 节：结果一→个案 10→个案 9；结果二→个案 10→个案 5→个案 8
　　2.2.2 节：结果一→个案 2→个案 4；结果二→个案 2→结果三
　　2.2.3 节：个案 10
　　2.3 节：结果→个案 7→个案 2
　　2.4.1 节：结果→个案 2
　　2.4.2 节：结果→个案 8
　　2.5.1 节：结果→个案 1→个案 11→个案 8
　　2.5.2 节：结果→个案 8→个案 11

　　结果的主要内容是实情描述（采访患者所得真实情况），必要时辅以原因解释或常识介绍。例如：2.1.1 节，"多数患者直到症状加重才选择就诊"是结果一，"由于担心医院就诊会暴露感染 HIV"是对结果一的原因解释；"多数患者整个围手术期是独自就诊"是结果二。再如：2.3 节，"患者住院期间处于医护协助模式，换药主要依靠医护人员"属于常识介绍，其余如"后续伤口护理与自我防护知识还存在空白""7 例患者出院后的换药方式是自己换药""在出院前，患者预知……局面，担心无法胜任术后护理任务"属于结果。

5.3.3　结果实例【3】

【3】

2　结果

2.1　大型底栖动物群落结构

　　永定河流域春季共采集到大型底栖动物 77 个分类单元，隶属 4 门 7 纲 38 科 68 属，其中昆虫纲为 59 种、寡门纲为 5 种、甲壳纲为 4 种、腹足纲为 4 种、蛭纲为 2 种、瓣鳃纲为 2 种、涡虫纲为 1 种，昆虫纲占绝对优势，物种数占比为 76.6%，寡门纲占 6.5%。从不同类群的相对丰度来看，昆虫纲占 59.6%，其中摇蚊相对丰度占 79.3%，甲壳纲占 36.3%，其他类群占 10.1%。对整个永定河流域而言，大型底栖动物平均密度为 850 ind. / m^2，平均生物量为 9.6 g / m^2，优势度指数分析表明，永定河优势种有 2 种，分别为直突摇蚊 *Orthocladius* sp.（Y＝0.120）和钩虾 *Gammarus* sp.（Y＝0.128）。

对大型底栖动物功能摄食类群研究发现，永定河流域春季大型底栖动物由 5 个功能摄食类群构成，其中收集者有 43 种、捕食者有 17 种、刮食者有 7 种、滤食者有 5 种、撕食者有 1 种，各功能摄食类群相对丰度依次为 58.9%、23.3%、9.6%、6.8%、1.4%（图2）。

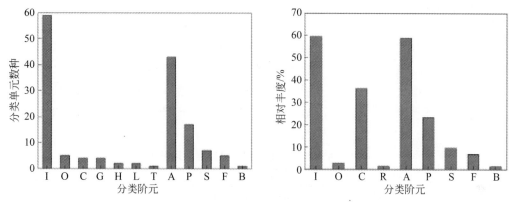

分类阶元：I.昆虫纲；O.寡毛纲；C.甲壳纲；G.腹足纲；H.蛭纲；L.瓣鳃纲；T.涡虫纲；
R.其他（腹足纲、蛭纲、瓣鳃纲、涡虫纲）；A.收集者；P.捕食者；S.刮食者；F.滤食者；L.撕食者。

图 2 永定河流域大型底栖动物物种分布与群落组成

2.2 大型底栖动物空间分布特征

基于 Bray-Curtis 方法判别永定河流域大型底栖动物群落的组间相似性（图3），结果表明30 个采样点被划分为 3 组：组 1 共有 8 个采样点，主要分布在受人为活动干扰较为严重的五湖一线与桑干河上游段；组 2 共有 10 个采样点，主要分布在近自然状态的官厅山峡段；组 3 共有 12 个采样点，主要分布在洋河、桑干河中下游、妫水河等中度人为干扰的河流。

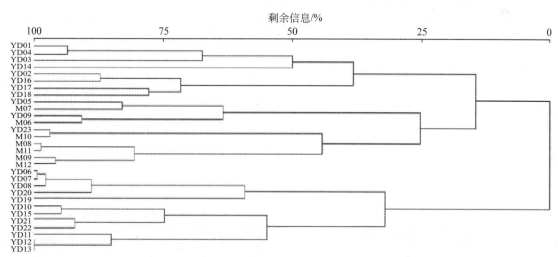

图 3 基于群落相似性的大型底栖动物聚类分析

2.2.1 大型底栖动物群落结构空间差异

通过对 3 组大型底栖动物群落结构分析得出：组 1 群落组成主要以摇蚊为主，相对丰度为 79.3%，其中德永摇蚊占 44.7%、恩菲摇蚊占 10.5%、多足摇蚊占 7.3%，其次为寡毛类，相对丰度为 5.8%；组 2 群落组成以甲壳纲的钩虾为主，相对丰度为 71%，其次为 EPT 昆虫（蜉蝣目 Ephemeroptera、襀翅目 Plecoptera、毛翅目 Trichoptera），相对丰度为 13.6%；组 3 群落组成主要以摇蚊为主，相对丰度为89%，其中直突摇蚊占49.3%，流水长跗摇蚊占9.1%，环足摇蚊占6.9%，其次为EPT昆虫，相对丰度为5.7%。对各组的摇蚊和EPT昆虫相对丰度进行单因素方差分析，结果显示：组1与组3的摇蚊相对丰度存在显著性差异（$P<0.05$）；组2与组3的EPT昆虫相对丰度没有显著性差异（$P>0.05$）。

2.2.2　大型底栖动物优势类群空间差异

基于 Y 值分析表明，3 组间的优势类群组成差异较大，组 1 优势种分别为德永摇蚊、恩菲摇蚊、沼虾；组 2 优势种分别为钩虾、台湾蜉、近岸细蜉；组 3 优势种分别为直突摇蚊、流水长跗摇蚊、间摇蚊（表1）。为明确各优势类群相对丰度在不同组间的差异性，对各优势类群相对丰度进行单因素方差分析，结果表明：3 组 9 个优势类群的相对丰度均存在显著差异（$P<0.05$）。

表 1　各组大型底栖动物优势类群及其 Y 值

组别	优势种	Y 值
	德永摇蚊 *Tokunagayusurika* sp.	0.112
组 1	恩菲摇蚊 *Einfeldia* sp.	0.040
	沼虾 *Macrobrachium* sp.	0.035
	钩虾 *Gammarus* sp.	0.355
组 2	台湾蜉 *Ephemera formosana*	0.024
	近岸细蜉 *Caenis rivulorum*	0.022
	直突摇蚊 *Orthocladius* sp.	0.452
组 3	流水长跗摇蚊 *Rheotanytarsus* sp.	0.061
	间摇蚊 *Paratendipes* sp.	0.021

2.2.3　大型底栖动物密度与生物量空间差异

对永定河流域大型底栖动物密度和生物量的空间分布进行统计（图4），结果表明：组1大型底栖动物平均密度为 127 ind./m²，平均生物量为 1.02 g/m²，组2大型底栖动物平均密度为 1 227 ind./m²，平均生物量为 3.87 g/m²，组3大型底栖动物平均密度为 1 018 ind./m²，平均生物量为 2.55 g/m²。3组大型底栖动物平均密度表现为组2>组3>组1，单因素方差分析显示，组1与组3、组2与组3大型底栖动物的密度差异不显著（$P>0.05$），组1与组2的大型底栖动物密度差异显著（$P<0.05$），大型底栖动物的生物量与密度具有同样的趋势，组2最高，组1最低，但3组间大型底栖动物生物量均无显著性差异（$P>0.05$）。

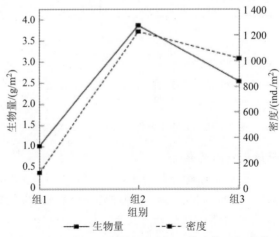

图 4　永定河流域各组大型底栖动物生物量与密度

2.2.4　大型底栖动物功能摄食类群空间差异

组成群落的不同物种主要通过食物关系进行集合，因此，功能摄食类群对研究底栖动物群落结构和功能组成具有重要作用[19]。对 3 组大型底栖动物功能摄食类群进行研究（图 5）。

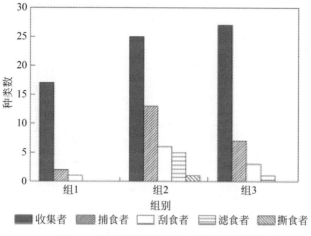

图 5　永定河流域各组间功能摄食类群组成

从图 5 可见，组 1 仅发现 3 种功能摄食类群，分别为收集者、捕食者、刮食者；组 2 共发现 5 种功能摄食类群，分别为收集者、捕食者、刮食者、滤食者、撕食者；组 3 共发现 4 种功能摄食类群，分别为收集者、捕食者、刮食者、滤食者。从相对丰度来看，3 组均以收集者为绝对优势，相对丰度分别为 96.4%、96.5%、92.9%。对各组大型底栖动物功能摄食类群相对丰度的空间分布进行方差分析，结果显示：收集者相对丰度表现为仅组 1 与组 3 之间存在显著差异（$P < 0.05$）。

2.3　大型底栖动物生物多样性差异

分析大型底栖动物生物多样性（图 6），结果表明：组 1 与组 3 的 H′值、D 值、J 值、物种数呈现出基本一致的趋势，各采样点之间的差异较大，呈现出不规则的变化趋势，而组 2 的各采样点间的差异较小，各指数值的波动幅度较小。各组之间的 H′值、D 值、J 值、物种数均表现为组 2 最大、组 1 最小。单因素方差分析表明：在显著水平为 0.05 时，H′值、J 值在 3 组间的总体方差检验均无显著性差异（$P > 0.05$），D 值和物种数均表现为组 1 与组 2 之间存在显著性差异（$P < 0.05$），组 1 与组 3、组 2 与组 3 均无显著性差异（$P > 0.05$）。

此例为《永定河流域春季大型底栖动物群落结构和空间格局》一文的结果部分，分 3 个子主题（群落结构、空间分布特征、生物多样性差异）展现结果，其中"空间分布特征"下再细分主题（群落结构空间差异、优势类群空间差异、密度与生物量空间差异、功能摄食类群空间差异，对应 2.2.1～2.2.4 节）。

1）2.1 节评析（群落结构）

第 1 段先描述样本分类情况，涉及分类单元数量（77 个）、类属（隶属 4 门 7 纲 38 科 68 属）、每纲动物数量（昆虫纲 59 种、寡门纲 5 种、甲壳纲 4 种、腹足纲 4 种、蛭纲 2 种、瓣鳃纲 2 种、涡虫纲 1 种），指出其中优势动物（昆虫纲占绝对优势，物种数占 76.6%，寡门纲占 6.5%）；接着从相对丰度描述不同类群占比（昆虫纲占 59.6%，其中摇蚊占 79.3%，甲壳纲占 36.3%，其他类群占 10.1%）；最后整体描述动物平均密度（850 ind. / m²）、平均生物量（9.6 g / m²）及优势度指数分析结果（优势种有直突摇蚊（$Y=0.120$）和钩虾（$Y=0.128$））。

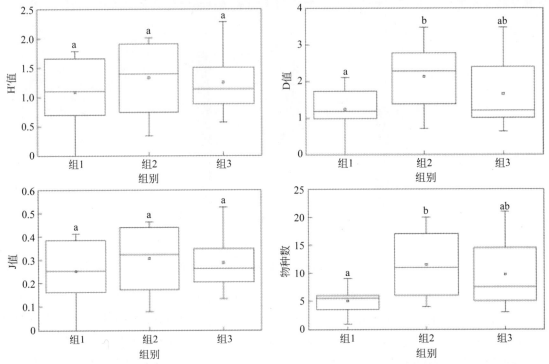

注：“□”为平均数；箱体中横线为中位数；箱体为 25%～75% 分布范围；箱体上字母为 Bonferroni 检验的组间差异。

图 6　永定河流域不同组间大型底栖动物群落多样性箱线图

第 2 段描述功能摄食类群分析结果（5 个功能摄食类群——收集者 43 种、捕食者 17 种、刮食者 7 种、滤食者 5 种、撕食者 1 种，相对丰度分别为 58.9%、23.3%、9.6%、6.8%、1.4%），并用图 2 展示有关结果（物种分布与群落组成）。

2）2.2 节评析（空间分布特征）

用图 3 展示基于 Bray-Curtis 方法对群落组间相似性的判别结果，并对采样点分组进行说明（30 个采样点分 3 组：组 1 有 8 个采样点，主要分布在人为活动干扰较严重的五湖一线与桑干河上游段；组 2 有 10 个采样点，主要分布在近自然状态的官厅山峡段；组 3 有 12 个采样点，主要分布在洋河、桑干河中下游、妫水河等中度人为干扰的河流）。

（1）2.2.1 节（群落结构空间差异），陈述以下统计分析结果。

各组群落结构分析结果：组 1 群落以摇蚊为主，相对丰度为 79.3%，其中德永摇蚊占 44.7%、恩菲摇蚊占 10.5%、多足摇蚊占 7.3%，其次为寡毛类，相对丰度为 5.8%；组 2 以甲壳纲的钩虾为主，相对丰度为 71%，其次为 EPT 昆虫（蜉蝣目、襀翅目、毛翅目），相对丰度为 13.6%；组 3 以摇蚊为主，相对丰度为 89%，其中直突摇蚊占 49.3%，流水长跗摇蚊占 9.1%，环足摇蚊占 6.9%，其次为 EPT 昆虫，相对丰度为 5.7%。

单因素方差分析结果：组 1、3 的摇蚊相对丰度存在显著性差异（$P<0.05$），组 2、3 的 EPT 昆虫相对丰度没有显著性差异（$P>0.05$）。

（2）2.2.2 节（优势类群空间差异），陈述以下统计分析结果。

各组类群 Y 值分析结果：3 组间优势类群组成差异较大，组 1 优势种为德永摇蚊、恩菲摇蚊、沼虾，组 2 为钩虾、台湾蜉、近岸细蜉，组 3 为直突摇蚊、流水长跗摇蚊、间摇蚊，并用表 1 展示有关结果（各组优势类群及 Y 值）。

单因素方差分析结果：3 组 9 个优势类群的相对丰度均存在显著差异（$P < 0.05$）。

（3）2.2.3 节（密度与生物量空间差异），陈述以下统计分析结果。

用图 4 展示各组动物生物量与密度，并进行说明：3 组平均密度分别为 127、1227、1018 ind. / m², 平均生物量分别为 1.02、3.87、2.55 g / m²；平均密度为组 2＞组 3＞组 1。

单因素方差分析结果：组 1 与 3、组 2 与 3 密度差异不显著（$P > 0.05$），组 1 与 2 密度差异显著（$P < 0.05$）；生物量与密度有相同趋势，组 2 最高，组 1 最低；3 组间生物量均无显著性差异（$P > 0.05$）。

（4）2.2.4 节（功能摄食类群空间差异），先解释功能摄食类群研究的重要性（组成群落的不同物种主要通过食物关系进行集合），再陈述各组功能摄食类群统计结果。

用图 5 展示各组间功能摄食类群组成，接着进行说明：组 1 有收集者、捕食者、刮食者 3 种功能摄食类群，组 2 有收集者、捕食者、刮食者、滤食者、撕食者 5 种，组 3 有收集者、捕食者、刮食者、滤食者 4 种。3 组均以收集者为绝对优势，相对丰度分别为 96.4%、96.5%、92.9%。

单因素方差分析结果：收集者相对丰度表现为仅组 1 与 3 之间存在显著差异（$P < 0.05$）。

3）2.3 节评析（生物多样性差异）

陈述以下统计分析结果：

用图 6 展示各组动物群落多样性，并进行说明：组 1 与 3 的 H' 值、D 值、J 值、物种数呈现出基本一致的趋势，采样点之间差异较大，呈现出不规则的变化趋势；组 2 采样点间差异较小，各指数值的波动幅度较小。各组间 H' 值、D 值、J 值、物种数表现为组 2 最大、组 1 最小。

单因素方差分析结果：显著水平为 0.05 时，H' 值、J 值在 3 组间的总体方差检验均无显著性差异（$P > 0.05$），D 值和物种数表现为组 1 与 2 之间存在显著性差异（$P < 0.05$），组 1 与 3、组 2 与 3 均无显著性差异（$P > 0.05$）。

5.3.4　结果实例【4】

【4】

2　结　果

2.1　流行病学调查结果

2.1.1　基本信息：2 例新冠肺炎确诊病例的流行病学调查基本信息见表 1。

2.1.2　密切接触者判定和管理：根据《新型冠状病毒肺炎防控方案（第八版）》密切接触者的判定原则，初步判定 2 个班次转运车（昆山至扬州酒店隔离点）的 19 名同车人员为密切接触者，均采取 14 d 集中隔离医学观察及 7 d 居家健康监测。其余人员均接受闭环管理或采取有效防护措施，故未纳入密切接触者人群，仅作为一般接触者开展健康监测和核酸检测。

表 1　2 例新冠肺炎确诊病例的流行病学调查基本信息

病例	基础疾病史	疫苗接种史	入院检查结果	临床症状及分型	行动轨迹调查		
					日期	行动路线	核酸检测结果
病例 1	无	接种辉瑞新冠肺炎疫苗 2 针次	胸部 CT：两肺纹理稍增粗，右肺中叶及左肺上叶舌段少许斑条影，左肺上叶局限性肺气肿，左侧叶间胸膜稍增厚；血细胞常规检查：白细胞计数正常，淋巴细胞计数偏低	2022 年 1 月 3 日出现轻微干咳，无发热等其他症状，确诊后被判定为普通型	2021 年 12 月 30 日	在芬兰工作 1 年后，乘坐航班飞往中国上海，同航班有 4 名德国既往阳性患者，均佩戴口罩	—
					2021 年 12 月 31 日	经上海浦东机场入境	口咽、鼻咽双采(-)
					2021 年 12 月 31 日—2022 年 1 月 2 日	上海隔离 3 d	—
					2022 年 1 月 3 日	转运至扬州隔离酒店隔离	—
					2022 年 1 月 4 日	扬州隔离酒店隔离，后转至定点隔离医院	鼻咽单采(+)；口咽、鼻咽双采复检(+)
病例 2	无	未接种新冠肺炎疫苗	胸部 CT：两肺纹理增粗，右肺上叶小结节；血细胞常规检查：白细胞、淋巴细胞计数均正常	确诊前无临床症状，确诊后被判定为无症状感染者，后出现咳嗽、咳痰及间歇性发热，最高体温 37.5 ℃，转为普通型	2022 年 1 月 14—17 日	在加纳工作 2 年后，乘坐航班飞往荷兰阿姆斯特丹	—
					2022 年 1 月 17 日	乘坐荷兰阿姆斯特丹飞往中国上海的航班	—
					2022 年 1 月 18 日	经上海浦东机场入境	口咽、鼻咽双采(-)
					2022 年 1 月 18—20 日	上海隔离 3 d	—
					2022 年 1 月 21 日	转运至扬州隔离酒店隔离	—
					2022 年 1 月 22 日	扬州隔离酒店隔离，后转至定点隔离医院	鼻咽单采(+)；口咽、鼻咽双采复检(+)

2.2　实验室核酸检测结果

病例 1 于 2021 年 12 月 31 日入境时双采口咽拭子和鼻咽拭子，SARS-CoV-2 核酸检测结果为阴性，2022 年 1 月 4 日进行鼻咽拭子单采，SARS-CoV-2 核酸检测结果为阳性。病例 2 于 2022 年 1 月 18 日入境时双采口咽拭子和鼻咽拭子，SARS-CoV-2 核酸检测结果为阴性，2022 年 1 月 22 日进行鼻咽拭子单采，SARS-CoV-2 核酸检测结果为阳性。2 例患者鼻咽拭子单采的 SARS-CoV-2 核酸检测结果见表 2。

2.3　血清抗体检测结果

2 例患者 SARS-CoV-2 IgM、IgG 抗体的胶体金法检测结果均为阴性；化学发光法抗体检测结果显示，病例 1 的 IgG 抗体为阳性[吸光度值与临界值比值（S／CO）＞1 为阳性，反之为阴性]，IgM 抗体为阴性，病例 2 的 IgG、IgM 抗体均为阴性。见表 3。

表 2 2 例新冠肺炎确诊病例 SARS-CoV-2 核酸检测结果

病例	采样检测时间	样本类型	靶标循环阈值（Ct 值）			试剂盒厂家
			ORF1ab 基因	*N* 基因	*E* 基因	
病例 1	1 月 4 日	鼻咽拭子	22.15	17.8	—	硕世
			20.80	17.98	19.56	卓诚
病例 2	1 月 22 日	鼻咽拭子	22.80	19.60	—	硕世
			19.70	18.70	18.50	卓诚

表 3 2 例新冠肺炎确诊病例血清 SARS-CoV-2 抗体检测结果

病例	采样检测时间	胶体金法（英诺特）		化学发光法（迈克）	
		IgM	IgG	IgM（S／CO）	IgG(S／CO)
病例 1	1 月 4 日	—	—	0.051	7.754
病例 2	1 月 22 日	—	—	0.059	0.027

IgM：免疫球蛋白 M；IgG：免疫球蛋白 G；S／CO：吸光度值与临界值比值。

2.4 基因测序结果

2.4.1 基因组测序基本情况：对病例 1 与病例 2 的标本进行第 3 代纳米孔基因组测序，基因组平均测序深度分别为 3 701.33× 与 4 710.93×，基因长度分别为 29 873 bp 与 29 850 bp，全基因组基因测序覆盖度分别为 99.85% 与 99.83%，与标准参考序列 MN.908 947.3 比对，基因序列一致性均为 99.62%，氨基酸序列一致性分别为 99.60% 与 99.31%，2 例标本基因序列一致性为 99.83%，氨基酸序列一致性为 99.52%。

2.4.2 基因组变异位点结果分析：将拼接后的基因序列上传至 https://clades.nextstrain.org/ 进行型别及变异位点分析，参照 Pangolin 分型法与 Nextstrain 分型法，病例 1 属于 BA.1.1 与 21K，病例 2 属于 BA.2.3 与 21L，与标准参考序列 MN.908 947.3 相比，2 组序列在 S 蛋白分别出现 31、28 个氨基酸位点突变，共享 39 个核苷酸变异位点，产生 32 个氨基酸突变位点。病例 1 的核苷酸突变位点、氨基酸突变位点分别为 57、47 个，病例 2 的核苷酸突变位点、氨基酸突变位点分别为 68、52 个，具体突变位点见表 4。

表 4 病例 1 与病例 2 的基因组核苷酸突变位点、氨基酸突变位点

基因组来源	核苷酸突变位点	氨基酸突变位点
病例 1	C241T, C2470T, A2832G, C3037T, T5386G, C6664T, G8389A, C10029T, C10449A, A11537G, T13195C, C14408T, C15240T, A18163G, C21762T, C21846T, G22578A, G22599A, T22673C, C22674T, T22679C, C22686T, G22813T, T22882G, G22898A, G22992A, C22995A, A23013C, A23040G, G23048G, A23055G, A23063T, T23075C, C23202A, A23403G, C23525T, T23599G, C23604A, C23854A, G23948T, C24130A, A24424T, T24469A, C24503T, C25000T, C25584T, C26270T, C26577G, G26709A, A27259C, C27807T, A28271T, C28311T, G28881A, G28882A, G28883C, C29028T	S: A67V, S: T95I, S: Y145D, S: L212I, S: G339D, S: R346K, S: S371F, S: S373P, S: S375F, S: K417N, S: N440K, S: G446S, S: S477N, S: T478K, S: E484A, S: Q493R, S: G496S, S: Q498R, S: N501Y, S: Y505H, S: T547K, S: D614G, S: H655Y, S: N679K, S: P681H, S: N764K, S: D796Y, S: N856K, S: Q954H, S: N969K, S: L981F, ORF1a: K856R, ORF1a: L2084I, ORF1a: A2710T, ORF1a: T3255I, ORF1a: P3395H, ORF1a: I3758V, ORF1b: P314L, ORF1b: I1566V, ORF9b: P10S, E: T9I, M: Q19E, M: A63I, M: P13L, N: R203K, N: G204R, N:A252V
病例 2	C241T, T670G, C2790T, C3037T, G4184A, C4321T, C8991T, C9344T, A9424G, C9534T, C9866T, C10029T, C10198T, G10447A, C10449A, C12880T, C14408T, C15714T, C17410T, A18163G, C19955T, A20055G, C21618T, G21987A, T22200G, G22578A, C22674T, T22679C, C22686T, A22688G, G22775A, A22786C, G22813T, T22882G, G22992A, C22995A, A23013C, A23040G, A23055G, A23063T, T23075C, A23403G, C23525T, T23599G, C23604A, C23854A, G23948T, A24424T, T24469A, C25000T, C25584T, C25810T, C26060T, C26270T, C26577G, G26709A, C26858T, A27259C, G27382C, A27383T, T27384C, C27807T, A28271T, C28311T, G28881A, G28882A, G28883C, A29510	S: T19I, S: A27S, S: G142D, S: V213G, S: G339D, S: S371F, S: S373P, S: S375F, S: T376A, S: D405N, S: R408S, S: K417N, S: N440K, S: S477N, S: T478K, S: E484A, S: Q493R, S: Q498R, S: N501Y, S: Y505H, S: D614G, S: H655Y, S: N679K, S: P681H, S: N764K, S: D796Y, S: Q954H, S: N969K, ORF1a: S135R, ORF1a: T482I, ORF1a: G1307S, ORF1a: A2909V, ORF1a: L3027F, ORF1a: T3090I, ORF1a: L3201F, ORF1a: T3255I, ORF1a: P3395H, ORF1b: P314L, ORF1b: R1315C, ORF1b: I1566V, ORF1b: T2163I, ORF3a: L140F, ORF3a: T233I, ORF6: D61L, ORF9b: P10S, E: T9I, M: Q19E, M: A63T ,N: P13L, N: R203K, N: G204R, N: S413R

2.4.3　系统进化树分析：将测得的全基因组序列与从 GISAID 数据库下载的不同型别变异株参考序列共 62 条进行比对，构建系统发育树，发现不同型别毒株归属于不同进化分支。2 例患者感染的 SARS-CoV-2 毒株均属于奥密克戎变异株，但属于不同亚变体，病例 1 属于 BA.1.1分支，与 hCoV-19_USA_FLCDC-STMN2MXMA3HU_2021 同源性最高，达到 99.95%，病例 2属于 BA2.2.3 分支，与 hCoV-19_Finland_THL-202205846_2022、hCoV-19_Japan_PG-177427_2022、hCoV-19_England_NEWC-3B0D0F0_2022 同源性最高，达到 100.00%，见图 1。

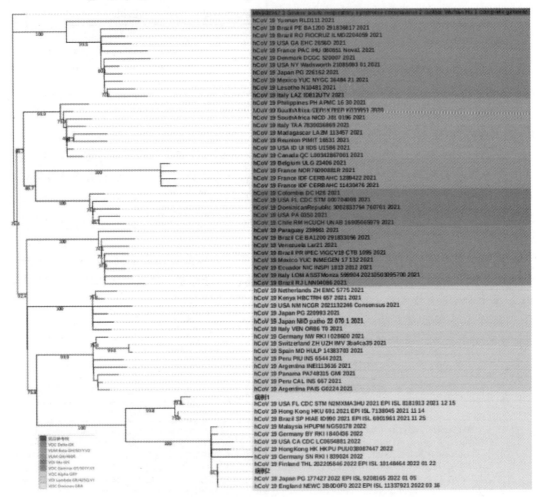

图 1　扬州市 2 例境外输入性奥密克戎变异株全基因组进化树分析结果

此例为《2 例新型冠状病毒肺炎病例的流行病学及基因特征分析》一文的结果部分，标题为"结果"，正文由 4 部分（4 个子标题）组成，对应 4 个子主题，给出相应的调查、检测或测序结果。

1）子主题 1 结果

子主题 1 "流行病学调查"，与该文"方法"的主题"资料收集""病例判定"相对应，分"基本信息""密切接触者判定及管理"两个方面，分别给出流行病学调查结果、密切接触者判定及管理结果。前一种结果用表格展示（表 1），显示了 2 例患者的流行病学调查基本信息，包括基础疾病史、疫苗接种史、入院检查结果、临床症状及分型、行动轨迹调查（日期、行动路线、核酸检测结果）；后一种结果用文字进行说明，描述 2 例患者的密切接触者判定结果以及对密切接触者采取的防护管理措施。

2）子主题 2 结果

子主题 2 "实验室核酸检测结果"，与该文 "方法" 的主题 "实验室核酸及抗体检测" 的 "实验室核酸检测" 相对应，对 2 例患者的 SARS-CoV-2 核酸检测结果进行说明和表格展示：

（1）患者 1 在 2021 年 12 月 31 日入境口咽拭子和鼻咽拭子双采，为阴性；2022 年 1 月 4 日鼻咽拭子单采，为阳性。

（2）患者 2 在 2022 年 1 月 18 日入境口咽拭子和鼻咽拭子双采，为阴性；2022 年 1 月 22 日鼻咽拭子单采，为阳性。

（3）2 例患者鼻咽拭子单采检测结果见表 2，包括采样检测时间、样本类型、靶标循环阈值（Ct 值）、试剂盒厂家，其中 Ct 值包括 *ORF1ab* 基因、*N* 基因、*E* 基因。

3）子主题 3 结果

子主题 3 "血清抗体检测结果"，与该文 "方法" 的主题 "实验室核酸及抗体检测" 的 "实验室抗体检测" 相对应，对 2 例患者的 SARS-CoV-2 血清抗体检测结果进行说明和表格展示：

（1）抗体胶体金法检测，2 例患者 IgM、IgG 抗体为阴性；

（2）抗体化学发光法检测，患者 1 的 IgG、IgM 分别为阳性、阴性，患者 2 的均为阴性；

（3）2 例患者血清抗体检测结果见表 3，包括采样检测时间、胶体金法（英诺特）、化学发光法（迈克），其中胶体金法包括 IgM、IgG，化学发光法包括 IgM（S／CO）、IgG（S／CO）。

注意：文本中方括号部分 "[吸光度值与临界值比值（S／CO）＞1 为阳性，反之为阴性]" 对 IgG、IgM 抗体的阳性、阴性判别标准给出专业、科学注释，增强了论文的学术性、科普性、可读性；表 3 中括号部分 "英诺特" "迈克" 为公司名称，与 "方法" 部分的公司名称相对应，增强了论文的可读性、可理解性。

4）子主题 4 结果

子主题 4 "基因测序结果"，与该文 "方法" 的主题 "测序文库构建和全基因组测序" "序列拼接与分析" 相对应，分 3 个子子主题 "基因组测序基本情况" "基因组变异位点结果分析" "系统进化树分析" 给出 2 例患者的基因测序结果，包括说明、对比、分析和图表结果。

（1）基因组测序基本情况。2 例患者基因组平均测序深度、基因长度、全基因组基因测序覆盖度分别为 3701.33× 与 4710.93×，29 873 bp 与 29 850 bp，99.85% 与 99.83%（说明结果）；与标准参考序列 MN.908947.3 相比，基因序列一致性均为 99.62%，氨基酸序列一致性分别为 99.60% 与 99.31%，2 例患者基因序列一致性为 99.83%，氨基酸序列一致性为 99.52%（对比结果）。

（2）基因组变异位点结果分析。将拼接后基因序列上传至 https://clades.nextstrain.org/进行型别及变异位点分析，参照 Pangolin、Nextstrain 分型法，患者 1 属 BA.1.1 与 21K，患者 2 属 BA.2.3 与 21L（说明结果）；与标准参考序列 MN.908947.3 相比，2 组序列在 S 蛋白分别出现 31、28 个氨基酸位点突变，共享 39 个核苷酸变异位点，产生 32 个氨基酸突变位点（对比结果）。患者 1 的核苷酸、氨基酸突变位点分别为 57、47 个，患者 2 的核苷酸、氨基酸突变位点分别为 68、52 个（对比结果），具体突变位点见表 4（表格结果）。表 4 展示了 2 例患者的基因组核苷酸、氨基酸突变位点。

（3）系统进化树分析。将测得的全基因组序列与从 GISAID 数据库下载的不同型别变异株参考序列共 62 条进行比对，构建系统发育树，发现不同型别毒株归属于不同进化分支

（对比结果）。2 例患者感染的 SARS-CoV-2 毒株均属奥密克戎变异株，但属不同亚变体，病例 1 属于 BA.1.1 分支，与 hCoV-19_USA_FLCDC-STMN2MXMA3HU_2021 同源性最高，达到 99.95%，病例 2 属于 BA.2.2.3 分支，与 hCoV-19_Finland_THL-202205846_2022、hCoV-19_Japan_PG-177427_2022、hCoV-19_England_NEWC-3B0D0F0_2022 同源性最高，达到 100.00%（对比结果），见图 1（插图结果）。图 1 显示 2 例患者奥密克戎变异株全基因组进化树分析结果。

　　该文"结果"在内容上，主题分明，且与"对象与方法"的主题相对应，较为完整地给出针对 4 个子主题的说明、对比、图表结果，结果表述形式多样，定量和定性表述相结合，还用图表科学严谨、形象直观、全面系统地展示调查、研究结果，有时还注释专业知识。在结构上，直接以 4 个二级标题点出目标，并逐一按顺序描述结果。

5.3.5　结果实例【5】

【5】

结　果

SDS 对运动前后小鼠骨骼肌能量代谢相关酶活性的影响　SDS＋运动组小鼠骨骼肌内 MDH 活性明显高于对照组（$P<0.05$）；SDS 组、运动组和 SDS＋运动组骨骼肌内 SDH 活性分别较对照组升高 13%（$P>0.05$）、16%（$P<0.05$）和 27%（$P<0.01$），且 SDS＋运动组骨骼肌内 SDH 活性也明显高于运动组（$P<0.05$）；运动组和 SDS＋运动组骨骼肌内 PK 活性较对照组分别升高 14% 和 39%（P 均<0.05），且 SDS＋运动组骨骼肌内 PK 活性也明显高于运动组（$P<0.05$）（表 1）。

表 1　各组小鼠骨骼肌能量代谢相关酶活性（$\bar{x}\pm s$, $n=8$, U/mgprot）

分组	MDH	SDH	PK
对照组	9.37±1.53	131.27±27.32	3.88±0.16
SDS 组	9.94±1.46	148.28±27.66	3.91±0.36
运动组	9.57±0.31	152.80±23.22*	4.42±0.59*
SDS＋运动组	10.32±1.02*	167.79±22.39**#	5.43±0.35*#

MDH：苹果酸脱氢酶；SDH：琥珀酸脱氢酶；PK：丙酮酸激酶；SDS：红景天苷；
与对照组相比，* $P<0.05$，** $P<0.01$；与运动组相比，# $P<0.05$

SDS 对运动前后小鼠乳酸代谢的影响　SDS 组、运动组和 SDS＋运动组小鼠肝脏 LDH 活性较对照组分别升高 17%（$P<0.05$）、16%（$P<0.05$）和 28%（$P<0.01$），且 SDS＋运动组的肝脏 LDH 活性也明显高于运动组（$P<0.05$）；运动组骨骼肌内 LD 含量明显高于对照组（$P<0.05$）（表 2）。

表 2　各组小鼠乳酸代谢情况（$\bar{x}\pm s$, $n=8$）

分组	肝脏 LDH（U / mgprot）	骨骼肌 LD（mmol / gprot）
对照组	682.04±51.35	1.38±0.11
SDS 组	801.00±147.07*	1.36±0.12
运动组	790.41±91.81*	1.47±0.16*
SDS＋运动组	871.30±54.07**#	1.42±0.22

LDH：乳酸脱氢酶；LD：乳酸；与对照组相比，* $P<0.05$，** $P<0.01$；
与运动组相比，# $P<0.05$

此例为《红景天苷对不同状态下小鼠能量代谢的影响》一文的结果部分，由两段（每段后有一个表格）组成，每段开头的黑体部分是标题，即子主题。这部分给出针对这两个子主题的实验结果，包括说明结果和原始结果，说明结果对应文字段，原始结果对应表格。笔者对说明结果进行整理，列于表 5-1。

表 5-1　实例【5】实验结果——说明结果

子主题（目标）	说明结果——对比（对照）结果
SDS 对运动前后小鼠骨骼肌能量代谢相关酶活性的影响	（1）SDS＋运动组小鼠骨骼肌内 MDH 活性明显高于对照组（$P<0.05$） （2）SDS 组、运动组和 SDS＋运动组骨骼肌内 SDH 活性分别较对照组升高 13%（$P>0.05$）、16%（$P<0.05$）和 27%（$P<0.01$） （3）SDS＋运动组骨骼肌内 SDH 活性明显高于运动组（$P<0.05$） （4）运动组和 SDS＋运动组骨骼肌内 PK 活性较对照组分别升高 14%和 39%（P 均<0.05） （5）SDS＋运动组骨骼肌内 PK 活性明显高于运动组（$P<0.05$）
SDS 对运动前后小鼠乳酸代谢的影响	（1）SDS 组、运动组和 SDS＋运动组小鼠肝脏 LDH 活性较对照组分别升高 17%（$P<0.05$）、16%（$P<0.05$）和 28%（$P<0.01$） （2）SDS＋运动组的肝脏 LDH 活性明显高于运动组（$P<0.05$） （3）运动组骨骼肌内 LD 含量明显高于对照组（$P<0.05$）

子主题 1"SDS 对运动前后小鼠骨骼肌能量代谢相关酶活性的影响"，与该文"材料和方法"的子主题"骨骼肌组织匀浆 MDH、SDH、PK 及 LD 检测"相对应，运动前后小鼠指所有 4 个组，相关酶指 MDH、SDH、PK。这部分由文字段和表格两部分组成。

1）文字段

文字段描述非对照组与对照组骨骼肌内 MDH、SDH、PK 的活性对比，以及部分非对照组间骨骼肌内 SDH、PK 活性的对比（对照）结果，属于说明结果，见表 5-1 表体上面部分（子主题 1 部分）。该结果是依据对原始结果中不同组的某类数据的大小比较或增长率计算，对组间某种差异进行的定性定量表达。

大小比较是直接比较两个数的大小（谁大于谁或谁小于谁）。例如：

（1）SDS＋运动组、对照组的 MDH 数据分别为 10.32±1.02（$P<0.05$）、9.37±1.53，前者明显大于后者，所以得出对比结果"SDS＋运动组＞对照组（$P<0.05$）"。虽然 SDS 组（9.94±1.46）、运动组（9.57±0.31）的 MDH 数据也高于对照组，但差别不大，升高趋势不明显，所以没有得出"SDS 组＞对照组""运动组＞对照组"。

（2）SDS＋运动组、运动组的 SDH 数据分别为 167.79±22.39（$P<0.05$）、152.80±23.22，前者大于后者，所以有"SDS＋运动组＞运动组（$P<0.05$）"。

增长率计算是计算一个数据相对另一个数据的增长率（谁比谁升高或降低多少百分比）。例如：

（1）SDS 组、对照组的 SDH 数据分别为 148.28±27.66、131.27±27.32，因为（148.28－131.27）/131.27×100%＝13%，故得出对比结果：SDS 组相比对照组升高 13%（$P>0.05$）。

（2）SDS＋运动组、对照组的 PK 数据分别为 5.43±0.35（$P<0.05$）、3.88±0.16，因为（5.43－3.88）/3.88×100%＝40%，故得出对比结果：SDS＋运动组相比对照组升高 39%[①]（$P<0.05$）。

2）表格

表格（原文表 1）展示了各组骨骼肌内 MDH、SDH、PK 的原始结果，数据格式为 $\bar{x}±s$，$n＝8$，U/mgprot（平均数±样本标准差，样本数为 8，单位为"活力单位/mg 蛋白"）。这种

---

① 这里的 39%应为 40%，系原文错误。

结果是通过对各类样本内所有个体的实验、观测结果进行统计学处理所得到的原始数据，成为对比结果的前提、基础数据。论文中对原始数据展示时要注意正确描述数据类型、格式，可能涉及样本数、平均数、标准差等统计参数；因为对小于一定概率值的数据进行对比才有统计学意义，因此必须明确交待概率值（P 值）；数据还要有单位。

子主题 2 "SDS 对运动前后小鼠乳酸代谢的影响"，与该文"材料和方法"的子主题"肝组织匀浆 LDH 检测"相对应，"乳酸"指 LDH、LD。这部分也由文字段和表格两部分组成，文字段给出对比结果（对非对照组与对照组肝脏 LDH 活性、骨骼肌内 LD 含量，以及部分非对照组间肝脏 LDH 活性的对比结果，见表 5-1 表体下面部分，即子主题 2 部分），表格展示原始结果（原文表 2）。

此例的"结果"部分，在内容上，主题（目标）分明，与"材料和方法"的子主题相对应，更加具体和有针对性，准确简洁地给出针对两个子主题（SDS 对运动前后小鼠的骨骼肌能量代谢相关酶活性及乳酸代谢的影响）的对比（对照）结果、原始结果，每类结果又分为不同的对比组别，对比的对象、参数明确，给出的数据真实、可靠，组间差异分明，并明确给出相应的统计概率值，在结构上，直接以两个二级标题点出目标，再逐一按顺序描述对比结果，用表格展现这两个子主题的原始结果（未提及方法，有关方法在"材料和方法"中讲过了）。

5.3.6　结果实例【6】

【6】

3　实验结果

3.1　EG 对 4T1-Luc、HCT116、SH-SY5Y 细胞活力的影响

实验结果显示，EG 明显抑制 4T1-Luc、HCT116、SH-SY5Y 细胞活力，作用呈时间和剂量依赖性，EG 作用 4Tl-Luc 和 HCT116 细胞 72 h 时的 IC50 分别为 174.7、398.9 mg·mL^{-1}，EG 400 mg·mL^{-1} 作用 72 h 对 SH-SY5Y 的最大抑制率为 46.5%±2.67%（$P<0.01$）（图 1）。

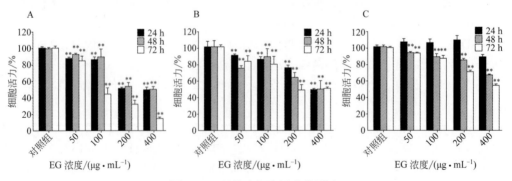

图 1　EG 对肿瘤细胞活力的影响

注：A. EG 对 4Tl-Luc 细胞活力的影响；B. EG 对 HCT116 细胞活力的影响；C. EG 对 SH-SY5Y 细胞活力的影响。与溶剂对照组相比，$^{**}P<0.01$。

3.2　EG 对 4T1-Luc、SH-SY5Y 细胞迁移能力的影响

实验结果显示，用不同浓度 EG（50 和 100 mg·mL^{-1}）处理 4Tl-Luc、SH-SY5Y 细胞 24 h，4Tl-Luc 细胞划痕的宽度明显高于对照组，细胞汇合度显著低于对照组，50 mg·mL^{-1} EG 处

理 4Tl-Luc 细胞组与对照组相比，细胞迁移率为 71.45%±1.89%（$P<0.01$），100 mg·mL^{-1} EG 处理 4Tl-Luc 细胞组与对照组相比，细胞迁移率为 33.63%±2.14%（$P<0.01$）；而 50 mg·mL^{-1} EG 处理 SH-SY5Y 细胞组与对照组相比细胞汇合度无明显变化，但 100 mg·mL^{-1} EG 处理显著抑制了 SH-SY5Y 细胞的迁移，与对照组相比，细胞迁移率为 44.68%±3.64%（$P<0.01$）（图 2）。

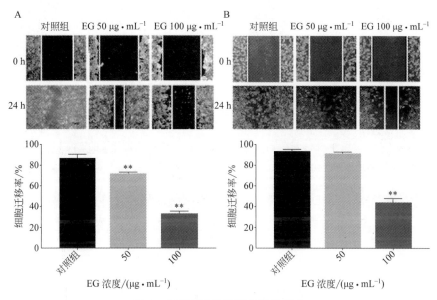

图 2　划痕实验检测细胞迁移能力

注：A. EG 对 4Tl-Luc 细胞迁移能力的影响；B. EG 对 SH-SY5Y 细胞迁移能力的影响。与溶剂对照组相比，$^{**}P<0.01$。

3.3　EG 对 HCT116 细胞转移能力的影响

不同浓度的 EG 处理 HCT116 细胞后，单视野下转移细胞数目明显减少；统计结果显示 EG 处理 HCT116 细胞后，发生转移的细胞数目显著降低，100 mg·mL^{-1} EG 对 HCT116 细胞转移抑制率为 40.65%±4.01%（$P<0.01$）（图 3）。

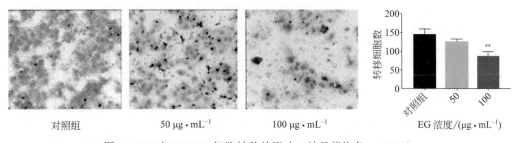

图 3　EG 对 HCT116 细胞转移的影响（结晶紫染色，×200）

注：与溶剂对照组相比，$^{**}P<0.01$。

3.4　EG 对荷乳腺癌 4T1-Luc 小鼠肿瘤转移灶光子量的影响

小动物活体成像技术实验结果（图 4）表明，连续给药 13 天后，根据每只小鼠肿瘤相对转移率绘制原位光子数与转移灶光子数比值柱状图，相对转移率数值越大表明肿瘤转移量越少，药物作用效果越好。与对照组相比，2 mg·kg^{-1} EG 对乳垫和肺转移灶的光子数影响较小无统计学差异，而 4 mg·kg^{-1} EG 对转移灶的光子数影响明显，差异有统计学意义。结果证明 4 mg·kg^{-1} EG 对 4Tl-Luc 荷瘤小鼠的肿瘤转移有抑制作用。

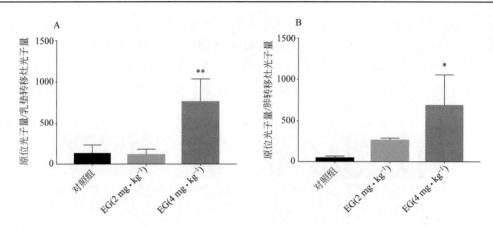

图 4　EG 对荷乳腺癌 4T1-Luc 小鼠转移灶光子量的影响

注：A. EG 对小鼠乳垫转移灶光子量的影响；B. EG 对小鼠肺转移灶光子量的影响与溶剂对照组相比，*P＜0.05，**P＜0.01。

此例为《大黄素-8-O-β-D-葡萄糖苷抑制肿瘤细胞迁移和转移的体内外实验研究》一文的结果部分，总标题为"实验结果"，正文由 4 部分（子标题）组成，对应 4 个子主题（子目标）。这部分给出这些主题的实验结果，包括说明结果和原始结果，说明结果对应文字段，原始结果对应插图。笔者对说明结果进行整理，列于表 5-2。

表 5-2　实例【6】实验结果——说明结果

子主题（目标）	说明结果
EG 对 4T1-Luc、HCT116、SH-SY5Y 细胞活力的影响	（1）EG 明显抑制 4T1-Luc、HCT116、SH-SY5Y 细胞活力，作用呈时间和剂量依赖性 （2）400 mg·mL^{-1} EG 作用 4T1-Luc、HCT116 细胞 72 h，IC50* 分别为 174.7、398.9 mg·mL^{-1}（P＜0.01） （3）400 mg·mL^{-1} EG 作用 SH-SY5Y 细胞 72 h，最大抑制率为 46.5%±2.67%（P＜0.01）
EG 对 4T1-Luc、SH-SY5Y 细胞迁移能力的影响	（1）50、100 mg·mL^{-1} EG 处理 4T1-Luc、SH-SY5Y 细胞 24 h，4T1-Luc 细胞划痕宽度明显高于对照组，细胞汇合度显著低于对照组 （2）50 mg·mL^{-1} EG 处理 4T1-Luc 细胞与对照组相比，细胞迁移率为 71.45%±1.89%（P＜0.01） （3）100 mg·mL^{-1} EG 处理 4T1-Luc 细胞与对照组相比，细胞迁移率为 33.63%±2.14%（P＜0.01） （4）50 mg·mL^{-1} EG 处理 SH-SY5Y 细胞与对照组相比，细胞汇合度无明显变化 （5）100 mg·mL^{-1} EG 处理 SH-SY5Y 细胞与对照组相比，细胞迁移率为 44.68%±3.64%（P＜0.01）（抑制效果显著）
EG 对 HCT116 细胞转移能力的影响	（1）不同浓度 EG 处理 HCT116 细胞，单视野下转移细胞数目明显减少（观察结果） （2）EG 处理 HCT116 细胞，转移细胞数目显著降低（统计结果） （3）100 mg·mL^{-1} EG 处理 HCT116，细胞转移抑制率为 40.65%±4.01%（P＜0.01）
EG 对荷乳腺癌 4T1-Luc 小鼠肿瘤转移灶光子量的影响	（1）连续给药 13 d，根据每只小鼠肿瘤相对转移率绘制原位光子数与转移灶光子数比值柱状图，相对转移率数值越大表明肿瘤转移量越少，药物作用效果越好（小动物活体成像技术实验结果，图 4） （2）与对照组相比，2 mg·kg^{-1} EG 对乳垫和肺转移灶的光子数影响较小，无统计学差异 （3）与对照组相比，4 mg·kg^{-1} EG 对肺转移灶的光子数影响明显，有统计学差异，对肿瘤转移有抑制作用

* IC50 为半抑制率——笔者注。

1）子主题 1 结果

子主题 1 "EG 对 4T1-Luc、HCT116、SH-SY5Y 细胞活力的影响"，与该文"实验方法"的主题"MTT 法检测细胞活力"相对应，给出不同浓度 EG 作用不同细胞的实验结果，分为说明结果和原始结果。说明结果对原始结果进行说明，用文字来表述；原始结果是对实验、观测结果（指统计处理后）直观或形象地显示，用插图（原文图 1）来显示。

说明结果对图 1 所示的原始结果进行补充说明，或对其所揭示的趋势、规律、特点等给予描述或说明，涉及不同的量或指标（量名、量值），通常应先进行计算、对比再来描述、说明，但往往不用解释原因（解释原因应放在讨论中）。例如：EG 具有明显抑制 4T1-Luc、HCT116、SH-SY5Y 细胞活力的作用，与作用时间和 EG 剂量相关；EG 以 400 mg·mL^{-1} 的浓度作用 4Tl-Luc、HCT116 细胞 72 h 时的 IC50 分别为 174.7、398.9 mg·mL^{-1}，作用 SH-SY5Y 细胞 72 h 的最大抑制率为 46.5%±2.67%（$P<0.01$）。

图 1 显示了 EG 对肿瘤细胞活力的影响。三类细胞 4T1-Luc、HCT116、SH-SY5Y 分别对应其各自的分坐标图 A、B、C。坐标图为复合条形图，横坐标轴表示 EG 浓度（对照组，50、100、200、400 mg·mL^{-1}）；纵坐标轴表示细胞活力；条形有 3 类，每一类代表一个细胞作用时间档，分别为 24、48、72 h。在图题下方的图注中，给出分图的名称及与对照组相比的概率值（$P<0.01$）。

2）子主题 2 结果

子主题 2 "EG 对 4T1-Luc、SH-SY5Y 细胞迁移能力的影响"，与该文 "实验方法" 的主题 "细胞划痕实验" 相对应，给出 EG 在 50、100 mg·mL^{-1} 浓度下处理 4Tl-Luc、SH-SY5Y 细胞 24 h 的细胞迁移能力实验结果，分为说明结果和原始结果，说明结果用文字来表述，原始结果用插图（原文图 2）来显示。

说明结果（主要是对比结果）：

（1）EG（50、100 mg·mL^{-1}）处理 4Tl-Luc、SH-SY5Y 细胞 24 h，4T1-Luc 细胞划痕宽度明显高于对照组，细胞汇合度显著低于对照组。

（2）EG（50 mg·mL^{-1}）处理 4Tl-Luc 细胞与对照组相比，细胞迁移率为 71.45%±1.89%（$P<0.01$）；EG（100 mg·mL^{-1}）处理 4Tl-Luc 细胞与对照组相比，细胞迁移率为 33.63%±2.14%（$P<0.01$）。

（3）EG（50 mg·mL^{-1}）处理 SH-SY5Y 细胞与对照组相比，细胞汇合度无明显变化；EG（100 mg·mL^{-1}）处理 SH-SY5Y 细胞的迁移与对照组相比，细胞迁移率为 44.68%±3.64%（$P<0.01$），抑制效果显著。

图 2 显示了 EG 对肿瘤细胞迁移能力的影响。两类细胞 4T1-Luc、SH-SY5Y 对应分图 A、B。对于每个分图，有上下两个子图，上子图为效果对照图，下子图为坐标图。效果对照图横向设置 3 组（对照组，50、100 mg·mL^{-1} 组），纵向设置两个时间档（0、24 h），有 6 类显示、观察区域。坐标图为单式条形图，横坐标轴表示 EG 浓度（对照组，50、100 mg·mL^{-1}），纵坐标轴表示细胞迁移率。由图注给出分图的名称及与对照组相比的概率值（$P<0.01$）。

3）子主题 3 结果

子主题 3 "EG 对 HCT116 细胞转移能力的影响"，与该文 "实验方法" 的主题 "Transwell 细胞侵袭实验" 相对应，给出 EG 在不同浓度下处理 HCT116 细胞的细胞转移能力实验结果，分为观察结果、统计结果和原始结果，观察结果、统计结果用文字来表述，原始结果用插图（原文图 3）来显示。

观察结果：单视野下 HCT116 转移细胞数目明显减少。

统计结果：HCT116 转移细胞数目显著降低，100 mg·mL^{-1} EG 处理时，细胞转移抑制率为 40.65%±4.01%（$P<0.01$）。

图 3 显示了 EG 对肿瘤细胞转移能力的影响。只有一类细胞 HCT116，因此没有分图序（如分图 A、B、C 之分）。前 3 个分图为效果对照图，最后一个为坐标图。效果对照图包括对照

组及 50、100 mg·mL^{-1} 组；坐标图中，横坐标轴表示 EG 浓度，与效果对照图逐一对应，纵坐标轴表示转移细胞数。由图注给出与对照组相比的概率值（$P < 0.01$）。

4）子主题 4 结果

子主题 4 "EG 对荷乳腺癌 4T1-Luc 小鼠肿瘤转移灶光子量的影响"，与该文"实验方法"的主题"小鼠移植瘤实验"相对应，给出 EG 在 2、4 mg·kg^{-1} 剂量下对荷乳腺癌 4T1-Luc 小鼠肿瘤转移灶光子量的影响实验结果，分为原始结果和说明结果，原始结果用插图（原文图 4）来显示，说明结果用文字来表述。

图 4 显示了 EG 对荷乳腺癌 4T1-Luc 小鼠转移灶光子量的影响，按研究对象（小鼠的乳垫、肺）用分图 A、B 来显示。分图为坐标图，横坐标轴表示 EG 剂量（对照组及 2、4 mg·kg^{-1} 组），纵坐标轴表示转移灶光子量（A 图为"原位光子量 / 乳垫转移灶光子量"；B 图为"原位光子量 / 肺转移灶光子量"）。由图注给出与对照组相比的相应概率值（$P < 0.05$，$P < 0.01$）。

说明结果（主要是对比结果）：

（1）相对转移率数值越大表明肿瘤转移量越少，药物作用效果越好。

（2）2 mg·kg^{-1} 的 EG 剂量对乳垫和肺转移灶的光子数影响较小，无统计学差异；4 mg·kg^{-1} 的剂量影响明显，对肺转移灶的光子数影响明显，有统计学差异，对肿瘤转移有抑制作用。

结果表述中还有对重要方法的提及或简单描述（如小动物活体成像技术；连续给药 13 天后，按照每只小鼠肿瘤相对转移率绘制原位光子数与转移灶光子数比值柱状图）。

此例的结果部分，在内容上，主题（目标）分明，并与"材料与方法"中的主题相对应，且更加直接和具体，较为完整地给出针对 4 个子主题的说明结果、对比结果和原始结果，结果表述形式多样，定量和定性表述相结合，还用插图形象直观地展示原始结果，有时还交待其中的关键方法，符合"结果"对内容的写作要求；在结构上，直接以 4 个二级标题点出目标，并逐一按顺序描述结果，符合"结果"对结构的基本写作要求。不过语言有较多提升空间，下面给出一种参考修改。

结果【6】参考修改

3 实验结果

3.1 EG 对 4T1-Luc、HCT116、SH-SY5Y 细胞活力的影响

实验结果显示，EG 明显抑制 4T1-Luc、HCT116、SH-SY5Y 细胞活力，作用呈时间和剂量依赖性。EG 以浓度 400 mg·mL^{-1} 作用 4T1-Luc、HCT116 细胞 72 h 时的 IC50 分别为 174.7、398.9 mg·mL^{-1}，作用 SH-SY5Y 细胞 72 h 时的最大抑制率为 46.5%±2.67%（$P < 0.01$）（图 1）。

3.2 EG 对 4T1-Luc、SH-SY5Y 细胞迁移能力的影响

实验结果显示，不同浓度 EG（50、100 mg·mL^{-1}）处理 4T1-Luc、SH-SY5Y 细胞 24h，4T1-Luc 细胞划痕宽度明显高于对照组，细胞汇合度显著低于对照组，50 mg·mL^{-1} EG 处理 4T1-Luc 细胞组与对照组相比，细胞迁移率为 71.45%±1.89%（$P < 0.01$），100 mg·mL^{-1} EG 处理 4T1-Luc 细胞组与对照组相比，细胞迁移率为 33.63%±2.14%（$P < 0.01$）；50 mg·mL^{-1} EG 处理 SH-SY5Y 细胞组与对照组相比，细胞汇合度无明显变化，而 100 mg·mL^{-1} EG 处理显著能抑制 SH-SY5Y 细胞的迁移，与对照组相比，细胞迁移率为 44.68%±3.64%（$P < 0.01$）（图 2）。

3.3　EG 对 HCT116 细胞转移能力的影响

不同浓度 EG 处理 HCT116 细胞后，单视野下转移细胞数目明显减少。统计结果显示，EG 处理 HCT116 细胞后，发生转移的细胞数目显著降低，100 mg·mL^{-1} EG 对 HCT116 细胞转移抑制率为 40.65%±4.01%（$P<0.01$）（图 3）。

3.4　EG 对荷乳腺癌 4T1-Luc 小鼠肿瘤转移灶光子量的影响

小动物活体成像技术实验结果（图 4）表明，连续给药 13 d 后，根据每只小鼠肿瘤相对转移率绘制原位光子数与转移灶光子数比值柱状图，相对转移率数值越大表明肿瘤转移量越少，药物作用效果越好。与对照组相比，2 mg·kg^{-1} EG 对乳垫和肺转移灶的光子数影响较小，差异无统计学意义，而 4 mg·kg^{-1} EG 对转移灶的光子数影响明显，差异有统计学意义。结果证明 4 mg·kg^{-1} EG 对 4T1-Luc 荷瘤小鼠的肿瘤转移有抑制作用。

5.4　讨论的内容与结构

扫一扫

视频讲解

讨论是论文的精华，是对原始结果进行论证研究，阐述见解，提出意见，解释原因，说明意义，揭示趋势，预测方向，明确研究结果与研究问题的关联以及与前人结果不同的原因，帮助读者理解、消化和吸收结果。还可探讨研究结果的局限性，提出改进建议或未来方向。

扫一扫

视频讲解

1）讨论的内容

讨论的内容是对结果的解释、推断，揭示结果蕴含的本质和规律，大体包括以下部分。

（1）研究背景（现状介绍）。重申讨论的主题，简介主题知识（常识、原理、理论、认识、观点、专业知识等）和现有相关研究等，概述研究意义、目的、方法，引领、指示下文将对主要结果进行概述。

（2）主要结果（结果概述）。概述主要结果（原始结果的直接发现），给予说明、解释。概述应避免出现以下情况：简单重复前文结果部分已给出的数据和资料；包含研究设计（研究方案）；只关注符合自己预期（可能是偏见）的解释。主要结果较多时，概述某主要结果时可先提及其对应的目标。

（3）结果对比（优劣比较）。将主要结果与已交待的假设或前人结果作比较，探讨关联性，解释说明主要结果是否达到预期（是否支持假设或与前人结果不一致）或获得超预期的新发现。支持假设或与前人结果不一致时，合理评价，突出创新，指出结果可能产生的影响或意义；近似支持假设或与前人结果相似时，讨论差别，交待新意；不支持假设或与前人结果一致时，就事论事，说明原因，指出是否须修正假设或目标。与前人结果不一致时，不要轻易或断然否定别人，而应检查研究设计的缺陷。对异常结果分析、解释，对值得关注的次要结果也要讨论。

（4）结果规律（结论得出）。对主要结果的内在联系和规律进行总结、阐释，论证其趋势、规律，得出结论、推论（结果之结果，原始结果的间接发现或新发现）。将有关知识及文献资料等作为论据，围绕讨论的主题进行科学论证、推理，阐明、提出新发现，从深度和广度达到进一步认识。还可指出发现的新问题及给当前研究领域带来的影响，总结未来研究方向。总结时可借助想象、经验甚至推测，但前提是应有现实基础、研究工作积累，想象、经验、推测合理、可信，说得通，起码能自圆其说。

（5）价值意义（创新挖掘）。研究结果的价值不在于做了多少工作，获得多少数据，拥有多少图片，而关键在于结果的价值意义（科学性、创新性）。因此不仅要提出新发现，还要挖掘新发现中所蕴含的优势、价值，提炼理论意义或应用价值，要么证明旧假设（当前的假设）或提出新假设，要么修正、支持、反驳现有理论，要么解决实际问题（工程应用），要么进行领域扩展，将一领域知识、方法等扩展到其他领域。

（6）研究局限（局限说明）。对结果的研究局限给予说明，说明如何在未来研究中予以避免或解决，提出本文研究遗留未解决的重要问题，或给出相关设想、建议及未来研究方向。对于不明确或不确定的结果，应指出补充何种研究或对现有研究如何完善方可获得明确和理想的结果。[①]

2）讨论的结构

以上各部分内容按一定逻辑顺序出现便形成讨论的结构。按讨论主题的多少、复杂性，讨论的结构有单式和复式之分：单式结构为传统结构，适于单一主题讨论或多个子主题一起讨论；复式结构为完整结构，适于多个子主题分别逐一讨论。

讨论的单式结构：

研究背景、主要结果、结果对比、结果规律、价值意义、研究局限

讨论的复式结构：

开头整体开场（研究背景：整体主题知识或研究现状）
中间主题讨论
　　　　子主题 1：主题知识、主要结果、结果对比、结果规律、价值意义、研究局限
　　　　子主题 2：主题知识、主要结果、结果对比、结果规律、价值意义、研究局限
　　　　……
　　　　子主题 N：主题知识、主要结果、结果对比、结果规律、价值意义、研究局限
末尾全局总结（主要成果、价值意义、研究局限）

讨论的复式结构可概括为开头整体开场、中间主题讨论、末尾全局总结三部分。

开头整体开场是从全文讨论主题（总主题）的角度陈述有关领域、背景知识，或高度简洁、概括地介绍研究现状，引出本文研究的总目的。这部分容许与前文引言、结果部分的一些内容重复，但表达上应更加提炼、概括，更有面向论文全局的针对性。

中间主题讨论是讨论的核心部分，按主题分解（子主题）分别进行讨论，可写成一段或几段，段数取决于子主题数，通常一段对应一个子主题，段间呈并列或递进关系。各子主题下的内容项（主题知识、主要结果、结果对比、结果规律、价值意义、研究局限）不一定写全，有的项不写、几项合写、项间顺序颠倒都可以，只要按表达需要来安排内容及结构就可以。

末尾全局总结就是全文总结，总结本文的全局性成果（重要、核心成果），通常是对上文各子主题下的新发现（主要结果、结论）的再总结，提出一个或若干重要的全局性成果，交待成果优势，总结成果价值，说明研究局限，必要时可重提上文已表述过的内容。这部分实际上是论文的"总结论"，如果论文正文安排有标题"结论"，那么这类内容应重点放在"结论"中表述。

根据表达需要或出于其他考虑，"讨论"中可不写"开头整体开场""末尾全局总结"，这时就剩"主题讨论"了，讨论的结构即为单式结构。若讨论的主题只有一个，则"主题讨论"中的"主题知识"就成为"开头整体开场"，"研究局限"就成为"末尾全局总结"。

---

① 审稿人对研究局限可能更加关注，若在讨论（或其他部分）中能如实指出并合理解释局限，则容易获得理解；若刻意掩盖缺陷，则容易让人心生疑惑，甚至怀疑还有其他缺陷。对研究局限说明也是学者应具有的一种客观、诚实的科学精神和素养。

　　讨论的内容和结构写作思路：有目标、有重点地针对主题分层次有序展开，以本文原始结果为原创论据、论点，以知识、文献等为常规论据，由某种论证而提出新观点。内容上不要缺少必要项，也不要有非必要项，结构上避免主次不分将讨论变成一般陈述而冲淡了对结果的深度剖析。

5.5　讨论的写作要求及常见问题

扫一扫

　　1）讨论的写作要求

　　（1）围绕结果进行讨论，主次分明，层次清楚。与上文的主要结果对应，按主题从不同层次、角度展开讨论。不要在次要结果或问题上大费笔墨，不要对上文未描述或出现过的结果即"新"结果进行讨论。讨论有说服力和逻辑性，除了将本文研究结果作为论据外，还可将有关概念、知识，已有研究结果、成果，各类数据资料、文献等作为论据。

视频讲解

　　（2）对结果的解释重点突出，简洁清楚。结果解释的重点集中于作者的主要观点、论点，尽量给出研究结果所能反映的原理、关系和普遍意义。有意外的重要发现时，应适当解释或给出建议。讨论的主体内容应基于原创结果，而不是超出原创结果的其他数据或发现。为有效回答所研究的问题，可适当简要回顾研究目的，概括主要结果，但不宜简单罗列结果。

　　（3）对结果的推理符合逻辑，充分有力。注意推理论证的逻辑性，不要提出数据资料不足以支持的观点和结论，也不要得出试图解释一切的结论。也不要把数据资料外推到一个更大、不恰当的结论，避免科学贡献没有凸显出来，甚至现有数据资料所支持的结论也会受到质疑。还要如实指出数据资料的欠缺或相关推论、结论中的任何例外，不编造或修改数据资料。

　　（4）对观点的表达清楚明确，不得含混。清楚亮出作者的观点、结论，解释其是否支持假设或已有认识，积极讨论研究成果的科学性、学术性及实际应用效果，清楚指出研究的新颖性、重要性。讨论与结果应密切相关，前后呼应，相互衬托，避免简单重复结果中的描述。还要正确评价研究的局限性，提出本文研究结果可能推广的假设及未来研究方向。

　　（5）对成果意义及应用效果的表述留有余地，真实可信。表述应合理妥当，实事求是，不得无端夸大，慎用首次提出（发现）类用语。选择合适词汇区分推测与事实，例如用证明、论证等表示坚信观点的真实性，用显示、表明、发现等只陈述事实但不表示对问题有确定的回答，用暗示、认为、觉得等表示推测，用情态动词能、将、可以、也许、应该等表示确定性程度。

　　2）讨论的写作常见问题

扫一扫

　　（1）没有对讨论与结果进行自然（协调、统一、有效）的衔接，没有对自己的研究结果给予突出强调，没有按研究结果的显著差异性、独特性、优越性及创新性来确定每个须深入讨论的问题，进而未能选择所有必要、重要的结果进行讨论。

视频讲解

　　（2）没有对问题按一定层次从多个角度（如实验设计、理论原理、创新方法、借鉴别人等）进行讨论或与已有类似结果进行对比，从而未能系统、深入地阐释异同产生的原因。

　　（3）没有围绕主题并切中要害、突出精华地分析问题，未压缩或删除对一般性知识、道理的非必要叙述或说明，未省略不必要的中间步骤或推导过程，进而造成空泛的议论、说理。

　　（4）没有获得与原始结果相统一或一致的讨论的结果（推论、结论），进而由讨论的结果获得或推出与原始结果冲突或相反的结论。

　　（5）没有引用与自己研究结果密切相关的重要文献（已有成果），要么看了文献无意识去引用，要么未看过文献不可能引用，要么参考或重复甚至抄袭文献而故意不引以突显自己。

（6）没有将自己的研究结果与所引文献（重要、相关已有成果）进行对比，尽管在形式上引用了文献，但实质上与没有引用并无两样。

（7）没有对引言中布下的问题或假设在讨论中展开，而是将引言中相关语句直接照搬，造成简单、低级重复，尽管前后内容相同、相关，但其间在表述侧重上的差异并未体现出来。

（8）没有准确把握讨论与结果的关系，重复描述结果（可按需适当重复或提及图表），甚至还出现了新数据、新资料，也没有用恰当的过渡句来提醒讨论的结果。

（9）没有准确把握解释的"度"，脱离或缺少数据资料支持而大谈特谈结果，造成对结果过度解释甚至莫须有夸大，以突出作者自己，引起别人重视，而结果适得其反。

（10）没有对论证的理论依据、假说（假设）及其合理性、分析方法等给予说明，可能涉及假说、前提条件、分析对象、适用理论、分析方法或计算过程等一个或若干方面。

（11）没有对研究中发现的实验设计、方案，研究内容、方法，或操作流程、执行方法方面的不足、错误以及反面数据、特殊案例等给予必要的说明。

（12）没有正确区分推测与结论，推测与结论难以分清，将推测当结论，二者混为一谈。

（13）没有围绕或集中主题进行讨论而造成跑题，在讨论中加进离题内容，与研究中的真实信息相混杂，稀释了真实性和可信度，造成鱼龙混杂、真假难辨，使读者分心、困惑。

（14）没有以专业、适度的方式来解决自己与他人研究之间的矛盾，不恰当地指责他人研究，攻击别人，表现出应有学术道德、修养的欠缺，对个人形象造成负面影响。

5.6　讨论实例评析

5.6.1　讨论实例【1】

扫一扫

视频讲解

【1】

3.3　结果分析

从3.2.1节弹簧拉力变化特征的分析可以看出，踝关节外骨骼机器人的储能弹簧在行走过程中释放能力，有助于减小踝关节在跖屈运动过程中的生物力学力矩，从而有助于降低人体行走过程中的能量消耗。

从3.2.2节人体行走过程中消耗的运动净摄氧量来分析，自治式驱动外骨骼机器人在驱动不使能状态下，增大了受试者相同条件下的运动摄氧量，但在驱动使能状态下，降低了受试者的运动摄氧量。对比受试者穿戴外骨骼机器人并且驱动使能状态的摄氧量与不穿戴外骨骼机器人的摄氧量，发现摄氧量降低了约3.5%，而穿戴外骨骼机器人驱动不使能状态下的运动摄氧量较不穿戴外骨骼机器人受试者摄氧量增加了约2.9%，表明外骨骼机器人驱动设备的增加使得人体负重行走的负载增大，人体行走摄氧量消耗增加，而外骨骼机器人增加的储能元件能够有效降低由外骨骼本身增加的负担，并协调人体运动，进而降低人体自身的关节发力，实现外骨骼机器人驱动使能状态下的摄氧量减低。

此例为《基于力位混合控制的踝关节外骨骼机器人四段式助力技术》一文的实验结果分析[①]部分，对实验结果部分（3.2节）作进一步分析（总结、说明、推断、解释）。

第1段对3.2.1节实验结果（弹簧拉力变化分析结果）进行总结，给出说明、解释结果：

---

① "分析"和"讨论"本不在同一层面，这里根据该文相关内容表达深度及本书表达需要，将其"分析"列入"讨论"范畴，全书类似之处不再说明。

踝关节外骨骼机器人的储能弹簧在行走过程中释放能力，有助于减小踝关节在跖屈运动过程中的生物力学力矩，从而有助于降低人体行走过程中的能量消耗。

第 2 段对 3.2.2 节实验结果（人体行走过程摄氧量对比结果）重新表述，给出更加明确的对比结果（定性结果：穿戴外骨骼机器人驱动不使能状态下增大了受试者摄氧量，驱动使能状态下降低了受试者摄氧量；定量结果：穿戴外骨骼机器人驱动使能状态的受试摄氧量与不穿戴外骨骼机器人的相比降低约 3.5%，穿戴外骨骼机器人驱动不使能状态的受试摄氧量与不穿戴外骨骼机器人的相比增加约 2.9%），并进行总结，给出说明、解释结果（表明外骨骼机器人驱动设备的增加使得人体负重行走的负载增大，人体行走摄氧量消耗增加，而外骨骼机器人增加的储能元件能够有效降低由外骨骼本身增加的负担，并协调人体运动，进而降低人体自身的关节发力，实现外骨骼机器人驱动使能状态下的摄氧量减低）。

5.6.2　讨论实例【2】

【2】

3　讨论

本研究将时机理论应用于 HIV/AIDS 肛瘘手术患者中，探讨该类人群在疾病全周期不同阶段的疾病体验及其变化过程，根据其特点给予针对性护理干预，满足患者需求。

3.1　诊断期提高 HIV/AIDS 患者肛肠疾病筛查力度　本研究结果显示，患者由于担心歧视通常症状加重才至医院就诊。既往研究表明，HIV/AIDS 患者的肛肠疾病发病率逐渐升高，且病种多样[16-17]。因此，建议相关部门加强疾病知识科普，倡导 HIV/AIDS 患者定期进行肛肠专科检查，尽可能保证筛查计划的规律性，以尽量减少疾病的进展。此外，临床医护人员需给予患者特别关注，沟通过程中保持开放、非批判性的态度，避免患者出现逃避、延迟就医行为。

3.2　术后早期加强信息与情感支持　本次访谈发现，术后早期患者问题多样，生理、心理方面都存在不同程度的问题。因此，住院期间应对患者进行全方面评估，关注当前具体问题，例如，手术相关信息、药物知识、HIV 感染疾病相关知识、伤口日常护理操作、身体活动、饮食指导等。循序渐进指导患者学习自我伤口护理技能，增强患者自我照顾信心。国内目前仍普遍存在艾滋病歧视，HIV/AIDS 患者在应对艾滋病时本身就存在诸多心理问题[18]，他们担心同性性行为被知晓后的歧视以及对现有家庭和社会关系的影响等[19]，多数患者选择隐瞒自身感染史而缺乏照顾，进一步加重患者心理压力。需要护理人员与患者建立良好关系，必要时提供额外的干预和支持，如正念减压疗法、叙事疗法、聚焦解决模式、行为认知疗法[18]。

3.3　制订术后康复计划，提供全面指导　访谈发现，对术后护理的担忧会持续存在于后期三个不同阶段。结果显示，住院期间是患者及家属学习技能和掌握知识的最佳时期，应在住院期间协助制订详细、有针对性的康复计划，包括每一阶段所要掌握的知识与技能，为此后的顺利过渡打下基础。出院后，专业指导出现断层，患者难以判断自己的照护是否正确得当。患者失助感强烈，应对疾病积极性下降，需加强与医院、专业人士的联系，保证家庭护理的延续性。对于取得家庭支持的患者，应给予患者及家属相应防护知识培训和指导。介绍 HIV 传播途径、自我防护、处置流程及应急措施等，消除不必要的恐惧与焦虑，预防或降低艾滋病暴露的危险。可利用网络平台如微信、QQ、腾讯会议等手机软件开展线上针对性指导[20]，线上线下相结合，及时查漏补缺，不断增强家属及患者自我护理的信心与能力，提高患者伤口护理的自我管理能力。

基于对 HIV/AIDS 肛瘘手术患者的全程访谈发现，患者的疾病体验是动态变化的。应当分阶段、有计划地给予相应的心理支持与专业指导，同时采取相应措施以保证护理的延续性。

此例为《基于时机理论对 HIV/AIDS 肛瘘手术患者不同阶段疾病体验的质性研究》一文的讨论。有 5 段，首段为整体开场，中间 3 段为主题讨论，末段为全局总结。

首段总体提及研究方法（时机理论），并交待研究目的（探讨 HIV/AIDS 患者在疾病全周期不同阶段的疾病体验及其变化过程，给予针对性护理干预，满足患者需求）。

中间主题讨论在形式上为标题 3.1～3.3，内容上与该文结果部分的标题 2.1～2.5 相对应，其中 3.3 与 2.3～2.5 相对应（2.3～2.5 合并），对应关系如下：

3.1 诊断期提高 HIV/AIDS 患者肛肠疾病筛查力度←→2.1 诊断期：担忧与懊悔

3.2 术后早期加强信息与情感支持←→2.2 术后早期：身心对应失调

3.3 制订术后康复计划，提供全面指导←→2.3 出院准备期：防护知识断层＋2.4 调整期：失助感＋2.5 随访期：应对疾病积极性降低

以上主题讨论的内容包括：来自"2 结果"的主要结果，来自参考文献的已有结果，常识（或专业知识），以及通过因果论证而得出的新结果（结论、措施、建议等），讨论的结构为因果论证（以本文主要结果、已有结果和常识为论据，通过因果论证而得出新结果）。以下对上述 3 个主题的整体文本进行分析，考察其内容及结构，见表 5-3。

表 5-3　讨论实例【2】内容与结构汇总

子主题 1		诊断期提高 HIV / AIDS 患者肛肠疾病筛查力度	论题
内容	主要结果	患者由于担心歧视，通常症状加重至医院就诊（本研究结果显示）	论据
	已有结果	HIV/AIDS 患者的肛肠疾病发病率逐渐升高，且病种多样（既往研究表明；文献[16～17]）	
	新结果	建议相关部门……延缓（原文为"减少"）疾病的进展；临床医护人员……延迟就医行为	论点
结构	论证模式	论据→因果论证→论点	论证
子主题 2		术后早期加强信息与情感支持	论题
内容	主要结果	术后早期患者问题多样，生理、心理方面都存在不同程度的问题（本次访谈发现）；多数患者选择隐瞒自身感染史而缺乏照顾，进一步加重患者心理压力（本次访谈发现）	论据
	已有结果	国内目前仍普遍存在艾滋病歧视，患者在应对艾滋病时本身就存在诸多心理问题（文献[18]）；患者担心同性性行为被知晓后的歧视以及对现有家庭和社会关系的影响等（文献[19]）	
	新结果	住院期间应对患者进行全方面评估，关注当前具体问题；循序渐进指导患者学习自我伤口护理技能，增强患者自我照顾信心；需要护理人员与患者建立良好关系，必要时提供额外的干预和支持	论点
结构	论证模式	论据→因果论证→论点	论证
子主题 3		制订术后康复计划，提供全面指导	论题
内容	主要结果	对术后护理的担忧会持续存在于后期三个不同阶段（访谈发现）；住院期间是患者及家属学习技能和掌握知识的最佳时期（结果显示）；出院后，专业指导出现断层，患者难以判断自己的照护是否正确得当，失助感强烈，应对疾病积极性下降	论据
	已有结果	可利用网络平台如微信、QQ、腾讯会议等手机软件开展线上针对性指导（文献[20]）	
	新结果	应在住院期间协助制订详细……顺利过渡打下基础；需加强与医院、专业人士的联系，保证家庭护理的延续性；对于取得家庭支持的患者，应给予患者及家属相应的防护知识培训和指导；介绍 HIV 传播途径……预防或降低艾滋病暴露的危险；线上线下相结合……提高患者伤口护理的自我管理能力	论点
结构	论证模式	论据→因果论证→论点	论证

末段总结本文主要结果（访谈发现患者的疾病体验是动态变化的）及由因果论证得出的结论即应采取的措施（应分阶段、有计划给予相应心理支持与专业指导，采取相应措施保证护理的延续性），在开头还提及研究对象（HIV/AIDS 肛瘘手术患者）和方法（访谈）。

5.6.3　讨论实例【3】

【3】

3　讨论

3.1　大型底栖动物群落结构差异性

优势类群的分布主导底栖动物的群落格局[20]。各组大型底栖动物优势类群组成差异较大，表明永定河流域春季大型底栖动物群落结构分布存在明显的区域性差异。从调查结果来看，组 1 的大型底栖动物以耐污性较高的摇蚊类群为主，组 3 中以中度耐污的摇蚊类群为主，组 2 则以钩虾、EPT 昆虫为主，为溪流生境中较为典型的常见类群。从优势类群的变化来看，永定河流域底栖动物群落的退化较为明显，其主要支流洋河、桑干河和妫水河的底栖动物均主要以摇蚊为主要优势类群，其物种以重度-中度耐污的类群为优势，指示各主要支流污染强度较高。

河流底栖动物的种类组成依赖于河流生境的多样性和稳定性，不同的生境条件支持不同的大型底栖动物类群，多样性的生物栖息地支持多样性的生物群[21]，导致永定河各采样点的空间分布差异还与生境退化密切相关。组 1 采样点主要位于北京市五湖一线与桑干河上游，监测区域均不同程度的受到闸坝调控的影响，闸坝的修建使流水生境转变为静水生境，河流底质均以淤泥为主，适宜于寡毛类和摇蚊耐污类群的生存，该河段的主要优势类群德永摇蚊与恩菲摇蚊均为重度耐污类群，适宜底质柔软、富营养的静水生境。组 3 采样点主要位于洋河、桑干河中下游、妫水河，主要优势类群为直突摇蚊、流水长跗摇蚊、间摇蚊，河流以流水生境为主，因此底栖动物的优势类群属于适宜流水生境的大型底栖动物，但从优势物种来看，其属于寡营养-中营养的溪流和河流。摇蚊为典型的掘穴生活物种，栖息于河流沉积物中营巢生活，洋河、桑干河中下游和妫水河的监测区域以砾石和沙质为主，也是造成底栖动物以摇蚊为主要类群的原因。部分蜉蝣目昆虫在妫水河也有一定的分布，这与妫水河已经开展了系统的生态修复工程有关，河流两岸建立了绿色廊道，河道内水生植物较为丰富，为底栖动物提供了良好的栖息场所[22]，从而导致妫水河出现了少量的蜉蝣目和毛翅目昆虫。永定河山峡段，河流受人类干扰程度较小，河流保持了良好的自然状态，水质清洁，河床底质以大石块和卵石为主，生境类型较为多样化，组 2 的优势类群主要以钩虾、EPT 昆虫为主。

3.2　大型底栖动物功能摄食类群差异性

大型底栖动物的功能摄食类群可以反映河流的食物资源状况，对研究底栖动物群落结构和功能组成有重要作用，能够体现河流生态系统的生态过程[19]。研究发现各组大型底栖动物功能摄食类群均以收集者占绝对优势，功能摄食类群构成的单一化，指示了食物来源的单一化和生境的单一化[23-24]，但各组之间功能摄食类群组成有所差异。组 1 收集者主要为耐污种的德永摇蚊，主要分布在北京市五湖一线段，虽然五湖一线工程段考虑了生境多样性与水生生物多样性的关系，河道修复时采用了卵砾石底质，但由于水体缺乏流动性，水生生物以静水生境中的常见物种为主。河流连续统研究表明，河流从源头到下游，大型底栖动物的功能摄食类群结构具有显著的纵向格局与差异性[25-26]，桑干河上、中和下游大型底栖动物功能摄食类群均以收集者占优势，河流缺乏明显的纵向分布特征，这与桑干河上游拦河建筑物修建较多有关，水体连通性较差，同时春季桑干河水量极少，出现大量的静水水体，大型底栖动物的流水栖息生境遭到严重破坏，大型底栖动物以适宜静水生境的直接收集者为主，功能摄食类群群落结构单一化。永定河山峡段河岸带植被覆盖率较高，河道内枯枝落叶较为丰富，为钩虾提供了较为丰富的食物来源。山峡段河道内生态补水主要依靠上游官厅水库的调控，但河流的水文条件并不稳定，生态补水时流量较大，河道内营固着的生物类群较少，刮食者和撕食者所占比例极低，与 HAWKINS 等研究发现水文条件的不稳定也会导致撕食者下降的研究一致[27]。洋河、桑干河下游和妫水河以溪流摇蚊类群为主，其生活习性以摄食沙质底质中的有机质为食，沙质底河床稳定性较差，但摇蚊成体有翅、迁徙能力强、时代周期短，因而更能适应多变的栖息环境[28]，但组 3 撕食者类群完全消失，表明区域大型底栖动物功能群的退化严重。

3.3　大型底栖动物多样性差异

根据河流连续统理论，从河流的上游到下游大型底栖动物的生物多样性与物种分布应该存在明显的差异性[25-26]。但根据调查结果显示，永定河干流以及各支流大型底栖动物的生物多样性并没有显著性差异。

大型底栖动物多样性随着底质稳定性的增加而增加[21]。郑文浩等[29]对太子河大型底栖动物栖境适宜性的研究表明，底质是最重要的栖境因子，多数物种偏爱卵石底质。大石块或卵石能够为大型底栖动物提供稳定的栖息场所、极佳的避难和觅食场所，确保了底栖动物拥有足够的活动空间[30]。永定河山峡段河床底质主要以大石块和卵石为主，生境类型较为多样化，能够为底栖动物提供更加多样的栖息、繁殖场所，也有利于底栖动物逃避其他动物的捕食，从而增加了底栖动物的生存空间，使得底栖动物多样性相对其他支流较高；桑干河上游由于水体不流动，水体中悬浮的细颗粒有机物沉积在底部，底质以淤泥为主，而淤泥底质孔隙比高，有机物含量丰富，极适宜于寡毛类和摇蚊等耐污类群生存，致使其他物种的数量明显减少，而五湖一线段低水头水坝数量居多，目的在于构建滨水景观，而低水头水坝破坏了城市河流的纵向连通性，使得蓄水区河床底质生境均质化，降低了底栖动物的完整性。洋河底质均以沙质底为主，河床稳定性较差，沙质底质中很难附着底栖动物，采集到的物种多为能适应多变栖息环境的直突摇蚊、流水长跗摇蚊、间摇蚊等摇蚊种类。尽管永定河山峡段出现了较为典型的溪流物种，且以中度-轻度耐污的敏感类群为主，但从生物多样性的变化来看，其生物多样性与永定河其他河段的差异性并不显著，表明该河段的底栖动物群落结构相对较为单一，许多敏感类群多为偶见物种，不稳定的水文条件反而造成栖息地扰动更加频繁，不利于底栖动物群落的次生演替。此外，洋河与桑干河中下游河道内采沙现象较为普遍，严重破坏了河流生境结构，使得生物多样性明显下降。妫水河前期已经开展了系统的生态修复，大型底栖动物生物多样性的恢复效果较为显著，但修复后的妫水河底质类型以沉积型的有机质为主，更加有利于适宜静水生境的水生昆虫繁殖，导致摇蚊个体数所占比例极高。

此例为《永定河流域春季大型底栖动物群落结构和空间格局》一文的讨论部分，分群落结构差异性、功能摄食类群差异性、生物多样性差异 3 个子主题，大体与该范文结果部分的了主题群落结构及优势类群空间差异、功能摄食类群空间差异、生物多样性差异相对应。讨论是专门针对主要结果的，二者密切对应，结果为讨论提前铺垫，讨论对结果有意探究。这 3 个子主题的讨论部分的内容与结构基本可以概括为有关主题知识介绍、本文相关调查结果及针对此调查结果的讨论（原因、机理探究）。

1）3.1 节评析（群落结构差异性）

第 1 段：引用已有结果（文献[20]）作为大前提（优势类群的分布主导底栖动物的群落格局），本文调查结果作为小前提（各组大型底栖动物优势类群组成差异较大），演绎论证推出结论（永定河流域春季大型底栖动物群落结构分布存在明显的区域性差异）。第 3 句描述本文大型底栖动物优势类群结构差异调查结果（组 1 以耐污性较高的摇蚊类群为主，组 3 以中度耐污的摇蚊类群为主，组 2 以钩虾、EPT 昆虫为主，为溪流生境中较为典型的常见类群）。第 4 句描述优势类群变化特征（永定河流域底栖动物群落退化较明显，其主要支流洋河、桑干河和妫水河以摇蚊为主要优势类群，其物种以重度-中度耐污的类群为优势，指示各主要支流污染强度较高）。

第 2 段：对大型底栖动物优势类群结构差异及变化特征进行讨论，分析原因机理，给出科学解释。先引用文献[21]中的观点作为论据（不同生境条件造就不同生物类群），通过因果论证得出结论（永定河各采样点的空间分布差异与生境退化密切相关）。接着对 3 组大型底栖动物类群生境进行描述，分析探讨生境与其适宜的生物群落之间的因果关系：

组 1 采样点主要位于北京市五湖一线与桑干河上游，河流受人为闸坝修建、调控影响，成为静水生境，底质以淤泥为主，柔软而富营养，适于寡毛类和摇蚊耐污类群生存，优势类群德永摇蚊、恩菲摇蚊为重度耐污类群。

组 3 采样点主要位于洋河、桑干河中下游、妫水河，多为溪流和河流，属于流水生境，底质以砾石和沙质为主，寡、中营养，适于掘穴（栖息于河流沉积物中营巢）生活的摇蚊类群，优势类群为直突摇蚊、流水长跗摇蚊、间摇蚊。妫水河还出现了少量蜉蝣目和毛翅目昆虫，原因在于对妫水河开展了系统生态修复工程，两岸建立了绿色廊道，河道内水生植物丰富，为底栖动物提供了良好的栖息场所（文献[22]）。

组 2 采样点位于永定河山峡段，河流受人类干扰程度较小，保持了良好自然状态，水质清洁，底质以大石块和卵石为主，生境多样化，优势类群主要为钩虾、EPT 昆虫。

2）3.2 节评析（功能摄食类群差异性）

阐述功能摄食类群主题的研究意义：功能摄食类群可以反映河流的食物资源状况及生态系统过程，对底栖动物群落结构和功能组成研究有重要作用（文献[19]）。

描述本文功能摄食类群调查结果：各组以收集者占绝对优势，功能摄食类群构成单一化，指示食物来源和生境的单一化（文献[23–24]），但各组间存在差异。

对各组间功能摄食类群差异进行讨论，分析原因机理，给出科学解释：

五湖一线段以耐污种的德永摇蚊为主，河道修复工程考虑了生境、水生生物二者多样性间的关系，采用卵砾石底质，但水体缺乏流动性，水生生物以静水生境中的常见物种为主。

桑干河上、中和下游以收集者占优势，河流缺乏明显的纵向分布特征[与河流连续统研究结果——河流从源头到下游，功能摄食类群结构有显著的纵向格局与差异性（文献[25–26]）不一致]，原因在于桑干河上游拦河建筑物修建较多，水体连通性差，再加上春季河水量极少，有大量静水水体，流水栖息生境遭到严重破坏，致使功能摄食类群结构单一化。

永定河山峡段以钩虾类群为主，河岸植被覆盖率较高，河道内枯枝落叶丰富，构成钩虾类群的充足食物来源。生态补水主要依靠上游官厅水库调控，但水文条件不稳定，生态补水时流量较大，河道内营固着的生物类群少，刮食者和撕食者的占比极低，与现有研究结果一致（文献[27]）。

洋河、桑干河下游和妫水河以溪流摇蚊类群为主，此类群的生活习性是摄食沙质底质中的有机质，沙质底河床稳定性较差，但摇蚊成体有翅、迁徙能力强、时代周期短，更能适应多变的栖息环境（文献[28]）。撕食者类群完全消失，表明该区域大型底栖动物功能类群退化严重。

3）3.3 节评析（生物多样性差异）

第 1 段描述河流连续统理论有关认知（从河流上游到下游大型底栖动物的生物多样性与物种分布应该存在明显差异性，文献[25-26]），指出本文生物多样性调查结果（永定河大型底栖动物生物多样性与物种分布没有显著性差异）与以上认知不一致。

第 2 段对各组间生物多样性差异进行讨论，分析原因机理，给出科学解释：

描述相关成果［大型底栖动物的多样性随河流底质稳定性的增加而增加（文献[21]）；太子河底质是最重要的栖境因子，多数物种偏爱卵石底质（文献[29]）；大石块或卵石能为大型底栖动物提供稳定的栖息及极佳的避难、觅食场所，保障底栖动物的充足活动空间（文献[30]）］。这些为下面的讨论做好了铺垫以进行对比：

永定河山峡段河床底质主要以大石块和卵石为主，生境多样化，能为底栖动物提供多样的栖息、繁殖场所，也有利于其逃避其他动物的捕食，其生存空间增加，多样性相对较高。

桑干河上游水体不流动，悬浮的细颗粒有机物沉积在底部，底质以淤泥为主，淤泥底质孔隙比高，有机物含量丰富，极适宜于寡毛类和摇蚊等耐污类群生存，而其他物种明显减少。

五湖一线段侧重滨水景观，修建了较多低水头水坝，使城市河流的纵向连通性遭到破坏，蓄水区河床底质生境均质化，底栖动物的完整性下降。

洋河底质以沙质底为主，河床稳定性较差，很难附着底栖动物，生存物种多为能适应多变栖息环境的直突摇蚊、流水长跗摇蚊、间摇蚊等摇蚊种类。

永定河山峡段出现了较典型的溪流物种，且以中度-轻度耐污的敏感类群为主，但生物多样性与永定河其他河段的差异性并不显著，表明该河段的底栖动物群落结构相对较为单一，敏感类群多为偶见物种，不稳定的水文条件使栖息地扰动更频繁，不利于底栖动物群落的次生演替。

洋河与桑干河中下游河道内采沙普遍，生境结构遭到严重破坏，生物多样性明显下降。

妫水河前期已开展了系统的生态修复工程，生物多样性的恢复效果较为显著，但修复后河流底质以沉积型的有机质为主，更有利于适宜静水生境的水生昆虫繁殖，导致摇蚊个体数的占比极高。

5.6.4　讨论实例【4】

【4】

3　讨　论

截至 2022 年 2 月 22 日，江苏省共报告 28 例境外输入奥密克戎变异株所致新冠肺炎病例，其中 19 例为 BA.1 型（占 67.86%），9 例为 BA.2 型（占 32.14%）。扬州市报告的第 2 例境外输入新冠肺炎奥密克戎变异株感染病例属于 BA.2 型分支（全省首例），而全省奥密克戎变异株分支型别的变化规律是由以 BA.1 型为主逐渐向 BA.1 型与 BA.2 型混合转变。

SARS-CoV-2 奥密克戎变异株 BA.1.1 及 BA.2.3 高频出现于欧美国家，根据流行病学调查情况和第 3 代基因测序结果，本研究推断病例 1 在芬兰被感染的可能性较大，病例 2 在加纳或荷兰被感染的可能性较大（在此期间，上海市集中隔离点与扬州市集中隔离点 14 d 内均未有确诊病例，而其密切接触者经 14 d 集中隔离观察后亦未确诊，故判定其在隔离点及转运过程中被感染的可能性几乎不存在）。2 例患者临床症状均较轻，仅有轻微的呼吸道症状，与目前 SARS-CoV-2 奥密克戎变异株感染病例的临床症状一致，即以轻微症状为主，重症很少，且无其他变异株感染引发的味觉或嗅觉丧失等新冠肺炎典型症状[6]。2 例病例均采取严格的闭环管理措施，且所有转运人员佩戴 N95 口罩，后续未有相关病例检出。相关研究[4]证明，SARS-CoV-2 奥密克戎变异株致病性不强、传染性极强，但严格闭环管理和规范佩戴口罩可有效预防新冠肺炎感染，且现行防护措施对奥密克戎变异株同样有效。

实验室核酸检测结果显示，2 例境外输入奥密克戎变异株所致新冠肺炎病例的核酸检测 Ct 值较低，提示感染病毒载量较高[7]。本研究采用胶体金法和化学发光法进行抗体检测，其中胶体金法无需任何仪器设备，可在不同条件下直接检测并观察结果，但易受多种因素干扰且存在一定风险，而化学发光法则具有高通量、自动化、低风险、高灵敏度等优点[8]。胶体金法检测结果显示，2 例病例 SARS-CoV-2 IgM、IgG 抗体均为阴性；化学发光法检测结果显示，病例 1 的 IgM 抗体为阴性，IgG 抗体为阳性，病例 2 的 IgM、IgG 抗体均为阴性。病例 1 的 IgG 抗体的胶体金法检测结果与化学发光法检测结果不一致，结合此前流行病学调查结果（病例 1 感染前接种过辉瑞新冠肺炎疫苗 2 针次），推测其 IgG 抗体因免疫应答反应而呈阳性，符合化学发光法检测结果，其胶体金法检测结果为阴性可能是因为胶体金法相较于化学发光法灵敏度较低。ZHOU J A 等[9]也证实，相较于胶体金法，化学发光法应用于 SARS-CoV-2 IgM、IgG 抗体检测具有更可靠的实用性和灵敏度。研究[10]证实 SARS-CoV-2 变异株即使在免疫人群中也具有较高的传播率，本研究病例 1 亦未因接种过新冠肺炎疫苗而免于感染。相关研究[7]称 SARS-CoV-2 IgM 抗体在患者感染 1 周内阳性率较低，初始感染期 Ct 值较低，本研究通过实验室检测结果和入境时核酸检测阴性结果推测 2 例病例均为新发感染。

奥密克戎变异株是目前已知的 SARS-CoV-2 变异株中 S 蛋白变化位点最多的，包含其他 4 种关切变异株（VOC）S 蛋白上出现的所有重要的氨基酸变异位点。本研究第 3 代基因测序结果也证实了这一点，2 例病例感染的奥密克戎变异株与标准参考株相比，在 S 蛋白上分别存在 32、28 个氨基酸位点改变，在受体结合区域（RBD）共享 12 个氨基酸突变位点，为 G339D[11]、S373P[12]、S375F[13]、K417N[14]、N440K[15]、S477N[16]、T478K[12]、E484A[13]、Q493R[13]、Q498R[15]、N501Y[11]和 Y505H[16]，这些位点已被证实与奥密克戎变异株产生免疫逃避机制相关。病例 2 序列 BA.2.3 与病例 1 序列 BA.1.1 相比，RBD 多出了 T376A、D405N 和 R408S 这 3 个突变位点，缺少了 G446S[16]、G496S[12]突变位点，RBD 上的这些位点差异可能导致其对多种治疗性抗体的抗性不同，这些突变对疾病传播、发病机制和疫苗效力的影响正在深入研究中[17-18]。

进化树分析显示，SARS-CoV-2 的突变是一个连续过程，会导致多种变异株的出现，而新变种奥密克戎乃至其他变种的不断出现导致了新冠肺炎疫情的持续。目前，关于奥密克戎变异株的研究仍在继续，以往关于阿尔法变异株和德尔塔变异株的研究经验提示，只有长时间进行严密监测，才能得到更多关于该新变种的信息，例如其传播特点、疫苗效力和严重性等。

本研究认为，采取科学的防疫措施，加快、加强境外输入风险管控，坚持采取有效的个人防护措施切断传播途径，保护易感人群，根据变异株基因进化趋势随时调整疫苗接种策略，仍将是遏制新冠肺炎新毒株传播和防止出现新冠肺炎重症与死亡病例的关键方法。

目前，新冠肺炎感染患者临床样本的基因组测序多采用第 2 代测序技术，本研究采用的第 3 代纳米孔测序技术属于单分子测序技术，与第 2 代测序技术相比，其具有读长长、速度快、测序数据实时监控等优点[19]。研究[20-22]表明，纳米孔测序平台应用于新冠肺炎疫情的基因测序中表现良好，尤其适用于病毒载量低的标本。本研究使用第 3 代测序平台纳米孔测序技术对 SARS-CoV-2 标本成功进行测序，1 d 内完成了 PCR 靶向扩增、建库、测序及数据分析等步骤，成功获得 2 例患者奥密克戎变异株的全基因组序列并进行溯源分析，大大缩短了测序时间。由此提示，第 3 代纳米孔测序技术可有效应用于 SARS-CoV-2 的溯源分析，上机半小时即可锁定病毒的型别及来源，在应对突发疫情时可极大节省时间，尽快为疫情防控指明方向，在地市级疾控机构精准化防控策略的制订与实施中具有较高的应用价值。

此例为《2 例新型冠状病毒肺炎病例的流行病学及基因特征分析》一文的讨论部分，标题为"讨论"，正文有 6 段，涉及研究背景、主题知识、主要结果、结果对比、价值意义，以及针对相关主题由因果论证推出的结论或新认知。

1）第 1 段

介绍截至 2022 年 2 月 22 日江苏省境外输入奥密克戎变异株所致新冠肺炎的情况，涉及病例数量（28 例），感染分支型别及数量（BA.1 型 19 例，占 67.86%；BA.2 型 9 例，占 32.14%），分支型别变化规律（BA.1 型为主逐渐向 BA.1 型、BA.2 型混合转变）。指出本文患者 2（扬州市报告的第 2 例境外输入患者）感染分支型别（BA.2 型分支，全省首例）。

这部分整体上属于下文讨论前的背景信息铺垫。

2）第 2 段

第 1 句基于事实（变异株 BA.1.1、BA.2.3 高频出现于欧美国家）及流行病学调查情况、第 3 代基因测序结果（论据）推出结论（病例 1 在芬兰、病例 2 在加纳或荷兰被感染的可能性较大），并以另一推论（括号部分"在此期间……不存在"）作为论据佐证所推出的结论。

第 2 句基于 2 例患者临床症状（较轻，仅有轻微呼吸道症状）与目前典型性症状（轻微症状为主，重症很少，且无其他变异株感染引发的味觉或嗅觉丧失等新冠肺炎典型症状）对比而得出结论（2 例患者临床症状与目前典型临床症状一致），引用文献[6]。

第 3 句描述对 2 例患者及转运人员采取的管控措施（对 2 例患者闭环管理，转运人员佩戴 N95 口罩）及效果（后续未有相关病例检出）。

第 4 句引用文献[4]表述一个结论（奥密克戎变异株致病性不强、传染性极强，严格闭环管理和规范佩戴口罩可有效预防新冠肺炎感染，且现行防护措施对奥密克戎变异株同样有效）。

这部分以奥密克戎变异株致病性或所致新冠肺炎症状为主题进行讨论，论据为事实、文献及本文结果，讨论方式为因果论证、推论。

3）第 3 段

第 1 句由核酸检测结果（2 例患者的核酸检测 Ct 值较低），推出结论（感染病毒载量较高），并引用文献[7]。

第 2 句交待本文抗体检测使用的两种方法及其特点（胶体金法：无需任何仪器设备，可在不同条件下直接检测、观察结果，但易受多种因素干扰，且存在一定风险；化学发光法：具有高通量、自动化、低风险、高灵敏度等优点。引用文献[8]）。此句为下文对以上两种方法的检测结果进行讨论作背景铺垫。

第 3 句描述两种方法的主要检测结果（胶体金法：2 例患者 IgM、IgG 抗体均为阴性；化学发光法：患者 1 的 IgM 抗体为阴性、IgG 抗体为阳性，患者 2 的 IgM、IgG 抗体均为阴性），与该范文"结果"部分中相关部分有重复，除侧重对重要结果强调外，主要出于下文讨论的需要，先交待讨论对象，再进行讨论，属正常的思维逻辑，而且主要内容相对完整，论文的可读性会明显提升。

第 4 句针对上述检测结果差异（患者 1 的 IgG 抗体的胶体金法检测结果与化学发光法检测结果不一致），再结合流行病学调查结果（患者 1 感染前接种过辉瑞新冠肺炎疫苗 2 针次），推出解释性结论，即给出这种不一致的原因（患者 1 的 IgG 抗体因免疫应答反应而呈阳性，符合化学发光法检测结果；胶体金法检测结果为阴性，可能是因为胶体金法相较于化学发光法灵敏度较低）。

第 5 句引用文献[9]，进一步佐证化学发光法应用于 IgM、IgG 抗体检测的优势（相较于胶体金法具有更可靠的实用性和灵敏度）。

第 6 句引用文献[10]，表述已有相关研究认知（SARS-CoV-2 变异株即使在免疫人群中也具有较高的传播率，患者 1 并未因接种过新冠肺炎疫苗而免于感染）。

第 7 句由文献[7]的研究认知（SARS-CoV-2 IgM 抗体在患者感染 1 周内阳性率较低，初始感染期 Ct 值较低），以及实验室检测结果和入境时核酸检测阴性结果，推出一个结论（2 例患者均为新发感染）。

这部分以奥密克戎变异株感染性实验室检测方法及检测结果差异为主题进行讨论，论据为事实、文献及本文结果，讨论方式为因果论证、推论。

4）第 4 段

第 1 句陈述现有关于奥密克戎变异株基因组变异的认知［奥密克戎变异株是目前已知的 SARS-CoV-2 变异株中 S 蛋白变化位点最多的，包含其他 4 种关切变异株（VOC）S 蛋白上出现的所有重要氨基酸变异位点］。

第 2 句指出本文基因测序结果也证明了以上认知，并陈述 2 例患者感染的奥密克戎变异株与标准参考株的对比结果［在 S 蛋白上分别存在 32、28 个氨基酸位点改变，在受体结合区域（RBD）共享 12 个氨基酸突变位点，分别为 G339D、S373P、S375F、K417N、N440K、S477N、T478K、E484A、Q493R、Q498R、N501Y、Y505H，引用文献[11-16]］，并给出原因解释（这些位点已被证实与奥密克戎变异株产生免疫逃避机制相关）。

第 3 句陈述患者 2 序列 BA.2.3 与患者 1 序列 BA.1.1 的对比结果（RBD 多出 T376A、D405N、R408S 突变位点，缺少 G446S、G496S 突变位点，其中 G446S、G496S 分别引用文献[16]、[12]），并给出对这些位点差异产生结果的推测（RBD 上这些位点差异可能导致它对多种治疗性抗体的抗性不同）及相关研究现状（这些突变对疾病传播、发病机制和疫苗效力的影响正在深入研究中，引用文献[17-18]）。

这部分以奥密克戎变异株感染性毒株基因组变异及突变位点为主题进行讨论，论据为现有认知、文献及本文结果，讨论方式为因果论证、推论。

5）第 5 段

第 1 句陈述由本文进化树分析得出结论（SARS-CoV-2 的突变是一个连续过程，会导致多种变异株出现，奥密克戎新变种乃至其他变种的不断出现导致新冠肺炎疫情的持续）。

第 2 句指出奥密克戎变异株研究现状（研究仍在继续），由现有相关研究（阿尔法、德尔塔变异株研究经验）得出结论即一种经验性认知（只有长时间进行严密监测，才能得到更多关于该新变种的信息）。

第 3 句提出本文新认知（采取科学防疫措施，加快、加强境外输入风险管控，坚持采取有效的个人防护措施，切断传播途径，保护易感人群，根据变异株基因进化趋势随时调整疫苗接种策略，仍是遏制新冠肺炎新毒株传播和防止出现新冠肺炎重症与死亡病例的关键方法）。

这部分以奥密克戎变异株系统进化树分析结果得出经验性结论，提出科学防疫的新认知。

6）第 6 段

第 1 句陈述新冠肺炎感染患者基因组测序多采用第 2 代测序技术，本文采用第 3 代纳米孔测序技术（下称新技术），并介绍新技术（属于单分子测序技术）及其相对第 2 代测序技术的优点（读长长、速度快、测序数据实时监控等），引用文献[19]。

第 2 句引用文献[20—22]的研究成果，佐证新技术的优点和适用对象（应用于新冠肺炎疫情的基因测序中表现良好，尤其适用于病毒载量低的标本）。

第 3 句陈述本文使用新技术测序的结果，涉及测序过程、时间及结果分析等（1 d 内完成 PCR 靶向扩增、建库、测序及数据分析等步骤，成功获得 2 例患者奥密克戎变异株的全基因组序列，并进行溯源分析，大大缩短了测序时间）。

第 4 句由以上测序结果推出结论（第 3 代测序技术可有效应用于 SARS-CoV-2 的溯源分析，上机半小时即可锁定病毒型别及来源，在应对突发疫情时可极大地节省时间，尽快为疫情防控指明方向，在地市级疾控机构精准化防控策略的制订与实施中具有较高应用价值）。

这部分以新技术在新冠肺炎感染患者的基因组测序的效果为主题进行讨论，推出本文关于新技术对精准化防控策略的制订与实施具有较高应用价值的重要结论。

值得注意的是，该范文的"讨论"部分有较多的结果内容，这些结果内容有的已在前文"结果"部分写过了，即存在一定重复，然而有的在前文"结果"部分未出现过，即在"讨论"部分首次出现。这两种情况均是容许的。结果的内容本应放在论文的"结果"部分写，但"讨论"部分中讨论的主题、内容、细节等往往较多，讨论时若不再表述所针对的结果，则层次难以分清，易造成阅读困难。但在"结果"部分全面详述结果，也不一定合理和需要，毕竟不是对所有结果进行讨论，讨论往往针对主要、具体结果按内容表达需要和层次标题布局来展开，结果的主题、层次、内容、细节、参数等任一方面的细微差别，均会造成讨论内容的不同。结果与讨论应是互为前提的，必要时也可在"结果"部分中略写结果，而在"讨论"部分中详写结果甚至增加新结果及结果细节，进而有针对性地进行准确的讨论，得出多样化的不同结论。

5.6.5　讨论实例【5】

【5】

讨　论

人体进行体育运动时具有能量代谢强度大、消耗率高和伴有不同程度氧债等特点。增加运动强度可提高能量代谢率，表现为化学反应率、氧耗量和底物消耗增加。若以相对代谢率来比较，运动时能量消耗可达安静时 2～3 倍甚至 100 倍以上。因此运动被认为是一种代谢应激因子[3]。

运动中最直接和最迅速的能量来源是 ATP，骨骼肌 ATP 的储备量很小，需要不断再合成才能满足持续运动需要。1 分子葡萄糖无氧酵解可产生 2 分子 ATP，有氧氧化则可生成 36～38 个 ATP。因此，提高肌肉的有氧代谢能力是提高人体肌肉耐疲劳的关键，而肌肉的有氧代谢能力则有赖于细胞内线粒体浓度和功能的增加。研究表明，线粒体含量高、氧化代谢活跃的慢肌纤维的耐疲劳能力要优于快肌纤维[4]。曹立莉等[5]在探讨 SDS 防治神经退行性疾病机制的研究中观察到 SDS 可增强线粒体代谢功能，对呼吸链复合体 VI 抑制剂叠氮钠诱导的线粒体损伤有保护作用，提示 SDS 可能具有提高机体有氧代谢能力的作用。

机体有氧代谢能力可通过检测肌肉中有氧代谢相关酶活力来反映。MDH 和 SDH 是有氧代谢三羧酸循环中的重要代谢酶，其活性增高标志着细胞内能量即 ATP 生成增强。此外，SDH 是三羧酸循环中唯一与内膜结合的酶，主要分布在线粒体内膜，由于 SDH 活性变化常与线粒体损伤并行出现，与线粒体数目平行升降，因此还常被作为线粒体标志酶[6]。糖酵解是有氧呼吸和无氧呼吸途径的共同部分，而 PK 是糖酵解中关键酶。本研究因此选择检测这 3 个酶活性来观察 SDS 对能量代谢过程的影响。结果显示，长时间运动后运动组小鼠骨骼肌内 SDH、PK 活性明显升高，与运动能提高能量代谢率一致。静止状态下与对照组相比，SDS 组小鼠骨骼肌内 MDH、SDH 活性酶活性有增高趋势，运动后 SDS＋运动组骨骼肌内 MDH、SDH 及 PK 活性均显著增高，而 SDH、PK 活性高于运动组，提示 SDS 可促进小鼠骨骼肌内能量代谢酶活性（尤其以运动状态明显），其机制尚不清楚，推测可能与 SDS 增加小鼠骨骼肌线粒体数量和功能有关。庄剑青等[7]给小鼠灌胃红景天粗提物 4 周后对力竭小鼠骨骼肌内 SDH 检测结果也表明，红景天可提高骨骼肌内 SDH 活性。

已知长时间剧烈运动可导致机体相对缺氧，糖酵解加快，产生大量 LD。而乳酸堆积会使体液偏酸，pH 值下降，进而抑制磷酸果糖激酶活性，同时可使基质网结合更多钙离子，影响肌力。肌纤维中 LD 堆积还会抑制肌肉收缩，使肌肉输出功率下降。因此，肌肉 LD 水平也是反映机体有氧代谢能力和疲劳程度的重要指标[8]。LDH 是机体能量代谢中的一种催化丙酮酸接受 NADH 中的氢生成 LD 和 LD 反向转化为丙酮酸的酶，其质与量的改变可直接影响肌体能量代谢。本研究结果显示，SDS 可提高肝脏内 LDH 活性（尤其以运动状态明显），加速骨骼肌内 LD 清除。长时间游泳后，SDS＋运动组和运动组肌肉内 LD 含量增高幅度均不大，推测可能与运动强度有关。

综上所述，提高肌肉的有氧代谢能力和产生 ATP 的能力是提高肌肉耐疲劳关键，通过升高运动小鼠骨骼肌及肝脏中能量代谢相关酶的活性，促进有氧代谢和加速骨骼肌内 LD 清除，可能是 SDS 抗运动性疲劳的机制之一。

此例为《红景天苷对不同状态下小鼠能量代谢的影响》一文的讨论部分，正文由 5 段组成，前两段属于整体开场，中间两段为主题讨论，最后一段为全局总结。

第 1 段以有关对人体体育运动代谢领域的认知（知识）为论据，以因果论证得出结论"运动被认为是一种代谢应激因子"，并引用文献[3]来佐证。第 2 段进一步以对人体运动中 ATP 能量消耗的认知为论据，得出结论"提高肌肉的有氧代谢能力是提高人体肌肉耐疲劳的关键，而肌肉的有氧代谢能力则有赖于细胞内线粒体浓度和功能的增加"。接着回顾相关研究，给出文献[4]、[5]的主要成果（线粒体含量高、氧化代谢活跃的慢肌纤维的耐疲劳能力要优于快肌纤维；在 SDS 防治神经退行性疾病机制的研究中观察到 SDS 可增强线粒体代谢功能，对呼吸链复合体 VI 抑制剂叠氮钠诱导的线粒体损伤有保护作用，提示 SDS 可能具有提高机体有氧代谢能力的作用)，引出下文讨论的主题（SDS 能量代谢作用）。这两段整体上属背景知识，为下文对具体主题的讨论做了铺垫。

第 3 段是针对子主题（SDS 对运动前后小鼠骨骼肌能量代谢相关酶活性的影响，与结果的子主题 1 相对应）的讨论。首先，介绍主题知识（例如：机体有氧代谢能力可通过检测肌肉中有氧代谢相关酶活力来反映；MDH 和 SDH 的活性增高标志着细胞内能量即 ATP 生成增强；SDH 常被作为线粒体标志酶，引用文献[6]；PK 是糖酵解的关键酶）。接着，交待本文的一项重要工作（检测 MDH、SDH、PK 这 3 个酶的活性来观察 SDS 对能量代谢过程的影响），属于主要结果对应的主要工作（也可不写，写了使得对下面结果的表述更清楚、自然），并对结果进行对比（长时间运动后，运动组小鼠骨骼肌 SDH、PK 活性明显升高，与运动能提高能量代谢率相一致；静止状态下，SDS 组 MDH、SDH 活性有增高趋势；运动后，SDS＋运动组 MDH、SDH、PK 活性均显著增高，SDH、PK 活性高于运动组）。再接着，对对比结果进行总结（归纳论证），提出规律或新认识（SDS 可促进小鼠骨骼肌内能量代谢酶活性，尤其以运动状态明显）；同时用"机制尚不清楚"说明研究的局限，但给出一种推测（可能与 SDS 增加小鼠骨骼肌线粒体数量和功能有关）。最后引用文献[7]中类似的相关研究成果，进一步说明红景天具有提高骨骼肌 SDH 活性的作用。

第 4 段写作思路基本同第 3 段，是针对另一子主题（SDS 对运动前后小鼠乳酸代谢的影响，与结果的子主题 2 相对应）的讨论。首先，以运动产生 LD 的机理认知（知识）论据，由因果论证得出结论"肌肉 LD 水平也是反映机体有氧代谢能力和疲劳程度的重要指标"，并引用文献[8]加以佐证。然后陈述 LDH 的功能，指出其质与量的改变可直接影响肌体能量代谢，暗示 LDH 也是有关机体能量代谢的重要指标。接着，概述并对比本文另一主要结果（SDS 可提高肝脏内 LDH 活性，尤其以运动状态明显，加速骨骼肌内 LD 清除；长时间游泳后，SDS＋运动组和运动组肌肉内 LD 含量增高幅度均不大）；再用"推测可能与运动强度有关"说明研究的局限，暗含没有总结出确定的结果规律，但给出一种推测，作为对结果规律的补充。

第 5 段给予全局总结，提出本文的主要发现，也即总结论：①提高肌肉的有氧代谢能力和产生 ATP 的能力是提高肌肉耐疲劳能力的关键；②通过升高运动小鼠骨骼肌及肝脏中能量代谢相关酶的活性，促进有氧代谢和加速骨骼肌内 LD 清除，可能是 SDS 抗运动性疲劳的机制之一。结论②属于推测，但合理、可信，也是未来进一步的研究方向。

"讨论"涵盖主题知识、主要结果、结果对比、结果规律等内容，既有领域知识支撑，又有实验、观测结果证明，还有已有成果（他人或自己成果）映衬，并基本上按开头整体开场、中间主题讨论、末尾全局总结的结构展开。

5.6.6　讨论实例【6】

【6】

4　讨论

①EG 是一种新发现具有抗肿瘤活性的中药来源的单体成分，在体外对多种肿瘤细胞具有抑制作用，同时 EG 能够抑制荷肝癌 H22 移植瘤小鼠肿瘤的生长且对小鼠脾脏指数和胸腺指数

均没有明显影响，作用温和且安全性好[10]。②然而 EG 对肿瘤细胞的迁移和转移影响未见报道，本研究选用了具有迁移和转移能力的小鼠及人的肿瘤细胞作为研究对象，通过划痕实验、Tranwell 小室实验、活体生物发光成像技术，观察 EG 对肿瘤迁移和转移的影响。③划痕实验结果表明，100 mg·mL^{-1} 的 EG 能够影响 4Tl-Luc、SH-SY5Y 细胞的迁移能力；Tranwell 小室实验结果显示，100 mg·mL^{-1}EG 作用 HCT116 细胞 24 h 能明显抑制 HCT116 细胞的转移能力。④在这些结果的基础上，笔者进一步采用荷瘤动物活体成像技术研究 EG 在体内抑制肿瘤转移的能力，与荷瘤对照组相比，2 mg·mL^{-1}EG 对肿瘤的转移无明显影响（$P>0.05$），4 mg·mL^{-1} EG 能够明显抑制荷 4Tl-Luc 乳腺癌小鼠乳垫（$P<0.01$）及肺（$P<0.05$）的转移光子量，其差异具有统计学意义。⑤但 EG 通过何种机制调控肿瘤细胞的迁移和转移能力仍需要进一步研究和探索。

此例为《大黄素-8-O-β-D-葡萄糖苷抑制肿瘤细胞迁移和转移的体内外实验研究》一文的讨论部分，总标题为"讨论"，正文只有一段。

句①介绍 EG 及其效能（领域或主题知识），并引用文献[10]来佐证。句②话锋一转，首先指出研究点（EG 对肿瘤细胞的迁移和转移影响）及其研究现状（未见报道），接着引出本文的研究工作，包括研究对象（具有迁移和转移能力的小鼠及人的肿瘤细胞），研究方法（划痕实验、Tranwell 小室实验、活体生物发光成像技术），研究目的（观察 EG 对肿瘤迁移和转移的影响）。这两句便是讨论的整体开场，包括主题知识、研究背景，为下文具体讨论做好准备。但是，研究背景已在该文的引言中写过了，在讨论中再写时，不要简单重复，要注意这两个地方写作侧重的不同：引言中的表述属于全文的开场，通常较为详细，而讨论中的是针对讨论主题的开场，高度概括即可。研究背景前面的主题知识也是同样的写作思路，在引言中表述具体细致（详细的文献回顾通常不可少），而在讨论中就变得简洁概括（文献回顾通常是不需要的，但可以引用少量文献来标明主题知识出处；这部分若不简洁概括，则可能重复引言较多）。

句③概述主要结果（100 mg·mL^{-1} EG 能影响 4Tl-Luc、SH-SY5Y 细胞的迁移能力，能明显抑制 HCT116 细胞的转移能力），概述时先提及具体方法（划痕实验、Tranwell 小室实验）。句④表述基于以上结果对 EG 在体内抑制肿瘤转移的能力进行研究，并与荷瘤对照组进行对比，概述对比结果[2 mg·mL^{-1}EG 对肿瘤转移无明显影响（$P>0.05$），4 mg·mL^{-1} EG 能明显抑制荷瘤 4Tl-Luc 乳腺癌小鼠乳垫（$P<0.01$）及肺（$P<0.05$）的转移光子量]，表述时先提及具体方法（荷瘤动物活体成像技术），并总结该结果的价值（差异具有统计学意义）。

句⑤直截了当地指出下一步的研究方向（EG 对肿瘤细胞迁移和转移能力的调控机制），暗示本文虽然针对 EG 对肿瘤迁移和转移的影响进行了一些探索，做了实践性研究工作，但其调控机制仍然不清，须进一步研究，也衬托出本文研究的局限。

以上讨论实例，内容上涵盖主题知识、研究背景、主要结果、结果对比、价值意义、研究局限，结构上是针对一个主题进行讨论的传统式讨论结构（主题知识和研究背景就是开头整体开场，研究局限就是末尾全局总结）。下面给出一种参考修改。

讨论【6】参考修改

4 讨论

EG 是一种新发现具有抗肿瘤活性的中药来源的单体成分，在体外对多种肿瘤细胞具有抑制作用。它能够抑制荷肝癌 H22 移植瘤小鼠肿瘤的生长，且对小鼠脾脏、胸腺指数均没有明显影响，作用温和，安全性好[10]。然而它对肿瘤细胞的迁移和转移的影响未见报道。

本文选用具有迁移和转移能力的小鼠及人的肿瘤细胞作为研究对象，通过划痕实验、Tranwell 小室实验、活体生物发光成像技术，观察 EG 对肿瘤迁移和转移的影响。

划痕实验结果表明，100 mg·mL^{-1} EG 能够影响 4Tl-Luc、SH-SY5Y 细胞的迁移能力；Tranwell 小室实验结果显示，100 mg·mL^{-1} EG 作用 HCT116 细胞 24 h 时能明显抑制 HCT116 细胞的转移能力。

进一步采用活体成像技术，研究 EG 在体内抑制肿瘤转移的能力，与荷瘤对照组相比，2 mg·mL^{-1} EG 对肿瘤的转移无明显影响（$P > 0.05$），4 mg·mL^{-1} EG 能够明显抑制荷瘤 4Tl-Luc 乳腺癌小鼠乳垫（$P < 0.01$）及肺（$P < 0.05$）的转移光子量，其差异具有统计学意义。但 EG 是通过何种机制调控肿瘤细胞的迁移和转移能力的，仍须进一步研究和探索。

扫一扫

视频讲解

5.7　结果与讨论实例评析

5.7.1　结果与讨论实例【1】

【1】

3　结果与讨论

3.1　土壤因子含量特征

3.1.1　土壤 pH 值

土壤 pH 值对土壤养分及微量元素的有效性有重要影响[24]，因而研究土壤养分含量特征首先需要了解土壤 pH 值状况。由表 2 可知，研究区土壤 pH 值变幅为 3.58～8.16，平均值为5.36，说明土壤整体偏酸性（pH 值≤5.5）。不同用地方式的土壤 pH 值存在显著差异，表现为空地＞水田＞林地＞水浇地＞果园，这主要与研究区土地施肥和管理方式有关。果园及水浇地 pH 平均值相对其他 3 种用地较低，分别为 4.98 和 5.00。其原因有以下几个方面：首先，近年来在经济效益驱动下，太湖流域较多农户将稻田改种蔬菜，复种指数高，无机肥的过量施用导致蔬菜地 pH 平均值从 6.43 降至 5.40[25]；其次，当地农户自留菜地多施用半腐熟的有机肥和粪肥，而葡萄生长期需施加硫酸镁、生理硫酸钾和氯化钾等酸性肥料[26]；再次，果园、蔬菜种植多采用设施栽培，覆膜期间土壤不受雨淋，这些因素均加速了研究区水浇地及果园的土壤酸化程度。一般来讲，水田施肥致使土壤 pH 值低于林地，但笔者研究结论相反，很可能与武进区大力实施秸秆还田政策有关。2017 年末，研究区 2 个乡镇秸秆还田率已达 98%，秸秆在分解过程中会氧化有机阴离子而消耗 H$^+$，这能够在一定程度上提高土壤 pH 值[27-28]。

3.1.2　土壤全氮含量

氮素是作物生长的重要营养元素之一，土壤氮素在土壤肥力中起着相当重要的作用，而土壤全氮含量是衡量土壤氮素供应状况的重要指标[3]。研究区土壤全氮含量为 0.58～3.26 g·kg^{-1}，平均值为 1.84 g·kg^{-1}，整体处于二级以上水平，土壤氮素总量充足。不同用地方式下土壤全氮含量差异明显，表现为水田＞水浇地＞果园＞林地＞空地。其中，水田、水浇地、果园全氮含量显著高于林地和空地（$P < 0.05$），这与耕作制度、施肥方式及用量等诸多因素有关。为

追求农作物产量，水田、水浇地、果园种植中常将氮肥作为基肥广泛使用，这 3 种用地方式之间土壤全氮含量较为接近。以该地区设施蔬菜地为例，一年三季作物氮投入（以纯 N 计算）高达 900～1 300 kg·hm^{-2}[29]，远超当季作物需求，因而这些耕作熟化程度高的农用地表层土壤全氮含量高于林地和空地[14]。水田全氮平均含量最高（2.00 g·kg^{-1}），处于一级水平，这与该地区农户水稻种植中长期投入高量的尿素、碳铵、复合肥等化肥密不可分。

表 2　不同用地方式下土壤 pH 值及养分含量描述性统计分析

土地利用类型	pH 值		w(TN) / (g·kg^{-1})		w(SOM) / (g·kg^{-1})		w(TP) / (g·kg^{-1})	
	范围	平均值	范围	平均值	范围	平均值	范围	平均值
水田	4.19～8.16	5.53±0.76[a]	1.05～3.02	2.00±0.47[a]	23.10～63.80	40.39±10.21[a]	0.07～1.47	0.37±0.28[a]
水浇地	3.86～6.92	5.00±0.89[b]	0.64～3.26	1.98±0.57[a]	21.70～56.20	35.85±8.00[ab]	0.04～1.77	0.37±0.40[a]
果园	3.81～6.76	4.98±0.81[b]	0.73～3.14	1.97±0.67[a]	20.50～59.10	36.79±10.79[a]	0.04～1.20	0.38±0.27[a]
林地	3.58～7.31	5.42±0.98[a]	0.81～2.11	1.37±0.36[b]	18.10～46.70	31.08±7.26[b]	0.04～1.50	0.30±0.30[a]
空地	4.38～7.88	6.05±1.26[a]	0.58～2.15	1.36±0.47[b]	15.30～44.70	29.63±9.86[b]	0.07～0.35	0.24±0.08[a]
总计	3.58～8.16	5.36±0.92	0.58～3.26	1.84±0.58	15.30～63.80	36.35±10.15	0.04～1.77	0.35±0.29

同一列数据后英文小写字母不同表示不同用地方式下某指标平均值差异显著（$P < 0.05$）。

3.1.3　土壤有机质含量

土壤有机质不仅代表土壤碳储量，也是土壤养分供应能力和肥力的重要指标之一，在耕地质量、环境保护、气候变化和农业可持续发展方面均有着至关重要的作用[30]。研究区样点土壤有机质含量变幅为 15.30～63.80 g·kg^{-1}，平均值为 36.35 g·kg^{-1}，处于二级水平，比较丰富。不同用地方式下土壤有机质含量差异明显，与不同用地方式下全氮含量变化基本一致，表现为水田＞果园＞水浇地＞林地＞空地，说明土壤有机质含量受人为投入影响很大，其中林地及空地土壤有机质平均含量明显低于其他 3 种用地方式。研究区水田有机质平均含量最高（40.39 g·kg^{-1}），除受施肥量大及秸秆还田提高耕层有机质含量这 2 个影响因素外[31]，还有以下 2 个方面的原因：一方面，水田秧苗阶段有一段时间土壤处于淹育条件下，土壤中好养微生物活动降低甚至停止，水田有机质分解相对较慢；另一方面，武进区近年来实施试点休耕政策，在一定程度上缓解了冬季水田土壤中有机质的消耗。方差分析结果显示，林地与水浇地之间有机质含量无显著性差异，但与水田和果园土壤有机质含量之间差异著性（$P < 0.05$），这可能是由于菜地及大棚复种指数高，收获物不断从土壤中移走，致使水浇地有机质含量增幅有限，而研究区林地多为灌木丛及苗圃，每年有枯枝落叶回落，补充了林地土壤中有机质的消耗。

3.1.4　土壤全磷含量

土壤磷素是一种沉积性的矿物，多以难溶态存在，磷素的风化、淋溶、富集迁移是多种因素共同作用的结果，对植物的生长代谢产生重要影响[32]。研究区土壤全磷含量变幅为 0.04～1.77 g·kg^{-1}，平均值为 0.35 g·kg^{-1}，处于五级水平，表明研究区土壤全磷含量整体偏低，补充磷将对农作物产量提升有很大作用。研究区水田、水浇地、果园、林地、空地土壤全磷平均含量分别为 0.37、0.37、0.38、0.30 和 0.24 g·kg^{-1}，均低于第二次土壤普查时土壤耕层全磷平均含量（0.5 g·kg^{-1}），这与谢文明等[33]对宜兴市的土壤调查结果相似。不同土地利用方式对土壤全磷含量无显著影响，说明不同用地之间磷累积量差异并不明显。以上统计结果很可能与当地施肥习惯及土壤质地有关。一方面，当地农户在化肥选择上有"重氮轻磷"

的偏向，偏施、重施单一化肥，N 比重过大，N、P、K 养分施用比例失调[34]；另一方面，化肥施用比例过高导致土壤物理性状变差、土壤板结，加之磷淋洗和流失作用较强，因此很难形成较高含量的磷库。

3.2　土壤因子相关性分析

对土壤因子进行相关性分析（表 3）发现，研究区土壤 pH 值仅与全氮含量呈显著负相关，说明长期施用无机氮肥是造成土壤 pH 值降低的重要因素，这与 AULA 等[35]、邹刚华等[36]的研究结果相一致。全氮、有机质、全磷含量两两之间均呈极显著正相关（$P<0.01$）。全氮与有机质含量之间相关系数达 0.858，表明有机质与全氮的积累具有高度同步性，研究区土壤丰富的有机质含量与施加氮肥密不可分。此外，全氮与全磷含量呈极显著正相关（$P<0.01$），主要是因为农户在施加以氮为主的复合肥时会给土壤补充一定量的磷。

表 3　土壤因子之间的相关系数

因子	TN 含量	SOM 含量	TP 含量
pH 值	−0.202*	−0.122	−0.086
TN 含量		0.858**	0.333**
SOM 含量			0.328**

* 表示在 $\alpha=0.05$ 水平显著相关；** 表示在 $\alpha=0.01$ 水平极显著相关（双侧检验）。

3.3　土壤因子的变异情况

变异系数能够反映各监测因子的平均变异程度，一般来讲，变异系数<15%为低变异，介于15%～36%之间为中等变异，>36%为高等变异[37]。研究区 pH 值、全氮含量、有机质含量的变异系数分别为 17.19%、31.61%和 27.92%（表 4），均属于中等变异，与刘杏梅等[38]对太湖流域土壤的调查结果相似，说明研究区内 pH 值、全氮和有机质含量在空间上变异性相对较小。全磷含量为高等变异（84.06%），表明全磷含量分布存在异常区，受自然因素及人为活动影响较大。

表 4　土壤因子的变异系数

土壤利用类型	变异系数 / %			
	pH 值	TN 含量	SOM 含量	TP 含量
水田	13.73	22.91	25.29	75.91
水浇地	17.82	28.91	22.33	108.26
果园	16.30	33.98	29.32	71.84
林地	18.08	26.28	23.36	100.00
空地	20.83	34.63	33.28	33.33
总计	17.19	31.61	27.92	84.06

土壤是一个巨大的缓冲体，对 pH 值变化具有一定的自我调节能力，因而研究区不同用地方式土壤 pH 值的变异系数均较小，处于低变异到中变异之间。土壤有机质比较活跃，既有外界有机质不断输入，原有有机质也在不断分解和矿化[12]，而且氮素大部分以有机形态存在，由此导致不同用地方式下土壤有机质及全氮含量均属于中等变异。除了空闲地外，其余用地方式下土壤全磷含量均属于高等变异，依次为水浇地（108.26%）>林地（100.00%）>水田（75.91%）>果园（71.84%）>空地（33.33%），这也反映了磷在土壤分布中的异质性，农用地磷肥施用不均匀、土壤质地不同等均会对全磷分布造成很大影响。

3.4　土壤因子空间分布特征

对太滆运河流域土壤 4 项指标数据进行反距离加权空间插值，绘制研究区土壤 pH 值和全氮、有机质、全磷含量空间分布图（图2）。总体来看，太滆运河流域土壤以酸性为主且分布较均匀。全氮及有机质含量的空间分布相似，呈现斑块状特点。上游部分行政村土壤全氮或有机质含量偏低，未达中等水平，但中游及下游土壤全氮、有机质含量均较高，其中漳湟村、新康村、楼村、南宅村的土壤全氮、有机质含量已处于极丰富状态。因此，针对这些全氮含量极高的行政村，应加强水稻、蔬菜、果园种植过程中的土壤施肥及养分管理，防止农业面源污染。

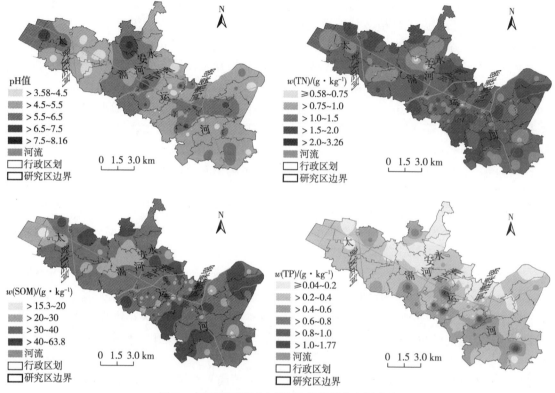

图 2　太滆运河流域土壤 pH 值及营养空间分布

太滆运河流域土壤全磷含量分布呈区域化特征，表现为中下游南侧地区全磷含量高于其他地区，其中全磷达到丰富及以上等级的块区零星分布在谭庄村、杨桥村、新康村、城西村等行政村内。一方面，中下游南侧农业规模化水平较高，合作社及家庭农场在生产过程中比较注重磷肥施用；另一方面，中游南侧为太滆运河与多条河流交汇处，现场调研发现，该片区地势比较低，属于圩田区，土壤黏性较高，保肥能力较强，有利于磷素的累积。

此例为《太滆运河流域不同用地方式下土壤 pH 值、有机质及氮磷含量特征分析》一文的结果与讨论部分。有 4 部分，形式上为 4 个标题（3.1～3.4），内容上为 4 个子主题（土壤因子的含量特征、相关性分析、变异情况、空间分布特征）。其中 3.1 节形式上为 4 个标题（3.1.1～3.1.4），内容上为 4 个子子主题（土壤 pH 值及 TN、SOM、TP 含量）。

1）土壤 pH 值统计分析结果、讨论（3.1.1 节）

交待土壤 pH 值（子子主题 1）对土壤养分、微量元素的有效性有重要影响（文献[24]），以及了解土壤 pH 值状况对研究土壤因子含量特征（子主题 1）的重要性。

以表格给出统计分析结果（表 2），以文字表述表 2 "pH 值"总计类（总计）数据（土壤 pH 值变幅为 3.58～8.16，平均值为 5.36），给出平均值的说明结果（土壤整体偏酸性，pH≤5.5）。

针对表 2 "pH 值"个体类（土地利用类型）数据（平均值）大小进行对比，给出说明结果（不同用地方式的土壤 pH 值存在显著差异）及对比结果（土壤 pH 值排序：空地＞水田＞林地＞水浇地＞果园），并给出解释结果（与研究区土地施肥和管理方式有关）。

描述对比结果（果园、水浇地 pH 平均值低于空地、水田、林地），讨论（因果论证），给出三方原因（首先……其次……再次……），对比结果是论点，原因是论据。论据来自事实、常识（或专业知识）和文献。比如：稻田改种蔬菜、复种指数高，自留菜地多施用半腐熟有机肥和粪肥，果园和蔬菜种植多采用设施栽培。覆膜期间土壤不受雨淋等属于事实，土壤不受雨淋有助于土壤酸化程度为常识，无机肥过量施用导致蔬菜地 pH 平均值从 6.43 降至 5.40 引自文献[25]，葡萄生长期需施加硫酸镁、生理硫酸钾和氯化钾等酸性肥料引自文献[26]。

指出例外并解释。例外：本文研究结论相反——表 2 数据说明水田土壤 pH 值（4.19～8.16，5.53±0.76）高于林地（3.58～7.31，5.42±0.98），不符合一般情况（水田施肥致使土壤 pH 值低于林地）。原因解释（很可能与武进区大力实施秸秆还田政策有关），虽用猜测性语句，但有论据支持，可信度较高。论据来自事实和文献。事实：2017 年年末研究区 2 个乡镇秸秆还田率达 98%；文献：秸秆在分解过程中会氧化有机阴离子而消耗 H^+，能够在一定程度上提高土壤 pH 值（文献[27–28]）。

2）土壤全氮（TN）含量统计分析结果、讨论（3.1.2 节）

交待土壤氮素对土壤肥力的重要作用，TN 含量是衡量土壤氮素供应状况的重要指标（文献[3]）。

表述表 2 "w(TN)"总计类（总计）数据（土壤 TN 含量为 0.58～3.26 g·kg^{-1}，平均值为 1.84 g·kg^{-1}），给出平均值的说明结果（整体处于二级以上水平，土壤氮素总量充足）。

针对表 2 中 "w(TN)"个体类（土地利用类型）数据（平均值）大小进行对比，给出说明结果（不同用地方式的土壤 TN 含量差异明显）和对比结果（土壤 TN 含量排序：水田＞水浇地＞果园＞林地＞空地）。

描述对比结果（水田、水浇地、果园 TN 含量显著高于林地、空地，$P<0.05$），给出解释结果（与耕作制度、施肥方式及用量等诸多因素有关），进行讨论，指出原因（原因作为论据支持对比、解释结果）。论据包括以下事实和实例：

事实：为追求农作物产量，水田、水浇地、果园种植中常将氮肥作为基肥广泛使用，这 3 种用地方式之间土壤 TN 含量较为接近（原因）。

实例：研究区设施蔬菜地，一年三季作物氮投入（以纯 N 计算）高达 900～1300 kg·hm^{-2}（文献[29]，引证），远超当季作物需求（原因），致使耕作熟化程度高的农用地表层土壤 TN 含量高于林地和空地（结果，文献[14]，引证）。

给出另一对比结果[水田 TN 平均含量最高（2.00 g·kg^{-1}），处于一级水平]，给出解释结果（与该地区农户水稻种植中长期投入高量尿素、碳铵、复合肥等化肥密不可分）。

3）土壤有机质（SOM）含量统计分析结果、讨论（3.1.3 节）

交待 SOM 代表土壤碳储量，也是土壤养分供应能力和肥力的重要指标，及其在耕地质量、环境保护、气候变化和农业可持续发展方面的重要作用（文献[30]）。

表述表 2 "w(SOM)"总计类（总计）数据（土壤 SOM 含量变幅为 15.30～63.80 g·kg^{-1}，平均值为 36.35 g·kg^{-1}），给出平均值的说明结果（处于二级水平，比较丰富）。

针对表 2 中 "w(SOM)"个体类（土地利用类型）数据（平均值）大小进行对比，给出说明结果（不同用地方式的土壤 SOM 含量差异明显）和对比结果（土壤 SOM 含量排序：水田＞果园＞水浇地＞林地＞空地，与 TN 含量变化基本一致），给出解释结果（土壤 SOM 含量受人为投入影响很大）。

给出另一对比结果（水田有机质平均含量最高，为 40.39 g·kg^{-1}），并进行讨论，给出原因。原因：施肥量大、秸秆还田使耕层 SOM 含量得到提升（文献[31]）；水田秧苗阶段有机质分解相对较慢；近年实施试点休耕政策，缓解了冬季水田土壤 SOM 消耗。

根据方差分析结果给出另一对比结果（林地与水浇地之间 SOM 含量无显著性差异，但与水田、果园 SOM 含量之间差异显著，$P<0.05$），进行讨论，给出原因（可能是由于菜地及大棚复种指数高……补充了林地土壤 SOM 消耗），用了猜测性语句（可能是由于），但讨论较为客观、合理，可信度高。

4）土壤全磷（TP）含量统计分析结果、讨论（3.1.4 节）

交待土壤磷素的概念或相关知识及其对植物生长代谢有重要影响（文献[32]）。

表述表 2 "w(TP)" 总计类（总计）数据（土壤 TP 含量变幅为 0.04～1.77 g·kg^{-1}，平均值为 0.35 g·kg^{-1}），给出平均值的说明结果（处于五级水平，土壤 TP 含量整体偏低），得出结论（补充磷素对农作物产量提升有很大作用）。

表述表 2 "w(TP)" 个体类（土地利用类型）数据（平均值）——水田、水浇地、果园、林地、空地土壤 TP 平均含量分别为 0.37、0.37、0.38、0.30、0.24 g·kg^{-1}，给出对比结果（均低于第二次土壤普查时土壤耕层 TP 平均含量 0.5 g·kg^{-1}；与文献[33]调查结果相似）和说明结果（不同土地利用方式对土壤 TP 含量无显著影响，不同用地间磷累积量差异并不明显）。

对以上对比结果和说明结果给出解释（很可能与当地施肥习惯及土壤质地有关），由讨论进一步给出原因解释［农户选择化肥重氮轻磷，偏施、重施单一化肥，致使施用 N 比重过大，N、P、K 养分施用比例失调（文献[34]）；化肥施用比例过高导致土壤物理性状变差、土壤板结，P 淋洗和流失作用较强，致使很难形成较高含量的磷库］。

以上 4 个土壤因子含量特征指标的"结果与讨论"的内容和结构可基本概括为：指标介绍→结果表述→说明结果→对比结果→解释结果→讨论（因果论证）→结论。

5）土壤因子相关性分析结果（3.2 节）

以表格给出土壤因子相关性分析结果（表 3）。表述土壤因子之间相关性分析结果：

结果一。土壤 pH 值仅与 TN 含量呈显著负相关，给出说明结果（长期施用无机氮肥是造成 pH 值降低的重要因素）、对比结果（与文献[35]、[36]的研究结果相一致，有讨论意味）。

结果二。TN、SOM、TP 含量两两之间均呈极显著正相关（$P<0.01$）。其中，TN、SOM 含量之间相关系数达 0.858，给出解释结果（SOM 与 TN 的积累具有高度同步性，丰富的 SOM 含量与施加氮肥密不可分）；TN、TP 含量之间呈极显著正相关（$P<0.01$），给出解释结果（在施加以氮为主的复合肥时会给土壤补充一定量的磷）。

这部分与讨论相关的语句只有一句极短的解释语句（这与 AULA 等[35]、邹刚华等[36]的研究结果一致），基本没有讨论或讨论意味较淡。

6）土壤因子变异情况（3.3 节）

第 1 段。介绍变异系数的功用（反映各监测因子的平均变异程度）及分类（小于 15%为低变异，介于 15%～36%为中等变异，大于 36%为高等变异），属常识（文献[37]）。以表格给出土壤因子变异系数计算结果（表 4）。表述研究区 pH 值及 TN、SOM 含量的变异系数（分别为 17.19%、31.61%、27.92%）、对比结果（中等变异，与文献[38]对太湖流域土壤调查结果相似），以及说明结果（研究区 pH 值及 TN、SOM 含量在空间上变异相对较小）。表述研究区 TP 含量的变异类别（高等变异）、变异系数（84.06%）及说明结果（TP 含量分布存在异常区，受自然因素及人为活动影响较大）。

第 2 段。对研究区不同用地方式土壤因子变异所处类别的原因作讨论：①不同用地方式土壤 pH 值变异系数较小，处于低到中等变异间（结果），土壤是巨大缓冲体，对 pH 值变化有一定自我调节功能（原因）。②土壤 SOM、TN 含量属中等变异（结果），土壤有机质较活跃，外界有机质不断输入，原有有机质在不断分解和矿化（文献[12]），且氮素多以有机形态存在（原因）。③除空闲地外其余用地方式下 TP 含量均属高等变异（结果），磷在土壤分布中的异质性、农用地磷肥施用不均匀、土壤质地不同等会对 TP 分布造成很大影响（原因）。

7）土壤因子空间分布特征（3.4 节）

第 1 段。以图 2 给出对研究区土壤 4 项指标（土壤 pH 值及 TN、SOM、TP 含量）数据进行反距离加权空间插值运算的结果（4 项指标空间分布图）。对图 2 前 3 个分图给出说明结果（太滆运河流域土壤以酸性为主且分布较均匀；TN、SOM 含量空间分布相似，呈现斑块状特点；上游部分行政村 TN 及 SOM 含量偏低，未达中等水平；中游及下游 TN、SOM 含量均较高，其中……含量已处于极丰富状态）。以说明结果为论据，由因果论证（因此）得出应采取的措施（针对这些 TN 含量极高的行政村……防止农业面源污染）。

第 2 段。对图 2 最后一个分图给出说明结果（太滆运河流域土壤 TP 含量分布呈区域化特征，中下游南侧地区 TP 含量高于其他区域，TP 达到丰富及以上等级的块区零星分布在谭庄村、杨桥村、新康村、城西村等行政村内）。以说明结果为论据，由因果论证进行讨论，给出原因：中下游南侧农业规模化水平较高，合作社及家庭农场在生产过程中比较注重磷肥施用；中游南侧为太滆运河与多条河流交汇处……有利于磷素累积（现场调研发现）。

5.7.2　结果与讨论实例【2】

【2】

3　计算结果与分析

3.1　试验结果分析

试验中，每个噪声测试点射击 8 发，同一位置测试点的压力波形图形变化曲线呈现相同的规律，不失一般性，取测试点第 8 发波形图形进行分析（试验中发现 P_1 测点离枪口轴线距离过近，出于安全性考虑，该测点未予测量）。

图 7 所示为膛口流场部分测点测得的压力波形，根据初始冲击波、火药燃气冲击波和火药燃气射流噪声波的传播速度与形成顺序的不同，在波形图中将以上 3 种不同波形区分开来，为处理试验数据提供依据。

本文研究对象是火药燃气射流噪声，在处理试验数据时，需要将冲击波与火药燃气射流噪声波区分开来，即在试验所得压力波形图形中，以火药燃气冲击波和射流噪声波的波峰时间中点为隔断，去掉冲击波，得到火药燃气射流噪声波，然后将得到的火药燃气射流噪声波进行快速傅里叶变换（FFT），并计算总声压级，所得即为膛口射流噪声。数据处理过程如图 8 所示。

按照上述方法将所得每个测点的 8 组数据去除最大值和最小值后取平均值，得到每个测点的总声压级如表 2 所示。

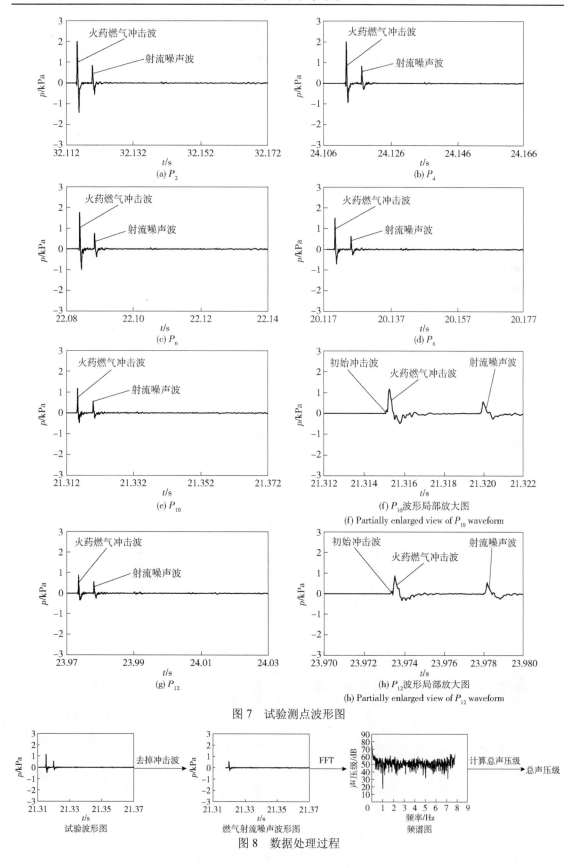

图 7 试验测点波形图

图 8 数据处理过程

表 2　试验各测点总声压级计算结果　　　　　　　　　　　dB

测点	第 1 发	第 2 发	第 3 发	第 4 发	第 5 发	第 6 发	第 7 发	第 8 发	平均值
P_2	135.305	135.029	135.414	135.353	135.600	135.449	135.416	135.476	135.402
P_3	137.625	137.415	137.363	137.312	137.136	137.263	137.021	137.218	137.285
P_4	144.166	143.962	144.399	144.029	143.873	144.269	144.396	144.029	144.142
P_5	152.977	152.154	151.994	152.362	152.174	151.636	151.785	152.289	152.126
P_6	151.800	151.507	152.159	152.019	152.237	152.042	151.985	151.412	151.918
P_7	151.752	152.227	152.139	152.703	152.399	152.252	152.801	151.485	152.240
P_8	150.529	150.002	150.913	150.143	150.996	151.034	150.747	149.873	150.555
P_9	149.469	149.613	149.582	149.302	149.317	149.401	148.993	149.036	149.351
P_{10}	149.421	148.279	148.836	148.768	149.507	149.065	149.079	149.039	149.035
P_{11}	147.518	147.806	147.139	148.611	148.634	148.372	148.391	148.059	148.126
P_{12}	148.527	148.153	148.624	148.332	147.656	148.486	147.527	148.782	148.296

3.2　数值模拟结果分析

图 9 所示为不同时刻膛口流场发展过程中压力与速度等值线图。由图 9 可见：在弹头发射过程中，膛口初始流场、火药燃气流场和弹头之间相互作用的过程；高度欠膨胀射流波系结构的形成过程；初始冲击波、火药燃气冲击波和冠状激波的形成和发展过程；膛口流场中激波与激波、激波与涡等的相互作用过程。

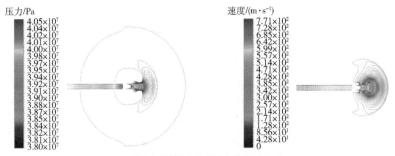

(a) 膛口初始射流和初始冲击波(t=0.26 ms)
(a) Initial jet and initial shock wave at the muzzle (t=0.26 ms)

(b) 冠状冲击波的形成(t=0.38 ms)
(b) Formation of coronary shock wave (t=0.38 ms)

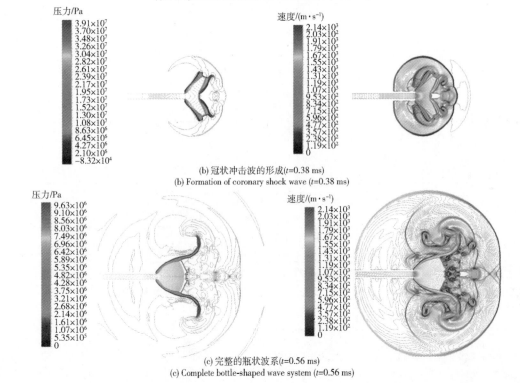

(c) 完整的瓶状波系(t=0.56 ms)
(c) Complete bottle-shaped wave system (t=0.56 ms)

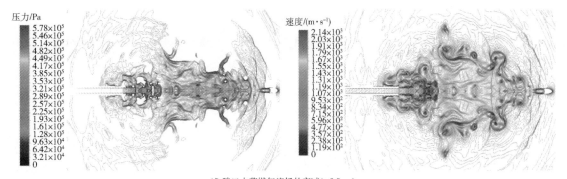

(d) 膛口火药燃气流场的衰减(t=0.8 ms)
(d) Attenuation of muzzle gunpowder gas flow field (t=0.8 ms)

图 9　膛口流场发展过程中压力（左）、速度（右）等值线图

当非定常计算达到相对稳定状态（本文取欠膨胀射流结构中马赫盘距离膛口最远时），启动声学计算模型[16]，提取所选源面上的相关非定常流参数，利用 FW-H 声学模型计算各测点声压数据，数值计算的各声测点位置与试验各声测点位置相同，最后将所得声压时域信号进行 FFT 并计算总声压级。

图 10 所示为某时刻弹后枪膛轴线上的马赫数 Ma 分布情况。由于弹头总是向射流下游运动，由图 10 可知：当马赫数突然下降时，激波瓶瓶底与弹头分离，激波瓶开始收缩，此时马赫盘距离膛口最远；以弹膛底部中心为起点，马赫盘运动最远距离为 171.9 mm，即此位置时刻启动 FW-H 声学计算模型。

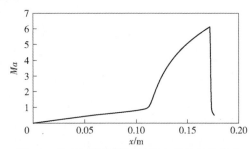

图 10　某时刻弹后枪膛轴线上的马赫数分布

噪声指向性是指以声源为中心，表征声源在不同方位角上辐射声能量的差异。图 11 所示为无膛口装置时膛口数值计算射流噪声总声压级指向性。由图 11 可知：该手枪枪口噪声有较强的指向性，数值计算的膛口射流噪声大部分声能都集中在±70°方位角内；随着测点方向角的增大，声压级逐渐减小，在 70°方位角的声压级大致等于圆周上的平均声压级。由此可见，数值计算的膛口射流噪声总声压级分布特性与已有的研究结论吻合较好[17]。

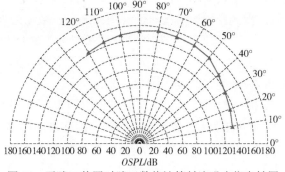

图 11　无膛口装置时膛口数值计算射流噪声指向性图

3.3　试验与数值计算结果对比

表 3 所示为 20°～120° 各个测点的射流噪声总声压级数值计算与试验计算结果对比，在不考虑弹头运动的研究中，小角度测点误差达到 8%[10]。由表 3 可见：本文在小角度测点上，数值计算结果与试验计算结果误差低于 1%，吻合较好，与已有研究相比，误差较小是因为本文数值计算考虑到了手枪弹头的运动；在大角度测点处，数值计算结果与试验结果误差相对较大，例如在测点 P_{12} 处误差达到了 4.29%，这是因为声源面的设置未延伸到膛口上游部分，致使数值计算未能充分采集到大角度测点的声源信息，导致较大测点处总声压值计算不准确。在实际射击过程中，试验采集到的声波还包括了射击中手枪零件的机械撞击、枪膛尾部燃气回流等噪声，这是数值计算中没有考虑到的，也是导致误差产生的一个原因。另一方面，因为算力有限，本文计算模型为二维模型，声学计算中需要设置源相关长度，导致二维计算模型较难获得测点的绝对声压级。采用三维的 LES 或者直接数值模拟可能能够得到更好的结果，但是需要巨大的计算资源，相关研究人员可以使用三维动网格模型对膛口噪声场做进一步研究。但是整体上，在所设置的测点中，数值计算与试验结果之间的误差小于 5%，表明了本文模型的可行性。

表 3　试验结果与数值计算结果对比

结果与误差	测点										
	P_2	P_3	P_4	P_5	P_6	P_7	P_8	P_9	P_{10}	P_{11}	P_{12}
试验结果 / dB	135.402	137.285	144.142	152.126	151.918	152.240	150.555	149.351	149.035	148.126	148.296
数值计算结果 / dB	135.181	138.454	144.496	151.759	153.517	153.554	155.119	152.456	149.378	146.282	142.198
误差 / %	0.16	−0.85	−0.24	0.24	−1.04	−0.86	−2.94	−2.04	−0.23	1.26	4.29

此例为《含运动弹头的手枪膛口射流噪声场特性》一文的结果与分析部分，有 3 个标题（3.1～3.3），分 3 个子主题（试验结果分析、数值模拟结果分析、试验与数值计算结果对比）。

1）试验结果分析（3.1 节，共 4 段，含 2 图、1 表）

第 1 段为试验简述。包括以下三项：①对象设置——每一噪声测试点射击 8 发子弹；②目标选取——取测试点第 8 发波形图形进行分析，交待选取原因（同一位置测试点的压力波形图形变化曲线有相同规律）；③特例排除——未选取 P_1 测点（离枪口轴线距离过近，有安全问题）。

第 2 段为结果报告一。图 7 给出试验测点的测量结果（压力波形曲线），表述波形曲线类别（初始冲击波、火药燃气冲击波、火药燃气射流噪声波）及用途（为 3.2 节试验数据处理提供依据）。

第 3 段为结果报告二。描述数据处理方法（过程）及结果（对测量结果，以火药燃气冲击波、射流噪声波的波峰时间中点为隔断，去掉火药燃气冲击波，得到火药燃气射流噪声波，进行 FFT，计算总声压级，得到膛口射流噪声，并用图 8 显示数据处理过程）。

第 4 段为结果报告三。描述数据进一步的处理方法及结果（对上述结果报告二的处理结果每个测点的 8 组数据去除最大值、最小值后取平均值，得到各测点总声压级并用表 2 展示）。

2）数值模拟结果分析（3.2 节，共 4 段，含 3 图）

第 1 段为结果报告一。图 9 给出膛口流场发展过程中压力、速度等值线图，给予说明（弹头发射经历 4 个过程：膛口初始流场、火药燃气流场和弹头之间相互作用；高度欠膨胀射流波系结构形成；初始冲击波、火药燃气冲击波和冠状激波形成和发展；膛口流场中激波与激波、激波与涡等相互作用）。

第 2 段为数值模拟方法。在非定常计算达到相对稳定时（取欠膨胀射流结构中马赫盘距膛口最远），启动声学计算模型（文献[16]），提取所选源面相关非定常流参数，计算各测点声压数据，将所得声压时域信号进行 FFT，计算总声压级。

第 3 段为结果报告二。以图 10 给出某时刻弹后枪膛轴线上马赫数 Ma 分布情况，给予说明（Ma 突然下降时……马赫盘距离膛口最远；以弹膛底部中心为起点……启动声学计算模型）。

第 4 段为结果报告三。首先，交待本结果有关概念（噪声指向性）。接着，以图 11 显示无膛口装置时膛口数值计算射流噪声总声压级指向性，给予说明（枪口噪声有较强的指向性……±70°方位角内；随着测点方向角的增大……平均声压级）。最后，进行对比——数值计算的膛口射流噪声总声压级分布特性与已有研究结论吻合较好（文献[17]）。

3）试验与数值计算结果对比（3.3 节，仅 1 段，共 6 句，含 1 表）

第 1 句（表 3 所示……达到 8%）以表 3 给出 20°～120°各测点射流噪声总声压级数值计算与试验计算的对比结果；小角度测点误差达到 8%（文献[10]）。第 2 句（由表 3 可见……计算不准确）对对比结果给出说明结果及进一步的对比结果，简单给出部分原因解释（讨论结果）。

（1）说明结果。在小角度测点处，本文数值计算与试验结果误差低于 1%，吻合较好。

（2）对比结果。①在小角度测点处，与已有研究相比，本文数值计算与试验结果误差较小；②在大角度测点处，本文数值计算与试验结果误差相对较大，如在 P_{12} 处误差达到 4.29%。

（3）讨论结果。本文数值计算考虑了手枪弹头运动（针对对比结果①）；声源面设置未延伸到膛口上游部分……导致较大测点处总声压值计算不准确（针对对比结果②）。

第 3、4 句（在实际射击……绝对声压级）继续讨论，给出本文数值计算与试验结果间误差产生的原因：①数值计算没有考虑到射击中手枪零件的机械撞击、枪膛尾部燃气回流等噪声；②算力有限，计算模型为二维模型，声学计算中需要设置源相关长度，导致二维计算模型较难获得测点的绝对声压级。

第 5 句（采用三维……进一步研究）仍为讨论，提出获得更好模拟结果而应采取的措施或具备的条件：用三维的 LES 或直接数值模拟有可能得到更好结果，但需巨大的计算资源，相关人员可用三维动网格模型对膛口噪声场做进一步研究。

第 6 句（但是整体上……可行性）为整体总结，指出对于所有测点（P_2～P_{12}），数值计算与试验结果之间误差在 5%以内，表明本文模型的可行性。

5.7.3　结果与讨论实例【3】

【3】

2　结果与讨论

2.1　切削力

图 4 表示在切削速度为 120 m / min 时，不同刀具的切削力分量变化情况。如图 4 所示，NT 刀具的切削力分量均大于其他刀具，并且左右型复合织构刀具的效果更明显，一方面织构的应用减少了刀-屑之间的接触长度 / 面积，另一方面合适的分区异构缓解了刀-屑间的摩擦，在两者的协同作用下可以减小刀具所受到的切削力。

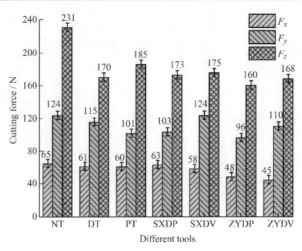

图 4　不同刀具的切削力

Fig. 4　Cutting forces of different tools

与 NT 刀具相比，DT、PT、SXDP、SXDV、ZYDP 和 ZYDV 刀具的主切削力分别减少了 26.4%、19.9%、25.1%、24.2%、30.7% 和 27.3%，径向力分别减少了 7.3%、18.5%、16.9%、0%、22.6% 和 11.3%，轴向力分别减少了 6.2%、7.7%、3.1%、10.8%、26.2% 和 30.8%。由此表明，织构刀具有利于降低切削力，且左右型复合织构刀具更有利于切削力的减少，初步验证了 ZYDP 刀具织构布置的合理性。

复合织构刀具中，不同方向沟槽产生的切削力主要与切屑流动的方向相关，当切屑流经前刀面时，对于平行于主切削刃的沟槽而言，切屑流动方向与其垂直，织构的存在减少了刀-屑间的接触面积，从而降低了切削力；当切屑流经垂直于主切削刃的沟槽织构时，刀-屑间的接触面积变大，切屑运动受到阻碍，由于织构方向跟切屑流动方向小于 90°，切屑沿着沟槽方向发生塑性变形，导致较多的切屑材料嵌入在沟槽内部，因此加工需要更大的切削力。

2.2　刀具磨损

刀-屑间的摩擦状态影响切屑的形成和刀具磨损，在该区域由于摩擦，切屑承受高压和高应变，导致温度和刀具磨损率的升高[19]。利用 ImageJ 软件对刀-屑之间的黏结面积进行测量，测量结果如图 5b 所示。从图中可以看出，NT 刀具的表面黏结面积为 1.092 mm^2，明显最大。与 NT 刀具相比，DT、PT、SXDP、SXDV、ZYDP 和 ZYDV 刀具的黏结面积分别减少了 59.8%、52.5%、52.5%、42.5%、63.9% 和 54.8%，说明织构的引入缓解了刀具与切屑之间的摩擦状态，且 ZYDP 刀具的抗黏效果最好。接下来，将结合刀具表面形貌和元素分析对不同刀具进行详细分析。

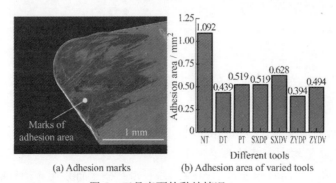

(a) Adhesion marks　　　(b) Adhesion area of varied tools

图 5　刀具表面的黏结情况

Fig. 5　Adhesion condition of tool surface

　　图 6 为 NT 刀具在切削加工 5 min 后，前刀面的磨损情况。由图 6b 可知，无织构刀具的前刀面出现了大面积连续的材料黏结，主要分为切削刃边缘上工件材料的堆积（BUE）和刀面上的层状黏结（BUL）。刀面上材料的不断黏结和撕裂，导致大量的黏结层以及划痕。通过对区域 A 进行元素分析，可以发现出现大量的 Al 元素，并存在少量的 O 元素，说明刀具表面除了发生了黏结磨损外，还发生了氧化磨损。在图 6c 中，随着积屑瘤周期性的堆积以及脱落，刀具切削刃容易出现崩刃和剥落，这是由于车削过程中引起的机械热应力和高温度，产生的大量切削热无法快速传递到外界，刀具主切削刃出现崩刃的现象，露出的刀具基体表面新鲜材料更容易与工件材料发生黏结。

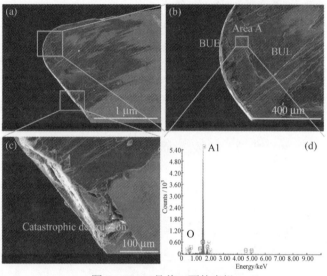

图 6　NT 刀具前刀面的磨损

Fig. 6　Wear micrograph of NT tool at the rake face

　　图 7 表示 DT 织构刀具切削加工 5 min 后，前刀面的磨损情况。在前刀面靠近切削刃处发现切屑黏结的现象，特别是靠近主切削刃第一列的凹坑织构，几乎被切削金属材料完全掩埋，黏结面积为 0.439 mm^2。如图 7a、7b 所示，随着黏结材料的不断堆积撕裂，黏结在刀具前刀面的金属容易带走刀具基体材料，致使刀具表面材料发生剥落。进一步对未被完全黏结的凹坑进行元素分析，发现在凹坑中含有 Na、Ca 等元素，这些元素只存在于切削液中，表明切削液进入了刀-屑接触区域，可以对两接触表面进行冷却和润滑，因此相比于 NT 刀具，减少了刀面黏结。从图 7c 可以发现黏结在刀具切削刃处的金属材料相对于织构区域的黏结材料较为疏松，而在含有织构区域黏结层金属则较为紧密。这是由于微凹坑的存在，与切屑材料之间发生的机械联锁作用，导致黏结材料更加稳定地黏附在刀面上，不易脱落。

　　图 8 表示 PT 织构刀具切削加工 5 min 后，前刀面的磨损情况。可以发现，PT 刀具与无织构刀具的黏结形式明显不同，前刀面上刀-屑黏结的区域大致可以分为三个区域：靠近切削刃边缘的光滑连续黏结区域（区域 A）、接近织构区域的连续层状黏结区域（区域 B），以及织构区域的离散黏结区域（区域 C）；刀尖及切削刃边缘并未出现剥落磨损等现象。刀具前刀面黏结形式的不同，主要跟刀面上的切削温度分布相关，温度越高，黏结越严重，更容易产生大面积连续的黏结。织构的存在增加了刀具前刀面的散热以及与周围气体的对流，加快热量的传递。

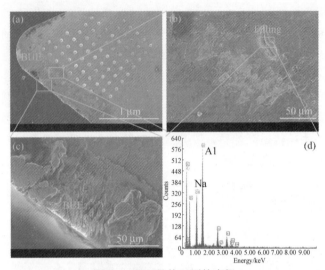

图 7　DT 刀具前刀面的磨损

Fig. 7　Wear micrograph of DT tool at the rake face

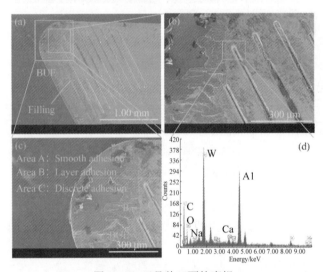

图 8　PT 刀具前刀面的磨损

Fig. 8　Wear micrograph of PT tool at the rake face

　　图 9 和图 10 表示切削加工 5 min 后，不同复合织构刀具前刀面的黏结磨损情况。在图 9a 中，SXDP 刀具的前刀面上，存在与单一织构类似的离散和连续黏结区域，在刀面靠近主切削刃附近出现体积较大的堆积边（BUE），在刀具的副切削刃靠近刀尖位置发生了崩刃。在 SXDV 刀面上。在图 9b 中，所有凹坑织构被工件材料填充，刀面上出现大面积的黏结层，这是因为位于沟槽织构无法将切削液输送到刀-屑黏结区域，致使黏结严重，刀具表面出现材料剥落现象。

　　在图 10a 中，ZYDP 刀具的前刀面黏结面积为 0.394 mm^2，发生了轻微的黏结磨损。这是因为在刀-屑接触的黏结区域的凹坑织构填充了碎屑，这样减少了切屑在刀具表面的沉积和黏结。在图 10b 中，ZYDV 刀具的刀面材料黏结层主要连续集中在靠近刀尖部分，前面两列沟槽几乎被工件材料填充，刀具的刀尖部分发生严重的磨损，并在前刀面形成较深的月牙洼，刀具加工过程出现的月牙洼磨损以及崩刃现象是由高温和机械载荷引起的，在刀具与切屑界面处产生较高的剪应力和摩擦效应。

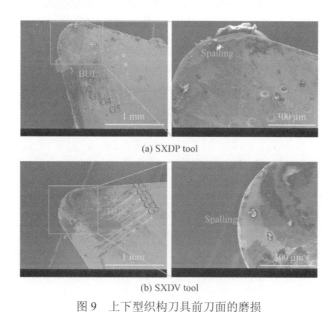

(a) SXDP tool

(b) SXDV tool

图 9　上下型织构刀具前刀面的磨损

Fig. 9　Wear micrograph of up-down textured tools at the rake face

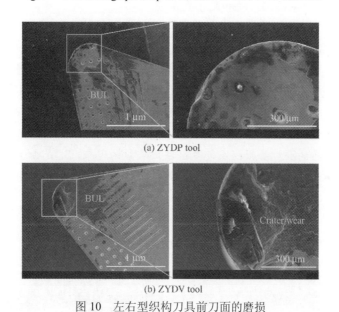

(a) ZYDP tool

(b) ZYDV tool

图 10　左右型织构刀具前刀面的磨损

Fig. 10　Wear micrograph of left-right textured tools at the rake face

将复合刀具的不同沟槽进行 EDS 元素分析切削液元素的含量，如图 11 所示，可以发现平行沟槽中切削液的含量大于垂直沟槽，一方面是由于切削液在平行沟槽的湿润性较好，另一方面由于切削过程中垂直沟槽在加工过程中容易发生黏结，切削液更容易沿着平行沟槽流动。因此，ZYDP 刀具的黏结磨损更小，抗黏磨损性能更好。

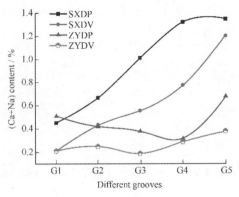

图 11　不同沟槽中的切削液元素含量

Fig. 11　Element content of cutting fluid in different grooves

2.3　切屑分析

切屑形貌和尺寸能够有效反映刀-屑间的摩擦状态[20]。结合切削力和刀具表面磨损的对比，DT 刀具比 PT 刀具表现更优。因此，在复合织构刀具的切屑形貌分析中，仅对单一织构中的 DT 和 NT 刀具进行分析。如图 12 所示，织构刀具加工产生的切屑底部出现了不同程度的微沟槽以及多层材料黏结。在切削过程中，由于刀具表面微织构的"复印效果"，导致了切屑底部微沟槽的出现。与其他刀具相比，ZYDP 刀具切屑底部的表面划伤和材料黏结明显减少，因此切削过程更稳定，使得已加工工件表面的形貌和尺寸更精确。

在图 12a、12b 中，NT 刀具产生的切屑底部发现有大量材料黏结形成的层状结构，而对于 DT 刀具得到的切屑底部存在由于剪切断裂造成的撕裂韧窝，因此切削过程更平稳。在图 12c、12d 中，上下型复合织构刀具产生的切屑底部发现切屑存在明显的微沟槽区域以及材料撕裂区域，这是织构分区造成的区域形貌的差异，且在材料撕裂区域可以发现其撕裂形式是由工件材料多层转移形成，这与刀具前刀面的材料多层黏结相对应。相比 SXDP 刀具，SXDV 刀具生成的切屑在微沟槽区域可以发现材料黏附，而 SXDP 刀具切屑沟槽区域则相对光滑。在 ZYDV 的切屑背部可以看到明显的磨粒磨损以及部分区域被撕裂的现象，这是由于在加工过程中切屑背部材料黏结在刀具表面且发生材料的相互运动撕裂所造成的（图 12e、12f）。

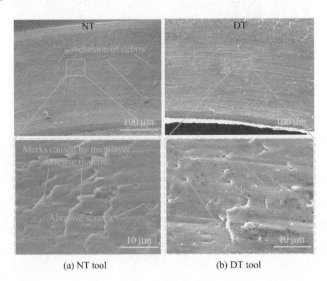

(a) NT tool　　　　　　　　　　(b) DT tool

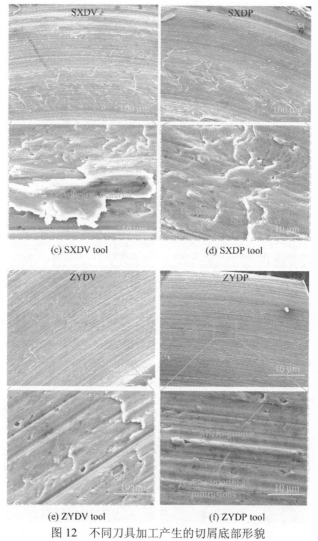

图 12　不同刀具加工产生的切屑底部形貌

Fig. 12　Morphology of chip bottom surface produced by different tools

　　相比于其他织构刀具，ZYDP 刀具产生的切屑底部更为光滑，侧面反映了 ZYDP 刀具所加工的工件表面粗糙度更小。

　　刀-屑界面的摩擦对不同切屑卷曲半径有着重要的影响，刀-屑间的摩擦越大，产生的切屑卷曲半径就越大[21]。图 13 和图 14 表示不同刀具切削加工所生成的切屑卷曲半径和切屑卷曲形态。NT 刀具产生的切屑卷曲半径最大，因此在切削过程产生的摩擦力大于其他织构刀具。织构刀具产生的切屑较短小，避免了切屑缠绕在工件表面，进而影响工件的表面质量。与 NT 刀具相比，DT、SXDP、SXDV、ZYDP 和 ZYDV 刀具的卷曲半径分别减少了 14.6%、6.7%、8.8%、27.4% 和 12.8%。因此，ZYDP 复合织构刀具产生的切屑卷曲半径最小，这是因为这种复合织构在缓解刀-屑间的摩擦方面表现最佳，促进了切屑的卷曲。

　　通过切屑层金属的厚度值 ac 可以发现，ZYDP 织构刀具的切屑厚度变化最小，因此同工况条件下加工形成的剪切角最大，工件材料的去除所需要的切削力最小[22]，这与前面刀具切削力的分析结果一致。

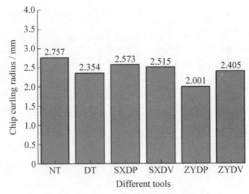

图 13　不同刀具的切屑卷曲半径

Fig. 13　Chip curling radius of different tools

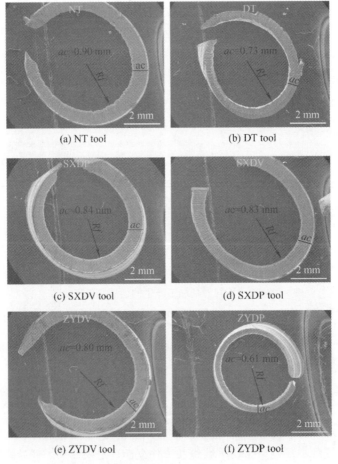

图 14　不同刀具加工产生的切屑卷曲形貌

Fig. 14　Chip curling morphology produced by different tools

　　此例为《复合织构刀具切削铝合金的性能》一文的结果与讨论部分，分切削力、刀具磨损、切削分析 3 个子主题展开。

　　1）2.1 节评析（切削力）

　　此部分共 3 段，主要展现、描述刀具切削力测试结果，并针对结果进行讨论。

第 1 段。由图 4 展现切削力原始结果（切削速度为 120 m / min 时 NT、DT、PT、SXDP、SXDV、ZYDP、ZYDV 七类刀具的切削力分量变化情况）。对原始结果给出说明结果（NT 刀具的切削力分量均大于其他刀具，左右型复合织构刀具的效果更明显），并给出解释结果（织构减少了刀-屑间的接触长度 / 面积，合适的分区异构缓解了刀-屑间的摩擦，在两者协同作用下可减小刀具所受的切削力）。

第 2 段。对原始结果给出对比结果（与 NT 刀具相比，DT、PT、SXDP、SXDV、ZYDP、ZYDV 刀具的主切削力分别减少 26.4%、19.9%、25.1%、24.2%、30.7%、27.3%，径向力分别减少 7.3%、18.5%、16.9%、0%、22.6%、11.3%，轴向力分别减少 6.2%、7.7%、3.1%、10.8%、26.2%、30.8%），并推出结论（织构刀具有利于降低切削力，且左右型复合织构刀具更有利于切削力的减少，初步验证了 ZYDP 刀具织构布置的合理性）。

第 3 段。对以上结论进行讨论，分析、探讨织构和切削力之间的关系。先总论（复合织构刀具在不同方向沟槽产生的切削力主要与切屑流动的方向相关）。再分论，从两类切屑流动方向论述织构对切削力的影响及机理：①切屑流经平行于主切削刃的沟槽织构时，切屑流动方向与沟槽垂直，织构的存在减少了刀-屑间的接触面积，降低了切削力；②切屑流经垂直于主切削刃的沟槽织构时，刀-屑间的接触面积变大，切屑运动受阻，织构方向与切屑流动方向的夹角小于 90°，切屑沿沟槽方向发生塑性变形，较多切屑材料嵌入在沟槽内部，增加了切削力。

2）2.2 节评析（刀具磨损）

此部分共 7 段，主要展现、描述刀具磨损观测结果，并针对结果进行讨论。第 1 段为总说，2～6 段为分说，7 段对 4 种复合织构刀具进行总说。

第 1 段。引用文献[19]总体解释说明刀具磨损产生机理（刀-屑间存在摩擦，使切屑承受高压力、高应变，切削温度、刀具磨损率升高，最终影响切屑形成和刀具磨损）。由图 5(b)展现用 ImageJ 软件测量刀-屑间的黏结面积（原始结果）。对此结果给出说明结果（NT 刀具黏结面积明显最大，为 1.092 mm²），对比结果（与 NT 刀具相比，DT、PT、SXDP、SXDV、ZYDP、ZYDV 刀具黏结面积分别减少 59.8%、52.5%、52.5%、42.5%、63.9%、54.8%），并推出结论（织构的引入缓解了刀-屑间的摩擦状态，ZYDP 刀具的抗黏效果最好）。最后一句提示下文内容（将结合刀具表面形貌和元素分析对不同刀具进行详细分析）。

第 2 段。由图 6 展现 NT 刀具切削加工 5 min 后的前刀面黏结磨损情况（原始结果）。对图 6(b)给出说明结果［NT 刀具的前刀面有大面积连续的材料黏结，主要分为切削刃边缘上工件材料堆积（BUE）和刀面层状黏结（BUL）］，解释结果（刀面上材料不断黏结和撕裂导致产生大量黏结层及划痕），分析结果（元素分析发现区域 A 有大量 Al 元素和少量 O 元素），并推出结论（刀具表面发生了黏结磨损、氧化磨损）。对图 6(c)给出说明结果（积屑瘤周期性堆积、脱落，使刀具切削刃容易出现崩刃和剥落），并给予原因解释（车削引起机械热应力、高温度，产生大量切削热但无法快速传递到外界，刀具主切削刃出现崩刃，露出的刀具基体表面新鲜材料更容易与工件材料发生黏结）。

第 3 段。由图 7 展现 DT 单一织构刀具切削加工 5 min 后前刀面的黏结磨损情况。对此结果给出说明结果（在前刀面靠近切削刃处有切屑黏结，靠近主切削刃第一列的凹坑织构被切削金属材料几乎完全掩埋，黏结面积为 0.439 mm²）。对图 7(a)、7(b)给出说明、解释结果（黏结材料不断堆积撕裂，黏结在刀具前刀面的金属易带走刀具基体材料，使刀具表面材料发生剥落），分析结果（对未被完全黏结的凹坑进行元素分析，发现凹坑中含 Na、Ca 等元素，这些元素只存在于切削液中），并推出结论（切削液进入刀-屑接触区域，可对两接触表面进行冷却和润滑，相比于 NT 刀具减少了刀面黏结）。对图 7(c) 给出说明结果（黏结在刀具切削刃处的金属材料相对于织构区域的黏结材料较为疏松，而在含有织构区域黏结层金属则较为紧密），并给予原因解释（微凹坑和切屑材料间的机械联锁使黏结材料更加稳定地黏附在刀面上，不易脱落）。

第 4 段。由图 8 展现 PT 单一织构刀具切削加工 5 min 后的前刀面黏结磨损情况。对此结果给出说明结果（PT、NT 刀具的黏结形式明显不同，前刀面上刀-屑黏结区域大致可分为 A、B、C 三个区域；刀尖及切削刃边缘未出现剥落磨损等现象），给出原因解释（前刀面的黏结形式的不同，主要与刀面切削温度分布相关，温度越高，黏结越严重，更容易产生大面积连续的黏结），并推出结论（织构的存在增加了前刀面的散热以及与周围气体的对流，加快了热量的传递）。

第 5 段。由图 9、10 展现 SXDP、SXDV、ZYDP、ZYDV 四种复合织构刀具切削加工 5 min 后前刀面的黏结磨损情况。对图 9(a) 给出说明结果（SXDP 刀具前刀面上存在与单一织构类似的离散和连续黏结区域，在刀面靠近主切削刃附近出现体积较大的堆积边，副切削刃靠近刀尖位置发生崩刃）。对图 9(b) 给出说明结果（SXDV 刀具前刀面上所有凹坑织构被工件材料填充，刀面出现大面积的黏结层），并给予原因解释（位于沟槽的织构无法将切削液输送到刀-屑黏结区域，致使黏结严重，刀具表面出现材料剥落）。

第 6 段。接着上文，对图 10(a) 给出说明结果（ZYDP 刀具前刀面黏结面积为 0.394 mm^2，发生轻微的黏结磨损），给予原因解释（在刀-屑接触黏结区域的凹坑织构填充了碎屑，减少了切屑在刀具表面的沉积和黏结）。对图 10(b) 给出说明结果（ZYDV 刀具的刀面材料黏结层主要连续集中在靠近刀尖部分，前面两列沟槽被工件材料几乎完全填充，刀尖部分发生严重磨损，前刀面形成较深的月牙洼），给予原因解释（月牙洼磨损及崩刃是由高温和机械载荷引起的，在刀具与切屑界面处会产生较高的剪应力和摩擦效应）。

第 7 段。由图 11 展现对 SXDP、SXDV、ZYDP、ZYDV 四种复合织构刀具的不同沟槽的切削液元素含量的 EDS 元素分析结果。给出说明结果（平行沟槽中切削液的含量大于垂直沟槽），给予原因解释（切削液在平行沟槽的湿润性较好；切削中垂直沟槽在加工中容易发生黏结，切削液更容易沿着平行沟槽流动），并推出结论（ZYDP 刀具的黏结磨损更小，抗黏磨损性能更好）。

3）2.3 节评析（切屑分析）

此部分共 5 段，展现切屑观测结果，并从形貌、尺寸多个角度进行分析。第 1 段为总说，2、3 段和 4、5 段分别为从切屑形貌、尺寸两个角度的分说。

第 1 段。第 1 句引用文献[20]交待相关认知（切屑形貌、尺寸能够有效反映刀-屑间摩擦状态，是反映刀-屑间摩擦状态的重要参数）。第 2 句引用本文研究结果交待相关认知（上文切削力和刀具表面磨损对比表明 DT 比 PT 刀具表现更优）。第 3 句（在复合织构刀具的切屑形貌分析中，仅对单一织构中的 DT 和 NT 刀具进行分析）语义冲突而有歧义，可去掉，或改为"这里对 6 种织构刀具（2 种单一织构刀具和 4 种复合织构刀具）的切屑进行分析"。第 4 句由图 12 展现不同刀具加工产生的切屑底部形貌，并进行说明（织构刀具加工产生的切屑底部出现了不同程度的微沟槽及多层材料黏结），第 5 句给予解释（刀具表面微织构的复印效果导致切屑底部出现微沟槽）。第 6 句进行对比（ZYDP 刀具与其他刀具相比，其切屑底部的表面划伤和材料黏结明显减少），并推出结论（ZYDP 切削过程更稳定，使得已加工工件表面的形貌和尺寸更精确）。

第 2 段。第 1 句针对图 12(a)、12(b) 进行说明（NT 刀具产生的切屑底部有由大量材料黏结形成的层状结构；DT 刀具的切屑底部有由剪切断裂造成的撕裂韧窝，因此切削过程更平稳）。第 2、3 句针对图 12(c)、12(d) 进行说明（上下型复合织构刀具的切屑底部有明显的微沟槽及材料撕裂区域），给予解释（这是织构分区造成的区域形貌差异，且材料撕裂区域的撕裂形式是由工件材料多层转移形成的，与刀具前刀面的材料多层黏结相对应），并给出对比结果（相比 SXDP 刀具，SXDV 刀具生成的切屑在微沟槽区域可以发现材料黏附，而 SXDP 刀具切屑沟槽区域则相对光滑）。第 4 句对图 12(e)、12(f) 进行说明（ZYDV 刀具的切屑背部有明显的磨粒磨损，部分区域有撕裂），给予解释（这是由切屑背部材料黏结在刀具表面且发生材料的相互运动撕裂而造成的）。

第 3 段。对比总结 ZYDP 刀具的优势（ZYDP 相比于其他织构刀具，所产生的切屑底部更光滑，所加工的工件表面粗糙度更小）。因为从语义上讲，这一段与第 2 段最后一句即第 4 句是紧密相关的，因此不应单独成段，而应作为第 5 句位于以上第 2 段结尾后面。

第 4 段。第 1 句引用文献 [21] 交待相关认知（刀-屑界面的摩擦对不同切屑卷曲半径有重要影响，摩擦越大切屑卷曲半径越大）。第 2 句由图 13、14 分别展现不同刀具的切屑卷曲半径、形态。第 3、4 句进行说明（NT 刀具的切屑卷曲半径最大，导致切削产生的摩擦力大于其他织构刀具；织构刀具产生的切屑较短小，能避免切屑缠绕在工件表面而影响工件的表面质量）。第 5 句进行对比（与 NT 刀具相比，DT、SXDP、SXDV、ZYDP 和 ZYDV 刀具的卷曲半径分别减少 14.6%、6.7%、8.8%、27.4%、12.8%）。第 6 句推出结论（ZYDP 织构刀具产生的切屑卷曲半径最小），给予解释（ZYDP 复合织构在缓解刀-屑间摩擦方面表现最佳，促进了切屑的卷曲）。

第 5 段。简单交待由切屑层金属的厚度值 a_c 得到的结果（ZYDP 织构刀具的切屑厚度变化最小），并得出结论（相同工况下 ZYDP 织构刀具加工形成的剪切角最大，工件材料的去除所需的切削力最小），同时引用文献 [22]，暗示此结论与文献 [22] 一致，最后指出此结论与前文刀具切削力的分析结果一致。

5.8　结果与分析实例评析

5.8.1　结果与分析实例【1】

扫一扫

视频讲解

【1】

3　计算结果分析

3.1　基于 PB-LCA 的湖南省建筑碳足迹核算分析

3.1.1　建材准备阶段的碳足迹核算

根据式（1）计算出湖南省 2004—2016 年建材准备阶段的碳足迹，如表 2 所示。

表 2　湖南省 2004—2016 年建材准备阶段的碳足迹（万 t）

年份	钢材	木材	水泥	铝材	玻璃	合计
2004	276.43	−677.44	4907.98	26.50	9.18	4542.64
2005	212.47	−315.77	2689.02	14.07	8.24	2608.03
2006	276.52	−405.85	3379.24	16.29	10.04	3276.23
2007	328.59	−448.10	3605.39	16.07	13.19	3515.14
2008	328.59	−436.53	4027.36	18.76	13.60	3951.77
2009	416.35	−507.54	4834.55	18.32	13.30	4774.98
2010	542.46	−590.33	5180.86	24.10	13.36	5170.45
2011	608.73	−854.58	4884.69	43.49	21.72	4704.75
2012	662.60	−929.23	5691.60	37.63	38.71	5501.30
2013	701.00	−813.22	5669.98	35.89	48.11	5941.76
2014	731.85	−739.21	6215.34	36.68	57.49	6302.14
2015	1024.15	−935.06	6165.47	92.20	50.28	6397.04
2016	1263.00	−2048.95	6608.94	129.83	46.91	5999.72

从表 2 可以看出，湖南省建材准备阶段的碳足迹主要来自钢材和水泥，而木材则是主要的减碳来源。因为钢材和水泥本身在生产过程的 CO_2 排放因子比较大，与此同时，它们在建筑业中的消耗量巨大，导致在建材准备阶段的碳足迹也很大。伴随着湖南城乡建设的规模日益加大，房屋建筑施工面积从 2004 年的 1.2523 亿 m^2 增加到 2016 年的 5.032 亿 m^2。正是由于房屋建筑施工面积的逐年增加，建筑业中建材消耗量相应增加，建材准备阶段的碳足迹也随之增大，从 2004 年的 4542.64 万 t 增加到了 2016 年的 5999.72 万 t，12 年间增加了 32.08%，年增长率为 2.35%。

3.1.2　建造施工阶段的碳足迹核算

根据式（2）计算出湖南省 2004—2016 年建造施工阶段的碳足迹（图 2）。

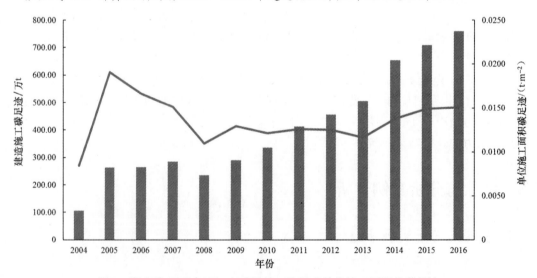

图 2　湖南省 2004—2016 年建造施工阶段和单位施工面积的碳足迹

从图 2 可以看出，在 2004—2016 年间，湖南省建造施工阶段的碳足迹除 2008 年有所下降外，其他年份均一直处于逐年攀升趋势。从 2004 年的 105.51 万 t，增加到了 2016 年的 759.62 万 t，12 年间年均增加率达 17.88%。而单位施工面积的碳足迹则呈波状变化，从 2004 年的 0.0084 t / m^2 增加到 2005 年的 0.0191 t / m^2，随后 2005—2008 年则又逐年下降，2009—2016 年再次波动式上升，2004—2016 年之间的年均增长率为 2.35%。

3.1.3　建筑运行阶段的碳足迹核算

根据式（3）计算出，湖南省 2004—2016 年建筑运行阶段公共建筑和居住建筑的电耗、热耗共 4 个部分的碳足迹（图 3）。

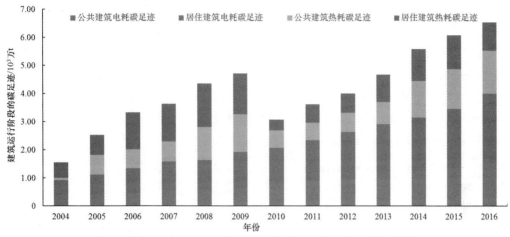

图 3　湖南省 2004—2016 年建筑运行阶段及其 4 个部分的碳足迹

从图 3 可以看出，在 2004—2016 年间，湖南省建筑运行阶段的碳足迹整体上呈快速增长之势，从 2004 年的 1550.31 万 t 增加到了 2016 年的 6535.37 万 t，12 年间增长了 3.22 倍，年均增加率达 12.74%。再分别从公共建筑和居住建筑的电耗、热耗碳足迹情况来看，公共建筑和居住建筑的电耗碳足迹一直处于增长趋势，但公共建筑和居住建筑的热耗碳足迹却在 2009—2010 年间均出现了一个大幅下降，主要是由于此时公共建筑和居住建筑的煤炭类能耗大幅减少所致。在 2010 年以后，公共建筑和居住建筑的热耗碳足迹又出现平稳上升之势。最后从公共建筑和居住建筑的碳足迹时间变化来看，公共建筑碳足迹处于波动上升的趋势，而居住建筑碳足迹则出现波动式下降趋势。

3.1.4　建筑拆除阶段的碳足迹核算

根据式（4）计算出，湖南省 2004—2016 年建筑拆除阶段的碳足迹，如图 4 所示，其变化趋势与建造施工阶段碳足迹的相同。

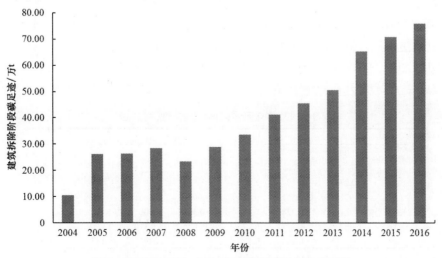

图 4　湖南省 2004—2016 年建筑拆除阶段的碳足迹

3.1.5　基于 PB-LCA 的湖南省建筑碳足迹核算

根据式（5）计算出基于 PB-LCA 的湖南省 2004—2016 年建筑碳足迹，如图 5 所示。

从图 5 可看出，2004—2016 年间，基于 PB-LCA 的湖南省建筑碳足迹整体上呈现波动式增长的态势，从 2004 年的 6209.02 万 t 增加到了 2016 年的 13370.67 万 t，年均增长率为 6.60%。其中除 2004—2015 年和 2009—2010 年间有所减少外，其余年份的建筑碳足迹都是平稳增长。2004—2015 年的碳足迹下降，主要受同期建材准备阶段碳足迹突降的影响，2009—2010 年的碳足迹下降，则主要受同期建筑运行阶段碳足迹突降的影响。再从建筑碳足迹的总量构成来看，4 个阶段中以建材准备和建筑运行两个阶段的比重较高，除 2004 年外，前者的比重在 44%～60% 之间，后者的比重在 36%～51% 之间。而建造施工和建筑拆除的碳足迹比重则较小，除 2004 年外，分别在 2.7%～5.7% 和 0.27%～0.57% 之间。

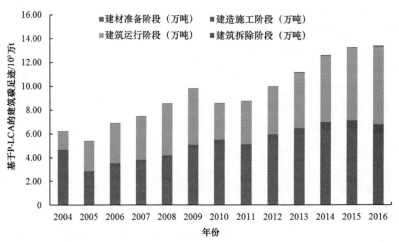

图 5　基于 PB-LCA 的湖南省 2004—2016 年建筑碳足迹

3.2　基于 PB-LCA 的湖南省建筑碳足迹机理分析

3.2.1　建筑碳足迹各变量之间的相关性分析

采用皮尔逊相关系数来考察基于 PB-LCA 的湖南省建筑碳足迹这个因变量 Y，以及建筑业技术装备率 X_1、建筑业发展度 X_2、城镇化率 X_3、能源结构 X_4、居民消费水平 X_5、第三产业比重 X_6 这 6 个自变量两两之间的相关关系。结果表明（表 3）：因变量与自变量之间，建筑碳足迹 Y 与城镇化率 X_3、居民消费水平 X_5、建筑业技术装备率 X_1 的相关系数分别为 0.971、0.967、0.840，相关性较高，且都在 0.01 水平（双侧）显著相关；自变量与自变量之间，建筑业技术装备率 X_1 与居民消费水平 X_5、城镇化率 X_3 的相关系数分别为 0.918、0.895，城镇化

表 3　相互独立变量之间的相关性检验结果

	Y	X_1	X_2	X_3	X_4	X_5	X_6
Y	1.000						
X_1	0.840**	1.000					
X_2	0.274	0.110	1.000				
X_3	0.971**	0.895**	0.134	1.000			
X_4	−0.168	−0.328	0.135	−0.308	1.000		
X_5	0.967**	0.918**	0.175	0.990**	−0.310	1.000	
X_6	−0.150	−0.202	0.372	−0.275	0.639**	−0.182	1.000

注：**在 0.01 水平（双侧）显著相关，**在 0.05 水平显著相关。

率 X_3 与居民消费水平 X_5 的相关系数为 0.990，能源结构 X_4 与第三产业比重 X_6 的相关系数为 0.639，它们两两之间的相关性也较大，都在 0.01 水平（双侧）显著相关。除了上述 6 组自变量之间的相关性较高外，其余 6 个自变量两两之间的相关性都在 0.33 以下，属于相对较低的相关性，因而它们适合采用多变量的地理探测器模型。

3.2.2　基于地理探测器的建筑碳足迹机理分析

按照地理探测器技术，对 6 个自变量进行等间距法离散化处理，再利用公式（6），计算出各要素对建筑碳足迹的影响力系数（表4），$P_{D,U}$（影响力系数）各要素值按照从大到小的顺序依次为：建筑业发展度 X_2（0.9544）、能源结构 X_4（0.9141）、第三产业比重 X_6（0.2959）、建筑业技术装备率 X_1（0.0437）、城镇化率 X_3（0.0123）、居民消费水平 X_5（0.0001）。由此可知，建筑业发展度、能源结构和第三产业比重这 3 项是基于 PB-LCA 的湖南省建筑碳足迹的主要影响因素。其主要原因在于：建筑业发展度越高，建筑规模和面积就越大，因而建材耗费和施工能耗就越大，碳足迹也就越大；历年来煤炭类消耗占建造施工和建筑运行二者能耗之和的比重都在 57.5% 以上，其碳排放因子较大，因而碳足迹也较大；第三产业发生的碳足迹主要在公共建筑领域，第三产业的发展必将导致公共建筑碳足迹的增加，而湖南省公共建筑碳足迹呈波动上升之势，这与第三产业比重在 2004—2016 年间波动式上升的趋势是一致的。

表 4　基于 PB-LCA 的湖南省建筑碳足迹影响因素的地理探测器分析结果

影响因素	X_1	X_2	X_3	X_4	X_5	X_6
$P_{D,U}$	0.0437	0.9544	0.0123	0.9141	0.0001	0.2959

此例为《基于 PB-LCA 的湖南省建筑碳足迹测算及其机理分析》一文的结果与分析部分，与该文研究方法部分的主题相对应，分两个子主题（3.1、3.2 节）展现结果并分析，两个子主题下再细分主题（3.1.1～3.1.5 节，3.2.1、3.2.2 节）。

1）3.1 节评析（基于 PB-LCA 的湖南省建筑碳足迹核算分析）

此节对湖南省建筑碳足迹核算进行分析，与前文研究方法中的 2.1.1 节（基于 PB-LCA 的建筑碳足迹核算模型）相对应。前文交待方法，这里自然是给出实施方法所得出的结果，并对结果进行分析。

（1）3.1.1 节（建材准备阶段的碳足迹核算）与 2.1.1 节的标题"1）建材准备阶段的碳足迹核算方法"相对应，给出按式（1）的计算结果（湖南省 2004—2016 年建材准备阶段的碳足迹，列于表2），从多个角度对结果进行分析。主要分析结果：建材准备阶段的碳足迹主要来自钢材和水泥，木材是主要减碳来源（说明结果）；钢材和水泥在生产中的碳排放因子较大，建筑消耗量巨大，使建材准备阶段的碳足迹也很大（解释结果）；湖南省城乡建设规模日益加大，建材消耗量增加，建材准备阶段的碳足随之增大（解释结果），从 2004 年的 4542.64 万 t 增加到 2016 年的 5999.72 万 t，12 年间增加了 32.08%，年增长率为 2.35%（对比结果）。

（2）3.1.2 节（建造施工阶段的碳足迹核算）与 2.1.1 节中的标题"2）建造施工阶段的碳足迹核算方法"相对应，给出按式（2）的计算结果（湖南省 2004—2016 年建造施工阶段和单位施工面积的碳足迹，显示在图2），从多个角度对结果进行分析。

（3）3.1.3 节（建筑运行阶段的碳足迹核算）与 2.1.1 节中的标题"3）建筑运行阶段的碳足迹核算方法"相对应，给出按式（3）的计算结果（湖南省 2004—2016 年建筑运行阶段及其 4 个部分的碳足迹，显示在图3），从多个角度对结果进行分析。

（4）3.1.4 节（建筑拆除阶段的碳足迹核算）与 2.1.1 节中的标题"4）建筑拆除阶段的碳足迹核算方法"相对应，给出按式（4）的计算结果（湖南省 2004—2016 年建筑拆除阶段的碳足迹，显示在图 4），指出此阶段的碳足迹变化趋势与建造施工阶段的相同，未作分析却胜似分析。

（5）3.1.5 节（基于 PB-LCA 的湖南省建筑碳足迹核算）与 2.1.1 节中描述的总公式（基于 PB-LCA 的湖南省建筑碳足迹核算总公式）相对应，给出按式（5）的计算结果（基于 PB-LCA 的湖南省 2004—2016 年建筑碳足迹，显示在图 5），从多个角度对结果进行分析。

2）3.2 节评析（基于 PB-LCA 的湖南省建筑碳足迹机理分析）

此节对湖南省建筑碳足迹机理进行分析，与前文 2.1.2 节（基于 PB-LCA 的建筑碳足迹机理模型）相对应。

（1）3.2.1 节（建筑碳足迹各变量之间的相关性分析）对建筑碳足迹变量之间的相关性进行分析。先交待方法（采用皮尔逊相关系数），再用表 3 来显示建筑碳足迹变量（因变量 Y 与自变量 $X_1 \sim X_6$）之间相关性检验结果，并对结果进行分析。主要分析结果如下：

①Y 与 X_3、X_5、X_1 的相关系数分别为 0.971、0.967、0.840，相关性较高，都在 0.01 水平（双侧）显著相关；X_1 与 X_5、X_3 的相关系数分别为 0.918、0.895，X_3 与 X_5 的相关系数为 0.990，X_4 与 X_6 的相关系数为 0.639，它们两两之间相关性也较大，都在 0.01 水平（双侧）显著相关。（说明结果）

②除上述 6 个自变量间的相关性较高外，其余 6 个自变量两两之间的相关系数在 0.33 以下，相关性相对较低，适合采用多变量的地理探测器模型。（说明结果＋推断结果）

（2）3.2.2 节（基于地理探测器的建筑碳足迹机理分析）对基于地理探测器的建筑碳足迹机理进行分析。先交待方法（按照地理探测器技术），对 6 个自变量即要素进行等间距法离散化处理，用式（6）计算各要素对建筑碳足迹的 $P_{D,U}$（影响力系数），再用表 4 显示此计算结果，并对结果进行分析。主要分析结果如下：

①各要素按 $P_{D,U}$ 从大到小依次为 X_2（0.9544）、X_4（0.9141）、X_6（0.2959）、X_1（0.0437）、X_3（0.0123）、X_5（0.0001），前三个要素是建筑碳足迹的主要影响因素。（说明结果）

②X_2 越高，建筑规模和面积就越大，建材耗费和施工能耗就越大，碳足迹也就越大；历年煤炭消耗占建造施工、建筑运行二者能耗之和的比重在 57.5%以上，其碳排放因子较大，碳足迹也较大；第三产业的碳足迹主要发生在公共建筑领域，第三产业的发展必将导致公共建筑碳足迹的增加，湖南省公共建筑碳足迹呈波动上升之势，与第三产业比重在 2004—2016 年间波动式上升趋势是一致的。（解释结果）

实例【1】结果与分析的内容和结构合理，但表达有提升空间。下面给出一种参考修改。

结果与分析【1】参考修改

3　结果与分析

3.1　基于 PB-LCA 的湖南省建筑碳足迹核算

1）建材准备阶段的碳足迹核算

根据式（1）计算出湖南省 2004—2016 年建材准备阶段的碳足迹，结果见表 2。

从表 2 可以看出，湖南省建材准备阶段的碳足迹主要来自钢材和水泥，而木材是主要的减碳来源。钢材、水泥本身在生产中的 CO_2 排放因子较大，同时在建筑业中的消耗量巨大，导致在建材准备阶段的碳足迹也很大。湖南省城乡建设规模日益加大，房屋建造施工面积逐年增加，从 2004 年的 1.252 3 亿 m^2 增加到 2016 年的 5.032 亿 m^2，使得建筑业建材消耗量相应增加，建材准备阶段的碳足迹也随之增大，从 2004 年的 4542.64 万 t 增加到 2016 年的 5999.72 万 t，12 年间增加了 32.08%，年增长率为 2.35%。

2）建造施工阶段的碳足迹核算

根据式（2）计算出湖南省 2004—2016 年建筑造工阶段的碳足迹，结果如图 2 所示。

从图 2 可以看出，在 2004—2016 年，湖南省建造施工阶段的碳足迹除 2008 年有所下降外，其他年份均处于逐年攀升趋势，从 2004 年的 105.51 万 t，增加到 2016 年的 759.62 万 t，12 年间年均增加 17.88%。而单位施工面积的碳足迹则呈波状变化，从 2004 年的 0.008 4 t / m^2 增加到 2005 年的 0.019 1 t / m^2，随后 2005—2008 年则又逐年下降，2009—2016 年再次波动式上升，2004—2016 年年均增加 2.35%。

3）建筑运行阶段的碳足迹核算

根据式（3）计算出湖南省 2004—2016 年建筑运行阶段公共建筑和居住建筑的电耗、热耗共 4 个部分的碳足迹，结果如图 3 所示。

从图 3 可以看出，在 2004—2016 年间，湖南省建筑运行阶段的碳足迹整体上呈快速增长之势，从 2004 年的 1550.31 万 t 增加到 2016 年的 6535.37 万 t，12 年间增长 3.22 倍，年均增加 12.74%。公共建筑和居住建筑的电耗碳足迹一直处于增长趋势，但二者的热耗碳足迹在 2009—2010 年间均出现大幅下降，主要原因是此时公共建筑和居住建筑的煤炭类能耗大幅减少。在 2010 年后，公共建筑和居住建筑的热耗碳足迹又出现平稳上升之势。从公共建筑和居住建筑的碳足迹时间变化来看，公共建筑碳足迹处于波动上升的趋势，而居住建筑碳足迹出现波动式下降趋势。

4）建筑拆除阶段的碳足迹核算

根据式（4）计算出湖南省 2004—2016 年建筑拆除阶段的碳足迹，结果如图 4 所示，其变化趋势与建造施工阶段的碳足迹相同。

5）湖南省建筑碳足迹核算

根据式（5）计算出基于 PB-LCA 的湖南省 2004—2016 年建筑碳足迹，结果如图 5 所示。

从图 5 可以看出，在 2004—2016 年间，基于 PB-LCA 的湖南省建筑碳足迹整体上呈现波动式增长态势，从 2004 年的 6209.02 万 t 增加到 2016 年的 13 370.67 万 t，年均增长 6.60%。其中除 2004—2015 年和 2009—2010 年间有所减少外，其余年份的建筑碳足迹均平稳增长。2004—2015 年碳足迹下降，主要原因是受同期建材准备阶段碳足迹突降的影响，2009—2010 年碳足迹下降，则主要原因是受同期建筑运行阶段碳足迹突降的影响。从建筑碳足迹总量构成来看，4 个阶段中以建材准备和建筑运行两个阶段的比重较高，除 2004 年外，建材准备阶段的比重在 44%～60%，建筑运行阶段的比重在 36%～51%。而建造施工和建筑拆除阶段的碳足迹比重较小，除 2004 年外，分别在 2.7%～5.7% 和 0.27%～0.57%。

3.2　基于 PB-LCA 的湖南省建筑碳足迹机理

1）建筑碳足迹各变量之间的相关性

采用皮尔逊相关系数考察基于 PB-LCA 的湖南省建筑碳足迹因变量 Y 及 6 个自变量（$X_1\sim$

X_6）两两之间的相关关系，结果见表 3[①]。

表 3　相互独立变量之间的相关性检验结果

	Y	X_1	X_2	X_3	X_4	X_5	X_6
Y	1.000						
X_1	0.840*	1.000					
X_2	0.274	0.110	1.000				
X_3	0.971*	0.895**	0.134	1.000			
X_4	−0.168	−0.328	0.135	−0.308	1.000		
X_5	0.967*	0.918**	0.175	0.990**	−0.310	1.000	
X_6	−0.150	−0.202	0.372	−0.275	0.639**	−0.182	1.000

注：*在 0.01 水平（双侧）显著相关，**在 0.05 水平显著（双侧）相关。

从表 3 可以看出，因变量与自变量之间，Y 与 X_3、X_5、X_1 的相关系数分别为 0.971、0.967、0.840，相关性较高，且都在 0.01 水平（双侧）显著相关；自变量与自变量之间，X_1 与 X_5、X_3 的相关系数分别为 0.918、0.895，X_3 与 X_5 的相关系数为 0.990，X_4 与 X_6 的相关系数为 0.639，它们两两之间相关性也较大，均在 0.05 水平（双侧）显著相关。除了上述 6 个自变量之间的相关性较高外，其余 6 个自变量两两之间的相关性均在 0.37 以下，相关性相对较低，因而适合采用多变量的地理探测器模型。

2）基于地理探测器的建筑碳足迹机理

采用地理探测器技术，对 6 个自变量进行等间距法离散化处理，再根据式（6）计算出各要素（各自变量）对建筑碳足迹的 $P_{D,U}$（影响力系数），结果见表 4。

从表 4 可看出，$P_{D,U}$ 各要素值从大到小依次为 X_2（0.954 4）、X_4（0.914 1）、X_6（0.295 9）、X_1（0.043 7）、X_3（0.012 3）、X_5（0.000 1）。可见，建筑业发展度、能源结构和第三产业比重这 3 项是基于 PB-LCA 的湖南省建筑碳足迹的主要影响因素。其主要原因有：建筑业发展度越高，建筑规模、面积及建材耗费、施工能耗就越大，因而碳足迹也就越大；历年来煤炭类消耗占建造施工和建筑运行二者能耗之和的比重在 57.5%以上，其碳排放因子较大，因而碳足迹也较大；第三产业发生的碳足迹主要在公共建筑领域，第三产业的发展必将导致公共建筑碳足迹的增加，而湖南省公共建筑碳足迹呈波动上升之势，这与第三产业比重在 2004—2016 年间波动式上升趋势是一致的。

5.8.2　结果与分析实例【2】

【2】

1　两种新型转动副构型设计与分析

设计得到两种新型柔性转动副——主动驱动型柔性转动副（简称主动铰链）和被动型柔性转动副（简称被动铰链）。

1.1　主动铰链

主动铰链构型如图 1 所示，采用完全相同呈 120° 均匀分布的 3 个分支组成，其中每个分支可以分为输入端 1、渐变杆 2、柔性切口 3 和输出端 4 四个部分，如图 1a 所示；其中主动铰链的三维模型，如图 1b 所示。

---

① 原文表 3 可能有错误，笔者根据对有关内容的理解对此表及其在正文中的相应表述进行了修改，限于水平，若有不妥，请读者自行理解、更正。

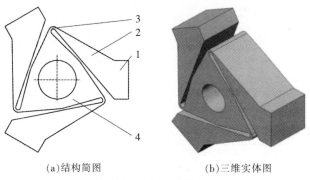

(a)结构简图　　　　　　　　　　(b)三维实体图

图 1　主动铰链

主动铰链作为驱动型柔性转动副，有 3 个输入端，当在一分支的输入端 1 输入一个力／位移时，力经过渐变杆 2 传递到柔性切口 3，令其产生弹性变形得到一个微位移，最后在输出端实现了位移输出；当在 3 个分支的输入端 1 同时输入一个力／位移时，由于 3 个分支的相互作用令输出端产生一个转动。

主动铰链因其本身采用对称分布式结构设计，其转动中心在三分支中心 O 点位置。当 $D_1 = D_2 = D_3$（D_i 表示输入位移大小）且 $\alpha_1 = \alpha_2 = \alpha_3$ 时（α_i 表示输入位移与输入端夹角），因三分支结构完全一致，转动中心 O 点保持不变，没有轴漂产生；当 $D_1 = D_2 = D_3$ 且 $\alpha_1 \neq \alpha_2 \neq \alpha_3$ 时，三分支会产生大小相同但方向不同的位移，不过因为主动铰链采用对称分布结构，转动中心 O 的位移会相互抵消，轴漂远远小于单个分支的结构，提高了主动铰链的转动精度。

由于主动铰链采取的是三分支对称结构，对主动铰链 1／3 进行建模分析，得到如图 2 所示的伪刚体模型，其中渐变杆 2 的长度为 a，输出端 4 可以用一个半径为 b 的圆代替。初始状态，输入端 1 到转动中心距离用 c 表示，当在输入端输入大小为 t 的位移后，输入端 1 到转动中心的距离变为 d，最后的输出转角用 γ 表示。

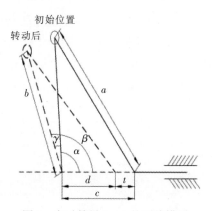

图 2　主动铰链 1／3 伪刚体模型

其中：

$$\beta = \arccos \frac{b^2 + d^2 - a^2}{2bd} \tag{1}$$

$$\alpha = \arccos \frac{b^2 + c^2 - a^2}{2bc} \tag{2}$$

由图 2 所知，其几何关系为：

$$\begin{cases} d = c - t \\ \gamma = \beta - \alpha \end{cases} \tag{3}$$

将式（1）和式（2）代入式（3），得到主动铰链的输出转角 γ 与输入位移 t 之间的关系为：

$$\gamma = \arccos\frac{b^2+d^2-a^2}{2bd} - \arccos\frac{b^2+c^2-a^2}{2bc} = \arccos\frac{b^2+c^2+t^2-2ct-a^2}{2b(c-t)} - \arccos\frac{b^2+c^2-a^2}{2bc} \tag{4}$$

1.2　被动铰链

被动铰链构型如图 3 所示，采用完全相同的、呈 60° 均匀分布的 6 个分支组成，其中每个分支是一个圆弧形柔性铰链；其结构简图如图 3a 所示，建立的三维模型如图 3b 所示。

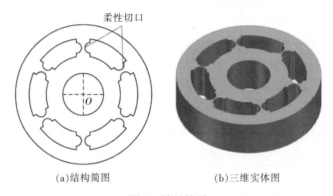

(a)结构简图　　　　　　　(b)三维实体图

图 3　被动铰链

被动铰链作为被动型柔性铰链，当力矩／转角通过连杆将力作用在内圆上时，由于力矩／转角的作用，6 个分支的圆弧形铰链发生弹性变形，实现整个机构的转动输出。被动铰链因为其本身采用对称分布式结构设计，该铰链的转动中心在中心 O 点位置。因为连杆传递的运动或力矩作用在内圆上，故而转动中心 O 点不会发生位移改变现象，故没有轴漂的产生。

采用构型完全一致的圆弧形分支设计被动铰链，如图 4 所示为圆弧切口形铰链的尺寸，其高为 h，宽为 b，切口半径为 R，最小厚度为 t，其中令宽度满足 $b \gg t$，高度满足 $h \gg t$；直圆型柔性铰链的刚度参见文献 [20]，其中 E 为材料的弹性模量，为了计算方便，令 $s = R/t$，得到圆弧形柔性铰链的刚度公式：

$$k_1 = \frac{M_1}{\theta} = \frac{Ebt^2}{24f} \tag{5}$$

式中：$f = \dfrac{6s^2(2s+1)\left(\arctan\dfrac{2s}{\sqrt{4s+1}} + \arctan\dfrac{1}{\sqrt{4s+1}}\right)}{(4s+1)^{\frac{5}{2}}} + \dfrac{s(12s^3+14s^2+6s+1)}{(4s+1)^2(2s+1)^2}$。

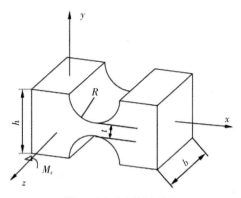

图 4　圆弧形铰链结构

通过伪刚体法对被动铰链进行建模如图 5 所示。假设圆弧形切口铰链视为一个质点，其在半径的中心处，则可以得到如下几何和数学关系：

$$
\begin{cases}
M_1 = \dfrac{1}{12} M \\[2mm]
\theta = 2\alpha \\[2mm]
k_1 = \dfrac{M_1}{\theta} \\[2mm]
k_2 = \dfrac{M}{\alpha} \\[2mm]
k = 6k_2
\end{cases}
\tag{6}
$$

式中：k_2——被动铰链的单个分支的刚度；

　　　　α——被动铰链的转动角度；

　　　　θ——分支单元（圆弧形铰链）中的切口处的转角；

　　　　M_1——单元中作用于 z 轴的力矩；

　　　　M——作用于被动铰链的力矩。

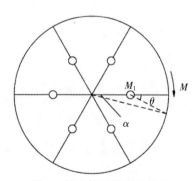

图 5　被动铰链伪刚体模型

设柔性铰链材料的许用应力为 $[\sigma]$，仅考虑弯矩对应力的影响，根据材料力学求得柔性铰链承受的最大力矩：

$$M_{\max} = \frac{bt^2[\sigma]}{6} \tag{7}$$

被动铰链上绕 z 轴转动的最大角度为：

$$\alpha_{\max} = \frac{1}{2}\theta_{\max} = \frac{M_{\max}}{2k} = \frac{2f[\sigma]}{E} \tag{8}$$

1.3　仿真验证

　　考虑柔性铰链加工时容易产生应力集中，降低柔性铰链的精度与使用寿命，文中比较合金钢、铝合金、铍青铜和钛合金这 4 种柔性材料，属性如表 1 所示，从变形的角度看，钛合金的屈服强度与弹性模量的比值越大，加工性能越好，因此考虑选用性能最好的钛合金材料作为机构设计仿真的材料。

表 1　材料属性

材料名称	合金钢	铝合金	铍青铜	钛合金
弹性模量 E / GPa	206	68.6	126	105
屈服强度 σ / MPa	0.448	0.275	0.75	0.83
比值	0.002 4	0.003 6	0.006	0.007 9

　　主动铰链具体尺寸参数为 $a=32$ mm，$b=20$ mm，$c=24$ mm，对输入位移进行取值并将其代入式（4）中，得到对应的输出转角数值，如图 6 所示；被动铰链具体尺寸参数为直径 40 mm，切口直径为 3.6 mm，对输入转矩进行取值并将其代入到式（8）中，求得对应转角数值，如图 7 所示。将主动铰链和被动铰链三维模型导入到有限元软件中进行仿真分析，得到对应的输入-输出转角如图 6 和图 7 所示。

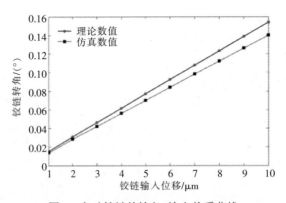

图 6　主动铰链的输入-输出关系曲线

　　从图 6 中可以看出主动铰链的理论结果与仿真结果基本相符，最大误差小于 1%，证明了输出转角的理论计算正确性。从图 6 中的对比曲线中可以看出，随着主动铰链的输入位移逐渐变大，其仿真结果与理论结果之间差距越来越大，理论结果相比仿真结果越来越大的主要原因是理论计算时将渐变杆视为刚性杆，没有考虑其弹性变形，造成了理论结果与仿真结果的偏差逐渐变大。

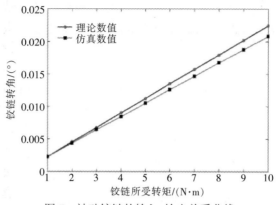

图 7　被动铰链的输入-输出关系曲线

从图 7 中可以看出被动铰链的理论结果与仿真结果基本相符，最大误差小于 1%，证明了输出转角的理论计算正确性。从图 7 中对比曲线可以看出，随着输入力矩的逐渐变大，其仿真结果与理论结果误差越来越大，误差越来越大的主要原因是随着转角逐渐变大，被动铰链的分支切口位置既要承受转矩作用使其转动，同时产生了拉力阻碍其转动的发生，造成了理论结果与仿真结果的偏差逐渐变大。

此例为《一种新型 5–R 柔性并联指向机构的设计与分析》一文以新型柔性转动副（或铰链）为设计对象（或成果）的结果与分析部分，包括设计结果展现、设计结果分析及仿真验证。设计结果是设计对象，属于设计成果实体；设计结果分析指对设计结果进行建模分析；仿真验证是通过仿真获得仿真结果，再对仿真结果进行分析，获得对设计成果的认识。

1）1.1 节评析（主动铰链——主动型柔性转动副）

此部分有 6 段，含 2 个插图和 4 组公式，展现主动铰链的设计结果并进行分析。

第 1 段。图 1 显示主动铰链设计结果（主动铰链构型：结构简图、三维模型），给出说明结果（由完全相同呈 120° 均匀分布的 3 个分支组成，各分支分输入端、渐变杆、柔性切口、输出端 4 部分）。

第 2 段。分析主动铰链转动功能产生机理、过程（在一个分支的输入端输入一个力 / 位移，经渐变杆传递到柔性切口，产生弹性变形，得到一个微位移，并在输出端输出该位移；三个分支的输入端同时输入一个力 / 位移，各分支相互作用，输出端产生一个转动）。

第 3 段。分析主动铰链转动中无轴漂产生或轴漂产生较小的原因（主动铰链为对称分布式结构，转动中心在三个分支中心点 O。输入位移 $D_1 = D_2 = D_3$ 且与输入端夹角为 $\alpha_1 = \alpha_2 = \alpha_3$ 时，三个分支结构相同，O 保持不变，无轴漂产生；$D_1 = D_2 = D_3$ 且 $\alpha_1 \neq \alpha_2 \neq \alpha_3$ 时，三个分支产生大小相同但方向不同的位移，O 的位移相互抵消，产生较小轴漂，提高了转动精度）。

第 4～6 段。图 2 显示对主动铰链 1 / 3 部分进行建模分析的结果（伪刚体模型），对模型中参数进行说明（渐变杆长度为 a，输出端用半径为 b 的圆代替。初始状态时输入端到转动中心的距离为 c，在输入端输入位移 t 时，输入端到转动中心的距离变为 d，输出转角为 γ）。最后用式（1）～（4）给出所建伪刚体模型中参数（a、β、γ、a、b、c、d、t）间的几何关系。

2）1.2 节评析（被动铰链——被动型柔性转动副）

此部分也有 6 段，含 3 个插图和 4 组公式，展现被动铰链的设计结果并进行分析。

第 1 段。图 3 显示被动铰链设计结果（被动铰链构型：结构简图、三维模型），给出说明结果（由完全相同呈 60°均匀分布的 6 个分支组成，各分支是一个圆弧形柔性铰链）。

第 2 段。分析被动铰链转动功能产生机理、过程及转动中无轴漂产生的原因（力矩／转角经连杆作用在内圆上，6 个分支的圆弧形铰链发生弹性变形，整个机构产生转动输出；转动中心在中心点 O，连杆传递的运动或力矩作用在内圆上，O 不发生位移改变，不产生轴漂）。

第 3 段。图 4 显示被动铰链中分支铰链设计结果（圆弧形铰链结构），对结构参数进行说明（高为 h，宽为 b，切口半径为 R，最小厚度为 t，$b \gg t$，$h \gg t$，刚度为 k_1），并给出 k_1 的计算式（5），还交待 k_1 的计算参考了文献［20］。

第 4～6 段。图 5 显示对被动铰链进行建模分析的结果（伪刚体模型）。将圆弧形切口铰链视为一个质点，用式（6）给出所建伪刚体模型参数的几何关系；仅考虑弯矩对应力的影响，用式（7）、（8）给出柔性铰链承受的最大力矩、绕 z 轴转动的最大角度计算公式。

3）1.3 节评析（仿真验证）

此部分有 4 段，含 1 个表格和 2 个插图，通过仿真对以上所建模型进行验证（材料→方法→结果→分析）。

第 1 段为材料选用。表述柔性铰链加工中容易出现的问题（应力集中导致铰链的精度和使用寿命降低），暗含选用合适的材料制作柔性铰链的重要性；用表 1 展示 4 种柔性材料（合金钢、铝合金、铍青铜和钛合金）的参数，通过比较选用性能最好即屈服强度与弹性模量比值为最大的钛合金材料（从变形的角度看，此比值越大，加工性能越好）。

第 2 段为方法与结果。

（1）将主动铰链尺寸（$a=32$ mm，$b=20$ mm，$c=24$ mm）以及对输入位移 t 的不同取值（图 6 横坐标的数值）代入式（4），得到对应的输出转角理论值（图 6 纵坐标的数值）。

（2）将被动铰链尺寸（直径 40 mm，切口直径 3.6 mm）以及对输入转矩 M 的不同取值（图 7 横坐标的数值）代入式（8），得到对应的输出转角理论值（图 7 纵坐标的数值）。

（3）将主动铰链、被动铰链的三维模型（图 1、3 中的分图(b)）导入有限元软件进行仿真分析，得到对应的输入-输出关系曲线，分别用图 6、7 展现。

第 3 段为结果分析（针对图 6）。给出说明结果（主动铰链的理论与仿真结果基本相符，最大误差小于 1%），推出结论（输出转角理论计算正确）。给出对比结果（随着输入位移逐渐变大，理论与仿真结果的偏差越来越大），给予原因解释（理论计算将渐变杆视为刚性杆，没有考虑其弹性变形）。

第 4 段为结果分析（针对图 7）。给出说明结果（被动铰链的理论与仿真结果基本相符，最大误差小于 1%），推出结论（输出转角理论计算正确）。给出对比结果（随着输入转矩逐渐变大，理论与仿真结果的偏差越来越大），给予原因解释（随着输入转角逐渐变大，被动铰链的分支切口位置既承受转矩作用使其转动，又产生拉力阻碍其转动发生）。

该文这一部分的内容与结构基本合理，写作思路大体清晰，但也存在一些问题：有的术语不统一，部分语句不准确，冗余语病较多，如"力矩"与"转矩"、"直圆形铰链结构"与"圆弧形铰链结构"、"理论结果与仿真结果"与"仿真结果与结果理论"、"偏差"与"误差"等混用，"输入-输出关系曲线"表达为"输入-输出转角"等。总之有较多提升空间，以下给出一种参考修改，修改后结构得到优化，内容表述更分明、合理，语句表达更简洁、准确，逻辑更严谨、顺畅，对数学式自身及数学式间的结构也有所调整。

结果与分析【2】参考修改（主题 1）

1　新型柔性转动副设计与分析

设计得到主动和被动驱动型两类柔性转动副，分别简称主动铰链和被动铰链。

1.1　主动铰链

主动铰链设计构型如图 1 所示，采用对称分布式结构，由完全相同呈 120° 均匀分布的 3 个分支组成，各分支为输入端 1、渐变杆 2、柔性切口 3 和输出端 4 四个部分。其结构如图 1(a) 所示，三维模型如图 1(b) 所示。

主动铰链有 3 个输入端，当在 1 个分支的输入端输入一个力（位移）时，力经过渐变杆传递到柔性切口，使其产生弹性变形得到一个微位移，最后在输出端实现了位移输出；当在 3 个分支的输入端同时输入一个力 / 位移时，分支相互作用使输出端产生一个转动。

主动铰链的转动中心在 3 个分支中心点 O 位置。当 $D_1 = D_2 = D_3$（D_i 为输入位移）且 $\alpha_1 = \alpha_2 = \alpha_3$ 时（α_i 为输入位移与输入端的夹角），因 3 个分支的结构完全一致，转动中心保持不变，没有轴漂产生；当 $D_1 = D_2 = D_3$ 且 $\alpha_1 \neq \alpha_2 \neq \alpha_3$ 时，3 个分支会产生大小相同但方向不同的位移，转动中心的位移会相互抵消，有轴漂产生，但远远小于单个分支结构的轴漂，从而提高了主动铰链的转动精度。

考虑主动铰链的对称式结构，仅对其 1 / 3 部分（即单个分支）进行建模分析，得到如图 2 所示的伪刚体模型。

模型中，渐变杆的长度为 a，输出端 4 用一个半径为 b 的圆代替。初始状态时输入端到转动中心的距离为 c，输入端输入位移 t 后，输入端到转动中心的距离变为 d，最后的输出转角为 γ。这些参数的几何或数学关系如下：

$$\beta = \arccos \frac{b^2 + d^2 - a^2}{2bd} \tag{1}$$

$$\alpha = \arccos \frac{b^2 + c^2 - a^2}{2bc} \tag{2}$$

$$d = c - t, \quad \gamma = \beta - \alpha \tag{3}$$

将式（1）、（2）代入式（3），得到 γ 与 t 的关系：

$$\gamma = \arccos \frac{b^2 + d^2 - a^2}{2bd} - \arccos \frac{b^2 + c^2 - a^2}{2bc} = \arccos \frac{b^2 + c^2 + t^2 - 2ct - a^2}{2b(c-t)} - \arccos \frac{b^2 + c^2 - a^2}{2bc}$$

$$\tag{4}$$

1.2　被动铰链

被动铰链设计构型如图 3 所示，也采用对称分布式结构，由完全相同呈 60° 均匀分布的 6 个分支组成，各分支是一个圆弧形柔性铰链。其结构如图 3(a) 所示，三维模型如图 3(b) 所示。

当转矩（转角）通过连杆将力作用在被动铰链的内圆时，6 个分支的圆弧形铰链发生弹性变形，实现整个机构的转动输出。被动铰链的转动中心在中心点 O 位置。因连杆传递的力作用在内圆上，故转动中心不会发生位移改变，也就不会有轴漂产生。

作为分支的圆弧形柔性铰链的结构如图 4 所示。图中 h 为高度，b 为宽度，R 为切口半径，t 为最小厚度，令 $b \gg t$ 和 $h \gg t$。设 E 为材料的弹性模量，令 $s = R / t$，则得到圆弧形柔性铰链的刚度计算式[20]：

$$k_1 = \frac{M_1}{\theta} = \frac{Ebt^2}{24f} \tag{5}$$

$$f = \frac{6s^2(2s+1)\left(\arctan\dfrac{2s}{\sqrt{4s+1}} + \arctan\dfrac{1}{\sqrt{4s+1}}\right)}{(4s+1)^{\frac{5}{2}}} + \frac{s(12s^3 + 14s^2 + 6s + 1)}{(4s+1)^2(2s+1)^2}$$

采用伪刚体法对被动铰链进行建模，获得如图 5 所示的被动铰链伪刚体模型。将圆弧形切口铰链视作一个质点，处于半径的中心处，则得到以下几何或数学关系：

$$M_1 = \frac{1}{12}M, \quad \theta = 2\alpha, \quad k_1 = \frac{M_1}{\theta}, \quad k_2 = \frac{M}{\alpha}, \quad k = 6k_2 \tag{6}$$

式中：k_2 为被动铰链单个分支的刚度；α 为被动铰链的转动角度；θ 为分支单元（圆弧形铰链）中切口处的转角；M_1 为单元中作用于 z 轴的力矩；M 为作用于被动铰链的力矩。

设柔性铰链材料的许用应力为 $[\sigma]$，仅考虑弯矩对应力的影响，则可根据材料力学求得柔性铰链承受的最大力矩及绕 z 轴转动的最大角度：

$$M_{\max} = \frac{bt^2[\sigma]}{6} \tag{7}$$

$$\alpha_{\max} = \frac{1}{2}\theta_{\max} = \frac{M_{\max}}{2k} = \frac{2f[\sigma]}{E} \tag{8}$$

1.3　仿真验证

柔性铰链加工时容易产生应力集中，进而会降低其精度与使用寿命。本文对合金钢、铝合金、铍青铜和钛合金 4 种柔性材料（材料参数见表 1）进行比较，从变形角度看，钛合金的屈服强度与弹性模量的比值最大，加工性能较好，因此选用钛合金作为柔性铰链设计仿真的材料。

主动铰链的尺寸参数为 $a = 32$ mm，$b = 20$ mm，$c = 24$ mm，对输入位移取值并代入式（4），求得对应的输出转角数值，如图 6 所示；被动铰链的尺寸参数为直径 40 mm，切口直径 3.6 mm，对输入转矩取值并代入式（8），求得对应的输出转角数值，如图 7 所示。将主动铰链和被动铰链三维模型（图 1、3 中的分图(b)）导入有限元软件中进行仿真，得到对应的输入–输出关系曲线，分别如图 6 和图 7 所示。

对比图 6 曲线可知：主动铰链的理论、仿真结果基本相符，最大误差小于 1%，证明了输出转角的理论计算的正确性；随着主动铰链的输入位移逐渐变大，其理论、仿真结果之间的偏差也越来越大。理论计算时将渐变杆视为刚性杆，没有考虑其弹性变形，是造成这一偏差越来越大的主要原因。

对比图 7 曲线可知：被动铰链的理论、仿真结果基本相符，最大误差小于 1%，证明了输出转角的理论计算的正确性；随着输入力矩逐渐变大，其理论、仿真结果之间的偏差越来越大。这一偏差越来越大是因为，随着转角逐渐变大，被动铰链的分支切口位置既要承受转矩作用使其转动，又会产生拉力阻碍其转动发生。

5.8.3　结果与分析实例【3】

【3】

2　新型 5–R 柔性机构

2.1　构型设计

　　如图 8 所示为对称形式的球面 5–R 并联机构简图。机构由两个不同分支 A_1B_1C 和 A_2B_2C 及定平台 OA_1A_2 构成，其中连杆 A_1B_1 与连杆 A_2B_2 相同，连杆 B_1C 与连杆 B_2C 相同；A_1，B_1，A_2，B_2，C 均为转动副，所有转动副的轴线相交于一个固定点，具有二维转动自由度，可作为定位平台；取各转动副所在轴线间的夹角 $\alpha_0=90°$，$\alpha_1=30°$，$\alpha_2=45°$。将球面 5–R 并联机构中的所有转动副用柔性铰链代替，其中为了实现轻量化设计并且减小装配误差，将连杆 A_1B_1 和运动副 B_1 设计为一体，同时将连杆 A_2B_2 和运动副 B_2 也设计为一体，称为臂杆 1；连杆 B_1C 和运动副 C 设计为一体，称为臂杆 2；连杆 B_2C 称为臂杆 3，得到如图 9 所示的新型两转动柔性并联指向机构的三维模型。

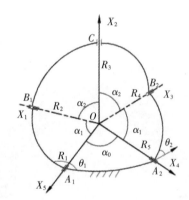

图 8　球面 5–R 并联机构简图

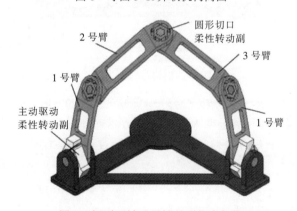

图 9　新型两转动柔性并联指向机构

2.2　刚度分析

　　精密调整机构的承载能力也是机构的一项重要的性能指标，根据具体的性能指标要求，对新型 5–R 柔性并联机构进行刚度分析。考虑连杆和运动副进行一体化设计，整体机构采用钛合金材料，对机构在加载情况下的受力变形和应力的分析十分必要。使用 ANSYS 进行仿真分析，对机构的动平台施加一个竖直方向的 500 g 的载荷表示外加负载，通过得到的变形图和应力图来分析检测机构的刚度性能和承载能力。新型并联指向机构的等效应变图和等效应力图如图 10 和图 11 所示。

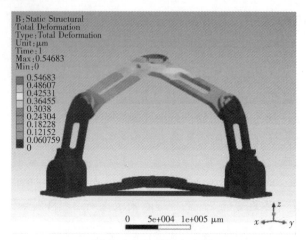

图 10　机构等效应变图

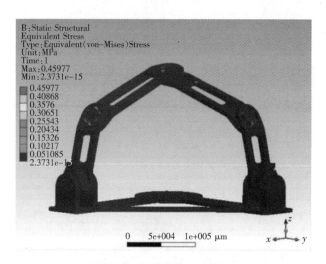

图 11　机构等效应力图

从图 10 和图 11 中可以看出，当动平台外加负载达到 500 g 时，可以看出机构最大的变形处达到 0.546 μm，该误差在允许范围内；最大应力不到 0.459 MPa，远远小于屈服强度，满足设计要求，证明提出的新型 5-R 柔性并联指向机构设计的合理性。

2.3　指向精度

用方位角和俯仰角表示指向坐标，设机构的输出为 $C=(\phi,\ \gamma)$，输入为 $(\theta_1,\ \theta_2)$，根据文献 [21]，得到该机构的反解公式：

$$\delta_i = \left(M_i \pm \sqrt{M_i + N_i - D_i} \right) / \left(N_i + D_i \right)\ \ (i = 1,\ 2) \tag{9}$$

式中：$\delta_i = \tan \alpha_i$；

　　　M_i，N_i，D_i——关于 θ，α，R_i 的关系表达式，这里不做具体详细解释，详细推导过程参照文献 [17]。

通过定义方位角指向误差与俯仰角指向误差来表示指向精度的大小，其具体求解公式为：

$$\eta_1 = \left| \frac{\phi_{tr} - \phi_{th}}{\phi_{tr}} \right| \tag{10}$$

$$\eta_2 = \left| \frac{\gamma_{tr} - \gamma_{th}}{\gamma_{tr}} \right| \tag{11}$$

式中：η_1，η_2——方位角指向误差与俯仰角指向误差；

　　　　ϕ_{tr}，ϕ_{th}——实际方位角与理论方位角；

　　　　γ_{tr}，γ_{th}——实际俯仰角与理论俯仰角。

在该机构的工作空间范围内选取 20 组指向坐标，如表 2 所示，将其代入式（9）中，得到 20 组对应的数据，在有限元仿真软件中，将求得的反解数据作为主动铰链的输入，得到机构的仿真结果如表 3 所示；最后将得到的位姿数据与选取的指向坐标数据分别代入到式（10）与式（11）中计算得到其精度误差，得到其方位角与俯仰角误差结果，如图 12 与图 13 所示。

表 2　选取的指向坐标

组别	1	2	3	4	5	6	7	8	9	10
方位角 / (°)	44.920	44.940	44.960	44.980	45.000	45.020	45.040	45.060	45.070	45.080
俯仰角 / (°)	24.200	24.200	24.200	24.200	24.200	24.200	24.200	24.200	24.200	24.200

组别	11	12	13	14	15	16	17	18	19	20
方位角 / (°)	45.000	45.000	45.000	45.000	45.000	45.000	45.000	45.000	45.000	45.000
俯仰角 / (°)	24.160	24.170	24.180	24.190	24.200	24.210	24.220	24.230	24.240	24.250

表 3　指向坐标的仿真结果

组别	1	2	3	4	5	6	7	8	9	10
方位角 / (°)	44.925	44.944	44.955	44.978	45.004	45.022	45.039	45.066	45.072	45.085
俯仰角 / (°)	24.200	24.200	24.200	24.200	24.200	24.200	24.200	24.200	24.200	24.200

组别	11	12	13	14	15	16	17	18	19	20
方位角 / (°)	45.000	45.000	45.000	45.000	45.000	45.000	45.000	45.000	45.000	45.000
俯仰角 / (°)	24.166	24.174	24.182	24.186	24.118	24.196	24.225	24.236	24.238	24.251

从图 12 中可看出，当俯仰角一定时，方位角指向误差最大值为 1.3×10^{-4}° 时，具有很高的指向精度；同理从图 13 中可以看出，当方位角确定，俯仰角的最大误差为 3.6×10^{-4}° 时，具有很高的指向精度。

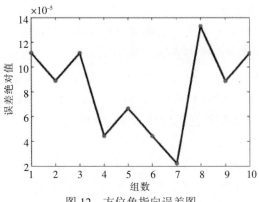

图 12　方位角指向误差图

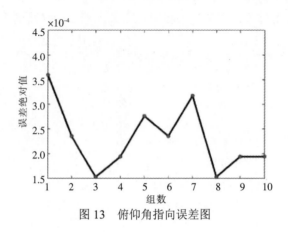

图 13　俯仰角指向误差图

此例为《一种新型 5–R 柔性并联指向机构的设计与分析》一文以新型 5–R 柔性机构（新型 5–R 并联指向机构，或球面 5–R 并联机构，下称新型柔性机构）为设计对象（或成果）的结果与分析部分。写作逻辑同该文标题 1，只是设计对象由"新型柔性转动副"变换为"新型柔性机构"，二者又密切相关，因为此新型柔性机构中使用了此新型柔性转动副，即新型柔性转动副是新型柔性机构的重要组成部分。

1）2.1 节评析（构型设计）

此节仅为 1 段，展现新型柔性机构构型设计结果（机构组成、三维模型）。先用图 8 显示机构组成，再给出说明结果（机构由分支 A_1B_1C、A_2B_2C 及定平台 OA_1A_2 构成，连杆 A_1B_1 与 A_2B_2、连杆 B_1C 与 B_2C 相同；A_1、B_1、A_2、B_2、C 为转动副，所有转动副的轴线相交于一个固定点，有二维转动自由度，可作为定位平台；取各转动副轴线间夹角 $\alpha_0=90°$，$\alpha_1=30°$，$\alpha_2=45°$）。然后对三维模型给出说明结果（将所有转动副用柔性铰链代替，为轻量化并减小装配误差，将 A_1B_1 与 B_1、A_2B_2 与 B_2 均设计为一体，称臂杆 1；B_1C 与 C 设计为一体，称臂杆 2；B_2C 称臂杆 3），再用图 9 显示三维模型。

2）2.2 节评析（刚度分析）

此节有 2 段，含 2 个插图，对机构的刚度进行仿真分析。

第 1 段。第 1 句侧重交待刚度分析的重要性，但语言表达不太通顺（动宾词组"精密调整机构的承载能力"与偏正词组"一项重要的性能指标"不搭配）；第 2 句侧重交待加载情况下受力变形和应力分析的必要性。这两句总体为相关常识介绍，但语言效能较差。第 3 句描述进行仿真所用的材料（ANSYS，一种有限元分析软件）、方法（对动平台外加一个竖向 500 g 的负载，由所得变形图和应力图来分析检测机构的刚度性能和承载能力）。第 4 句展示仿真结果（图 10、11 所示的机构等效应变图、应力图）。

第 2 段。对仿真结果给予分析说明（动平台外加负载为 500 g，机构最大变形达 0.546 μm，在允许的误差范围内；最大应力不到 0.459 MPa，远远小于屈服强度，满足设计要求），并推出一个结论（本文提出的新型柔性机构设计具有合理性）。

3）2.3 节评析（指向精度）

此节有 4 段，含 3 组公式、2 个插图和 2 个表格，对机构的指向精度进行仿真分析。

第 1 段。描述指向坐标用方位角、俯仰角表示，引用文献［21］给出反解公式（9）。

第 2 段。描述指向精度用方位角指向误差、俯仰角指向误差表示，给出求解公式（10）、（11）。

第 3 段。描述方法，展现结果，总结如下：

（1）在机构工作空间范围内选取 20 组指向坐标数据，获得实际结果（表 2）；

（2）将表 2 数据代入式（9），求得 20 组对应的反解数据（理论结果）；

（3）将反解数据作为主动铰链的输入进行有限元仿真，求得机构仿真结果（表 3）；

（4）将得到的位姿数据与选取的指向坐标数据分别代入式（10）、（11），求得指向精度误差，即方位角与俯仰角误差结果（图 12、13）。

值得注意的是，这里有关实际、理论、仿真的表述不是很严谨、清晰，容易造成歧义。

第 4 段对结果分析说明。对于图 12，俯仰角一定、方位角指向误差最大值为 1.3×10^{-4}°时，指向精度很高；对图 13，方位角一定、俯仰角误差最大值为 3.6×10^{-4}°时，指向精度很高。

这部分基本合理，但同该文标题 1 部分类似，也有提升空间，以下给出一种参考修改。

结果与分析【3】参考修改（主题 2）

2　新型 5–R 柔性机构

2.1　构型设计

设计了新型 5–R 柔性并联指向机构（球面 5–R 并联机构，下称新型柔性机构），其机构组成如图 8 所示。该机构为对称结构形式，由两个不同分支 A_1B_1C、A_2B_2C 及定平台 OA_1A_2 构成，其中连杆 A_1B_1 与 A_2B_2、连杆 B_1C 与 B_2C 相同；A_1、B_1、A_2、B_2、C 为转动副，其轴线相交于一个固定点，具有二维转动自由度，可作为定位平台；取各转动副所在轴线间的夹角 $\alpha_0 = 90°$，$\alpha_1 = 30°$，$\alpha_2 = 45°$。将机构中所有转动副用柔性铰链代替，为了实现轻量化设计并减小装配误差，将 A_1B_1 与 B_1、A_2B_2 与 B_2 设计为一体，称臂杆 1；B_1C 与 C 设计为一体，称臂杆 2；B_2C 称臂杆 3。得到机构的三维模型，如图 9 所示。

2.2　刚度分析

精密调整机构的承载能力非常重要，机构刚度是衡量其承载能力的一项重要性能指标，对新型柔性机构进行刚度分析，对其在加载时的受力变形和应力进行分析很有必要。本文根据具体性能指标要求，将连杆和运动副进行一体化设计，机构整体采用钛合金材料，使用 ANSYS 软件进行仿真，对机构的动平台施加一个竖直方向的 500 g 的载荷（外加负载），得到如图 10、11 所示的等效应变图和应力图，并分析、检测机构的刚度性能和承载能力。

从图 10、11 可以看出，当动平台外加负载达到 500 g 时，机构最大变形达到 0.546 μm，该误差在允许范围内；最大应力不到 0.459 MPa，远远小于屈服强度，满足设计要求。这表明了本文所提出的新型柔性机构设计的合理性。

2.3　指向精度

指向坐标用方位角、俯仰角表示，设机构的输出为 $C = (\phi, \gamma)$，输入为 (θ_1, θ_2)，则有反解公式[21]：

$$\delta_i = \left(M_i \pm \sqrt{M_i + N_i - D_i} \right) / \left(N_i + D_i \right) \quad (i = 1, 2) \tag{9}$$

式中，$\delta_i = \tan \alpha_i$；M_i、N_i、D_i 对 θ、α、R_i 的关系表达式推导过程参见文献 [17]。

指向精度用方位角、俯仰角两个指向误差表示，具体求解公式为：

$$\eta_1 = \left| \frac{\phi_{tr} - \phi_{th}}{\phi_{tr}} \right|, \quad \eta_2 = \left| \frac{\gamma_{tr} - \gamma_{th}}{\gamma_{tr}} \right| \tag{10}$$

式中：η_1、η_2 为方位角指向误差、俯仰角指向误差；ϕ_{tr}、ϕ_{th} 为实际方位角、理论方位角；γ_{tr}、γ_{th} 为实际俯仰角、理论俯仰角。

　　在机构工作空间范围内选取 20 组指向坐标，见表 2；将表 2 数据代入式（9），求得 20 组对应的反解数据；使用有限元仿真软件 ANSYS 进行仿真，将求得的反解数据作为主动铰链的输入，得到仿真结果，见表 3；将仿真所得位姿数据与选取的指向坐标数据代入式（10）、（11），计算方位角、俯仰角误差，如图 12、13 所示。

　　由图 12 看出，当俯仰角一定、方位角指向误差最大值为 1.3×10^{-4}° 时，指向精度很高；由图 13 看出，当方位角一定、俯仰角指向误差最大值为 3.6×10^{-4}° 时，指向精度很高。

第 **6** 章

结 论

结论（conclusions）又称结束语、结语或"结论与展望"，是体现深层次认识的整篇科技论文的全局性总结。它是对讨论结果的拔高性再总结，是对研究对象的总认识，是对研究成果的总评价，是全文最高层次的总结果，其核心在于回答获得了什么，体现严密的客观性、全局性和科学性，反映研究价值，指导未来研究。结论也是评判论文质量的重要依据和引起读者阅读兴趣的重要内容。本章主要讲述科技论文结论的内容、结构，写作要求及常见问题，并列举实例进行评析。

6.1 结论的内容与结构

结论常设独立标题写为一段或几段（单写），或不设标题写在讨论中（混写）。论文讨论部分的开头整体开场和末尾全局总结其实也属结论的重要内容。结论内容应包括研究背景、研究成果（成果提出、优势描述）、价值意义、研究局限。

（1）研究背景（预备）。高度概括主题知识、研究现状，可提及研究目的。这部分本质上不属结论，有无均可，有则构造氛围，让读者不至于先看结论有突兀或生疏感，但宜短不宜长，不要写多而淹没研究工作；无则直奔结论，提升阅读效率，看不懂时可回头查看前文。

（2）成果提出（点题）。提出核心成果，概括其形态（理论、方法或产品），用简短语句给予其某层面或角度的修饰限定，点出其特点、功能、用途和范围等，同时还可用状语提及所用的理论或方法（如"基于……原理""通过……方法""用……技术""用……软件"等）。

（3）优势描述（说明）。进一步描述成果，侧重对成果的规律、特点、性能、功能、效能、精度、适用范围等进行总结，突出成果的优势，说明成果的理论或实用价值。成果提出应高度概括，重在动作行为"提出"（或研究、论述、给出、设计、开发、研制等），无须评价成果的好坏。

（4）价值意义（创新）。与已有相关研究进行对比，表明成果的贡献，即价值意义或创新，例如能填补什么理论不足或空白，能解决什么实际问题或难点，能研制出什么适应需求的新产品；明确与已有研究的关系，例如检验、证实、修正、补充、完善、发展、突破和否定等，定量说明效果会更好。

（5）研究局限（找不足）。针对出现的例外或难以解释、解决的问题，指出本文研究的局限，明确遗留或尚待解决的问题，未来研究的方向、思路、重点，或对研究、应用前景进行预测、展望，或提出意见、建议、措施等。

以上结论的各部分内容按以下顺序出现，便形成结论的常规结构：

（研究背景）→成果提出→优势描述→价值意义→研究局限

这是结论的简式结构。实际中因学科领域、研究内容、学术成果、表达侧重、写作风格及文体类别等的不同而有所取舍，只写几项或几项合写，简略写或详细写，按需变换或调整顺序，都是可以的。比如，研究背景中的主题知识和研究现状可都写，或只写其一，或都不写；成果提出、优势描述既可分写也可合写；研究局限可不写、简写或详写。

综述论文重在发展方向、道路探索，着眼于未来，原创论文重在原创研究、发现，着眼于现在，二者结论的侧重不同。对综述论文，结论部分的研究背景可不写，成果提出主要总结描述本论中由文献述评所得重要认识（现状、问题总结），属于知识类，个人色彩浓厚，不存在与别人对比，优势描述通常不涉及，价值意义也可不写；但展望（解决办法、对策举措或未来研究方向、目标）通常不可少。原创论文的局限说明、未来研究方向通常简单提及，而综述论文的则应适当详写，可分层次逐点、配合说明，先写局限说明，后写研究方向。

也可将研究背景作为结论的整体开场，中间部分总结、列示一些重要结论（从论文的讨论或述评部分选取），最后全局总结，将研究成果（成果提出、优势描述）、价值意义、研究局限混写为一段。结论的这种结构其实就是讨论的结构，若为结论安排这种结构，则论文的讨论部分就不宜有相应的整体开场和全局总结，以免造成重复。这种结构为结论的复式结构：

开头整体开场（研究背景：整体主题知识或研究现状）

中间重要结论列示（含必要说明）

　　　主题结论 1，可有必要说明、解释

　　　主题结论 2，可有必要说明、解释

　　　　　　……

　　　主题结论 N，可有必要说明、解释

末尾全局总结［研究成果（成果提出、优势描述）、价值意义、研究局限］

6.2　结论的写作要求及常见问题

扫一扫

视频讲解

1）结论的写作要求

（1）结构体例布局。仔细规划结论的结构体例，须考虑文体、内容、出版及写作风格等多种要素。不要缺少结论，在论文中任何地方均体现不出结论的内容。结论通常单列标题，若在讨论中写，则无须再单列标题，避免重复或跑题。

（2）与目的相呼应。从论文全局的角度与研究目的相扣，目的已在题名、引言确定，结论则与题名、引言相呼应（点题），总结、告知目的是否实现，做得如何，水准怎样，有何问题，怎么解决。目的确定任务（承诺），结论则是完成任务（兑现）。

（3）内容有序展开。大体按研究背景→成果提出→优势描述→价值意义→研究局限的内容结构有序行文。研究背景可不写，若写则紧密围绕主题，不偏不倚，短小精干，高度概括。其他结论内容应按领域范围和内容复杂程度等要素而有所侧重取舍。

（4）科学判断推理。基于科研原始结果，以正确的逻辑思维方式，进行有理、有据的论证推理，保证结论表述的科学性、严谨性和严密性，避免做出没有根据或不合逻辑的论证推理而得出理由不足、可信度不够的结论。

（5）准确简洁表述。行文准确表述，直截了当、精练完整、高度概括，不含糊其辞、模棱两可，似是而非，避免具体、详细的表述，表述方法要交待其名称或关键步骤，避免涉及方法的具体内容、细节及步骤，更不要详细描述研究过程。

（6）避免重复前文。从论文整体或全局出发，综合考虑，将结论写成相对独立别具特色的部分，避免简单重复题名、摘要或引言。避免将结论写成摘要，或讨论中低层次结果的汇总，或原创、原始结果的小结，或材料、方法、分析、过程，或概念、知识、常识等。

（7）恰当表达创新。以科学态度和专业方式恰当表达成果的价值，不要夸大其词、自鸣得意，不要过度谦虚、谨小慎微，证据、理由不足时不要妄下结论。对尚不能完全肯定的结果、结论的表述要留有余地，不要轻率否定或批评别人的成果，更不能借故贬低、攻击别人。

（8）篇幅合理确定。以宜短不宜长、能短则短的总原则，根据研究内容、特点、复杂性及表达需要来确定结论的合适篇幅。应针对作者自己的研究成果来写，不要涉及论文中未用到或不重要、不相关的事实、数据和资料，也不要简单重复论文中其他部分的文本。

（9）形式灵活把握。站在论文的角度高度概括，内容较少时写为一段，较多时写成几段。出于层次清楚表达，或适于论文体例格式，应按结论的内容项分段来写，每一内容项一段，每段包括一句或几句。若对每个结论段编号，结论表述的条理性会更好，创新性会更突出。

（10）合理建议提出。最后可以总结本文工作的局限性，提出建设性问题，为未来研究工作预设场景，对综述论文应侧重撰写对未来相关领域发展方向、研究工作的设想、展望。注意避免继续讨论而提出本文根本没有涉及的新结果、新结论。

扫一扫

视频讲解

2）结论写作的常见问题
（1）不论内容还是形式均找不到结论；
（2）将常识性和前言的内容写进结论；
（3）将摘要写进结论或重复摘要内容；
（4）将材料、结果、分析等当作结论；
（5）写工作研究过程，叙述做了什么；
（6）缺少根据，不合逻辑，理由不足。

6.3 结论实例评析

6.3.1 结论实例【1】

扫一扫

视频讲解

【1】

〈写法一〉

（1）发展一种利用商业有限元软件进行摩擦系统全模型摩擦噪声预测的方法，可以对包括摩擦力和真实边界条件下的摩擦系统的复特征值进行分析，并提出进行摩擦噪声预测的主要步骤。

（2）该方法能够大大提高摩擦噪声预测分析的精度和效率。用该方法分析往复滑动摩擦系统的噪声发生趋势，获得系统特征方程的特征根及其变化特性，据此可判断摩擦系统自然频率和可能发生摩擦噪声的频率。

（3）计算结果表明，摩擦因数和滑动方向对系统摩擦噪声的形成有重要影响，摩擦噪声发生时摩擦系统具有振动模态重合的特点。

（4）将计算得到的系统可能发生摩擦噪声的频率与系统的试验噪声频率进行比较，发现有较好的一致性。

〈写法二〉

（1）摩擦因数对摩擦噪声的产生有决定性的影响，大于一定值后产生摩擦噪声。

（2）发生摩擦噪声时，摩擦系统有两个自然振动频率重合的特点，即系统发生模态耦合。

（3）摩擦滑动方向对摩擦噪声产生有重要影响，沿摩擦力使振动部件的当量弹簧受压时的方向滑动容易产生噪声。

<写法三>

（1）提出一种利用商业有限元软件（NASTRAN）对摩擦系统复特征值进行分析的全模型摩擦噪声预测的新方法。

（2）该方法弥补了现有商业有限元软件不能直接进行摩擦滑动系统噪声预测的缺陷，能较为准确地预测摩擦滑动系统发生噪声的频率。

（3）该方法将摩擦噪声预测分析时间降至数天内完成，解决了用传统方法一般需要几个月甚至更长时间的问题。

（4）摩擦噪声对应的振动总是有界的，用摩擦系统的有限元稳定性分析回答不了振动无限增大的限制因素，摩擦噪声的产生机理还须做进一步的研究。

以上为《摩擦噪声有限元预测》一文结论的三种写法。

1）写法一（有4段，每段编号，结论常规结构）

第1段有3个单句，第1句为成果提出（发展一种摩擦噪声预测的方法），第2句为成果功能描述（可以对包括摩擦力和真实边界条件的摩擦系统的复特征值进行分析），第3句为成果提出（提出摩擦噪声预测的主要步骤）。其中，功能描述不用单写，可放到第1句的主题词语（摩擦噪声预测的方法）前做限定语；第3句多余，因"步骤"包含在"方法"中，成果是一个，不必写成两个。

第2段总结成果优势，但用了1个单句和1个复句，该复句又由3个单句组成，整体上语句冗余，表达啰唆，优势不突出。可抽取重点，改用1个复句。

第3段描述计算结果，属"结果"范畴，应在论文"结果与讨论"部分描述，可删除。

第4段描述本文方法得到实验验证，前一句指出验证方法（计算、试验结果比较），后一句指出验证结果（计算、试验结果一致）。对于方法，有无验证和可信度是关键要素。这部分有对方法验证结果的描述，对方法的质量或实用性提供保证是必要的，不过在表达的简洁性方面有提升空间。

该结论还有一个不足，就是没有交待价值意义和研究局限。

2）写法二（有3段，每段编号，在形式上似结论，但内容上不是结论）

这3段的内容是：摩擦因数与摩擦噪声的关系（摩擦因数影响摩擦噪声，大于一定值后产生摩擦噪声）；摩擦系统发生摩擦噪声时的特点（系统发生模态耦合）；摩擦噪声产生与摩擦滑动方向直接相关（沿摩擦力使振动部件的当量弹簧受压时的方向滑动容易产生噪声）。显然这些内容属于局部层面的具体结果、结论，应放在"结果与讨论"的中间主题讨论部分。

此例结论没有达到论文全局的层面、高度，不符合论文结论写作要求，不合格。

3）写法三（有4段，每段编号，在形式、内容上符合结论写作要求）

第1段直截了当用一句话提出成果（提出全模型摩擦噪声预测新方法）。同时对成果作限定描述："利用商业有限元软件（NASTRAN）"指明所用的方法，"摩擦系统复特征值"进一步明确成果的功能对象（测量指标）。

第 2 段为一个两分句的复句,总结成果优势:功能(能准确预测摩擦滑动系统发生噪声的频率);商业(能弥补现有商业有限元软件不能直接进行摩擦滑动系统噪声预测的缺陷)。

第 3 段也为一个两分句的复句,通过对比"摩擦噪声预测分析时间"这一指标来总结成果的价值意义即创新点(该时间本文方法为数天,传统方法为几个月甚至更长时间)。

第 4 段指出成果的局限(用摩擦系统的有限元稳定性分析回答不了振动无限增大的限制因素)及未来工作(进一步研究摩擦噪声的产生机理)。

6.3.2 结论实例【2】

【2】

〈写法一〉

设计了一种可多种模式控制的氛围灯控制模块,采用了 CAN_LIN 控制和按键控制的两种模式,用户既可以模拟整车环境控制氛围灯,避免了整车控制调试的麻烦,又能便捷地调试氛围灯颜色和白平衡算法[14],方便后期调试。设计的控制装置已用于汽车的氛围灯进行了相应的测试,实际应用结果表明:该控制装置具有控制便捷、测试准确、稳定可靠、人机界面友好[15]等特点,达到了设计要求。

〈写法二〉

随着汽车行业的不断发展,车内装饰灯越来越得到用户的青睐,汽车氛围灯是一种创建和装饰各种室内灯光场景功能的汽车室内照明系统。提出一种可多种方式控制的氛围灯控制模块,第一种方式为 CAN 与 LIN 联合通信的控制方式,用户控制上位机通过 CAN 与 LIN 通信控制子节点上的 RGB 三色灯,这种方式可以模拟整车控制方式;第二种方式为键盘与 LIN 通信的控制方式,用户控制键盘即可通过 LIN 通信控制子节点上的 RGB 三色灯,这种方式可更加便捷直观地控制 RGB 三色灯。

〈写法三〉

(1)开发出一种具有 CAN_LIN、按键控制的两模式氛围灯控制模块。

(2)用模式一可模拟整车环境控制氛围灯,避免整车控制调试的麻烦;用模式二可便捷地调试氛围灯颜色和白平衡算法,方便后期调试。

(3)对该控制模块进行实车测试,表现出控制便捷、测试准确、稳定可靠、人机界面友好等特点。

(4)用该模块可更便捷直观地控制 RGB 三色灯,实用价值较大,具有良好的应用前景。

以上为《一种多模式的氛围灯控制模块》一文结论的三种写法。

1)写法一

此结论描述三方面内容:①设计氛围灯控制装置(模块),用其功用"可多种模式控制"限定,属成果提出。②该装置可用来模拟整车环境控制灯氛围,无须整车控制调试,还可便捷地调试氛围灯颜色和白平衡算法,方便后期调试,属功能介绍和优势描述。③该装置在汽车上测试表现出很多优点,属实车验证,相当于价值意义。但语言效能较差,主要不足有:

(1)术语不统一。模块、装置混用,对成果形态表达不严谨,是控制模块还是控制装置?

（2）语义不连贯。"实际应用结果表明"与"进行了相应的测试"不大承接或搭配。"实际应用"范围大，而"测试"多指案例，范围较小。既然进行了测试，接着应说"测试结果表明……"，或将"测试"去掉而将其所在句"设计的控制装置已用于汽车的氛围灯进行了相应的测试"改为"该装置已成功应用于汽车氛围灯控制中"。

（3）引用了文献。掺杂进非本文的成分，造成结论归属难以说清，除非必要，结论中不要引用文献。

2）写法二

此结论的内容分两部分。第 1 部分开头一句（随着汽车行业……室内照明系统）为研究背景，交待汽车领域相关常识，但未引出问题或研究目标，可删除。第 2 部分（提出一种……可更加便捷直观地控制 RGB 三色灯）的开头提出成果（提出氛围灯控制模块），接着对成果的两种模式进行功能描述，但表达啰唆，重点不突出，写成了功能介绍，未侧重写出成果优势及价值意义、研究局限。另外，语言效能较差。比如：出现了不必要的状语"随着汽车行业的不断发展"；用词不当，谓语"提出"与宾语"控制模块"不搭配；"多种方式"与"第一种方式""第二种方式"不对应（"多种"应对应"三种及以上"）。

3）写法三

此结论有 4 句。句 1 直接提出成果（开发出两模式氛围灯控制模块）。句 2 描述成果（用模式一可模拟整车环境控制灯氛围，用模式二可便捷调试氛围灯颜色和白平衡算法），总结优势（用模式一可避免整车控制调试的麻烦；用模式二可方便后期调试）。句 3、4 交待成果的实车测试结果（控制便捷、测试准确、稳定可靠、人机界面友好）及实用价值（可更便捷直观地控制 RGB 三色灯），虽没有对比描述，但在一定程度上表达出了成果的价值意义（实用价值较大），最后对成果的应用前景进行展望（具有良好的应用前景）。

6.3.3　结论实例【3】

【3】

汽车零部件中有大量的薄壁构件，一般均由金属薄板焊接而成。作为车身制造的一个重要装配方式，点焊在汽车发生碰撞时还会影响车辆的缓冲吸能特性，焊接点的失效与否影响着车身各部件的动力学关系。因而在汽车碰撞仿真或结构分析中，正确模拟点焊连接关系及其失效，对计算结果有着重要影响。

这里所提出的在点焊间引入刚性梁单元的方法，避免了有限元网格的局部细化，能较好地反映焊点力学特性，与实际情况更为接近，是一种行之有效的方法。

此例为某论文的结论。前一段由因果论证（因而）得出"在汽车碰撞仿真或结构分析中……对计算结果有着重要影响"，交待相关知识，属研究背景，可不写，或简写，应将论证式表达改为描述、叙述式，直接点出问题或研究意义。后一段有 4 层意思：提出成果（提出在点焊间引入刚性梁单元的方法）；优势描述（可避免有限元网格的局部细化，较好地反映焊点力学特性）；案例实证（与实际情况更为接近）；价值意义（行之有效的方法），表达简短、隐含。下面给出一种参考修改。

结论【3】参考修改

（1）汽车碰撞有限元模拟计算中如何对点焊进行正确模拟对计算结果有重要影响。

（2）提出一种在点焊间引入刚性梁单元来模拟点焊连接关系及其失效的新的有限元方法。该方法在有限元节点与单元之间引入一短梁单元来模拟焊接关系，不仅能避免有限元网格的局部细化，还能较好地反映焊点的力学特性。

（3）仿真实例表明，新方法的模拟结果与实际情况较为接近，结果可靠、实用。

（4）该方法可克服传统模拟方法采用刚性元直接连接节点、单元网格划分技术的限制，能够减轻计算工作量，提升模拟效率，还能保证焊点位置，有较好的应用前景。

修改后的内容和结构：研究背景→研究成果（成果提出、优势描述）→验证→价值意义。

6.3.4　结论实例【4】

扫一扫

视频讲解

【4】

基于自主研发的第一性原理软件 HASEM 研究了 CL-20 炸药五种晶相、BTF 炸药晶体及 CL-20/BTF 共晶炸药结构的热力学稳定性、力学性能和爆轰性能。结果如下：

（1）CL-20/BTF 共晶及纯 CL-20 晶体的分子间相互作用包含 33.9%～38.7%的弱氢键，使其分子间结合能相对于无氢 BTF 晶体增加 39%～124%，增强了晶体结构的热力学稳定性。

（2）共晶体系中的 BTF⋯CL-20 分子间相互作用调节了体系能量随应变的变化关系，使得 CL-20/BTF 的体弹模量和声速等力学性能相对纯 BTF 和纯 CL-20 晶体均有较大改变。

（3）通过第一性原理方法和类 CHEQ 方法对爆轰性能的<u>预测结果表明</u>，CL-20/BTF 共晶虽与 BTF 有相似的体密度，<u>但由于其</u>氧平衡系数得到优化，<u>因此</u>其爆压、爆速分别提高约 11%、5%；与 β-CL-20 相比，密度与氧平衡均有所下降，<u>因而</u>其爆压、爆速分别下降约 15% 和 6%，爆温下降约 2%。

综上所述，设计新型钝感共晶炸药应避免共价键强度极弱的分子和具有高密度振动谱特征峰的结构，有效利用氢键对分子空间堆积的热力学稳定效应，兼顾炸药的高能量密度则需要适量控制氢元素的含量。

此例为《CL-20 及其共晶炸药热力学稳定性与爆轰性能的理论研究》一文的结论部分，有 5 段，属于开头整体开场、中间结论列示和末尾全局总结的结论复式结构。

第 1 段整体开场，属于研究背景，先交待研究目的（研究 CL-20 炸药五种晶相、BTF 炸药晶体及 CL-20/BTF 共晶炸药结构的热力学稳定性、力学性能和爆轰性能）和方法（基于自主研发的第一性原理软件 HASEM），最后用"结果如下"提示接着将交待研究的主要结论。

第 2～4 段列示主要结论，按主题（热力学稳定性、力学性能、爆轰性能）逐一叙述研究结论，与该文"结果与讨论"部分的主题对应，对各主题下的主要结果、结论重新表述，可能会有一些重复，不过这种重复是合理的。这里列示的结论追求对主题结果、结论内容表达的再概括和语言表述的凝练性，突出主题研究的重要性、全局性。主题 3（爆轰性能）的表述出现了结果提示语（预测结果表明），论证、讨论式语句（因此、因而）及解释语（由于其），这类语句超出结果本身，应去掉[①]。

第 5 段全局总结，描述本文总体成果——新型钝感共晶炸药设计的新认识，也即应采取

---

① 列示主要结论时不宜出现提示语，如"……结果显示""……结果表明""……实验显示"等，也不必再作讨论或解释，因为结论侧重写讨论所得的直接结果，而不是讨论本身或讨论所得结果以外的内容。

的新举措：①避免共价键强度极弱的分子和具有高密度振动谱特征峰的结构；②有效利用氢键对分子空间堆积的热力学稳定效应；③兼顾炸药的高能量密度需要适量控制氢元素的含量。

以下针对主题 3（爆轰性能）表述存在的问题给出一种参考修改，修改后的内容和结构没有变化，但变论证、讨论式语句为叙述、说明式，表述更加简洁。

结论【4】参考修改一

基于自主研发的第一性原理软件 HASEM 研究 CL-20 炸药五种晶相、BTF 炸药晶体及 CL-20/BTF 共晶炸药结构的热力学稳定性、力学性能和爆轰性能，得出以下主要结论：

（1）CL-20/BTF 共晶及纯 CL-20 晶体的分子间相互作用，包含 33.9%～38.7%的弱氢键，使得其分子间结合能相对于无氢的 BTF 晶体增加 39%～124%，增强了晶体结构的热力学稳定性。

（2）共晶体系中的 BTF…CL-20 分子间相互作用，调节了体系能量随应变的变化关系，使 CL-20/BTF 的体弹模量和声速等力学性能相对纯 BTF 和纯 CL-20 晶体均有较大改变。

（3）CL-20/BTF 共晶与 BTF 有相似的体密度，但其氧平衡系数得到优化，爆压、爆速分别提高约 11%、5%；与 β-CL-20 相比，密度与氧平衡均有所下降，其爆压、爆速分别下降约 15%和 6%，爆温下降约 2%。

综上所述，设计新型钝感共晶炸药应避免共价键强度极弱的分子和具有高密度振动谱特征峰的结构，有效利用氢键对分子空间堆积的热力学稳定效应，兼顾炸药的高能量密度须要适量控制氢元素的含量。

因各主题的讨论结果、结论在"结果与讨论"已有完整表述，故可考虑不在"结论"重复表述，这样就可给出按结论常规结构的一种参考修改（成果提出→优势描述→价值意义）。

结论【4】参考修改二

用自主研发的第一性原理软件 HASEM 对 CL-20 炸药五种晶相、BTF 炸药晶体及 CL-20/BTF 共晶炸药结构的热力学稳定性、力学性能和爆轰性能进行理论研究，得出新型钝感共晶炸药设计的新认识。设计新型钝感共晶炸药应避免共价键强度极弱的分子和具有高密度振动谱特征峰的结构，有效利用氢键对分子空间堆积的热力学稳定效应，兼顾炸药的高能量密度须要适量控制氢元素的含量。研究成果可为新型高能、钝感共晶炸药的设计提供理论依据。

6.3.5　结论实例【5】

【5】

建立了基于布龙-戴维斯方案的修正森林火险气象指数模型，删除了考虑可燃物湿度的原始布龙-戴维斯方案；引进了干旱指数，在连续无降水日的判定前先考虑干旱情况，且延长了连续无降水日日数；C_8 由地表状况修正系数改为积雪修正系数。通过与森林火灾多发季节对比以及实例的实用性分析，得到如下结论。

1）修正后的森林火险气象指数在 5 大区域的春、秋季均为高值期，这与国家林业和草原局制定的重点防火服务季节大体一致，指示性较好。

2）中国三大森林防火气象服务重点区（东北、华南、西南地区），森林火险气象指数与实际森林火灾次数相关度较高，2017 年内蒙古林火的实例分析表明适用性较高。

3）采用修正后的布龙-戴维斯方案计算森林火险气象指数，更便于操作、结果更可靠、更具实用及普适性，有利于全国范围推广。

从以上分析可以看出，虽然没有考虑植被类型、可燃物含水率、林内可燃物含量等林学因子对森林火灾发生危险性的贡献，基于气象因子的森林火险气象指数已经能较好指示出森林火灾高发期。未来则可以适度引入林学因子的影响，综合气象学和林学的森林火险预报对森林火灾发生危险性和可能性的表征度会更高。

此例为《修正的布龙-戴维斯森林火险气象指数模型在中国的适用性》一文的结论，也为开头整体开场、中间结论列示和末尾全局总结的结论复式结构。

第 1 段整体开场。交待主要成果（建立森林火险气象指数修正模型）及方法（基于布龙-戴维斯方案），指出模型变化（删除了考虑可燃物湿度的原始布龙-戴维斯方案；引进干旱指数，在连续无降水日的判定前先考虑干旱情况，且延长连续无降水日日数；C_s 由地表状况修正系数改为积雪修正系数），用"得到如下结论"提示下文将交待主要结论，同时还交待得到这些结论所用的方法（通过与森林火灾多发季节对比以及实例的实用性分析）。

第 2～4 段总结森林火险气象指数修正模型的适用性。前面两段由实例验证（五大区、三大森林防火气象服务重点区、内蒙古林火）指出其优势（指示性较好、适用性较高），后面一段指出价值意义（更便于操作、结果更可靠、更具实用性和普适性，有利于全国范围推广）。

第 5 段全局总结。指出新模型的局限（没有考虑植被类型、可燃物含水率、林内可燃物含量等林学因子对森林火灾发生危险性的贡献）和先进性（森林火险气象指数能较好地指出森林火灾高发期）；给出未来工作建议（可以适度引入林学因子的影响，综合气象学和林学的森林火险预报对森林火灾发生危险性和可能性的表征度会更高）。开头的"从以上分析可以看出"冗余，应去掉。

6.3.6 结论实例【6】

【6】

氧化还原介体的应用克服了污染物厌氧降解速率低的问题，为加速污染物的厌氧降解提供了新思路。目前的研究，主要集中在将氧化还原介体用于偶氮染料、多氯联苯、反硝化等的厌氧生物处理过程中。然而，非难降解污染物的厌氧转化速率相对于好氧降解通常也比较低。因此，未来将其推广，有助于高效解决环境污染问题。另外，目前常使用的氧化还原介体成本较高，探索发现廉价的氧化还原介体是未来的研究方向之一。尽管介体固定化可以有效解决溶解性氧化还原介体的二次污染问题，然而固定化介体的稳定性、制备成本仍然需要进一步研究，同时需要寻找天然高效的固态氧化还原介体。最后，将氧化还原介体有效地应用于实际污染物处理系统中是研究的目标。

此例为综述论文《氧化还原介体催化强化污染物厌氧降解研究进展》的结论。

前 3 句描述相关研究现状的重要认识（氧化还原介体的应用……提供了新思路；相关研究主要……处理过程中）及存在的问题（难降解污染物的厌氧转化速率相对于好氧降解通常

比较低）。后 4 句进行展望，提出举措（将氧化还原介体推广应用于难降解污染物降解过程中）和未来研究方向或目标（探索发现廉价的氧化还原介体；进一步研究固定化介体的稳定性、制备成本；寻找天然高效的固态氧化还原介体；研究将氧化还原介体有效应用于实际污染物处理系统中），并附加必要的解释说明（有助于高效解决环境污染问题；目前常用的氧化还原介体成本较高；介体固定化可以有效解决溶解性氧化还原介体的二次污染问题）。

此结论内容全面，但结构较混杂，层次有交叠，语言效能较差。下面给出一种参考修改。

结论【6】参考修改

氧化还原介体的应用能克服污染物厌氧降解速率低的问题，为加速污染物的厌氧降解提供了新思路。目前相关研究主要集中在将氧化还原介体用于偶氮染料、多氯联苯、反硝化等有毒有害的难降解污染物的厌氧生物处理过程中，但这些难降解污染物的厌氧转化速率相对于好氧降解通常也比较低，因此将氧化还原介体推广应用于难降解污染物降解过程中对高效解决环境污染问题具有重要意义。

未来应主要研究如何将氧化还原介体有效地应用于实际污染物处理系统中。目前常使用的氧化还原介体成本较高，还应探索发现廉价的氧化还原介体。另外，介体固定化是解决溶解性氧化还原介体二次污染问题的有效方法，须要对固定化介体的稳定性、制备成本做进一步的研究，并寻找天然高效的固态氧化还原介体。

修改后层次分明，语言效能提升。第一段提出成果，第二段进行展望。

成果：总说氧化还原介体应用优势和潜力，描述难降解污染物厌氧转化速率相对好氧降解通常较低，强调推广应用氧化还原介体对高效解决环境污染问题的重要性。

展望：总说未来研究目标（如何将氧化还原介体有效地应用于实际污染物处理系统中），分说研究目标（探索发现廉价的氧化还原介体；对固定化介体的稳定性、制备成本做进一步的研究；寻找天然高效的固态氧化还原介体），同时给以说明或解释（氧化还原介体成本较高；介体固定化是解决溶解性氧化还原介体二次污染问题的有效方法）。

第 **7** 章

摘　　要

摘要（abstract 或 summary）又称文摘、概要或内容提要，是以提供论文内容梗概为目的，不加评论和补充解释，简明、确切地记述论文重要内容的短文。摘要是科技论文主体的浓缩，反映研究的主要内容及创新点，只要看摘要不阅读全文就能够获得论文的必要信息，判断论文的价值取向。它是论文中继题名之后最先呈现的部分，是读者对论文产生第一印象的关键，是读者是否愿意下载、阅读全文的重要信息依据。本章主要讲述科技论文摘要的内容、结构、类型，写作要求及常见问题，英文摘要语法、效能，并列举实例进行评析。

7.1　摘要的特点与作用

摘要是论文的精华，某种意义上比论文的其他部分更为重要，因为它有可能在一定程度上决定了研究成果的同行可及性。摘要具有以下特点与作用。

1）摘要的特点

（1）内容上，充分总结全文，有与论文同等的主要信息，不能超出论文范围；

（2）逻辑上，行文连贯、顺畅和自然，按顺序体现论文各个主要部分的内容；

（3）形式上，有独立性，通常为一段，也可多段，位于题名下方、引言上方；

（4）篇幅上，无固定字数限制，随论文内容和文体而定，但不宜过长或过短；

（5）语言上，有自明性，通常无图表，不宜有引文及不常用的术语、缩略语；

（6）写作上，格式体例规范，语言简洁精练，蕴含主要内容，突出研究成果。

2）摘要的作用

（1）作为整篇论文的前序，为读者提供研究所要解决的问题，采用的方法，得到的结果、结论，以及创新点等的简短介绍，让读者尽可能快速地了解论文的主要内容。读者通常先阅读摘要，再判断是否值得花费时间阅读全文，以弥补只阅读题名的不足。现代科技文献信息浩如烟海，摘要担负着介绍论文主要内容和吸引读者的重要任务。

（2）作为检索期刊、系统中几乎独立的短文，是检索的重点内容，在论文全文还没有被查阅的情况下就可以被参考，可为科技文献检索数据库的建设、运营提供方便。网上查询、检索和下载专业文档、数据已成为当前科技信息搜索、查询的重要方式，网上各类全文、摘要数据库不断丰富，越来越显示出现代社会信息交流的水平和发展趋势。

（3）作为文献检索的重要工具，发表后就可为检索期刊或各类数据库直接（或稍加修改）使用，减轻二次出版物的编辑工作，避免他人编写摘要可能产生误解、欠缺或错误的不足。摘要质量的高低直接影响论文的检索率和被引频次，质量高会对期刊和论文增加检索和引用机会、吸引读者、扩大影响起到不可忽视的作用。

（4）作为国际检索系统收录论文的基本标准，是国际学术交流与合作、科学知识和成果传播的桥梁和媒介。目前国际上各主要检索系统（如 SCI、EI 等）的数据库对摘要写作质量的要求很高，摘要的特殊意义和作用更加显现。

（5）作为投稿后被首次审查的未发表论文的介绍，是一次出版物的编辑初审、同行评议快速做出决策的重要依据，编辑和专家先看摘要就能大体估计出论文的深度和创造性，进而缩短审稿选稿流程，提高工作效率。

（6）摘要还有其他作用，如图书馆、情报部门采购人员通过摘要对期刊或系列出版物的内容形成一个订购意向判断，一些组织或会议的网站、报纸等为其会员提供有关文章的摘要。

摘要的这些作用，均要求它对论文所报道的科研成果有准确而可靠的描述、归纳、提炼和总结。论文发表的最终目的是要被别人参考，如果摘要写得不好，论文被收录、阅读、引用的机会就会减少甚至丧失，可见摘要的作用是多么的重要！

7.2 摘要的内容与结构

摘要相当于论文的简介，本质上是由一篇"大"论文高度浓缩后形成的一个"小"短文，二者内容大体相当，均可包括问题（目的）、方法、过程、结果、结论、创新或其他信息，只不过写作详略程度不同。摘要是简写，是记叙、提及式高度简写，而论文是详写，是描写、论述式高度详写。摘要的内容大体有以下几个方面：

（1）问题、目的。简明扼要指出当前相关研究的不足，引出问题及研究目的（目标）。可指出或暗示研究的特点、前提、价值，提及方法，还可在开头简单交待研究主题（领域、范围、研究点），引出研究意义（重要、必要性）。这部分属于背景，大体对应论文的引言部分。

（2）方法、过程。描述论文主题、子主题下的主要研究方法，涉及方案、理论、技术、工具、手段、材料、设备、算法、程序及对文献资料的分析、处理方法等，描述这些方法得以实现或完成所需的主要过程，涉及建模、公式推导、计算、实验、调查、设计、分析、研制等的具体流程、步骤。这部分大体对应论文的材料与方法部分。

（3）结果、结论。陈述或展现由上述研究方法、过程所得的主要结果以及通过对结果进行讨论而得出的主要结论。主要结果涉及对原始结果中重要数据、现象、发现的说明、分析、处理结果，主要结论涉及通过对原始结果进行讨论所得的新认识、新观点、新方法，或模拟、实证的结果、效能，或结果的用途、意义。这部分大体对应论文的结果与讨论部分。

（4）创新。从论文全文的角度（口吻）用简明语句（最好一句话）点明本文的研究成果及最高价值意义。明确研究成果的形态，如提出了何新的观点、理论、学说等，发明了何新的工艺、技术、方法等，设计了何新的机器、设施、平台等，明确指出所提问题是否得到解决或改进，或研究目的、目标是否实现。这部分内容大体对应论文的结论部分。

（5）其他信息。以具有某种重要信息价值的其他内容结尾，如研究的局限，问题解决措施（建议）、前景预测（展望）、未来研究方向等。这部分大体可列入论文的结论部分。

研究主题或对不同内容凸显程度需求的不同，使得以上内容项在摘要中的权重或详略程度会呈现差异。例如：问题陈述时，为凸显问题解决的紧迫性或重要性，可适当多描述问题陈述部分；若所提问题较为普遍，就可一笔带过简单交待，甚至不交待。描述研究方法时，若旨在突显方法的创新性，则应着重笔墨，稍详细交待方法及有关过程；若方法（如某种技术、工艺、算法等）较为成熟，则提及或简写方法即可，不必涉及过程。

摘要内容项按一定的逻辑顺序组织排列就形成摘要的如下结构：

问题、目的→方法、过程→结果、结论→创新→局限、展望

这是摘要的常规结构：开头为问题、目的陈述（研究背景，将做什么），中间前为研究方

法、过程描述（怎么做），中间后为研究结果、结论及创新描述（做出什么），结尾为研究局限、展望（未来做什么）。摘要类型不同，对以上内容项侧重不同，如报道性摘要侧重写结果、结论、创新点及局限、展望，必要时可提及方法，但通常不写过程；指示性摘要侧重写过程，通常不写结果、结论、创新点及局限、展望。

7.3　摘要的类型

7.3.1　报道性摘要

扫一扫

视频讲解

报道性摘要也称信息、资料性摘要，全面概略地反映论文的主要内容，提供较多的定性、定量信息，充分反映创新。它包含目的、方法、结果、结论甚至建议，可涉及论文的基本思想、事实及主要论点、论据，整体上相当于论文的简介，通常可部分取代阅读全文。它侧重研究的实质内容，篇幅相对较长，能独立存在，可直接引用，实用价值高。原创论文有经得起检验的独特方法、结论或其他创新内容，使用这种摘要容易引起、激发读者的兴趣。

报道性摘要的基本内容项为 OMRC，即目的（objective）、方法（methods）、结果（results）、结论（conclusions）。又分两类：一类是非结构式摘要即传统式摘要，其内容要素以一定逻辑关系连续写出，语言表达上不分段落，或没有以明显标识词相区分，相对而言层次可能不够分明，容易给阅读带来不便；另一类是结构式摘要，其内容要素分段表述，或用相关标识词加以区分，层次清晰明了，阅读方便。下面列举报道性摘要实例，看看其内容与结构。

【1】

摘要：①通过调研交互问答平台知识贡献者，对其可持续知识贡献意愿及行为的影响因素进行探讨。②对国内 44 个主流交互问答平台的高积分用户通过邮件地址分发问卷，使用偏最小二乘法对所搜集的 220 份调查问卷进行研究模型评估。③发现外部奖励、声誉、感知实现的自我价值、感知有用性与持续知识贡献意愿之间存在不同程度的影响关系，而帮助他人所带来的快乐对知识自我效能没有明显作用。④有利于问答平台的管理者制订或改进激励机制，吸引更多的人在问答平台持续贡献知识，促进交互问答平台更好。⑤影响知识贡献者持续知识贡献意愿和行为的因素未能全面涉及；没有包括规模稍小的问答平台。

此摘要有 5 句。句①交待目的、方法：探讨交互问答平台知识贡献者可持续知识贡献意愿及行为的影响因素（目的），调研交互问答平台知识贡献者（方法）。句②描述方法：分发调查问卷（向国内 44 个主流平台的高积分用户发送邮件）；评估研究模型（对 220 份调查问卷反馈使用偏最小二乘法进行评估）。句③陈述结果：发现外部奖励、声誉、感知实现的自我价值、感知有用性对持续知识贡献意愿有影响关系，帮助他人所带来的快乐对知识自我效能没有明显作用。句④陈述结论，暗含价值意义：有利于制订或改进……促进交互问答平台更好。句⑤说明局限：影响持续知识贡献意愿及行为的因素考虑得不全面，小问答平台未涉及。

此摘要没有叙述研究过程，开头、结尾分别概括目的、局限，中间部分详略得当、重点突出地报道研究成果（方法、结果、结论），属于报道性摘要。

【2】

Abstract: ①In December 2019, a cluster of patients with pneumonia of unknown cause was linked to a seafood wholesale market in Wuhan, China. ②A previously unknown betacoronanvirus was discovered through the use of unbiased sequencing in samples from patients with pneumonia. ③Human airway epithelial cells were used to isolate a novel coronavirus, named 2019-nCoV, which formed a clade within the subgenus sarbecovirus, Orthocoronavirinae subfamily. ④Different from both MERS-CoV and SARS-CoV, 2019-nCoV is the seventh member of the family of coronaviruses that infect humans. ⑤Enhanced surveillance and further investigation are ongoing.

［摘要］：2019 年 12 月，中国武汉出现与海鲜批发市场相关的不明原因肺炎的聚集性病例。对肺炎患者样本进行全基因组测序后发现了一种从未见过的乙型冠状病毒属（betacoronavirus）病毒。该病毒从感染者呼吸道上皮细胞中分离出，随后被命名为 2019-nCoV，它属于正冠状病毒亚科（Orthocoronavirinae subfamily）的 Sarbe 冠状病毒亚属（subgenus sarbecovirus），但形成了另外一簇的进化分支。2019-nCoV 与 MERS-CoV 和 SARS-CoV 都不同，它成为可以感染人类的冠状病毒科中的第 7 个成员。对该病毒的加强监控和进一步的研究正在进行中。］

例【2】是 A Novel Coronavirus from Patients with Pneumonia in China, 2019（《2019 年从中国肺炎患者分离出的新型冠状病毒》）一文的摘要，整体上为 1 段，由 5 句组成。句①描述背景，暗示样本来源（中国武汉不明原因肺炎患者，可能与一家海鲜批发市场有关）。句②至④报道研究成果：提出成果（发现一种新冠状病毒）及方法（全基因组测序）；描述成果对象（分离位置、命名、类属，以及在人感染冠状病毒家族中的定位）。句⑤全局总结，暗示成果的阶段性或局限性，对新病毒需要给予进一步的研究。

此摘要直接报道研究的重要发现，除简单的背景介绍外，不涉及目的与具体方法，属典型的报道性摘要。

7.3.2 指示性摘要

指示性摘要也称说明性、描述性或论点摘要，按一定顺序逐点描述研究过程，有时交待主题，一般不涉及目的、方法、结果、结论和建议，篇幅通常较短，点出本文所做工作（相当于题名）。它重在罗列工作过程，即做了什么，而不是做出什么，无具体实质信息，但能指导阅读，通过它能大概了解研究内容、过程，并受到启发，甚至推测研究结果，对是否有必要阅读全文做出决定提供帮助。这类摘要对潜在的读者很有用，适于讲述工作过程、创新不突出的原创论文，更适于综述论文。下面列举指示性摘要实例，看看其内容与结构。

【3】

摘要：本文建立了基于 Reissner-Mindlin 板壳假设的大变形几何非线性有限元模型，还考虑了薄板结构法向发生大转角的情形。随后，用本文模型计算文献中的例子，并进行比较验证；其次，对 CNT 功能梯度增强复合板进行几何大变形非线性计算和分析，并与 ABAQUS 结果进行对比；最后，利用该模型对 CNT 功能梯度增强复合板的振动特性进行仿真分析。

此摘要有 7 个单句（建立大变形几何非线性有限元模型；考虑薄板结构法向发生大转角的情形；计算文献中的例子；进行比较验证；对 CNT 功能梯度增强复合板进行几何大变形非线性计算和分析；与 ABAQUS 结果进行对比；对 CNT 功能梯度增强复合板的振动特性进行仿真分析）。可以看出，多个谓语动词或谓词性词组连续出现，仅叙述做了什么，但未交待结果、结论，也没有背景（主题、目的）、创新，因此本摘要属于指示性摘要。

【4】

Abstract: Recent developments in the methodology of large-eddy simulation applied to turbulent, reacting flows <u>are reviewed</u>, with specific emphasis on mixture-fraction-based approaches to nonpremixed reactions. Some typical results <u>are presented</u>, and the potential use of the methodology in application and the future outlook <u>are discussed</u>.

此摘要的 3 个被动句子的谓语（画线部分）分别指出作者做了什么工作，一是综述（reviewed），二是提出（presented），三是讨论（discussed）。但综述、提出、讨论出了什么，即做出了什么成果，具体结果、结论是什么，并没有交待，因此本摘要也是指示性摘要。

指示性摘要的篇幅可以短到只有不长的几句话甚至一个短句（相当于论文的题名），只要点出作者所做工作就可以了，但原创型论文不宜用指示性摘要，更不要用太短的指示性摘要。下面列举较短或只有一句的指示性摘要的实例。

【5】

摘要：营养风险筛查是识别患者营养问题，判断其是否需要营养干预的重要手段。目前临床上使用的方法有多种，但尚缺乏公认的营养风险筛查工具。本文评价和比较了常用的复合指标营养风险筛查工具。

此摘要是一篇综述论文的摘要，由较短的 3 句组成：前面两句是背景介绍；最后一句指示性地点出本文做了何工作，与论文题名内容完全重复，只是语句结构不同而已。原文题名是"常用营养风险筛查工具的评价和比较"，属于偏正（定中）结构，而摘要中的表述为主谓宾结构式句子，谓、宾交换一下位置，再去掉主语，就成为偏正结构了。

其实，此例的背景介绍是从"原创"的角度来写的，与"综述"不是特别切题，原创论文应突出"缺少对……的研究"（缺少对公认营养风险筛查工具的研究），而综述论文应突出"缺少对……的综述研究"（缺少对公认营养风险筛查工具的综述研究）。综述论文中的指示性语句通常较短，几句甚至一句都是可以的。

【6】

摘要：介绍了物理学家路易·德布罗意（Louis de Broglie, 1892—1987）的生平和科学贡献，特别是他的导航波理论的前世今生。

此摘要是科技人文类文章《德布罗意及其导航波理论》的摘要，只有一句，高度概括地指出本文的工作是介绍了物理学家路易·德布罗意的生平和科学贡献（特别是他的导航波理论），与题名内容完全一致，只不过语句结构不同（摘要是句子，语言有所扩展，而题名是一个非常简短的并列词组）。一句话（指单句）指示性摘要在短文或科技人文类文章中较为常见。对于综述论文，在一个指示性句子前面加上必要的背景介绍，就能避免一句话指示性摘要。

7.3.3　复合性摘要

扫一扫

视频讲解

复合性摘要是报道-指示性摘要，以报道性摘要的写法表述论文结果、结论部分价值较高的内容，以指示性摘要的写法表述方法、过程部分价值较高的内容，篇幅通常介于报道性摘要和指示性摘要之间。下面列举复合性摘要实例，看看其内容与结构。

【7】

①<u>给出了</u>可重构制造系统（RMS）的定义，②<u>分析了</u> RMS 与刚性制造系统（DMS）、柔性制造系统（FMS）

的区别。③<u>建立了</u> RMS 的组成、分类和理论体系框图，④将 RMS 基础理论<u>概括为</u>系统随机建模、布局规划与优化、构件集成整合、构形原理、可诊断性测度和经济可承受性评估 6 个方面，⑤并<u>提出了</u> RMS 的使能技术。

此摘要，每句一个谓语（给出、分析、建立、概括为、提出），一气呵成，描述做了 5 件事。句①～③、⑤仅描述做了什么，但做的结果、做得怎样未提及（指示性摘要写法）。句④在描述做了什么（概括 RMS 的基础理论）的基础上（指示性摘要写法），又给出此基础理论的 6 个分理论——系统随机建模、布局规划与优化、构件集成整合、构形原理、可诊断性测度、经济可承受性评估，是做（概括）的细化，属结果，可列为报道性摘要写法。

本摘要未交待背景、创新，整体上属于指示性强于报道性的复合性摘要。

【8】

Abstract: ①The aim of the paper is to present the results of investigations conducted on the free surface flow in a Pelton turbine model bucket. ②Unsteady numerical simulations, based on the two-phase homogeneous model，are performed together with wall pressure measurements and flow visualizations. ③The results obtained allow defining five distinct zones in the bucket from the flow patterns and the pressure signal shapes. ④The flow patterns in the buckets are analyzed from the results. ⑤An investigation of the momentum transfer between the water particles and the bucket is performed, showing the regions of the bucket surface that contribute the most to the torque. ⑥The study is also conducted for the backside of the bucket, evidencing a probable Coanda interaction between the bucket cutout area and the water jet.

此摘要共有 6 句。首句开门见山，交待研究目的（提出调查结果）。句②陈述第一项工作（数值模拟），句③紧接着给出工作结果（模拟结果，定义 5 个不同区域），属报道性摘要的写法。句④陈述第二项工作（分析桶中的流型），但没有给出分析结果，属指示性摘要的写法。句⑤陈述第三项工作（研究水粒与桶之间的动量转移），给出研究结果（显示出桶表面对扭矩贡献最大的区域）。句⑥陈述第四项工作（研究桶的背面），给出研究结果（在桶切割区域和水射流之间可能存在一种 Coanda 交互作用），属报道性摘要的写法。总体上，本例属于复合性摘要。

7.3.4　三类摘要的差异

三类摘要大体可这样区别：仅交待做出什么（研究成果），或不仅交待做了什么，而且相应地交待做出什么，属于报道性摘要；仅交待做了什么，而完全没有交待做出什么，属于指示性摘要；既交待做了什么，又对其中部分交待做出什么，属于复合性摘要。

一般地，原创论文、大综述论文、研究报告的摘要适于用报道性摘要或复合性摘要，观点、视角、小综述论文、研究简报以及创新较少或不明显的论文的摘要适于用指示性摘要。一篇论文价值高，创新内容多，若其摘要写成指示性摘要，则容易减少展现学术价值的机会，进而失去较多读者。指示性摘要层次最低，尽量少用甚至不用。

7.4　摘要的写作要求及常见问题

扫一扫

视频讲解

1）摘要的写作要求

（1）确定摘要类型。先确定摘要的类型，类型不同，其写作侧重就不同，比如报道性摘要侧重研究的结果与创新，指示性摘要侧重研究的过程与方法罗列。通常应优先用报道性摘要，其次是复合性摘要，最后是指示性摘要。

（2）简短概括背景。研究背景高度概括简短，侧重引出问题、交待目的，不要过多介绍主题知识、概括研究意义，也不要简单重复前言，甚至将前言中已写或应在前言中写而未写的较多内容写入，更不要补充、修改、解释、评论正文。

（3）提炼概括正文。提炼、概括论文主体的主要内容，避免大幅照搬论文或直接重复题名。例如，论文题名是"颠覆性技术的特征与预见方法"，其摘要就不宜出现如"对颠覆性技术的特征与预见方法进行研究"之类的语句。

（4）行文有序展开。与论文主体的内容和结构相对应来安排摘要，使摘要各部分按事物关联、研究内容等的内在时间、空间、逻辑等关系有序安排、展开，语句成分搭配，表达简明，语义确切，上下连贯，互相呼应，结构严谨，层次清晰。

（5）把握人称省略。从第三人称（如本文、本研究、本文章、本课题）或第一人称（如我、我们、笔者、作者、本团队、本项目组）的角度来写，当这类词语做主语或状语时，其出现与否的表达效果若相同就可省去。这种省略是形式上的，未改变表意，但语言得到简化。

（6）使用术语符号。对公知公用的术语或领域使用较广的新术语，可直接使用；对出现不久还未被领域认可或尚无合适叫法的新术语、新词语，使用时应括注或直接用原词语。对使用不太广泛的一般缩略语、代号，首次出现时宜先写出全称，再括注其简称。

（7）不要出现图表。尽量用文字来概括论文内容，通常不要出现插图、表格。式子可以出现，也可以不出现，按表达需要来确定，但总的原则是，尽量不要出现式子，特别不要出现繁杂或庞大的数学式、化学结构式。

（8）不要轻易引文。按表意需要确定是否引用文献，通常无须引用文献，引用文献会有抄袭之嫌疑。若确有引用文献需要，如突出对他人成果（已发表文献）的否定或修正，或直接干涉他人的成果，则可以考虑引用文献。

（9）规范量和单位。将摘要视作一种科技文体（小短文），正确、规范地使用量和单位，严格而科学地执行《量和单位》国家标准及其他相关标准、规范，做到量名称、量符号、单位名称、单位符号、单位词头等表达的标准化、规范化。

（10）提升语言文字。正确使用语言文字，达到简洁、确切，通顺、明快，易读、易懂，慎用或少用长句、难懂句，句子成分搭配，表意明白清晰，无空泛、笼统、含混之词，没有语病，还可使用修辞手法提升语言表达效果。

（11）避免过度自夸。表述实事求是，不作自我评价，避免表达不严谨或言过其实，除非事实或表达需要，不用"本文研究是对过去……研究的补充（改进、发展、验证）""本文首次提出（实现）了……""经检索尚未发现与本文类似（相同）的研究"之类的语句。

规范的摘要应达到：内容适合、结构恰当、信息准确、文字精练、连贯流畅、逻辑性强、通俗易懂、引人入胜。

2）摘要写作的常见问题

（1）脱离论文内容，出现了与论文内容不相符的新情况、新信息；

（2）偏离研究主题，出现了不切题或无关的背景介绍、现状描述；

（3）工作交待冗余，知识、背景介绍冗余，工作内容、过程繁杂；

（4）成果体现不够，结论、成果表述中缺少创新内容、技术要点；

（5）简单复制照搬，过多地重复题名、前言、结论中的有关语句；

（6）对原始结果作补充、修改和多余的诠释、评论甚至自我评价；

（7）脱离事实或有关数据、资料、内容，出现了言过其实的表达；

（8）出现了图表引用，没有必要地出现了冗长公式或繁杂数学式；

（9）在不涉及（证实或否定）他人成果的情况下引用了相关文献；

（10）内容和结构不太完整，缺少必要的目的、方法、结果、结论；

（11）用较多论证代替介绍、描述，将报道变成议论，甚至还举例；

（12）使用标号、代号、特殊字符、图符等难录难懂的超语言要素；

（13）没有用标准的专业词汇、术语，表达不够准确、严谨、求实；

（14）一般缩略语、简称、代号等首次出现时未给出或注明其全称；

（15）未正确用量和单位，量和单位使用不标准、不规范，问题多；

（16）篇幅太短，短到只有几句甚至一句，只描述过程不交待结果；

（17）篇幅过长，表达冗余，不浓缩、不概括，无独立性、自明性；

（18）完全不考虑摘要的应有功能，整篇写成背景介绍和因果论述；

（19）中、英文摘要对同样内容的表述不太一致，甚至有较大出入；

（20）没有考虑语言差异和读者对象，中、英文摘要表达过于一致；

（21）不符合目标期刊对摘要的要求（如英文长摘要），摘要不达标。

7.5　摘要实例评析

7.5.1　摘要实例【1】

【1】

摘要： **目的**　调查北京大医院住院患者营养风险、营养不足、超重和肥胖发生率及营养支持应用情况。**方法**　对 2005 年 3 月—2006 年 3 月北京 3 家大医院 6 个科室的住院患者进行调查，营养风险筛查 2002（NRS2002）≥3 为有营养风险，体重指数（BMI）<18.5 kg/m^2（或白蛋白<30 g/L）为营养不足。在患者入院次日早晨进行 NRS2002 筛查，并调查 2 周内（或至出院时）的营养支持状况，分析营养风险和营养支持之间的关系。**结果**　共有 1 127 例住院患者入选，其中 971 例（86.2%）完成 NRS2002 筛查。营养不足和营养风险的发生率分别为 8.5% 和 22.9%。如果将不能获得 BMI 值的患者排除，则两者的发生率分别为 7.6% 和 20.1%。在 258 例有营养风险的患者中，有 93 例（36.0%）接受了营养支持；在无营养风险的 869 例患者中，有 122 例（14.0%）接受了营养支持。所有患者肠外和肠内营养的应用比例为 5.6:1。**结论**　北京大医院中有相当量的住院患者存在营养风险或营养不足，肠外和肠内营养应用存在不合理性，应推广和应用基于证据的肠外肠内营养指南以改善此状况。

　　此例为《北京大医院住院患者营养风险、营养不良（不足）、超重和肥胖发生率及营养支持应用状况》一文的摘要，由 4 部分组成，属于结构式报道性摘要，约 400 字，写作较规范。

　　1）目的

　　（1）调查对象：北京大医院住院患者（简述）。

　　（2）调查内容：营养风险、营养不足、超重和肥胖发生率及营养支持应用情况。

　　2）方法

　　（1）调查时间：2005 年 3 月—2006 年 3 月。

　　（2）调查对象：北京 3 家大医院 6 个科室的住院患者（详述）。

（3）营养分类：营养风险筛查 2002（NRS2002）≥3 为有营养风险，体重指数（BMI）＜18.5 kg／m^2（或白蛋白＜30 g／L）为营养不足。

（4）营养筛查：患者入院次日晨进行 NRS2002，调查 2 周内（或至出院）营养支持状况。

（5）营养分析：分析营养风险与营养支持之间的关系。

3）结果

（1）共有 1127 例住院患者入选，其中 971 例（86.2%）完成 NRS2002。

（2）营养不足、营养风险的发生率分别为 8.5% 和 22.9%，排除不能获得 BMI 值的患者，两者的发生率分别为 7.6% 和 20.1%。

（3）258 例有营养风险的患者中，有 93 例（36.0%）接受营养支持，无营养风险的 869 例患者中，有 122 例（14.0%）接受营养支持。

（4）所有患者肠外和肠内营养的应用比例为 5.6∶1。

4）结论

（1）北京大医院较多住院患者有营养风险或营养不足，肠外和肠内营养应用有不合理性。

（2）提出措施（建议）：应推广和应用基于证据的肠外和肠内营养指南以改善营养状况。

7.5.2　摘要实例【2】

【2】

摘要　①基于自主研发的第一性原理软件研究了六硝基六氮杂异伍兹烷（CL-20）炸药五种晶相、苯并三氧化呋咱（BTF）炸药晶体及 CL-20/BTF 共晶炸药结构的热力学稳定性、力学性能和爆轰性能。②研究表明，弱氢键的静电吸引作用使 CL-20/BTF 共晶的分子间结合能相对于无氢 BTF 晶相增加 39%，提升了共晶结构的热力学稳定性并较大地改变了其体弹模量和声速等力学性能。③CL-20/BTF 共晶虽与纯 BTF 晶体有相近的密度，但由于共晶的氧平衡系数得到优化，因此其爆压、爆速分别相对提高约 11%、5%；与 β-CL-20 晶体相比，共晶的密度与氧平衡均有所下降，因而其爆压、爆速分别相对下降约 15%、6%。④设计新型钝感共晶炸药应避免共价键强度极弱的分子和具有高密度振动谱特征峰的结构，应有效利用氢键对分子空间堆积的热力学稳定效应，同时适量控制氢元素含量以保障炸药的高能量密度。

此例为《CL-20 及其共晶炸药热力学稳定性与爆轰性能的理论研究》一文的摘要，由 4 部分组成（方法→目的→结果→结论→创新），属于报道性摘要。

句①交待目的即研究主题（研究 CL-20 炸药五种晶相、BTF 炸药晶体、CL-20/BTF 共晶炸药结构的热力学稳定性、力学性能和爆轰性能），并以句首状语的方式提及方法（基于自主研发的第一性原理软件）。

句②描述结果，即 CL-20/BTF 共晶与 BTF 晶体对比结果，含解释、说明。前者分子间结合能比后者增加 39%，热力学稳定性得到提升，体弹模量和声速等力学性能也有较大变化，因为前者有弱氢键的静电吸引作用，后者无氢。

句③描述结果，即 CL-20/BTF 共晶与纯 BTF 晶体、β-CL-20 晶体对比结果，给出解释、说明。CL-20/BTF 共晶与纯 BTF 晶体对比，爆压、爆速分别提高约 11%、5%，因为二者虽有相近的密度，但前者的氧平衡系数得到优化；与 β-CL-20 晶体对比，爆压、爆速分别相对下降约 15%、6%，因为前者的共晶密度与氧平衡有所下降。

句④全局总结，提出成果性新认识：设计新型钝感共晶炸药应采取的新措施（避免共价键强度极弱的分子和具有高密度振动谱特征峰的结构；有效利用氢键对分子空间堆积的热力学稳定效应；适量控制氢元素含量以保障炸药的高能量密度）。新认识、新措施暗含创新性。

7.5.3　摘要实例【3】

【3】

摘要　①网络管理中，路由器技术可以将不同的网络环境进行连接，实现网络的整体发展，为网络技术的进步提供必要的条件，并作为互联网整体发展的脉络，提供必要的支持。②路由交换技术可以将网络进行更加有质量的处理，使得网络使用的方式便捷多样，并且在使用稳定性方面得到保证。③在进行计算机网络范围下的路由交换技术的应用分析中，需要关注主流路由器与非主流路由器协议技术相应理论，并具体分析路由器的网络应用。

此例为《基于计算机网络下路由交换技术的应用探讨》一文的摘要。

句①、②分别介绍路由器技术在网络管理中的功能、作用及路由器技术在网络中的优势、重要性，句③陈述一种观点（或提出一个论点）。但问题是，不管路由器技术多么重要，无论观点、论点错对及语义关系怎样，均未交待本文工作。

句①、②表述的是大众常识，写进摘要不合适，因为摘要的背景应是通过对与主题相关研究现状的描述而指出问题、引出目的。句③是陈述观点还是提出论点，不明确，若是陈述观点，则与上述常识并无两样，不应写进摘要；若是提出论点，则属论证，在形式上就是以①、②为论据通过因果论证而得出③，但在语义上①、②与③并无内在因果关系，而且论点用一句表述最好，不必写那么多语句，再者摘要中对有关结果应直接陈述而无须论证。

按该论文的主要内容，给出一种指示性摘要参考修改（只有背景和过程）。

摘要【3】参考修改

摘要　路由器技术在网络的发展、管理和高质量处理中发挥着重要作用。介绍目前路由器技术的几种主流协议的功能和特点，指出对路由器技术进行分析须重视路由表。阐述路由器交换技术的特点（提升信息完整性、网络环境灵活性和网络服务质量）及其在计算机网络环境下的功能（完善流量应用信息、实现网络安全应用和提升数据质量）。最后总结计算机网络环境下路由交换技术发展所需要的技术，包括路由器与交换机的配置、与 IP 子网通信的结合及对其协议管理的提升。

扫一扫

视频讲解

7.5.4　摘要实例【4】

【4】

摘要　①随着市场经济的不断发展和国际竞争形势的日益复杂化，我国制造企业之间的竞争亦越来越激烈，越来越突出。②传统的成本管理方法虽然在推动成本管理理论的发展方面做出了一定的贡献，并起到了积极的作用，但是，传统的成本管理只是一种单纯地、片面地追求生产成本降低的模式，这对企业的长久发展和保持长期的竞争优势不利。③再加之我国制造企业的成本管理理念落后、成本信息不切实际，传统的成本管理方式已经无法适应新常态下企业发展的需要。④因此，探析制造企业成本管理中存在的问题并找到解决的对策，实现制造企业战略成本管理的长期性、开放性、全面性、竞争性特点，更是保证我国制造企业战略发展规划的需要。⑤本文将就我国制造企业的成本管理体系的构建进行研究。

此例为《制造企业成本管理体系研究》一文的摘要。

句①是无关背景介绍，偏离主题（制造企业成本管理体系）。句②、③描述传统成本管理方法的不足（指出问题），与主题有靠拢，但不太相扣（成本管理方法、成本管理体系不是同一概念，不应混淆），而且篇幅过长。句④以句②、③为论据，推出论点，但未提及主题，因此不太切题，对问题的解决不明显。这里应针对问题提出目的，而非长篇大论，写成背景介绍、论证。句⑤交待目的，开始切题，进入正道。整个摘要也只有这最后一句体现了本文工作，但过于简短，又笼统重复题名，给人以刚进正道就匆匆结束之感，造成遗憾。这里应接着目的（假设在句④写了目的）继续交待结果、结论及价值意义，若有实证、应用效果方面的表述就更好。

按该文的主要内容，给出一种复合性摘要参考修改（背景→问题→目的→过程→结果→创新），同时将题名改为"我国电子制造企业成本管理体系"。

摘要【4】参考修改

摘要 我国电子制造企业传统成本管理方法在推动成本管理理论发展方面起着积极作用，但其片面地追求生产成本降低的模式对企业长远发展和保持竞争优势不利，无法适应新常态下企业发展的需要，因此探析其中的问题并找到解决对策很有意义。分析电子制造企业成本管理存在的问题，主要有单纯压缩成本严重，成本管理信息完善性和准确性较差，成本控制力度不够，人力资源控制与管理不足，技术创新缺乏。对完善电子制造企业成本管理体系的构建进行阐述，提出电子制造企业提升成本管理水平的对策：以成本效益为目标进行技术创新，通过网络平台完善加强成本控制，通过人员激励机制来提高工作效率和节约意识。研究结果可为我国电子制造企业成本管理建设提供借鉴。

7.5.5 摘要实例【5】

扫一扫

视频讲解

【5】

摘要 ①由于厌氧生物处理技术具有产生剩余污泥少、可回收能源等优点而被广泛用于处理各种有机污染物，尤其在有毒、有害、难降解污染物的去除方面取得了良好的效果。②然而，厌氧生物法的处理速率通常比较低，而氧化还原介体可通过自身不断的氧化和还原来传递电子，提高电子在氧化还原反应过程中的传递速率，从而促进污染物高效厌氧降解。③醌类物质和腐殖酸是应用较多的氧化还原介体，在催化难降解污染物降解方面取得了一定效果。④讨论了氧化还原介体的特点、作用机制，并总结了其对偶氮染料厌氧脱色、反硝化和多氯联苯厌氧降解的强化作用，提出了氧化还原介体未来的研究方向。

此例为综述论文《氧化还原介体催化强化污染物厌氧降解研究进展》的摘要。

句①介绍厌氧生物处理技术具有优点（产生剩余污泥少、可回收能源等），在有机污染物处理特别在有毒、有害、难降解污染物去除方面取得良好效果。句②指出该技术不足（处理速率较低），而氧化还原介体相反，对污染物去除效率高（通过自身氧化和还原来传递电子，提高电子在氧化还原反应中的传递速率，促进污染物高效厌氧降解）。句③交待两类氧化还原介体（醌类物质、腐殖酸）在催化难降解污染物降解方面应用较多，取得一定效果。这 3 句通过现状描述，总结问题（厌氧生物处理技术具有不足，应用受到限制），进行对比（氧化还原介体与厌氧生物处理技术），引出领域（氧化还原介体），确定范围、研究点（氧化还原介体催化强化污染物厌氧降解）。

句④描述过程即本文工作（讨论……的特点、作用机制，总结……的强化作用，提出……的研究方向），3 句连谓（讨论＋总结＋提出），只有做了什么，未涉及做的具体内容。

此例属于综述论文的一种典型指示性摘要（背景→过程）。不过在语言表达上有提升空间，下面给出一种参考修改（背景→过程→创新）。

摘要【5】参考修改

摘要 厌氧生物处理技术具有产生剩余污泥少、可回收能源等优点，广泛用于处理各种有机污染物，尤其在有毒、有害、难降解污染物去除上取得了良好效果，但处理效率较低，其应用受到一定限制。然而，氧化还原介体正好能弥补这一不足，可通过自身不断氧化和还原来传递电子，提高电子在氧化还原反应过程中的传递速率，从而促进污染物高效厌氧降解。目前醌类物质和腐殖酸两类氧化还原介体在催化难降解污染物降解方面应用较多，并已取得一定效果。本文讨论氧化还原介体的特点、作用机制，总结它对偶氮染料厌氧脱色、反硝化和多氯联苯厌氧降解的强化作用，并提出氧化还原介体未来的研究方向。研究结果可为氧化还原介体催化强化污染物厌氧降解的研究及技术开发提供基本认识和指导。

7.5.6　摘要实例【6】

【6】

摘要 ①营养风险筛查是识别患者营养问题，判断其是否需要营养干预的重要手段。②目前临床上使用的方法有多种，但尚缺乏公认的营养风险筛查工具，本文评价和比较了常用的复合指标营养风险筛查工具。

此例为综述论文《常用营养风险筛查工具的评价和比较》的摘要。前两句为背景（现状）：句①介绍概念，指出领域（营养风险筛查）；句②限定范围（营养风险筛查方法），指出问题（缺乏公认的营养风险筛查工具）。③表述过程，指示性地用极简语句点出本文工作。

此例也是指示性摘要（背景→过程），但过程（本文工作）描述有两方面不足。一是与论文题名基本重复，不同的只是句法结构：摘要中为主谓宾结构完整的句子（本文＋评价和比较＋常用复合指标营养风险筛查工具），题名是偏正结构词组（常用营养风险筛查工具＋评价和比较）。二是过于简短，难以充分描述本文工作。下面给出一种参考修改。

摘要【6】参考修改

摘要 营养风险筛查是识别患者营养问题，判断其是否需要营养干预的重要手段，对营养风险筛查方法研究具有重要意义。临床上使用的营养风险筛查方法主要有单一、复合指标两类，但缺乏公认的营养风险筛查工具。目前相关研究主要集中在探讨复合指标类筛查工具，以提高筛查的敏感性和特异性。本文回顾营养风险筛查的定义、现状及常用方法，着重对营养风险筛查工具进行比较。研究结果可为临床医生根据筛查对象的情况、特点选择合适的筛查工具提供指导。

修改后篇幅增加（背景→问题→过程→创新），其中知识介绍是从原创论文的角度来写的（缺乏公认的营养风险筛查工具），如果为了突出综述性，知识介绍也可从综述论文的角度来写（缺乏公认的对营养风险筛查工具的综述研究）。

7.6　英文摘要语法

7.6.1　摘要的时态

摘要的语句常用一般现在时、一般过去时，少用现在完成时、过去完成时，基本不用进行时。描述作者的工作一般用过去时（因为工作是在过去做的），但在陈述由这些工作所得出的结论时宜用现在时（因为工作的结果通常有普遍意义）。

一般现在时用于说明研究目的、叙述研究方法、描述研究结果、得出研究结论、提出建议或进行讨论等。涉及公认事实、自然规律和永恒真理等时，用一般现在时。例如：In order to study…，…is concluded；As a result，all of paramters satisfy…；The result shows (reveals)…；It is found that…；The conclusions are…；It is suggested that…；The experimental results confirm that…。

一般过去时用于叙述过去某一时刻或时段的发现、某一研究过程，如实验、观测、调查、医疗等的过程。例如：

● The algorithms <u>were developed</u> with Visual C++，and the correctness of these algorithms <u>was verified</u> through examples test.

● The heat pulse technique <u>was applied</u> to study the stemstaflow of two main deciduous broadleaved tree species in July and August，1996.

注意，用一般过去时描述的一定范围内的发现、现象往往是尚不能确认为自然规律、永恒真理的，而只是当时的现象、结果等，所描述的研究过程也明显带有过去时间的痕迹。

完成时应尽量少用或不用，但不是不可以用。现在完成时把过去发生的或已发生、已完成的事情与现在联系起来，表示过程的延续性，强调过去发生的某事件（或过程）对现实所产生的影响；而过去完成时表示过去某一时间以前已经完成的事情，或在一个过去的事情完成之前就已完成的另一过去的事情。例如：

● Man <u>has not yet learned</u> to store the solar energy.

● However, subsequent research reports <u>have not been presented</u>.

● The fact is that after the experiments <u>had been repeated</u> like Table 3 for different values of d, we obtained the same conclusion, that the deviation of the value of k is very small.

摘要的语句究竟采用何种时态应视情况而定，应力求表达自然、妥当，大致有以下原则。

（1）介绍背景信息时，句子的内容若为不受时间影响的普遍事实，宜用现在时；若是对某种研究趋势的概述，则宜用现在完成时。

（2）叙述研究目的或主要研究活动时，分"论文导向""研究导向"两种情况。

若采用"论文导向"，则多用现在时。例如：This paper <u>presents</u>…，This paper <u>investigates</u>…，This paper <u>is to analyzed</u>…。

若采用"研究导向"，则多用过去时。例如：This study <u>presented</u>…，This study <u>investigated</u>…，This study <u>was to analyze</u>…。

（3）概述实验程序、方法和主要结果时常用现在时。例如：The result <u>shows</u>…，Our results <u>indicate</u>…，We <u>describe</u>…，Extensive experiments <u>show</u>…。

（4）叙述结论或建议时可用现在时，也可用 think、believe、imagine 等臆测动词或 may、should、could 等助动词。

7.6.2 摘要的语态

摘要的语句采用何种语态，既要考虑摘要的特点，又要满足表达的需要。摘要较短时，尽量不要随意混用语态，更不宜在一个复句的几个分句里混用不同语态。

科技论文中被动语态的使用在 20 世纪 20—70 年代曾经比较流行。现在仍有不少科技期刊强调或要求摘要中的谓语采用被动语态，以减少主观因素，增强客观性。理由是科技论文主要用来说明事实经过，至于事情是谁所为，无须一一证明。例如：

● Energy balance concepts <u>were used</u> to determine the amount of energy lost due to damping in a run-arrest fracture event. Possible sources of damping <u>were identified</u> and experiments <u>were conducted</u> to determine their relative contribution to the overall damping.

现在不少科技期刊的编辑和语言学家越来越多地主张科技写作（包括摘要）的表达多用主动语态，如 A exceeds B 的表达比 B is exceeded by A 的表达更好。理由是主动语态的表达更为准确、自然，更易阅读、理解，国际名刊如 *Nature*、*Cell* 等尤其如此。例如：

● In this Review, we <u>discuss</u> recent advances in understanding the diverse mechanisms by which Cas proteins <u>respond</u> to foreign nucleic acids and how these systems have been harnessed for precision genome manipulation in a wide array of organisms.

事实上，指示性摘要中，为强调动作承受者，采用被动语态为好；报道性摘要中，即使有些情况下动作承受者是无关紧要的，也需要用强调的事物做主语，采用被动语态。例如：

● In this case, a greater accuracy in measuring distance <u>might be obtained</u>.

7.6.3　摘要的人称

摘要的语句用被动语态时，主语为动作承受者；用主动语态时，主语多用第三人称或第一人称。例如：

● <u>CRISPR–Cas9 nucleases</u> are widely used for genome editing but can induce unwanted off-target mutations.

● <u>This Perspective</u> aims to fill in this backstory—the history of ideas and the stories of pioneers—and draw lessons about the remarkable ecosystem underlying scientific discovery.

● <u>We</u> present models for the analysis of existing star network protocols. <u>We</u> also propose a new access protocol for star networks.

第三人称主语常见的有 This paper、This article、This study、This research、This review、This project、The author(s)、The writer(s)、This project team 等；第一人称主语有 We、Our team（即使论文作者只有一人，也用 We 而不用 I）。

摘要的语句有时可以不用任何人称而直接以动词不定式开头，使表意直截了当。例如：To solve…，To study…，To develop…，To resolve…，To introduce…，To describe…，To investigate…，To assess…，To determine…。

在语义明确时最好不要出现 In this paper、In this research、Here 等状语，这类词是冗词，出现了虽然没有语法错误，但去掉后不影响语义。例如下句中的 In this paper 完全可以去掉：

●<u>In this paper</u>，we have first designed and implemented wide-use algebra on the presentation level.

7.6.4　摘要的句式

摘要追求准确简洁、层次清楚，掌握一些常用句式或特定的表达方式很有必要。

1）引言部分

（1）回顾研究背景的常用句式

● We review…

● We summarize…

● We present…

- We describe…
- This paper outlines…

（2）阐明研究目的的常用句式

- We attempt to…
- For comparison purposes we present…
- With the aim to…,we…
- In addition to…, this paper aims to…
- To…,we…
- This paper develops a theoretical framework to…
- This paper presents an approach to…
- This paper has two main objectives…
- This research project is devoted to…
- This paper describes recent…, aimed at…
- Our goal has been to develop…
- The objective (purpose, motivation, etc.) of this paper (report, program, etc.) is…
- Recent research on… show that…. A methodology for…is presented in this paper.
- There are some…methods for…at present. However, the effects are unsatisfied.
- This paper (report, thesis, work, presentation, document, account, etc.) describes (reports, explains, outlines, summarizes, documents, evaluates, surveys, develops, investigates, discusses, focuses on, analyzes, etc.) the results (approach, role, framework, etc.) of…

（3）介绍重点内容或研究范围的常用句式

- Here we study…
- This paper includes…
- This paper presents…
- This paper focuses on…
- This paper synthesizes…
- The paper lays particular emphasis on…
- This paper (article, report, etc.) addresses (is concerned with, argues, specifies, covers, etc.) the following questions…
- The focus of this paper is…
- The main emphasis of this paper is…
- We emphasize…
- We draw attention to the problem…

2）方法部分
（1）说明研究或实验方法的常用句式

- We have developed…to estimate…
- This study presents estimates of…
- We…to measure…

- …to be calculated as…
- The method of preparation is based on…

（2）介绍研究或实验过程的常用句式

- We use…to investigate…
- We present an analysis of…
- We tested…
- We study…
- This paper examines how…
- Numerical experiments indicate also…
- This paper discusses…
- This paper considers…
- …have been investigated in…

（3）介绍应用、用途的常用句式

- Our program uses…
- As an application, we…
- We uesd…
- Using…, we show…
- We apply…

3）结果部分

（1）展示研究结果的常用句式

- We show…
- Our results suggest…
- Recent research has shown…
- Our results show…
- The results we obtained demonstrate…
- We present the results of…
- We present…
- It was found that both molecular weight and its distribution affected tensile strength…
- It has been observed (shown, proved, etc.) that…
- These experiments indicate (reveal, show, demonstrate, etc.) that…
- The approach (method, framework, etc.) promises to be very useful for…
- The (experimental) results show (indicate, suggest, etc.) that…
- It is shown (concluded, proposed, etc.) that…

（2）介绍结论的常用句式

- We introduce…
- By means of…we conclude…
- We give a summary of…

- This could imply that…
- These studies are of significance to…
- These results have direct application to…
- This strategy appeared to be effective in…

4）讨论部分

（1）陈述论点和作者认识、观点的常用句式

- The results suggest…
- In this study, we describe…
- We report here that…
- We present…
- …important findings that explain mechanisms involved in…
- We expect…

（2）阐明论证的常用句式

- We showed…
- These results demonstrate…
- Our conclusions are supported by…
- Here we provide evidence from…
- Our studies indicate…
- We find…
- Finally, we demonstrate…
- Here we present records of…
- We clarify how…

（3）推荐和建议的常用句式

- The authors suggest…
- We suggest…
- The paper suggests…
- We recommend…
- We propose…
- In this paper, …is proposed which…
- I expect that…

表示目的和范围也常用名词短语前置句式，把重点内容放在显著的位置加以强调。例如：

- Procedures for testing atmospheric transport and dispersion models for distances of several hundred to 1000 km from sources of pollutants are reviewed.
- The first known measurement of the differential cross section for electron capture to the continuum (ECC) from atomic hydrogen is presented.

为使句子平衡而不至于过分头重脚轻，也可将长名词短语中的一部分置于谓语动词后面，如使用下列句式：

- New results are presented <u>of studies of the applicafion of inorganic exchangers in the following fields</u>…
- <u>Detailed information</u> is presented <u>about</u>…
- <u>An account</u> is provided <u>of</u>…

7.7　英文摘要效能

效能就是表达效果，涉及语言的各个要素。实际中，有的摘要虽然很长，但冗余语句较多，效能较低；有的摘要虽然较短，但缺少关键内容，而且冗余语句也不少，效能也不高。因此，提升摘要的效能很具现实意义。摘要效能提升的总原则是精写内容、语句简洁，大体上有以下几个方面。

1）内容精篇幅短

内容精指摘要内容切题而概括，以有限篇幅表述较多内容。这样，就得区分内容类别，哪些必须写，哪些无须写，哪些可写可不写，对后两类，应毫不吝啬地舍弃。

精减摘要的主要方法：

（1）背景信息应只包含新情况、新内容且与主题密切相关。

（2）研究成果中应多提炼观点，突出创新内容和技术要点。

（3）摘要内容不能无中生有，在正文中必须出现过，定量、定性信息均与正文相符。

（4）除证实或否定了他人成果的特别文献外，不引文，涉及他人成果时应明确指出。

（5）不对论文作补充和修改，也不作诠释和评论，尤其不作自我评价。

（6）排除领域知识、常识，少写研究或工作过程，不列举例证。

（7）除非必要，不要简单重复题名、引言，甚至结论中的语句。

（8）除非需要，不用插图、表格，不用复杂的数学式、化学式。

还要注意，除非事实，摘要中不宜出现言过其实的表达。例如：

- This paper presents…for the first time.
- This work realizes…for the first time.
- The research similar to this paper has not been found by literature search.
- The similar researches like this paper have not been found by literature search.

篇幅短指摘要用词少而形式短。摘要变短的主要方法：多用短句；不写或少写背景信息；取消过去研究细节；不写未来计划；删除多余语句；简化通用词；简化措辞和重复单元；不重复题名，特别是首句不重复题名；不出现图表及对图表、文献的引用。

内容精决定篇幅短，篇幅短呈现内容精，内容精与篇幅短互为因果关系。

2）表意通俗易懂

摘要表意应通俗易懂，完整清楚，尽量不用标号、记号、代号、特殊字符、图符等难懂的超语言要素以及太专业化的术语，不用文学描述手法，文辞要纯朴无华。

一般缩略语（简称）、代号等在首次出现时应写出其全称。例如：若用缩略语 GERT 代替其全称 graphical evaluation and review technique，则它在首次出现时应表达为 graphical evaluation and review technique(GERT)，或 GERT(graphical evaluation and review technique)，再次出现时就可直接用 GERT。

还要正确使用量和单位，注意量名称、量符号及单位（包括单位词头）的准确性、大小写、正斜体及字符种类，达到表达严谨、易懂。

3）语句简洁至上

摘要语句不宜将整个题名或题名的大部分拿来直接充当关键动词（如 research、study、present、analyze、outline 等）的主语或宾语，避免表达笼统。例如：若题名是 Step-stress Accelerated Degradation Test Modeling and Statistical Analysis Methods（步进应力加速退化试验建模与统计分析方法），则摘要中就不宜用 Step-stress accelerated degradation test modeling and statistical analysis methods are researched 或 This paper researches step-stress accelerated degradation test modeling and statistical analysis methods 这样的语句，画线部分为整个题名。

一些不必要出现的词语有时可以直接省略或通过改变句式来省略。例如：在摘要中，"In this paper""it is reported""The author discusses""This paper concerned with""Extensive investigations show"之类类词语表意非常明显，在不出现的情况下，并不影响其后语句的语义表达，因此这类词语在摘要中通常是不必要出现的。

尽量简化一些措辞和表意重复的词语。例如：at a temperature of 250 ℃ to 300 ℃ 应改为 at 250–300 ℃（temperature 与℃重复）；at a high pressure of 200 kPa 应改为 at 200 kPa（pressure 与 kPa 重复）；discussed and studied in detail 应直接表示为 discussed 或 studied（discuss、study、in detail 三者都有仔细、详尽的语义）。

用动词时尽量不用其名词形式。例如：Thickness of plastic sheets was measured 不写为 Measurement of thickness of plastic sheet was made（measurement 是动词 measure 的名词形式）。

4）语言妥帖恰当

摘要语句表达应力求简单，成分搭配，少用或不用长句（长句容易造成表意不清）；避免单调和重复；避免用长系列形容词或名词来修饰名词，即不要连续使用多个形容词，名词，或形容词＋名词来修饰名词，可用连字符连接名词词组中的名词，或使用介词短语，形成修饰单元，而将修饰单元置于中心语之后。例如：

● The chlorine containing high melt index propylene based polymer

此句画线部分连续使用多个词（形容词 high，名词 index 和 propylene 等），一起作 polymer 的修饰语，是中文式英语，应改为 The chlorine containing propylene-based polymer of high melt index（含氯高熔融指数丙烯基聚合物）。

严密组织句子，谓语尽量靠近主语，多用重要的事实开头，少用辅助从句开头。例如：

● The decolorization in solutions of the pigment in dioxane, which were exposed to 10 h of irradiation, was no longer irreversible.

此句的主语 The decolorization 与谓语 was…irreversible 之间被定语从句 which were…irradiation 分隔，使语义紧密的二者在形式上相距较远，造成表意松散。若改为 When the pigment was dissolved in dioxane, decolorization was irreversible after 10 h of irradiation，主语与谓语在形式上紧密相邻，问题就解决了。

此外，还要注意状语位置。状语（表时间、方式、条件、原因等）通常置于句末，比置于句首或句中更为妥当。不少作者习惯将状语置于句首，应注意改变这种习惯。例如：

● From data obtained experimentally, power consumption of telephone switching system was determined.

　● <u>After CIK transfusion</u>, 6 cases' liver function (ALT and/or BIL) got much better, and the other 6 cases continued normal.

　此两句重在表达后面主句的意思，前面画线部分仅为陪衬性的状语成分，不如放在主句后的表达效果好。如前一句改为 Power consumption of telephone switching system was determined from data obtained experimentally, 后一句改为 Six cases' liver function (ALT and/or BIL) got much better, and the other 6 cases continued normal after CIK transfusion.

　通常，能用名词做定语的就不用动名词，能用形容词做定语的不用名词做，即做定语的优先顺序为：形容词→名词→动名词。例如：measurement accuracy 胜过 measuring accuracy，experimental accuracy 胜过 experiment results。

　5）冠词不宜丢失

　不要随便省略冠词，尤其是定冠词 the。当定冠词用于表示独一无二的事物、形容词最高级等情况时较为容易掌握，但用于特指时，不小心就易"丢失"。用定冠词时，应做到其确指性，这是定冠词使用的基本原则。例如：

　● <u>The</u> author designed a new machine. <u>The</u> machine is operated with solar energy.

　● Molar mass M has long been considered one of <u>the</u> most important factors among various relevant parameters. <u>The</u> parameter Molar mass M was calculated with <u>the</u> following equation.

　此两例中的定冠词均不能省略。前一例有两个定冠词，分别加在 author 和 machine 之前，特指"本论文的作者"和"前面提到的那台新设计的机器"。后一例有三个定冠词，第一个用来构成形容词最高级，第二个加在 parameter 前特指"前面提到的参数"，第三个用来构成固定短语 the following equation。

　现在固定短语或缩略语使用越来越多，要注意区分其前面的不定冠词是 a 还是 an。例如：an X-ray、an SFC 中的 an 不能写成 a。

　6）单复数不混淆

　避免单复数不分。一些名词的单复数形式不易辨别，容易造成谓语出错。例如：

　● The data <u>are</u> shown in Table 2.

　此句的 are 不能写为 is（这里 data 是复数形式，其单数形式是 datum，但很少用）。

　● <u>Literature does</u> not support the need for removal of all bone and metal fragments.

　此句的 Literature does 不能写成 Literatures do（Literature 指文献时是不可数名词，是单数的形式，其复数形式不多用）。

　7）首词数字区分

　避免用阿拉伯数字做首词，如果用数字做首词，则用其相应的英文数词。例如：

　● <u>Ten</u> algorithms are developed with Visual C++, and the correctness of them is verified through examples test.

　● <u>More than 20</u> mathematical models are built in this test.

　● <u>Over 20</u> mathematical models are built in this test.

　前一句的首词 Ten 不写成数字 10，后两句的 More than 20 和 Over 20 不写成 20 more。

8）使用好关键词

摘要中要多用论文的关键词（主题词），用好了关键词能增加论文被搜索出来的概率，从而有助于增加论文的可见度和被引频次。例如，题为 The Heroes of CRISPR 的文章（*Cell* 164, January 14, 2016），其中一个主题词 CRISPR（clustered regularly interspaced short palindromic repeats 的缩略语）在标题和摘要中各使用一次，而在引言和正文中出现了 110 多次。

一个小故事也许能说明关键词的作用：作者×在×年发表了一篇论文 A。刊登该文的期刊编辑被告知，有人抱怨论文 A 未引用 B。编辑仔细查看后发现，B 的摘要不完整，用词不贴近，该用的关键词没有用。作者×在研究和写作中根本就没有检索到 B，因此就不太可能引用 B。这说明，摘要中不用、少用合适的关键词，发表后被"淹没"的可能性就会增大。

9）区分英语种类

尽可能使用标准英语，英式、美式均可，但每篇论文应保持一致，不宜两种英语混用。

7.8 中英文摘要一致

一篇论文的摘要无论用中文还是英文写，其内容应是相同的，这就是中英文摘要在内容上的一致性，即阅读中英文摘要获得的主体内容信息应是等同的。不少作者撰写摘要，通常先写中文摘要，然后译成英文摘要，如果中文摘要写得不好，翻译成的英文摘要当然也不会好。再加上作者英文写作水平差异，在英文摘要中出现的问题就相对多一些。另外，中英文摘要的读者对象不同，中文摘要的读者一般为母语为中文的国内科技工作者（中文读者），英文摘要的读者一般为母语不为中文的国外科技工作者和国际检索系统的编辑（英文读者）。中文读者看了中文摘要后，不清楚或不详之处还可从论文全文中获得有关信息，但英文读者往往较难看懂或根本看不懂中文，英文摘要就成了其获得论文信息的唯一渠道。

有的期刊强调中英文摘要内容的一致性，出发点是好的，但编辑让作者按本来就写得不好的中文摘要来修改英文摘要，以保证二者在内容上的一致性，则不可取。笔者认为，在摘要内容质量较差的情况下强调中英文摘要内容的一致性是无意义的，而先实现中英文摘要内容的完整和表达的规范，再实现二者一致才是合理的。

写出完整和规范的中英文摘要并使其内容一致，作者的做法有以下三种。

（1）先写中文摘要后写英文摘要。写出规范的中文摘要，译成英文摘要，对英文摘要做适当的修改、补充、完善，并进行语言润色，必要时还可对中文摘要进行调整性修改。

（2）先写英文摘要后写中文摘要。先写出规范的英文摘要，译成中文摘要，对中文摘要做适当的修改、补充和完善，必要时再对英文摘要进行修改和润色。

（3）中英文摘要同时写。写中文摘要时考虑其英文表达，写英文摘要时考虑其中文表达，二者都写好后再分别给予语言润色，写出规范的中英文摘要，但不强调在内容上完全一致。

编辑的做法应该是：检查中英文摘要的内容是否一致，一致时，检查二者表达是否规范，提出修改意见，通知作者修改，或直接修改；不一致时，选出二者中较规范的摘要，提出修改意见，通知作者对此较规范的摘要进行修改，修改后再作为参照来修改另一语种摘要。

第 8 章

论文辅体

科技论文不是作者自存、自赏，而是让他人来阅读、学习、交流、传承的，具有明显的社会属性，是一种实实在在的产品。它除具有记录科研成果的内容属性（论文主体）外，还具有诸如著作权人（署名）、内容简介（摘要）、研究基础（参考文献）等其他属性，这类组成不属"论"的内容，不在引论、本论、结论的研究模式内，却是科研成果和论文主体的重要附加部分，也是科研和学术交流的依赖部分，统称论文辅体。论文主体、辅体相对独立，功能分明，侧重不同，却相互依存，共同组成论文这一有机统一体：缺少主体不能成为论文，缺少辅体就不能成为发表的论文。论文辅体各个部分通常较短，内容单一，结构简单，写作上远没有主体那样复杂而有规律，但也有其基本内容及写作要求。作为论文辅体主要组成部分的摘要、参考文献分别在第 7 章、第 13 章讲述，本章主要讲述论文辅体的其他部分。

8.1 署名

署名是有关作者姓名、单位、联系方式等信息，通常涉及通信作者，具有记录作者劳动成果、表明文责自负、辅助文献检索和科研评价系统统计分析，以及便于读者与作者联系等功能。刊登署名信息是对作者著作权及其所在工作单位权益的尊重和保护。

扫一扫

视频讲解

8.1.1 署名格式

署名分为单作者、多作者两种情形。多作者按署名顺序列为第一作者、第二作者……，需要把对研究工作与论文撰写实际贡献最大的人员列为第一作者，贡献次之的列为第二作者，以此类推，论文所有作者的姓名均应依次列出，并置于题名下方。作者的姓名列出后，还要列出其单位。不同作者的单位不一定相同，一位作者还可能有几个单位。

（1）只有一位作者时，在题名下方列出作者姓名，再另起行或在姓名后列出单位。例如：

【1】

电子信息化技术在临床试验研究管理中的应用研究

范乙 （国家药品监督管理局药品审评中心，北京 100022）

（2）作者单位相同时，在题名下方依次列出作者的姓名（通信作者的右上角加上标识如星号"*"），然后另起行或在姓名后列出单位。作者姓名间是否加标点、加什么标点，以及其他有关表达细节，取决于具体期刊的要求。例如：

【2】

〈题名略〉

陈坚强，陈琦，袁先旭*，谢昱飞

中国空气动力研究与发展中心 计算空气动力研究所，绵阳 621000

（3）作者单位不同时，所有作者依次并列书写，并在各作者姓名的右上角加上序号（若是通信作者，右上角还要加上标识）；各单位在作者姓名行下方或姓名后依次并列书写，并在各单位前面加上与作者序号相对应的序号，序号后面是否加小圆点取决于具体期刊。一位作者有几个单位时，在其姓名的右上角标注几个序号，序号间用逗号分隔。序号用数字或字母均可，可与单位名称平排，也可为上标形式。例如：

【3】

〈题名略〉

李思远[1]　陈 晓[1,2]　王新涛[1]　陈彦惠[1,*]

（[1] 河南农业大学农学院，河南郑州 450002；[2] 河南省农业科学院园艺研究所，河南郑州 450002）

【4】

异补骨脂重复给药 3 个月在大鼠体内的毒代动力学研究

门伟婕[1]　霍香香[1]　毕亚男[1]　袁晓美[1]　张玥[1,2*]　周昆[1,2]　（[1] 天津中医药大学中医药研究院，天津 300193；[2] 天津市中药药理学重点实验室，天津 300193）

（4）有的期刊对论文署名要求把作者单位放在论文首页的脚注处或其他位置。

8.1.2　人名表达

扫一扫
视频讲解

汉语人名一般有汉语拼音和韦氏拼音（Wade-Giles System）两种表达方式，后一种方式在我国港澳台地区使用较为普遍。用汉语人名的英文译名时，应首先确认该译名所采用的表达方式，对用韦氏拼音书写的人名不得强行改用汉语拼音方式。

（1）按国家标准 GB／T 16159—2012《汉语拼音正词法基本规则》，汉语人名拼写规则有：

①姓和名分写，姓在前，名在后，姓和名的首字母分别大写。例如：Ning Ruxin（宁汝新）；Li Hua（李华）；Xi Bojifu（西伯吉父）。

②复姓①连写，双姓中间加连接号，双姓两个首字母大写。例如：Dongfang Shuo（东方朔）；Zhuge Kongming（诸葛孔明）；Liang-Meng Yutian（梁孟誉天）；Fan-Xu Litai（范徐丽泰）。

③笔名、别名等按姓名写法处理。例如：Lu Xun（鲁迅）；Mei Lanfang（梅兰芳）；Zhang San（张三）；Wang Mazi（王麻子）。

④缩写时，姓全写，首字母大写或每个字母大写，名取每个汉字拼音的首字母，大写，后面加小圆点（实际中该小圆点可省去）。例如：Wang J.（Wang J）、WANG J.（WANG J）（王晋）；Zhuge K. M.（Zhuge K M）、ZHUGE K. M.（ZHUGE K M）（诸葛孔明）；Dongfang S.（Dongfang S）、DONGFANG S.（DONGFANG S）（东方朔）。国外期刊倾向于大写字母只限于姓氏的全部字母（或首字母）及名字的首字母。

（2）按韦氏拼音，姓的首字母大写，双名间用连字符。例如：Huang Tso-lin（Huang Zuolin，黄佐林），Lee Tsung-Dao（李政道），Yang Chen Ning（杨振宁），Lee Chiapyng（李嘉平）等。在引用汉语人名时，注意区分韦氏拼音与汉语拼音。如果对 1950 年以前去世的或姓名以旧式

---

① 汉语姓氏分单姓、复姓和双姓：单姓是一个字的姓，如梁、李、刘、王等；复姓是有两个字的姓，如欧阳、太史、端木、上官、司马、东方、诸葛、尉迟等；双姓由两个不同的单姓组合而成，如梁孟誉天、范徐丽泰中的梁孟、范徐等。

注音而著称的人采用以汉语拼音书写的姓名，则应以括注的形式附上以韦氏拼音书写的姓名。

（3）英语国家作者姓名的通用形式为"首名（first name）中间名首字母（middle initial）姓（last name）"。中间名不用全拼的形式是为了便于计算机检索和文献引用时对作者姓和名的识别，如 Robert Smith Jones 的形式可能会导致难以区分其中的姓是 Jones 还是 Smith Jones，但若用 Robert S. Jones，则使姓和名的区分简单明了。

为减少因作者姓名相同而导致文献识别方面的混乱，部分科技期刊要求作者将其学位放在其姓名的前面或后面，甚至还可将作者职衔列于其姓名和学位之后（或在论文首页的脚注中说明），如 Dr. Joseph Kipnis–Psychiatrist，Dr. Eli Lowitz–Proctologist 等。

（4）作者本人应尽量采用相对固定的英文姓名表达形式（编辑通常会尊重作者个人对其姓名的习惯拼写形式），以减少在文献检索和论文引用中被他人误解的可能性。

韦氏、汉语拼音人名采用中国式"姓在前，名在后"的形式，与"名在前，姓在后"的国际惯用形式正好相反。不同期刊对人名写法有差异，国外期刊多是"名在前，姓在后"，而中国期刊五花八门，署名形式多样。作者可根据目标期刊要求署名，不必拘泥于一种形式。

每一期刊都有其相对统一的人名表述形式，不同期刊的人名形式有差异，若以"梁福军"的拼音姓名为例，在各期刊的写法示例见表 8-1。作者应根据目标期刊的要求署名；一本期刊应有其统一的论文署名形式。

表 8-1　不同期刊的论文人名（作者姓名）写法示例①

期刊		人名（作者姓名）形式
国际期刊	*Science*（科学）	Fujun Liang；Fu-Jun Liang；Fu Jun Liang
	Nature（自然）	Fujun Liang；Fu-Jun Liang
	Cell（细胞）	Fujun Liang
	*PNAS*②（美国科学院院刊）	FujunLiang
	Annals of Botany（植物学报）	FUJUNLIANG
	The Archive of Mechanical Engineering（机械工程档案）	FUJUNLIANG；Fujun LIANG；Fujun Liang
	Learned Publishing（学术出版）	Fujun LIANG
	Journal of Fluids Engineering (ASME)（流体工程学报）	F. J. Liang；Fujun Liang
	Measurement Science and Technology（测量科学与技术）	F J Liang；Fujun Liang
国内期刊	*Cell Research*（细胞研究）	Fujun Liang
	Light: Science & Applications（光：科学与应用）	Fujun Liang
	Chinese Medical Journal（中华医学杂志）	LIANG Fu-jun
	Acta Geologica Sinica（地质学报）	LIANG Fujun
	Chinese Journal of Mechanical Engineering（中国机械工程学报）	LIANG Fujun；Fujun Liang
	Chinese Medical Sciences Journal（中国医学科学杂志）	Fu-jun Liang
	Journal of Computer Science & Tecnology（计算机科学技术学报）	Fu-Jun Liang
	Acta Mathematica Sinica（数学学报）	Fu Jun LIANG
	Acta Metallurgica Sinica（金属学报）	Fujun LIANG
	Journal of Integrative Plant Biology（植物学报）	Fu-Jun Liang
	SCIENCE CHINA　Technological Sciences（中国科学：技术科学）	LIANG FuJun
	Chinese Journal of Aeronautics（中国航空学报）	Fujun LIANG；F. LIANG
	Insect Science（昆虫科学）	FU-JUN LIANG
	科技导报（*Science & Technology Review*）	LIANG Fujun
	中国药物警戒（*Chinese Journal of Pharmacovigilance*）	LIANG Fujun
	中国临床营养杂志（*Chinese Journal of Clinical Nutrition*）	LIANG Fu-jun
	化学学报（*Acta Chimica Sinica*）	Liang, Fujun

---

① 此表所列的人名形式是阶段性的，不排除某期刊可能对其人名写法进行某种调整而发生变化，因此仅供参考。

② PNAS 的全称是 Proceedings of the National Academy of Sciences of the United States of America。

8.1.3　单位名称表达

扫一扫

视频讲解

单位名称准确、写全，除非必要一般不用简称或英文缩写，避免让读者不知所云。例如："哈尔滨工业大学机电工程学院"不写为"哈工大机电学院"；"西安电子科技大学"不写为"西电科技大学"；"中国科学院"不写为 CAS（CAS 为 Chinese Academy of Sciences 的缩写）；"南京航空航天大学"英文名称不写为 NUAA 或 Nanhang University，应为 Nanjing University of Aeronautics and Astronautics；"北京航空航天大学"不写为 Beijing University of Aeronautics and Astronautics，应为 Beihang University。

作者应熟悉单位的官方名称，必要时查证，不可另起炉灶，随意给出或翻译单位名称。例如："机械工业出版社"的英文名称是 China Machine Press，不是 Mechanical Industrial Publishing House；"科学出版社"是 Science Press，不是 Beijing Scientific Publishing House。有些单位的英文名称容易写错，如以下单位中的画线部分：Tsinghua University（不是 Qinghua），Peking University（不是 Beijing），Hohai University（不是 Hehai），Soochow University（不是 Suzhou），Shanghai Jiao Tong University（不是 Jiaotong）等。

单位中文名称由大至小来写，英文名称相反，由小至大来写。例如："天津工业大学机械电子工程学院"英文名称为"School of Mechanical and Electric Engineering，Tianjin Polytechnic University"，不是"Tianjin Polytechnic University，School of Mechanical and Electric Engineering"。但在书写"……大学……教育部重点实验室"的英文名称时，不宜将"教育部"与"重点实验室"拆开，因为"教育部重点实验室"是一个整体。例如："大连理工大学精密与特种加工教育部重点实验室"应是"Key Laboratory of Precision & Non-traditional Machining of Ministry of Education，Dalian University of Technology"，而不是"Key Laboratory of Precision & Non-traditional Machining，Dalian University of Technology，Ministry of Education"。

8.1.4　署名其他事项

扫一扫

视频讲解

（1）署名通常应给出作者单位所在城市名称及邮政编码。第一或通信作者应给出通信地址，国外作者应给出国家名称。例如："华威大学工学院　考文垂 CV47AL 英国"（School of Engineering，University of Warwick，Coventry CV47AL，UK）；"密歇根大学机械工程系　安阿伯　MI48109　美国"（Department of Mechanical Engineering，University of Michigan，Ann Arbor MI48109，USA）等。

（2）论文录用后发表前有署名变更需求（如增补、删减或变更等）时，作者应及时提出变更申请，应提供一份由该文所有作者（包括待增补、待删减的作者）签名的变更信函。

（3）通信作者是第一作者以外的其他作者时，应按期刊规定的形式来表达，多以星号（*）、脚注或致谢的形式标注通信作者。

（4）第一作者通常是默认的通信作者，无特殊需求时不必为第一作者标出通信作者。

（5）一位作者同时为其他单位的兼职或客座研究人员，而且需体现兼职或客座单位的研究成果归属时，署名应同时写出其实际所在单位和兼职单位。

（6）中文署名宜以中文姓名署名，除非必要（比如存在难以译为中文姓名的英文姓名），通常不宜中英文姓名混用。

（7）同一论文中英文署名须一致，避免中英文作者数量不一致、姓名不对应，单位数量不一致、名称不对应等低级错误。

8.2　关键词

关键词（keywords）是从论文主体及摘要中选出来的，能反映论文主题概念的一组主题词，常位于论文的摘要之后，依次排列。论文中列出关键词对论文发表后被文献检索系统收录及读者对论文有效查询（查全、查准）有重要意义。

扫一扫

视频讲解

8.2.1　关键词选用要求

（1）保证质量至上。选用关键词应达到"质"和"量"要求。"质"指关键词与论文主题概念密切相关，"量"指关键词的数量恰好能全面而准确反映主题内容。关键词选用质量的优劣，直接影响论文检索结果的优劣及成果利用率的高低，对期刊被引频次和影响因子等指标的提高或改善也有积极意义。

（2）避免用泛指词。尽量不用或少用无独立检索意义的泛指词（如方法、研究、探讨、分析、报告、思路、措施、发展、理论、途径、策划、建议、创新等）做关键词。这类词不具对论文主题的专指性，不能准确概括主题内容。用这类词检索，结果必然是多个学科领域众多文献的汇集，信息杂而乱，检索效率低，查准率不高，错检现象也存在。

（3）准确全面选取。准确指与主题相扣，全面指标引深度恰当，避免错选（主题不合适）、漏选（深度不够）、重复（意义相近）、叠加（几个词叠加成词组）。不要无原则地随便选词，或仅局限于从标题或摘要中草率选取。有多个同级主题概念并存时，不要只针对部分概念来选取，或用主题概念的上位概念代替主题概念，或将几个主题概念叠加。

（4）严格把握词性。尽量用名词、名词性词组（动词、动词性词组也可）而不用形容词、代词或虚词做关键词，以免检索信息混乱，使关键词失去应有作用。关键词应自行独立，不宜为其加修饰词或用来修饰他词，或用由"和、与、而"之类的连词将若干词连在一起所形成的词组做关键词。不宜用人名做关键词，但名人或重要人物的人名除外，而且人名做关键词不宜带官职。

（5）合理有序排列。按一定规则、顺序排列关键词，最好将词与词之间的内在逻辑关系反映出来，清楚准确、层层深入地反映论文主题。对关键词的罗列顺序要仔细考虑后再安排，不得任性、随意、简单地以其在题名、层次标题、正文中出现的顺序而定，或凌乱堆砌，使得关键词的逻辑组合不能有效表现主题。

（6）确定标引深度。确定关键词的合适数量就是确定标引深度。标引深度较高时，可向用户提供较多的检索点，有助于提高查全率，但过高时会增加"噪声"进而增加误检率；较低时，不能全面概括论文主题，导致漏检。作者应懂得标引深度对文献检索的影响，避免在关键词选取上不加斟酌而选取过多或过少，造成多检或少检，最终难以准确全面反映主题内容。

（7）正确使用简称。熟悉或了解简称、字母词的使用广度或人群范围，广度或范围大的可直接作为一个关键词，广度不够或圈子小的就不宜直接作为关键词。关键词多为名词术语，新术语应写完整，非公知公用的简称尽量少用，作者自定义简称、字母应不用。使用一个词的全称做关键词时，为突出其简称，可在全称后括注其简称。

（8）慎用自由新词。小心使用新出现但还未正式化的自由词。新名词、新术语通常不大可能被及时收录、更新到词典或有关词表中，但选用一些使用频度高、为大众或专业圈广泛使用的做关键词是必要的，但须考察、甄别。考察要素包括：有独立检索意义；促进学科、技术发展；被文献检索系统接纳；与名刊、知名检索系统对关键词的选用接轨。

8.2.2　关键词选用方法

扫一扫

视频讲解

（1）纵观和通读全文，进行主题分析，弄明白论文的主题概念和中心内容。
（2）从论文主要组成部分的重要段落或语句中选出与主题概念一致的词语。
（3）从有关词或工具书选取自由词，选词概念明确、简洁精练、实用性强。
（4）按内容重要程度、层次高低深浅、思维逻辑顺序等对所选词大体排序。
下面以两篇论文为例讲述关键词的选用思路、方法。

关键词选用实例【1】

大黄素-8-O-β-D-葡萄糖苷抑制肿瘤细胞迁移和转移的体内外实验研究

摘要：目的 研究大黄素-8-O-β-D-葡萄糖苷（emodin-8-O-β-D-glucopyranoside, EG）对肿瘤细胞迁移以及荷瘤小鼠肿瘤转移的影响。**方法** EG 0、50、100、200、400 mg·mL^{-1}作用于小鼠乳腺癌 4Tl-Luc 细胞、人结肠癌 HCTl16 细胞、人神经母细胞瘤 SH-SY5Y 细胞 24～72 h；MTT 法检测其对细胞增殖活力的影响，划痕试验观察细胞迁移能力，Transwell 小室试验检测细胞转移能力。将磷酸盐缓冲溶液（PBS）、EG 低（2 mg·kg^{-1}）、高（4 mg·kg^{-1}）剂量作用于荷乳腺癌 4Tl-Luc 原位移植瘤小鼠，给药 13 天，每 2 天通过小动物成像系统观察肿瘤转移情况。**结果** 体外细胞实验表明，EG 呈浓度和时间依赖性地抑制肿瘤细胞迁移，呈浓度依赖性抑制肿瘤细胞转移；动物体内实验结果表明，EG 对乳腺癌小鼠原位移植瘤转移具有抑制作用。**结论** EG 在体内外均表现出抑制肿瘤细胞迁移和转移的能力。
关键词： 大黄素-8-O-β-D-葡萄糖苷；肿瘤；迁移；转移

　　此例论文主题涉及两类核心对象：直接对象"肿瘤细胞"和间接对象"大黄素-8-O-β-D-葡萄糖苷"，后者作用于前者，因此可用这两个词语做关键词，其中"肿瘤细胞"用"肿瘤"更简短、醒目。该文仅在肿瘤细胞迁移和转移方面进行研究，"迁移""转移"限定了主题范围，因此再选用这两个动词做关键词。这些词语语义相互关联，"大黄素-8-O-β-D-葡萄糖苷"抑制"肿瘤""迁移""转移"（主语＋谓语＋宾语），因此按"大黄素-8-O-β-D-葡萄糖苷；肿瘤；迁移；转移"的顺序排列符合客观规律。其实这一顺序在题名中也有所反映。

关键词选用实例【2】

国际基于立方星平台的空间科学发展态势及启示

摘要： 空间科学主要是基于航天器平台获取实验数据、实现科学发现的重大前沿基础研究。中国实施了"悟空""慧眼"等一批较大的科学星任务。阐述了国际上重要科学发现和成果，提出当前国际上已认识到立方星在空间探索与发现中的重要作用；总结了美欧等航天强国和机构已实施和论证的若干立方星科学探测计划及取得的有影响力的原创科学成果，以及中国立方星技术演示验证和商业航天已取得的进展；提出了中国空间科学界应进一步关注立方星的发展，利用立方星平台开展研究，与传统大中型空间科学卫星形成互补，增强并拓展相关领域的探测能力，有效降低任务难度并缩短研制周期，促进中国空间科学取得更多重大发现和突破。
关键词： 空间科学；立方星；科学卫星

　　此例论文主题的范围是空间科学（领域）中的立方星，立方星是空间科学的下位词，二者紧密关联，应都选为关键词（缺了空间科学，立方星便失去存在空间，而缺了立方星，空间科学就会范围太大）。另外，立方星的优势通过与传统科学卫星对比、互补来显现，论文中必然有较多科学卫星方面的内容，科学卫星也是空间科学的下位词，因此再选"科学卫星"做第三个关键词。

目前是互联网和大数据时代，文献检索系统已非常强大，读者查询文献可以不受时间、空间、地理、位置和距离等因素的限制，非常方便自如地通过电脑、手机（文字甚至语音方式）任意查询一个目标词，因此论文中有无关键词或关键词具体是什么词已越来越显得不如过去那么重要了。由于读者在查找论文前是看不到论文的，无从知道论文所标注的关键词，谁还能规规矩矩地严格按"关键词"来查询文献呢？目前一些名刊如 *Nature*、*Science*、*Cell* 和 *Cell Research* 的论文中已没有关键词这一项了。

扫一扫

视频讲解

8.3　基金项目

基金项目（资助项目、科学基金）表明论文研究工作的课题资助背景。表达形式一般为"**基金项目**：项目名（项目编号）"，有多个基金项目时，各项目应依次列出，其间用标点符号分隔，有的期刊还要求给出基金项目的英文名称。表 8-2 列出了我国部分基金项目的名称。

表 8-2　我国部分基金项目的名称

中文名称	英文名称（供参考）
国家重点研发计划	National Key Research and Development Program of China
"十四五"国家重点研发计划	National Key Research and Development Program of China during the 14th Five-Year Plan Period
国家自然科学基金	National Natural Science Foundation of China
国家自然科学基金面上项目	General Program of National Natural Science Foundation of China
国家自然科学基金重点项目	Key Program of National Natural Science Foundation of China
国家自然科学基金重大项目	Major Program of National Natural Science Foundation of China
国家自然科学基金青年科学基金	Youth Science Fund of National Natural Science Foundation of China
国家杰出青年科学基金	National Science Fund for Distinguished Young Scholars of China
海外及香港、澳门青年学者合作研究基金	Joint Research Fund for Overseas Chinese, Hong Kong and Macao Young Scholars of China
中国科学院知识创新项目	Knowledge Innovation Programs of Chinese Academy of Sciences
中国科学院"十四五"重大项目	Major Programs of Chinese Academy of Sciences during the 14th Five-Year Plan Period
中国科学院重点资助项目	Key Program of Chinese Academy of Sciences
中国科学院上海分院择优资助项目	Advanced Programs of Shanghai Branch, Chinese Academy of Sciences
中国博士后科学基金	China Postdoctoral Science Foundation
教育部博士点基金资助项目	Ph. D. Programs Foundation of Ministry of Education of China
高等学校博士点专项科研基金	Specialized Research Fund for the Doctoral Program of Higher Education of China
中央高校基本科研业务费专项	Fundamental Research Funds for the Central Universities, China
"十四五"国家医学科技攻关基金资助项目	National Medical Science and Technique Foundation of China during the 14th Five-Year Plan Period
×市自然科学基金	× Municipal Natural Science Foundation of China
×省自然科学基金	× Provincial Natural Science Foundation of China
国家航空科学基金	National Aerospace Science Foundation of China
科技部科技型中小企业创新基金	Science & Technology Innovation Foundation of Ministry of Science & Technology for Small-Medium Enterprises, China

基金项目格式示例如下：

【1】

基金项目：国家自然科学基金（30471120，30671246）；国家高技术研究发展计划（863 计划）（2006AA10Z1A5，2006AA100101）；国家科技支撑计划（2006BAD13B01）；高等学校学科创新引智计划（B08025）。

【2】

基金项目：国家自然科学基金项目（51207169，51276197，61503302）；中国博士后科学基金项目（2014M562446）；陕西省自然科学基金项目（2015JM1001）。**Foundation items**：National Natural Science Foundation of China（51207169，51276197，61503302）；China Postdoctoral Science Foundation（2014M562446）；Shaanxi Provinicial Natural Science Foundation of China（2015JM1001）.

【3】

基金项目：国家自然科学基金（81473418）：肝细胞色素 P450 酶表达低下致何首乌特异质肝毒性机制研究；北京市自然科学基金（7172150）：异源 RANKL 主动免疫制剂对骨质疏松防治作用的研究。

基金项目名称应准确、完整，与官方或公认名称一致，比如"国家自然科学基金"是准确、完整名称，而其他写法如"自然基金""自然科学基金""国家科学基金""国家科学项目""国家自然基金""国家自然项目""我国自然科学基金""中国自然科学基金""NSFC""SFC""国家 SFC 基金项目""国家 SFC 资助项目"等均不准确、不完整。

8.4　致谢

致谢（acknowledgements）是致谢主体对致谢对象表达某种意义上的感谢，也是尊重致谢对象贡献的标志。一般位于论文中参考文献表前面或后面，通常单独成段。示例如下：

扫一扫

视频讲解

【1】

致　谢

感谢清华大学信息科学与技术国家重点实验室提供计算资源。感谢中航工业产学研工程项目"航空 CFD 共用软件体系中的若干关键技术研究"的资助。

【2】

致　谢

本论文是在导师宁汝新教授的悉心指导和热情关怀下完成的，从选题、技术路线确定到论文撰写、修改，她都花费了大量的心血，付出了辛勤的劳动。在此谨向她表示衷心的感谢，并致以深深的敬意！

致谢涉及致谢主体、致谢对象、致谢内容三方面内容。

致谢主体大体包括：有集合或集体属性的本文、本研究、本项目、本团队、我们或全体作者等，或者这些集合或集体中的个体、子集成员，如全部作者中的某位或某几位作者等。

致谢对象大体包括：研究工作得到资助的基金项目；对研究工作有直接和实质帮助的组织或个人；协助完成研究工作、提供某种帮助和便利条件的组织或个人；对论文写作做出较多贡献或付出较多工夫的个人；给予转载和引用权的资料、图片、文献、思想和设想等的所有者；其他应感谢的组织和个人。

致谢内容大体包括：基金项目资助在全部或部分研究工作中所起的作用；个人或组织在研究工作或论文写作中给予的帮助或所做的贡献（如提供物资、材料，给予技术、经费支持，协助方案制定、执行，帮助结果分析、处理，提供启发、建议，进行指导、审阅，等等）。

致谢写作要求：

（1）恰当表达致谢内容，明确是对何致谢对象所做的何工作表达感谢；

（2）用恰当语句表达谢意，避免疏忽而冒犯本可接受感谢的致谢对象；

（3）致谢主体应明确，既可为集体，也可为集体中的个体、子集成员；

（4）投稿前应与致谢对象联络、沟通，必要时请其审阅论文勘误斧正；

（5）正确书写基金项目的名称，不要用非公知公用的缩写作项目名称；

（6）按目标期刊的致谢表达形式，避免致谢与基金项目不必要地重复。

注意致谢与志谢的细微差异：致谢表达谢意，有发出者和接受者双向行为，较为随意；志谢表达记住、记载、铭记谢意等，单向行为，较为庄重。对于论文末尾，用致谢较为常见。

扫一扫
视频讲解

8.5　作者简介

作者简介是有关作者个人信息的简介。可位于参考文献表后面或前面，或论文首页脚注处，或论文题名正上方，或署名信息中，或其他合适位置，不同期刊的格式不同。示例如下：

【1】

作者简介：李增勇，教授，研究方向为康复工程，电子信箱：lizengyong@nrcrta.cn；樊瑜波（通信作者），教授，研究方向为生物力学与康复工程，电子信箱：fanyubo@nrcrta.cn

【2】

作者简介：李轶群，男，在读硕士，中药抗肿瘤活性成分筛选与分子机制研究。
*通信作者：孙震晓，女，博士，教授·博导，中药分子细胞药理学与毒理学。E-mail: sunzxcn@hotmail.com

【3】

作者简介：秦红玲，女，1978 年出生，博士，教授，闽江学者。主要研究方向为摩擦学及表面工程。E-mail: qhl1120@qq.com
徐翔（通信作者）：男，1981 年出生，博士，副教授，主要研究方向为摩擦学及表面工程。E-mail: xu_xiang@ctgu.edu.cn

作者简介包括个人情况和联系方式两类信息：个人情况有姓名、性别、出生时间、工作单位、学历或学位、职称、职务（技术、项目职务）、荣誉和获奖、研究方向、发表论著和发明专利等；联系方式主要是邮箱（电子信箱）、通信地址。姓名、学历或学位、职称、研究方向、邮箱是基本信息，通常不应缺少（通信作者以外的其他作者可不给出邮箱）。

作者简介写作要求：

（1）参照目标期刊的要求来确定作者简介的格式体例及篇幅大小，不必拘泥于固定模式；

（2）按容许的篇幅来确定合适的个人信息包括的项目数及具体项目信息的写作详略程度；

（3）篇幅不受限制时，选取个人重点项目简练概括地介绍，避免项目数和项目信息过多；

（4）篇幅受限制时，侧重表述基本信息，避免主要项目不完整、语言表述过于简短笼统；

（5）通信作者不是第一作者时，应在其姓名后面注明通信作者，基本信息不要缺少邮箱；

（6）提倡但不强求对所有作者给出简介，不过通常至少给出第一作者和通信作者的简介；

（7）具体撰写还应考虑文体、论文篇幅、版面限制和个人风格等因素，切不可一概而论。

8.6　中图分类号

中图分类号是按照《中国图书馆分类法》（简称《中图法》）在论文中标注的一种分类代

号。常放在论文中"关键词"的下面，其功能同关键词，主要是便于文献的检索、存储和编制索引。它采用英文字母与阿拉伯数字相结合的混合号码，一个字母代表一个大类，以字母顺序反映大类的次序，在字母后用数字作标记。一篇论文一般标注一个分类号，有多个主题时可标注若干分类号（主分类号排在第一位；分类号间以分号分隔）；分类号前以"**中图分类号：**"作为标识，如"**中图分类号：**TH165；TP391.78"。

《中图法》共分 5 个基本部类和 22 个基本大类，见表 8-3。

表 8-3　中图分类号基本部类与基本大类

5 个基本部类	代码	22 个基本大类
马克思主义、列宁主义、毛泽东思想、邓小平理论	A	马克思主义、列宁主义、毛泽东思想、邓小平理论
哲学	B	哲学、宗教
社会科学	C	社会科学总论
	D	政治、法律
	E	军事
	F	经济
	G	文化、科学、教育、体育
	H	语言、文字
	I	文学
	J	艺术
	K	历史、地理
自然科学	N	自然科学总论
	O	数理科学和化学
	P	天文学、地球科学
	Q	生物科学
	R	医药、卫生
	S	农业科学
	T	工业技术
	U	交通运输
	V	航空、航天
	X	环境科学、安全科学
综合性图书	Z	综合性图书

8.7　文献标识码

文献标识码不是科技论文的必要组成部分，撰写论文有标注它的需求时，可以标注。文献标识码应以"**文献标识码：**"或"**【文献标识码】**"作为标识，如"**文献标识码：**A"。文献标识码一般无须作者标注，而多由编辑（或专职人员）根据文章内容来划分和标注。一般来说，一种科技期刊刊登文章的主题通常是固定的，刊登的文章的文献标识码应该是相同的。

文献标识码由《中国学术期刊（光盘版）检索与评价数据规范》提出，共分为 5 种，如表 8-4 所示。凡具有文献标识码的文章均可标注一个数字化的文章编号，其中 A、B、C 三类文章必须编号。不属于此表所列各类的文章以及文摘、零讯、补白、广告、启事等无须标注文献标识码。

表 8-4　文献标识码类型

标识码	文献类型
A	理论与应用研究学术论文（包括综述报告）
B	实用性技术成果报告（科技）、理论学习与社会实践总结（社科）
C	业务指导与技术管理性文章（包括领导讲话、特约评论等）
D	一般动态性信息（通讯、报道、会议活动、专访等）
E	文件、资料（包括历史资料、统计资料、机构、人物、书刊、知识介绍等）

8.8　论文编号

论文编号是为便于论文的检索查询、全文索取、远程传送、文献互联及著作权保护、管理等而为论文设置的一种标识符（相当于论文的身份证号）。目前科技论文通常使用文章编号和 DOI 两种论文编号。

1）文章编号

文章编号属《中国学术期刊（光盘版）检索与评价数据规范》的内容。由期刊的国际标准连续出版物号（ISSN）、出版年、期次号及文章的篇首页码和页数 5 段共 20 位数字组成，结构为 XXXX-XXXX（YYYY）NN-PPPP-CC，其中 XXXX-XXXX 为文章所在期刊的 ISSN，YYYY 为期刊的出版年，NN 为期刊的期次号，PPPP 为文章首页所在期刊页码，CC 为文章页数，"-" 为连接号，期次号为两位数字。当实际期次号为一位数字时需在其前面加 0 补齐，如第 1 期为 01；仅 1 期增刊用 S0，多于 1 期用 S1、S2 等。文章首页所在期刊页码为 4 位数字，实际页码不足 4 位时应在其前面补 0，如第 268 页为 0268。文章页数为两位数字，实际页数不足两位数时，应在其前面补 0，如 7 页为 07，转页不计。

文章编号的标识为 "**文章编号：**" 或 "**【文章编号】**"。例如 "**文章编号：**1672-4992-(2016)18-2835-04"，该文章发表在《现代肿瘤医学》2016 年第 18 期，首页所在页码为 2835，共有 4 页，该期刊的 ISSN 为 1672-4992。

2）DOI

DOI 是数字对象标识符（digital object indentifier），是一种包括字母和数字组合的针对数字内容或对象（如一本书、一篇文章、一个章节内容、一项专利、一幅插图、一个社论、一个启示、一个更正等）的唯一标识符，其主要作用是实现全球引文互联。引文互联指通过 DOI 技术实现所引文献与被引文献在互联网上互相链接，即一篇文章所引用的文献与这些文献的原文的链接，以及与引用了此篇文章的其他文献的原文的链接。目前美国 CrossRef 公司是国际 DOI 基金会指定的唯一官方 DOI 注册机构。在 DOI 中心目录中，DOI 与内容或对象的解析地址（OpenURL）关联，此目录容易更新、升级。

DOI 发表在 OpenURL 的位置上，可避免因内容或对象移动而导致的链接失败，意味着内容或对象的存储地点发生变化时，内容或对象照常能被链接上（DOI 始终不变）。DOI 的最大优势是，在互联网的任何一个节点，只要用鼠标单击一个 DOI 就可到达用户所需内容或对象的地址并与其全文链接上，使传统模式下的大量内容或对象不再成为 "信息孤岛"。

DOI 由前缀和后缀两部分构成，前缀与后缀之间以斜线分隔。前缀由识别码管理机构指定（由 CrossRef 注册中心分配的 DOI 前缀通常以 "10" 开始）；后缀由出版机构或版权所有者等自行命名或分配。例如：

DOI:10.3724/SP.J.1006.2008.00619

DOI:10.19803/j.1672-8629.2019.12.01

DOI:10.3881/j.issn.1008-5882.2008.06.015

DOI:10.1126/science.286.5445.1679e

论文中通常将 DOI、中图分类号、文献标识码和文章编号排在一起，置于较显著的位置，如论文开头（书眉线下方、题名上方）。例如：

DOI:10.19803/j.1672-8629.2019.12.01　　中图分类号：R965　　文献标识码：A　　文章编号：672-8629(2019)12-0705-06

8.9　日期信息

日期信息指有关论文提交（投稿、受理）、修改回、接受（录用）、上线等的时间信息。它常位于论文首页脚注处，或论文结尾，或其他较显著的位置，一般以"收稿日期：×××；修回日期：×××；录用日期：×××"（Received...; Revised 或 revised...; Accepted 或 accepted...）作为标识。不同期刊对这一信息的具体标识项目与格式可能有所不同。例如：

20230806 收到初稿；20240218 收到修改稿

收稿日期：2020-04-03；修回日期：2020-09-18

收稿日期：2016-10-17；修订日期：2017-02-26。Received 17 Oct. 2016; accepted 26 Feb. 2017

收稿日期：2016-09-14；接受日期：2016-11-30

收稿日期：2016-01-11；退修日期：2016-02-15；录用日期：2016-03-07；上线时间：2016-04-25　17:04

收稿日期：2023-10-18；退修日期：2023-11-02；录用日期：2023-11-14；网络出版时间：2023-11-16　10:01

Received：2023-10-18；**Revised**：2023-11-02；**Accepted**：2023-11-14；**Published online**：2023-11-16　10:01

日期信息是统计期刊指标（如出版周期）的重要依据，也是反映编辑工作效率的重要依据。论文中的日期表达要做到准确、对应，格式规范、统一。

8.10　附录

附录是论文的非必要附件，在不影响论文内容连贯性叙述的前提下，提供论文中有关内容的详尽描述，如推导、演算、证明、解释、说明、步骤、图表、式子，数据、曲线、照片，或其他辅助资料（如计算机框图、算法或程序等），与论文统一编入连续页码。

附录写作要求：

（1）按需布局内容。合理布局用附录表达的内容，不要把应放在正文中表述的内容放在附录中。附录会占用较多版面，对文章被引也没什么贡献，不少期刊不提倡用附录。

（2）恰当确定篇幅。确定附录的合适篇幅，附录既不冗长，占用过多版面，增加出版成本，甚至影响他人论文的发表周期，也不简短，过于简短时应放在论文主体中表述。

（3）规范表达语言。按与论文主体同等的要求或标准来撰写附录，提升语言效能，语句表述严谨、结构合理、层次清晰和逻辑通顺，让附录成为论文主体重要、和谐的补充部分。

第 **9** 章

量 和 单 位

科技论文特别是自然科学领域论文通常涉及量和单位。量和单位有较为严格的定义和专门的名称、符号，涉及科学概念、术语，字符类别、大小写、正斜体、上下标，单位还涉及各种词头，而且量与量之间有复杂多样的数学关系。GB 3100～3102—1993《量和单位》（下称"国家标准"）是论文中量和单位规范使用（表达）的重要科学依据。本章基于国家标准及有关规范，主要讲述量和单位的概念、规则及其在科技论文中的规范使用，并总结科技论文中量和单位使用的常见问题及注意事项。

9.1　物理量

9.1.1　量的概念

"量"（quantity）分为用于定量地描述物理现象的"物理量"和日常生活中使用的"非物理量"，前者的度量衡使用法定计量单位，而后者使用一般量词。"量"多指"物理量"。

量可以定义为：量是现象、物体或物质的可以定性区别和定量确定的一种属性。量有抽象的量和具体的量。抽象的量是未规定条件的量类，只是量的种类，是不可测量的，称为广义量；具体的量是规定了一定条件的量类，是可以测量的，称为特定量，又称可测量的量，很多情况下简称为量。像长度、质量、时间、电流、热力学温度、物质的量和发光强度之类的量就是抽象的量，而像一根轴的长度、某个工件的质量、某化学反应所需的时间、某电解水电解池所用的电流、水的临界热力学温度、某物质的量和某光源在给定方向的发光强度之类的量就是具体的量。量具有以下特点：

（1）量都用于表达现象、物体或物质的定性区别即物理属性。按照物理属性的差别和共性，可将物理量分为几何量、力学量、电学量、化学量、热学量等不同类量，以及诸如长度、宽度、高度、厚度、直径、距离、波长等同类量。不同类量具有不同量纲，其间不能相互比较；而同类量具有相同量纲，其间可以相互比较。

（2）量在规定条件下都是可测的，并可用单位定量地表达为量值。量虽可用单位定量地表达为量值，但又独立于单位，即量值与单位的选择无关。任何由测量所得量值只是一个近似值，但近似值也属定量表达。虽然量都是可测的，但可测的量不一定是物理量，有少数可测的量就不是物理量。例如：表面粗糙度、固体表面硬度、胶片感光度等均是约定可测的量，但不是物理量，因为它们的定义和量值均与测量方法有关，相互间不存在确定的换算关系。

（3）量都存在于给定的量制中。量通过描述自然规律的方程式或定义新量的方程式而相互联系，为制定单位制和引入量纲的概念，通常把某些量作为相互独立量即基本量，而其他量即导出量则根据这些基本量来定义，或用方程式来表示。在任何量制中，导出量均导自其基本量，基本量之间虽然彼此独立，但可通过导出量建立某种数学联系。例如：长度（l）、时间（t）、质量（m）和物质的量（n）都是基本量，它们之间彼此相互独立，没有直接的数学联系，但通过导出量速度（v）和摩尔质量（M）就可以分别建立起以下数学关系：$v = l / t$，$l = t \cdot v$；$M = m / n$，$m = n \cdot M$。

要准确理解量的概念，还有以下几点值得注意：

（1）物理量与物理学中的量（物理学量）在概念上不同。不要将物理量理解为物理学量，不要认为像化学、生物和医药等其他学科定义的量就不是物理量，有关量和单位的国际标准、国家标准中所列出的量一般指物理量。

（2）量所表达的是确定的物理性质，而与非物理量的计数量、对数量有着本质的区别。日常生活中的计数量一般为非物理量，使用的单位是一般量词，如"岁、人、元、台、件、册、名、根、页"等，像"发行量"（如 28 600 册）、"生产量"（如 1 万台）和"奖金"（如 8000 元）等均不是物理量，而是计数量。

（3）某些计数量按物理测量的量值给出时就是物理量。例如："旋转运动周数"可通过物理测量用量值"2π rad"表达，因此是物理量；国家标准中的"量纲一的量"，如质子数、光子数、绕组的匝数和相数等，有专门的单位名称"一"和单位符号"1"，因此均是物理量。

9.1.2　量制

量制（system of quantities）是一组量的集合，这些量之间存在给定的关系，这种关系的核心是基本量。不同的基本量构成了不同的量制，适用于不同的学科领域。例如：力学量制是以长度、质量和时间为基本量，电学量制是以长度、质量、时间和电流为基本量，热学量制则是以长度、质量、时间和热力学温度为基本量。

量制可以定义为：量制是在科学技术领域中，约定选取的基本量和与之存在确定关系的导出量的一种特定组合。SI 采用的是七量制，约定选取了适用于所有学科领域的 7 个基本量——长度、质量、时间、电流、热力学温度、物质的量和发光强度。

9.1.3　量的单位和数值

在同类量中，如选出某一特定的量作为一个称为单位的参考量，则这一类量中的任何其他量都可用这个单位与一个数的乘积表示，这个数就称为该量的数值。例如：钠的一条谱线的波长为 $\lambda = 5.896 \times 10^{-7}$ m，其中 λ 是"波长"这一量的符号，m 是"长度"单位"米"的符号，而 5.896×10^{-7} 则是以 m（米）为单位时这一波长的数值。

按量和单位的正规表达方式，二者之间的关系可以表示为

$$A = \{A\} \cdot [A]。$$

式中，A 为某一量的符号，$\{A\}$ 是以单位 $[A]$ 表示量 A 的数值，$[A]$ 为某一单位的符号。对于矢量和张量，其分量亦可按上述方式表示。

当选取不同的单位时，数值会发生变化，而量的符号不发生变化。例如：将某一量用另一单位表示，而此单位等于原来单位的 k 倍，则新的数值等于原来数值的 $1 / k$ 倍。这就表明作为数值和单位乘积的量与单位的选择无关，即当选取不同的单位表达量时，量的大小（即量值）本身不变，也即选择不同的单位时，只会改变与之相关的数值，而不会影响量值的大小。例如：把波长的单位由 m 改成 nm，即为原单位 m 的 10^{-9} 倍，使量的数值等于用 m 表示时的 10^9 倍，于是表示为 $\lambda = 5.896 \times 10^{-7}$ m $= 5.896 \times 10^{-7} \times 10^9$ nm $= 589.6$ nm。

9.1.4　量的方程式

量与量之间可建立某种数学关系（如加、减、乘或除）而形成方程式。几个量只要都属于可以相比较的同类量，就可相加或相减，一个量可按代数法则与另外的量相乘或相除。科学技术中所用的方程式分为两类：一类是量方程式，其中用量符号代表量值（即数值 × 单位）；另一类是数值方程式。数值方程式与所选用的单位有关，而量方程式的优点是与所选用的单位无关，因此应该优先采用量方程式。例如：式 $v = l/t$（v 表示速度，l 表示长度，t 表示时间）为量方程式，此方程式与所选用的单位无关；如果分别用"km/h""m"和"s"作为速度、长度和时间的单位，则可导出数值方程式 $\{v\}_{km/h} = 3.6\{l\}_m/\{t\}_s$，在此方程式中出现的数字"3.6"是由所选择的特定单位造成的，如果做另外的选择，此数字即随之改变。如果在此方程式中删去表明单位符号的下标，则得 $\{v\} = 3.6\{l\}/\{t\}$，这是一个不再与所选单位无关的方程式，故不宜使用。如果要求采用数值方程式，则在文中必须指明单位。

9.1.5　量的量纲

任一量 Q 可用其他量以方程式的形式表示，此形式可以是若干项的和，而每一项又可表示为所选定的一组基本量 $A, B, C, \cdots$ 的乘方之积，有时还乘以数字因数 ζ，即 $\zeta A^\alpha B^\beta C^\gamma \cdots$，而各项的基本量组的指数（$\alpha, \beta, \gamma, \cdots$）则相同。于是量 Q 的量纲可表示为量纲积：

$$\dim Q = A^\alpha B^\beta C^\gamma \cdots$$

式中，A, B, C, $\cdots$ 表示基本量 $A, B, C, \cdots$ 的量纲，而 $\alpha, \beta, \gamma, \cdots$ 称为量纲指数。

在以 7 个基本量（长度、质量、时间、电流、热力学温度、物质的量和发光强度）为基础的量制中，其基本量的量纲可分别用 L，M，T，I，Θ，N，J 表示，则量 Q 的量纲一般为

$$\dim Q = L^\alpha M^\beta T^\gamma I^\delta \Theta^\varepsilon N^\zeta J^\eta。$$

例如：功的量纲可表示为 $\dim W = L^2 M T^{-2}$，其量纲指数为 2，1，-2。

9.1.6　量纲一的量

量纲一的量（quantity of dimension one）曾称无量纲量（dimensionless quantity），是指在导出量的量纲表达式中所有量纲指数都等于 0 的量（见表 9-1）。这种量表示为一个数，其量纲积或量纲为 $A^0 B^0 C^0 \cdots = 1$，即

$$\dim Q = L^0 M^0 T^0 I^0 \Theta^0 N^0 J^0 = 1。$$

表 9-1　量纲一的量示例

量 名 称	量方程式	量纲表达式
平面角	$\alpha = l/r$	$\dim \alpha = L/L = L^{(1-1)} = L^0 = 1$
立体角	$\Omega = A/r^2$	$\dim \Omega = L^2/L^2 = L^{(2-2)} = L^0 = 1$
相对密度	$d = \rho_1/\rho_2$	$\dim d = ML^{-3}/ML^{-3} = M^0 L^0 = 1$

量纲一的量有以下特点：是物理量，具有一切物理量所具有的特性，因此是可测的；可用特定的参考量作为单位；同类时可进行加减运算。

9.1.7 量名称和符号

每个量都有其严格的定义及相应的名称和符号。量的绝大部分名称是从历史上沿用下来的，但都已标准化，其定义或含义应按国家标准给出的科学定义去理解。国家标准中共列出 13 个领域中常用的 614 个量，按科学的命名规则并同时遵循我国广泛使用的习惯给出了它们的标准名称和符号，即我国法定量名称和符号。表 9-2 列出了部分量的名称和符号。

由国家标准可以总结出量名称使用的基本规则：

（1）一个量一般有一个名称，但有的量有几个名称。例如："自由落体加速度""重力加速度"，"动量矩""角动量"，"体积电荷""电荷密度"，"时间""时间间隔""持续时间"为同一量的不同名称。

（2）有的量名称有全称和简称两种叫法，简称一般为常用称法，其使用一般优先于全称。例如："黏度""动力黏度"，"相对密度""相对质量密度"，"电通""电通量"，"磁通""磁通量"分别为量名称的简称和全称。

（3）对于有多个名称的量，这些名称未加区别时处于同等的地位，否则应存在优先使用关系。例如："压力""压强"为同一量的两个名称，具有同等的地位，可根据情况进行选择；"线应变""相对变形"，"介电常数""电容率"，"透射因数""透射系数"为同一量的两个名称，但不具有同等的地位，可优先选择前者。

（4）国家标准中增加了一些新的量名称，相应地废弃了一些旧名称。例如："重力"改为"重量"（以地球为参考系时仍可用"重力"），"比重"改为"密度"，"绝对温度""开氏温度"改为"热力学温度"，"比热"改为"质量热容""比热容"，"内能"改为"热力学能"，"电流强度"改为"电流"，"重量百分数"改为"质量分数"，"体积百分数"改为"体积分数"，"原子量"改为"相对原子质量"，"分子量"改为"相对分子质量"。

由国家标准可以总结出量符号使用的基本规则：

（1）量符号常用单个字母或含上下标（字母、数字、符号）或其他说明性标记的字母（拉丁、希腊字母）表示，但有的用两个字母或多个符号组合表示，有的用加某种符号或记号的单字母表示。例如：慢化面积（L_s^2，L_{s1}^2）用含有上下标的字母表示；雷诺数（Re）、马赫数（Ma）等 25 个特征数用两个字母表示；质能吸收系数（μ_{en}/ρ）、定向剂量当量$[H'(d,\Omega)]$用多个符号组合表示；吸收剂量率（$\dot{D}$）用加上圆点（微分符号）的单字母表示。

（2）一个量一般有一个符号，但有的量有两个或两个以上符号。一个量同时有多个符号而未加区别时，这些符号处于同等地位，可根据情况进行选择。当量的主符号与其他量的符号发生冲突或按惯需要使用时可使用备用符号。例如："摄氏温度"有两个符号 t，θ，它们具有同等地位；"重量"有三个符号 W，P，G，其中 P，G 为备用符号。

（3）不同的量的符号一般是不相同的，但有的量的符号与另外不同的量的符号是相同的，即同一符号可作不同的量的符号。例如：W 可作为"重量""功"这两个量的符号，T 可作为"周期""热力学温度"的符号，p 可作为"压力""动量""物距"的符号。

（4）名称相近但概念不同的量的符号可能是截然不同的。例如："力"的符号为 F，"表面张力"的却为 γ 或 σ；作为 7 个基本量之一的"质量"，其符号为 m，在声学中"[力]质量"表示惯性力抗除以角频率，其符号为 M；"长度""波长"和"程长"具有相近的量名称，但其符号是不同的，分别为 l（或 L），λ 和 s，而在数学中可用小写的拉丁字母（如 a，b 等）或两个连写的字母（如$|AB|$，AB 等）表示线段的长度。

表 9-2　部分量的名称和符号（摘自 GB 3102.1～8—1993）

量 名 称	量 符 号	量 名 称	量 符 号
空间和时间		重量	$W,(P,G)$
［平面］角	$\alpha,\beta,\gamma,\theta,\varphi$	冲量	I
立体角	Ω	动量矩，角动量	L
长度	l,L	力矩	M
宽度	b	力偶矩	M
高度	h	转矩	M,T
厚度	d,δ	角冲量	H
半径	r,R	引力常量	$G,(f)$
直径	d,D	压力，压强	p
程长	s	正应力	σ
距离	d,r	切应力	τ
笛卡儿坐标	x,y,z	线应变，（相对变形）	ε,e
曲率半径	ρ	切应变	γ
曲率	κ	体应变	θ
面积	$A,(S)$	泊松比，泊松数	μ,ν
体积	V	弹性模量	E
时间，时间间隔，持续时间	t	切变模量，刚量模量	G
角速度	ω	体积模量，压缩模量	K
角加速度	α	［体积］压缩率	κ
速度	v,c	截面二次矩，截面二次轴矩，（惯性矩）	$I_a,(I)$
加速度	a	截面二次极矩，（极惯性矩）	I_p
自由落体加速度，重力加速度	g	截面系数	W,Z
周期及其有关现象		动摩擦因数	$\mu,(f)$
周期	T	静摩擦因数	$\mu_s,(f_s)$
时间常数	τ	［动力］黏度	$\eta,(\mu)$
频率	f,ν	运动黏度	ν
旋转频率，转速	n	表面张力	γ,σ
角频率，圆频率	ω	能［量］	E
波长	λ	功	$W,(A)$
波数	σ	势能，位能	$E_p,(V)$
角波数	k	动能	$E_k,(T)$
相速度	c,v,c_φ,v_φ	功率	P
群速度	c_g,v_g	效率	η
场［量］级	L_F	质量流量	q_m
功率［量］级	L_P	体积流量	q_V
阻尼系数	δ	**热学**	
对数减缩	Λ	热力学温度	$T,(\Theta)$
衰减系数	α	摄氏温度	t,θ
相位系数	β	线［膨］胀系数	α_l
传播系数	γ	体［膨］胀系数	$\alpha_V,(\alpha,\gamma)$
力学		相对压力系数	α_p
质量	m	等熵压缩率	κ_S
体积质量，［质量］密度	ρ	热，热量	Q
相对体积质量，相对［质量］密度	d	热流量	Φ
质量体积，比体积	v	面积热流量，热流［量］密度	q,φ
面质量，面密度	$\rho_A,(\rho_S)$	热导率，（导热系数）	$\lambda,(\kappa)$
转动惯量，（惯性矩）	$J,(I)$	传热系数	$K,(k)$
动量	p	表面传热系数	$h,(\alpha)$
力	F	热绝缘系数	M

续表

量 名 称	量 符 号	量 名 称	量 符 号
热阻	R	绕组的匝数	N
热导	G	相数	m
热扩散率	a	相［位］差，相［位］移	φ
热容	C	阻抗，（复［数］阻抗）	Z
质量热容，比热容	c	［交流］电阻	R
质量定压热容，比定压热容	c_p	电抗	X
质量定容热容，比定容热容	c_V	［交流］电导	G
质量热容比，比热［容］比	γ	品质因数	Q
等熵指数	κ	损耗因数	d
熵	S	损耗角	δ
质量熵，比熵	s	［有功］功率	P
能［量］	E	视在功率，（表观功率）	S，P_S
热力学能	U	无功功率	Q，P_Q
焓	H	功率因数	λ
质量能，比能	e	［有功］电能［量］	W
质量焓，比焓	h	**光及有关电磁辐射**	
电学和磁学		发光强度	I，(I_v)
电流	I	光通量	Φ，(Φ_v)
电荷［量］	Q，q	光量	Q，(Q_v)
体积电荷，电荷［体］密度	ρ，(η)	［光］亮度	L，(L_v)
面积电荷，电荷面密度	σ	光出射度	M，(M_v)
电场强度	E	［光］照度	E，(E_v)
电位，（电势）	V，φ	曝光量	H
电位差，（电势差），电压	U，(V)	光视效率	V
电动势	E	物距	p，l
电通［量］密度	D	**声学**	
电通［量］	Ψ	声速，（相速）	c
电容	C	声能密度	w，(e)，(D)
介电常数，（电容率）	ε	声功率	W，P
真空介电常数，（真空电容率）	ε_0	声强［度］	I，J
相对介电常数，（相对电容率）	ε_r	声阻抗	Z_a
面积电流，电流密度	J，(S)	声阻	R_a
线电流，电流线密度	A，(α)	声质量	M_a
磁场强度	H	声导纳	Y_a
磁位差，（磁势差）	U_m	声导	G_a
磁通势，磁动势	F，F_m	声纳	B_a
磁通［量］	Φ	［力］质量	M
互感	M，L_{12}	声压级	L_p
磁导率	μ	声强级	L_I
真空磁导率	μ_0	损耗因数，（损耗系数）	δ，ψ
相对磁导率	μ_r	反射因数，（反射系数）	γ，(ρ)
磁化强度	M，(H_i)	透射因数，（透射系数）	τ
［直流］电阻	R	吸收因数，（吸声系数）	α
［直流］电导	G	隔声量	R
［直流］功率	P	吸声量	A
电阻率	ρ	响度级	L_N
电导率	γ，σ	响度	N
磁阻	R_m	**物理化学和分子物理学**	
磁导	Λ，(P)	相对原子质量	A_r

续表

量 名 称	量 符 号	量 名 称	量 符 号
相对分子质量	M_r	B 的分子浓度	C_B
分子或其他基本单元数	N	B 的质量分数	w_B
物质的量	n，（v）	B 的浓度，B 的物质的量浓度	c_B（或 [B]）
摩尔质量	M	B 的摩尔分数	x_B，（y_B）
摩尔体积	V_m	溶质 B 的摩尔比	r_B
摩尔热容	C_m	B 的体积分数	φ_B
摩尔定压热容	$C_{p,\,m}$	标准平衡常数	$K^{\ominus}$
摩尔定容热容	$C_{V,\,m}$	分子质量	m
摩尔熵	S_m	摩尔气体常数	R

说明：1. 当一个量有多个名称或符号而未加区别时，则这些名称或符号处于同等的地位。

2. "量名称"栏中方括号去掉时的名称为量的全称。在不致引起混淆、误解的情况下可以省略方括号及其中的字。去掉方括号及其中的字时的名称为量的简称。

3. "量名称"栏中圆括号内的名称是其前面名称的同义词。

4. "量符号"栏中圆括号内的符号为"备用符号"，供在特定情况下主符号以不同意义使用时使用。

5. 日常生活和贸易中，"质量"习惯称为"重量"，但国家标准不赞成这种习惯。

（5）量符号用斜体字符表示，但表示"酸碱度"的符号 pH 和表示材料硬度的符号 HRC 等可以"当作"量的符号使用，并用正体字符表示。量符号有下标时，下标的正斜体要根据具体情况而定（参见 9.3.1 节中有关内容），也有的下标是由正、斜体字符复合而成的。例如：表示数的字母 n、坐标轴的字母 x 等做下标时用斜体表示；"质量定容热容"的符号为 c_V，其下标 V 用斜体表示（根据"体积"的量符号 V 而来）；"群速度"的符号为 c_g，v_g，其下标 g 用正体表示（根据英文单词 group 的首字母 g 而来）。

（6）量符号应严格区分字母类别、大小写及字体。例如：表示"传热系数""角波数"的符号 k 的字母类别为拉丁字母，"曲率""压缩率""热导率""等熵指数"的符号 κ 的字母类别为希腊字母；表示"功率""粒子辐射度"等的符号要用大写字母 P，"压力""物距""动量"等的符号用小写字母 p；表示矩阵、矢量（向量）和张量的符号用黑（加粗）斜体字母。

9.1.8　量名称中所用术语的规则

如同为量选择适当的符号一样，量的命名也需要某种规则。当一个量无专门名称时，其名称一般是一个与系数（coefficient）、因数或因子（factor）、参数或参量（parameter）、数（number）、比或比率（ratio）、常量或常数（constant）等术语组合的名称。与此类似，比（specific）、密度（density）、摩尔 [的]（molar）等术语也加于量名称中，以表示其他相关量或导出量。

1）系数，因数或因子

在一定条件下，如果量 A 正比于量 B，则可以用乘积关系式 $A = kB$ 表示，式中作为乘数出现的量 k 常称为系数、因数或因子。

如果量 A 和量 B 具有不同量纲，则 k 用"系数"这一术语。例如：霍尔系数 A_H，线 [膨] 胀系数 α_l，扩散系数 D。注意：有时用术语"模量"（modulus）代替术语"系数"。例如：弹性模量 E。

如果量 A 和量 B 具有相同量纲，则 k 用"因数"或"因子"（为一量纲一的乘数）这一术语。例如：耦合因数 k，品质因数 Q，摩擦因数 μ。

2）参数或参量，数，比或比率

量的组合，例如在方程式中出现的那种，常被视为构成新的量。这种量有时称为参数或参量。例如：格林爱森参数 γ。

某些量的量纲一的组合，例如在描述传输现象中出现的那种，称为特征数（characteristic number），并在名称中带有"数"这一字。例如：雷诺数 Re，普朗特数 Pr。

由两个量所得的量纲一的商常称为比［率］。例如：热容比 γ，热扩散比 k_T，迁移率比 b。注意：① 小于 1 的比［率］有时用"分数"（fraction）这一术语。例如：质量分数 w_B，敛积分数 f。② 有时用"率"（index）代替"比［率］"，但不推荐扩大此用法。例如：折射率 n。

3）级

量 F 和该量的参考值 F_0 之比的对数称为级（level）。例如：场量级 $L_F = \ln(F / F_0)$。

4）常量或常数

一个量如果在任何情况下均有同一量值，则称为普适常量或普适常数（universal constant）。除非有专用名称，否则，此名称均含有术语"常量"或"常数"。例如：引力常量 G，普朗克常量 h。

一特定物质的量如果在任何情况下均有同一量值，则称为物质常量（constant of matter）。除非有专用名称；否则，此名称也含有术语"常量"。例如：某特定核素的衰变常量 λ。

仅在特定条件下保持量值不变，或由数学计算得出量值的其他量，有时在名称中也含有术语"常量"或"常数"，但不推荐扩大此用法。例如：化学反应的标准平衡常数（它随温度而变）$K^{\ominus}$，某特种晶格的马德隆常量 α。

5）常用术语

（1）形容词"质量［的］"（massic）或"比"（specific）加在量的名称之前，以表示该量被质量除所得之商。例如：质量热容，比热容 c；质量体积，比体积 v；质量熵，比熵 s；质量［放射性］活度，比［放射性］活度 a。

（2）形容词"体积［的］"（volumic）或术语"密度"（density）加在量的名称上，以表示该量被体积除所得之商。例如：体积质量，［质量］密度 ρ；体积电荷，电荷密度 ρ；体积能［量］，能［量］密度 w；体积数，数密度 n。

（3）形容词"线"（lineic）或术语"线密度"（linear...density）加在量的名称上，以表示该量被长度除所得之商。例如：线质量，［质量］线密度 ρ_l；线电流，电流线密度 A。注意：术语"线"常单独加在量的名称上，以区别类似的量。例如：平均［直］线范围 R，线膨胀系数 a_l，线衰减系数 μ。

（4）形容词"面积"（areic）或术语"面密度"（surface...density）加在量的名称上，以表示该量被面积除所得之商。例如：面质量，［质量］面密度 ρ_A；面电荷，电荷面密度 σ。

术语"密度"（density）加在表示通量（或流量）的名称上，以表示该量被面积除所得之商。例如：热流［量］密度 q，电流密度 J，磁通［量］密度 B。

（5）术语"摩尔［的］"（molar）加在量的名称之前，以表示该量被物质的量除所得之商。例如：摩尔体积 V_m，摩尔热力学能 U_m，摩尔质量 M。

（6）术语"浓度"（concentration）常加在量的名称上（特别是对混合物中的某种物质），用以表示该量被总体积除所得之商。例如：B 的［物质的量］浓度 c_B，B 的分子浓度 C_B，B 的质量浓度 ρ_B。术语"光谱密集度"用以表示光谱分布函数。

参见 GB 3101—1993《量和单位》的附录 A《物理量名称中所用术语的规则》（参考件）。

9.2 计量单位

经济、科技、文教等领域以及人们日常生活都离不开计量单位，世界各国对统一计量制度历来都十分重视，并把其作为基本国策，有的甚至还写入了国家宪法。我国也很重视这项工作，国务院于 1984 年 2 月 27 日发布了《关于在我国统一实行法定计量单位的命令》，确定了以先进的国际单位制（SI）为基础的我国法定单位，这是进一步统一我国计量制度的一项重要决策；全国人大常委会于 1985 年 9 月 6 日通过了《中华人民共和国计量法》，明确规定我国采用 SI 单位和我国选定的其他计量单位为国家法定计量单位，非法定单位应当废除，这就以法律的形式确保了国家计量制度的统一。

9.2.1 单位的概念

单位（unit）是计量单位（也称测量单位）的简称，可定义为：单位是约定定义和采用的用以比较并表示同类量中不同量大小的某一种特定量（即物理常量）。这种约定的范围是不受限制的，包括国际约定、一国约定或更小范围的约定，SI 单位就属于国际约定。单位恒为特定量，当然属于物理量，因此也有量纲。单位并不要求数值为 1，因此不能把单位理解为数值为 1 的量，例如把 100 N 作为单位使用也是可以的。

任何单位的定义只能来自特定量或其他单位。例如："米（m）"定义为光在真空中 $1 / 299\ 792\ 458$ s 时间间隔内所经路径的长度，即 $1\text{ m} = (1 / 299\ 792\ 458)\text{ s} \cdot c$；"开[尔文]（K）"定义为水三相点热力学温度的 $1 / 273.16$，即 $1\text{ K} = (1 / 273.16) \cdot T_{\text{tr}}(\text{H}_2\text{O})$。绝对不可以用广义量来定义单位。例如：把 B 的浓度的单位"摩[尔]每立方米（mol / m^3）"定义为"每立方米溶液中所含溶质的物质的量"是错误的，因为"物质的量"属于广义量，应将其中的"物质的量"改为"B 的物质的量"；如果将"物质的量"改为"摩尔数"就更加错误，因为"摩尔数"是已废弃的量名称。

在未作具体指明时，量的单位通常可用加方括号的形式表示，这是一种标化的具体方式。例如：$[l]$、$[m]$、$[t]$、$[I]$ 可分别表示长度、质量、时间、电流的单位。

9.2.2 单位制

单位制（system of units）从属于量制，是为给定量制按给定规则确定的一组基本单位和导出单位。同一量制中，由于基本单位选择的不同，可以有不同的单位制。例如，以长度、质量和时间为基本量的力学领域的量制，其单位制包括以下几种：①米、千克、秒制；②厘米、克、秒制（即 CGS 单位制）；③米、吨、秒制；④码、磅、秒制。

SI 约定选取了 7 个基本单位，用这些单位可以定义全部导出单位，而且导出单位定义方程中的因数都是 1。这种导出单位称为一贯导出计量单位（coherent derived unit of measurement），简称一贯单位（coherent unit）。一贯单位可以定义为：由比例因数为 1 的基本单位幂之乘积表示的导出单位。

单位可以任意选择，但如果对每一个量都独立地选择一个单位，则将导致在数值方程中出现附加的数字因数。不过可以选择一种单位制，使包含数字因数的数值方程式与相应的量方程式有完全相同的形式，这样在使用中就比较方便。对有关量制及其方程式而言，按此原则构成的单位制称为一贯单位制（coherent system of units），简称一贯制。一贯制可以定义为：全部导出单位均为一贯单位的单位制。在一贯单位制中，虽然基本单位的选定具有任意性，但一旦选定了基本单位，则其导出单位都不再是任意的了。在一贯制的单位方程中，数字因数只能是 1。SI 就是这种单位制，其单位就是一贯单位，这也是 SI 的优点之一。

对于特定的量制和方程系，为获得一贯制，应首先为基本量定义基本单位，然后根据基本单位通过代数表示式为每一个导出量定义相应的导出单位，该代数式由量的量纲积以基本单位的符号替换基本量纲的符号得到（如基本单位按以下方式进行符号替换：L→m，M→kg，T→s，I→A，Θ→K，N→mol，J→cd）。特别是，量纲一的量得到单位 1；用基本单位表示的导出单位的表示式中不会出现非 1 的数字因数，示例见表 9-3。

表 9-3　用一贯制导出单位示例

量	方　程　式	量纲	导出单位符号
速度	$v = \mathrm{d}l / \mathrm{d}t$	LT^{-1}	m / s
力	$F = m\mathrm{d}^2 l / \mathrm{d}t^2$	LMT^{-2}	kg · m / s^2
动能	$E_k = mv^2 / 2$	L^2MT^{-2}	kg · m^2 / s^2
势能	$E_p = mgh$	L^2MT^{-2}	kg · m^2 / s^2
能	$E = (mv^2 / 2) + mgh$	L^2MT^{-2}	kg · m^2 / s^2
相对密度	$D = \rho / \rho_0$	1	1

9.2.3　国际单位制

国际单位制（SI）是由国际计量大会（Conférence Générale des Poids et Mesures，CGPM）所采用和推荐的一贯单位制。SI 是全世界几千年生产和科学技术发展的综合结果，是在米制基础上发展和形成的，继承了米制的合理部分并采纳了其他单位制的精华，同时也发展了米制。SI 从 1960 年正式命名至今已在全世界得到广泛应用，现在几乎所有国家已采用 SI 为本国的计量制度，绝大多数国际组织也宣布采用 SI。SI 能够在世界范围内得到如此广泛的重视和欢迎，主要因为它具有突出的优点：①单位统一，选用广泛；②结构合理，方便实用；③科学严谨，精密准确。

SI 是一个完整的单位体系，如图 9-1 所示。SI 基本单位、导出单位及其倍数单位是单独、交叉、组合或混合使用的，因此就构成可以覆盖整个科学技术领域的计量单位体系。

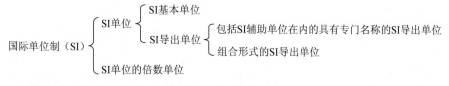

图 9-1　SI 构成示意图

9.2.4　我国法定计量单位

法定计量单位（legal unit of measurement）简称法定单位，是指国家或政权机关以法令形式规定，在全国强制或允许使用的计量单位。世界上多数主权国家有各自的法定单位，我国的法定单位是国务院以命令形式发布的。我国任何地区、部门、机构和个人都应该严格地遵照、正确地采用我国法定单位，科技论文当然也不例外。

　　我国法定单位是以 SI 单位为基础，根据国情加选 16 个非 SI 单位构成的，包括以下部分（如图 9-2 所示）：①SI 基本单位；②具有专门名称的 SI 导出单位；③我国选定的非 SI 单位；④由以上单位组合而成的单位（简称组合单位）；⑤由 SI 词头和以上单位构成的倍数单位。

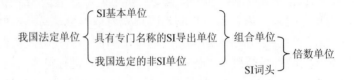

图 9-2　我国法定单位构成示意图

1）SI 基本单位

SI 基本单位是相互独立的 7 个基本量的单位，是 SI 单位的基础，如表 9-4 所示。

表 9-4　SI 基本单位

量 名 称	单位名称	单位符号
长度	米	m
质量	千克（公斤）	kg
时间	秒	s
电流	安［培］	A
热力学温度	开［尔文］	K
物质的量	摩［尔］	mol
发光强度	坎［德拉］	cd

2）具有专门名称的 SI 导出单位

这是一种由基本单位以代数形式表示的单位，单位符号中的乘和除采用数学符号"·""／"，如速度的 SI 导出单位为用基本单位"米"（m）与"秒"（s）相除的形式"米每秒"（m／s 或 $m \cdot s^{-1}$）。这种单位共 21 个（包括 SI 辅助单位在内，如表 9-5 所示）。

表 9-5　具有专门名称的 SI 导出单位

量 名 称	SI 导出单位		
	单位名称	单位符号	导出关系
［平面］角	弧度	rad	$1\ rad = m／m = 1$
立体角	球面度	sr	$1\ sr = 1\ m^2／m^2 = 1$
频率	赫［兹］	Hz	$1\ Hz = 1\ s^{-1}$
力	牛［顿］	N	$1\ N = 1\ kg \cdot m／s^2$
压力，压强，应力	帕［斯卡］	Pa	$1\ Pa = 1\ N／m^2$
能［量］，功，热量	焦［耳］	J	$1\ J = 1\ N \cdot m$
功率，辐［射能］通量	瓦［特］	W	$1\ W = 1\ J／s$
电荷［量］	库［仑］	C	$1\ C = 1\ A \cdot s$
电压，电动势，电位，（电势）	伏［特］	V	$1\ V = 1\ W／A$
电容	法［拉］	F	$1\ F = 1\ C／V$
电阻	欧［姆］	Ω	$1\ \Omega = 1\ V／A$
电导	西［门子］	S	$1\ S = 1\ \Omega^{-1}$
磁通［量］	韦［伯］	Wb	$1\ Wb = 1\ V \cdot s$
磁通［量］密度，磁感应强度	特［斯拉］	T	$1\ T = 1\ Wb／m^2$
电感	亨［利］	H	$1\ H = 1\ Wb／A$
摄氏温度	摄氏度	℃	$1\ ℃ = 1\ K$
光通量	流［明］	lm	$1\ lm = 1\ cd \cdot sr$
［光］照度	勒［克斯］	lx	$1\ lx = 1\ lm／m^2$
［放射性］活度	贝可［勒尔］	Bq	$1\ Bq = 1\ s^{-1}$
吸收剂量，比授［予］能，比释动能	戈［瑞］	Gy	$1\ Gy = 1\ J／kg$
剂量当量	希［沃特］	Sv	$1\ Sv = 1\ J／kg$

为了使用上的方便和习惯，某些 SI 导出单位具有国际计量大会通过的专门名称，其中 18 个是用科学家的名字命名的。使用这些名称并用其表示其他导出单位，往往更为准确、方便，如热、能量的单位常用焦耳（J）代替牛顿米（N·m），电阻率的单位常用欧姆米（Ω·m）代替伏特米每安培（V·m／A）。

1960 年，国际计量大会将弧度和球面度两个 SI 单位划为辅助单位；1980 年，国际计量委员会决定将 SI 辅助单位归类为无量纲量（量纲一的量）的导出单位。平面角和立体角的一贯制单位是数字 1。通常用专门名称弧度（rad）和球面度（sr）分别代替数字 1 是方便的（1 rad＝1 m／m＝1；1 sr＝1 m^2／m^2＝1），如角速度的 SI 单位可写成弧度每秒（rad／s）。

用 SI 基本单位和具有专门名称的 SI 导出单位或（和）SI 辅助单位以代数形式表示的单位称为组合形式的 SI 导出单位。

3）我国选定的非 SI 单位

这类单位共 16 个（见表 9-6），都是可与 SI 单位并用的我国法定计量单位。

扫一扫

视频讲解

表 9-6　我国选定的非 SI 单位

量 名 称	单位名称	单位符号	与 SI 单位的关系
时间	分	min	1 min＝60 s
	［小］时	h	1 h＝60 min＝3600 s
	日，（天）	d	1 d＝24 h＝86 400 s
［平面］角	度	°	1°＝60′＝（π／180）rad（π 为圆周率）
	［角］分	′	1′＝（1／60）°＝（π／10 800）rad
	［角］秒	″	1″＝（1／60）′＝（π／648 000）rad
体积	升	L，（l）	1 L＝1 dm^3＝10^{-3} m^3
质量	吨	t	1 t＝10^3 kg
	原子质量单位	u	1 u≈1.660 540×10^{-27} kg
旋转速度	转每分	r／min	1 r／min＝（1／60）s^{-1}
长度	海里	n mile	1 n mile＝1852 m（只用于航行）
速度	节	kn	1 kn＝1 n mile／h＝（1852／3600）m／s（只用于航行）
能	电子伏	eV	1 eV≈1.602 177×10^{-19} J
级差	分贝	dB	
线密度	特［克斯］	tex	1 tex＝10^{-6} kg／m
面积	公顷	hm^2	1 hm^2＝10^4 m^2

使用非 SI 单位有以下规则：

（1）长度单位海里（n mile）和速度单位节（kn）只用于航行。

（2）其他时间单位，例如星期、月、年（a）也是通常使用的单位。

（3）平面角的单位度、分、秒的符号，在组合单位中应采用（°）、（′）、（″）的形式，例如用"（°）／s"而不用"°／s"。

（4）升的符号原先为 l（小写英文字母，下同），因其易与阿拉伯数字 1 混淆，1979 年第 16 届国际计量大会通过了用 L 作其符号。国际标准中升的符号为 L 和 l（l 为备用符号），科技界倾向于用 L，我国和美国等国家的国家标准中都推荐采用 L。

（5）我国法定公顷的符号为 hm^2，而不是公顷的国际通用符号 ha。

（6）"转"的符号为 r，包含此符号的一些单位，如"转每分"（r／min 或 r·min^{-1}）和"转每秒"（r／s 或 r·s^{-1}），广泛用作旋转机械转速的单位。[1 r／min＝（π／30）rad·s^{-1}，1 r／s＝2π rad·s^{-1}。]

4）由以上单位组合而成的单位

这类单位（简称组合单位）是指由 9.2.4 节中 1）～3）列出的 44 个法定单位通过乘或除组合而成的且具有物理意义的单位，这些单位都是我国法定单位（示例见表 9-7）。在组合单位中，用专门名称和符号往往是有益的。

表 9-7　组合单位示例

量 名 称	单位名称	单位符号
摩尔熵	焦 [耳] 每摩 [尔] 开 [尔文]	$J/(mol \cdot K)$ 或 $J \cdot mol^{-1} \cdot K^{-1}$
引力常量	牛 [顿] 二次方米每二次方千克	$N \cdot m^2/kg^2$ 或 $N \cdot m^2 \cdot kg^{-2}$
电阻率	欧 [姆] 米	$\Omega \cdot m$
光子亮度	每秒球面度平方米	$s^{-1}/(sr \cdot m^2)$ 或 $s^{-1} \cdot sr^{-1} \cdot m^{-2}$
总质量阻止本领	电子伏二次方米每千克	$eV \cdot m^2/kg$ 或 $eV \cdot m^2 \cdot kg^{-1}$
磁旋系数，（磁旋比）	安 [培] 平方米每焦 [耳] 秒	$A \cdot m^2/(J \cdot s)$ 或 $A \cdot m^2 \cdot J^{-1} \cdot s^{-1}$
声导	立方米每帕 [斯卡] 秒	$m^3/(Pa \cdot s)$ 或 $m^3 \cdot Pa^{-1} \cdot s^{-1}$

5）由 SI 词头与以上单位构成的倍数单位

这是一种为了避免过大或过小的数值而利用 SI 词头加在 SI 单位之前构成的十进倍数和分数单位。SI 词头使用的目的是使量值中的数值处于 0.1～1000 范围内。每个词头都代表一个因数，有特定的名称和符号（见表 9-8）。凡是由 SI 词头与以上法定单位构成的十进倍数或分数单位都是我国法定单位，如 hm（百米）、μmol（微摩）、kW·h（千瓦时）、mol/mL（摩每毫升）、$MeV \cdot m^2/kg$（兆电子伏二次方米每千克）等。

表 9-8　SI 词头

因 数	词头名称		词头符号
	英 文	中 文	
10^{24}	yotta	尧 [它]	Y
10^{21}	zetta	泽 [它]	Z
10^{18}	exa	艾 [可萨]	E
10^{15}	peta	拍 [它]	P
10^{12}	tera	太 [拉]	T
10^{9}	giga	吉 [咖]	G
10^{6}	mega	兆	M
10^{3}	kilo	千	k
10^{2}	hecto	百	h
10^{1}	deca	十	da
10^{-1}	deci	分	d
10^{-2}	centi	厘	c
10^{-3}	milli	毫	m
10^{-6}	micro	微	μ
10^{-9}	nano	纳 [诺]	n
10^{-12}	pico	皮 [可]	p
10^{-15}	femto	飞 [母托]	f
10^{-18}	atto	阿 [托]	a
10^{-21}	zepto	仄 [普托]	z
10^{-24}	yocto	幺 [科托]	y

使用词头要注意我国的一些习惯用法，如 10^4 称为万，10^8 称为亿，10^{12} 称为万亿，这类汉字数词不是词头，其使用不受词头名称的影响，注意不要将其与词头混淆。

9.2.5　单位一

量纲一的量是有单位的。任何量纲一的量的 SI 一贯单位都是一，符号是 1，在表示量值时，一般不明确写出。例如：折射率 $n = 1.53 \times 1 = 1.53$。然而，对于某些量而言，单位一被给予专门名称（例如：平面角 $\alpha = 1.5 = 1.5$ rad；立体角 $\Omega = 3.3 = 3.3$ sr；场量级 $L_F = 20 = 20$ Np），表示量值时单位 1 是否用专门名称取决于具体情况。

表示量纲一的量值时，单位一不能用符号 1 与词头结合以构成其十进倍数或分数单位，但可用 10 的幂（乘方）代替，有时也可用百分号%代替数字 0.01，即把%作为单位 1 的分数单位使用。例如：反射系数 $r = 0.085\ [\times 1] = 8.5 \times 10^{-2} = 8.5\%$。

9.2.6　单位名称和符号

单位名称用于口语和叙述性文字中，有的单位有全称、简称两种叫法。单位符号分中文符号和国际符号。国家标准的单位的"符号"一栏中列出的单位就是单位的国际符号（如果栏中有虚线，则虚线上方的单位是单位的国际符号）。小学、初中教科书，普通书刊或科普类文章中可以使用单位的中文符号，而科普类文章以外的科技文章中一般使用单位的国际符号。

由国家标准可以总结出单位名称使用的基本规则：

（1）单位名称中绝对不能出现任何多余的字或符号，组合单位中"每"字不能出现两次。

（2）对乘方形式的单位名称，其顺序是指数名称在前，单位名称在后。

（3）除"[平面]角""立体角"这两个"量纲一的量"的单位名称规定为"弧度""球面度"外，其他"量纲一的量"的单位名称均为"一"。

由国家标准可以总结出单位符号使用的基本规则：

（1）单位符号（简称单位）在国际上是通用的，一般指单位的国际符号（也称单位标准化符号），用于一切需要使用单位的场合。

（2）单位符号多用于数学式、数据表、曲线图、刻度盘和产品铭牌等需要明了的地方，也用于叙述性文字中。

（3）单位的中文符号指非组合单位名称的简称，或简称与"·"或（和）"/"及（或）指数的组合。例如："弹性模量"的单位中文符号为"帕"；"动力黏度"为"帕·秒"；"表面张力"为"牛/米"或"牛·米$^{-1}$"；"传热系数"为"瓦/（米^2·开）"。

（4）单位的国际符号是以一个或若干拉丁字母或希腊字母表示的标准化符号，或是由几个字母（包括词头符号）和"·"或（和）"/"及（或）指数组合而成的组合单位。组合单位中的"/"不能多于一条，对于分子为 1 的组合单位符号，一律用负数幂的形式。例如："传热系数"的单位符号为"W/（m^2·K）"，不是"W/m^2/K"；"宏观截面"为"m^{-1}"，一般不能为 1/m。

（5）单位符号一律用正体字符表示，除来源于人名的单位符号第一个字母大写外，其余一般为小写。例如：W（瓦）、V（伏）、N（牛）、Pa（帕）、mol（摩[尔]）、cd（坎[德拉]）、rad（弧度）等。表示因数大于或等于 10^6 的词头符号用大写体，否则用小写体。例如：大写字母"P"表示 10^{15}，小写字母"p"表示 10^{-12}；大写字母"M"表示 10^6，小写"m"表示 10^{-3} 等。除"[平面]角""立体角"这两个量的单位外，其他"量纲一的量"的单位均为数字"1"，在实际中并不写出。

（6）词头可以加在单位的国际符号前来构成一个新的（十进倍数或分数）单位符号，以避免单位前的数值过大或过小。词头与单位符号之间不留空隙，即作为一个整体不可分割。例如：$1\ cm^3 = (10^{-2}\ m)^3 = 10^{-6}\ m^3$；$1\ \mu s^{-1} = (10^{-6}\ s)^{-1} = 10^6\ s^{-1}$；$1\ kA/m = (10^3\ A)/m = 10^3\ A/m$。

9.3　量和单位使用

扫一扫
视频讲解

9.3.1　量及其符号

扫一扫
视频讲解

1）量名称使用

正确使用国家标准中规定的量名称，有以下规则：

（1）使用新增的标准量名称，除非必要，不要使用已废弃的量名称（见表9-9）。例如：用"比重""比热""分子量""电流强度""体积百分比浓度"分别作"密度""比热容""相对分子质量""电流""体积分数"的量名称，是错误的。

表 9-9　常见废弃的量名称与标准量名称

废弃的量名称	标准量名称
比重	体积质量，[质量]密度
比容	质量体积，比体积
纤度	线质量，线密度
绝对温度，开氏温度	热力学温度
比热	质量热容，比热容
定容比热容	质量定容热容，比定容热容
定压比热容	质量定压热容，比定压热容
给热系数，换热系数	传热系数
绝热指数	等熵指数
电流强度	电流
电量	电荷[量]
对流放热系数，放热系数	表面传热系数
克当量数，摩尔数，克分子数，克原子数，克离子数	物质的量
克分子比，摩尔百分数，克分子百分数	摩尔分数或摩尔比
克分子量，克原子量，克离子量	摩尔质量
克分子浓度，体积克分子浓度，摩尔浓度，当量浓度	物质的量浓度，浓度
重量克分子浓度，重量摩尔浓度	质量摩尔浓度
分子量	相对分子质量，分子质量
原子量	相对原子质量
浓度，重量百分数，质量百分比浓度	质量分数
浓度，体积百分含量，体积百分比浓度	体积分数
浓度	质量浓度
克分子热容	摩尔热容
克分子气体常数	摩尔气体常数
光强度	发光强度
发光率	[光]亮度
粒子剂量	粒子注量
放射性强度，放射性	[放射性]活度
折射系数	折射率

（2）使用含义确切的词或词组做量名称。例如："浓度""分数""含量"是有区别的，不得随意混用。"浓度"既可指"B的质量浓度"，也可指"B的浓度"（或"B的物质的量浓度"），还可指"溶质B的质量摩尔浓度"，单位分别为 kg/L, mol/m^3（或 mol/L）, mol/kg。"分

数"既可指"B 的质量分数",也可指"B 的体积分数",单位均为 1,但前者是某物质的质量与混合物的质量之比,后者可理解为某物质的体积与混合物的体积之比[①]。"含量"不是物理量,商品中的含量指质量或体积,科技中的含量包括有关混合物组成的各个量,如"质量分数""体积分数""质量浓度"等。含量用于定性描述时可直接用其名称,如"谷物的淀粉含量高,蛋白质含量低",但定量阐述时,宜改用标准名称,如"空气中 O_2 的含量为 21%"改为"空气中 O_2 的体积分数为 21%"更恰当。

（3）使用准确的量名称,避免自造量名称。例如:用"摩尔数"表示"物质的量","吨数""千克数"表示"质量","小时数""秒数"表示"时间","米数"表示"长度""宽度""高度","瓦数"表示"功率"之类的"单位＋数"的量名称形式,是错误的。

（4）书写正确的量名称,避免量名称中写进与标准量名称有出入的字。例如:将"阿伏加德罗常数"写为"阿伏伽德罗常数""阿佛加德罗常数","傅里叶数"写为"傅立叶数""付立叶数""付里叶数","摩擦因数"写为"磨擦因数","费密能"写为"费米能","吉布斯自由能"写为"吉卜斯自由能",是错误的。

（5）优先使用国家标准中推荐优先使用的量名称。例如:优先使用"摩擦系数""活度系数""内能""杨氏模量""电位移"等量名称是不妥的,其优先使用的量名称分别是"摩擦因数""活度因子""热力学能""弹性模量""电通［量］密度"。

2）量符号使用

正确使用国家标准为量规定的量符号即标准量符号（与标准量符号一致）,有以下规则:

扫一扫

视频讲解

（1）尽量使用标准量符号,不宜使用非标准量符号,非标准与标准量符号示例见表 9-10。例如"质量"的标准量符号是 m,若选其他字母（如 M, W, P, μ 等）作其量符号,则这些符号就是它的非标准量符号。

表 9-10 非标准与标准量符号示例

量 名 称	非标准量符号	标准量符号
质量	M, W, P, μ	m
力	f, N, T	F
压力,压强	P	p
功率	p	P
摄氏温度	T	t, θ
电荷［量］	q	Q
磁感应强度	H, F	B
B 的浓度	C_B	c_B
B 的质量分数	ω_B	w_B
B 的体积分数	ψ_B	φ_B

正确理解量的概念是准确使用量符号的基础,否则就可能会混淆不同量之间的区别,进而就会使用不规范的量符号;加强贯彻执行国家标准的观念和意识是最终使用标准量符号的关键。当为一个有几个符号的量选用符号时,可根据具体情况选择一个恰当的符号。当量的符号与其他量的符号发生冲突或应按习惯使用时,可考虑使用备用符号。例如:行文中若已用 t 做"时间"的符号,就不宜再用 t 做"摄氏温度"的符号,而应该用 θ 做其符号。

---

① 有关"B 的体积分数"的定义详见 GB 3100～3102—1993《量和单位》第 222 页。

（2）提倡多用单字母量符号（必要时加下标、上标），不宜使用字符串作量符号。字符串通常来自英文量名称的缩写，有时为整个英文量名称，字符串与标准量符号见示例表 9-11。例如：用 *WEIGHT* 做"重量"的符号，*CRP* 做"临界压力"的符号，是不规范的。

表 9-11　字符串与标准量符号示例

量 名 称	字符串量符号	标准量符号
质量	MASS，*MASS*	m
重量	WEIGHT，*WEIGHT*	W，（P，G）
运动速度	MV，*MV*	v_m
体质量（体重）	BW，*BW*	M，（m_b）
临界高温	CHT，*CHT*	$T_{c,h}$
临界低温	CLT，*CLT*	$T_{c,l}$
干质量（干重）	DW，*DW*	m_d
鲜质量（鲜重）	FW，*FW*	m_f
临界压力	CRP，*CRP*	p_{cr}
动脉血压	AP，*AP*	p_a
静脉血压	VP，*VP*	p_v
氧分压	PO₂，*PO₂*	$p(O_2)$
声压级	SPL，*SPL*	L_p
信噪比	SNR，*SNR*	R_{SN}，γ_{SN}

（3）科学、严谨表达量符号，不宜直接使用化学名称、元素符号（包括原子式或分子式）做量符号。例如："氟化钡：氯化钠 ＝ 4∶6"不规范，因为使用了化学名称做量符号；"CO_2∶O_2 ＝ 1∶5"也不规范，因为使用了分子式做量符号。这两种均没有表达清楚相除的究竟是哪两个量。对后一种，若指体积比，可改为 $V(CO_2)∶V(O_2) = 1∶5$；若指浓度比，则改为 $c(CO_2)∶c(O_2) = 1∶5$。又如：Ca＝ 20 mg，MnO_2％＝ 30％，wt％，vol％，mol％之类的表达不规范，应分别改为 $m(Ca) = 20$ mg，$w(MnO_2) = 30％$，w，φ，x（或 y）[①]。

（4）注意量符号所表示的量的量纲，不要把量纲不是一的量符号作为纯数看待而作错误的处理或表达。例如：对速度的量符号 v 取对数的表达 $\lg v(m \cdot s^{-1})$ 不妥，因为 v 的量纲不是一，不可取对数；速度与其单位之比 $v/(m \cdot s^{-1})$ 是一个数，可以取对数，故 $\lg(v/(m \cdot s^{-1}))$ 是正确的。又如："氖分子数为 $0.5L$，L 是阿伏加德罗常数"表意虽正确，但逻辑上不通（分子数的单位是 1，阿伏加德罗常数的单位是 mol^{-1}，二者不可能相等），可改为"氖分子数为 $0.5L$，L 是阿伏加德罗常数以 mol^{-1} 为单位时的数值"。

（5）量符号的主符号用斜体字母表示，一般不用正体字母。除表示酸碱度的符号 pH 和表示材料硬度的符号 HRC 等必须用正体字母表示外，其他量符号一律采用斜体字符表示。

（6）对矩阵、矢量和张量应采用黑（加粗）体、斜体字母做其量符号。例如：将矩阵 $\boldsymbol{A}$ 表示成 A，或字符加方括号的形式 $[A]$，或字符上方加箭头的形式 $\vec{A}$ 或 $\overrightarrow{A}$，或字符串（如 MA，matrixA）等任一形式均不妥当。

（7）严格区分两字母量符号与两个量符号相乘。为避免把两个量相乘误解为由两个字母组成的量符号，相乘的量符号间应有乘号（"·"或"×"），或加空（1/2 或 1 个阿拉伯数字，即 1/4 或 1/2 个汉字宽）。例如：表示半径 R 与偏心距 e 相乘的 Re 与表示雷诺数的 Re 同时出现时，很容易造成混淆，最好加以区分，可将表示相乘的 Re 表示为 $R \cdot e$ 或 $R \times e$ 或 $R\,e$。

---

① m，w，φ，x（或 y）分别表示质量、质量分数、体积分数、摩尔分数；对于 $m(Ca) = 20$ mg，$w(MnO_2) = 30％$，也可将括号去掉而把 Ca 和 MnO_2 改为下标的形式，即 $m_{Ca} = 20$ mg，$w_{MnO_2} = 30％$。

3）下标使用

当不同的量使用同一字母做量符号，或同一个量有不同的使用特点，或有不同的量值要表示时，为了相互区别，可以使用主符号附加下标的形式（必要时还可使用上标及其他标记）做量符号。表示下标时，应注意区分下标符号的字母类别、正斜体、大小写等。下标规范与不规范表示对照示例见表 9-12。

表 9-12　下标规范与不规范表示对照示例

量　名　称	规范表示	不规范表示	备　注
质量定压热容	c_p	c_P，c_P，c_p	压力的符号 p 用小写斜体
质量定容热容	c_V	c_V，c_v，c_V	体积的符号 V 用大写斜体
电流	I_i（$i=1, 2, \cdots$）	I_i（$i=1, 2, \cdots$）	变量 i 用斜体
y 轴上的力分量	F_y	F_y	坐标轴 y 用斜体
	$\sum a_x b_x$	$\sum a_x b_x$	连续数 x 用斜体
$\triangle ABC$ 面积	$S_{\triangle ABC}$	$S_{\triangle ABC}$	点 A，B，C 用斜体
势能	E_p	E_p，E_P	potential 的首字母 p 用小写正体
静摩擦因数	μ_s，f_s	μ_s，f_s	static 的首字母 s 用小写正体
费密温度	T_F	T_f，T_F	源于人名的缩写 F 用大写正体
10 h 的能量	E_{10h}	E_{10H}，E_{10hr}	时间的单位 h 用小写正体
最大电阻	R_{max}	R_{max}，R_{MAX}，R_{MAX}	缩写词 max 用小写正体
半厚度	$d_{1/2}$	$d_{1/2}$	纯数字用正体
CO_2 的质量分数	w_{CO_2}，$w(CO_2)$	w_{CO_2}，$w(CO_2)$	化学元素符号用正体
粒子线电离	N_{il}	N_{il}，N_{il}	ionization 的首字母 i 用正体，长度的符号 l 用斜体
能谱角截面	$\sigma_{\Omega, E}$	$\sigma_{\Omega, E}$	立体角、能量的符号 Ω，E 用斜体

下标使用有以下规则：

（1）数字、数学符号、记号（标记）、代表变动性数字的字母（连续性字母）、量符号、单位符号、来源于人名的缩写、关键英文词首字母、英文词缩写均可做下标。

（2）下标为量符号，表示变动性数字的字母，坐标轴符号和表示几何图形中的点、线、面、体的字母时用斜体，其余则用正体。

（3）下标为量符号、单位符号时，大小写同原符号；英文缩写做下标时，来源于人名的缩写用大写，一般情况下的缩写用小写。

（4）优先使用国际上和行业中规定或通用的下标写法。

（5）可用同一字母的大小写两种不同写法或在量符号上方加某种记号，来表示下标不足以表示不同量之间区别时的量符号。

（6）当一个量符号中出现几个下标或下标所代表的符号比较复杂时，可把这些下标符号加在"（）"中以平排的形式（即与主符号平齐）共同置于量符号之后。

（7）少用复合下标，即下标的下标（二级下标）、二级下标的下标（三级下标）。

（8）根据需要可以使用上标或其他标记符号。

9.3.2　单位名称及其中文符号

1）单位名称使用

按单位的标准名称以正确的顺序来读写单位的名称，有以下规则：

（1）相除组合单位的名称与其符号的顺序一致。符号中的乘号没有对应的名称，除号对应"每"字，无论分母中有几个单位，"每"字只能出现一次。例如：质量热容单位"J /（kg·K）"的名称不是"焦每千克每开""焦耳每千克每开""焦每千克每开尔文"或"焦耳每千克每开尔文"，而是"焦每千克开""焦耳每千克开""焦每千克开尔文"或"焦耳每千克开尔文"；速度单位"m / s"不是"秒米""米秒"或"每秒米"，而是"米每秒"；剂量单位"mg /（kg·d）"不是"毫克每千克每天"，而是"毫克每千克天"。

（2）注意区分乘方形式的单位名称。乘方形式的单位名称，其顺序应是指数名称在前，单位名称在后，指数名称由数字加"次方"二字而成。例如：截面二次矩单位"m^4"的名称为"四次方米"。但当长度的 2、3 次幂分别表示面积、体积时，其指数名称应分别为"平方""立方"，否则应称为"二次方""三次方"。例如：体积单位"dm^3"的名称是"立方分米"，不是"三次方分米"；截面系数单位"m^3"是"三次方米"，不是"立方米"；"平方米"不读写为"平米""平方"；"立方米"不读写为"立方""立米""方"。

（3）组合单位名称中不要加多余的符号（如表示乘、除的数学符号"·""/"或其他符号），即单位名称中不得加任何符号。例如：压力单位"N / m^2"的名称是"牛顿每平方米"，简称是"牛每平方米"，而不是"牛顿 / 每平方米""牛顿 / 平方米""牛顿 / $米^2$"或"牛$米^{-2}$"；电阻率单位"Ω·m"的名称是"欧姆米"，而不是"欧姆·米"。

（4）读写量值时不必在单位名称前加"个"字。例如：将"14 小时"读写为"14 个小时"，"12 牛"读写为"12 个牛"，是错误的。

（5）不宜使用非法定单位名称（包括单位名称的旧称）。例如：达因、尔格（卡）、马力、公尺、公分或糎、英尺或呎、英寸或吋、浬、公升或立升、钟头等均为非法定单位名称，除非必要不要使用，而应使用其相应的法定单位名称，如牛、焦、瓦、米（或其他法定长度单位）、海里、升、小时等。

2）单位中文符号使用

以单位名称的简称或其与"·""/"及指数的组合形式作为单位中文符号，有以下规则：

（1）将法定单位名称的简称（法定单位名称全称中方括号及其里面的字省略后的名称）作为单位中文符号，不要把单位名称全称作为单位中文符号使用。例如：力单位 N 的中文符号是"牛"，不是"牛顿"；体积单位 km^3 的中文符号是"千米^3"，不是"立方千米"。

（2）使用规范的形式表示组合单位。由两个或两个以上单位相乘构成的组合单位，其中文符号只用一种形式，即用居中圆点代表乘号；由两个或两个以上单位相除构成的组合单位，其中文符号可采用用居中圆点代表乘号（使用负幂形式）和用"/"代表除号两种形式之一。例如：动力黏度单位"Pa·s"的中文符号是"帕·秒"；电能单位"W·h"的中文符号是"瓦·时"，不是"瓦特小时"、"瓦时"或"瓦·小时"；体积质量单位"kg / m^3"或"$kg·m^{-3}$"的中文符号是"千克 / 米^3"或"千克·米$^{-3}$"。

（3）不用既不是单位中文符号也不是单位中文名称的符号做单位中文符号。例如，面质量单位"kg / m^2"的中文符号是"千克 / 米^2"或"千克·米$^{-2}$"，而不是"千克 / 平方米"或"千克 / 二次方米"。类似的不规范表达有"立方米 / 秒""元 / 平方米""摩尔 / 升"等。

（4）一般不在组合单位中混用单位国际或中文符号。例如：不将"km / h""千米 / 时"写为"km / 时"或"千米 / h"，不将"t / a""吨 / 年"写为"t / 年"或"吨 / a"，不将"mg /（kg·d）""毫克 /（千克·天）"写为"mg /（kg·天）"、"mg /（千克·天）"、"毫克 /（千克·d）"或"毫克 /（kg·d）"。但单位无国际符号时可并用两种符号，如"元 / m^2""m^2 / 人""kg /（月·人）"。

（5）摄氏温度单位"摄氏度"的符号"℃"可作为其单位中文符号使用，"℃"可与其他单位中文符号构成组合形式的单位。

（6）除特殊情况或表达需要外，科技论文中不宜使用单位中文符号和中文名称。

9.3.3 单位国际符号

扫一扫

视频讲解

1）字体使用

书写单位符号要严格区分字母的类别、大小写及正斜体。单位符号一般用小写字母表示，但来源于人名首字母时应该用大写字母；无例外均采用正体字母表示。在字母类别上容易混淆的字母有 k 与 κ，v 与 ν，u 与 μ 等（前者为拉丁字母，后者为希腊字母）；在大小写上容易混淆的字母有 c 与 C，k 与 K，v 与 V，u 与 U，o 与 O，p 与 P，w 与 W，s 与 S 等。正确与错误单位符号示例见表 9-13。

表 9-13 正确与错误单位符号示例

量 名 称	正确单位符号		错误单位符号
长度，曲率半径，波长	m	*m*	M，*M*
时间，周期，时间常数	s	*s*	S，*S*
质量	kg，t	*kg，t*	Kg，T，*Kg，T*
热力学温度	K	*K*	k，*k*
压力，正应力，弹性模量	Pa	*Pa*	pa，*pa*
频率	Hz	*Hz*	HZ，H_Z，H_Z；*HZ，H_Z，H_z*
功率，热流量	W	*W*	w，*w*
电荷，电通，元电荷	C	*C*	c，*c*
电导，导纳，电纳	S	*S*	s，*s*
电位，电位差，电动势	V	*V*	v，*v*
中子分离能，核的结合能，能级宽度	eV	*eV*	ev，*ev*
磁通密度，磁极化强度	T	*T*	t，*t*
磁导	H	*H*	h，*h*
照度	lx	*lx*	Lx，*Lx*
光通量	lm	*lm*	Lm，*Lm*
发光强度	cd	*cd*	CD，*CD*
声压级，声强级，声功率级	B	*B*	b，*b*

2）法定单位符号使用

使用法定单位符号做单位符号。一些符号在形式上似单位符号，其实不属于法定单位符号，如下列几类符号就是非法定单位符号：

（1）表示时间的非标准单位符号，如旧符号 sec（秒）、m（分）、hr（时）、y 或 yr（年）（其法定单位分别是 s、min、h、a），以及为没有国际单位符号的量给出了自定义单位符号 wk（星期或周）、mo（月）。

（2）表示单位符号的缩写，如 rpm，bps 或 Bps，其法定单位应分别是 r／min（转每分）、bit／s（位每秒）或 B／s（字节每秒）。

（3）表示数量份额的缩写，如 ppm（parts per million，10^{-6}），pphm（parts per hundred million，10^{-8}），ppb（parts per billion，在我国及美、法等国表示 10^{-9}，英、德等国表示 10^{-12}），ppt（parts per trillion，在我国及美、法等国表示 10^{-12}，英、德等国表示 10^{-18}）。一般不宜用这种缩写符

号做法定单位符号。例如："质量分数 w / ppm"不妥，因为"质量分数"的量纲是一，单位为 1，不是 ppm。再如："化学位移 $\delta = 5.5$ ppm"不妥，这里是将 ppm 作为单位处理了，5.5 ppm $= 5.5 \times 10^{-6}$。也不能表示为"化学位移 $\delta = 5.5 \times 10^{-6}$"，按国际纯粹与应用化学联合会（International Union of Pure and Applied Chemistry，IUPAC）为化学位移给出的新定义[①]，定义中已含有 10^{-6} 之意，因此正确的表达应该是"化学位移 $\delta = 5.5$"。

3）组合单位符号使用

按组合单位的标准形式规范书写组合单位符号，有以下规则：

（1）当组合单位符号由若干单位符号相乘构成时，用单位符号间加圆点或留空隙的形式。例如：由 N 和 m 相乘构成的单位应表示为"N·m"和"N m"两种形式之一。"N m"也可写成中间不留空隙的形式"Nm"，但当组合单位符号中某单位的符号又与词头符号相同并有可能发生混淆时，则应将其置于右侧。例如：力矩单位符号应写成"N·m"，"N m"或"Nm"，其中 Nm（m 在右侧）不写成 mN（m 在左侧），因为 mN 表示"毫牛顿"而不是"牛顿米"。

（2）当组合单位符号由两个单位符号相除构成时，用单位符号分别做分子、分母的分数或单位符号间加斜线或圆点的形式表示（情况复杂时加括号）。例如：由 m 和 s 相除构成的单位可表示为" $\dfrac{m}{s}$ ""m / s""m·s^{-1}"三种形式之一。用斜线" / "表示相除时，单位符号的分子和分母都要与" / "处于同一行内。当分母中包含两个以上单位符号时，整个分母应加圆括号。在一个组合单位符号中，除了加括号避免混淆外，在同一行内的" / "不得多于一条，且其后不得有乘号或除号。在复杂情况下应当用负数幂或括号。例如：传热系数的单位是"W /（m^2·K）""W·m^{-2}·K^{-1}"，而不能写成"W / m^2 / K""W / m^2·K""W / m^2·K^{-1}"。

（3）当表示分子为 1 的单位时，应采用负数幂的形式。例如：阿伏加德罗常数的单位是 mol^{-1}，一般不写成"1 / mol"；粒子数密度的单位是 m^{-3}，一般不写成"1 / m^3"；波数的单位是 m^{-1}，一般不写成"1 / m"。

（4）当用" ° "" ′ "" ″ "构成组合单位时，要给其加圆括号"（）"。例如："25′ / min"应表示为"25（′）/ min"；" β / ° "应表示为" β /（°）"。

（5）非物理量的单位（如元、次、件、台、人、斗、圈等）可以与单位国际符号构成组合形式的单位，但不宜写成负数幂的形式。例如："元 / d""次 / s""件 /（h·人）"；"L·斗$^{-1}$""L·圈$^{-1}$"应表示为"L / 斗""L / 圈"。

4）无须修饰单位符号

在单位符号上不要附加任何其他标记或符号。单位符号使用具有独立性，没有复数形式，其后不能加 s，其上也不能附加表示量的特性和测量过程信息等的标志，有以下规则：

（1）不要在单位符号后加 s 表示其复数形式。例如："最大长度是 600 cm"的表达是" $l_{max} = 600$ cm"，不写为" $l_{max} = 600$ cms"，在长度单位 cm 后加 s 是错误的；"点 A 受的力等于 500 N"的表达是" $F_A = 500$ N"，不写为" $F_A = 500$ Ns"，在力的单位 N 后加 s 是错误的。

（2）不要给单位符号附加上、下标。例如："最大电压等于 220 V"的表达是" $U_{max} = 220$ V"，不能写为" $U = 220$ V$_{max}$"，给电压的单位 V 加下标 max 是错误的；"点 A 受的力等于 100 N"的表达是" $F_A = 100$ N"，不能写为" $F = 100$ N$_A$"，给力的单位 N 加下标 A 是错误的。

---

① 化学位移的计算公式为 $\delta = 10^6 (v - v_0) / v_0$。

（3）不要在单位符号间插入修饰性字符。例如："$\rho = 1000$ kg（H_2O）／m^3"应改为"ρ（H_2O）$= 1000$ kg／m^3"；"200 kg（氮肥）／hm^2"应改为"氮肥量 200 kg／hm^2"。此两例的共同错误是，在单位符号间插入了修饰性字符。

（4）不宜为单位 1 进行修饰。例如：用"85%（$m／m$）"的形式表示质量分数，"68%（$V／V$）"的形式表示体积分数不规范，应分别改为"质量分数 85%""体积分数 68%"。

（5）不要为单位增加习惯性修饰符号。例如：用 Nm^3 或 m^3_n 表示标准立方米，NL 或 L_n 表示标准升是错误的，应分别改为 m^3，L 或 l。

5）量值表示

基于量和单位的关系 $A = \{A\} \cdot [A]$ 及有关规定表示量值，有以下规则：

（1）数值与单位符号间留适当空隙（通常 1／4 个汉字或 1／2 个阿拉伯数字宽）。表示量值时，单位符号应置于数值之后，数值与单位符号间留一空隙。必须指出，摄氏温度的单位符号"℃"与其前面的数值间也应留空隙，唯一例外的是，平面角的单位符号"°""′""″"与其前面数值间不留空隙。例如："$t = 100℃$"不规范，应为"$t = 100 ℃$"；"$\alpha = 68 ° 17 ′ 20 ″$"不规范，应为"$\alpha = 68° 17′ 20″$"。

（2）不得把单位插在数值中间或把单位符号（或名称）拆开使用。例如："1m73""10s09""20″15"表达错误（把单位插在了数值中间），应分别为"1.73 m""10.09 s""20.15″"；"34℃"不表示为"34° C"，"0℃～100℃"不表示为"0° ～100°"（"℃"是一个整体单位符号，不可拆开使用，拆开后相当于用"角"的单位"°"与拉丁字母 C 以并列的形式表示摄氏温度的单位）；"100 摄氏度"不读写为"摄氏 100 度"（"摄氏度"是"℃"的中文名称，是一个整体，不宜拆开）。

（3）正确、规范地表示量值的和或差。所表示的量为量的和或差时，应当加圆括号将数值组合，且把共同的单位符号置于全部数值之后，或者写成各个量的和或差的形式，见表 9-14。

表 9-14　量值和或差规范与不规范表示对照示例

量值和或差规范表示	量值和或差不规范表示
$l = 20$ m $- 15$ m $= (20 - 15)$ m $= 5$ m	$l = 20 - 15$ m $= 5$ m 或 $l = 20 - 15 = 5$ m
$t = 28.4 ℃ \pm 0.2 ℃ = (28.4 \pm 0.2)℃$	$t = 28.4 ℃ \pm 0.2 ℃$
$\lambda = 220 \times (1 \pm 0.02) W／(m \cdot K)$	$\lambda = 220 \times (1 \pm 0.02 W／(m \cdot K))$

（4）统一量值范围的表示形式。表量值范围用浪纹线连接号"～"或一字线连接号"—"。例如：$1.2 \sim 2.4$ kg $\cdot$ m／s（或 1.2 kg $\cdot$ m／s ~ 2.4 kg $\cdot$ m／s），$1.2 - 2.4$ kg $\cdot$ m／s（或 1.2 kg $\cdot$ m／s $- 2.4$ kg $\cdot$ m／s）。有时使用以上括号中的表示形式是为了避免引起误解。例如：对 $0.2 \sim 30\%$，可理解为 0.2 到 0.3，或 0.2%到 30%。因此，实际中要根据具体情况来选用恰当的表示形式。"～"和"—"没有多少区别，但在英文表达中通常不用"～"。

（5）在图表中用特定单位表示量值宜采用标准化方式。为区别量本身和用特定单位表示的量的数值，尤其在图表中用特定单位表示的量的数值，可用以下两种标准化方式：①量符号与单位符号之比 $A／[A]$，如 $\lambda／nm = 589.6$；②量符号加花括号"{ }"、单位符号做下标的形式 $\{A\}_{[A]}$，如 $\{\lambda\}_{nm} = 589.6$。第一种方式较好，使用较为普遍，示例见表 9-15。实际中，量符号可用量名称替代，如"$v／(km \cdot h^{-1})$"可表示为"速度／$(km \cdot h^{-1})$"，"$w／10^{-6}$"可表示为"质量分数／10^{-6}"。

表 9-15　特定单位量值规范与不规范表示对照示例

量值规范表示	量值不规范表示
λ / nm	$\lambda (\mathrm{nm})$ 或 "λ, nm"
$v /(\mathrm{km} / \mathrm{h})$ 或 $v /(\mathrm{km} \cdot \mathrm{h}^{-1})$	$v(\mathrm{km} / \mathrm{h})$ 或 "v, km $\cdot$ h^{-1}"
$\ln (p / \mathrm{MPa})$	$\ln p (\mathrm{MPa})$
$w / 10^{-6}$ 或 $w \times 10^{6}$	w / ppm 或 $w / \times 10^{-6}$

扫一扫

视频讲解

9.3.4　词头

1）使用正确字体

书写词头要严格区分其字母的类别、正斜体及大小写。词头所用字母除"微（10^{-6}）"用希腊字母 μ 表示外，其他均用拉丁字母表示；词头一律用正体字母表示，大小写要按其所表示的因数大小来区分。区分词头大小写的规则主要有以下两条：

（1）表示的因数等于或大于 10^6 时用大写。这类词头共 7 个：M（10^6），G（10^9），T（10^{12}），P（10^{15}），E（10^{18}），Z（10^{21}），Y（10^{24}）。

（2）表示的因数等于或小于 10^3 时用小写。这类词头共 13 个：k（10^3），h（10^2），da（10^1），d（10^{-1}），c（10^{-2}），m（10^{-3}），μ（10^{-6}），n（10^{-9}），p（10^{-12}），f（10^{-15}），a（10^{-18}），z（10^{-21}），y（10^{-24}）。

2）词头与单位连用

词头只有置于单位符号之前与单位符号同时使用才有效，即词头与单位连用时具有因数意义。词头不得独立或重叠使用，与单位符号之间不得留间隙。例如："5 km"不写成"5 k"，"128 Gb"不写成"128 G"；nm 不写成 mμm，pF 不写成 μμF，GW 不写成 kMW。

通过相乘构成的组合单位一般也只用一个词头，通常用在组合单位的第一个单位前。例如：力矩单位"kN · m"不写成"N · km"。为只通过相除构成的组合单位或通过乘和除构成的组合单位加词头时，词头一般加在分子中的第一个单位之前，分母中一般不用词头，但质量单位 kg 不作为有词头的单位对待。例如：摩尔内能单位"kJ / mol"不写成"J / mmol"，而比能单位可以是"J / kg"。当组合单位的分母是长度、面积或体积的单位时，按习惯与方便，分母中可选用词头构成倍数单位或分数单位。例如：密度单位可选用"g / cm^3"。一般不在组合单位的分子、分母中同时采用词头。例如：电场强度单位用"MV / m"而非"kV / mm"。

3）选用合适的词头

使用词头是为了使量值中的数值处于 0.1～1000 范围内，为此要按量值大小来确定词头因数的大小，选用合适的词头符号。例如："5000×10^6 Pa · s / m"应表示为"5 GPa · s / m"，而不是"5000 MPa · s / m"；"0.000 05 m"宜表示为"50 μm"，而不是"0.05 mm"。

4）考虑词头使用的限制性

考虑哪些单位不允许加词头，避免对不允许加词头的单位加词头。例如："°""′""″""min""h""d""n mile""kn""kg"等单位不得加词头构成倍数单位或分数单位。由于历史原因，"质量"的基本单位名称"千克"中含有词头"千"，其十进倍数和分数单位由词头加在"克"字前构成，如"毫克"的单位是 mg，而不是 μkg（微千克）。还要注意，1998 年 SI 第 7 版新规定"℃"（摄氏度）可以用词头，按此规定"k℃""m℃"等均是正确的单位符号。

5）正确处理词头与单位的幂次关系

将词头符号与其所紧接的单位符号作为一个整体对待有相同的幂次，即倍数或分数单位的指数是包括词头在内的整个单位的幂。例如：$1\,cm^2 = 1\,(10^{-2}\,m)^2 = 1 \times 10^{-4}\,m^2$，而 $1\,cm^2 \neq 10^{-2}\,m^2$；$8500\,m^3 = 8.5 \times 10^3\,m^3 = 8.5 \times (10\,m)^3 \neq 8.5\,km^3$；$10\,000\,000\,m^2$ 应表示为 $10\,km^2$，而不是 $10\,Mm^2$；$1\,000\,000\,000\,m^{-3}$ 应表示为 $1\,mm^{-3}$，而不是 $1\,Gm^{-3}$[$1\,000\,000\,000\,m^{-3} = 1 \times 10^9 \times m^{-3} = 1 \times (10^{-3}\,m)^{-3} = 1\,mm^{-3}$]。

6）考虑词头的习惯用法

尊重和兼顾我国对一些数词的习惯用法。例如：万（10^4）、亿（10^8）、万亿（10^{12}）等是我国习惯用的数词，可以用在单位前，但不是词头，习惯使用的统计单位，如"万公里"可记为"万 km"或"$10^4\,km$"，"万吨公里"可记为"万 t·km"或"$10^4\,t·km$"。

9.3.5　法定单位

使用法定单位，除非必要，不要使用非法定单位。非法定与法定单位对照示例见表 9-16。

扫一扫

视频讲解

9.3.6　量纲匹配

量纲匹配指数学式中等号或不等号两边的量纲相同，若不相同，两边就不可能相等或进行大小比较。例如：式 $t = \lg(1 - Q)$（t 为释药时间，Q 为药物释放量），等号左边的 t 是一个有量纲的量，而右边是对"$1 - Q$"这个数取对数，取对数的结果只能是一个纯数，因此等号两边的量纲不同，就不可能相等，说明此式有误；式 $c(O_2) = 0.034\,7 + 0.067\,4I$，等号左边的 $c(O_2)$ 为氧气的浓度（单位为 $mol·L^{-1}$），而右边的 I（单位为 A）为电流值，因此等号两边的量纲不相同，等号两边不可能相等，说明此式有误。

9.3.7　行文统一

行文统一指在同一论文中对含义确切的同一量应始终保持用同一名称、符号来表示。同一符号不宜用来表示不同的量，即同一符号应只表示同一量，同一量也应只用同一符号表示；若表示不同条件或特定状态下的同一量，则应采用对量符号加上下标的形式加以区别。例如：文中若使用"摩擦因数"这一量名称，就应在整篇论文中统一用该名称，而不要再混用其另一名称"摩擦系数"；文中若已用 t 表示时间，就不宜再用 t 表示摄氏温度，而应选用 θ 表示摄氏温度；若已用 θ 表示摄氏温度，就不宜再用 t 加下标的形式表示此温度在不同时刻的值，而要用 θ 加下标的形式，如 θ_0，θ_1，θ_2，…或 θ_c（临界温度）表示。

9.4　量和单位使用的常见问题

扫一扫

视频讲解

科技论文中量和单位使用存在的问题较多，包括没有准确合理区分和选用量和单位的名称、符号，没有规范地书写并表达量和单位的名称、符号及其之间的关系，涉及名称不准确，符号类别、大小写、正斜体、字体、字号、上下标以及关系表达不规范等诸多方面。

（1）对易混淆量没有严格区分，随意使用量和单位的名称和符号，概念混用。例如：笼统使用"浓度"，混淆了一些名称里含有"浓度"一词的量；用"热力学温度"的符号 T 做"摄氏温度"的符号；用"质量"的单位 kg（千克）、t（吨）做"重量"和"力"的单位。

表 9-16　非法定与法定单位对照示例

非法定单位		法定单位	备　注
名　称	符　号		
英里	mile	m	1 mile ＝ 1 609.344 m
码	yd	m	1 yd ＝ 0.914 4 m
［市］里			1 里 ＝ 500 m
英尺	ft	m	1 ft ＝ 0.304 8 m
英寸	in	m	1 in ＝ 0.025 4 m
亩		m^2，hm^2	1 亩 ＝（10^4 / 15）m^2 ＝ 666.6 m^2，1 hm^2 ＝ 15 亩
公亩	a	m^2	1 a ＝ 100 m^2
英尺每秒	ft / s	m / s	1 ft / s ＝ 0.304 8 m / s
英里每［小］时	mile / h	m / s	1 mile / h ＝ 0.447 04 m / s
磅	lb	kg	1 lb ＝ 0.453 592 37 kg
千克力	kgf	N	1 kgf ＝ 9.806 65 N
磅力	lbf	N	1 lbf ＝ 4.448 22 N
达因	dyn	N	1 dyn ＝ 10^{-5} N
千克每平方米	kg / m^2	N / m^2 或 Pa	1 kg / m^2 ＝ 9.8 N / m^2 ＝ 9.8 Pa
千克力每平方厘米	kgf / cm^2	N / m^2 或 Pa	1 kgf / cm^2 ＝ 0.098 066 5 MPa
毫米汞柱	mmHg	Pa	1 mmHg ＝ 133.322 Pa（医学中可用 mmHg）
托	Torr	Pa	1 Torr ＝ 133.322 Pa
工程大气压	at	Pa	1 at ＝ 98.066 5 kPa
标准大气压	atm	Pa	1 atm ＝ 101.325 kPa
卡，千卡	cal，kcal	J	1 cal ＝ 4.185 9 J
尔格	erg	J	1 erg ＝ 10^{-7} J
	M	mol / L	1 M ＝ 1 mol / L
	N	（mol / L）/ 离子价	1 N ＝（1 mol / L）/ 离子价
	cc	cm^3 或 mL	1 cc ＝ 1 cm^3 ＝ 1 mL
道尔顿	D，Da	u	1 D ＝ 1 u，1 u ≈（1.660 540 2 ± 0.000 001 0）× 10^{-27} kg
乏	var	V·A	1 var ＝ 1 V·A
度		kW·h	1 度 ＝ 1 kW·h
马力		W	1 马力 ＝ 735.499 W
英马力	hp	W	1 hp ＝ 745.700 W
卡每秒	cal / s	W	1 cal / s ＝ 4.185 9 W
华氏度	℉	K 或 ℃	表示温度差和温度间隔时：1 ℉ ＝（5 / 9）K，1 ℃ ＝ 1 K；表示温度数值时：$T = 5(\theta+459.67)$ / 9，$t = 5(\theta-32)$ / 9，$t = T - 273.15$
兰氏度	°R	K 或 ℃	表示温度差和温度间隔时：1 °R ＝（5 / 9）K，1 ℃ ＝ 1 K；表示温度数值时：$T = 5\Theta$ / 9，$t = 5(\Theta-491.67)$ / 9，$t = T - 273.15$
高斯	Gs，G	T	1 Gs ＝ 10^{-4} T

说明：hm^2 的名称是公顷，其国际通用符号为 ha；u 的名称是原子质量单位；T，t，θ，Θ 分别表示热力学温度、摄氏温度、华氏温度、兰氏温度。

（2）将自造的或国家标准中已经废弃的量名称当作标准量名称来使用。例如：用"比重""比热""分子量""含量"做"密度""比热容""相对分子质量""质量分数"的量名称。

（3）没有使用国家标准中规定的量符号，用由多个字母构成的字符串或英文单词甚至词组表示一个物理量。例如：用 T, N, P 而未用 F 做"力"的符号，*WEIGHT* 做"重量"的符号，*CT* 甚至 critical temperature 做"临界温度"的符号。

（4）使用国家标准已经废弃的非法定单位。例如：kgf（千克力），dyn（达因），kgf / cm^2（千克力每平方厘米），kgf·m（千克力米），kcal（千卡、大卡），kcal / h（千卡每小时）。

（5）使用不是单位符号的符号做单位符号，包括表示时间的非标准单位符号、单位符号的缩写、数量份额的缩写以及其他错误单位符号。例如： hr（时），sec（秒），rpm（转每分），ppm（百万分率），bps（位每秒）和 Joule（焦）。

（6）对有专门名称的 SI 导出单位，仍用原来的旧名称而未用专门名称。例如：用"N / m^2"而不是 Pa（帕）做压力（压强）、应力的单位，"N·m"而不是 J（焦）做能（能量）、功、热（热量）的单位。

（7）用单位的名称或中文符号，或既不是单位的名称也不是单位的中文符号的符号做单位的符号。例如："压力 200 Pa"写成"压力 200 帕""压力 200 帕斯卡"；"A·m^2"写成"安·米^2""安·平方米"，甚至"安培平方米""安平方米""安培·米^2""安培·平方米"。

（8）使用单位中文符号和国际符号的组合形式表示单位的符号。例如："速度"用"m / 秒"，"面密度"用"千克 / m^2"，"磁矩"用"安·m^2"。

（9）没有正确区分量符号（含上下标）和单位符号（含词头）的字母类别、大小写、正斜体、字体。例如：用 P 而不是 p 做压力（压强）和应力的符号，用 T 而不是 T 做矩阵转置的上标（如 A^{T} 表示成 $\mathbf{A}^T$），用 M 而不是 m 做长度的单位，用 KW 而不是 kW 做功率的单位，用 CM 而不是 cm 做长度的单位，用 k 或 K 而不是 κ 做曲率的符号。

（10）没有正确使用词头。例如：将"1.53×10^6 m^3"写成"1.53 Mm^3"，"kN·m"表示成"N·km"，"kJ / mol"写成"J / mmol"。

（11）没有用标准化格式表示图表中的标目。例如：将"转速 n /（r·min^{-1}）"表示成"转速 n，r·min^{-1}""转速 n（r·min^{-1}）"，甚至"转速 n / r·min^{-1}""转速 n / r / min"。

（12）没有用单个黑（加粗）体和斜体字符表示矩阵、矢量和张量的符号。例如：将矩阵 $\boldsymbol{K}$ 表示成非黑（未加粗）体字母 K 或正体字母 K，或字符加方括号的形式 [$\boldsymbol{K}$]，或字符上方加箭头的形式 $\vec{K}$ 或 $\bar{K}$，或字符串（如缩写 MK 或全称 *matrixK*），或其他形式。

（13）没有用标准符号做单位矩阵（$\boldsymbol{E}$ 或 $\boldsymbol{I}$）或单位矢量（$\boldsymbol{e}$）的符号。例如：用 n 而不是 $\boldsymbol{e}_{\mathrm{n}}$ 表示单位法向矢量，用 t 而不是 $\boldsymbol{e}_{\mathrm{t}}$ 表示单位切向矢量。

（14）对量纲一的量列出了单位。例如："质子数 / 个"、"绕组的匝数 / 个"和"相数 / 个"。

（15）在单位名称后面附以"数"代替量名称。例如：将"时间"表示为"年数""天数""秒数""小时数"，"力"表示为"牛顿数"，"电流"表示成"安培数"。

（16）行文中对同一量的表达不统一。例如：在同一论文中混用多个符号 U, V, u 或 v 来表示同一量"电位差"或"电压"。

9.5　常用领域量和单位使用注意事项

1）空间和时间

（1）暂时还允许使用容积这一量名称，其量符号和单位与体积的相同。

（2）笛卡儿坐标一般用英文小写斜体字母 *xyz* 表示，原点用英文大写斜体字母 *O* 表示；当坐标轴都标注数值且都从数字 0 开始时，原点应该用数字 0 表示。数控机床标准中用大写

斜体字母 XYZ，计算机编程语言中用大写正体字母 XYZ 都是允许的。

2）力学

（1）质量的量符号为 m，氧的质量应表示为 $m(O_2)$。质量的单位为 kg。表示物体的质量时不允许使用重量，如有困难不改者，应加注说明是指物体的质量（重量按照习惯仍可用于表示质量，但不赞成这种习惯）。重量是指物体在特定参考系中获得其加速度等于当地自由落体加速度时的力，单位为 N。在地球参考系中，重量常称为物体所在地的重力。

（2）过去使用的比重 γ 一般应以密度 ρ 替代，比重（N/m^3）与密度（kg/m^3）的换算关系是 $\gamma = \rho g$（γ 表示比重，ρ 表示密度，g 表示重力加速度）。工程中使用的重度 γ 表示单位体积的重力，为密度 ρ 与重力加速度 g 的乘积，即 $\gamma = \rho g$。工程中还有堆密度、松散密度、假密度等，这类量在生产中仍有实用意义，可以继续使用。

（3）要注意区分转动惯量（惯性矩）与截面二次轴矩（惯性矩）的区别，前者的单位是"$kg \cdot m^2$"，后者的单位是"m^4"。

（4）在电机和电力拖动专业暂时还允许使用飞轮力矩 GD^2，其单位是"$N \cdot m^2$"而不是"$kg \cdot m^2$"。

3）热学

（1）热力学温度的量符号为 T，单位为 K；摄氏温度的量符号为 t，单位为℃。这两个量不可混用。当表示温度间隔或温差时，单位 K 和℃均可使用。摄氏温度的定义是 $t = T - T_0$，$T_0 = 273.15$ K，不应再使用"水的冰点为 0℃，沸点为 100℃"这样的陈旧定义。

（2）过去使用的比热应改为质量热容或比热容 c[单位为 $J/(kg \cdot K)$]。与比热容有关的摩尔热容 C_m[单位为 $J/(mol \cdot K)$]列于 GB 3102.8 中，体积热容 C_V[单位为 $J/(m^3 \cdot K)$]在国家标准中虽未列出，但可以使用。

（3）常见的换热系数、给热系数应改为传热系数；［对流］放热系数应改为表面传热系数。在建筑技术中允许使用热传递系数 U。

（4）因各种形式的功和能的单位都用 SI 单位 J，故以前的工程制所列公式中的热功当量、功热当量均不再使用。

（5）过去行业中多以 h 做焓的量符号，这容易与质量焓相混淆，应改用 H。

（6）等熵指数的量符号是希腊字母 κ。过去使用的绝热指数应改用等熵指数。

4）电学和磁学

（1）不可以使用电流强度这种已淘汰的量名称。

（2）电荷［量］的简称是电荷而不是电量。

（3）电位（电势）V，φ 用于静电场。电位差 U，（V）用于静电场，电压用于各种场合。强电多用符号 U，弱电多用符号 V。电动势 E 用于电源上，电动势不可简称为电势。

（4）不要将绕组的匝数 N 与电气图形符号中绕组的文字符号 W 混淆。

（5）在电工技术中，有功功率单位用瓦特（W），视在功率单位用伏安（$V \cdot A$），无功功率单位用乏（var）。

5）物理化学和分子物理学

（1）代表抽象物质的符号表示成右下标的形式，如 B 的浓度可写成 c_B。代表具体物质的符号及其状态应置于与主符号齐线的括号中，如 $c(H_2SO_4)$（括号中的表达较为简单时，也可排为下标的形式）。量符号右上角加"*"表示"纯"，加"$\ominus$"表示"标准"。

（2）原子量应改为相对原子质量 A_r，分子量应改为相对分子质量 M_r。

（3）使用物质的量（包括其导出量）时必须指明基本单元。基本单元包括原子、分子、离子、电子及其他粒子或这些粒子的特定组合。例如：$n(H_2SO_4)=1$ mol，式中的基本单元是 H_2SO_4，表示 H_2SO_4 的单元数与 0.012 kg 碳 12 的原子数目相同，称 H_2SO_4 的物质的量为 1 mol。H_2SO_4 的物质的量不表示 H_2SO_4 的粒子数、质量。

过去使用的克分子数、克原子数、摩尔数都应改为物质的量，单位为 mol。例如："1 克分子 H_2SO_4" 应改为 "H_2SO_4 的物质的量为 1 mol"。

过去使用的克当量应改为该物质当量粒子的物质的量。例如："10 克当量的 H_2SO_4" 应改为 "$n\left(\dfrac{1}{2}H_2SO_4\right)=10$ mol"，分母 2 表示 H_2SO_4 在化学反应中失去 H^+ 的个数，$\dfrac{1}{2}H_2SO_4$ 表示当量粒子。

（4）使用摩尔质量 M 时须指明基本单元，对给定的基本单元，其 M 是一个常量：$M=M_r$ g / mol。例如：$M(Cl)=35.5$ g / mol，$M(O_2)=16$ g / mol。过去使用的克分子量、克原子量都应改为摩尔质量。例如："氯的克分子量为 35.5" 现应改为 "氯的摩尔质量为 35.5 g / mol"。

（5）应将克分子体积改为摩尔体积（V_m），并指明基本单元。

（6）应将克分子热容改为摩尔热容（C_m），并指明基本单元。

（7）表示含量与成分的量和单位分为以下三类 8 项。

第一类：

①B 的分子浓度 $C_B=N_B / V$（B 的分子数 / 混合物的体积），单位为 m^{-3}。

②B 的质量浓度 $\rho_B=m_B / V$（B 的质量 / 混合物的体积），单位为 kg / m^3 或 kg / L。

③B 的浓度、B 的物质的量浓度 $c_B=n_B / V$（B 的物质的量 / 混合物的体积），单位为 mol / m^3 或 mol / L，应该替代体积克分子浓度、摩尔浓度、体积摩尔浓度、克分子浓度、当量浓度。

第二类：

④B 的质量分数 $w_B=m_B / m$（B 的质量 / 混合物的质量）替代重量百分浓度、浓度（wt）。"质量分数为 15%" 不写作 "15%（m / m）"。还可用 5 μg / g 的形式表示。

⑤B 的体积分数 $\varphi_B=V_B / V$（B 的体积 / 混合物的体积）替代体积百分浓度、浓度（vt）。"体积分数为 10%" 不宜写作 10%（V / V）。还可用 5.3 mL / m^3 的形式表示。

⑥B 的摩尔分数 $x_B=n_B / n$（B 的物质的量 / 混合物的物质的量）替代克分子百分浓度、摩尔百分浓度、浓度（at）。

第三类：

⑦溶质 B 的摩尔比 $r_B=n_B / n$（溶质 B 的物质的量 / 溶剂的物质的量，单位为 1）。

⑧溶质 B 的质量摩尔浓度 $b_B=n_B / m$（溶质 B 的物质的量 / 溶剂的质量，单位为 mol / kg）替代重量克分子浓度、重量摩尔浓度。

（8）不要随意使用浓度这个名词。只有在 B 的分子浓度、B 的质量浓度、B 的物质的量浓度、溶质 B 的质量摩尔浓度等名称中可以用加定语的浓度，其中只有 B 物质的量浓度可简称为 B 的浓度。

（9）混合物组成比例的表示方法应改为以质量分数、体积分数或摩尔分数表示。例如："C 0.10%" 应改为 "$w(C)=0.10\%$"，也可以叙述为 "碳的质量分数为 0.1%"；"Cu%＝40%" 应改为 "$w(Cu)=40\%$"。

（10）摩尔气体常数 R 应替代克分子气体常数。

（11）不应使用"ppm，pphm，ppb"之类的缩略语。例如："质量分数为 4.2 μg / g"或"质量分数为 4.2×10^{-6}"，不表示为"质量分数为 4.2 ppm"。

9.6 贯彻执行国家标准

GB 3100～3102—1993《量和单位》（下称"国家标准"）是等效采用了国际标准 ISO 1000：1992 和 ISO 31—0～13：1992，参考了其他国家和地区的标准，并结合我国情况制定而成的系列标准（白皮书，共 368 页），完全贯彻了中华人民共和国法定计量单位。

GB 3100 与 GB 3101 属于基础、通用性标准，其余 13 项标准分别规定了各相应学科的量和单位的名称与符号。这些标准适用于所有科学技术领域，凡科学技术领域在使用量和单位时，不管是名称还是符号，应一律以国家标准为准，不得自行改动或变更；对国家标准中未列出的名称和符号，可根据实际情况选用合理的名称、符号。

目前我国科技出版物刊登的论文在量和单位使用方面已较为规范，但存在的问题依然不少，与国家标准的规定还有差距。贯彻执行国家标准就是要求广大科技工作者不断学习、提高和实践，纠正原有那些对量和单位不科学、不合理的使用习惯。

贯彻执行国家标准，作者和编辑特别是有关领导必须树立正确的认识观并付诸实践：

（1）从执法的高度认识贯彻执行国家标准的重要性，严格落实对国家标准的贯彻执行。

（2）我国选定的 16 个非 SI 单位是我国法定单位的重要组成部分，与 SI 单位地位等同。

（3）尽可能不使用非法定单位，有特殊需要时可以遵照有关规定使用非法定单位。

（4）在量和单位规范使用方面与国际接轨是我国科技期刊走向世界的需要，这种接轨是与国际标准、国际学科组织的推荐标准或规范接轨。

贯彻执行国家标准，作者和编辑还必须正确使用国家标准，注意以下规则：

（1）标准中的内容是以表格的形式列出的，有关量的各栏列于左面各页（双页码页面），有关单位的各栏列于对应的右面各页（单页码页面），并一一对齐。单位页中两条实行线间的全部单位都是左面各页相应实行线间的量的单位。

（2）标准中在多数情况下为列出的量给出了定义，这些定义只是从概念上进行描述，简要说明量的性质，并非都是完全的定义，使用时可以补充说明或按具体条件进行变化。

（3）标准中当为一个量同时给出几个名称和符号时，若它们仅用逗号隔开加以区别，则处于同等的地位；若将符号置于圆括号中，则它作为备用符号。量名称中若有字置于方括号中，不致混淆时可省略括号及其中的字，余下的字即为量的简称，简称可做单位的中文符号。

（4）标准中属于我国法定单位的非 SI 单位列于 SI 单位之下，并用虚线与 SI 单位分隔；属于专门领域中使用的非法定单位列于"换算因数和备注"栏中；非法定但又在文献中经常遇到的单位列于附录（参考件）中。

（5）标准中"换算因数和备注栏"内，若在数值后用圆括号加注"准确值"，则表示数值是准确的。此方式也适用于标准的附录。

（6）标准中列出的单位包括与 SI 并用或暂时保留与 SI 单位并用的非 SI 单位、限制使用的非 SI 单位等多种类型，不要认为凡标准中列出的单位就一定是我国法定单位。

第 10 章

插　图

文字是科技论文表达的主要手段，但在数据、结果表达上有时不如插图。插图是一种形象化的表达方式，能替代冗长的文字叙述，直观、简明地展现研究结果；能以较小的空间承载较多的信息，清晰、高效地表达复杂数据；尤其在展现事物形态、变化规律以及描述变量间作用、非线性关系方面更加有效，把用文字难以说清的清楚地表达出来，使论文表述更加合理和完善。真所谓"一图胜千言"，有人将插图誉为"形象语言""视觉文学"。插图的科学性、准确性和规范性直接影响论文和期刊的质量。规范使用插图，探索其处理方法和技巧对成就高质量论文具有重要现实意义。CY／T 171—2019《学术出版规范　插图》对学术出版物插图的分类、构成及其要求、内容要求和编排要求给出明确规定。本章主要讲述科技论文的插图知识及使用规则、设计要求和制作技巧。

10.1　插图的作用和特点

1）插图的作用

插图的特点是形象、直观，有简化、方便地表达用文字难以表达的作用，在论文中能代替、辅助、补充文字叙述，集中、概括，简洁、明了地表达客观事物，成为科技论文中不可缺少的重要表达手段。插图可配合论文内容，补充文字或式子等不能表达清楚的问题，还利于节约、活跃和美化版面，使读者阅读论文有赏心悦目之感，提高其阅读兴趣和效率。插图和文字只能相互补充而不能相互取代。插图的作用大体有以下几个方面：

（1）适应和满足文字表达的需要。插图与文字一样是表达内容的必需手段。科学概念、事实或数据关系等有时单纯依靠文字来表达难尽如人意，而用插图或图文相结合的方式效果就会很好。例如，对于产品研发、设计和加工流程的表达，因为有关内容可能涉及调查、研发、设计、原料供应与采购、加工、装配、测试等多个环节和子过程，加工过程又涉及多种不同的设备、工艺、参数及系列工艺步骤，所以内容较为繁杂，用文字表达可能不大轻松，也难获得理想的效果；若改用合适的插图来表达，则能达到既直观简洁、形象生动，又节省篇幅、美化版面的效果。

（2）表征和佐证材料的真实性。遇到需要表述真实性、客观性、原发性、初始态的情况时，用相应的插图来表述就能起到表征和佐证材料真实性的效果，用插图表征生物组织、细胞结构、功能原理、仪器仪表、设备组成、产品外貌、原始记录、现场照片、软件界面、运行结果输出、测试结果分析等，就能给人以感性认识，不仅起到表征作用，而且有记载和佐证作用，最终增强表述的说服力和表征力度。

（3）美化版面和提高语言的可读性。插图既是表达内容的需要，又是提高论文可读性、增强阅读美感的需要。从美学角度看，插图与文字安排在同一视面上进行编排，既能方便读者阅读、思考，又能使版面错落有致、起伏多变，再加以表格和数学式等的有序穿插、标题的层次列示、字体字号的恰当变换，最终使版面醒目、活跃、清新、美观，语言的可读性被大大提升了。插图在调节表述氛围、美化语言环境、加深阅读印象、增强表达力度等方面的作用毋庸置疑，是促进语言内容与形式完美结合、和谐统一以及美化版面的重要方面。

2）插图的特点

科技论文的插图与其他图画和照片一样都追求艺术美，但作为辅助表达手段又不同于一般的美术绘画。相对于论文所提供的主要信息来说，插图对艺术性的要求毕竟是第二位的，它着重要求能够完整清晰地表达事物的组成、形态及其相对位置、关系，提供科学、准确的辅助信息。科技论文的插图具有以下特点：

（1）图形的示意性。插图重在示意性，不可能单纯依靠插图就能获得所有相关信息，也不可能完全用来指导完成任务或达到目标。例如，实际生产中所用的图样往往是成套的，一套设计图样可能包括总装配图、零件图、部件图、子装配图、局部图等，论文只是为服从正文表述需要而使用这些图中的一种或几种，不可能原封不动、不做任何修改地使用原图。

（2）内容的写实性。不能运用夸张、虚构的手段，而应以严格忠实于科学实践并能真实反映科学事实的方式进行表达。插图要求真实地反映事物的本质和特性，注重科学性、严谨性，不能臆造和虚构，不能未经实验或实践而"创造""虚构"出来，引用材料要有根据，有可靠出处，同时又要严格遵守知识产权法律法规。

（3）取舍的灵活性。按内容表达需要选用插图类型，或对插图进行适当修改，或使用局部图。插图既可以是原始记录图、实物照片图和显微相片图，也可以是数据处理后的综合分析图，其取舍范围较广。凡用文字能方便地表达清楚的，就不用插图表达；为了突出主题、节约版面和减少制图时间，凡能用局部图或轮廓符号表达的就不用整图表达。

（4）制作的规范性。根据图形绘制和写作要求而规范地设计和制作插图。有关国家标准或行业规范对图的制作已有明确的规定，图的制作也已有约定俗成的表达要求。例如，生物领域的细胞组织图、电气领域的线路图、机械领域的产品设计图以及各种设备设施的结构图等都有相应的表示方法，经常使用的坐标图也有约定俗成的制作规范。

（5）表达的局限性。有时因某种原因（如比例不妥、像素不够、制作成本较高、设计水平有限、制作方法不当、获得来源所限等），插图在表达上有局限性。例如：限于开本或版心尺寸，对较大尺寸的设备图进行截取，破坏了图的完整性；限于制作方法和版面，对图的细微部分进行去除、简化，降低了图的清晰度；限于出版要求或成本，对有最佳效果的彩色图改用黑白图，表达效果下降。

10.2　插图的简单分类

科技论文的插图多种多样，可从多个角度来分类。比如，按是否包含子图，插图分为单图和组合图；按制作方式，插图分为线条图和连续色调图；按表现手法，插图分为构思图、模拟图和实物图；按表达内容，插图分为坐标图、结构图、功能图、线路图、流程图、地图等；按图面颜色，插图分为单色图（黑白图）、双色图和多色图（彩色图）；按所属领域，插图分为细胞图、分子图、建筑图、机械图、电路图等。按与正文文字的相对位置，插图分为串文图和非串文图（通栏图、单栏图）；按所占版面，插图分为页内图、跨页图和插页图。

10.2.1　单图和组合图

单图指一个图序（总图号）下仅有一个图。组合图指一个图序下含有两个或两个以上图

（分图、子图），各分图相对完整，通常还有相应的分图序。这些分图是整个总图的分图，其类别通常相同，但也可以不同。组合图能更加完整系统地表达科学概念、现象、特性及事物运行状态、过程、关联等。

分图是从一个具体图的类别来说的，只要一个图具有相对完整的表意，且大体属于某个图类，那么该图就可作为一个成员而成为一个总图的分图。从形式上看，分图通常标以分图序和分图题，分图题通常是可长可短的说明性语句，但也有不标分图序和分图题的情况。一个分图序和分图题下还可以包括多个子分图。

组合图中的分图有几个结构相同的坐标图时，可以将这几个坐标图连在一起而构成一个完整的图，这些分图形式上是一个单图，实质上是一个组合图，只不过各分图共用某些共同要素而分图间不留多余的空隙罢了。组合图中有时也可以用表格形式的分图。

10.2.2　坐标图

10.2.2.1　线形图

线形图（函数曲线图、坐标曲线图）是用于表示某（几）种因素在一定时间内变化趋势或两（几）个变量（可变因素）之间关系的一种坐标图。仅表示一种因素随时间变化趋势或两个变量之间定量关系的坐标图为二维线形图，而表示多种因素随时间变化趋势或多个变量之间关系的坐标图为多维线形图。

二维线形图一般用横纵两个坐标表示两个可变因素，自变量标在横轴（如 x 轴）上，因变量标在纵轴（如 y 轴）上。计算用线形图通常应给出较密集的横纵坐标标值线，以便准确查找变量数值，如图 10-1（a）所示。这种图通常可简化为简易线形图（简易函数曲线图），即省略了长的、密集的横纵坐标标值线，只在坐标轴上留下部分很短的线段，如图 10-11（b）所示。简易线形图具有说明性强、图面简洁、幅面较小、制作方便和使用灵活等优点，较为实用。

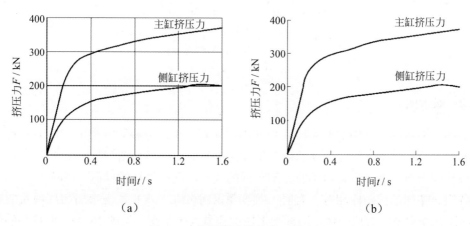

图 10-1　线形图和简易线形图示例

线形图坐标轴上的刻度是测量的尺度，可以是线性的（以相同数量增加或减少，如 50，100，150，…或 150，100，50，…），也可以是对数形式（以相同比例递增或递减，如 1，10，100，…或 100，10，1，…）。图 10-1 所示为二维线形图，当表示多个变量间的关系时需要用多维线形图，图 10-2 中的两个分图均为三维线形图。

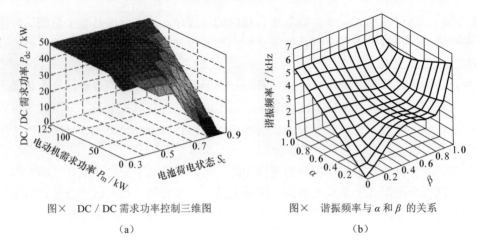

图×　DC / DC 需求功率控制三维图　　　　　图×　谐振频率与 α 和 β 的关系

（a）　　　　　　　　　　　　　　　　　　　（b）

图 10-2　三维线形图示例

　　直方图是函数关系为阶跃形的函数曲线图的一种变种，是用矩形面积来表示某个连续型变量的频率分布的一种图形，如图 10-3 所示。

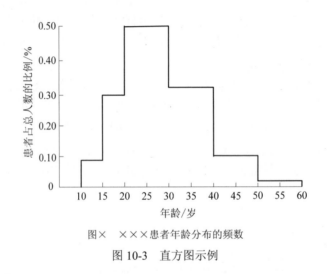

图×　×××患者年龄分布的频数

图 10-3　直方图示例

10.2.2.2　条形图

　　条形图（直条图）是用宽度相同而长度不同（有时可部分相同或全部相同）的直条，表示当自变量是分类数据时相互独立的诸参量之间关系的一种坐标图（见图 10-4）。在这种图中，每个直条代表一类数据，直条的长度表示数据的大小，其纵坐标的标值一般从 0 开始，各个直条或各组直条间的间距应相等。有时一类变量又可分几个水平，应该用相应数量的直条来表示，即用几个直条组合成一组，这种条形图即为复式条形图（见图 10-5），但直条的数量不宜过多。

　　甘特图（Gantt chart，横道图）是一种横式条形图，由亨利·甘特于 1910 年发明，通过条状图来显示活动（项目）、进度以及其他与时间相关的系统内在关系随着时间进展的情况。其中，横轴表示时间，纵轴表示活动，横向条状（横道）表示整个期间内计划和实际活动的完成情况。这种图以图示的方式通过活动列表和时间刻度形象地表示出任何特定活动的顺序与持续时间，可直观地表明任务计划在什么时段进行以及实际进展与计划要求的对比，具有简单、醒目和便于编制等优点。管理者由此可非常便利地弄清每一项任务还剩下哪些工作要做，并可评估工作是提前、滞后，还是正常进行。例如图 10-6 就属于甘特图，显示了某车间的生产调度情况，横坐标表示以 h 为单位的"时间"，纵坐标表示"设备序号"，形象、直观地将车间内不同设备的调动和使用情况展现出来，车间设备运行情况一目了然。

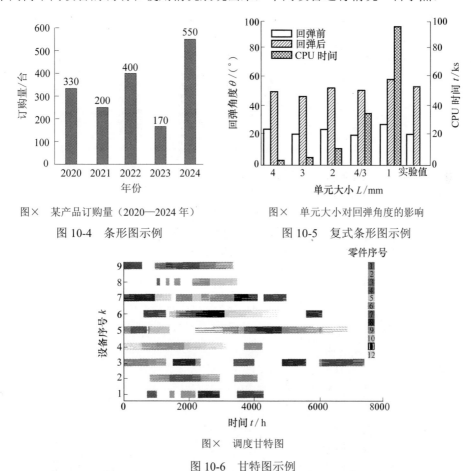

图× 某产品订购量（2020—2024 年）

图 10-4 条形图示例

图× 单元大小对回弹角度的影响

图 10-5 复式条形图示例

图× 调度甘特图

图 10-6 甘特图示例

当自变量是分类数据时，多采用条形图，但也可采用线形图；当自变量是连续数据时，多采用线形图，但也可采用条形图。最终选用哪种图需要根据呈现数据的目的来确定，若强调某一变量随另一变量而连续变化，采用线形图较好；若强调不同类型之间相互比较，则采用条形图比较合适。

10.2.2.3 点图

点图分为一般点图和散点图。一般点图是用点的疏密程度来表示某项指标或参量在特定不同条件下所呈现的频度分布，常用于作对比观察或分析。图 10-7 显示了流量系数相对偏差随阀前压力的分布规律，图 10-8 显示了标定前 y 向偏差与 z 向垂直度的关系，两图坐标点为离散的点，故属于一般点图。

散点图是用坐标图上离散数据点来表述事物中关联参数间的变化规律（见图 10-9、图 10-10）。这种图可以表示比较模糊的函数关系，把由若干个点组成的实验、观测结果表示在图中，这些点对应于坐标系中各坐标轴的若干变量，表某个事件的数值，由其分布可以看出事物运动、变化的趋势和一般规律，若所有的点构成一个条形，则说明存在相关关系。例如：沿着斜线的一组点意味着线性相关，一组点离斜线越近越密，说明其相关性越强，即越近越密越相关（反之，越疏远，其相关性越差，即越远越疏越不相关），若都落在一条斜线上，则其相关系数为 1.0。

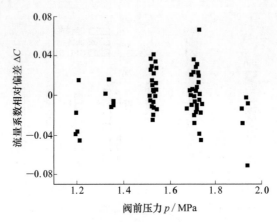

图×　　流量系数相对偏差随阀前压力分布规律

图 10-7　　一般点图示例 1

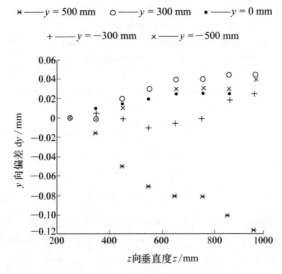

图×　　标定前 y 向偏差与 z 向垂直度的关系

图 10-8　　一般点图示例 2

　　图 10-9 显示了流量系数预测值随测量值的分布规律，坐标点为离散点，较为密集地分布于斜率为 –7.0%、6.6%的两条斜线间近似中间的一条斜线上及其两侧旁边，说明其间有很强的相关性，其分布有某种规律性，此图属于平面散点图。图 10-10 为三维坐标图，显示了车身坐标间的关系，坐标点为离散的点。这些点并不杂乱无章，而是有序地组成一个"近似"圆的漂亮图形，说明它们之间具有很强的相关性，其分布有某种规律性，此图属于三维散点图。

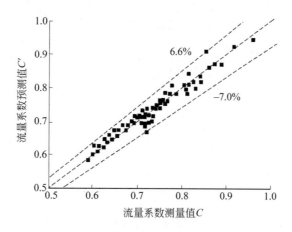

图×　流量系数预测值分布规律

图 10-9　平面散点图示例

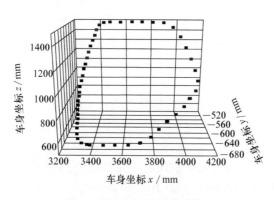

图×　某轿车左后门外曲面轮廓

图 10-10　三维散点图示例

10.2.3　构成比图

　　构成比图是用来表示事物构成或物质所含成分比例的一种图形。它多用于对有关数据的统计比较，比较项目不宜过多，分为直条图（见图 10-11）和圆形图（见图 10-12）两种。

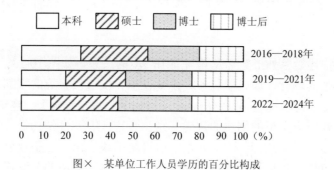

图×　某单位工作人员学历的百分比构成

图 10-11　构成比直条图示例

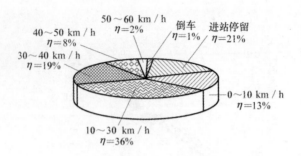

图×　速度区间所占比例

图 10-12　构成比圆形图示例

　　构成比直条图用直条表示全体中各部分的构成比例。直条多于一条时有较好的对比效果，一般横置，其全长作为 100%，用不同的线段或图案按各部分所占比例把直条区分为若干段，在整个直条组的附近给出比例标尺，并在适当位置示出图例。直条长度、宽度要匹配匀称，直条间距大小要适度，线形和图案要规矩、大方、美观。例如图 10-11 中，中部的三个横向直条分别表示某单位员工在三个年段（2016—2018 年、2019—2021 年、2022—2024 年）的教育背景百分比构成，各条均由 4 种图案组成；在整个图的上方用图例对各个图案进行注释，这 4 个图例分别表示本科、硕士、博士和博士后；在整个图的最下方给出比例标尺。

　　构成比圆形图（圆形图、圆图或饼图）用圆表示全体中各部分的构成比例。整圆面积为 100%，不同线型或图案按各部分的占比把圆分割成若干扇形面，各部分标注的字符或说明性词语可直接置于扇面内或用引线拉出圆外，说明性词语可用图注方式放在图面的合适位置。为准确、美观，对圆心角的分度要仔细，径向分割线应汇聚于圆心。这种图比较直观，图示整体性很强。例如图 10-12 中，用整圆表示速度，将圆用不同图案分割成 7 个速度区间，不同区间有不同的速度范围及占整圆的百分比（10～30 km/h，η=36%；30～40 km/h，η=19%；……；0～10 km/h，η=13%）。

10.2.4　示意图

　　示意图主要用来对事物进行定性描述，若想突出某个方面或想法，可按时间先后、空间顺序或逻辑关系等来安排图的各个部分。这类图具有图形简洁、形式多样、灵活性高、表现力强、制作方便等特点，但有的制作要求较高，当表意明确时通常宜用较少的线条来表达，即线条宜少不宜多。示意图大体有结构图、原理图、功能图、流程图和网络图等类别。

10.2.4.1　结构图

　　结构图用线条描述对象外形轮廓及其与周围环境的关系，如图 10-13、图 10-14 所示。在用文字难以表述清楚的场合，如机器装备、设备设施、仪器仪表等的零部件或整体结构，地质地貌、山川流域、生物器官组织及解剖、分子和原子、流程、模型、建筑物等的结构，声、热、电、力等不可视或无定形的物质的传递系统、装置或零部件结构等，结构图在表达形态变化的细节方面甚至优于照片图。组成元素一般可用引线引出，在引线外端标明其名称或其他说明性词语；也可用阿拉伯数字按顺序编号，并把与编号对应的名称或说明性词语以图注的形式表示。

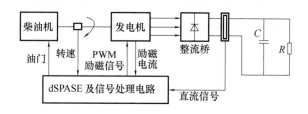

图×　APU 实验系统结构示意图

图 10-13　结构图示例 1

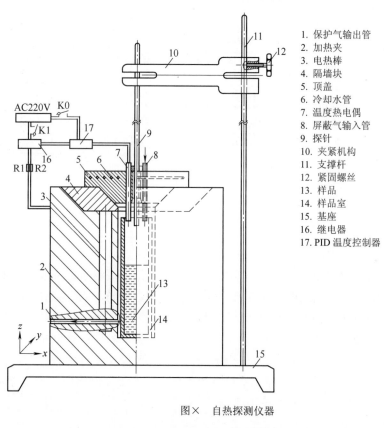

1. 保护气输出管
2. 加热夹
3. 电热棒
4. 隔墙块
5. 顶盖
6. 冷却水管
7. 温度热电偶
8. 屏蔽气输入管
9. 探针
10. 夹紧机构
11. 支撑杆
12. 紧固螺丝
13. 样品
14. 样品室
15. 基座
16. 继电器
17. PID 温度控制器

图×　自热探测仪器

图 10-14　结构图示例 2

图 10-13 显示了一种 APU 实验系统的结构组成，如柴油机、发电机、整流桥等，并用箭头线和一般线段连接各个组成部分，表明其间的空间顺序或某种逻辑关系。这样，就较为完整、清晰地以示意图的形式示出了 APU 实验系统的结构组成。

图 10-14 显示了一种自热探测仪器的结构组成，以对各组成部件编号、图注的形式展现了该仪器的结构，由 17 个部件构成（1. 保护气输出管……17. PID 温度控制器）。此图按仪器实际结构中各组成部分的先后顺序和连接关系来绘制，真实地再现了该仪器的内部结构。

10.2.4.2　原理图

原理图用于描述事物或事物组成部分（如生物机体、组织器官、设备装置、机器部件等的静态或动态系统）的工作原理、过程、状态和运行机制等，如图 10-15 所示。原理图其实也是一种结构图，只不过原理图侧重阐释机制、模式，而结构图侧重构造、组成，在结构图中加进一些表原理的要素（如运算、逻辑、流向、参数、符号、数学式等）就形成了原理图。

10.2.4.3　功能图

功能图（系统框图、模型图）是可不涉及事物具体形态和内部结构而将事物抽象为一系列附有文字、符号或算式说明的方框（或其他框），再由这些框相互关联（由直线、箭头线连接）而组成的示意图（见图 10-16）。这类图也适于对复杂生物、工程、管理和监控等系统的运行机制、工作过程和特点的动态描述，或用于对事物进行全局或某个层面的建模。

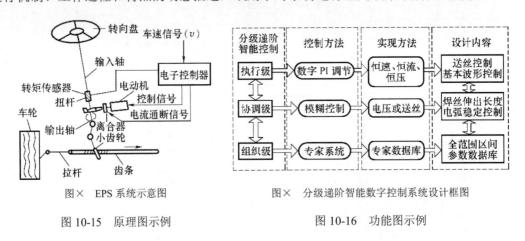

图×　EPS 系统示意图　　　　　　　图×　分级递阶智能数字控制系统设计框图

图 10-15　原理图示例　　　　　　　　图 10-16　功能图示例

10.2.4.4　流程图

流程图是对某一问题的定义、分析或解法的图形表示，记述事物状态关联、运行过程和走向流向，是一种特殊类型的系统框图（图 10-17），图中用各种符号表示操作、数据、流向及装置等。此类图按被记述事物的类别是人还是计算机，分为工作类、计算机类：工作类记述工作事项的活动流向顺序，涉及工作过程的工作环节、步骤和程序；计算机类表述计算机系统或软件所反映的运算、监控、管理等的逻辑思维、步骤及操作运行的程序。实际中流程图类别多样，如工作、算法、数据、程序、系统等流程图，以及程序网络图、系统资源图等。

10.2.4.5　网络图

网络图是把事物进行简化，将其分割成若干单元（环节），变分布参数为集中参数，再按单元的性质与顺序组成逻辑网络，以供进一步分析或数值计算用的一种示意图。常用于表述互联网节点分布、电工学电路网络、力学有限元网络和自动控制网络系统等。图 10-18 显示了一种多层前馈神经网络（multilayer feed forward neural networks，MFFNN）的拓扑结构，它由表节点的小圆圈及连接各节点的箭头线组成，形式上是一个"千丝"交错的网状图形。

10.2.5　记录谱图

记录谱图是由仪器设备直接记录下来的一种线形、数据图，如电子能谱图、射线衍射图、热分析曲线图等（见图 10-19、图 10-20）。医疗领域专用医疗设备输出的检测曲线均属于记录谱图，如利用脑电仪对脑自身微弱的生物电放大记录生成的曲线即脑电图，利用心电仪从体表记录心脏每一心动周期所产生电活动变化的曲线图形即心电图等，用来帮助诊断疾病，对被检查者一般没有伤害。

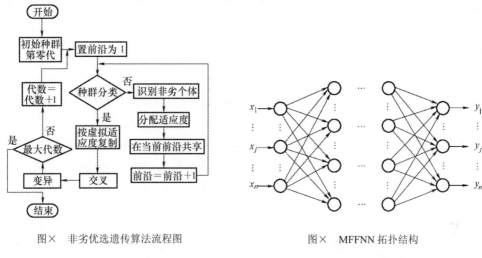

图×　非劣优选遗传算法流程图　　　　　　图×　MFFNN 拓扑结构

图 10-17　流程图示例　　　　　　　　　图 10-18　网络图示例

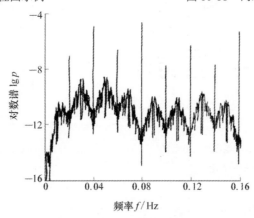

图×　8I 的谱结构（$f_0 = 0.1592\ \text{Hz}$）

图 10-19　记录谱图示例 1

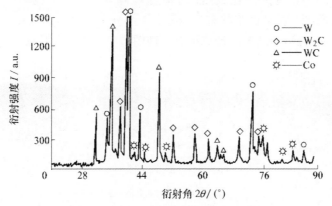

图×　合金磨损表面的 XRD 物相分析结构

图 10-20　记录谱图示例 2

图 10-19、图 10-20 形式上为二维坐标图，横、纵坐标均有标目，但其中的曲线不是一般曲线，而是记录谱曲线，分别表示 8I 的谱结构和合金磨损表面的 XRD（X 射线衍射，X-ray diffraction）物相分析结构，分别是对数谱随频率、衍射强度随衍射角的输出曲线。注意图 10-20 中的曲线有 4 组，对应 4 组材料（W，W_2C，WC，Co），分别用不同的图例来表示。

10.2.6　等值线图

等值线图用线条反映某种物理量在被研究对象（平面、曲面或切割面等）上的分布（见图 10-21、图 10-22）。其中，每条等值线代表某级（值）物理量的点的集合，用这样一组等值线即可描述出整个面域内该量的分布情况。常见的有等高线图、等势线图、等电位线图、等压力线图、等浓度线图、等雨量线图。例如：图 10-21 为根据原始数据绘制的等势线图；图 10-22 为护环热成形后内部温度分布与变形分布，分切向应变、等效应变和温度场三个分图。

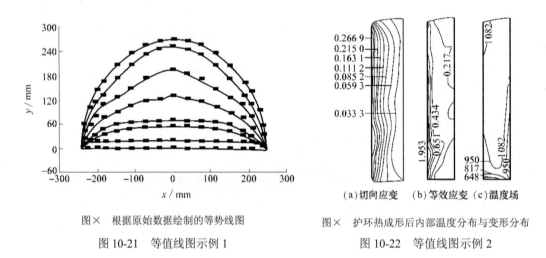

图×　根据原始数据绘制的等势线图

图 10-21　等值线图示例 1

（a）切向应变　（b）等效应变　（c）温度场

图×　护环热成形后内部温度分布与变形分布

图 10-22　等值线图示例 2

10.2.7　计算机输出图

计算机输出图是由计算机按某软件和程序经过运行、处理后输出的一种结果图，包括数值计算结果输出图、模拟（仿真）结果图、屏幕图（界面图）等，如图 10-23、图 10-24 所示。图 10-23 为曲面计算图，按曲面形状有半球面、车身外形三边域曲面和五边域曲面三种。图 10-24 为某电力领域软件运行结果的计算机屏幕截图，可看作一种特殊的照片图。

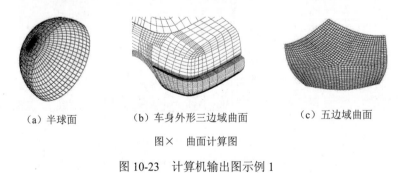

（a）半球面　　　　（b）车身外形三边域曲面　　　　（c）五边域曲面

图×　曲面计算图

图 10-23　计算机输出图示例 1

图× 无功补偿模拟

图 10-24 计算机输出图示例 2

10.2.8 照片图

照片图通常是原实物照片的翻版，形象逼真，立体感强，多用于需分清深浅、层次多变的图形，在显示实物、动作，反映身体器官成像、细胞和材料内部结构变化等方面非常有效。它可通过照相设备、器材或其他工具拍摄直接获取，也可通过计算机软件或其他技术、工具、方法来生成。常见的照片图有实物照片图（图 10-25）和显微照片图（图 10-26）两类，后者是指通过显微摄影所记录的物像，有细胞图、金相图、分子图、病理组织切片图、细菌图等。

图× 行星轮式月球车外观图

图 10-25 实物照片图示例

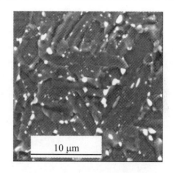

图× 实验材料的显微结构

图 10-26 显微照片图示例

10.2.9 地图

地图是按一定比例运用线条、符号、颜色、文字注记等描绘显示地球表面的自然地理、行政区域、社会状况等的图形，分为地理地图、统计地图或普通地图、专题地图。科技不断进步，地图的概念也在不断发展变化，例如可将地图看作"反映自然和社会现象的形象、符号模型""空间信息的载体""空间信息的传递通道"，等等。地图多用于反映地理位置和疆域地界，凡涉及国界、国名、地区名、城市名等均应以国家权威地图出版社的最新版本地图为准，并随时注意情况变化而采用最新、最准确的官方、正式资料。

10.3 插图的构成及表达

插图一般由主图、图序、图题、图注 4 部分组成。

扫一扫

视频讲解

1）主图

主图是插图的主体。主图类别不同，其构成也不同，主图为坐标图时通常包括坐标轴、标目、标值线、标值等，如图 10-27、10-28 所示。图 10-27 中，横纵坐标的标目分别为"时间 t / min"和"电压 U / V"，结构为"量名称 量符号 / 单位符号"，这是科技论文图表中的标目结构，其中量名称和量符号可以不同时出现，即只出现二者之一。

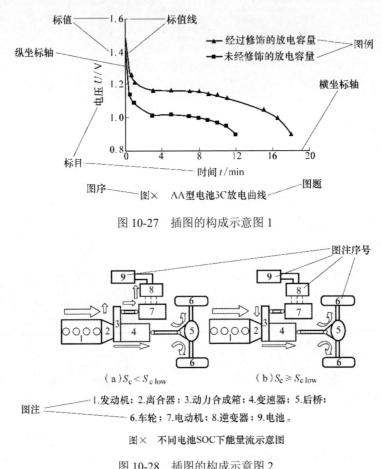

图 10-27 插图的构成示意图 1

图 10-28 插图的构成示意图 2

2）图序

图序是插图的编号即图号。按插图在文中提及的顺序，对插图排序，如图 1、图 2 等，把插图安排在合适位置（通常是第一次提及该插图的段落后面；国外较为随意，没有什么特别限制，多在页面下或上部）。一篇论文只有一个插图时，也应有图序，不宜省略数字而用"图"。提及插图时，不宜写成"见上图""见下图"，因为插图较多时容易造成误解，这类表达有时不容易确指；也不写成"见第×页的图"，这种表达也有问题，因为论文重新排版时某图所在页码（位置）可能发生变化，而文中相应的引用表达未跟随发生变化，即被忽略而未修改。

一个插图有几个分图时，可按需加分图序。通常有两种排式：①分图序（a），（b），…，或 a），b），…，或 a，b，…位于相应分图下方。②分图序（a），（b），…，或 a），b），…，或 a，b，…，或 **a**，**b**…，或 **A**，**B**…位于相应分图左上方或左上角。正文中提及分图时，应提及分图序而非总图序，例如提及图 3 的 d 图时，应写成"图 3 (d)""图 3d"或"图 3d"，而不是"图 3"。总图序后通常有总图题，但分图序后可以没有分图题。

3）图题

图题是插图的名称或说明，确切反映插图的特定内容，通常是以名词或名词性词组为中心词的偏正词组，即短语式标题，有较好的说明性和专指性，也可以是完整句子形式的说明性文字。不要为追求形式上的简洁而用过于泛指的图题，如"结构示意图""框图""原理图"等，而应加必要的限定词，如"计算机结构示意图""分级递阶智能数字控制系统设计框图""产品数据管理平台工作原理图"；图题也不宜用"图"字结尾，如图题"应变与应力的关系曲线图"结尾的"图"应去掉（"曲线"一词也可去掉）。

有分图题时，若用以上排式①，则分图题紧跟着在相应分图序后出现，位于分图下方，通常较简短，不宜重复总图题或其中的中心词语；若用排式②，则在总图题后依次给出分图序、分图题或分图的解释、说明性语句，这时各分图序、分图题不一定单独出现，而是各自充当某种句法成分共同组成完整句子。图序和图题间通常加空，其间及图题末尾不加标点。

4）图注

图注是对插图或插图中某些内容加以注释或说明的文字，在线形图中常用它注出实验条件，参变量的符号、数值、单位，曲线的代号、名称、注释，以及其他说明语句，但并非所有的插图都有图注。图注分为图元注和整图注。图元注指图的构成单元（或元素）的名称或对其所做的说明（如事物结构组成、实验或算式条件、曲线类别或特征、全称或缩略语、引文出处等），有非图例和图例两种标注方式。

（1）非图例式图元注。这种图注方式是指在图元附近直接标注或通过指引线标注，当图元注数量较多或文字较长时，可通过指引线在图元上标注注码（阿拉伯数字或拉丁字母），在图下、图侧或其他位置集中放置注码和说明文字（通常较为简短）。注码应按顺时针或逆时针顺序排列。指引线应间隔均匀、排列整齐，不得相交，可画成折线，但只可折一次。注码与说明文字之间可用一字线或下圆点隔开，各条注之间宜用分号隔开，最后一条注末应加句号，注码不应排在行尾。

这种图注常放置于插图下方或上方、左侧或右侧，自然成为插图的一部分（图注在图中，见图 10-28～图 10-30），也可置于图外（图题下方，见图 10-31），成为图的补充部分（这种情况就是图注在图外）。

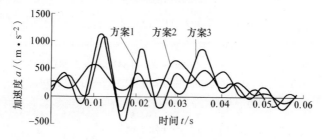

图× 三种方案下整车防火墙处的碰撞加速度时间历程曲线

图 10-29 图注处于图中示例 1

图注在图中时，图面集中，读起来方便，不必看了图注序号再将视线移到图外看注释。图注在图外时，图面简洁，图注可直接随正文录排，即不随插图同时制作，修改方便，但读起来不方便，看了图注序号后须将视线移到图外看注释。

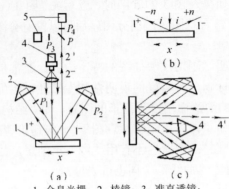

1. 全息光栅；2. 棱镜；3. 准直透镜；

4. 半导体激光器；5. 光电探测器。

图×　全息光栅位移测量检测光路

图 10-30　图注处于图中示例 2

　　图注放在图中还是图外，要根据图面空余空间、图注文字所占幅面及实际的简洁、美观效果来确定。例如：对于图 10-29，若将图注放在图外显然不合适；对于图 10-31，若将图注放在图内也是可以的，但从图的制作方便性来看，放在图外更好些；对于图 10-28、图 10-30，图注放在图内、图外都可以，放在图内可能更好些。注意，图注不论放在图的什么位置均属形式问题，只有优劣，没有错对，而且还与个人审美有关。

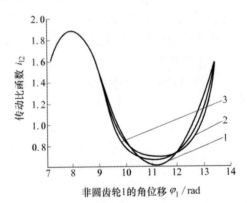

图×　某一周期时传动比函数图像比较

1. $i_{12} = 0.188\,022\,8\varphi_1^2 - 1.826\,475\,9\varphi_1 + 5.047\,006\,0$

2. $i_{12} = 1 / (-0.173\,039\,2\varphi_1^2 + 1.714\,333\,4\varphi_1 - 2.783\,759\,6)$

3. $i_{12} = 1 / (0.002\,521\,0\varphi_1^4 + 0.030\,403\,7\varphi_1^3 - 0.112\,147\,1\varphi_1^2 + $

　　　$2.306\,547\,9\varphi_1 - 3.670\,726\,0)$

图 10-31　图注处于图外示例

　　（2）图例式图元注。这种图注方式是指给出图中符号、图形、色块、比例尺寸等的名称和说明。图中需要用不同图形或符号来代表不同变量、曲线或其他类别时，例如如果对结果处理前后、辐射方式、发光颜色、实验方法、学历级别、速度区间、样本类别、药剂组成或道路类型等进行分类区别或作特别说明，就应使用图例来说明图形或符号的意义。图例常放置于图内（不提倡放图题下方）。坐标图的图例位于图内时，宜放置于坐标轴所覆盖的区域之内，例如图 10-27，分别用黑色小三角加短线、黑色小方块加短线两个图例表示"经过修饰的放电容量"和"未经修饰的放电容量"两条不同的曲线。

图例可以加外框，也可以不加，如果图例周边空白较多或与周边的图中其他要素区别非常明显，那么从图的表达简洁性来说，不给图例加外框是合适的。给图例加外框的最大优势是形成图例的独特标志，与其周边的区分性较为明显，不易引起混淆。

（3）整图注。这种图注方式是对插图整体（包括图的来源）所做的说明，可用"注："引出或用括注的形式表示，如"注：××××××××"或"（资料来源：××××××××）"。

（4）编排要求。集中放置的图元注宜置于图序、图题上方。图例可置于图中的适当位置。整图注应置于图题后面或图题下方。

5）标目

标目用来说明坐标轴的含义，由量名称、量符号及单位组成，形式为"量名称　量符号 /单位符号"（量名称和量符号可择其一），如"液体密度 ρ /（kg·m^{-3}）""临界压力 p_c / MPa"等。标目表示百分率时，可将%看作单位，如"生产效率 η / %"。标目中除单位外可只标识量名称或量符号，通常优先标识量符号，如"ρ /（kg·m^{-3}）"或"液体密度/（kg·m^{-3}）"。

标目应与被标注的坐标轴平行，以坐标轴为准居中排在坐标轴和标值的外侧。标目居中排有以下情况：①标注下横坐标时，标目排在标值下方；②标注上横坐标时，标目排在标值上方；③标注左纵坐标时，标目排在标值左方，且逆时针转 90°，标目顶部朝左、底部朝右，即顶左底右；④标注右纵坐标时，标目排在标值右方，也是逆时针转 90° 和顶左底右。对于非定量、只有量符号的简单标目如 x、y、z 等，可排在坐标轴尾部的外侧。

6）标值线和标值

标值线就是与坐标轴平行的刻度线，可简化为小短横留在坐标轴上，即长的标值线的残余线段（刻度或刻度线）。标值为标值线对应的数字，是坐标轴定量表达的尺度，排在坐标轴外侧紧靠标值线的地方。

设计坐标图时应避免标值线和标值过度密集而出现数码前后重叠连接、辨识不清的现象。标值的数字的位数宜少不宜多，通常为"$0.1n, 0.2n, \cdots$""$1n, 2n, \cdots$""$10n, 20n, \cdots$"（$n=1$，$2, \cdots$）等，同时还要认真选取标目中的单位，如用"3 kg"代替"3000 g"，用"5 μg"代替"0.005 mg"等。为避免选用不规则的标值，实际中可将不规则的标值改成较为规则的标值，如可将"$0.385, 0.770, 1.115, \cdots$"改为"$0.4, 0.8, 1.2, \cdots$"，"$62.5, 78.3, 101.4, \cdots$"改为"$60$，$80, 100, \cdots$"，并相应平移标值线，但不要变动图面内的数据点或曲线。

根据国家标准《量和单位》，标目和标值间的关系是：量符号 / 量单位 = 标值（量纲不为一），如 F / kN = 2.0；量符号 = 标值（量纲为一），如 R = 0.015。标值的数字一般宜处在0.1～1000，这可通过将标目中的单位改用词头形式或在量符号前增加非 1 的因数来实现。例如：某坐标轴的标值是"$1000, 1200, \cdots, 2000$"，标目为"正向压力 / N"，则宜将标目改为"正向压力 / kN"，相应地标值就改为"$1.0, 1.2, \cdots, 2.0$"；标值是"$0.015, 0.020, \cdots, 0.050$"，标目为 R，则可将标目改为"10^3R"，相应地标值就改为"$15, 20, \cdots, 50$"。

7）坐标轴

平面直角坐标图的横、纵坐标轴是相互垂直的直线，并交于坐标原点。如果坐标轴表达的是定性的变量，即未给出标值线和标值，则在坐标轴的尾端按变量增大的方向画出箭头，并标注变量如 x，y 及原点如 O，如图 10-32 所示；如果坐标轴上已给出标值线和标值，即坐标轴上变量增大的方向十分明显，则不必再画箭头，如图 10-29、图 10-31 所示。

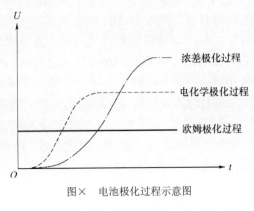

图×　　电池极化过程示意图

图 10-32　　坐标轴带箭头的坐标图示例

扫一扫

视频讲解

10.4　插图使用的一般规则

（1）通盘总体规划。立足全局，通盘考虑，梳理内容，厘清论文主题及内容、结构，决定哪些内容、段落和小节需要配图（用插图表达的效果明显不如文字表达的就不用插图，用简单插图能清楚表达的就不用复杂插图），对插图如何定类、布局、设计等一一做出缜密考虑。通常根据表达对象的内容与特点，思考哪类插图的功能与其相适应，比较各类插图的优劣，选取合适的插图类型，考虑可否删减或合并同类插图。

（2）精选插图类型。按表达对象性质和表述目的精选插图，插图类型不同，其功能和特点就不同，表达效果也不同。例如，线条图含义清晰、线条简明，适于表达说理、假设性强的内容及事物间的各种关系；平面图简洁明快，三维投影图、立体图立体感强；彩色图色彩丰富，形象逼真，适于用色彩更显优势的场合，受限于黑白印刷时，还要考虑黑白与彩色效果的差别；照片图层次变化分明，适于反映对物体外形或内部显微结构要求较高的原始结果。

（3）简化提炼插图。通过简化、提炼和抽象的方式，将一般图（如显微组织图、电路图、施工图、装配图、创意构想图等的原始图或实际图）设计制作成有高度浓缩表达效果的图。当插图用来说明原理、结构、流程或表达抽象概念时，不宜把未经简化、提炼的一般图原封不动地搬来就用，而应基于原图或实际图进行简化、提炼、提高和抽象，突出表达、说明的主题，最终提高表达效果。

（4）有效表达插图。以最恰当的布局和最适合的文字达到理想的表达效果，侧重表达的目的性，而不是图面的完整性，应按表述要求决定采用整幅画面还是整幅画面中的一部分，或将复杂图处理为简化图或示意图。例如：在表达设备中某部位的某零件的外形结构时，可从简化或虚拟的整体设备图上给定部位通过标引编号拉出该零件，给予放大特写（加局部详图），而不必给出整台设备的全图。

（5）确定插图幅面。按论文篇幅、版式，插图文字多少、字体字号，以及允许的最大版面空间等因素，来确定有最佳效果的插图幅面。幅面大小协调、比例恰当，过小易引起文字密集、字迹模糊，过大易引起插图自身不美观、与周围文字和别的插图不协调及多占版面。对不便缩小的大插图，可考虑不用，必要时可画出局部图。幅面应限定在版心之内；同类或同等重要的插图幅面应一致；主题下结构类似的图可合并；图例不宜超出图形所覆盖的区域。

（6）图内合理布局。按照插图幅面及内容来合理安排和布置图中各组成部分和要素的位置、大小及其间的关系而达到最佳表达效果。这就要求，除考虑插图内容表达外，还要注意插图布置匀称、疏密适中、不留大空白、高宽比协调，既增强表达效果，又美化版面、节省篇幅，对于流程图、功能图、电路图之类的插图更要注重其合理布局。

（7）统一插图文种。按论文的文种安排插图，图中不要混用不同语言或使用与论文语言不同的他种语言，但照片图或特殊情况除外（如有的期刊要求插图用中英文双语种或英文语种）。应避免直接照搬外文文献的原图或将其稍加修改就用到论文中，或将很多未加翻译的英文词句直接用在论文的插图中，使得中文论文的插图中出现了部分甚至全部英文词句。

（8）规范设计制作。按照插图设计制作要求及目标期刊对插图的要求来设计制作插图，达到插图的规范表达。插图的规范性体现在多个方面：内容切题；构成要素全面，不缺项；图面布置合理、清晰美观；图序、图题，幅面，文字，量和单位，线型、线距，标目、标值线、标值等符合有关标准、规定和惯例；照片图真实、清晰，主题鲜明，重点突出，反差适中；同一论文中所有或同类插图的风格和体例应当一致等。

（9）图文紧密结合。准确显示插图所有必要信息，使插图具有自明性，读者看了插图就能获得必要的信息。图文结合，按文字来配图，再按图来调整文字，图文相辅相成，互为补充。插图已清楚表达的，就不用文字重复叙述，插图表达有欠缺的，则用文字适当补充，插图和文字对相同内容的表达应一致且相互配合，文中对图的表述应在图中能对应上。

（10）合理安排版式。合理安排插图的位置，方便阅读，美化版面。插图常随文排（先文后图），排在首次引用的段落后，空间不够时，将图后移到能排得下且与此段最近的某段后面，尽量靠近引用位置，不宜截断自然段或跨节编排。特殊情况如版面不容许时，可灵活处理。

10.5　插图设计的内容要求

扫一扫

视频讲解

1）科学性要求

插图内容是论文内容的局部浓缩和有机组成部分，与研究主题、结果结论相扣，涉及的资料、数据、结果真实、可信、可靠，项目齐全、主次分明、重点突出，图形准确、严密、得体，布局恰当、大小适合、比例协调。每类插图的内容均有其科学性及自身规范性要求。

2）规范性要求

插图内容的规范性体现在每类插图均有其设计制作标准、规范。

（1）坐标曲线图（线性图）。坐标轴表达定性变量时，不用给出标值线和标值，坐标原点优先用字母 O 标注，在坐标轴末端按增量方向画出箭头，标目排在轴坐标末端外侧；表达定量变量时，给出标值线和标值，原点宜用阿拉伯数字 0 或实际数值标注，末端不用画出箭头，标目与相应坐标轴平行，居中排在坐标轴外侧。线条、标值线清晰；文字、标值醒目；标目完整、规范；图例在合适位置；不同变量的符号易区分。直方图常以横轴表示连续型变量的组段（通常要求等距），纵轴表示频数、频率或比例，尺度常从 0 开始，直条间不留空隙。

（2）条形图。不同条有明显区分，每个直条代表一类数据，直条长度表示数据大小，直条数量不宜过多。纵坐标给出标目；纵坐标轴的标值一般从 0 开始，其长度不得小于最长条的长度；标值、文字、数字醒目。复式条形图内一般用某种图案（如横线、竖线、斜线或者小点、小格、空白等）对不同对比量加以区别，并示出相应的图例。直条的宽度与长度匹配匀称、美观，线型和图案规矩、大方。

（3）饼图。比较对象不宜过多，避免图形复杂，难以理解；比较的数据较接近时，应采用特别方法突出各部分的差异，较好的方法通常是从明到暗用不同的线或点给各部分涂上阴影，最小的部分颜色较深，或用不同的颜色来区分。

（4）示意图。分结构图、原理图、功能图、流程图等，应符合现行国家或行业标准，使用标准或共同的图形语言。结构图在于具体，侧重构造、组成，追求形似、描摹，由合理简化而突出描述重点。原理图在于抽象，侧重机理、模式。功能图在于合理抽象，选择对表现主题起关键作用的组成部分，方框布局规矩、匀称，字符、算式表达合理、规范，框间箭头线符合规定。流程图要符合 GB／T 1526—1989《信息处理—数据流程图　程序流程图、系统流程图、程序网络图和系统资源图的文件编制符号及约定》，按图类选用规定的符号标记。结构图、原理图等应符合国家或行业标准（见表 10-1），使用共同图形语言，方便交流。表 10-1 列出一些基础技术标准，内容上有统一性和通用性，涵盖了机械、建筑、水利、电气等行业。

表 10-1　技术制图常用标准

标准代号	标准名称		
GB／T 4457.2—2003	技术制图	图样画法　指引线和基准线的基本规定	
GB／T 4457.4—2002	机械制图	图样画法　图线	
GB／T 4458（所有部分）	机械制图		
GB／T 14689—2008	技术制图	图纸幅面和格式	
GB／T 14690—1993	技术制图	比例	
GB／T 14691—1993	技术制图	字体	
GB／T 17451—1998	技术制图	图样画法　视图	
GB／T 17452—1998	技术制图	图样画法　剖视图和断面图	
GB／T 17453—2005	技术制图	图样画法　剖面区域的表示法	
GB／T 18686—2002	技术制图	CAD 系统用图线的表示	
ISO 128（所有部分）	技术制图	一般表示原则	
ISO 129（所有部分）	技术制图	尺寸和公差的表示方法	

（5）记录谱图。除线型符合制版要求或确有必要利用原记录曲线直接制版（可按需添加数字、符号或文字）外，应对原图重新制作，必要时进行标示和说明，如波峰、波谷或其他特征点有时应有数字及标目、标值、文字说明等，同时保持原记录的波形特色，逼真不走样。

（6）照片图。清晰度高，对比明显、重点突出。组织切片图应标明比例尺和染色方法；实物照片图（含材料显微结构图）应标明比例尺或标注放大倍数。对照片图大小进行调整时，应对原来标注的放大倍数进行换算。例如，原来标注的放大倍数是 500，若将其缩小 2／10 使用，缩小后标注的放大倍数则为 500（1－2／10）＝400。

（7）地图。维护国家主权、领土完整和民族尊严、团结，体现国家外交政策、立场，保障国家安全、利益。有关数据和专业内容用地图呈现时，必须符合地图使用目的和要求，符合 GB／19996—2017《公开版纸质地图质量评定》及其他有关规定。选用准确地图资料，正确反映地图中各要素的位置、形态、名称及关系；对绘有国界线，跨省、自治区、直辖市行政区域，我国港澳台地区，历史和时事宣传等类地图的使用应谨慎，避免出错。

（8）图形符号。图形符号是以图形或图像为主要特征的视觉符号，用来传递事物或概念对象的信息，广泛应用于社会生产和生活的各个领域。图形符号使用应符合我国图形符号常用标准，按应用领域有标志用图形符号、设备用图形符号和技术文件用图形符号等三类。表 10-2 列出了我国图形符号常用标准。

（9）其他标准或规范。大体涉及 GB 3100～3102—1993《量和单位》、GB／T 8170—2008

《数值修约规则与极限数值的表示和判定》、CY／T 119—2015《学术出版规范　科学技术名词》等。另外，引用他人插图通常应获得著作权人或出版商的许可并注明来源。

表 10-2　图形符号常用标准

标准代号	标准名称
GB／T 4728（所有部分）	电气简图用图形符号
GB／5465.2—2008	电气设备用图形符号　第 2 部分：图形符号
GB／T 10001（所有部分）	标志用公共信息图形符号
GB／T 15565（所有部分）	图形符号　术语
GB／T 16273（所有部分）	设备用图形符号
GB／16900—2008	图形符号表示规则　总则
GB／16901.1—2008	技术文件用图形符号表示规则　第 1 部分：基本规则
GB／16901.2—2013	技术文件用图形符号表示规则　第 2 部分：图形符号（包括基准符号库中的图形符号）的计算机电子文件格式规范及其交换要求
GB／16902.1—2017	设备用图形符号表示规则　第 1 部分：符号原图的设计原则
GB／16902.2—2008	设备用图形符号表示规则　第 2 部分：箭头的形式和使用
GB／16903—2021	标志用图形符号表示规则　公共信息图形符号的设计原则与要求
GB／16900.2—2020	图形符号表示规则　第 2 部分：理解度测试方法
GB／T 20063（所有部分）	简图用图形符号
ISO 7000	设备用图形符号　索引和一览表
ISO 14617（所有部分）	简图用图形符号

10.6　插图设计的形式要求

扫一扫

视频讲解

1）基本要求（图中、图间一致）

（1）相同内容、同类图例、指引线等的表示方法或画法一致；

（2）集中放置在图下方的图元注中的注码与图中标注的一致；

（3）文中所有插图的图序、图题、图注等的写法和格式一致；

（4）插图内容要素与文中相应部分在表达形式、体例上一致；

（5）图序、图题与文中对这两项的引用、说明或解释宜一致。

2）艺术要求（形式、和谐美感）

（1）图形布局、排列组合体现出一种结构美，符合艺术造型的特性；

（2）线型、图例等的选用体现出一种形象美，与插图的大小相协调；

（3）文中同类甚至全部图体现出一种整体和谐美，风格、体例统一；

（4）图的色彩形态与其表达的主题以及内容紧密相关、相扣、相配。

3）版式要求（位置、版式规范）

（1）合理安排插图位置，排在第一次引用其图序的段落后（引用段），不宜截断整段或跨节排，但特殊情况下可灵活处理，但应与引用段尽量接近。

（2）插图两边有充足空间时可串文排；论文双栏排版时，插图通常不宜串文排。

（3）插图宽度超过版心宽度、高度小于版心宽度时，可卧式排。

（4）插图由几个分图组成而在一个版面排不下时可转页接排。转页接排图可在首页末排图序、图题，在转页接排图的各页末重复排图序（必选）、图题（可选）并加"（续）"字样。也可仅在所有图排完之后排图序、图题。

（5）插图幅面过大且超出一页版面尺寸时，可将整幅图分两部分在双、单码面上跨页并合排。插图由几个分图组成，正好占用两个页码时，也可在双、单码面上跨页并合排。

（6）插图按需可排为插页，不与正文连续编页码，但应在正文引用其图序或标注其位置。

10.7　插图设计制作的技巧

10.7.1　图中线型选取

　　线型指线条的形状或类别，主要涉及线条的粗细。线型应参照有关制图标准、规范及目标期刊的制作要求来选取。线条粗细还要按插图的幅面、使用场合和图面内线条的疏密程度等来确定：线条过粗，会使图面难看，甚至线条密集处形成模糊一片；线条过细，会使图面美观度下降，制版时容易造成断线。粗线多用于线形图中的曲线（含直线）、工程图中的实线（主线）；其他地方多用细线（辅线），如坐标轴线，示意图的线条，工程图的点画线、虚线，及插图的指引线等。可用线条粗细和线条间疏密程度来突出重要因素，如线形图的曲线和条形图的条的轮廓常比坐标轴的标值线清楚、醒目，而坐标轴的标值线又比坐标轴清楚、醒目。

10.7.2　图形符号使用

　　图形符号是将具体事物进行简化但又保持其特点，简明、直观、形象地表现事物特征的一种图形语言，其基本构成是符号的名称、形态、含义及画法。

　　各学科领域的图形符号在相应国家、行业标准中一般均有规定（某些即使尚未列入标准，但也有行业或系统内的习惯或约定俗成的画法），使用时应勤查资料，遵守习惯。图形符号的规定、习惯画法不是一成不变的，有的因其合理、可行和创新性可能被吸收到国家标准中而成为规定画法，而有的随时代发展不能适应新的要求，可能会被取消而成为非规定画法。

10.7.3　图形布局设计

　　图形布局设计应富于变化，版面美观协调，达到多样的统一；幅面适中，线条密集时幅面可大些，稀疏时幅面可小些，给人以舒适感。图形布局设计分为图内、图间两类。

　　1）图间布局设计

　　图间布局设计指通过调整不同插图的某些共性部分或要素的内容、幅面及其间排列顺序而达到优化组合排列和得体显示，节约版面、扩大容量，便于对相同条件下的数据和形态进行对比。例如：对横纵坐标的标目、标值均相同且图名各自独立的一组坐标图，可组合共用一个图名，线条单一时，可合并成一个图；对一坐标轴的标目、标值相同而另一坐标轴不同的一组坐标图，可用双（多）坐标轴；曲线过多过密难以区分时，插图可分解成几个分图。调整后的插图既能够节约版面、扩大容量，又便于在同一变量条件下对曲线所对应的数据和形态进行对比。例如：图10-33由三个坐标图合并而成，共用一个横坐标轴，标目为"时间t / s"，三图分立纵坐标轴，而后两个共用一个纵坐标轴，即右侧纵坐标是两个标值相同的纵坐标轴的合并，纵坐标的标目分别为"转速$n / (r \cdot min^{-1})$""车速$v / (km \cdot h^{-1})$""节气门开度$\alpha / \%$"。

　　2）图内布局设计

　　图内布局设计指通过调整插图的各组成部分或要素的内容、幅面及其间排列顺序而达到优化组合排列和得体显示。应综合考虑插图形态、幅面、版式、协调、版面等因素，对图内各部分合理布局，如并排、叠排、交叉排、三角形排等。对布局不合理的插图，应作调整，使其布局合理。

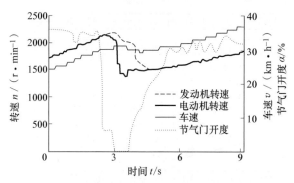

图×　无电动机转矩控制的 2 挡升 3 挡过程

图 10-33　共用横坐标轴的三纵坐标图示例

图内布局实例【1】

布局调整前的某一原图如图10-34所示。

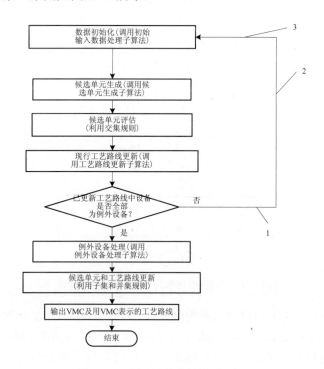

图10-34　布局调整前的原图示例一

此图在布局上明显存在以下不足：各框内文字左右两侧空白较多，文字虽多，但相对框内两侧空白来说显得偏少；各框内文字排列、转行不规范，相对完整的词语及修饰语与中心词不宜分开转行排；连接各框的流程箭头线有长有短，有的明显偏长，很不协调；流程线1、2和箭头线3与其他要素所围空白明显偏多，不美观，也浪费版面；图中文字的字号相对偏小（通常正文字号为五号，图中则为六号）；菱形框内语句末尾的问号多余，而且还有文字压线。

针对这些不足对图作布局调整：将多数框内的文字改为一行排，框的大小与其内文字幅面协调；缩短长的箭头线，所有同类箭头线的长度尽量一致；缩小流程线1、2和箭头线3与其他要素所围空白；按目标期刊的要求增大字号。调整后如图10-35所示，表达效果明显提高。

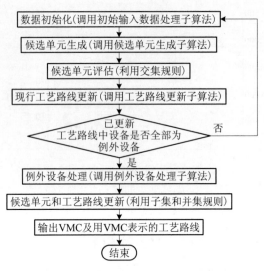

图10-35　对图10-34布局调整后的图形示例

为进一步降低整个图的高度，以缩小图的幅面，还可通过对若干矩形框的文字合并而对图10-35的布局重新调整为如图10-36所示。

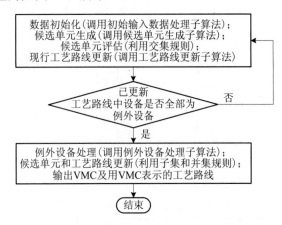

图10-36　对图10-35布局调整后的图形示例

为进一步简化图形，还可通过简化和提炼框内语句表达而对图10-36的布局重新调整为如图10-37所示。在图形布局设计中，还可通过将并（竖）式布局改为串（横）式布局而调整（必要时还可用其他调整方式），如可将图10-35或图10-37的布局重新调整为如图10-38所示。

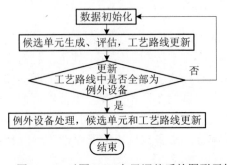

图10-37　对图10-36布局调整后的图形示例

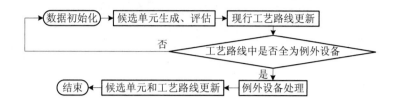

图10-38 对图10-35或图10-37布局重新调整后的图形示例

图内布局实例【2】

布局调整前的某一原图如图10-39所示。

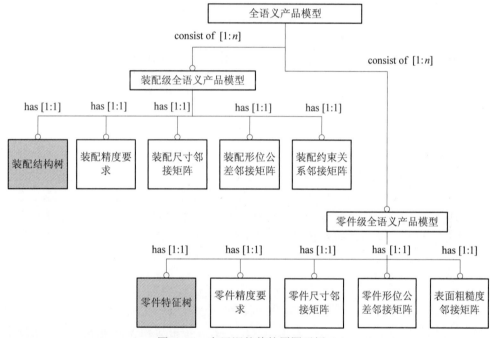

图10-39 布局调整前的原图示例二

此图在布局上明显存在以下不足：图内各要素间不必要的空白较多，使得图的幅面整体偏大（特别是偏宽），在半栏内排不下，通栏排版时会浪费版面，还可能与周围的正文文字不大协调；矩形框文字转行较为随意，还出现了只有一个字转下来的情况；矩形框之间的排列较为松散，不紧凑，整齐感较差；中文插图中出现了英文术语或词语，文种不统一。

针对以上不足，对此图的布局重新调整为如图10-40所示。重新布局后的表达效果明显好于原图：框内转行规范，框间紧凑，在半栏内能排得下，达到既美观又节省版面的效果。

10.7.4 插图幅面确定

插图幅面确定是按论文版心尺寸和插图自身情况确定插图的大小，插图自身情况指插图的复杂程度、是否由多个分图组成等自身要素。插图简单时，幅面不宜太大，否则图形空旷、不匀称，浪费版面；插图复杂且包含较多文字时，幅面不宜太小，否则图形拥挤，不易看清。

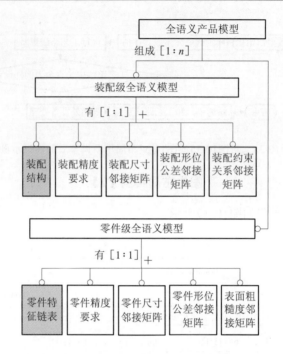

图10-40　对图10-39布局调整后的图形示例

　　对于单幅图，图形较简单、图线较稀疏、图内文字较少时，图面宽度可小些，排版后图旁有足够空间时，还可考虑串文排；图形较复杂、图线较密集、图内文字较多时，图面宽度应大一些，半栏排不下时改为通栏，排版后图旁空间仍充足时，也可考虑串文排。

　　对于组合图，可根据空间富余情况并排多个分图。图内文字太多而按正常字号制图导致文字过于密集甚至重叠难以清晰辨认时，可考虑将图内文字改小，字符间排紧凑一些。

10.7.5　设计制作细节

　　（1）遵守国家、行业有关制图标准、规范，可对引自别的文献中的插图作适当处理；
　　（2）字号以目标期刊要求为准，为突出层次、类属，可对相关文字字号增大或减小；
　　（3）指引线长短和方向适当，线条利落，排列有序，不交叉，不从细微结构处穿过；
　　（4）箭头类型统一，其大小及尖端和燕尾宽窄适当，同一、同类图中的箭头应一致；
　　（5）线条粗细应该分明，同类线型粗细应一致，曲线过渡应光滑，圆弧连接应准确；
　　（6）无充足空间放置图注时，可考虑精减图注文字或减小图中部分或全部文字字号；
　　（7）善于利用各种不同的图案类别或颜色深浅、灰度差异等来区分性质不同的部分；
　　（8）条形图、圆形图的构成部分不宜过多，当构成部分较多时，可以考虑使用表格；
　　（9）以可辨性原则确定线形图内放置曲线的数量，曲线不宜太多，布置也不宜太密；
　　（10）尽量用简单几何图形（空、实心圆圈，三角形，正方形等）表示不同数据类型；
　　（11）加强美感设计，提升插图艺术性（如坐标图纵、横坐标轴比例为 2／3～3／4）。

10.8　线形图的设计制作

　　线形图的设计制作要符合插图设计制作要求，除涉及图序与图题、坐标轴、标目、标值线与标值的表达外，还涉及其重要组成部分的曲线（包括直线）的设计制作方法及技巧。

1）曲线设计制作基本方法

曲线表达变量关系及实验、观测结果，形象直观、简洁易懂，而且将函数关系及变化趋势表达得直观、清楚，是进行理论和实验分析的强有力工具。基于实验的曲线设计制作基本方法如下。

（1）选择确定实验点。根据具体情况选择坐标值，将实验点标注在坐标图中。

（2）根据要求制点。若不考虑误差及数据分散度，就较为简单；若必须考虑误差或明确表示出数据分散度等因素，则可将误差或实验范围表示出来。

（3）确定曲线制作方式。如果函数变化（趋势）是跳跃式的，可用折线将数值点连接起来；如果是光滑连续的，则把所要表示的结果制作成光滑曲线。

（4）区分点的标注方式。有多类或参变量不同的曲线时，可用不同图案（■，▲，△，▼，▽，◆，◇，○，◎，●，◢，◣，◤，◥，★，☆，*，⊙，＃，×）来区分点的标注方式。

2）线形图设计制作技巧

（1）选取合适的纵横坐标比例。在纵横坐标比例不同时，同一曲线的形状不同。图 10-41 表示在三种不同纵横坐标比例下的表达效果，图（a）比例合适，图（b）偏大，图（c）偏小。

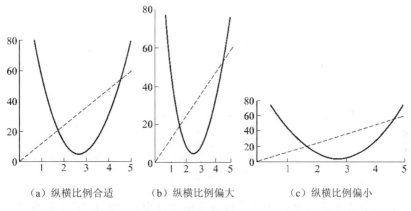

（a）纵横比例合适　　　（b）纵横比例偏大　　　（c）纵横比例偏小

图 10-41　同一线形图在不同纵横坐标尺寸比例下的不同效果示意图

纵横坐标比例的选取与坐标轴标值范围及间距等有关。标值范围根据图形的数据来确定，标值间距则可任选，不同的选择会使同一曲线有不同的形状，选择不当还会扭曲数据的显示。因此，应选择适当的标值范围、间距使所设计的曲线处于整个数据区域内，能恰当反映数据。

（2）采用表现力强的对数坐标。当函数本身呈对数关系或自变量数值跨度很大时，应采用对数坐标使函数曲线变为直线。在工程实验中，常遇到 $y = ax + b$ 和 $y = ax^n$ 的函数关系，笛卡儿坐标中前者为一条直线，后者为曲线。对 $y = ax^n$ 两边取对数，则得 $\lg y = n\lg x + \lg a$。记 $Y = \lg y$，$X = \lg x$，有 $Y = nX + \lg a$，相当于 $y = ax + b$，将 $Y = \lg y$ 和 $X = \lg x$ 绘制在笛卡儿坐标上，就得到一条直线。

（3）恰当安排曲线与坐标面的相对位置。把图形的曲线安排在坐标平面的合适位置，避免图面中空白较多、曲线不突出以及曲线超出了坐标轴所覆盖的范围。可通过平移坐标轴并同时改变坐标原点，使坐标平面完全包含整个曲线来解决，必要时可延长坐标轴并增加标值线，如图 10-42 所示。对图 10-42 左图，平移横纵坐标轴，使原点由（0，0）变为（1，20），再将横纵坐标轴分别延长，各增加一个标值线（6，100）[原来坐标轴末端为（5，80）]，整个坐标面就能完全包容整个曲线，见图 10-42 右图。

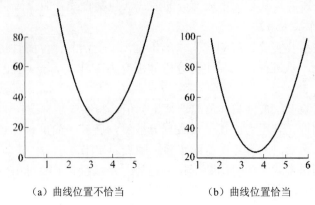

（a）曲线位置不恰当　　　　（b）曲线位置恰当

图 10-42　曲线与坐标面的相对位置安排优劣示意图

（4）适当运用同类曲线叠置或分立坐标轴方式。在线形图设计制作中，常会遇到以下情况：某些参变量间的关系在另外一些不同的参变量或条件下呈现出不同的规律和特点，故得到一簇不同的函数曲线，有多少条曲线就设计制作多少个插图，并分别标明各自的图序和图题（见图 10-43），这样显然不规范。

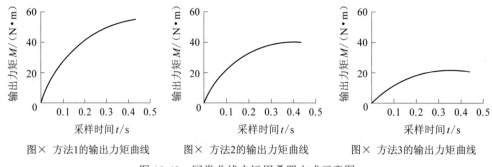

图× 方法1的输出力矩曲线　　　图× 方法2的输出力矩曲线　　　图× 方法3的输出力矩曲线

图 10-43　同类曲线未运用叠置方式示意图

运用同类曲线叠置方式可把这些曲线设计为单图（见图 10-44）。一簇曲线的形状比较接近或曲线较多，安排在同一图上有可能会拥挤而难区分时，可运用同类曲线分立坐标轴、共用标目的方式设计为组合图（见图 10-45～图 10-47）；或设计成分图形式的组合图（见图 10-48）。这样处理后，插图就简洁和规范了，既能节省、活跃版面，还能增强对比、显示效果。

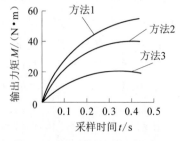

图× 不同方法的输出力矩曲线

图 10-44　运用同类曲线叠置方式的单图

线形图中的线条一般不宜过多，但无论有多少条，都应以能清晰分辨为原则，如果无法分辨，也可以考虑用表格来呈现有关数据或信息。

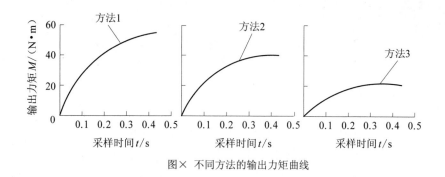

图×　不同方法的输出力矩曲线

图 10-45　运用同类曲线分立纵坐标轴的组合图

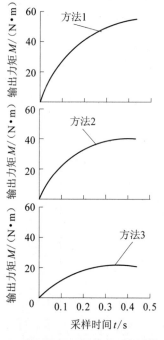

图×　不同方法的输出力矩曲线

图 10-46　运用同类曲线分立横坐标轴的组合图

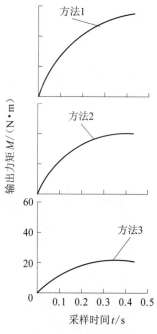

图×　不同方法的输出力矩曲线

图 10-47　运用同类曲线分立横、纵坐标轴的组合图

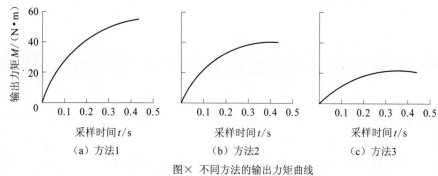

图×　不同方法的输出力矩曲线

图 10-48　将同类曲线作为分图的组合图

第 11 章　表　格

　　表格同插图一样，也被誉为"形象语言""视觉文学"。表格具有简明、清晰、准确、集中及逻辑性、对比性强等特点，成为记录科技论文中数据或事物分类等的一种非常有效的表达方式。论文中的实验结果、统计数据及其他参考资料采用表格的形式，对作者来说，统一集中，便于表达；对读者来说，简洁清晰，便于查找；对期刊来说，活跃形式，美化版面。表格的科学性、准确性和规范性直接影响论文和期刊的质量。规范使用表格，探索其处理方法和技巧，对成就高质量论文具有重要的现实意义。CY/T 170—2019《学术出版规范　表格》对学术出版物表格的构成及其要求、分类、内容要求和编排要求给出明确规定。本章主要讲述科技论文的表格知识及使用规则、设计要求和处理技巧。

扫一扫

视频讲解

11.1　表格的构成与表达

　　表格通常由表序和表题、表头、表身、表注等构成，如图 11-1 和图 11-2 所示。

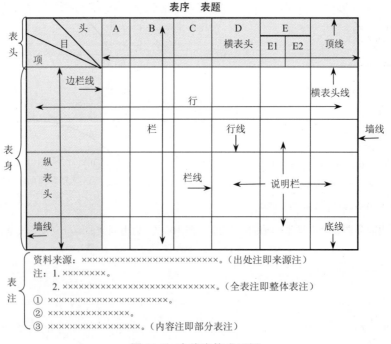

图 11-1　全线表构成示例

　1）表格构成要素

　　全线表的构成要素有表框线，行线、栏线及行、栏，行头、栏头，双正线。

　　表框线是表格的四条边线，包括一条顶线、一条底线和两条墙线。顶线位于表格顶端，即表框线中上边的那条横线；底线位于表格底部，即表框线中下边的那条横线；墙线位于表格左右两边，即表框线中左右两边的竖线。表框线一般用粗线条，而其他线一般用细线条。

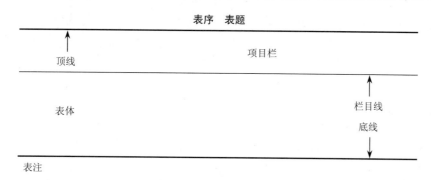

图 11-2　三线表构成示例

　　表格中的横线即行与行间的线称为行线；竖线即栏与栏间的线称为栏线；行线间称为行；栏线间称为栏。边栏与第二栏的交界线称为边栏线，头行与第二行的交界线称为横表头线。

　　表格中每行最左边的一格称为行头，每栏最上方的一格称为栏头。行头是纵表头的组成部分，其所在的栏即表格的第一栏（边栏）为纵表头；栏头是横表头的组成部分，其所在的行即表格的第一行（头行）为横表头。

　　一个表格左、右侧（或上、下方）的栏目名称完全相同而同时都排表头时（表格折栏、叠栏），中间相隔的两条细线即为双正线。

　　2）表序和表题

　　表序和表题是表格的重要组成部分，常作为一个整体位于表格顶线的上方。

　　表序是表格的编号即表号。给表格编号是为了论文对其引用的方便，通常按表格在文中出现的顺序对其连续编号（常用阿拉伯数字），如"表 1""表 2"等。一篇论文只有一个表格时，表格也应编号，如"表 1"。表序不宜用含字母的形式，如"表 5a""表 5b"，但对附录中的表格，表序可用大写字母加数字的形式，如附录 A 中表格 1 的表序为"表 A1"，附录 C 中表格 2 的为"表 C2"，但仅有一个附录时，表序可不用字母，如"附表 1""附表 2"。同一论文中不同表格的表序具有唯一性，不得出现一号两表或一表两号的交叉、重叠问题。

　　表题是表格的名称或标题，应简短精练，准确得体，切实反映表格的特定内容，通常用以名词或名词性词组为中心词语的偏正词组。应体现专指性，避免单纯使用泛指性公用词语，如"数据表""对比表""计算结果表""参量变化表"等表题过于简单，缺乏专指性，不便理解，且结尾的"表"多余，若补充必要的限定语，改为"调度工艺路线初始输入数据""新方法与传统方法计算精度对比""由有限元法所得计算结果""设置增压器后的参量变化"就合适了。

　　3）表头

　　表头即项目栏，是对表格各行和各列单元格内容进行概括和提示的栏目，如图 11-1 所示的阴影部分。表头有横、纵表头，横表头对应表格的头行，也称横项目栏；纵表头对应表格的首列，也称纵项目栏、边栏或名称栏。横、纵表头的交叉部分（表格左上角）有斜角线时称为项目头（俗称斜角）。

　　横向排列的对表格各列单元格内容概括和提示的栏目就是横表头，即各列的标题(管下)。对于三线表，横表头就是表格顶线与栏目线之间的部分。纵向排列的对表格各行单元格内容概括和提示的栏目称为纵表头，即各行的标题（管右），对右方表文有指引性质，若它本身也属表文内容（即表格最左边一列的单元格的内容不是行标题）就不视为纵表头。除非必要，尤其对于简单表格，表头不应有斜线，有斜线时就有了项目头，可视为表头的一个组成部分。

项目栏通常有多个栏目，用来确立表中数据组织的逻辑及栏目下数据栏的性质，与标题一样简单明了，通常是标识表身中该栏信息的特征或属性的词语。例如：表 11-1 的项目头中有模型、指标两个栏目，二者分别标识纵项目栏内各栏目（统计模型……）、横项目栏内各栏目（复相关系数……）的共同属性；统计模型和复相关系数都是栏目，分别标识数字"0.988 5，0.285 6，1542.85""0.988 5，0.984 3，0.990 7"的共同属性；其他栏目也是同样道理。

表 11-1　全线表示例表格 1

表×　回归方程的精度

指标＼模型	复相关系数	剩余标准差	F 检验值
统计模型	0.988 5	0.285 6	1542.85
混合模型 I	0.984 3	0.305 2	1084.27
混合模型 II	0.990 7	0.307 4	1496.14

全线表的项目头可有两个甚至更多栏目；三线表只有栏目而无项目头，其栏目无法同时对横、纵项目栏及表身的信息特征、属性加以标识，而只能标识其所指栏信息的特征、属性。

表头分单层和多层，多层表头体现层级关系。例如图 11-1 中，A、B、C、D、E（E1、E2）是栏目名称，也是列标题。A、B、C、D 所在的栏目为单层表头，A、B、C、D 分别为所在列的列标题；E 与 E1、E2 所在的栏目为双层表头，E1、E2 为所在列的列标题，E 为 E1、E2 的栏标题。三线表的横表头有第二、三层级时，各层之间应加细横线分隔，细横线的长度以能够明显显示上下层的隶属关系为宜。

4）表身

表身即表体，是表头之外的单元格总体，对于三线表就是底线以上、栏目线以下的部分，容纳了表格大部分信息。表身与表头构成表格主体，包括文字、数字、符号、式子、插图等。

5）表注

表注也称表脚，是对表格或其中某些内容加以注释或说明的文字。使用表注能减少表中重复内容，使表达简洁、清楚和有效。表注分出处注、全表注、内容注三类：

出处注即来源注，是对表格来源的注释，以"资料来源："引出。全表注即整体表注，是对表格总体的综合性注释，以"注："引出（或用"说明"字样，可省略）。内容注即部分表注，是对表格具体内容的专指性注释，与表内某处文字对应，以注码引出，且与表内对应注码一致。按在表中出现顺序，在被注文字或数字右上角标注注码，在表下排注码和注释文字。注码优先按行标注，即第二列第一行的注码排在第一列第二行前。

全表注的序号宜用数字后加小圆点的形式，如"1.、2."，内容注的注码宜用圈码如①、②，或其他形式，如 1、2 或 1）、2），a、b 或 a）、b），也可用星号（如*、**）等。注文有多条时，分项接排，或序号（注码）齐肩排（每条注文独立排一段），各项之间用分号或句号分隔，末尾用句号。对既可在表身又可在表注中列出的内容，优先在表身中列出，即用备注栏，对横或纵栏目中的信息给予总体解释和说明。

表格有几种注释时，宜按出处注、全表注、内容注的顺序列出。表注常位于表底线下方，但出处注、全表注有时也可排在标题下方，不管用什么表注，均不应与正文注释混同编排。

11.2　表格的类型

1）按用线分类

（1）全线表。一种由表框线和表框线内的行线、栏线构成，即用栏线、行线将表格分隔为格并在格内填写表文的表格，也称卡线表，见表 11-2。

表 11-2　全线表示例表格 2

表×　RMS 与传统制造系统总体比较

类型 / 特征		刚性制造系统（DMS）	柔性制造系统（FMS）	可重构制造系统（RMS）
基本制造特征	生产特征	单一或少品种大批量生产	一族（组）工件批量生产	多族（组）工件变批量生产
	生产柔性	无或极低	中等	高（变化）
	过程可变性	无或极小	中等	大
	功能可变性	无	无或小	大
	可缩放性	无	中等	大
	成本效益	最高	中等	高或较高
	投资回报率	较高或中等	最高或低	中等或低或高
系统特征	可重构性	不可重构	不可重构	可重构
	设备结构	固定式（专用）	固定式（通用）	可重构
	部件结构	固定式	固定式	可重构
	加工作业	多刀为主	单刀为主	可变

全线表中，横向栏之间用栏线隔开，竖向栏间用行线隔开，在表身中形成很多格，各种数据和事项分别填写在相应的格内。有的还有项目头，项目头中有斜线，在斜线的右上方用最简单的词语标明横表头的属性和特征，左下方标明纵表头的属性和特征。

全线表的优点是，数据项分隔清楚，隶属关系一一对应，读起来不易串行，功能较为齐全，应用较广。缺点是，横竖线多，项目头中还有斜线，不够简练，排版较为烦琐，占用版面较多。全线表无论有多么复杂，只要精心安排、设计，一般可转化为三线表。

（2）省线表。是项目头中取消斜线，省略墙线或部分行线、栏线的表格，其中只保留顶线、栏目线和底线的为三线表，只保留顶线和底线的为二线表。

三线表是经过简化和改造的特殊全线表，见表 11-3，但并不一定只有三条线，必要时可加上一条或多条辅助线。辅助线起着和栏目线相呼应并与有关数据相分隔的作用，但这种表无论加了多少条辅助线仍属三线表。三线表的使用可从审美角度或按科学技术内容表述需要来灵活设计，呈现某种现代色彩（参见笔者著《SCI 论文写作与投稿》）。

表 11-3　三线表示例表格

表×　设计结果与企业要求的比较

参　数	设计值或优化结果	企业要求
转速 n / (r·min^{-1})	985	是
叶片数 N	14	是
内（半）径 r_1 / mm	475	是
外（半）径 r_2 / mm	1000	是
最大拱度 δ / %	2.4	否

三线表几乎保留了传统全线表的全部功能，又克服了全线表的缺点，还增强了表格的简洁性，减少了制表排版的困难，这是科技论文中普遍使用三线表的重要原因。但它也有缺点，就是当内容复杂时，读起来容易串行甚至串列，引起内容上的混淆。

二线表适用于较为简单、没有横表头的情况，其形式见表 11-4。

表 11-4　二线表示例表格

表×　　所开发的电磁体样品静态测试数据（电磁吸力与电流之间的关系）

电流 I / A	2.61	2.63	2.66	2.73	2.78	2.87	2.88	2.90	2.91	2.92
电磁吸力 F / N	736	808	839	842	845	865	870	871	872	875

（3）无线表。是只以空距分隔栏目的表格，全表中无任何线条（框线、行线、栏线），常用于项目较少、表文内容简单的场合，其形式见表 11-5。

表 11-5　无线表示例表格

表×　　某科技期刊 2011—2024 年的影响因子

2011	2012	2013	2014	2015	2016	2017	2018	2019	2020	2021	2022	2023	2024
2.352	2.476	2.370	3.262	3.999	4.888	4.665	5.448	6.666	8.888	9.301	10.4	12.3	10.3

2）按语言分类

科技论文的表格按表文的语言性质可分为数据表、文字表等。数据表主要用数字来表述，表的说明栏内为一组或多组实验或统计数据（表 11-6）；文字表主要用数字以外的文字来表述，表的说明栏内为数字以外的文字（表 11-7）。

表 11-6　数据表示例表格

表×　　试件尺寸

试件	内径 d_i / mm	外径 d_o / mm	长度 l / mm
1	3.60	4.20	200
2	1.92	2.46	200
3	0.86	1.22	200

表 11-7　文字表示例表格

表×　　顾客需求指标值

度数	脸型	鼻梁	年龄	爱好
低度	圆脸型	高鼻梁	儿童	偏好哪种
中度	方脸型	低鼻梁	青年	颜色、款式等
高度	长脸型		中年	
			老年	

3）按用途分类

科技论文的表格按用途一般可分为对比表、研究表、计算表和系统表等。

对比表为对比各种情况的优劣而将相应的事实或数据加以排列，以寻求科学、经济、合理的方案，或进行对比分析。研究表将各类有联系的事物按一定方式和顺序加以排列，为科学研究提供资料。计算表根据变量间的关系，将其数值按一定顺序或位置排列起来，用作计算工具。系统表表述隶属关系的多层次事项，用横线、竖线或括号、线条把文字连接起来，见表 11-8：此表内容上层次分明，一目了然；形式上左小右大，或上小下大。它又称分类表，因为适用于分门别类地表示；也称挂线表，因为用挂线或大括号联系起来（也可看作图）。

表 11-8 系统表示例表格

表× 制造系统重构的分类

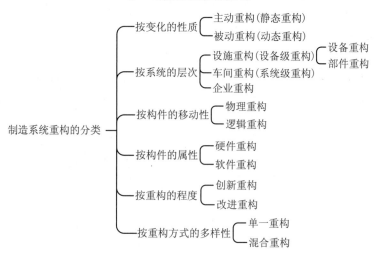

4）按串文分类

科技论文的表格按其旁边是否排正文文字分为串文表和非串文表。表格一侧或两侧排了正文文字，就是表格串文，此表就是串文表。表格两侧均未排文字，此表即为非串文表。目前科技期刊的论文多为双栏排版，多数情况下没有对表格进行串文排。

5）按版式分类

科技论文的表格按表文排版方向或表的排版形式可分为以下类别：

（1）横排、竖排、横竖混排表。横排是将表内文字横向排，适于单元格宽度不受限、栏目和表文适中、没有复分表头的表格，尽量多用。竖排适于表格或单元格宽度受限、栏目和表文较多、存在复分表头且难以实现横排的表格，宜少用。二者可混合，不同单元格，有的横排，有的竖排，可按需灵活使用。

（2）跨页表。也称转页接排表，是一种一页排不下而连续排在两页或多页的表格。双码面跨单码面、单码面跨双码面均可，适用于高度较大的表格。

（3）卧排表。即侧排表，一种顶线、底线与版心侧边（左右）平行的表格。相当于将正常表格逆时针转 90°，适于表格宽度超过版心、高度小于版心宽度而又不宜叠栏排的场合。

（4）对页表。也称合页表、和合表，同时排在双码和单码两页面而拼合成的大幅面表格。本质上是跨页表，但只跨一页（双跨单），适于表宽相当于两个版心宽、需跨两页排。其表序、表题、表注也跨两页，并合处的栏线置于单码面，双、单面的栏高一致，行线一一对齐。

（5）折栏表。一种将窄而高的表转栏而形成的表格。表格行多栏少，竖长横窄，可将表格横向切断，转排成两栏或多栏。表格折栏排后，横表头相同，纵表头不同，各栏的行数应相等，左右两栏间以双竖（纵）细线相隔。这种表有时也称为转栏排表。

（6）叠栏表。一种将宽而低的表分段而形成的表格。表格栏多行少，横宽竖短，可将表格纵向切断，排成上下叠排的两段或多段。表格叠栏排后，横表头不同，纵表头相同，上下两段间以双横细线相隔。这种表有时也称为分段排表。

（7）互换表。一种将横、纵表头作互换处理而形成的表格。表格版面受限或栏目设置不合理时，可作表头互换，同时对表身中各单元格的内容作相应移动。

（8）插页表。也称折叠表，一种将不适合用上述几种方式处理的超版心大表格排印在插页上、可折叠的表格。它不与正文连续排页码，折叠后与书刊装订在一起，不受版心尺寸限制，其宽度（或高度）最好是版心宽度（或高度）的 2 至 3 倍，这样插页就可一边折叠，折叠次数可控制在两次以内。此表通常是不得已而为之的，不利于阅读、排印和装订，尽量不用。

（9）简易表。一种将表中部分内容省略而不影响表达效果的表格。表述的数据或结果过多并且呈现某种明显的规律或趋势时，可省略部分数据或结果而用这种表格。例如表 11-9 中，用双浪纹线（用省略号也可以）表示省略了大量内容明显相同、相似或有明显规律的部分。

表 11-9　简易表示例表格

表×　距离矩阵文件示例表

节点	1	2	3	4	5	6	7	8	9	28	29	30
1	—	∞	∞	∞	∞	∞	∞	∞	∞	∞	∞	∞
2	∞	—	∞	∞	∞	∞	∞	∞	∞	∞	∞	∞
3	∞	∞	—	∞	∞	∞	∞	∞	∞	∞	∞	∞
4	∞	∞	∞	—	∞	∞	∞	∞	∞	∞	∞	∞
5	∞	∞	∞	∞	—	∞	∞	∞	∞	∞	∞	∞
6	∞	∞	∞	∞	∞	—	∞	∞	∞	∞	∞	∞
7	∞	∞	∞	∞	∞	∞	—	∞	∞	∞	∞	∞
8	∞	∞	∞	∞	∞	∞	∞	—	∞	∞	∞	∞
9	∞	∞	∞	∞	∞	∞	∞	∞	—	∞	∞	∞
28	∞	∞	∞	∞	∞	∞	∞	∞	∞	—	a	∞
29	∞	∞	∞	∞	∞	∞	∞	∞	∞	a	—	a
30	∞	∞	∞	∞	∞	∞	∞	∞	∞	∞	a	—

扫一扫

视频讲解

11.3　表格使用的一般规则

（1）通盘总体规划。按表述对象和表格自身功能确定是否用表格。表述重点是对比事项的隶属关系或数值的准确程度，或给出能定量反映事物运行过程和结果的系列数据，或有烦琐的重复性文字叙述时，宜用表格。能用简单表格表述清楚的，就不用复杂表格、大表格。内容复杂、非单一主题或又派生出子表格时，应简化分解处理；用多个数据表说明同一结果而造成表格间重复时，应淘汰效果差的冗余表格。表格与文字、插图重复时，选用其中一种。

（2）精选表格类型。按表述对象性质、论述目的、表达内容及排版方便性等因素确定合适的表类。无线表中没有一根线，适于简单场合；系统表可免去水平线（横线）和垂直线（竖线），用很短的横、竖线或括号就能把文字连接起来；三线表可克服全线表横、竖线较多，栏头有斜线，表达复杂不便，排版麻烦的缺点，用几根线就能清楚表达，而现代三线表还能丰富多彩地表述事物的不同属性和层面，增添现代、美观色彩。

（3）规范设计制作。使用原始数据、处理数据；数据精度切合对数据的实际需求；可读性好，易得出有关结论。行列顺序妥当，逻辑性强；幅面合适，不超版心；布局合理，设计巧妙。一表一主题，主题多会造成内容繁多、层次叠加、幅面偏大；表头复分时，表格复杂，排版不便，可分解为主题不同的若干表格。恰当处理表中图，避免表中图过大或复杂化。

（4）表文正确配合。随文给出表格，先文后表，与正文配合，体现表格的独立性、完整性。避免表文配合不合理：论文未引用表格却出现了此表格；论文引用表格但未出现此表格；论文首次引用的表序不连续；论文未按表序连续排表格；小幅面一页表格排在多页，或一栏表格排在两栏；表格排在远离对其引用的位置；对同一内容表述不一致甚至差距过大。

（5）优先用三线表。通常不要缺少项目栏而使表身无栏目或标目；项目或层次较少时，合理安排项目栏，可用纵项目栏；为项目栏恰当取名，对有量纲量，不得缺少单位；对复杂三线表，注意科学安排，细致确定栏目或标目。提倡表格创新，不拘泥于传统三线表。

11.4　表格设计的内容要求

扫一扫

视频讲解

1）科学性要求

（1）内容匹配性。表格内容是一定内容的集中展现和论文内容的有机组成，与论文紧密配合，相得益彰，对论文中相关部分作有益补充。表格对较多分类内容或数据及其间相互关系进行概括表述，所述内容必须符合客观事理和思维规律，具有高度的逻辑性。

（2）表述自明性。表文短小，表述清楚，可读性强，容易理解。标题切题、简明；表头、栏目设置科学、规范，能突出问题的重点和实质；横纵表头统筹安排，横表头宜列示对象的特征或指标，纵表头列示对象的名称及分类；栏目排列按时间、数量、位置等要素合理安排。

（3）数据完整性、准确性。表格中数据来源于科研实践，真实有效，准确可靠，有科学分类。例如，对连续数分组，总体中任一数据只能归属某一组，不能同时或可能归属若干组，即不能有重叠，还应使总体中每一数据有"组"可归，即不要有遗漏。

2）规范性要求

表格内容规范性体现在表中各组成部分有其设计制作标准、规范。

（1）行名、列名为量时，宜使用标目形式（量名称　量符号／单位），量名称和量符号可择其一，复合单位应该用负指数、加括号的整体形式，如"加速度／（r·min^{-2}）"。

（2）涉及的单位全部或大部分相同时，可在表格外右上方统一标注此共同单位。

（3）量和单位的名称、符号使用应符合 GB 3100～3102—1993《量和单位》。

（4）同一标目下的数值修约位数应一致，达不到一致时，应在表注中说明。数值修约和极限数值的书写应符合 GB／T 8170—2008《数值修约规则与极限数值的表示和判定》。

（5）数字使用应符合 GB／T 15835—2011《出版物上数字用法》。（数字有小数点时，小数点前面的数字 0 不能随意省略，小数点前或后每隔 3 位数可留适当空隙或用逗号分隔。）

（6）相邻单元格内表文相同时应分别写出，避免用同上、同左等词语替代。也可将若干单元格合并为一个共用单元格，在这一共用单元格内统一写出表文。

（7）数值应以纯数字形式独立出现，不宜给数字附加带单位，但非十进制单位如平面角单位（°）、（′）、（″）和时间单位"×h×min×s"除外。

（8）单元格内可用空白或一字线区别数据，空白表示不适用，一字线表示无法获得。正文中没有明确说明这种区别时，应在表注中说明。数据为 0 时不要省略而让单元格空白显示。

（9）一个单元格内包含两个数据时，其中一个数据应该用括号括起，同时在表题或表头中给予标注，或在表注中说明。

11.5　表格设计的形式要求

扫一扫

视频讲解

1）基本要求

扫一扫

（1）表格中同类名称、符号、数值等的表达方式、体例一致；

（2）文中所有表格尤其同类表格的组成项的格式、用线一致；

（3）表格中与文中其他地方同指的术语、数值、符号等一致；

视频讲解

（4）表格中表序、表题与文中引用的表序、表题呼应、一致；

（5）表格中不宜出现文中没有交代或使用过的非常用缩略语。

2）艺术要求

（1）表格内有较多文字或复分栏目，文字横排会导致左右方向超版心时，可将文字竖排或横竖混排。纵表头内文字横排、竖排均可，取一种排法，特殊情况如纵表头内文字有复分时，可横竖混排；横表头栏目较多时，也可按表文多少确定是否用竖排或横竖混排。

（2）项目头尽量不用，必须有项目头时，应设法调整栏目间顺序，项目头内斜线越少越好（不超过一条为好），在不得已出现多条时，应将斜线的位置及不同斜线的相交标示正确。项目头中不排斜线时，最好有名称，不宜空白。

（3）表格横向栏目多、宽度大时，应准确确定并减小表宽。减小表宽方法：删减可有可无的栏目；标目或栏内文字合理转行；处理和转换表格排式；巧妙使用折栏表、叠栏表；尝试采用竖排表（或横竖混排表）、卧排表；必要时采用不常用的表格如对页表、插页表等。

（4）表序、表题用字宜小于或轻于论文文字，但应大于或重于表格用字。表格用字字号应相同，若不相同，表身用字不宜大于或重于表头用字，表注用字不宜大于或重于表身用字。框线一般用粗线，其他一般用细线。

（5）表序与表题间应留空，无须加标点。二者作为一个整体排在表格顶线上方，对整表左右居中或居左，总体长度不宜超过表宽。表题过长时可转行排成两行甚至几行，转行应力求在一个词语的末尾（语义相对完整停顿）处进行，下行长度不宜超过上行。

（6）表注宜简短，长表注应合理简化或改作正文。对既可在表身又可在表注中列出的内容，可考虑用更加清楚有效的组织方式，优先采用表身中列出的方式。对表格中某些横栏或竖栏的内容单独注释或说明，可在表身内加"备注"栏而免用表注。

3）版式要求

（1）表格随文编排，排在第一次引用其表序的段落后（引用段），不宜截断整段或跨节编排，特殊情况下可灵活处理，但应与引用段尽量接近。

（2）按期刊版式及幅面大小确定表格是否串文。论文通栏排时，表格在其宽度方向有较多富余空间时可串文排；论文双栏排时，表格不宜串文排。

（3）论文双栏排，表格用单栏难以排下或排后效果较差（如过于拥挤）时，可通栏排；表格通栏排，其两边有较多富余空间且单栏排效果较好时，可单栏排。

（4）表格在一页排不下时，可排为跨页表。未转页的表格最下端的行线多用细线，转页接排的表格应重复表头，并在上方加标注如"表×（续）"或"续表"，顶线多用粗线。

（5）论文双栏排，表格幅面大而复杂时，宜排成顶天（本页上方）或立地（本页下方）的通栏形式，一般不排成处于不同页面的"腰斩"形式。

（6）表格宽度超过版心宽度、高度小于版心宽度时，可排为卧排表。卧排表多面接排时，从单双码面起排均可，不在一个视面上的接排表应重复横表头并加"表×（续）"或"续表"，在一个视面两页上的表格的栏线应对齐。

（7）表格宽度相当于两个版心宽时，可排为对页表。这是特殊跨页表，只能从双码面跨至单码面，其跨页并合处的栏线置于单码面，排细线，双单面的栏高一致，行线须一一对齐。

（8）表格窄而高，即行多栏少、竖长横窄时，可排为折栏表。表格宽而矮，即栏多行少、横宽竖短时，可排为叠栏表。

（9）表格版面受限或栏目设置不合理时，表头可作互换处理，表身单元格内容相应移动。

（10）表格尺寸大于页面且不适合用常规方式处理时，可排成插页表。此表不与正文连续排页码，但应在前一页与插页表相关的正文后引用表序或标注如"（后有插页表）"。

（11）尽量紧缩栏目，控制表头层数，避免栏中再分栏，方便阅读和排版。

11.6 表格设计处理的技巧

扫一扫

视频讲解

表格有更好版式、表达方式或现有形式、幅面在有限版心上排不下时，应作技术处理。

11.6.1 基本处理

扫一扫

视频讲解

扫一扫

视频讲解

1）表格拆分

表格有若干中心主题，或包含无上下关系的若干不同表头和表文时，可拆分为若干表格，须重新设计，表序、表题会发生相应变化。例如：

实例【1】

表 11-10 拆分前的示例表格

表× 第二级车间工艺规划和生产需求

产品号	工序号	第二级车间产品单件工时 t / min	第三级车间产品单件工时 t / min	产品族
1	1	9.00		
	2	7.00	6.00	2
	3	9.00		
2	1	9.00		
	2	8.00	6.00	2
	3	9.00		

产品号	周期 T		
	1	2	3
1	18	18	17
2	13	12	12

表 11-10 包含两种表头和表文，两种表头分别为表格第 1 行和第 4 行，两种表文分别为表格第 2、3，5 行，相当于将两个表格上下叠加在一起而成为一个表格。按一表一表头的原则，可以将表 11-10 拆分为表 11-11 和表 11-12。

表 11-11 表 11-10 拆分后的示例表格 1

表× 第二级车间工艺规划

产品号	工序号	第二级车间产品单件工时 t / min	第三级车间产品单件工时 t / min	产品族
1	1	9.00		
	2	7.00	6.00	2
	3	9.00		
2	1	9.00		
	2	8.00	6.00	2
	3	9.00		

表 11-12 表 11-10 拆分后的示例表格 2

表× 第二级车间生产需求

产品号	周期 T		
	1	2	3
1	18	18	17
2	13	12	12

2）表格合并

主题相同或相近、结构相同、位置相邻的若干表格连续出现时，可合并为一个表格，须更改后面的相关表序。例如：

实例【2】

表 11-13　合并前的示例表格 1

表×　18 000 r/min 时摩擦损耗功率比较

真空压力	功率测量值	功率计算值 P_j / W	
p_i / Pa	P_i / W	$A = 1$	$A = 1.5$
1.70	11.62	14.85	11.96
0.43	4.28	6.42	4.65
0.28	2.58	4.59	3.26

表 11-14　合并前的示例表格 2

表×　24 000 r/min 时摩擦损耗功率比较

真空压力	功率测量值	功率计算值 P_j / W	
p_i / Pa	P_i / W	$A = 1$	$A = 1.5'$
0.61	8.86	14.58	10.90
0.37	6.14	10.14	7.35
0.33	5.64	9.28	6.68
0.32	5.45	9.05	6.50

表 11-13 和表 11-14 的主题相同，均为"摩擦损耗功率比较"，只是在不同的转速下（分别为 18 000 r/min、24 000 r/min，表达在题名中），其结构完全相同（列名相同）。可将这两个表格合并，将题名中这两个转速值提取出来，取一个新的量名"转速"，作为合并后的新表格的第 1 列，见表 11-15。（后面"11.6.4 复式表头使用"一节中还会有表格合并的示例，专门讲述如何通过把单式表头处理为复式表头或对复式表头进行改造而将两表合并。）

表 11-15　表 11-13 和表 11-14 合并后的示例表格

表×　不同转速时摩擦损耗功率比较

转速	真空压力	功率测量值	功率计算值 P_j / W	
n /(r·min^{-1})	p_i / Pa	P_i / W	$A = 1$	$A = 1.5$
	1.70	11.62	14.85	11.96
18 000	0.43	4.28	6.42	4.65
	0.28	2.58	4.59	3.26
	0.61	8.86	14.58	10.90
24 000	0.37	6.14	10.14	7.35
	0.33	5.64	9.28	6.68
	0.32	5.45	9.05	6.50

3）表格增设

用文字表述的内容当其罗列性较强且有对比或统计意义时，可改用即增设表格来表述，直观清晰，便于比较，获得用文字表述难以达到的效果。例如：

实例【3】

复杂机械系统布局基因编码生成方式如下：布局参数为基本机构 1(β_1, d_1)，基本机构 2(β_2, d_2)，基本机构 3(β_3, d_3)，…，基本机构 $N(\beta_N, d_N)$；基因生成方式为 $\beta_1 = 3$、$d_1 = 23$，$\beta_2 = 1$、$d_2 = 41$，$\beta_3 = 4$、$d_3 = 12$，…，$\beta_N = 2$、$d_N = 33$，编码生成方式为 $(3, 23, 1, 41, 4, 12, …, 2, 33)$。

以上这段文字叙述较啰唆，可读性差一些，若改成用表 11-16 表述，效果就会明显提升。

表 11-16　表格增设示例

表× 复杂机械系统布局基因编码生成方式

布局参数	基本机构								
	1		2		3		...	N	
	β_1	d_1	β_2	d_2	β_3	d_3		β_N	d_N
基因编码	3	23	1	41	4	12	...	2	33

4）表格删除

简单表格能用文字表述清楚或有更好效果时，可改用文字而将表格删除。例如：

实例【4】

表 11-17　简单表格示例

表× 不同线宽补偿条件下的实际槽宽 （单位：mm）

b_1	b_2	b_3
0.0611	0.082 9	0.040 8

表 11-17 有两行三列，第 1 行为三个量（槽宽）的符号，第 2 行为这些量的数值，表格右上方为其共同单位，内容和结构极其简单，不如用文字表达更直截了当。即改为：

不同线宽补偿条件下的实际槽宽分别为 $b_1 = 0.0611$ mm，$b_2 = 0.082\ 9$ mm，$b_3 = 0.040\ 8$ mm。

注意：对表格进行拆分、合并、增设和删除操作后，要注意保证表序的唯一性，即同一论文中不能出现一号两表或一表两号的交叉、重叠，以及表序不连续等问题。

11.6.2　排式转换

针对不同表格类型的特点，按需对表格排式进行转换。例如：

实例【5】

表 11-18　分段排前示例表格

表× 夹杂物特征参数统计结果

试样号	夹杂物数量 N / 个	夹杂物平均直径 D_{av} / μm	沾污度 λ / %	面密度 ρ_a /(个·mm^{-2})	夹杂物尺寸分布百分率 ω / %			
					<0.6 μm	0.6~1.0 μm	1.0~2.0 μm	>2 μm
1	607	1.431 98	0.056	232.879	45.5	30.8	13.0	10.7
2	641	1.185 37	0.048	245.924	64.7	21.1	5.9	8.3

表 11-18 属特宽表，横表头项目较多，栏多行少，横宽竖短，占用甚至超出了整个通栏的宽度，全表左右宽、上下窄，在一个表行可能排不下或难排下，可将表格分段处理排成叠栏表，见表 11-19。新表的横表头不同，纵表头相同，上下部分表文间以双横细线相隔。

表 11-19　对表 11-18 分段排后示例表格

表× 夹杂物特征参数统计结果

试样号	夹杂物数量 N / 个	夹杂物平均直径 D_{av} / μm	沾污度 λ / %	面密度 ρ_a /(个·mm^{-2})
1	607	1.431 98	0.056	232.879
2	641	1.185 37	0.048	245.924

试样号	夹杂物尺寸分布百分率 ω / %			
	<0.6 μm	0.6~1.0 μm	1.0~2.0 μm	>2 μm
1	45.5	30.8	13.0	10.7
2	64.7	21.1	5.9	8.3

实例【6】

表 11-20　转栏排前示例表格

表×　测点加速损伤期望速率

测点	加速损伤速率
D3-HC3	9.54×10^{-8}
D3-HCL4	7.87×10^{-8}
D3-HD1	8.11×10^{-6}
D3-HD3	1.09×10^{-6}
D3-HZ5	4.83×10^{-7}
D4-HCL3	7.26×10^{-7}
D4-HCL4	2.80×10^{-6}
D4-HD1	4.37×10^{-7}
D4-HD4	3.02×10^{-6}
D5-Y2	1.57×10^{-7}
D5-Y7	5.61×10^{-7}
D6-Y2	9.58×10^{-8}
D8-Y4	4.97×10^{-7}
DHJ-1	9.21×10^{-7}

表 11-20 是一个相对栏宽来说的"高个子"表，纵表头项目较多，行多栏少，竖长横窄，全表呈上下高、左右窄的状态，且单栏有充足的排版空间，可将其转栏而排成折栏表，见表 11-21。新表的横表头相同，纵表头不同，在排式上是左右并列的形式，即一表双栏排，两并列部分中间（两栏之间）以双竖细线相隔。

表 11-21　表 11-20 转栏排后示例表格

表×　测点加速损伤期望速率

测点	加速损伤速率	测点	加速损伤速率
D3-HC3	9.54×10^{-8}	D4-HD1	4.37×10^{-7}
D3-HCL4	7.87×10^{-8}	D4-HD4	3.02×10^{-6}
D3-HD1	8.11×10^{-6}	D5-Y2	1.57×10^{-7}
D3-HD3	1.09×10^{-6}	D5-Y7	5.61×10^{-7}
D3-HZ5	4.83×10^{-7}	D6-Y2	9.58×10^{-8}
D4-HCL3	7.26×10^{-7}	D8-Y4	4.97×10^{-7}
D4-HCL4	2.80×10^{-6}	DHJ-1	9.21×10^{-7}

实例【7】

表 11-22　简单有线表示例表格

表×　400 MPa 级超细晶粒钢筋化学成分（质量分数）

C	Si	Mn	P	S	Cr, Ni	Cu
0.18	0.19	0.60	0.015	0.009	≤0.30	0.17

表 11-22 为简单有线表，表格构成项目及表文较为简单，可考虑排为无线表，见表 11-23。反之，表格构成项目及表文较复杂且用无线表难以表述清楚时，可将无线表排为有线表。

表 11-23　将有线表 11-22 改排为无线表示例表格

表×　400 MPa 级超细晶粒钢筋化学成分（质量分数）

C	Si	Mn	P	S	Cr，Ni	Cu
0.18	0.19	0.60	0.015	0.009	≤0.30	0.17

实例【8】

表 11-24　表头互换前示例表格

O	A	B	C	D	E	F
a b c						

表 11-24 为表头互换前的表格，若为了充分利用版面，或解决表文限制，或双、通栏转换，或视觉美观，或其他目的，在不影响内容正确表述的情况下，可考虑将横、纵表头作互换处理，见表 11-25。转换前后，表格第 1 列的名称通常会发生变化。

表 11-25　对表 11-24 表头互换示例表格

O	a	b	c
A B C D E F			

11.6.3　项目头设置

项目头位于表格的左上角，其内被斜线分割为若干区域，区域内的文字表示表头、表文的共性名称。例如：

实例【9】

表 11-26　项目头内有两条斜线示例表格

表×　双谱的半工频和工频切片部分频率处的幅值

幅值 A / mm　　频率 　　f / Hz 轴心轨迹	ω_r / 2	ω_r	$2\omega_r$
	0.75	0	0
	0	0.331 0	0.010 0
	0	0.500 0	0

表 11-26 项目头内有两条斜线，分为三个区域，其中"轴心轨迹"是纵表头的共性名称，"频率"是横表头的共性名称，"幅值"为表文的共性名称。项目头内斜线的数量取决于表达需要，能少则少，若能将项目头去掉而设计为三线表就更加规范。其实，表头的"幅值"在表题中已表达过了，应去掉，这样就可处理为项目头内有一斜线的表格，见表 11-27。更进一步，可以将"轴心轨迹""频率"分别作一个栏标题，再将"频率"复分为 3 个列，分别用 ω_r / 2、ω_r、$2\omega_r$ 作这 3 个列的标题，这样就转换为三线表了，见表 11-28。

表 11-27　将表 11-26 处理为项目头内只有一条斜线示例表格

表×　双谱的半工频和工频切片部分频率处的幅值　（单位：mm）

频率 / Hz ╲ 轴心轨迹	$\omega_r / 2$	ω_r	$2\omega_r$
	0.75	0	0
	0	0.331 0	0.010 0
	0	0.500 0	0

表 11-28　将表 11-26 处理为三线表示例表格

表×　双谱的半工频和工频切片部分频率处的幅值（单位：mm）

轴心轨迹	频率 / Hz		
	$\omega_r / 2$	ω_r	$2\omega_r$
	0.75	0	0
	0	0.331 0	0.010 0
	0	0.500 0	0

实例【10】

表 11-29　项目头不规范示例表格

表×　不同应变、不同保持时间各阶段比例

温度 / ℃	565	565	565	565	565	565	565	565
应变ε_t/% ╲	保持时间 10 s				保持时间 20 s			
比例 / %	0.6	0.8	1.0	1.2	0.6	0.8	1.0	1.2
第一阶段	0.128	0.155	0.180	0.196	0.120	0.127	0.205	0.221
第二阶段	0.712	0.675	0.644	0.601	0.709	0.683	0.557	0.529
第三阶段	0.161	0.170	0.175	0.203	0.171	0.189	0.238	0.250

　　表 11-29 中有斜线的那个单元格是项目头的形式，但不是表格的左上角，不规范。第 1 行的标题"温度 / ℃"所辖的 8 个数值完全相同（都是 565），可提炼成共性文字置于表题中。再按各个量对项目头重新分割，处理后的表格见表 11-30。也可将表 11-29 处理为有横表头的三线表，"保持时间""应变""阶段"为表头的 3 个行名，"阶段"复分为 1、2、3 三个行标题，见表 11-31。

表 11-30　对表 11-29 处理后的项目头规范示例表格

表×　在 565 ℃时不同应变、不同保持时间下的各阶段比例

保持时间 t/s 比例/% 应变ε_t/% 阶段	10				20			
	0.6	0.8	1.0	1.2	0.6	0.8	1.0	1.2
1	0.128	0.155	0.180	0.196	0.120	0.127	0.205	0.221
2	0.712	0.675	0.644	0.601	0.709	0.683	0.557	0.529
3	0.161	0.170	0.175	0.203	0.171	0.189	0.238	0.250

表 11-31　对表 11-29 处理后的三线表示例表格

表×　在 565 ℃时不同应变、不同保持时间下的各阶段比例（%）

保持时间 t/s		10				20			
应变 ε_t/%		0.6	0.8	1.0	1.2	0.6	0.8	1.0	1.2
阶段	1	0.128	0.155	0.180	0.196	0.120	0.127	0.205	0.221
	2	0.712	0.675	0.644	0.601	0.709	0.683	0.557	0.529
	3	0.161	0.170	0.175	0.203	0.171	0.189	0.238	0.250

项目头内的栏目不宜空白，不以斜线相隔而只有一种标识时，其内文字宜管下不管右（按需管右也可以，但管下优于管右）。栏目文字应准确、全面、概括表达出所管内容，范围较宽、难以提炼出确指文字时，可用有覆盖性的泛指类文字，如项目、名称、参量等公共性词语。

11.6.4　复式表头使用

表头宜为单式表头，有时可按表达需要处理为复式表头，或对复式表头进行改造。例如：

实例【11】

表 11-32　单式表头处理前示例表格 1

表×　玻管、铸管在水平条件下的测试参数

测试参数	玻管	铸管
速度 v /(mm·s^{-1})	40	40
牵引力 F' / N	230	400
电流 I / mA	600	900

表 11-33　单式表头处理前示例表格 2

表×　玻管、铸管在弯曲条件下的测试参数

测试参数	玻管	铸管
速度 v /(mm·s^{-1})	40	40
牵引力 F' / N	200	370
电流 I / mA	550	860

表 11-32、表 11-33 的主题和结构均相同，可合并。两表数据产生条件（测试条件）不同，前者为"玻管、铸管水平"，后者为"玻管、铸管弯曲"，其中测试对象"玻管""铸管"在表头中是列名，而状态"水平""弯曲"反映在表题中。若把状态放到表头中表达，就要将单式表头处理为复式表头，即"测试条件"做总栏名，复分为栏名"水平""弯曲"，各子栏名再分别复分为列"玻管""铸管"，见表 11-34。处理后的表格不算理想，因为 3 层复式表头分层多，显得庞杂烦琐，若把"测试条件"分解到"水平""弯曲"中，变为"水平测试""弯曲测试"，这样处理后的表头为 2 层表头，见表 11-35，表达效果显著提升。

表 11-34　对表 11-32、表 11-33 单式表头处理为 3 层复式表头示例表格

表×　玻管、铸管在不同测试条件下的测试参数

测试参数	测试条件			
	水　平		弯　曲	
	玻管	铸管	玻管	铸管
速度 v /(mm·s^{-1})	40	40	40	40
牵引力 F' / N	230	400	200	370
电流 I / mA	600	900	550	860

表 11-35　对表 11-32、表 11-33 单式表头处理为 2 层复式表头示例表格

表×　玻管、铸管在不同测试条件下的测试参数

测试参数	水平测试		弯曲测试	
	玻管	铸管	玻管	铸管
速度 v /(mm · s^{-1})	40	40	40	40
牵引力 F' / N	230	400	200	370
电流 I / mA	600	900	550	860

表 11-36、表 11-37 的主题和结构相同，也可合并。两表的表头已是复式表头，处理时不宜再增加表头的层次，可考虑改造表头。可将表题中的"分散带因子 F""标准偏差 S"提取出来，取一共性名称如"参数"，作为一个新列添加到表格左侧，见表 11-38。但 1 层栏名"预测方法"下的 5 个 2 层复分列名已明显含有"方法"，故此 1 层栏名多余，可去掉，见表 11-39。

实例【12】

表 11-36　复式横表头处理前示例表格 1

表×　各种预测方法的分散带因子 F

温度 θ / ℃	预测方法				
	线性累计损伤法	应变范围划分法	应变能划分法	频率修正法	等效应变法
540	1.9	1.67	2.12	3.13	1.21
565	1.3	1.70	1.73	2.17	1.40

表 11-37　复式横表头处理前示例表格 2

表×　各种预测方法的标准偏差 S

温度 θ / ℃	预测方法				
	线性累计损伤法	应变范围划分法	应变能划分法	频率修正法	等效应变法
540	0.106	0.104	0.120 0	0.248	0.007 70
565	0.063	0.090	0.091 1	0.099	0.003 16

表 11-38　对表 11-36、表 11-37 复式横表头改造示例表格 1

表×　各种预测方法在不同温度下的分散带因子 F、标准偏差 S

参数	温度 θ / ℃	预测方法				
		线性累计损伤法	应变范围划分法	应变能划分法	频率修正法	等效应变法
分散带因子 F	540	1.9	1.67	2.12	3.13	1.21
	565	1.3	1.70	1.73	2.17	1.40
标准偏差 S	540	0.106	0.104	0.120 0	0.248	0.007 70
	565	0.063	0.090	0.091 1	0.099	0.003 16

表 11-39　对表 11-36、表 11-37 复式横表头改造示例表格 2

表×　各种预测方法在不同温度下的分散带因子 F、标准偏差 S

参数	温度 θ / ℃	线性累计损伤法	应变范围划分法	应变能划分法	频率修正法	等效应变法
分散带因子 F	540	1.9	1.67	2.12	3.13	1.21
	565	1.3	1.70	1.73	2.17	1.40
标准偏差 S	540	0.106	0.104	0.120 0	0.248	0.007 70
	565	0.063	0.090	0.091 1	0.099	0.003 16

11.6.5　栏目取名

表述事物名称、行为或状态，栏名宜用名词或名词性词语；表述事物数量时，栏名就是标目。栏目不宜空白或随意用一个不能表述特征、属性的泛指、笼统词作栏名。

1）栏类妥当

对栏正确归类，避免栏名出错。尽可能一栏一类，对于一栏多类，应灵活变通，巧妙处理，如表内加辅助线、调整栏位置、修改栏名等。例如：

实例【13】

表 11-40　栏类不妥当示例表格 1

表×　叶轮计算结果和泵段测试结果比较（$n = 1450 \, \text{r} / \text{min}$）

工况点	流量 $q_V/(\text{L} \cdot \text{s}^{-1})$	泵段测试		叶轮计算		
		扬程 H / m	效率 $\eta_{\text{h}} / \%$	轴向力 F_{a} / N	扬程 H / m	效率 $\eta_{\text{h}} / \%$
1	224	6.269	63.0	2309	7.233	81.0
2	294	4.830	77.3	1702	5.285	88.6
3	332	3.956	82.2	1239	4.129	88.7
4	364	3.135	83.7	769	3.054	86.1
5	380	2.650	83.0	528	2.528	83.4
6	390	2.346	81.7	328	2.104	80.2
7	415	1.586	75.0	−60.5	1.299	69.1
8	431	1.070	64.4	−350	0.717	52.6
平均值	354	3.230	76.3	808	3.294	78.7

在表 11-40 中，第 1 栏内有两类信息，一类是表"工况点"的数字 1～8，另一类是"平均值"。很明显，栏名用"工况点"不合适，它概括不了"平均值"。可以在"平均值"所在行上方加一贯穿表格左右的辅助线，问题就解决了，见表 11-41。

表 11-41　对表 11-40 栏类处理（表内加辅助线）示例表格

表×　叶轮计算结果和泵段测试结果比较（$n = 1450 \, \text{r} / \text{min}$）

工况点	流量 $q_V/(\text{L} \cdot \text{s}^{-1})$	泵段测试		叶轮计算		
		扬程 H / m	效率 $\eta_{\text{h}} / \%$	轴向力 F_{a} / N	扬程 H / m	效率 $\eta_{\text{h}} / \%$
1	224	6.269	63.0	2309	7.233	81.0
2	294	4.830	77.3	1702	5.285	88.6
3	332	3.956	82.2	1239	4.129	88.7
4	364	3.135	83.7	769	3.054	86.1
5	380	2.650	83.0	528	2.528	83.4
6	390	2.346	81.7	328	2.104	80.2
7	415	1.586	75.0	−60.5	1.299	69.1
8	431	1.070	64.4	−350	0.717	52.6
平均值	354	3.230	76.3	808	3.294	78.7

实例【14】

表 11-42　栏类不妥当示例表格 2

表×　蛇的有关参数

编号	种属	质量 m / g	性别	全长 l_1 / mm	尾长 l_2 / mm	腹宽 b / mm
Snake-A	黄脊游蛇	120	雌性	870	160	15
Snake-B	黄脊游蛇	195	雄性	910	150	18

表 11-42 中，第 3 栏与第 5～7 栏的上位属性相同，应组合成一个整体，位置上应相邻连续，但其间插入的第 4 栏"性别"破坏了这种整体性。可以将"性别"一栏前移，原第 3 栏与第 5～7 栏组合为"体态参数"，见表 11-43，这样处理后类属更加分明，表意更加清楚。

表 11-43　对表 11-42 栏类处理（相同属性栏目重组）示例表格

表×　蛇的有关参数

编号	种属	性别	体态参数			
			质量 m / g	全长 l_1 / mm	尾长 l_2 / mm	腹宽 b / mm
Snake-A	黄脊游蛇	雌性	120	870	160	15
Snake-B	黄脊游蛇	雄性	195	910	150	18

实例【15】

表 11-44　栏类不妥当示例表格 3

表×　秸秆干物质消失率

秸秆类型	消化时间 / h		
	24	48	72
未氨化玉米秸 / %	38.21	48.88	63.89
氨化玉米秸 / %	53.95	66.95	71.61
秸秆干物质消失率的增长量 / %	15.74	18.07	7.72

表 11-44 中，第 1 栏的内容主题明显分为两类：两类玉米秸的干物质消失率；秸秆干物质消失率的增长量。显然，栏名用"秸秆类型"不合适，若用联合词组"秸秆干物质消失率及增长量"，就能概括这两个主题，见表 11-45。当然，栏名也可以用"秸秆干物质消失率"，这样就得加辅助线，与以"干物质消失率的增长量"相分隔，见表 11-46。

表 11-45　对表 11-44 栏类处理（使用联合词组）示例表格

表×　秸秆干物质消失率及增长量

秸秆干物质消失率及增长量	消化时间 / h		
	24	48	72
未氨化玉米秸 / %	38.21	48.88	63.89
氨化玉米秸 / %	53.95	66.95	71.61
干物质消失率的增长量 / %	15.74	18.07	7.72

表 11-46　对表 11-44 栏类处理（表内加辅助线）示例表格

表×　秸秆干物质消失率及增长量

秸秆干物质消失率	消化时间 / h		
	24	48	72
未氨化玉米秸 / %	38.21	48.88	63.89
氨化玉米秸 / %	53.95	66.95	71.61
干物质消失率的增长量 / %	15.74	18.07	7.72

另外，栏名归类不当还容易犯政治错误，不少作者经常将我国香港、台湾或澳门地区与国家名称并列，或没有将这些地区的有关数据纳入中国，犯了政治错误。

2）栏名准确

栏名与所辖栏的内容紧密相扣，不能过大而跑题，也不能过小而未全面概括。栏名应简短，但不宜缺少必要的限定语。例如：

实例【16】

表 11-47 栏名不准确示例表格 1

表× 精神病专科医院及综合医院药品处方年龄分布情况

药物名称	医院	平均年龄（$\bar{x}\pm s$）	t	P
艾丝唑仑	精神病专科医院	59.62 ± 15.48	-301.325	$P<0.05$
	综合医院	66.79 ± 14.88		
	合 计	58.82 ± 17.01	—	

表 11-47 中，第 2 栏的内容为医院属性类别，而栏名为"医院"，不太对应，栏名不准确，应在栏名"医院"后加"属性"，如果将表文中的"医院"去掉，则更能突出栏的性质或特征，而且还应加辅助线来与底部的"合计"行分隔。这样处理后栏名就准确了，见表 11-48。

表 11-48 对表 11-47 栏名处理（栏名准确）示例表格

表× 精神病专科医院及综合医院药品处方年龄分布情况

药物名称	医院属性	平均年龄（$\bar{x}\pm s$）	t	P
艾丝唑仑	精神病专科	59.62 ± 15.48	-301.325	$P<0.05$
	综合	66.79 ± 14.88		
	合 计	58.82 ± 17.01	—	

栏名应简短，但太短了容易造成所属范围太大而不准确。例如：某栏有一组仿真参数"伺服阀固有频率、液压油体积模量、立辊机架刚度"，如果栏名取为"物理量"，就太笼统，不如取名为"仿真参数"合适。再如：若把栏目"运动半径""行程容积比""体积利用系数"取名"半径""容积比""系数"，就不规范，栏名中必要的限定语不宜缺少。例如：

实例【17】

表 11-49 栏名不准确示例表格 2

表× 中国、美国平流层飞艇进展对比

名称		飞行时长 / min	平流层动力飞行时长 / min	动力试验科目
中国	KFG79	181	52	零速转向、迎风巡航、推进试验、人工驾驶
	圆梦号	—	—	持续可控、动力飞行
美国	高空哨兵 20	301（至吊舱落地）	53	螺旋桨转速试验，因氨气泄漏试验提前结束
	HALE-D	163	0	在 9753.6 m 高度因异常无法持续升空，降落

表 11-49 中，栏名"名称"太笼统，没有指明是什么事物或对象的名称，应加必要的限定语重新取名。另外，因表文较多，还有层次问题，阅读容易串行，应加辅助线进行分隔。这样处理后见表 11-50。

表 11-50 对表 11-49 栏名处理（栏名具体化）示例表格

表× 中国、美国平流层飞艇进展对比　　　　（单位：min）

国家和飞艇名称		飞行时长	平流层动力飞行时长	动力试验科目
中国	KFG79	181	52	零速转向、迎风巡航、推进试验、人工驾驶
	圆梦号	—	—	持续可控、动力飞行
美国	高空哨兵 20	301（至吊舱落地）	53	螺旋桨转速试验，因氨气泄漏试验提前结束
	HALE-D	163	0	在 9753.6 m 高度因异常无法持续升空，降落

3）栏名协调

栏名中去掉重复项，突出共性，使表格整体简洁有效。例如在表 11-51 中，第 1 栏的名称"直径 d / mm"未能确切表示出其下数据的属性，因这组数据表示"加工孔的直径"，故该栏应取名"加工孔径"；第 2～4 栏的名称从其下所辖数据来说可以，但这 3 个栏名中均有"的转速 n / (r · min^{-1})"，造成重复，有冗余感和烦琐感。可将共性部分"转速 n / (r · min^{-1})"提出来作这 3 个栏名的上层栏名，见表 11-52，虽增加了表头层数，但整体上简洁、有效多了。

实例【18】

表 11-51　栏名不协调示例表格

表× 某机械厂的生产数据

直径 d / mm	BTA 钻孔的转速 n / (r · min^{-1})	BTA 套料的转速 n / (r · min^{-1})	BTA 镗孔的转速 n / (r · min^{-1})
50	<219	—	—
70	<160	<160	<170
85	—	191	191

表 11-52　对表 11-51 栏名处理（栏名协调）示例表格

表× 某机械厂的生产数据

加工孔径 d / mm	转速　n / (r · min^{-1})		
	BTA 钻孔	BTA 套料	BTA 镗孔
50	<219	—	—
70	<160	<160	<170
85	—	191	191

4）标目规范

标目用标准形式，单位为复合单位时，宜用负指数、加括号的形式，如"加速度 / (r · min^{-2})"。标目表示百分率时，可将%视作单位符号，如"生产效率 / %"。单位符号应表示在项目栏而不是说明栏内。表格整体或局部相同的一个单位可排在表格外面右上方。

表格中量值的单位符号不宜表示在说明栏内，而应表示在项目栏内。例如在表 11-53 中，将单位排在了说明栏内，即错将"参数表达式"当作"值"（即"量值表达式"作为"数值"）。应保留"参数表达式"中的数字（如 195、3.7、3339），而将其中的量符号和单位符号按标目的形式放在纵项目栏中相应量名称的后面，见表 11-54。

实例【19】

表 11-53　单位排在说明栏内示例表格

参　数	值
针齿中心圆半径	$r_p = 195$ mm
输入功率	$P_i = 3.7$ kW
齿廓最大接触力	$F_{max} = 3339$ N

表 11-54　单位排在项目栏内示例表格

参　数	值
针齿中心圆半径 r_p / mm	195
输入功率 P_i / kW	3.7
齿廓最大接触力 F_{max} / N	3339

还可以将表格整体或局部相同单位（只限一个）移出排在表格外面（表格右上方）。例如在表 11-55 中，所有标目中的单位相同（4 类线宽都是 mm），则可把此共同单位提出来置于表格右上方，且应相对表格右框线向左缩进一些，见表 11-56。表 11-57 多数标目中的单位相同（断面圆度 a 和断面平面度 b 都是 mm），可把此局部较多的相同单位置于表格右上方，其余少数单位仍留在表格内，见表 11-58。

实例【20】

表 11-55　表格整体相同单位排在表中示例表格

表× ×××××××××

工作台位置	线宽			
S	b_{w1} / mm	b_{w2} / mm	b_{w3} / mm	均值 b_{av} / mm
2	0.108 00	0.121 00	0.135 00	0.121 00
1	0.025 00	0.022 00	0.027 00	0.024 00
0	0.009 50	0.008 12	0.008 09	0.008 60
−1	0.032 00	0.029 00	0.028 00	0.029 60
−2	0.138 00	0.125 00	0.102 00	0.122 00

表 11-56　对表 11-55 整体共同单位处理排在表格右上方示例表格

表× ×××××××× 　　　　　（单位：mm）

工作台位置	线宽			
S	b_{w1}	b_{w2}	b_{w3}	均值 b_{av}
2	0.108 00	0.121 00	0.135 00	0.121 00
1	0.025 00	0.022 00	0.027 00	0.024 00
0	0.009 50	0.008 12	0.008 09	0.008 60
−1	0.032 00	0.029 00	0.028 00	0.029 60
−2	0.138 00	0.125 00	0.102 00	0.122 00

实例【21】

表 11-57　表格局部相同单位排在表中示例表格

表× 高速剪切与普通剪切实验数据对比

剪切方式	断面倾角 α / (°)		断面圆度 a / mm		断面平面度 b / mm	
	棒端	料端	棒端	料端	棒端	料端
高速剪切	0.50	1.28	1.14	1.35	0.67	0.86
普通剪切	7·83	9.17	1.33	1.42	2.60	3.10

表 11-58　对表 11-57 局部共性单位处理排在表格右上方示例表格

表× 高速剪切与普通剪切实验数据对比 　（单位：mm）

剪切方式	断面倾角 α / (°)		断面圆度 a		断面平面度 b	
	棒端	料端	棒端	料端	棒端	料端
高速剪切	0.50	1.28	1.14	1.35	0.67	0.86
普通剪切	7·83	9.17	1.33	1.42	2.60	3.10

11.6.6　数值表达

数值＝量名称 / 单位符号，栏中数字就是"数值"，栏名是"量名称 / 单位符号"即标目（量名称可用量符号代替，量纲为一时没有" / 单位符号"）。

（1）在单位符号前加词头（含换成另一词头）或者改变量符号前的因数，使数值尽可能处在 0.1～1000。例如：某栏数值、标目是"800，1000，…""压力 / Pa"，可改为"0.8，1.0，…""压力 / kPa"；某栏数值、标目是"0.008，0.012，…""R"，可改为"8，12，…""10^3R"。

（2）量纲为一时，量符号（含前面的因数）＝表身中相应栏的数值。例如上例，若将标目、数值错误表达为"$10^{-3}R$""8，12，…"，则 R 是"8000，12 000，…"，是实际值的 10^6 倍。

（3）使用规范的标目形式，不宜用数值带单位的表达形式，对于百分数，应将百分号（%）视作单位处理写在标目中，不宜用带百分号的数值形式。例如：

实例【22】

表 11-59　表身内数值带单位符号和百分号示例表格

表×　辨识结果比较

模态阶数	理论建模		傅里叶变换法		GH 方法	
	频率 f	阻尼率 A	频率 f	阻尼率 B	频率 f	阻尼率 C
1	2.517 Hz	0.019 3%	2.218 Hz	0.015 9%	2.504 Hz	0.018 5%
2	7.648 Hz	0.015 5%	—	—	7.539 Hz	0.014 9%
3	12.135 Hz	0.013 8%	11.874 Hz	0.012 8%	12.064 Hz	0.013 3%
4	29.749 Hz	0.016 4%	29.632 Hz	0.013 6%	29.631 Hz	0.016 1%

表 11-59 中，将单位符号 Hz 和%放在表身中不规范，应放在标目内，见表 11-60。

表 11-60　对表 11-59 表身内数值处理为不带单位符号和百分号示例表格

表×　辨识结果比较

模态阶数	理论建模		傅里叶变换法		GH 方法	
	频率 f / Hz	阻尼率 A / %	频率 f / Hz	阻尼率 B / %	频率 f / Hz	阻尼率 C / %
1	2.517	0.019 3	2.218	0.015 9	2.504	0.018 5
2	7.648	0.015 5	—	—	7.539	0.014 9
3	12.135	0.013 8	11.874	0.012 8	12.064	0.013 3
4	29.749	0.016 4	29.632	0.013 6	29.631	0.016 1

（4）数值常用阿拉伯数字。同一栏数值按同一标目处理时，应以个位数、小数点或左右居中等方式对齐；小数点后保留的有效数字位数宜相同，但不按同一标目处理时除外。例如：

实例【23】

表 11-61　数值排式、小数点后位数不一致示例表格

表×　各参量测量结果

参　量	最小值	最大值	平均值
质量 m / kg	6.104	6.50	6
长度 l / mm	117.32	118	117.983
宽度 b / mm	8	8.906	8.764
体积 V / m^3	0.092	0.12	0.1078

表 11-61 表身中，第 2～4 栏的数值分别为居中对齐、左对齐、右对齐，不一致；量"最小值""最大值""平均值"各列中小数点后的有效数字位数不一致，可采用末位加 0，或通过数值修约规则（或四舍五入法）减少位数。以居中对齐，以及"质量""长度""宽度""体积"行数值小数点后分别保留一位、两位、两位、三位有效数字为例，处理结果见表 11-62。

表 11-62　对表 11-61 数值处理示例表格

表×　各参量测量结果

参　量	最小值	最大值	平均值
质量 m / kg	6.1	6.5	6.0
长度 l / mm	117.32	118.00	117.98
宽度 b / mm	8.00	8.91	8.76
体积 V / m^3	0.092	0.120	0.108

（5）相邻栏内文字相同时，应重复写出，不宜用"同上""同左""〃"等代替。例如：

实例【24】

表 11-63　表身中重复数值表达不当、共用栏示例表格

表× 出口含湿峰值的大小及其迁移时间

变 量	数值	出口含湿峰值 $Y /(\mathrm{kg} \cdot \mathrm{kg}^{-1})$	迁移时间 t / s
再生空气流速 $v_{\mathrm{reg}} /(\mathrm{m} \cdot \mathrm{s}^{-1})$	1.5	0.041	87.3
	2.0	同上	63.3
	3.0	0.039	40.4
再生空气进口温度 $\theta_{\mathrm{reg}} / ℃$	80	0.034	100.1
	100	0.041	87.3
	120	0.048	76.8
处理空气流速 $v_{\mathrm{ads}} /(\mathrm{m} \cdot \mathrm{s}^{-1})$	1.5	0.041	87.1
	2.0	同上	87.3
	3.0	〃	86.9
转速 $n /(\mathrm{r} \cdot \mathrm{min}^{-1})$	0.07	〃	84.1
	0.10	〃	86.3
	0.13	〃	87.3

表 11-63 使用"同上"和"〃"来代替 0.041，不规范。正确处理方法是，不嫌麻烦，不管重复与否，都将 0.041 全部写出，见表 11-64；也可采用共用栏，见表 11-65，第 3 栏内的 0.041 本应重复写 9 次，处理后只写了 3 次，0.041 在共用栏处于上下居中位置。

表 11-64　对表 11-63 中重复数值常规处理示例表格

表× 出口含湿峰值的大小及其迁移时间

变 量	数值	出口含湿峰值 $Y /(\mathrm{kg} \cdot \mathrm{kg}^{-1})$	迁移时间 t / s
再生空气流速 $v_{\mathrm{reg}} /(\mathrm{m} \cdot \mathrm{s}^{-1})$	1.5	0.041	87.3
	2.0	0.041	63.3
	3.0	0.039	40.4
再生空气进口温度 $\theta_{\mathrm{reg}} / ℃$	80	0.034	100.1
	100	0.041	87.3
	120	0.048	76.8
处理空气流速 $v_{\mathrm{ads}} /(\mathrm{m} \cdot \mathrm{s}^{-1})$	1.5	0.041	87.1
	2.0	0.041	87.3
	3.0	0.041	86.9
转速 $n /(\mathrm{r} \cdot \mathrm{min}^{-1})$	0.07	0.041	84.1
	0.10	0.041	86.3
	0.13	0.041	87.3

表 11-65　对表 11-63 中重复数值以共用栏处理示例表格

表× 出口含湿峰值的大小及其迁移时间

变 量	数值	出口含湿峰值 $Y /(\mathrm{kg} \cdot \mathrm{kg}^{-1})$	迁移时间 t / s
再生空气流速 $v_{\mathrm{reg}} /(\mathrm{m} \cdot \mathrm{s}^{-1})$	1.5	0.041	87.3
	2.0		63.3
	3.0	0.039	40.4
再生空气进口温度 $\theta_{\mathrm{reg}} / ℃$	80	0.034	100.1
	100	0.041	87.3
	120	0.048	76.8
处理空气流速 $v_{\mathrm{ads}} /(\mathrm{m} \cdot \mathrm{s}^{-1})$	1.5		87.1
	2.0		87.3
	3.0	0.041	86.9
转速 $n /(\mathrm{r} \cdot \mathrm{min}^{-1})$	0.07		84.1
	0.10		86.3
	0.13		87.3

11.6.7　数据区分

用空白或符号区分数据，如空白表示数据不适用或不存在，一字线表示数据无法、未获得或不便表达。表 11-66 中一字线部分的数据是不存在的，用一字线不妥，宜改用空白，见表 11-67。表 11-68 空白单元格的数据是未获得或暂时没有，用空白不妥，应改用一字线，见表 11-69。

实例【25】

表 11-66　表格中数据区分不规范示例表格 1

表× 相互独立变量之间的相关性检验结果

	Y	X_1	X_2	X_3	X_4	X_5	X_6
Y	1.000	—	—	—	—	—	—
X_1	0.840	1.000	—	—	—	—	—
X_2	0.274	0.110	1.000	—	—	—	—
X_3	0.971	0.895	0.134	1.000	—	—	—
X_4	−0.168	−0.328	0.135	−0.308	1.000	—	—
X_5	0.967	0.918	0.175	0.990	−0.310	1.000	—
X_6	−0.150	−0.202	0.372	−0.275	0.639	−0.182	1.000

表 11-67　对表 11-66 数据区分处理示例表格

表× 相互独立变量之间的相关性检验结果

	Y	X_1	X_2	X_3	X_4	X_5	X_6
Y	1.000						
X_1	0.840	1.000					
X_2	0.274	0.110	1.000				
X_3	0.971	0.895	0.134	1.000			
X_4	−0.168	−0.328	0.135	−0.308	1.000		
X_5	0.967	0.918	0.175	0.990	−0.310	1.000	
X_6	−0.150	−0.202	0.372	−0.275	0.639	−0.182	1.000

实例【26】

表 11-68　表格中数据区分不规范示例表格 2

表× 国内外太阳能无人机进展对比

国家	型号	最大飞行高度 / km	续航	载荷 / kg
美国	太阳神	29.5	18 h	
英国／法国	西风 7	22.6	25 d 23 h	<5
韩国	EVA-3	18.5	90 min	
中国	彩虹 T4	20	16 h	

表 11-69　对表 11-68 数据区分处理示例表格

表× 国内外太阳能无人机进展对比

国家	型号	最大飞行高度 / km	续航	载荷 / kg
美国	太阳神	29.5	18 h	—
英国／法国	西风 7	22.6	25 d 23 h	<5
韩国	EVA-3	18.5	90 min	—
中国	彩虹 T4	20	16 h	—

11.6.8　表中图

表中图较多时，为避免这些图的幅面受单元格限制而不能或难以采用合适的幅面，进而显著影响表格的整体表达效果，可用脚注形式将这些图移到表格外，如将表 11-70 处理为表 11-71。表中图较多时，这种处理更具优势。

实例【27】

表 11-70 表中图示例表格

表× 对比实验结果

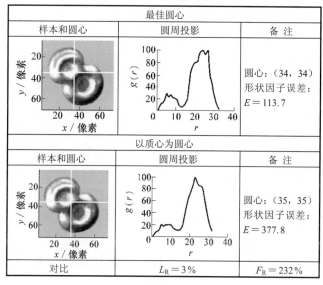

表 11-71 对表 11-70 中图处理为脚注形式示例表格

表× 对比实验结果

圆心类别	圆心坐标	形状因子误差 E	样本和圆心图示	圆周投影图示
最佳圆心	(34, 34)	113.7	①	②
质心	(35, 35)	377.8	③	④
相对误差	$L_R = 3\%$	$F_R = 232\%$	—	—

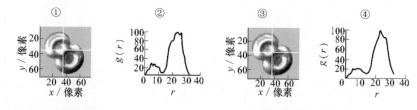

11.6.9 优先用三线表

全线表转换为三线表后，项目头的斜线消失了，项目头成为栏目，注意转换方式及技巧。

1）栏目选优去次

选取项目头中最有保留价值的栏目，将可有可无、次要的栏目去掉。例如：

实例【28】

表 11-72 项目头内有两条斜线的全线表示例表格

表× 型线性能对比

性能 型线类型	运动半径 r / mm	行程容积比 λ	体积利用系数 γ
$s_1(\varphi)$	8.670	5.406	0.165
$s_2(\varphi)$	8.670	4.120	0.165
$s_3(\varphi)$	3.345	4.240	0.136
Δ (s_1 相对于 s_2)		0.312	0
Δ (s_1 相对于 s_3)		0.275	0.213

在全线表 11-72 中，项目头的栏目名称"性能"不仅已蕴含在表题中，而且由其所标识的"运动半径""行程容积比""体积利用系数"的属性已非常明显，此栏目明显多余，但另一个栏目"型线类型"是必要的。因此可按栏目选优去次处理，见表 11-73。

表 11-73　对表 11-72 按栏目选优去次转换成三线表示例表格

表×　型线性能对比

型线类型	运动半径 r / mm	行程容积比 λ	体积利用系数 γ
$s_1(\varphi)$	8.670	5.406	0.165
$s_2(\varphi)$	8.670	4.120	0.165
$s_3(\varphi)$	3.345	4.240	0.136
$\Delta(s_1$ 相对于 $s_2)$		0.312	0
$\Delta(s_1$ 相对于 $s_3)$		0.275	0.213

2）栏目选优移位

对比分析项目头的栏目，选取其中有保留价值的若干栏目，通过变换位置将合适的栏目挪到横项目栏。例如：表 11-26 项目头的"幅值"应去掉（与表题重复），"轴心轨迹"保留，"频率"作为其所辖三类频率的共性名称应移到横项目栏，转换后的三线表见表 11-28。

3）科学合理转换

复杂全线表通常可以转换为三线表，但需要精心设计和安排。例如：

实例【29】

表 11-74　复杂全线表示例表格

表×　最大径向应力与滑转率的关系

实测值与预测值\滑转率(%)\传感器号\测定点\附着力(N)	最大径向应力（kPa）									
	5		14		19		24		27	
	实测值	预测值	实测值	预测值	实测值	预测值	实测值	预测值	实测值	预测值
1500　　1 1	…	…	…	…	…	…	…	…	…	…
2 2	…	…	…	…	…	…	…	…	…	…
3 4	…	…	…	…	…	…	…	…	…	…
2500　　4 1										
5 2										
6 4										

表 11-74 项目头斜线多，按栏目选优去次、移位可转换成三线表（表 11-75）：原表栏目"滑转率(%)"成为新表横项目栏，"附着力(N)"未改变成为新表栏目，横项目栏"最大径向应力(kPa)"与表题重复，去掉，表中省略的数据属"最大径向应力"，单位 kPa 可统一标注。

表 11-75　对表 11-74 通过栏目选优去次和移位转换成三线表示例表格

表×　最大径向应力 $\sigma_{r\,max}$ 与滑转率 η_t 的关系　　　（单位：kPa）

附着力 F / kN	测定点	传感器号	滑转率 η_t / %									
			5		14		19		24		27	
			实测值	预测值	实测值	预测值	实测值	预测值	实测值	预测值	实测值	预测值
1.5	1	1										
	2	2										
	3	4										
2.5	4	1										
	5	2										
	6	4										

11.6.10 三线表项目栏配置

三线表中常出现项目栏配置不合理的情况，如缺少栏目、项目栏类型不妥、栏名错误等。以下为三线表项目栏配置处理方法。

1）增设栏目

三线表不能缺少栏目（项目栏），否则就不是三线表了。例如：

实例【30】

表 11-76   缺少栏目的三线表示例表格

表×   故障发生情况

2016-5-30 16:55:26	A 侧过热器泄漏	严重	0.75
2016-5-30 16:55:28	A 侧过热器泄漏	非常严重	0.97
2016-5-30 16:55:30	A 侧过热器泄漏	非常严重	0.99

表 11-76 无栏目，是二线表，各列表意不明确，可在表格顶部增加栏目，见表 11-77。

表 11-77   对表 11-76 增设栏目的三线表示例表格

表×   故障发生情况

故障时间	故障原因	故障程度	
2016-5-30 16:55:26	A 侧过热器泄漏	严重	0.75
2016-5-30 16:55:28	A 侧过热器泄漏	非常严重	0.97
2016-5-30 16:55:30	A 侧过热器泄漏	非常严重	0.99

2）确定栏类（横、纵项目栏）

栏的类型设置不当时，容易导致无栏名或标目，使表中行或列间数据关系不明确。例如：

实例【31】

表 11-78   缺少横项目栏的三线表示例表格

表×   不同压比下指示功率实测值与计算值比较   （单位：kW）

压比 p_d / p_s	8	7	6	5	4
实测值	1.700	1.670	1.610	1.500	1.340
计算值	1.724	1.670	1.576	1.464	1.130
相对误差 e / %	1.160	0	−2.170	−2.640	−2.290

表 11-78 纵项目栏放置 4 个参数（压比、实测值、计算值、相对误差），每个参数一行，因缺少横项目栏，"实测值""计算值"与"压比"之间的对应关系未能明确表达出来。重新配置项目栏，将"压比"从纵项目栏提取出来作为各列数据的横项目栏共性名称，见表 11-79。

表 11-79   将表 11-78 处理为有横项目栏的三线表示例表格

表×   不同压比下指示功率实测值与计算值比较   （单位：kW）

对比项	压比 p_d / p_s				
	8	7	6	5	4
实测值	1.700	1.670	1.610	1.500	1.340
计算值	1.724	1.670	1.576	1.464	1.130
相对误差 e / %	1.160	0	−2.170	−2.640	−2.290

3）栏目竖排

优先使用横表头表格，量名称置于横项目栏，其下数值作竖向上下排列。例如：

实例【32】

表 11-80　应配置为横项目栏而配置成纵项目栏的三线表示例表格

表×　最小几何中心距的相对值

偏心率 ε	0.05	0.10	0.15
最小几何中心距相对值 a_{cmin}	0.000 018 40	0.000 165 11	0.000 629 83
偏心率 ε	0.20	0.25	0.30
最小几何中心距相对值 a_{cmin}	0.001 705 40	0.003 964 81	0.008 122 97

表 11-80 的项目栏配置不合理，将本应位于横表头的两个指标放置在纵表头，还造成不必要的、效果较差的表格叠栏排。将纵表头处理为横表头，如表 11-81 所示，同一量的数值处于同一竖向栏内，表格叠栏自动消失，表达效果大大提升。

表 11-81　将表 11-80 纵项目栏改为横项目栏的三线表示例表格

表×　最小几何中心距的相对值

偏心率 ε	最小几何中心距相对值 a_{cmin}
0.05	0.000 018 40
0.10	0.000 165 11
0.15	0.000 629 83
0.20	0.001 705 40
0.25	0.003 964 81
0.30	0.008 122 97

4）栏目取名

栏目取名与栏目合理归类、配置紧密相关，应同步考虑，协同进行。例如：

实例【33】

表 11-82　栏目取名错误的三线表示例表格

表×　刀具角度与产品表面质量关系实验

序号	刀具角度					
	前角 γ_0 / (°)	后角 α_0 / (°)	主偏角 κ_r / (°)	副主偏角 κ_r' / (°)	成形情况	表面粗糙度 Ra / μm
01	0	3	75	5	否	
02	0	3	75	15	否	
03	0	3	75	30	否	
04	0	5	90	5	否	
05	0	5	90	15	是	0.15
06	0	5	90	30	是	0.08

表 11-82 中，误将最后两个列名"成形情况"和"表面粗糙度"归属栏目"刀具角度"，其实这二者属于表面形貌或表面质量，根本不在刀具角度范畴。重作归类、取名处理见表 11-83，将这两个列名归于栏名"产品表面质量"，并在辅助线的相应位置处断开，以与栏目"刀具角度"相区分。

表 11-83　对表 11-82 栏名处理的三线表示例表格

表×　刀具角度与产品表面质量关系实验

序号	刀具角度 / (°)				产品表面质量	
	前角 γ_0	后角 α_0	主偏角 κ_r	副主偏角 κ_r'	成形情况	表面粗糙度 Ra / μm
01	0	3	75	5	否	
02	0	3	75	15	否	
03	0	3	75	30	否	
04	0	5	90	5	否	
05	0	5	90	15	是	0.15
06	0	5	90	30	是	0.08

第 **12** 章

式　子

　　式子包括数学式、化学式，在科技论文特别是理论性论文中使用较多。数学式表达量与量之间的逻辑和运算关系，往往涉及较多、复杂的推导过程；它是数字、字符（字母、符号）等的逻辑组合，字符有字符类别及字体、字号、大小写、正斜体、上下标之分；它自身还有转行、接排等情况，在排版形式上应规范。规范使用式子，实现式子编排的规范化，节省和美化版面，探索其处理方法和技巧，对成就高质量论文也有现实意义。科技论文中式子的规范使用，目前尚无专门的国家标准可循，但就数学符号的规范使用来说，可参照 GB 3102.11—1993《物理科学和技术中使用的数学符号》。本章基于此标准，按一些约定俗成及编辑出版界的普遍做法，加上笔者的经验、看法，主要讲述科技论文中式子的规范使用。

12.1　式子的简单分类

　　式子分为数学式和化学式两大类，数学式分为数学公式（公式）、数学函数式（函数式）、数学方程式（方程式）和不等式，化学式分为分子式、结构式、示性式（结构简式）、实验式等，如图 12-1 所示。公式已得到证明和公认，函数式表示因变量随自变量变化的关系，而方程式含有未知数。方程式分为量方程和数值方程。从排版形式，数学式分为单行式（平排式）如 $A+B+C=D$ 和叠排式如 $\dfrac{A}{B}=\dfrac{C}{D}=\dfrac{E}{F}$。式子用词语而非字符表示时称为文字式。

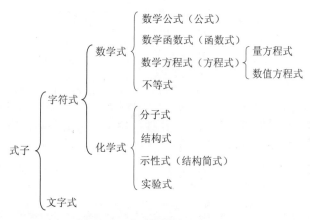

图 12-1　式子的简单分类

12.2　数学式

12.2.1　数学式的特点

　　（1）字符种类多。式中可能有多种字符，如英文字母（拉丁字母）、希腊字母等，字符有字体、字号、大小写、正斜体、上下标之分；符号包括运算符号、关系符号、逻辑符号、函数符号等，还可能有缩写词。

（2）字符易混淆。不少字符形体相似，表意和适用场合却不同，式中字符选用不合适或录排不妥当容易引起误解。例如：a 与 α，r 与 γ，u 与 v，w 与 ω，B 与 β，0 与 o，o 与 O，c 与 C，P 与 p 和 ρ，s 与 S，Z 与 z 和 2，x 与 X 和 χ，X 与 ×，s 与 5，Δ（$\mathit{\Delta}$）与 △，"《》"与"＜＜＞＞"和"≪≫"，"〈〉"与"＜＞"等，1（英文小写字母）与 1（阿拉伯数字）没有什么区别。

（3）层次重叠多。字符在式中上下、左右排列位置不同，含义往往不同。式中常有上下标，其中还可能有复式上下标；式中有时有繁分式（叠排式）、行列式、矩阵。

（4）变化形式多。同一式子可能有不同表达形式，如分数式可写成 $\dfrac{a}{b}$、a/b 或 ab^{-1}。正斜体相同的同一符号在不同式中的含义可能不同，而正斜体不同的同一符号在相同或不同式中的含义不同。例如：Δ 可表示有限增量、拉普拉斯算子，而 $\mathit{\Delta}$ 可作某一量的符号；π、e、d 分别表示圆周率、自然对数的底、微分符号，而 π、e、d 可分别作某一量的符号。

（5）占用版面多。重要式子常单独占一行排，有的式子的前边、后边或式与式之间的关联词语等常要求单独一行排；含有分式、繁分式、行列式、矩阵等的式子必然占用较多版面。

扫一扫
视频讲解

12.2.2　数学式的表达要求

扫一扫
视频讲解

12.2.2.1　数学式对正文排式

数学式对正文的排式分为串文排和另行排两种。串文排是把数学式视作一个词语排在文字中，另行排是把数学式另行排在引出它的文字的下方位置（如左右居中，居左排或自左从一定宽度的空白位置起排），如以下表述中的" $k'\approx k$ "" $\omega_0'\approx\omega_0$ "" $\delta A_b(\omega,\ F'(z))/\delta\omega$ "为串文排，而式（1）则为另行排。

当力的微分 $F'(z)$ 足够小时，$k'\approx k$，$\omega_0'\approx\omega_0$，这种情况下在 $\delta A_b(\omega,\ F'(z))/\delta\omega$ 取得最大值的频率 $\omega_m\approx\omega_1$ 处，可得最佳工作频率为 ω_1。有以下关系式：

$$\delta(A_b(\omega_1,\ F'(z)))\approx\frac{2}{3\sqrt{3}}\frac{Q}{k}A_b(\omega_0,0)\delta F'(z)。 \tag{1}$$

对一个数学式，究竟采用哪种排式，往往取决于多方面因素。实际中常将"数学式另行排"作为数学式处理的重要规则，但要注意，无需另行排的数学式不宜处理成另行排的形式。一般地，对于重要、较为复杂或需要编码的数学式宜用另行排，而其他数学式则用串文排。重要的数学式另行排后，较为醒目，容易引起注意；较为复杂的数学式要么较长，要么含有积分号、连加号或连乘号等数学运算符号，要么结构与形式较为复杂（如含有繁分式），虽然不一定重要，但用串文排有可能会使同行的文字与其上下两行之间的行距加大甚至加大很多，版面效果下降，甚至还会出现需要转行排，而又难以实现转行或无法满足转行规则；对需要编码的数学式若不另行排，就无法将其编号排在规定的位置。

12.2.2.2　数学式符号注释

数学式符号注释（式注）是对式中需要注释的量及其他符号给出名称或进行解释（说明）。通常按符号在式中出现的顺序，用简洁准确语句逐一解释，但对前文中已做过解释的符号不必重复解释。对数值方程式的量还应接着注释语给出计量或计数单位。式注通常有以下三类。

1）列示式

数学式列出后，另起行左顶格写出"式中"（或其他类似词，如"其中"），其后加空格（通常一字宽，不加任何标点），接着依次写出所注释的符号、破折号及注释语。同一行注释的符号可以为单一符号，也可以为多个符号，若为多个符号，符号间用逗号分隔；一行排不下时转行排，转下来的首字或字符通常应与上行破折号后的第一个字对齐，行末一般加分号；每个符号的式注单独起行时应遵循以破折号对齐的规则；最后一个式注的行末加句号。例如：

从最大间隙处起，顺钻杆转向取 θ 角为周向坐标，并考虑钻杆中心位置 e，φ 的变化引起的切削液厚度的变化，参照转子动力学和润滑理论中同类型问题的处理方法，利用雷诺方程描述如下：

$$\frac{1}{R^2}\frac{\partial}{\partial\theta}\left(\frac{\delta^3}{12\mu}\frac{\partial p}{\partial\theta}\right) + \frac{\partial}{\partial z}\left(\frac{\delta^3}{12\mu}\frac{\partial p}{\partial z}\right) = \frac{1}{2}\left(\omega - 2\frac{\mathrm{d}\varphi}{\mathrm{d}t}\right)\frac{\partial\delta}{\partial\theta} + \frac{\mathrm{d}e}{\mathrm{d}t}\cos\theta \; 。 \tag{2}$$

式中　δ——钻杆与工件内孔壁间的切削液厚度，$\delta = C(1 + \varepsilon\cos\theta)$；

　　　R——钻杆半径；

　　　ω——钻杆旋转角速度。

再如：

零部件的多元质量损失函数为

$$L(y_1,\ y_2,\cdots,\ y_n) = \sum_{i=1}^{n}\lambda_i L(y_i) \; 。 \tag{3}$$

式中　λ_i——质量特性值 y_i 的损失权重；

　　　$L(y_i)$—— y_i 的损失函数。

量方程式是用量符号表示量值（即数值×单位）的，与所选用的单位无关，因此无须对式（2）、（3）中的量给出单位注释。但对于数值方程式，则与所选用的单位有关，须要对其中的量给出单位注释，注释时单位符号可以用括号括起，也可不用。例如：

空压机的供气流量可通过下式得到：

$$q_{ma} = 1.285\,\lambda_a\frac{P_s}{U_c} \; 。 \tag{4}$$

式中　q_{ma}——供气流量，kg / h；

　　　λ_a——过量空气系数；

　　　U_c——每片电池的平均工作电压，V；

　　　P_s——燃料电池堆输出功率，kW。

以上式注部分也可以写成以下形式：

式中　q_{ma}——供气流量（kg / h）；

　　　λ_a——过量空气系数；

　　　U_c——每片电池的平均工作电压（V）；

　　　P_s——燃料电池堆输出功率（kW）。

量符号与注释语之间的破折号（——）的意思是"是""为""表示""代表"，因此注释语前不必再出现这类词语。当某破折号前的符号太多时，以破折号对齐不一定美观，此时不必一定将各注释行以破折号对齐。每一注释行中的量符号、破折号与注释语均可看作构成一个完整的单句（主谓宾句），各注释行则组成一个并列复句，其间一般用分号，最后一行的末尾用句号。式中还会出现量符号以外的其他符号，对其注释的形式同量符号。

2）行文式

将式注看作叙述性文字处理，"式中"另行起，其后加逗号或冒号，接排要注释的符号及注释语，符号与注释语之间用"为""是""表示"之类的字词相连；如果仅对一个符号进行注释，则"式中"后面无须加标点，其后接排符号及注释语即可。这种注释形式的突出优点是结构较为紧凑，节省版面。例如以上式（4）的表述可按行文式注释表述如下：

空压机的供气流量可通过下式得到：

$$q_{ma} = 1.285\,\lambda_{a}\frac{P_{s}}{U_{c}}\,。 \tag{5}$$

式中，q_{ma} 为供气流量，kg／h；λ_{a} 为过量空气系数；U_{c} 为每片电池的平均工作电压，V；P_{s} 为燃料电池堆输出功率，kW。

3）子母式

式注中的某一（些）项派生出的新的式子为子式，原式即为母式，排式如下。

（1）子式与式注同行排，且子式排在式注后面，二者间用逗号分隔，子式末尾加分号（若处于最后一行则加句号）。例如，式（2）第一个式注中的 $\delta = C(1 + \varepsilon\cos\theta)$ 即为这种排式。

（2）子式单独起行排在式注的下方，其关系符号（包括等号和不等号）通常与式注中的破折号的左端对齐，子式中的符号及注释语与母式中的应被一视同仁地按顺序统一列出。子式一行排不下时可转行排，末尾加分号（若处于最后一行则加句号）。例如：

油膜厚度方程式如下所示：

$$\delta = \delta_{0} + \Delta\delta\,。 \tag{6}$$

式中　　δ_{0}——不计轴瓦表面变形的油膜厚度，

$$\delta_{0} = c + e_{0}\cos(\theta - \psi_{0}) + \tan\left(y - \frac{L}{2}\right) \times \cos(\theta - \beta - \psi_{0})\,;$$

　　　　c ——轴承半径间隙；

　　　　e_{0}——轴承中央断面偏心距；

　　　　$\Delta\delta$——油膜压力作用在轴瓦表面时各点产生的弹性变形引起的油膜厚度变化。

（3）子式与母式并列排，且排在母式下方，必要时还可为子式编号，子式中的符号及注释语与母式中的应被一视同仁地按顺序统一列出。对式（6）的这种排式如下：

油膜厚度方程式如下所示：

$$\delta = \delta_{0} + \Delta\delta\,, \tag{7}$$

$$\delta_{0} = c + e_{0}\cos(\theta - \psi_{0}) + \tan\left(y - \frac{L}{2}\right) \times \cos(\theta - \beta - \psi_{0})\,。$$

式中　　δ_{0}——不计轴瓦表面变形的油膜厚度；

c ——轴承半径间隙；

e_0——轴承中央断面偏心距；

$\Delta\delta$——油膜压力作用在轴瓦表面时各点产生的弹性变形引起的油膜厚度变化。

（4）对子式编号时，最好将子式与母式并列排再编号，或将子式视作新母式重新处理，即将子式、母式视作两个不同式子分别处理。对式（6）按此排式的前一种方式处理的结果为：

油膜厚度方程式如下所示：

$$\delta = \delta_0 + \Delta\delta , \tag{8}$$

$$\delta_0 = c + e_0\cos(\theta - \psi_0) + \tan\left(y - \frac{L}{2}\right) \times \cos(\theta - \beta - \psi_0) . \tag{9}$$

式中 δ_0——不计轴瓦表面变形的油膜厚度；

c ——轴承半径间隙；

e_0——轴承中央断面偏心距；

$\Delta\delta$——油膜压力作用在轴瓦表面时各点产生的弹性变形引起的油膜厚度变化。

按后一种方式处理的结果为：

油膜厚度方程式如下所示：

$$\delta = \delta_0 + \Delta\delta . \tag{10}$$

式中 δ_0——不计轴瓦表面变形的油膜厚度；

$\Delta\delta$——油膜压力作用在轴瓦表面时各点产生的弹性变形引起的油膜厚度变化。

$$\delta_0 = c + e_0\cos(\theta - \psi_0) + \tan\left(y - \frac{L}{2}\right) \times \cos(\theta - \beta - \psi_0) . \tag{11}$$

式中，c 为轴承半径间隙，e_0 为轴承中央断面偏心距。

12.2.2.3 数学式编号

扫一扫

视频讲解

对再（多）次被引用的数学式或重要的结论性数学式，应按其在文中出现的顺序给予编号，以便查找、检索和前后呼应。为数学式编号有以下规则：

（1）式号均用阿拉伯数字（自然数），置于圆括号内，并右顶格排。

（2）各式子的编号应连续，不能重复，不能遗漏。

（3）若式子太长，其后无空位排式号或空余较少不便排式号，或为了排版需要，则可将式号排在下一行的右顶格处。例如：

$$C_k = \left.\frac{\partial g(i_k,\ x_k)}{\partial x_k}\right|_{x_k = x_{k/k-1}} = \frac{K_1}{(x_{k/k-1})^2} - K_2 + \frac{K_3}{x_{k/k-1}} - \frac{K_4}{1 - x_{k/k-1}} - \frac{K_5}{(1 - x_{k/k-1})^2} .$$

$$\tag{12}$$

（4）编号的式子不太多时，常用自然数表示式号，如（1）、（2）等，但对性质相同的一组式子，则可以采用在同一式号后面加字母的形式，如（1a）、（1b）等。例如：

$$v_1^n = C_d \left[F_{min} + (F_{max} - F_{min}) \frac{2R_P - H}{2R_P} \frac{f_1}{f_1 + f_2} \right] \times v_1^p ; \tag{13a}$$

$$v_2^n = -C_d \left[F_{min} + (F_{max} - F_{min}) \frac{2R_P - H}{2R_P} \frac{f_2}{f_1 + f_2} \right] \times v_2^p 。 \tag{13b}$$

（5）对一组不太长的式子，可排在同一行，而且可以共用一个式号。例如：

$$x_C = x_D + h_3 \cos \psi , \quad y_C = y_D + h_1 \sin \psi , \quad z_C = z_D 。 \tag{14}$$

（6）同一式子分几种情况而上下几行并排时，应共用一个式号，各行的左端可加一个大括号且左端排齐，式号排在各行整体的上下居中位置，如式（15）。但是，对于一行排不下而排为几行的同一式子，式号宜排在最后一行的末端，如式（16）。

$$\sigma_z = \begin{cases} H_{min} = \dfrac{b}{2} \tan \phi - (d + d') , \\[2mm] H_{max} = \dfrac{b}{2} \tan(\phi + \theta) - (d + d') 。 \end{cases} \tag{15}$$

$$f(z) = \left\| \boldsymbol{\Phi}(z, s) - \boldsymbol{a} \right\|^2 = (s + 1)^2 K(z, z) -$$
$$2(s + 1) \sum_{i=1}^{n} \alpha_i (s_i + 1) K(z, \boldsymbol{x}_i) +$$
$$\sum_{i=1, j=1}^{n} \alpha_i \alpha_j (s_i + 1)(s_j + 1) K(\boldsymbol{x}_i, \boldsymbol{x}_j) 。 \tag{16}$$

几个式子上下并排组成一组且共用一个式号时，各行式子左端宜排齐，式号应该排在该组式子整体的上下居中位置，必要时可在该组式子左或右端加一个大括号，如式（17）所示。

$$\begin{cases} C_0 = c_d v_d + C_{min} , \\ C_{op}^{T_{le}} = c_c T_{le} , \\ C_i = (1 - \alpha_i) C_0 (1 + \sigma)^{-t_i} , \\ C_{op}^{T_{rci}} = \beta_{rci} C_{op}^{t_{pi}} (1 + \sigma)^{-t_i} , \\ C_{op}^{t_{pi}} = t_{pi}^2 c_{pi} v_{ri} (1 + \sigma)^{-t_i} , \\ R = \left(\lambda_0 C_0 + \sum_{i=1}^{n} \lambda_i C_i \right) (1 + \sigma)^{-t_{n+1}} 。 \end{cases} \tag{17}$$

一组式子无须编式号但须加大括号时，大括号通常加在这组式子的左端（加右侧也可以），尤其对于联立方程更应如此，如下式所示。

$$\begin{cases} x = x_b \cos(\beta + \gamma + \theta) + r_b \gamma \sin(\beta + \gamma + \theta) , \\ y = x_b \sin(\beta + \gamma + \theta) - r_b \gamma \cos(\beta + \gamma + \theta) , \\ z = p\theta 。 \end{cases}$$

（7）正文中应先提及式子，然后再在提及该式的段落后列出该式，即正文与式子呼应（对应），而且正文中引用的式子编号与式子后的编号宜用相同的形式。避免"上式即为……的计算式""将上式与式（3）比较可知……""如下式所示"之类的叙述，因为即使作者非常清楚"上式""下式"具体是指哪个式子，但对读者来说并不一定清楚，容易造成误解，将"上式""下式"改用含有式号的表述时（在具体语境中指代明确时，可以不改），问题就迎刃而解了。

（8）对文中未提及或不重要、无须编式号的式子，即使用了另行排，也不用对其编号。

12.2.2.4　数学式前用语

数学式前的用语（也称镶字）是数学式前面另行起排的短词语，用来表示式间提示、过渡或逻辑关系。常见的镶字分为单字类、双字类、三字及以上类：单字类通常有"解、证、设、令、若、当、但、而、和、或、及、故、则、如、即、有"等；双字类通常有"式中、其中、此处、这里、假设、由于、因为、所以、故此、于是、因而、由此、为此、因之、再者、亦即、代入、使得、便得、可得、求得"等；三字及以上类通常有"由此得、因而有、其解为、其结果为、一般来说、由式（×）可得"等。例如：

又因为电磁吸力 $F = \dfrac{B^2}{2\mu}A$，摩擦面内外侧对称，故

$$\frac{F_o}{F_i} = \frac{B_o^2}{B_i^2} = \frac{\phi_o^2}{\phi_i^2} = \frac{R_2}{R_1},\tag{18}$$

式中　B——磁通密度，
则

$$\frac{\phi_o}{\phi_i} = \sqrt{\frac{R_2}{R_1}}\,。$$

联立式（2）和方程组（5）可得

$$\frac{\dfrac{a}{b_3} + \dfrac{h}{b_2} + \dfrac{a}{b_1}}{\dfrac{a}{b_3} + \dfrac{h+a}{b_1}} = \sqrt{\frac{R_2}{R_1}},$$

即

$$b_2 = \frac{h}{\sqrt{\dfrac{R_2}{R_1}}\left(\dfrac{a}{b_3} + \dfrac{h+a}{b_1}\right) - \left(\dfrac{a}{b_3} + \dfrac{a}{b_1}\right)}$$

或

$$\frac{h}{b_2} = \frac{1}{b_1}\left[(h+a)\sqrt{\frac{R_2}{R_1}} - a\right] + \frac{a}{b_3}\left(\sqrt{\frac{R_2}{R_1}} - 1\right)。$$

以上示例中式子前面的"则""即""或"均为镶字。使用镶字有以下规则：

（1）镶字通常左顶格排（属文字自然段的开始除外）。为节省版面，只要不影响式子的另行排，可考虑将镶字与式子排在同一行。当式子超过两行时，其间镶字用另行排或骑缝排

（骑缝排指镶字排在上下两式之间的位置，而上下两式按正常行距排）为宜。

（2）式子有编号时，式子前面的镶字应另行排或骑缝排，不宜与式子、编号排在同一行。

（3）式子为叠排式时，式子前面的镶字宜另行排或骑缝排，确有必要与叠排式排在同一行时，镶字应与式子的主体对齐。

12.2.2.5 数学式自身排式

1）主体对齐

主体对齐指无论式子是单行式还是叠排式，无论式中是否有根号、积分号、连加号、连乘号，也无论式中各符号是否有上下标，凡属式子主体的部分都应排在同一水平位置上。属式子主体部分的符号有"$=$，$\equiv$，$\approx$，$\neq$，$\leqslant$，$\geqslant$，$<$，$>$，$\notin$，$\not\subset$"及分数线等。例如：

$$a = \sqrt{\sqrt{3}} \quad \text{不能排为} \quad a = \sqrt{\sqrt{3}} \, ;$$

$$\varphi = \sum_{i=1}^{n} N_i \varphi_i \quad \text{不能排为} \quad \varphi = \sum_{i=1}^{n} N_i \varphi_i \, ;$$

$$\lim_{x \to \infty} f(x) = 0 \quad \text{不能排为} \quad \lim_{x \to \infty} f(x) = 0 \, ;$$

$$s = \frac{\frac{1}{2}\tan(\phi + \theta) - (d + d')}{\frac{1}{2}\tan\phi - (d + d')} \quad \text{不能排为} \quad s = \frac{\frac{1}{2}\tan(\phi + \theta) - (d + d')}{\frac{1}{2}\tan\phi - (d + d')} \, 。$$

2）主辅线分清

叠排式中有主、辅线之分，主线比辅线稍长，而且主线与式中的主体符号应齐平。同时，式号应排在式中主体符号或主线的水平位置上。例如式

$$\frac{\dfrac{R_b}{\sin\alpha}}{\dfrac{R_t}{\cos\beta}} = \frac{R_b\cos\beta}{R_t\sin\alpha} \tag{19}$$

不能排为

$$\frac{\dfrac{R_b}{\sin\alpha}}{\dfrac{R_t}{\cos\beta}} = \frac{R_b\cos\beta}{R_t\sin\alpha} \tag{19a}$$

或

$$\frac{\dfrac{R_b}{\sin\alpha}}{\dfrac{R_t}{\cos\beta}} = \frac{R_b\cos\beta}{R_t\sin\alpha} \, 。 \tag{19b}$$

3）单元层次分明

数学式中的一些符号，如积分号、连加号、连乘号、缩写词等，应与其两侧的另一单元的符号、数字分开，不能将它们左右重叠、交叉混排在一起，但如果还有与其构成一体的其

他字符，则不得与这些字符分开、错位排，以达到层次、关系分明。例如：

$$F = \int_{-\arccos\theta}^{\arccos\theta} f(x) \, \mathrm{d}x \quad \text{不能排成} \quad F = \int_{-\arccos\theta}^{\arccos\theta} f(x) \, \mathrm{d}x \, ;$$

$$\varphi = \sum_{i=r+s+t}^{n} x_1^r x_2^s x_3^t N_i \varphi_i \quad \text{不能排成} \quad \varphi = \sum_{i=r+s+t}^{n} x_1^r x_2^s x_3^t N_i \varphi_i \, ;$$

$$N = \sup_{0 < \theta < 2\pi} \left| f(re^{i\theta}) \right| \quad \text{不能排成} \quad N = \sup \left| f(re^{i\theta}) \right| \, \circ$$
$$ {}_{0 < \theta < 2\pi}$$

4）与其约束条件式左对齐排列

数学式（下称主式）有约束条件式时，将约束条件式排在主式的下方，并将主式与约束条件式作为一个整体左对齐排列。约束条件式较长时，可将约束条件式看作主式（即以约束条件式为主，主式为辅）来排列；有多个约束条件式时，这些条件式宜左对齐排列。例如：

系统级优化模型可表达为

$$
\begin{aligned}
&\min \ f(z) = z_1^2 + z_2^2 \, , \\
&\text{s. t.} \ \ J^* = (z_1 - x_1)^2 + (z_2 - x_2)^2 = 0 \, \circ
\end{aligned}
\tag{20}
$$

式中，z_1，z_2 为系统级设计变量；J^* 为系统级一致性等式约束。

5）函数排式严格

除指数函数外，函数的自变量通常排在函数符号的后面：有的加圆括号，函数符号与圆括号之间不留空隙，如 $f(x)$，$\cos(\omega t + \varphi)$ 等；有的不加圆括号，函数符号与自变量之间留空隙，如 $\exp x$，$\ln x$，$\sin x$ 等。对于特殊函数，其自变量有的排在函数符号后的圆括号中，如超几何函数 $F(a, b; c; x)$，伽马函数 $\Gamma(x)$，以及柱汉开尔函数（第三类柱贝塞尔函数）$H_l^{(1)}(x)$，$H_l^{(2)}(x)$ 等，有的直接排在函数符号后而不加括号，如误差函数 $\mathrm{erf}\, x$，指数积分 $\mathrm{Ei}\, x$。函数变量与函数符号间应留空隙，如 $\lg x$，$\ln x$，$\sin x$，$\tan x$ 等。如果函数符号由两个或更多的字母组成，且自变量不含"＋""－""×""·""／"等运算符号，则自变量外的圆括号可以省略，但函数符号与自变量之间必须留一空隙，如 $\mathrm{ent}\, 2.4$，$\sin n\pi$，$\cos 2\omega t$，$\mathrm{arcosh}\, 2A$，$\mathrm{Ei}\, x$ 等。为了避免混淆，表达函数时应注意正确使用圆括号，如不要将 $\sin(x + y)$ 写成 $\sin x + y$，后者容易理解为 $\sin(x) + y$ 或 $(\sin x) + y$。

复式函数中的括号宜层次分明，选用正确的括号类型，如 $g[f(x)]$，$h\{g[f(x)]\}$ 等，或都用圆括号，如 $g(f(x))$，$h(g(f(x)))$ 等。

在表达分段函数时，函数值、函数式与函数条件式之间至少空一字宽；各函数值、函数式一般上下左对齐或上下左右居中对齐，后面可以不加标点；各函数条件式上下左对齐或自然排在函数值的后面，后面宜加标点。例如以下分段函数

$$
F(x, y, z) =
\begin{cases}
-1 & (x \pm 1)^2 + y^2 < 0.1 \ \text{或} \ x^2 + (y \pm 1)^2 < 0.1 \\
0 & x^2 + z^2 < 0.1 \ \text{或} \ y^2 + z^2 < 0.1 \\
1 & x^2 + y^2 < 0.1 \ \text{或} \ x^2 + y^2 > 4 \\
x^2 + y^2 & \text{其他}
\end{cases}
\tag{21}
$$

也可排为

$$F(x,\ y,\ z) = \begin{cases} -1,\ (x \pm 1)^2 + y^2 < 0.1\ \text{或}\ x^2 + (y \pm 1)^2 < 0.1; \\ 0,\ x^2 + z^2 < 0.1\ \text{或}\ y^2 + z^2 < 0.1; \\ 1,\ x^2 + y^2 < 0.1\ \text{或}\ x^2 + y^2 > 4; \\ x^2 + y^2,\ \text{其他。} \end{cases}$$

但不宜排为

$$F(x,\ y,\ z) = \begin{cases} -1, & (x \pm 1)^2 + y^2 < 0.1\ \text{或}\ x^2 + (y \pm 1)^2 < 0.1; \\ 0, & x^2 + z^2 < 0.1\ \text{或}\ y^2 + z^2 < 0.1; \\ 1, & x^2 + y^2 < 0.1\ \text{或}\ x^2 + y^2 > 4; \\ x^2 + y^2, & \text{其他。} \end{cases}$$

12.2.2.6　数学式排式转换

数学式排式转换指变换式子的写法或排法，即只改变形式而不改变表达内容，从而获得节省版面、提高排版效率和便于阅读的效果。例如：繁分式占用版面较多；长的根式转行较为困难甚至无法转行；指数函数 e^x 中，如果 x 为含有分式的多项式，其中还有上、下标，不仅排版难度大，而且字号较小，给阅读带来困难。这些问题均可通过排式转换加以解决。

1）竖排分式转换为横排分式

（1）对于简单的分式（或分数）可直接转换为平排形式，即将横分数线（叠排式）改为斜分数线（平排式）。例如：可将 $\dfrac{1}{8}$，$\dfrac{\pi}{4}$，$\dfrac{RT}{p}$，$\dfrac{\mathrm{d}x}{\mathrm{d}t}$ 改写为 $1 / 8$，$\pi / 4$，RT / p，$\mathrm{d}x / \mathrm{d}t$。

（2）对于分子和分母均为多项式的分式也可转换为平排形式，即将横分数线改为斜分数线，但转换时分子、分母都须加括号。例如：不能将 $\dfrac{x+y}{x-y}$ 简单写为 $x+y / x-y$，这样转换后就变成了 x 与 y / x 相加再减去 y，改变了原意，正确的形式应是 $(x+y) / (x-y)$。对于较为复杂的分子和分母均为多项式的分式，转换时还要考虑转换后的实际效果。例如：若将

$$\dfrac{\dfrac{a_1}{a_2} + \left(\dfrac{a}{b} + m\dfrac{h}{2R} \right)}{\dfrac{b_1}{b_2} - \left(\dfrac{c}{d} + n\dfrac{h}{2R} \right)}$$

转换为

$$\{ a_1 / a_2 + [a / b + mh / (2R)] \} / \{ b_1 / b_2 - [c / d + nh / (2R)] \},$$

则转换结果很不直观，增加了阅读困难。因此，对于较为复杂的分式是否进行转换，还要看转换后的实际效果。

（3）对于分子为单项式、分母为多项式的分式，可将横分数线改为斜分数线，分母加括号。例如：可将

$$\dfrac{ABC}{ax + by + cz + dr + es + ft + gu + hv + iw}$$

转换为

$$ABC/(ax + by + cz + dr + es + ft + gu + hv + iw)。$$

（4）对于分母为单项式、分子为多项式的分式，可将分母变为简单分式，分子加括号置于该分式后，并与其分数线对齐。例如，可将

$$\frac{ax + by + cz + dr + es + ft + gu + hv + iw}{ABC}$$

转换为

$$\frac{1}{ABC}(ax + by + cz + dr + es + ft + gu + hv + iw)。$$

2）根式转换为指数形式

必要时可将根式转换为指数形式。例如：可将

$$y = \sqrt[n]{(a_1x_1 + a_2x_2 + a_3x_3 + \cdots + a_nx_n)^m}$$

转换为

$$y = (a_1x_1 + a_2x_2 + a_3x_3 + \cdots + a_nx_n)^{m/n},$$

或

$$y = (a_1x_1 + a_2x_2 + a_3x_3 + \cdots + a_nx_n)^{\frac{m}{n}}。$$

3）指数函数 e^x 转换为 exp(x)形式

指数 x 较为复杂时，宜将指数函数 e^x 转换为 exp(x)的形式。例如：可将

$$e^{\frac{l_1 + l_2}{\arcsin\frac{x_1}{y_1} + \arccos\frac{x_2}{y_2}}}$$

转换为

$$\exp\left(\frac{l_1 + l_2}{\arcsin(x_1 / y_1) + \arccos(x_2 / y_2)}\right),$$

或

$$\exp\left(\frac{l_1 + l_2}{\arcsin\frac{x_1}{y_1} + \arccos\frac{x_2}{y_2}}\right),$$

或

$$\exp\left((l_1 + l_2)/(\arcsin(x_1 / y_1) + \arccos(x_2 / y_2))\right),$$

或

$$\exp\left((l_1 + l_2)\bigg/\left(\arcsin\frac{x_1}{y_1} + \arccos\frac{x_2}{y_2}\right)\right)。$$

12.2.2.7　矩阵、行列式排式

矩阵与行列式的排式基本相同，不同的只是其元素外面的符号，矩阵用圆括号或方括号表示，而行列式用符号"｜｜"表示。下面以矩阵为例叙述其排式。

1）矩阵元素行列适当留空

矩阵行、列元素间留出适当空白，各元素主体（主符号）上下左右对齐，或各单元以其左右对称轴线对齐。对角矩阵中，对角元素所在的列应明显加以区分，不能上下重叠。例如：

$$
\begin{pmatrix} a_{11} & a_{12} & a_{13} \\ a_{21} & a_{22} & a_{23} \\ a_{31} & a_{32} & a_{33} \end{pmatrix}
\text{不能或不宜排成}
\begin{pmatrix} a_{11}a_{12}a_{13} \\ a_{21}a_{22}a_{23} \\ a_{31}a_{32}a_{33} \end{pmatrix}
\text{或}
\begin{pmatrix} a_{11}a_{12}a_{13} \\ a_{21}a_{22}a_{23} \\ a_{31}a_{32}a_{33} \end{pmatrix}
\text{或}
\begin{pmatrix} a_{11} & a_{12} & a_{13} \\ a_{21} & a_{22} & a_{23} \\ a_{31} & a_{32} & a_{33} \end{pmatrix};
$$

$$
\begin{pmatrix} a-b & b-c & c-a \\ r_1 & s_1 & t_1 \\ r_2 & s_2 & t_2 \end{pmatrix}
\text{不宜排成}
\begin{pmatrix} a-b & b-c & c-a \\ r_1 & s_1 & t_1 \\ r_2 & s_2 & t_2 \end{pmatrix}
\text{或}
\begin{pmatrix} a-b & b-c & c-a \\ r_1 & s_1 & t_1 \\ r_2 & s_2 & t_2 \end{pmatrix};
$$

$$
\begin{pmatrix} (a+b+3c)\,x & & \\ & (2a+3b+c)\,y & \\ & & (4a+b+2c)\,z \end{pmatrix}
\text{不能排成}
\begin{pmatrix} (a+b+3c)\,x & & \\ & (2a+3b+c)\,y & \\ & & (4a+b+2c)\,z \end{pmatrix}。
$$

2）矩阵元素位置合理排列

矩阵元素的位置尽可能合理排列，以达到美观。对于一个矩阵来说，其元素的类别、位数可能全部一致、部分一致或全部不一致。元素的类别既可以是位数可长可短的数字，也可以是简单或复杂的数学式，还可以是阶数或大或小的模块矩阵。因此，矩阵元素位置的合理排列并没有统一的规则，要按照实际情况来定。以下给出几个常用规则。

（1）矩阵元素一般应优先考虑按列左右居中位置排列。例如：

$$
\begin{pmatrix} fN_x & 0 & u_0 & 0 \\ 0 & fN_y & v_0 & 0 \\ 0 & 0 & 1 & 0 \end{pmatrix}。
$$

（2）矩阵元素前面有正号（＋）、负号（－）时，应优先考虑以这些符号上下对齐；元素若为数字，还应考虑以数字的个位或小数点等上下对齐。例如：

$$
\begin{pmatrix} 2800 & -1400 & 0 \\ -1400 & 2800 & -1400 \\ 0 & -1400 & 1400 \end{pmatrix},
\begin{pmatrix} 1.96 & -9.80 & 0 \\ -9.80 & 1.96 & -9.80 \\ 0 & -9.80 & 9.80 \end{pmatrix}。
$$

（3）矩阵元素含有上下标或为式子时，应左右居中排列（有时也可居左或居右排）。例如：

$$
\boldsymbol{Y}_{i,M} =
\begin{pmatrix}
y_i & y_{i+1} & \cdots & y_{i+M-1} \\
y_{i+1} & y_{i+2} & \cdots & y_{i+M} \\
\vdots & \vdots & & \vdots \\
y_{i+N} & y_{i+N+1} & \cdots & y_{i+M+N-1}
\end{pmatrix};
$$

$$m(t) = \begin{pmatrix} a_1 + \mu_2 l^2 + \mu_1 r_1^2 & (a_2 + \mu_2 lr_r)\cos\Delta\varphi_0 \\ (a_2 + \mu_2 lr_r)\cos\Delta\varphi_0 & a_3 + \mu_2 r_2^2 \end{pmatrix}。$$

3）矩阵中省略号的正确使用

省略号有横、竖之分，应正确区分矩阵中省略号的形式。例如：

$$A = \begin{pmatrix} a_{11} & a_{12} & \cdots & a_{1n} \\ a_{21} & a_{22} & \cdots & a_{2n} \\ \vdots & \vdots & & \vdots \\ a_{m1} & a_{m2} & \cdots & a_{mn} \end{pmatrix} \quad 不宜排成 \quad A = \begin{pmatrix} a_{11} & a_{12} & \cdots & a_{1n} \\ a_{21} & a_{22} & \cdots & a_{2n} \\ \cdots & \cdots & & \cdots \\ a_{m1} & a_{m2} & \cdots & a_{mn} \end{pmatrix}。$$

4）对角矩阵和单位矩阵简化编排

对角矩阵和单位矩阵有其独特的简化编排形式。例如：对角矩阵

$$\begin{pmatrix} \lambda_1 & 0 & \cdots & 0 \\ 0 & \lambda_2 & \cdots & 0 \\ \vdots & \vdots & & \vdots \\ 0 & 0 & \cdots & \lambda_n \end{pmatrix} \quad 可排为 \quad \begin{pmatrix} \lambda_1 & & 0 \\ & \lambda_2 & \\ & & \ddots \\ 0 & & \lambda_n \end{pmatrix} \quad 或 \quad \begin{pmatrix} \lambda_1 & & \\ & \lambda_2 & \\ & & \ddots \\ & & \lambda_n \end{pmatrix},$$

或直接简记为 $\mathrm{diag}(\lambda_1 \quad \lambda_2 \quad \cdots \quad \lambda_n)$。单位矩阵

$$\begin{pmatrix} 1 & 0 & \cdots & 0 \\ 0 & 1 & \cdots & 0 \\ \vdots & \vdots & & \vdots \\ 0 & 0 & \cdots & 1 \end{pmatrix} \quad 可排为 \quad \begin{pmatrix} 1 & & 0 \\ & 1 & \\ & & \ddots \\ 0 & & 1 \end{pmatrix} \quad 或 \quad \begin{pmatrix} 1 & & \\ & 1 & \\ & & \ddots \\ & & 1 \end{pmatrix},$$

也可直接记为 E 或 I。

5）零矩阵的编排

矩阵元素中的零矩阵（即元素全为数字 0 的矩阵），最好用黑（加粗）斜体数字 $\boldsymbol{0}$ 表示，以与矩阵元素中的数字 0 相区分。例如下式等号后面右侧那个矩阵中的 $\boldsymbol{0}$ 为零矩阵元素，而左侧矩阵中的 0 则全部是数字元素：

$$G = \begin{pmatrix} fN_x & 0 & u_0 & 0 \\ 0 & fN_y & v_0 & 0 \\ 0 & 0 & 1 & 0 \end{pmatrix} \begin{pmatrix} \boldsymbol{R} & \boldsymbol{T} + \Delta\boldsymbol{T} \\ \boldsymbol{0} & \boldsymbol{I} \end{pmatrix}。$$

6）矩阵符号字体选用

矩阵的主符号宜用单个的黑（加粗）斜体字母表示，必要时可以加上下标，上下标表示矩阵符号时也要用黑（加粗）斜体字母表示。例如：将矩阵 $\boldsymbol{A}$ 表示成 A，$[A]$，$\vec{A}$（$\bar{A}$）或字符串如 matrix，MA，matrixA 之类的形式均不规范。矩阵元素也可为矩阵或包含矩阵的表达式，只要是矩阵，其主符号就应该用单个的黑（加粗）斜体字母表示。

12.2.2.8 数学式转行

一个长的数学式若一行（通栏一行或双栏一行）排不下，或一行虽能排下但排版效果不好而又有充足的版面时，就应该转行排。转行有一定规则，不得随意转行。

1）数学式转行基本规则

GB 3102.11—1993 对数学式转行有明确规定："当一个表示式或方程式需断开、用两行或多行来表示时，最好在紧靠其中记号＝，＋，－，±，∓，×，·或／后断开，而在下一行开头不应重复这一记号。"例如：

$$F(x) = P_1(x) + P_2(x) + \int_a^b f_1(x)\,dx + \int_b^c f_2(x)\,dx + \int_c^d f_3(x)\,dx - $$

$$\int_d^\infty f_4(x)\,dx = 0 \, 。 \tag{22}$$

以上规定是数学式转行的基本规则（下称转行新规则），与过去约定俗成的数学式转行规则（下称转行旧规则）有较大差别。转行旧规则有两种：一种是在＝，＋，－，±，∓，×，·或／等符号前转行，并把这类符号放在下一行开头，例如式（23）；另一种是在上一行末尾和下一行开头同时写出这类符号，例如式（24）。

$$F(x) = P_1(x) + P_2(x) + \int_a^b f_1(x)\,dx + \int_b^c f_2(x)\,dx + \int_c^d f_3(x)\,dx$$

$$- \int_d^\infty f_4(x)\,dx = 0 \, 。 \tag{23}$$

$$F(x) = P_1(x) + P_2(x) + \int_a^b f_1(x)\,dx + \int_b^c f_2(x)\,dx + \int_c^d f_3(x)\,dx - $$

$$- \int_d^\infty f_4(x)\,dx = 0 \, 。 \tag{24}$$

对式（22），读者看到上一行末尾的"－"就知道式子没有结束，下一行是由上一行转来的，这时的"－"既是运算符，又起连字符的作用，不会产生误解；对式（23），读者看到上一行既可以理解为式子没有结束，下一行是由上一行转来的，又可以理解为上下两行是两个不同的式子，这样就容易产生误解；对式（24），虽然不易产生误解，但显得啰嗦。因此，转行新规则与旧规则相比明显具有不易引起歧义的优点，这是新规则的科学之处，应普遍使用。

使用转行新规则转行时应特别注意：优先在＝，≡，≈，≠，＞，＜，≥，≤等关系符号之后转行，其次在＋，－，×（或·），／（或÷）等运算符号之后转行，一般不在Σ，Π，$\int$，$\dfrac{dy}{dx}$ 等运算符号或 lim, exp, sin, cos 等缩写符号之前转行，且不得将Σ，Π，$\int$，lim，exp 等符号与其作用对象拆开转行。例如不可将式（22）转行排为

$$F(x) = P_1(x) + P_2(x) + \int_a^b f_1(x)\,dx + \int_b^c f_2(x)\,dx + \int_c^d$$

$$f_3(x)\,dx - \int_d^\infty f_4(x)\,dx = 0 \, 。$$

又如，不可将

$$L = \sum_{i=1}^n \left[\alpha_i(s_i + 1)^2 K(\boldsymbol{x}_i, \boldsymbol{x}_j) \right] - \sum_{i=1}^n \sum_{j=1}^n \left[\alpha_i \alpha_j (s_i + 1)(s_j + 1) K(\boldsymbol{x}_i, \boldsymbol{x}_j) \right] \tag{25}$$

转行排为

$$L = \sum_{i=1}^{n} \left[\alpha_i (s_i + 1)^2 K(\boldsymbol{x}_i, \boldsymbol{x}_j) \right] - \sum_{i=1}^{n}$$

$$\sum_{j=1}^{n} \left[\alpha_i \alpha_j (s_i + 1)(s_j + 1) K(\boldsymbol{x}_i, \boldsymbol{x}_j) \right] 。$$

数学式转行后不得改变其原义，不得使人费解或容易产生歧义、误解，在省略的乘号后转行时，最好在上一行末尾补写乘号（×或·）。例如：不可将

$$W = -\frac{t_1^2}{2d^2} - d^2 c^2 t_2^2 + 4\pi d^2 c \, (t_1 - t_\mathrm{c})(t_2 - t_\mathrm{c})(f - f_\mathrm{c}) = 0 \qquad (26)$$

转行排为

$$W = -\frac{t_1^2}{2d^2} - d^2 c^2 t_2^2 + 4\pi d^2 c$$

$$(t_1 - t_\mathrm{c})(t_2 - t_\mathrm{c})(f - f_\mathrm{c}) = 0 。$$

这样转行排后，容易将转行后的两行式子理解或误解为两个不同的式子，即使能判断、猜测出这两行式子为同一式子，也须一番推敲、验证，既费时又费力。这种错误在于，在省略的乘号后转行时没有在上行末补写乘号，故式（26）的正确转行排法是

$$W = -\frac{t_1^2}{2d^2} - d^2 c^2 t_2^2 + 4\pi d^2 c \times$$

$$(t_1 - t_\mathrm{c})(t_2 - t_\mathrm{c})(f - f_\mathrm{c}) = 0 。$$

2）数学式转行的排式

数学式转行的排式需要根据排版空间、表达效果、式间一致性等多种因素来确定，不可死搬硬套地将一篇论文甚至整本期刊所有论文的数学式的转行只按一种形式来进行。下面为数学式转行的几种常见排式。

（1）居中排式。这是式中首行及转下来的各行均以所在行（或栏）的左右边界为基准而左右居中排版。此排式中，无论首行还是其他行均为左右居中排版。例如：

$$C_{km} v_k + \int_{\Gamma} p_{km}^* v_k \, \mathrm{d}\Gamma = \int_{\Gamma} U_{km}^* \dot{p}_k \, \mathrm{d}\Gamma + \int_{\Omega} U_{km}^* \dot{F}_k \, \mathrm{d}\Omega +$$

$$\int_{\Omega} U_{km,j}^* \dot{\sigma}_{kj}^{\mathrm{p}} \, \mathrm{d}\Omega + \int_{\Gamma} U_{km}^* G_{kjpq}^{\mathrm{i}} v_{p,q}^{\mathrm{g}} n_j \, \mathrm{d}\Gamma 。$$

再如：

$$\rho \left(\frac{\partial v}{\partial t} + u \frac{\partial v}{\partial x} + v \frac{\partial v}{\partial y} + w_2 \frac{\partial v}{\partial z^*} \right) =$$

$$-\left(\frac{\partial p}{\partial y} + \frac{\partial p}{\partial z^*} \frac{\partial z^*}{\partial y} \right) + \mu \left(\frac{\partial^2 v}{\partial x^2} + \frac{\partial^2 v}{\partial y^2} + S \frac{\partial^2 v}{\partial z^{*2}} \right) + C_v + F_y 。$$

（2）错开排式。这是式中首行一般居中或偏左排，转下的各行向右缩进适当距离，以首

行中的主要关系符号（如等号）右侧所在位置或其他位置为准，而左端对齐排版。例如：

$$\sigma_z = -\frac{\lambda(\lambda + G)}{\lambda^* + G}\delta_h(\varepsilon_{xn} + \varepsilon_{yn}) \times$$
$$(D_7\kappa_1\cosh\kappa_1 z + D_8\kappa_2\cosh\kappa_2 z + D_9) +$$
$$\lambda\varepsilon_{xn}(D_1\cosh\kappa_1 z + D_2\cosh\kappa_2 z + D_3) +$$
$$\lambda\varepsilon_{yn}(D_4\cosh\kappa_1 z + D_5\cosh\kappa_2 z + D_6) \, .$$

再如：

$$\begin{cases} c_1[\sin\lambda + K_1(\cosh\lambda - \cos\lambda)/(2\lambda)] + \\ \qquad c_3[\sinh\lambda + K_1(\cosh\lambda - \cos\lambda)/(2\lambda)] = 0 \, , \\ c_1\{[K_1K_2/(2\lambda) - \lambda]\sin\lambda + (K_1/2 + K_2)\cos\lambda + \\ \qquad K_1K_2\sinh\lambda/(2\lambda) + K_1\cosh\lambda/2\} + \\ \qquad c_3\{K_1K_2\sin\lambda/(2\lambda) + K_1\cos\lambda/2 + [\lambda + \\ \qquad K_1K_2/(2\lambda)]\sinh\lambda + (K_1/2 + K_2)\cosh\lambda\} = 0 \, . \end{cases}$$

（3）等号对齐排式。这是以各行转行处末尾的等号右对齐排版。例如：

$$\dot{e} = \dot{x}_M - \dot{x} = A_M x_M + B_M u - (Ax + Bu) =$$
$$(A_M x_M - A_M x) + A_M x - Ax + B_M u - Bu =$$
$$A_M e + (A_M - A)x + (B_M - B)u \, .$$

（4）排式的多样性。这是综合考虑排版空间、式子结构、整体统一、表达效果等多方面因素，对同一数学式，从多种转行排式中选择一种最优排式或混用几种排式。

3）长分式的转行

分式原则上不能转行，但分子或分母过长而需要转行时，可采用以下方式转行。

（1）先把长分式的分母写成负数幂形式，再按转行新规则转行。例如：可将

$$F(x) = \frac{f_n(x)f_{n+1}(x) + f_{n+2}(x)f_{n+3}(x) + f_{n+4}(x)f_{n+5}(x) + f_{n+6}(x)f_{n+7}(x)}{\sum_i a_i + \sum_j b_j + \sum_k c_k - (a_n + b_n + c_n)} \tag{27}$$

转行排为

$$F(x) = [f_n(x)f_{n+1}(x) + f_{n+2}(x)f_{n+3}(x) + f_{n+4}(x)f_{n+5}(x) +$$
$$f_{n+6}(x)f_{n+7}(x)] \times \left[\sum_i a_i + \sum_j b_j + \sum_k c_k - (a_n + b_n + c_n)\right]^{-1} \, .$$

（2）若长分式的分子、分母均由相乘的因子构成，则可在适当的相乘因子处转行，并在上一行末尾加上乘号。例如：可将

$$\frac{(a_1 + a_2 + a_3 + a_4)(b_1 + b_2 + b_3 + b_4)(c_1 + c_2 + c_3 + c_4)(d_1 + d_2 + d_3 + d_4)}{(X_1^2 + X_2^2 + X_3^2 + X_4^2)(Y_1^2 + Y_2^2 + Y_3^2 + Y_4^2)}$$

转行排为

$$\frac{(a_1 + a_2 + a_3 + a_4)\,(b_1 + b_2 + b_3 + b_4)}{X_1^2 + X_2^2 + X_3^2 + X_4^2} \times$$

$$\frac{(c_1 + c_2 + c_3 + c_4)\,(d_1 + d_2 + d_3 + d_4)}{Y_1^2 + Y_2^2 + Y_3^2 + Y_4^2} 。$$

（3）若长分式的分子、分母均为多项式，则可在运算符号如"＋"或"－"后断开并转行，在上一行末尾和下一行开头分别加上符号"→""←"。例如：可将式（27）排为

$$F(x) = \frac{f_n(x)f_{n+1}(x) + f_{n+2}(x)f_{n+3}(x) +}{\sum\limits_i a_i + \sum\limits_j b_j + \sum\limits_k c_k -} \rightarrow$$

$$\leftarrow \frac{f_{n+4}(x)f_{n+5}(x) + f_{n+6}(x)f_{n+7}(x)}{(a_n + b_n + c_n)} 。$$

（4）若长分式的分子为较长的多项式，分母（无论是否为多项式）却较短，则可以按照转行新规则在分子的适当位置转行，并将该长分式分为上下两个分式，这两个分式的分母相同（均为原长分式的分母）。例如：可将

$$\frac{\sum\limits_{i=1}^{m}\sum\limits_{j=1}^{n}\left[\dfrac{q}{2} + \dfrac{1}{2}\Delta x \dfrac{\partial f(\xi_i,\ y_{j-1})}{\partial x} + \dfrac{1}{2}\Delta y \dfrac{\partial f(x_{i-1},\ \eta_j)}{\partial y} + \dfrac{1}{4}\Delta x\Delta y \dfrac{\partial f(\xi_i,\ \zeta_j)}{\partial x\partial y}\right]}{mn}$$

转行排为

$$\frac{\sum\limits_{i=1}^{m}\sum\limits_{j=1}^{n}\left[\dfrac{q}{2} + \dfrac{1}{2}\Delta x \dfrac{\partial f(\xi_i,\ y_{j-1})}{\partial x}\right.}{mn} +$$

$$\frac{\left.\dfrac{1}{2}\Delta y \dfrac{\partial f(x_{i-1},\ \eta_j)}{\partial y} + \dfrac{1}{4}\Delta x\Delta y \dfrac{\partial f(\xi_i,\ \zeta_j)}{\partial x\partial y}\right]}{mn} 。$$

4）根式的转行

较长或较复杂根式转行时，可先改写成分数指数，再按转行新规则转行。例如：可将

$$\sqrt[3]{\dfrac{a_1}{3}\left(\dfrac{13\pi}{6}\right)^3 + \dfrac{b_1}{2}\left(\dfrac{13\pi}{6}\right)^2 + c_1\left(\dfrac{13\pi}{6}\right) - \dfrac{a_2}{3}\left(\dfrac{25\pi}{8}\right)^3 - \dfrac{b_2}{2}\left(\dfrac{25\pi}{8}\right)^2 - c_2\left(\dfrac{25\pi}{8}\right)}$$

转行排为

$$\left[\dfrac{a_1}{3}\left(\dfrac{13\pi}{6}\right)^3 + \dfrac{b_1}{2}\left(\dfrac{13\pi}{6}\right)^2 + c_1\left(\dfrac{13\pi}{6}\right) - \right.$$

$$\left.\dfrac{a_2}{3}\left(\dfrac{25\pi}{8}\right)^3 - \dfrac{b_2}{2}\left(\dfrac{25\pi}{8}\right)^2 - c_2\left(\dfrac{25\pi}{8}\right)\right]^{\frac{1}{3}} 。$$

5）矩阵、行列式的转行

矩阵、行列式一般不宜转行，但在一行或一栏（半栏、通栏）内排不下时，可采用灵活

的变换方式将其排为一行，在不得已的情况下当然可以转行排。

（1）如果矩阵或行列式的元素为较长的数学式而难以在一行内排下，则可以使用字符来代替这一（些）较长的元素，同时在矩阵或行列式的下方对所用的每个字符加以解释说明，以使矩阵或行列式得以简化而将其整体宽度减小到合适的宽度。例如：

$$
A = \begin{pmatrix} 0 & 0 & 1 & 0 \\ 0 & 0 & 0 & 1 \\ a_1 & a_2 & a_3 & a_4 \\ b_1 & b_2 & b_3 & b_4 \end{pmatrix} 。
$$

式中　$a_1 = -[(u^2 - F)c_{11} + \lambda_1^4 + \bar{g}e_{11}]$；$a_2 = -[(u^2 - F)c_{12} + \bar{g}e_{12}]$；

$a_3 = -(2M_r u b_{11} + \alpha\lambda_1^4)$；$a_4 = -2M_r u b_{12}$；$b_1 = -[(u^2 - F)c_{21} + \bar{g}e_{21}]$；

$b_2 = -[(u^2 - F)c_{22} + \lambda_2^4 + \bar{g}e_{22}]$；$b_3 = -2M_r u b_{21}$；$b_4 = -(2M_r u b_{22} + \alpha\lambda_2^4)$。

（2）如果矩阵或行列式的元素为较长式子难以在一行内排下，可考虑将这一（些）较长元素按转行新规则在适当位置转行，以使矩阵或行列式整体宽度减小而在一行内排下。例如：

$$
\begin{vmatrix} \sin\lambda + K_1(\cosh\lambda - \cos\lambda)/(2\lambda) & \sinh\lambda + K_1(\cosh\lambda - \cos\lambda)/(2\lambda) \\ [K_1 K_2/(2\lambda) - \lambda]\sin\lambda + (K_1/2 + K_2)\cos\lambda + K_1 K_2 \sinh\lambda/(2\lambda) + K_1\cosh\lambda/2 & K_1 K_2 \sin\lambda/(2\lambda) + K_1\cos\lambda/2 + [\lambda + K_1 K_2/(2\lambda)]\sinh\lambda + (K_1/2 + K_2)\cosh\lambda \end{vmatrix} 。 \tag{28}
$$

用这种方式转行时，应遵循转行新规则，并注意在不同列元素间留出适当空白，不同元素及同一元素内部各组成部分的层次应清晰分明。按上述（1）方法，行列式（28）也可排为

$$
\begin{vmatrix} A & B \\ C & D \end{vmatrix} 。
$$

式中　$A = \sin\lambda + K_1(\cosh\lambda - \cos\lambda)/(2\lambda)$；$B = \sinh\lambda + K_1(\cosh\lambda - \cos\lambda)/(2\lambda)$；

$C = [K_1 K_2/(2\lambda) - \lambda]\sin\lambda + (K_1/2 + K_2)\cos\lambda + K_1 K_2\sinh\lambda/(2\lambda) + K_1\cosh\lambda/2$；

$D = K_1 K_2\sin\lambda/(2\lambda) + K_1\cos\lambda/2 + [\lambda + K_1 K_2/(2\lambda)]\sinh\lambda + (K_1/2 + K_2)\cosh\lambda$。

（3）矩阵或行列式的元素为可在一行内排下的数学式，但整个矩阵或行列式无法在一行内排下时，可考虑整体转行排，但转行后不能改变或影响原意。例如行列式（28）可排为

$$
\left| \begin{array}{l} \sin\lambda + \dfrac{K_1(\cosh\lambda - \cos\lambda)}{2\lambda} \\[2ex] \left(\dfrac{K_1 K_2}{2\lambda} - \lambda\right)\sin\lambda + \left(\dfrac{K_1}{2} + K_2\right)\cos\lambda + \dfrac{K_1 K_2\sinh\lambda}{2\lambda} + \dfrac{K_1\cosh\lambda}{2} \\[3ex] \sinh\lambda + \dfrac{K_1(\cosh\lambda - \cos\lambda)}{2\lambda} \\[2ex] \dfrac{K_1 K_2\sin\lambda}{2\lambda} + \dfrac{K_1\cos\lambda}{2} + \left(\lambda + \dfrac{K_1 K_2}{2\lambda}\right)\sinh\lambda + \left(\dfrac{K_1}{2} + K_2\right)\cosh\lambda \end{array} \right.
$$

（4）如果矩阵或行列式的元素为数字，但由于列数较多，整个矩阵或行列式无法在一行内排下，则可以考虑按上述方法（3）转行。例如：

$$A = \begin{pmatrix} 1.00 & 3.39 & 2.27 & -0.66 & 0.10 & 5.45 & 0.90 \\ -2.39 & 2.68 & 3.57 & 2.82 & -2.52 & 2.92 & -0.52 \\ 8.28 & 3.57 & 5.39 & -3.65 & 6.10 & -2.05 & 0.90 \\ -0.89 & 1.63 & 4.77 & 2.82 & -0.50 & 4.04 & -2.21 \end{pmatrix}$$

$$\begin{matrix} -2.00 & 4.39 & 3.27 & 0.76 & 6.10 & 5.86 & 0.99 \\ 3.39 & -3.68 & 4.57 & -2.42 & 2.52 & -2.42 & 2.05 \\ -3.28 & 6.57 & -7.39 & 3.95 & 8.50 & -2.09 & 0.99 \\ 1.89 & 0.63 & 9.77 & 2.02 & -1.58 & 9.08 & -9.02 \end{matrix} \Bigg) 。$$

6）变通方法的使用

数学式、正文中字符的字号通常宜相同，但有时将超版心的"大"数学式改为用小号字来排版，也可能会取得不错的排版效果，同时也能节省版面。另外，在双栏排版中，遇到"大"的或复杂的数学式时，可以考虑将其改为通栏排式。

12.2.2.9　数学式乘、除号表达

数学式中当两量符号间为相乘关系时，其组合可表示为下列形式之一：ab，$a\,b$，$a \cdot b$，$a \times b$（在矢量运算中，$\boldsymbol{a} \cdot \boldsymbol{b}$ 与 $\boldsymbol{a} \times \boldsymbol{b}$ 是两种不同的运算）。如果一个量被另一个量除，则可表示为下列形式之一：$\dfrac{a}{b}$，$a\,/\,b$，$a \cdot b^{-1}$（有时也可用 $a \div b$，$a : b$ 的形式）。

以上方法可推广于分子或分母或两者本身都是相乘或相除的情况，但在这种组合中，除加括号以避免混淆外，同一层次的行内表示相除的斜线"/"后面一般不宜再有乘号、除号或斜线"/"。例如：$\dfrac{ab}{c}$ 可写为 $ab\,/\,c$ 或 abc^{-1}；$\dfrac{a/b}{c/d}$ 可写为 $\dfrac{ad}{bc}$；$\dfrac{a/b}{c}$ 可写为 $(a\,/\,b)\,/\,c$ 或 $ab^{-1}c^{-1}$，但不能写成 $a\,/\,b\,/\,c$；$\dfrac{a}{bc}$ 可写为 $a\,/\,(b \cdot c)$ 或 $a\,/\,bc$，但不能写成 $a\,/\,b \cdot c$。

在分子和分母包含相加或相减的情况下，在使用了圆括号（或方括号、花括号）的情况下，也可以用"/"表示除号。例如：

$$\frac{a+b}{c+d} = (a+b)\,/\,(c+d)$$

中等号右边的 $(a+b)\,/\,(c+d)$ 不得写成 $a+b\,/\,c+d$。

数学式中表示数字间相乘的符号是"×"或"·"（居中圆点）。乘号省略有以下规则：
（1）量符号间、量符号与其前面的数字间、括号间是相乘关系时，可省略乘号直接连写；
（2）数字间、分式间是相乘关系时，不能省略乘号；
（3）量符号与其前面的数字作为一个整体再与前面的数字发生相乘关系时，此整体与其前面的数字间不能省略乘号。

12.2.2.10　数学式标点

串文排的数学式相当于正文中的一个词语，因此可以看作句子的一个成分，其后该加标

点时就加，不该加就不加。但对于另行排的数学式，现在并没有统一的做法，有人认为一律加标点，或一律不加标点，只要统一即可。笔者认为，数学式虽是用特殊文字表达特定科学内容的，但与文字表述具有同样的功能，因此无论串式排还是另行排，在式子间、式子与文字间、式子内部要素间，都应按需加合适的标点。

在不致引起混淆时，不加标点也是可行的，但是如果不用标点会引起不能准确表达式子间、式子与文字间、式子内部要素间的关系，甚至会产生歧义和误解，就要正确使用标点（一般用逗号、分号和句号），而且标点与式子的主体部分宜排在同一水平位置上。例如：

$$f_1(x) = \sqrt{\dfrac{\sum\limits_{i=1}^{M-1}\delta_i^2}{M}} \ ; \quad n = \dfrac{\sigma_{-1}}{\dfrac{k_\sigma}{\varepsilon\beta}\sigma_{\mathrm{da}} + \psi_\sigma\sigma_{\mathrm{dm}}} \ ; \quad \boldsymbol{M} = \begin{pmatrix} 2 & -3 & 0 \\ 1 & 0 & 8 \\ 4 & 3 & -6 \end{pmatrix}。$$

12.2.2.11　数学式字体

变量（如 x，y 等），变动的上下标（如 x_i 中的下标 i，质量定压热容符号 c_p 中的下标 p 等），函数（如 f，g，F 等），点（如 A，B 等），线段（如 AB，BC 等），弧（如 $\overparen{cd}$，$\overparen{FG}$ 等），以及在特定场合中视为常数的参数（如 a，b 等），用斜体字母表示。

有定义的已知函数（包括特殊函数在内）（如 $\sin$，$\exp$，$\ln$，Γ，Ei，erf 等），其值不变的数学常数（如 $\mathrm{e}=2.718\,281\,8\cdots$，$\pi=3.141\,592\,6\cdots$，$\mathrm{i}^2=-1$ 等），已定义的算子（如 div，δx 中的变分符号 δ，$\mathrm{d}f/\mathrm{d}x$ 中的微分符号 d 等）及数字，用正体字母表示。

集合一般用斜体字母表示，但有定义的集合用黑（加粗）体或特殊的正体字母，如非负整数集（自然数集）用 $\mathbf{N}$ 或 $\mathbb{N}$，整数集用 $\mathbf{Z}$ 或 $\mathbb{Z}$，有理数集用 $\mathbf{Q}$ 或 $\mathbb{Q}$，实数集用 $\mathbf{R}$ 或 $\mathbb{R}$，复数集用 $\mathbf{C}$ 或 $\mathbb{C}$ 表示，空集用 $\varnothing$ 表示。

矩阵、矢量和张量的符号用黑（加粗）斜体字母表示。

12.2.2.12　数学式完整性

数学式是一个表达整体，其间不应插入多余的成分如字、词语或式子。例如：

$$\beta = \{\mathrm{load}_j\} = \left\{ \begin{array}{l} 设\ n \geq m:\ \sum\limits_{j=1}^{n} x(i,\ j) \geq 1\ 且\ \sum\limits_{i=1}^{m} x(i,\ j) = 1 \\ 设\ n < m:\ \sum\limits_{j=1}^{n} x(i,\ j) \leq 1\ 且\ \sum\limits_{i=1}^{m} x(i,\ j) = 1 \end{array} \right\},$$

此式中在等号与其后相应对象间无端插入了表条件的词语（"设"）和不等式（$n\geq m$，$n<m$），破坏了式子的完整性，其实条件类语句（含式子）应置于式子的后面。该式可修改为

$$\beta = \{\mathrm{load}_j\} = \left\{ \left\{ \sum\limits_{j=1}^{n} x(i,\ j) \geq 1 \cap \sum\limits_{i=1}^{m} x(i,\ j) = 1 \ \middle|\ n \geq m \right\}, \right.$$

$$\left. \left\{ \sum\limits_{j=1}^{n} x(i,\ j) \leq 1 \cap \sum\limits_{i=1}^{m} x(i,\ j) = 1 \ \middle|\ n < m \right\} \right\}.$$

12.2.2.13 数学式严谨性

数学式表达涉及其中各个字符，包括字符类别、字体、正斜体、是否黑（加粗）体、大小写、字号、上下标等多个方面，应根据国家标准及有关规范正确书写和编排，避免随意、任性表达，将数学符号写错、用错、改错，造成数学用语表达不规范。

以下列举有关数学式表达中常见的一些细节问题，说明数学式表达的严谨性。

（1）将集合中的 ∉（不属于），≠（不等于），⊄（不包含于）或 ∅（空集）等符号中的斜线"／"的方向搞反了，即写成"\"。

（2）将"a 除 b"（即 b/a）表达为"a 除以 b"或"a 被 b 除"（即 a/b），将"a 除以 b"或"a 被 b 除"表达为"b/a"。

（3）将表述充分必要条件的"当且仅当"写成表述充分条件的"当"。

（4）将正弦函数符号 sin 写成 SIN，余弦函数符号 cos 写成 COS。

（5）将标量积（数量积或内积）运算的表达式（$\boldsymbol{a}$，$\boldsymbol{b}$）写成〈$\boldsymbol{a}$，$\boldsymbol{b}$〉，两矢量夹角的表达式〈$\boldsymbol{a}$，$\boldsymbol{b}$〉写成（$\boldsymbol{a}$，$\boldsymbol{b}$）。若其中的 $\boldsymbol{a}$，$\boldsymbol{b}$ 不用黑（加粗）体，则更不规范，这是因为（a，b），〈a，b〉是"有序偶 a，b"或"偶 a，b"的正确表达形式。

（6）将左书名号"《"写成远小于号"≪"或两个连写的小于号"<<"，右书名号"》"写成远大于号"≫"或两个连写的大于号"＞＞"。

（7）将大于等于号"≥"写成非标准形式的"≧"或"≧"，小于等于号"≤"写成非标准形式的"≦"或"≦"。

（8）将空集符号 ∅ 写成希腊字母 Φ 或 φ。

（9）用文字表示量符号，文字与符号混用而形成文字式，如"$v=$位移$/t$""速度$=s/t$"等。自然科学论文中不宜使用文字式，即使使用，同一式子中也不宜混用文字和符号。

（10）矩阵转行不规范。例如：

$$\Delta\boldsymbol{F}_{\mathrm{M}t}=\begin{pmatrix}I_{\mathrm{R}}\omega^2\left[\sum\limits_{m=1}^{\infty}\left(\dfrac{(-1)^2\times\sin(2m\omega t)\times}{\dfrac{B_{2m}\sin(\phi_{\mathrm{a}}+\phi_{\mathrm{p}})}{\cos(\theta)}}\right)\right],\\I_{\mathrm{R}}\omega^2\left[\sum\limits_{m=1}^{\infty}\left(\dfrac{(-1)^2\times\sin(2m\omega t)\times}{\dfrac{B_{2m}\sin(\phi_{\mathrm{a}}+\phi_{\mathrm{p}})}{\cos(\theta)l_{\mathrm{c}}}}\right)\right],\\-I_{\mathrm{R}}\omega^2\left[\sum\limits_{m=1}^{\infty}\left(\dfrac{(-1)^2\times\sin(2m\omega t)\times}{\dfrac{B_{2m}\sin(\theta_{\mathrm{a}}+\theta_{\mathrm{p}})}{\cos(\theta)}}\right)\right],\\-I_{\mathrm{R}}\omega^2\left[\sum\limits_{m=1}^{\infty}\left(\dfrac{(-1)^2\times\sin(2m\omega t)\times}{\dfrac{B_{2m}\sin(\theta_{\mathrm{a}}+\theta_{\mathrm{p}})}{\cos(\theta)l_{\mathrm{c}}}}\right)\right],\\0,\ 0,\ \cdots,\ 0,\ 0\end{pmatrix}^{\mathrm{T}}$$

等号右边的部分是一个矩阵的转置，但表达不规范。问题主要有：元素间用"，"分隔；元素虽为较长的数学式，但不必转行排；前面式子部分（第 1～4 行）为列形式，后面数字部分（第 5 行即最后一行）为行形式，是表达一个只有一列的列矩阵还是只有一行的行矩阵，不易分清；三角函数如 cos(θ)和 sin(2mωt)中的括号多余。改为以下形式就规范了：

$$\Delta \boldsymbol{F}_{\mathrm{M}t} = \begin{pmatrix} I_{\mathrm{R}}\omega^2 \sum\limits_{m=1}^{\infty}\left[(-1)^2 \times \sin 2m\omega t \times \dfrac{B_{2m}\sin(\phi_{\mathrm{a}}+\phi_{\mathrm{p}})}{\cos\theta}\right] \\ I_{\mathrm{R}}\omega^2 \sum\limits_{m=1}^{\infty}\left[(-1)^2 \times \sin 2m\omega t \times \dfrac{B_{2m}\sin(\phi_{\mathrm{a}}+\phi_{\mathrm{p}})}{l_{\mathrm{c}}\cos\theta}\right] \\ -I_{\mathrm{R}}\omega^2 \sum\limits_{m=1}^{\infty}\left[(-1)^2 \times \sin 2m\omega t \times \dfrac{B_{2m}\sin(\theta_{\mathrm{a}}+\theta_{\mathrm{p}})}{\cos\theta}\right] \\ -I_{\mathrm{R}}\omega^2 \sum\limits_{m=1}^{\infty}\left[(-1)^2 \times \sin 2m\omega t \times \dfrac{B_{2m}\sin(\theta_{\mathrm{a}}+\theta_{\mathrm{p}})}{l_{\mathrm{c}}\cos\theta}\right] \\ 0 \\ \vdots \\ 0 \end{pmatrix} 。$$

（11）矩阵表达中加了不必要的省略号。例如：

$$\tilde{\boldsymbol{B}} = \tilde{\boldsymbol{W}} \cdot \tilde{\boldsymbol{R}} = (\tilde{\omega}_1, \ \tilde{\omega}_2, \ \cdots, \ \tilde{\omega}_k)\begin{pmatrix} \tilde{r}_{11} & \tilde{r}_{12} & \cdots & \tilde{r}_{1n} \\ \tilde{r}_{21} & \tilde{r}_{22} & \cdots & \tilde{r}_{2n} \\ \vdots & \vdots & & \vdots \\ \tilde{r}_{k1} & \tilde{r}_{k2} & \cdots & \tilde{r}_{kn} \end{pmatrix} =$$

$$\begin{pmatrix} \tilde{\omega}_1 \otimes \tilde{r}_{11} \oplus \tilde{\omega}_2 \otimes \tilde{r}_{21} \oplus \ \cdots \ \oplus \tilde{\omega}_k \otimes \tilde{r}_{k1} \\ \tilde{\omega}_1 \otimes \tilde{r}_{12} \oplus \tilde{\omega}_2 \otimes \tilde{r}_{22} \oplus \ \cdots \ \oplus \tilde{\omega}_k \otimes \tilde{r}_{k2} \\ \vdots \hspace{4em} \vdots \\ \tilde{\omega}_1 \otimes \tilde{r}_{1n} \oplus \tilde{\omega}_2 \otimes \tilde{r}_{2n} \oplus \ \cdots \ \oplus \tilde{\omega}_k \otimes \tilde{r}_{kn} \end{pmatrix}^{\mathrm{T}}$$

表示一个 $1 \times k$ 矩阵与另一个 $k \times n$ 矩阵相乘，按矩阵相乘原理，其相乘结果只能为一个 $1 \times n$ 矩阵（1 行 n 列），转置后 n 行 1 列。而上式相乘结果的矩阵中有两个省略号，显然错误，应去掉一个，且留下的省略号在括号中应左右居中排，即应将上式下方的矩阵排为以下形式：

$$\begin{pmatrix} \tilde{\omega}_1 \otimes \tilde{r}_{11} \oplus \tilde{\omega}_2 \otimes \tilde{r}_{21} \oplus \ \cdots \ \oplus \tilde{\omega}_k \otimes \tilde{r}_{k1} \\ \tilde{\omega}_1 \otimes \tilde{r}_{12} \oplus \tilde{\omega}_2 \otimes \tilde{r}_{22} \oplus \ \cdots \ \oplus \tilde{\omega}_k \otimes \tilde{r}_{k2} \\ \vdots \\ \tilde{\omega}_1 \otimes \tilde{r}_{1n} \oplus \tilde{\omega}_2 \otimes \tilde{r}_{2n} \oplus \ \cdots \ \oplus \tilde{\omega}_k \otimes \tilde{r}_{kn} \end{pmatrix}^{\mathrm{T}}$$

（12）在包含"/，∑，∏"以及三角函数、双曲函数符号（如 sin，arctan，coth）等的式子中缺必要的括号。例如：

$$\tilde{r}_{\mathrm{u}1} = \sum_{i=1}^{p} \tilde{r}_i - 1, \ \ S_{\mathrm{b}}(x, \ t) = \frac{1}{2}A_{\mathrm{b}}\left[1 + \cos\frac{\pi}{l_{\mathrm{b}}}(x - x_0)\right], \ \ n + m \times n + m$$

三个式子中，式 1 的累加对象本意是 $\tilde{r}_i - 1$ 而不是 $\tilde{r}_i$，应改为 $\tilde{r}_{u1} = \sum_{i=1}^{p}(\tilde{r}_i - 1)$；式 2 中 cos 的对象本意是 $\dfrac{\pi}{l_b}$，即 $\cos\dfrac{\pi}{l_b}$ 与 $x - x_0$ 相乘，而不是对 $\dfrac{\pi}{l_b}(x - x_0)$ 取余弦运算，$\cos\dfrac{\pi}{l_b}(x - x_0)$ 应改为 $(x - x_0)\cos\dfrac{\pi}{l_b}$；式 3 本意是表达 $n + m$ 与 $n + m$ 两项相乘，但遗漏了括号而表达为 n，$m \times n$，m 三项相加，应改为 $(n + m) \times (n + m)$，或 $(n + m)(n + m)$，或 $(n + m)^2$。

12.3 化学式

化学式是用化学元素符号表示物质组成或化学反应的式子，分为分子式、结构式、实验式及化学方程式。杂环化合物[①]、高聚物和生物大分子等结构较为复杂的化学式，排版较为困难，占用版面较多，论文中是否使用化学式应斟酌确定，能用文字表达清楚的就最好不要用化学式。当然，为了形象、直观、清晰地进行表达，适当使用化学式也是必要的，但是应该精选，不宜使用太多，应根据需要给出有代表性的、重要的化学式。

12.3.1 分子式

分子式是表示物质分子组成的化学式，能表示分子中所含元素的种类、各原子的数目以及物质的相对分子质量。例如：氧的分子式是 O_2，表示 1 个氧分子由 2 个氧原子组成，相对分子质量是 31.998 9；乙酸（醋酸）的分子式是 $C_2H_4O_2$，表示 1 个乙酸分子由 2 个碳原子、4 个氢原子和 2 个氧原子组成，相对分子质量是 60.05。

分子式一般随文排，无特殊需要不必另行排，由于化学元素符号排正体，因此分子式也排正体。分子式中的元素符号，只有一个字母的，排英文大写正体，如 H，C，N 等；有两个字母的，第一个排英文大写正体，第二个排英文小写正体而且平排，如 Mn，Cl，Cu 等。分子式中表示原子个数的数字排在原子符号的右下角，对于某一原子组合则应加括号，再将数字排在括号的右下角，如 H_2O，Al_2O_3，$Fe_2(SO_4)_3$ 等。

单质[如氢气（H_2）、氧气（O_2）等]的名称宜用中文，如"氢气可燃烧，氧气能助燃"，"水是由 2 个氢原子和 1 个氧原子结合而成的最简单的氢氧化合物"。通常不宜将"钠化合物"表述为"Na 化合物"，不宜将"碘盐"表述为"I 盐"。但在插图和表格中，可以用分子式表示单质。

对于无机化合物和简单有机化合物，如 O_2，H_2，Cl_2，H_2O，Al_2O_3，CO_2，HCl，NaOH，H_2SO_4，CH_4（甲烷）等，其名称可直接用分子式而不写出学名。若需同时写出学名和分子式，则应把学名置于分子式前，如"二氧化碳"和"CO_2"同时出现时，应写成"二氧化碳（CO_2）"，不写成"CO_2（二氧化碳）"；若需要同时写出学名、俗名（商品名）和分子式，一般处理顺序是先写出学名，接着写出加括号的俗名或商品名，最后写出分子式，如"碳酸钠（小苏打、纯碱）Na_2CO_3""硝酸钾（钾硝）KNO_3""氢氧化钠（烧碱、火碱、苛性碱）NaOH"。

对于复杂有机化合物，其名称不宜用分子式表示时，可用学名、俗名（商品名）表示，当学名、俗名和分子式同时出现时，应区分具体情况，可采用示性式或结构式。遇到无机化合物和有机化合物同时出现、一起罗列时，应根据具体情况统筹考虑，尽可能做到表达统一。

---

① 根据组成有机化合物的碳架不同，可将有机化合物分为开链化合物、碳环化合物（又分为脂环族化合物、芳香族化合物）和杂环化合物三大类。

12.3.2　结构式

有机化合物分子中的原子按一定顺序和方式相连接。分子中原子间的排列顺序和连接方式叫分子的结构（构造），表示分子结构的化学式叫结构式（构造式），此式是用化学元素符号通过价键相互连接而表示的。开链化合物的结构特征是碳原子间互相连接成链状；碳环化合物的结构特征是碳原子间互相连接成环状（其中脂环族化合物中是碳原子连接成环，芳香族化合物中含有由 6 个碳原子组成的苯环）；杂环化合物的结构特征是碳原子与其他杂原子（如 N，O，S 等）共同组成环状结构，其种类繁多，在自然界分布极广，大都具有生理活性。

12.3.2.1　结构式常用符号

键号为结构式中的常用符号，是结构式中连接各原子或官能团[①]的连线，既有单线、双线、三线、点线、粗线之分，又有横线、竖线和斜线（见表 12-1）。从形式上看，键号与一些数学符号或其他符号相类似，实际上还是有区别的，注意不要混淆（见表 12-2）。例如：不能将单键号 "—" 排为减号 "－"、破折号（二字线）"——"、短横线 "-" 或半字线 "‐"。

表 12-1　化学结构式中键号的类别

键型	单键	双键	三键	点线键	黑线键
横键	—	＝	≡	⋯	▬
竖键	∣	‖	⫼	⋮	▐
斜键	╱	╱╱	╱╱╱	⁙	╱

表 12-2　键号与数学符号的区别

键 号		数学符号		示　例	
符号	名称	符号	名称	正确	错误
—	单键	－	减号	$-NH_2$	$-NH_2$ 或 -NH$_2$
＝	双键	＝	等号	$H_2C{=}CH_2$	$CH_2{=}CH_2$
≡	三键	≡	恒等号	$HC{\equiv}CH$	$CH{\equiv}CH$
⟩⟨	分支键	＞＜	大于号，小于号	⟩NH₂	＞NH
⟩⟨	单双分支键	≥≤	大于等于号，小于等于号	⬡	⬡
╱╱	双斜键	∥	平行号	-C⟨O H	-C⟨O H

12.3.2.2　结构式表示方式

1）短线式

一条短线代表一个共价键，单键用一条短线相连，双或三键以两或三条短线相连。例如：

---

① 官能团是指有机化合物分子中比较活泼、容易发生化学反应的原子或基团，它决定化合物的主要性质，具有相同官能团的化合物，其性质也相似。

（化学结构式图）

乙烷　　　　　　乙醇　　　　　　　环己烷

乙烯　　　　　　乙炔　　　　　　　环己烷

2）缩简式

为书写方便，在不致造成错觉时，将结构式中的一些代表键号的短线省略，而把除官能团外的其他各原子都分别合在一起写，就形成缩简式，也称结构简式、示性式。例如：

$$CH_3COOH \quad CH_3CH_2CH_2CH_3 \quad CH_3CH_2CH = CH_2 \quad \underset{\underset{OH}{|}}{CH_3CHCH_2CH_3} \quad C_2H_5OH$$

乙酸　　　　　　　　丁烷　　　　　　　　1-丁烯　　　　　　2-丁醇　　　　　乙醇

缩简式能表示出化合物分子中所含的官能团，如乙酸的缩简式是 CH_3COOH，表示分子式中含有一个甲基（CH_3—）和一个羧基（—$COOH$），能明确表示同分异构体。分子中具有相同碳原子数的有机化合物，可因碳原子的排列次序和方式不同而产生不同的结构式。例如：丁烷分子中有 4 个碳原子，有以下两种排列方式：

$$CH_3—CH_2—CH_2—CH_3 \qquad \underset{\underset{|}{CH_3—CH—CH_3}}{CH_3}$$

正丁烷　　　　　　　　　　　　异丁烷

正丁烷和异丁烷的分子式都是 C_4H_{10}，有相同的分子式，但结构式和性质不同，因此是不同的化合物。这种分子相同而结构式不同的化合物称为同分异构体。例如：乙醇和二甲醚的分子式都是 C_2H_6O，但缩简式分别为 CH_3CH_2OH（C_2H_5OH）和 CH_3OCH_3。同分异构现象在有机化合物中普遍存在，是有机化合物数目繁多（至今已达 1000 万种以上）的一个主要原因。

在仅仅需要定性地表示官能团而无须展示整个结构式时，运用缩简式的表示方法既能满足内容表述要求又能节省版面。

3）键线式

不写碳、氢原子，短线表示碳碳键，短线的连接点和端点表示碳原子的简化结构式。例如：

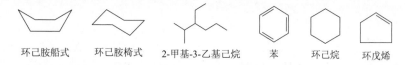

环己胺船式　　　环己胺椅式　　2-甲基-3-乙基己烷　　苯　　　环己烷　　　环戊烯

12.3.2.3 元素和原子团排法

结构式中的元素和原子团符号应该紧密排列，键号与其对准，排得不当容易引起混淆。

（1）镶在直链或环中的单字母元素符号，其键号均应该对准该字母，如表 12-3 所示。

表 12-3　镶在直链或环中的单字母元素符号与其键号的排法

键类	排法示例
一价键	—H　　H　　H—　　H　　H　　H　　H　　H
二价键	—O—　　O=　　O—　　O　　O　　O
三价键	—N=　　N—　　—N—　　N　　N
四价键	—C—　　=C=　　C　　C　　C　　C=
五价键	=P=　　—P—　　P　　P　　P　　P

（2）镶在直链或环中的多字母元素、化合物或原子团符号，其键号均应对准其成键的元素符号，或多字母元素、原子团符号的大写首字母。例如葡萄糖（$C_6H_{12}O_6$）的结构式应排为

$$
\begin{array}{c}
\text{CHO} \\
\text{H—C—OH} \\
\text{H—C—OH} \\
\text{H—C—OH} \\
\text{H—C—OH} \\
\text{CH}_2\text{OH}
\end{array}
\quad 或 \quad
\begin{array}{c}
\text{CHO} \\
\text{HCOH} \\
\text{HCOH} \\
\text{HCOH} \\
\text{HCOH} \\
\text{CH}_2\text{OH}
\end{array}
\quad 但不能排为 \quad
\begin{array}{c}
\text{CHO} \\
\text{HCOH} \\
\text{HCOH} \\
\text{HCOH} \\
\text{HCOH} \\
\text{CH}_2\text{OH}
\end{array}
$$

再如苯的结构式应排为

（苯结构式）或简写为（六边形）　（有时也用（带圆圈的六边形））

但不能排为

（两个错误的苯结构式）

再如 1，3，5-三氯苯的结构式应排为

再如硝基苯的结构式应排为

（3）镶在直链或环中的多元素原子团符号，为使该原子团的键号对准成键元素符号，可以调换第一个元素符号的位置，但排在键号两边的双字母元素符号的大小写顺序应保持不变。例如均苯四酸（1，2，4，5-苯四甲酸）的结构式应排为

而 1，3，5-三溴苯的结构式应排为

（4）环状化合物中环上的元素符号，有嵌进和非嵌进两种结构（是否嵌进取决于该元素与碳原子的价键），注意不得混淆。例如吡啶、呋喃、噻吩等杂环化合物的结构式分别为

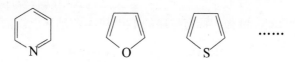

N，O，S 是嵌进的，其中 N 为 3 价原子，O，S 均为 2 价原子，如果将其排为非嵌进的形式

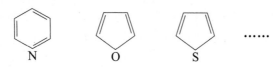

则 N，O，S 均变成了 1 价原子，不能表示出 N，O，S 的价键成键情况，因而是错误的表达形式。而苯胺、苯酚、苯磺酸等碳环化合物的结构式分别为

$$NH_2 \qquad OH \qquad SO_3H \qquad \cdots\cdots$$

其中 N，O，S 则是非嵌进的。

在杂环化合物中，杂原子（如 N，O，S 等）并不都是嵌进的，如果把不该嵌进的杂原子嵌进了就会出错。例如邻氨基偶氮甲苯的结构式应排为

但不能排为

（5）遇有箭头表示连接的情况，箭头的起止点必须对准相应的元素符号。例如：

$$CH_2{=}CH_2 + H - Cl \longrightarrow CH_3CH_2Cl$$

12.3.2.4　位序排法

链状或环状结构式中，为方便命名和标出取代基，应为各碳原子标出位序（位次）。

（1）对于链状结构式，其位序用阿拉伯数字排于碳原子 C 的上方、下方、左上角或右上角，但不能排在 C 的右下角，若排在右下角就会与分子式中的阿拉伯数字下标相混淆。如果正文用 5 号字，则位序一般用 7 号字。例如，标有位序的 2，2，4-三甲基己烷的结构式为

$$\overset{1}{CH_3}{-}\overset{2}{\underset{\underset{CH_3}{|}}{\overset{\overset{CH_3}{|}}{C}}}{-}\overset{}{CH_2}{-}\overset{4}{\underset{\underset{}{}}{\overset{\overset{CH_3}{|}}{CH}}}{-}\overset{5}{CH_2}{-}\overset{6}{CH_3}$$

（2）对于环状结构式，其位序用阿拉伯数字排在环外或环内的搭角处；有时也可把部分位序排于环外，部分位序排于环内（位序无论在环内还是环外，都应排在搭角处）；如果结构式中有星号，则可将星号置于碳原子的右上角；如果结构式中既有位序又有星号，则可把位序和星号分别置于键的两侧。例如：标有位序的 1-甲基-4-乙基环己烷的结构式为

标有位序的 9，10-蒽醌（$C_{14}H_8O_2$）的结构式为

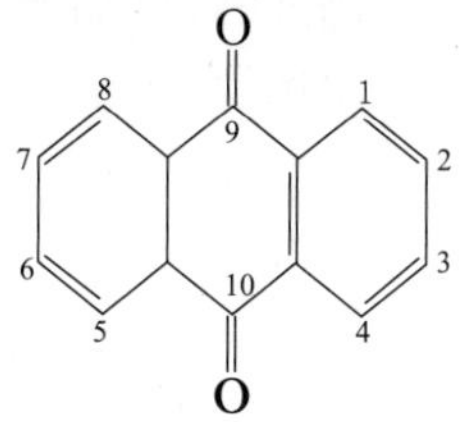

（结构式：蒽醌，编号 1—10，9、10 位为 =O）

标有星号的酒石酸（$C_4H_6O_6$）的结构式为

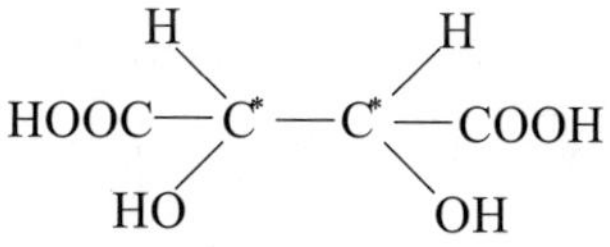

$$HOOC-\overset{H}{\underset{HO}{C^*}}-\overset{H}{\underset{OH}{C^*}}-COOH$$

标有位序和星号的葡萄糖（$C_6H_{12}O_6$）的结构式为

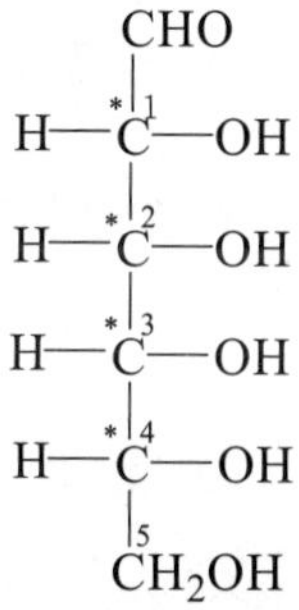

（结构式：葡萄糖，CHO 顶端，C1*—OH、C2*—OH、C3*—OH、C4*—OH，CH₂OH 底端）

（3）对于杂环结构式，若环上有取代基，则必须按以下规则给母体环编号。

①从杂原子开始编号，杂原子位序为 1。当环上只有一个杂原子时，还可用希腊字母编号，与杂原子直接相连的碳原子为 α 位，其后依次为 β，γ 位。五元杂环只有 α，β 位，六元杂环则有 α，β，γ 位。例如：

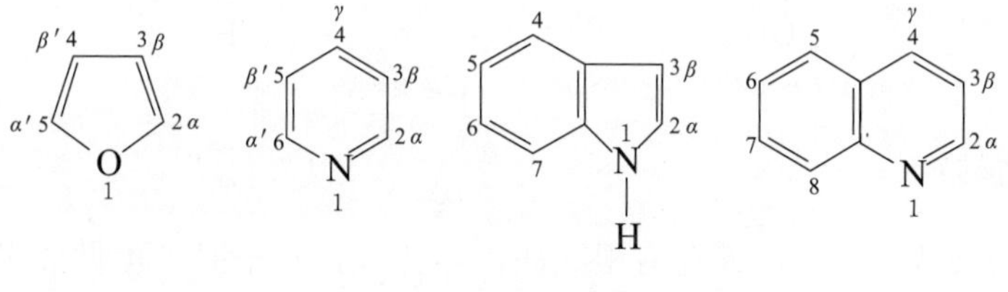

（呋喃、吡啶、吲哚、喹啉 的环编号结构式）

②若含有多个相同的杂原子，则从连有氢或取代基的杂原子开始编号，并使其他杂原子的位序尽可能最小。例如咪唑环的编号形式：

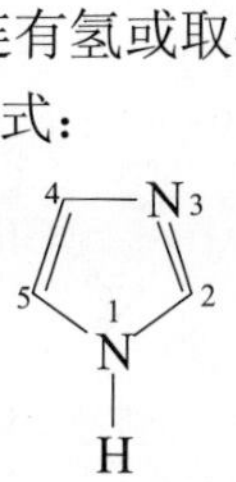

（咪唑环编号结构式）

③若含有不相同的杂原子，则按 N，O，S 的顺序编号。例如噻唑环的编号形式：

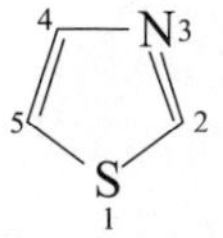

（噻唑环编号结构式）

④某些特殊的稠杂环具有特定的编号方法。例如嘌呤环的编号形式：

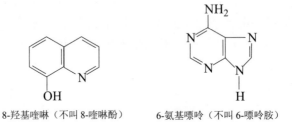

杂环母体名称及编号确定后，环上取代基可按照芳香族化合物的命名原则来处理。例如：

2-呋喃甲醛 （α-呋喃甲醛）	3-甲基噻吩 （β-甲基噻吩）	4-吡啶甲酸 （γ-吡啶甲酸）	3-吲哚乙酸 （β-吲哚乙酸）

当氮原子上连有取代基时，常用 *N* 表示取代基的位序。例如：

N-乙基吡咯

有些稠杂环化合物的命名与芳香族化合物的命名方式不同。例如：

8-羟基喹啉（不叫 8-喹啉酚）　　　　6-氨基嘌呤（不叫 6-嘌呤胺）

12.3.2.5　改排或转行

结构式横向较长或竖向较高而在有限版面内难排或排不下时，可做技术处理，如改排或转行，保持结构式原义，满足版面要求。这样做的依据是，键号在上、下、左、右等各方向等价。例如：可将特屈儿（学名为 2，4，6-三硝基苯甲硝胺，分子式为 $C_7H_5N_5O_8$）的结构式

改排为

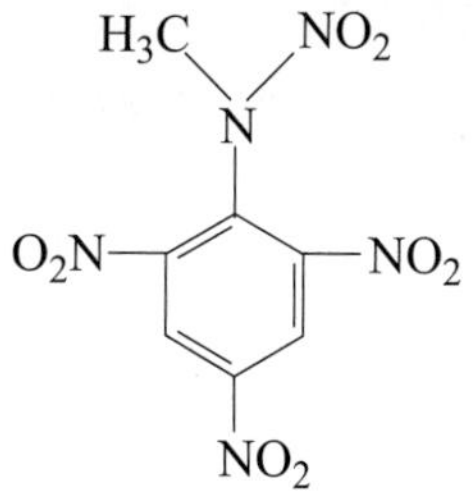

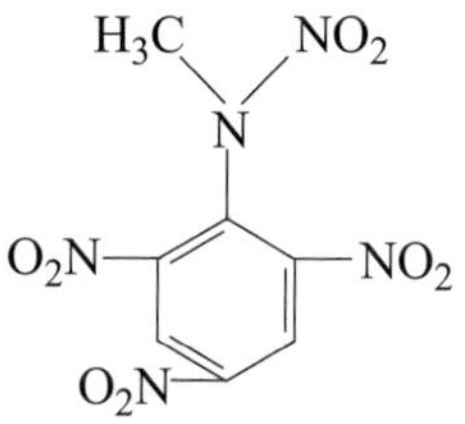

或

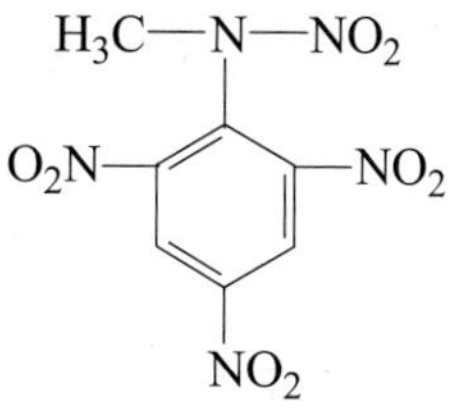

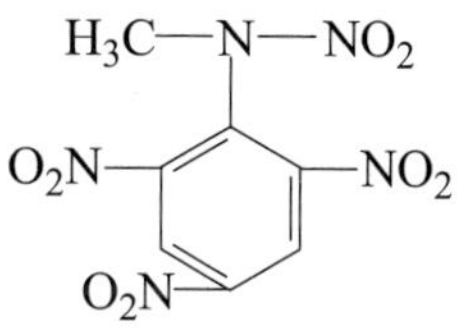

结构式转行时可参照数学式转行新规则，最好在紧靠其中键号（或箭头）后断开，而在下一行开头不应重复这一键号（或箭头）。例如：可将媒染纯黄的以下结构式

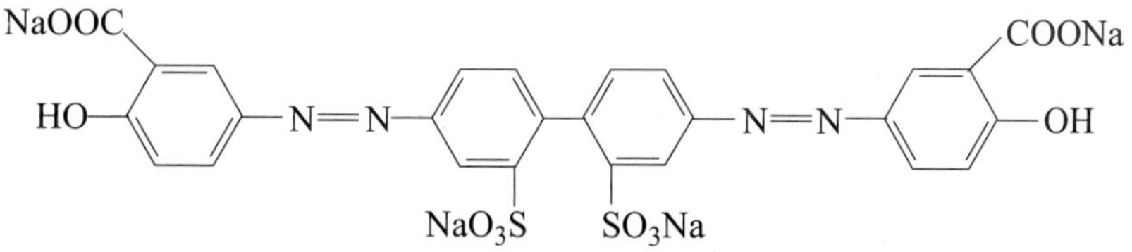

转行排为

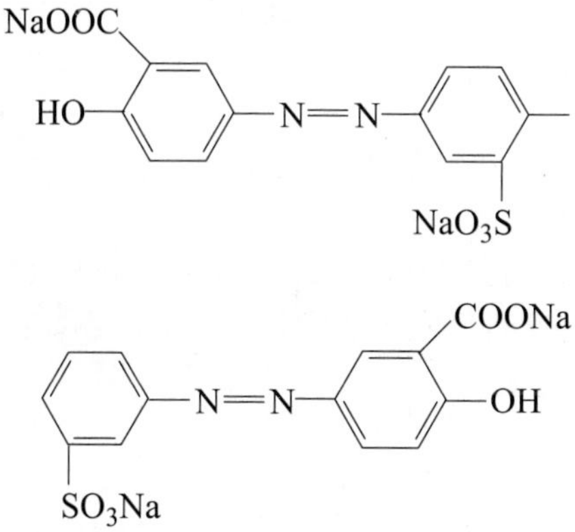

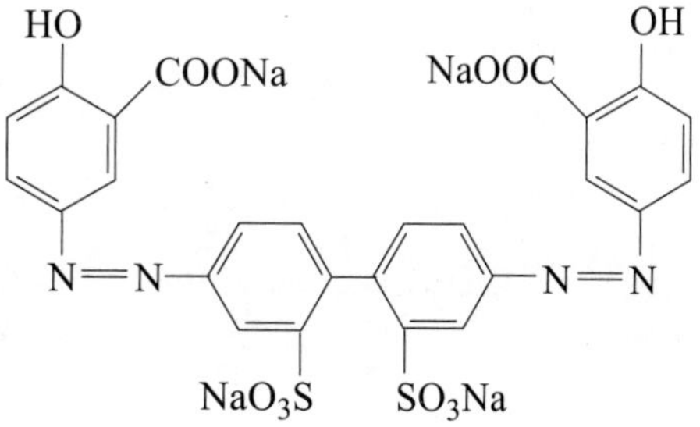

12.3.3　实验式

实验式是用化学元素符号表示化合物分子中各元素的原子数比例关系的化学式。例如：氯化钠的实验式是 NaCl（同其分子式），钠和氯的原子数比例是 1∶1；乙炔和苯的实验式是 CH（乙炔的分子式是C_2H_2，苯的分子式是C_6H_6），碳、氢的原子数比例均为1∶1。

12.3.4　化学方程式

化学方程式又称化学反应式，是用反应物和生成物的分子式（结构式）表示化学反应始态和终态的式子，其中表示化学反应与热效应关系的叫热化学方程式。它是精练的化学语言，是研究化学必不可少的工具。例如：要阐明某种化学反应的机制或化合物的合成路线，用文字叙述常难以表达清楚，但用化学方程式可清晰地展示出化学反应的进程、机制、产物和副产物等。化学方程式能正确、清晰地反映化学反应的质和量，论文中涉及定量化学计算时应写出化学方程式。化学方程式中，反应物的分子式（结构式）写在左边，生成物的分子式（结构式）写在右边，式子两边相同元素的原子数目必须相等。

1）反应符号

化学方程式中的反应符号主要有以下几种：反应号 ⟶ ；可逆反应号 ⇌ ；不可逆反应号 ══ ；不能反应号 ⇏ 。在无机物反应方程中，可用长等号代替反应号。此外，还有表示气体挥发的符号↑，表示反应物是沉淀物的符号↓，以及表示加热条件的符号△（注意不是希腊字母或增量符号 Δ）。

2）反应条件

化学方程式中的反应条件（如温度、浓度、压力、催化剂等）可用国际通用符号或中、外文字予以说明，通常排在反应号的上方或下方。反应条件文字的字号比化学方程式文字的字号要小，如果化学方程式用 5 号字，则反应条件多用 6 号或 7 号字。

（1）化学方程式中，如果只有一个反应条件，则把反应条件的文字排在反应号的上方；若字数较多或版面空间不够，则可把反应号上方的文字转排到反应号的下方。例如：

$$\xrightarrow{\text{氨基作用和氧化作用}} \quad\text{可改排为}\quad \xrightarrow[\text{氧化作用}]{\text{氨基作用和}}$$

（2）化学方程式中，如果有两个反应条件，则将一个反应条件的文字排在反应号的上方，另一个排在下方，即反应号上、下方的反应条件文字应各自独立。注意：不宜把反应号上方的文字转排到下方，但可以将文字多的一行在反应号的上方或下方转成双行或多行排。例如：

$$\xrightarrow[100\,℃]{\text{亚硝基五氰络铁酸钠二水化合物}} \quad\text{可改排为}\quad \xrightarrow[100\,℃]{\substack{\text{亚硝基五氰络铁}\\\text{酸钠二水化合物}}} \quad\text{但不宜排为}\quad \xrightarrow[\text{二水化合物，}100\,℃]{\text{亚硝基五氰络铁酸钠}}$$

（3）化学方程式中，如果有多个反应条件，则可根据反应条件的类别及所需排版空间合理地将它们分别排在反应号的上方、下方，但上、下方的反应条件应各自独立。例如：

$$CH_2{=\!\!=}CH_2 + Cl_2 \xrightarrow[40\,℃,\ 0.1\sim0.2\ \text{MPa}]{FeCl_3,\ 1,\ 2\text{-二氯乙烷}} \begin{array}{c} CH_2{-}CH_2 \\ \ |\qquad | \\ \ Cl\qquad Cl \end{array}$$

（4）对于可逆反应过程，由于正反应条件不一定等于逆反应条件，因此不能把可逆反应号上方的文字转排到可逆反应号的下方。

3）一般排法

化学方程式通常另行排，排版字号一般与正文文字的字号相同。当几个化学方程式并列排时，一般应遵循各自另行排或以反应符号上下对齐的原则。例如：

$$Na^+ + CN^- \longrightarrow NaCN$$

$$2NaCN + FeSO_4 \longrightarrow Na_2SO_4 + Fe(CN)_2$$

$$Fe(CN)_2 + 4NaCN \longrightarrow Na_4Fe(CN)_6$$

$$NH_4Cl + H_2O \rightleftharpoons NH_4OH + HCl$$

离子化合价数应排在离子符号的右上角。例如：

$$Ba^{2+} + SO_4^{2-} \longrightarrow BaSO_4$$

化学反应的热效应与化学反应进行的条件（如温度、压力、恒压还是恒容等）直接有关，并与反应物和生成物的物态及数量有关，所以写排热化学方程式时，除注意一般化学方程式的排法外，还要特别注意以下原则：

（1）在反应号上、下方注明反应进行的条件；

（2）在各物质化学式的右侧括号中注明各物质的物态或浓度；

（3）在各物质化学式前面正确写出系数（化学计量数），该系数可以是整数或简单分数；

（4）将方程式排在左边或上方，右边或下方给出相应的标准焓变（或摩尔焓变），方程式与标准焓变之间用逗号、分号或空格分隔。

例如：1 mol 碳、1 mol 氧气在 25 ℃和 100 kPa 条件下生成 1 mol 二氧化碳时放出 393 kJ 的热量，其热化学方程式可表达为

$$C(s) + O_2(g) \xrightarrow[100\ kPa]{25℃} CO_2(g), \quad \Delta H = -393\ kJ$$

式中，s 表示固态；g 表示气态（如果表示液态，则用英文小写字母 l）；ΔH 表示反应热量，其值为负表示放热（如果表示吸热则用正值）。

4）转行排法

参照 GB 3102.11—1993 规定的数学式转行新规则，笔者认为化学方程式转行时，最好在紧靠其中记号（包括反应号、加号、键号，如 "$\longrightarrow$" "$\rightleftharpoons$" "$==$" "$+$" "$-$" "$=$" "$\equiv$" 等）后断开，而在下一行开头不应重复这一记号。例如：

$$CH_3\underset{\underset{CH_3}{|}}{C}HCH_2OH + SOCl_2 \xrightarrow[加热回流]{吡啶}$$

$$CH_3\underset{\underset{CH_3}{|}}{C}HCH_2Cl + SO_2\uparrow + HCl\uparrow$$

第13章

参考文献

参考文献是科技论文不可缺少的重要组成部分。引自参考文献中的原理、观点、方法、数据、图表、式子和结果等，均应对所引文献在论文中引用的地方予以标注，并在文后组织列出、著录这些参考文献。参考文献引用的质量和数量是评价论文质量、水准、起点、深度及其科学基础、依据的重要指标，也是进行引文统计分析的重要信息源之一。多数文献收录机构或索引系统通常除收录论文的题名、摘要外，还收录论文的参考文献，而且参考文献已经成为通过其 DOI 实现全球文献互联的基础技术条件。本章主要讲述参考文献基础知识、标注体系及著录要求、项目、格式、细则。

扫一扫

视频讲解

13.1 参考文献基础知识

1）参考文献的概念

参考文献是对一个信息资源或其中一部分进行准确和详细著录的数据，位于文末或文中的信息源。它分为阅读型和引文型，阅读型参考文献是作者为撰写或编辑文章而阅读过的信息资源，或供读者进一步阅读的信息资源，引文型参考文献是作者为撰写或编辑文章而引用的信息资源。作者撰写文章应阅读充足的文献（阅读过的文献即为阅读型参考文献）；从其所阅读过的相关文献中选择出有代表性、典型的文献，在文中合适的位置进行标注，并在文后以列表的形式按某种顺序和著录格式进行列示（被标注、列示的文献即为引文参考文献）。对某一特定文章的参考文献来说，引文型参考文献是阅读型参考文献的子集。

论文中引用参考文献的作用：倡导引领学术诚信，培育伦理道德，保留完整记录；科学继承、发展，尊重知识产权，使信息资源共享；反映作者科学态度及论文科学依据，评价论文水平；区别作者与前人成果，尊重他人，避免抄袭剽窃嫌疑；索引导航，方便查找、关联、了解相关文献及资料；省去无用的重复，精简语句、缩短篇幅，方便叙述；有助于情报、文献计量学研究，助推学科科学发展；引文分析，对出版物水准做出较为客观公正的评价。

2）参考文献引用基本原则

（1）提倡引用必要和新的文献。撰写文章可能会阅读、参考较多文献，但一般不用全部引用，原创论文应多引用那些重要、相关、合适及年代较近的文献，综述论文引用的文献较为广泛、全面，一般不应缺少年代较早的文献。

（2）提倡引用已公开发表的文献。私人通信、内部讲义及未发表出来的文章、著作（即使已被录用）一般不宜引用，但必要时也可引用，或以用脚注或文内注方式说明引用的依据。

（3）宜采用与目标期刊一致的标注法。引文标注法不只有一种，不同标注法的标注格式体例并不相同，应按所选的标注法对引文进行标注。

（4）宜采用与目标期刊一致的著录格式。引文标注法不同，文献著录格式也就不同。文献种类多，载体形式也不少，有传统纸介文献，还有现代电子资源等，著录格式有差异。

3）参考文献类型与标识

（1）参考文献类型。科技论文中引用参考文献的类型多种多样，如图 13-1 所示，不同类型的参考文献的著录项目与著录格式不同。

参考文献类型 {
专著：普通图书、学位论文、会议文献、报告、标准、古籍、汇编、多卷书、丛书等

连续出版物：期刊、报纸等

析出文献：普通图书中的析出文献、期刊中的析出文献、会议文献中的析出文献、报纸中的析出文献等

专利文献：专利申请书、专利说明书、专利公报、专利年度索引等

电子资源：电子公告、电子图书、电子期刊、数据库等
}

图 13-1　参考文献类型

专著是以单行本或多卷册形式出版的印刷型或非印刷型出版物（在限定的期限内出齐），包括普通图书、学位论文、会议文献、报告、标准、汇编等。（档案以出版物的形式出现时，可列为专著，如中国清朝档案汇总、政府公文汇总、法律法规文件汇总等；否则，就不属专著，如一般形式的中国清朝档案、政府公文、法律法规文件等。）

连续出版物是通常载有年卷期号或年月顺序号，并计划无限期地连续出版发行的印刷型或非印刷型出版物，如期刊（杂志）、报纸、年鉴、会刊等。

析出文献是从整个信息资源中析出的具有独立篇名的文献，如专著或连续出版物中的析出文献。

专利文献是专利申请文件经国家主管专利的机关依法受理、审查合格后，定期出版的各种官方出版物的总称。

电子资源也称数字或数字化资源，是以数字方式将图、文、声、像等信息存储在磁、光、电介质上，通过计算机、网络或相关设备使用的记录有知识内容或艺术内容的信息资源，包括电子公告、电子图书、电子期刊、数据库等。它是随着计算机、信息及网络技术的发展而产生的一种新型文献产品，是以数字形式发布、存取、利用的信息资源，其出现和迅猛发展使原有的文献载体更加多样化。

（2）参考文献类型标识。参考文献著录格式中包含文献类型标识，可依据 GB／T 7714—2015《信息与文献　参考文献著录规则》附录 B《文献类型与文献载体标识代码》著录，对于电子资源须著录文献类型标识和载体标识。文献类型和标识代码、电子资源载体类型和标识代码分别见表 13-1、表 13-2，电子资源文献、载体类型和标识代码示例见表 13-3。

表 13-1　文献类型和标识代码

参考文献类型	文献类型标识代码	英 文 名
普通图书	M	monograph
会议文献（论文集、会议录）	C	conference works
汇编	G	gather
报纸	N	newspaper
期刊	J	journal
学位论文	D	dissertation
报告	R	report
标准	S	standard
专利	P	patent
数据库	DB	database
计算机程序	CP	computer program
电子公告	EB	electronic bulletin board
档案	A	archive
舆图	CM	chorographic map
数据集	DS	data set
其他	Z	

表 13-2　电子资源载体类型和标识代码

电子资源载体类型	载体类型标识代码	英 文 名
磁带	MT	magnetic tape
磁盘	DK	disk
光盘	CD	CD-ROM
联机网络	OL	online

表 13-3　电子资源文献、载体类型和标识代码示例

文献、载体类型	标识代码	英 文 名
联机网络数据库	DB / OL	database online
磁带数据库	DB / MT	database on magnetic tape
光盘数据库	DB / CD	database on CD-ROM
联机网络学位论文	D / OL	dissertation online
光盘普通图书	M / CD	monograph on CD-ROM
光盘会议文献	C / CD	conference works on CD-ROM
联机网络会议文献	C / OL	conference works online
磁盘计算机程序	CP / DK	computer program on disk
联机网络期刊	J / OL	journal online
联机网络电子公告	EB / OL	electronic bulletin board online

13.2　参考文献标注法

扫一扫

视频讲解

13.2.1　顺序编码制

　　顺序编码制是引文型参考文献的一种标注体系——引文采用序号标注，相应地，文后参考文献表中各篇文献按照正文部分标注的序号依次列出。

　　用顺序编码制标注参考文献有以下原则。

　　（1）按正文中引用的文献出现的先后顺序连续编码，将序号置于方括号中（在正文引用处用上标或平排形式的阿拉伯数字表示序号）。顺序编码制用脚注方式时，序号可由计算机自动生成圈码。

　　示例 1：引用单篇文献，序号置于上标方括号中

　　……德国学者 N. 克罗斯研究了瑞士巴塞尔市附近侏罗山中老第三纪断裂对第三系褶皱的控制[235]；之后，他又描述了西里西亚第 3 条大型的近南北向构造带，并提出地槽是在不均一的块体的基底上发展的思想[236]。

　　示例 2：引用单篇文献，序号置于平排方括号中

　　本文提出一种对文献［18］中的方法的简便修正方法。

　　示例 3：引用单篇文献，序号由计算机自动生成圈码

　　……所谓"移情"，就是"说话人将自己认同于……他用句子所描写的事件或状态中的一个参与者"①。《汉语大词典》和张相②都认为"可"是"痊愈"，侯精一认为是"减轻"③。……另外，根据侯精一，表示病痛程度减轻的形容词"可"和表示逆转否定的副词"可"是兼类词④，这也说明二者应该存在源流关系。

　　（2）同一处引用多篇文献时，应将各篇文献的序号在方括号内全部列出，各序号间用"，"

分隔，如遇连续序号，起讫序号间用短横线连接。此规则不适用于计算机自动编码的序号。

示例 4：引用多篇文献，连续序号间用短横线连接，并以上标的形式呈现

秦红玲等[2-5]对磁悬浮轴承系统的模糊滑模变结构控制进行了研究。

示例 5：引用多篇文献，连续序号间用短横线连接，并以平排的形式呈现

秦红玲等对磁悬浮轴承系统的模糊滑模变结构控制进行了研究，参见文献 [2-5]。

示例 6：引用多篇文献，非连续序号依次单独出现，连续序号间用短横线连接，并以上标的形式呈现

用多种优化模型[3, 5, 12-15]模拟表明本文方法具有传统方法无可比拟的优越性。

示例 7：引用多篇文献，非连续序号依次单独出现，连续序号间用短横线连接，并以平排的形式呈现

文献 [3, 5, 12-15] 用多种优化模型模拟表明本文方法具有传统方法无可比拟的优越性。

（3）多次引用同一著者的同一文献时，在正文中标注首次引用的文献序号，并在序号的"[ ]"外著录引文页码。如果用计算机自动编序号，则应重复著录参考文献，但参考文献表中的著录项目可简化为文献序号及引文页码，参见本节的示例 9（参考文献表中④）。

示例 8：多次引用同一著者的同一文献的序号

……改变社会规范也可能存在类似的"二阶囚徒困境"问题：尽管改变旧的规范对所有人都好，但个人理性选择使得没有人愿意率先违反旧的规范[1]。……事实上，古希腊对轴心时代思想真正的贡献不是来自对民主的赞扬，而是来自对民主制度的批评，苏格拉底、柏拉图和亚里士多德 3 位贤圣都是民主制度的坚决反对者[2] 260。……柏拉图在西方世界的影响力是如此之大以至于有学者评论说，一切后世的思想都是一系列为柏拉图思想所作的脚注[3]。……据《唐会要》记载，当时拆毁的寺院有 4600 余所，招提、兰若等佛教建筑 4 万余所，没收寺产，并强迫僧尼还俗达 260 500 人。佛教受到极大的打击[2]326-329。……陈登原先生的考证是非常精确的，他印证了《春秋说题辞》"黍者绪也，故其立字，禾人米为黍，为酒以扶老，为酒以序尊卑，禾为柔物，亦宜养老"，指出："以上谓等威之辨，尊卑之序，由于饮食荣辱。"[4]

参考文献：

[1] SUNSTEIN C R. Social norms and social roles [J / OL]. Columbia Law Review, 1996, 96: 903 [2012-01-26]. http://www.heinonline.org / HOL / Page?handle=hein.journals / clr96&id=913&collection=journals&index=journals / clr.

[2] MORRI I. Why the west rules for now: the patterns of history, and what they reveal about the future [M]. New York: Farrar, Straus and Giroux, 2010.

[3] 罗杰斯. 西方文明史：问题与源头[M]. 潘惠霞，魏婧，杨艳，等译. 大连：东北财经大学出版社，2011：15-16.

[4] 陈登原. 国史旧闻：第 1 卷[M]. 北京：中华书局，2000：29.

示例 9：多次引用同一著者的同一文献的脚注序号

……改变社会规范也可能存在类似的"二阶囚徒困境"问题：尽管改变旧的规范对所有人都好，但个人理性选择使得没有人愿意率先违反旧的规范①。……事实上，古希腊对轴心时代思想真正的贡献不是来自对民主的赞扬，而是来自对民主制度的批评，苏格拉底、柏拉图和亚里士多德 3 位贤圣都是民主制度的坚决反对者②。……柏拉图在西方世界的影响力是如此之大以至于有学者评论说，一切后世的思想都是一系列为柏拉图思想所作的脚注③。……据《唐会要》记载，当时拆毁的寺院有 4600 余所，招提、兰若等佛教建筑 4 万余所，没收寺产，并强迫僧尼

还俗达 260 500 人。佛教受到极大的打击④。……陈登原先生的考证是非常精确的，他印证了《春秋说题辞》"黍者绪也，故其立字，禾人米为黍，为酒以扶老，为酒以序尊卑，禾为柔物，亦宜养老"，指出："以上谓等成之辨，尊卑之序，由于饮食荣辱。"⑤

参考文献：

① SUNSTEIN C R. Social norms and social roles［J／OL］. Columbia Law Review，1996，96：903［2012-01-26］. http://www.heinonline.org／HOL／Page?handle=hein.journals／clr96&id=913&collection=journals&index=journals／clr..

② MORRI I. Why the west rules for now：the patterns of history，and what they reveal about the future［M］. New York：Farrar，Straus and Giroux，2010.

③ 罗杰斯. 西方文明史：问题与源头［M］. 潘惠霞，魏婧，杨艳，等译. 大连：东北财经大学出版社，2011：15-16.

④ 同②326-329.

⑤ 陈登原. 国史旧闻：第 1 卷［M］. 北京：中华书局，2000：29.

扫一扫

视频讲解

13.2.2　著者-出版年制

著者-出版年制是引文型参考文献的另一种标注体系——引文采用著者-出版年标注，参考文献表按著者字顺（姓氏笔画或姓氏首字母的顺序）和出版年排序。

用著者-出版年制标注参考文献有以下原则。

（1）正文引用的文献采用著者-出版年制时，各篇文献的标注内容由著者姓氏与出版年构成，并置于"（）"内。倘若只标注著者姓氏无法识别人名时，可标注著者姓名，例如中国人、韩国人、日本人用汉字书写的姓名。集体著者著述的文献可标注机关团体名称。倘若正文中已提及著者姓名，则在其后的"（）"内只著录出版年。

示例 1：引用单篇文献

The notion of an invisible college has been explored in the sciences (Crane, 1972). Its absence among historians was noted by Stieg (1981)...

参考文献：

CRANE D, 1972. Invisible college［M］. Chicago：Univ. Chicago Press.
STIEG M F, 1981. The information needs historians［J］. College and Research Libraries，42（6）：549-560.

（2）正文中引用多著者文献时，对中国著者应标注第一著者的姓名，其后附"等"字；对欧美著者只需标注第一著者的姓氏，其后附"et al."（中文论文中附"等"字更适合——笔者注）。姓名与"等"之间加逗号，姓氏与"et al."之间留适当空隙。

（3）在参考文献表中著录同一著者在同一年出版的多篇文献时，出版年后应该用小写字母 a，b，c…区别。例如：

示例 2：引用同一著者同年出版的多篇中文文献

王临惠，等，2010a. 天津方言的源流关系刍议［J］. 山西师范大学学报（社会科学版），37（4）：147.
王临惠，2010b. 从几组声母的演变看天津方言形成的自然条件和历史条件［C］//曹志耘. 汉语方言的地理语言学研究：首届中国地理语言学国际学术研讨会论文集. 北京：北京语言大学出版社：138.

示例 3：引用同一著者同年出版的多篇英文文献

KENNEDY W J, GARRISON R E, 1975a. Morphology and genesis of nodular chalks and hardgrounds in the Upper Cretaceous of Southern England［J］. Sedimentology，22：311.

KENNEDY W J, GARRISON R E, 1975b. Morphology and genesis of nodular phosphates in the Cenomanian of South-east England［J］. Lethaia，8：339.

（4）多次引用同一著者的同一文献，在正文中标注著者与出版年，并在"（　）"外以角标的形式著录引文页码。

示例 4： 多次引用同一著者的同一文献

主编靠编辑思想指挥全局已是编辑界的共识（张忠智，1997），然而对编辑思想至今没有一个明确的界定，故不妨提出一个构架……参与讨论。由于"思想"的内涵是"客观存在反映在人的意识中经过思维活动而产生的结果"（中国社会科学院语言研究所词典编辑室，1996）[1194]，所以"编辑思想"的内涵就是编辑实践反映在编辑工作者的意识中，"经过思维活动而产生的结果"。……《中国青年》杂志社创办人追求的高格调——理性的成熟与热点的凝聚（刘彻东，1998），表明其读者群的文化的品位的高层次……"方针"指"引导事业前进的方向和目标"（中国社会科学院语言研究所词典编辑室，1996）[235]。……对编辑方针，1981 年中国科协副主席裴丽生曾有过科学的论断——"自然科学学术期刊应坚持以马列主义、毛泽东思想为指导，贯彻为国民经济发展服务，理论与实践相结合，普及与提高相结合，'百花齐放，百家争鸣'的方针。"（裴丽生，1981）它完整地回答了为谁服务，怎样服务，如何服务得更好的问题。

············

参考文献：

裴丽生，1981. 在中国科协学术期刊编辑工作经验交流会上的讲话[C]//中国科学技术协会. 中国科协学术期刊编辑工作经验交流会资料选. 北京：中国科协学术协会学会工作部：2-10.

刘彻东，1998. 中国的青年刊物：个性特色为本 [J]. 中国出版(5)：38-39.

张忠智，1997. 科技书刊的总编（主编）的角色要求 [C]//中国科学技术期刊编辑学会. 中国科学技术期刊编辑学会建会十周年学术研讨会论文汇编. 北京：中国科学技术期刊编辑学会学术委员会：33-34.

中国社会科学院语言研究所词典编辑室，1996. 现代汉语词典 [M]. 修订本. 北京：商务印书馆.

············

13.3　参考文献表组织

参考文献表可按顺序编码制组织，也可按著者-出版年制组织，集中著录在文后。参考文献表按顺序编码制组织时，各篇文献应按正文部分标注的序号依次列出。参考文献表按著者-出版年制组织时，各篇文献首先按文种集中，可分为中文、日文、西文、俄文、其他文种五部分；然后按著者字顺和出版年排列。中文文献可以按著者汉语拼音字顺排列，也可以按著者的笔画笔顺 （"一""丨""丿""、""乛"）排列；西文文献按姓名首字母的顺序排列。

以下给出参考文献表组织示例（为阅读和理解方便，参考文献标注文本也一并给出）。

示例 1（参考文献表按顺序编码制组织）

现有制造系统的共同特点是基本不具有可重构性，当市场需求发生变化时会导致大量设备闲置、报废，造成资源、能源浪费。可重构制造系统（reconfigurable manufacturing system，RMS）的实施是解决这一问题的根本途径，可重构的本质是在制造系统全生命周期内通过逻辑或物理构形变化而获得最大生产柔性[1-2]。发达国家从 20 世纪 90 年代中期开展了有关研究，但目前还没有成熟完善的 RMS 实现方法，研究 RMS 的实现方法有重要意义。

　　RMS 的实现可通过改变可重构机床的模块化构件，或通过移动、更换或添加可移动性设备，或以逻辑重构方式生成虚拟制造单元（virtual manufacturing cell，VMC）来进行。……例如，BABU 等[3]基于不同秩聚类（rank order clustering，ROC）提出可生成多种单元构形的单元生成算法，但没有考虑系统的单元共享，而且还须主观设置一些参数；SARKER 等[4]开发出基于工艺路线和调度而不是单元共享的 VMC 生成方法，用以在多工件和多机床调度系统中寻找最短生产路线；RATCHEV[5]提出基于"资源元"的类能力模式的制造单元生成方法，将工艺需求动态地与制造系统加工能力相匹配；KO 等[6-7]基于"机床模式"的概念给出可实现机床共享的 VMC 生成算法。目前对制造单元的研究主要集中在单元生成及计划上，很少有人将其应用到 RMS 中，本文应用相似性理论提出"设备集合模式"的概念，并给出在某些假设成立时的 VMC 生成方法，以实现 RMS 的逻辑重构[1, 6-8]。

参 考 文 献

[1] 梁福军，宁汝新. 可重构制造系统理论研究[J]. 机械工程学报，2003，39(6)：36-43.

[2] KOREN Y, HEISEL U, JOVANE F, et al. Reconfigurable manufacturing systems [J]. Annals of the CIRP, 1999, 48(2)：527-540.

[3] BABU A S, NANDURKAR R N, THOMAS A. Development of virtual cellular manufacturing systems for SMEs [J]. Logistics Information Management, 2000, 13(4)：228-242.

[4] SARKER B R, LI Z. Job routing and operations scheduling: a network-based virtual cell formation approach [J]. Journal of the Operational Research Society, 2001, 52：673-681.

[5] RATCHEV S M. Concurrent process and facility prototyping for formation of virtual manufacturing cells[J]. Integrated Manufacturing System, 2001, 12(4)：306-315.

[6] KO K C, EGBELU P J. Virtual cell formation [J]. International Journal of Production Research, 2003, 41(11)：2365-2389.

[7] KO K C. Virtual production system [D]. IA, USA: Lowa State University, 2000.

[8] 赵汝嘉. 先进制造系统导论[M]. 北京：机械工业出版社，2003.

示例 2（参考文献表按著者-出版年制组织）

　　现有制造系统的共同特点是基本不具有可重构性，当市场需求发生变化时会导致大量设备闲置、报废，造成资源、能源浪费（梁福军等，2003）。可重构制造系统（reconfigurable manufacturing system，RMS）的实施是解决这一问题的根本途径，可重构的本质是在制造系统全生命周期内通过逻辑或物理构形变化而获得最大生产柔性（KOREN et al，1999）。发达国家从 20 世纪 90 年代中期开展了有关研究，但目前还没有成熟完善的 RMS 实现方法，研究 RMS 的实现方法有重要意义。

　　RMS 的实现可通过改变可重构机床的模块化构件，或通过移动、更换或添加可移动性设备，或以逻辑重构方式生成虚拟制造单元（virtual manufacturing cell，VMC）来进行。……例如，BABU 等（2000）基于不同秩聚类（rank order clustering，ROC）提出可生成多种单元构形的单元生成算法，但没有考虑系统的单元共享，而且还须主观设置一些参数；SARKER 等（2001）开发出基于工艺路线和调度而不是单元共享的 VMC 生成方法，用以在多工件和多机床调度系统中寻找最短生产路线；RATCHEV（2001）提出基于"资源元"的类能力模式的制造单元生成方法，将工艺需求动态地与制造系统加工能力相匹配；KO 等（2000，2003）基于"机床模式"的概念给出可实现机床共享的 VMC 生成算法。目前对制造单元的研究主要集中在单元生成及计划上，很少有人将其应用到 RMS 中，本文应用相似性理论提出"设备集合模式"的概念，并给出在某些假设成立时的 VMC 生成方法，以实现 RMS 的逻辑重构（梁福军等，2003；赵汝嘉，2003；KO et al.，2000，2003）。

参 考 文 献

梁福军，宁汝新，2003. 可重构制造系统理论研究[J]. 机械工程学报，39(6)：36-43.

赵汝嘉，2003. 先进制造系统导论[M]. 北京：机械工业出版社.

BABU A S, NANDURKAR R N, THOMAS A, 2000. Development of virtual cellular manufacturing systems for SMEs [J]. Logistics Information Management，13(4)：228-242.

KO K C, 2000. Virtual production system [D]. IA, USA：Lowa State University.

KO K C, EGBELU P J, 2003. Virtual cell formation [J]. International Journal of Production Research，41(11)：2365-2389.

KOREN Y, HEISEL U, JOVANE F, et al, 1999. Reconfigurable manufacturing systems [J]. Annals of the CIRP, 48(2)：527-540.

RATCHEV S M, 2001. Concurrent process and facility prototyping for formation of virtual manufacturing cells [J]. Integrated Manufacturing System，12(4)：306-315.

SARKER B R, LI Z, 2001. Job routing and operations scheduling：a network-based virtual cell formation approach [J]. Journal of the Operational Research Society，52：673-681.

13.4　参考文献著录要求

1）著录信息源

参考文献的著录信息源是被著录的信息资源本身。专著、会议文献、学位论文、报告、专利文献等可依据题名页、版权页、封面等主要信息源著录各个著录项目；专著、会议文献中析出的篇章与报刊上的文章，应依据参考文献本身著录析出文献的信息，并依据主要信息源著录析出文献的出处；电子资源依据特定网址、网站的信息著录。

2）著录用文字

参考文献原则上要求用信息资源本身的语种著录。必要时，可采用双语著录。用双语著录参考文献时，首先应该用信息资源的原语种著录，然后用其他语种著录。为适应国际检索系统的要求，目前国内较多中文期刊对中文文献采用双语（中文＋英文）著录。

示例 1：用原语种著录参考文献

[1] 周鲁卫. 软物质物理导论[M]. 上海：复旦大学出版社，2011：1.

[2] 常森.《五行》学说与《荀子》[J]. 北京大学学报（哲学社会科学版），2013，51(1)：75.

[3] 김세훈, 외. 도서관및독서진흥법 개정안 연구 [M]. 서울：한국문화관광정책연구원，2003：15.

[4] 図書館用語辞典編集委員会. 最新図書館用語大辭典 [M]. 東京：柏書房株式會社，2004：154.

[5] RUDDOCK L. Economics for the modern built environment [M / OL]. London：Taylor & Francis, 2009；12 [2010-06-15]. http：//lib.myilibrary.com / Open.aspx?id=179660.

[6] ZUO J, CHEN Y P, ZHOU Z D, et al. Building open CNC systems with software IC chips based on software reuse [J]. The International Journal of Advanced Manufacturing Technology, 2000, 16(9)：643-648.

示例 2：用中韩两种语种著录参考文献

[1] 李炳穆. 图书馆法规总览：第 1 卷[M]. 首尔：九美贸易出版部，2005：67-68.
　　이병목. 도서관법규총람：제 1 권 [M]. 서울：구미무역 출판부，2005：67-68.

[2] 图书馆信息政策委员会成立仪式与图书馆信息政策规划团[J]. 图书馆文化，2007，48(7)：11-12.
　　도시관정보책위원회 발족식 및 도서관정보정책기획단 신설[J]. 圖書館文化，2007，48(7)：11-12.

示例 3：用中英两种语种著录参考文献

[1] 熊平，吴颉. 从交易费用的角度谈如何构建药品流通的良性机制[J]. 中国物价，2005(8)：42-45.
　　XIONG P, WU X. Discussion on how to construct benign medicine circulation mechanism from tranaction cost perspective[J]. China Price, 2005(8)：42-45.

[2] 上海市食品药品监督管理局课题组. 互联网药品经营现状和监管机制的研究[J]. 上海食品药品监管情报研究，2008(1)：8-11.

Research Group of Shanghai Food and Drug Administration. A study on online pharmaceutical operating situation and supervision mechanism［J］. Shanghai Food and Drug Administration Research，2008（1）：8-11.

著录用文字还有以下事项须要注意：

（1）著录数字时，应保持信息资源原有的形式，但卷期号、页码、出版年、版次、更新或修改日期、引用日期、顺序编码制的参考文献序号等应该用阿拉伯数字表示。外文书的版次用序数词的缩写形式表示。

（2）个人著者，其姓全部著录，字母全大写（或首字母大写），名可缩写为首字母（见"13.6 参考文献著录细则"）；如用首字母无法识别该人名时，则用全名。

（3）出版项中附在出版地之后的省名、州名、国名等（见"13.6 参考文献著录细则"）以及作为限定语的机关团体名称可按国际公认的方法缩写。

（4）西文期刊名的缩写可参照 ISO 4 的规定或按常规表达形式。

（5）著录西文文献时，大写字母的使用要符合信息资源本身文种的习惯用法。

3）著录用符号

GB／T 7714—2015 中的著录用符号为前置符。按著者-出版年制组织的参考文献表中的第一个著录项目，如主要责任者、析出文献主要责任者、专利申请者或所有者前不使用任何标识符号。按顺序编码制组织的参考文献表中的各篇文献序号用方括号，如［1］、［2］……。

参考文献著录使用下列规定的标识符号（不同于标点符号），如表 13-4 所示。

表 13-4　参考文献著录用符号

符号	使用场合
.	用于题名项、析出文献题名项、其他责任者、析出文献其他责任者、连续出版物的"年卷期或其他标识"项、版本项、出版项、连续出版物中析出文献的出处项、获取和访问路径以及 DOI 前。每一条参考文献的结尾可用"."
：	用于其他题名信息、出版者、引文页码、析出文献的页码、专利号前
，	用于同一著作方式的责任者、"等""译"字样、出版年、期刊年卷期标识中的年和卷号前
；	用于同一责任者的合订题名①以及期刊后续的年卷期标识与页码前
//	用于专著中析出文献的出处项前
（）	用于期刊年卷期标识中的期号、报纸的版次、电子资源的更新或修改日期以及非公元纪年的出版年
［］	用于文献序号、文献类型标识、电子资源的引用日期以及自拟的信息
/	用于合期的期号间以及文献载体标识前
－	用于起讫序号和起讫页码间

13.5　参考文献著录项目及格式

参考文献著录应规范，做到著录项目完整、格式规范、与正文引证相符、姓名书写正确、信息项（如年份、卷号／期号／页码）全面或表达正确。文献种类、著录项目的多样性，不同类型文献的著录项目、格式的差异性，以及著录形式、细节的复杂性，都给参考文献著录带来麻烦。以下按 GB／T 7714—2015《信息与文献　参考文献著录规则》，对参考文献著录项目及格式进行阐述，并给出著录格式示例。

扫一扫

视频讲解

13.5.1　专著

专著著录项目：主要责任者②、题名项、其他责任者（任选）、版本项、出版项、获取和

---

① 合订题名指由两种或两种以上的著作汇编而成的无总题名的文献中各部著作的题名。
② 主要责任者主要负责创建信息资源的实体，即对信息资源的知识内容或艺术内容负主要责任的个人或团体，包括著者、编者、学位论文撰写者、专利申请者或专利权人、报告撰写者、标准提出者、析出文献的著者等。

访问路径（电子资源必备）、DOI（电子资源必备），如图 13-2 所示。

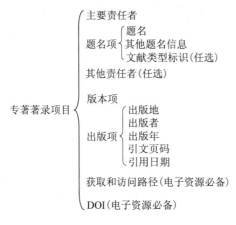

图 13-2　专著著录项目

专著著录格式：主要责任者.题名：其他题名信息［文献类型标识/文献载体标识］.其他责任者.版本项.出版地：出版者，出版年：引文页码［引用日期］.获取和访问路径.DOI.

1）普通图书

普通图书著录格式：主要责任者.普通图书名：其他书名信息［普通图书标识/普通图书载体标识］.其他责任者.版本项.出版地：出版者，出版年：引文页码[1]［引用日期］.获取和访问路径.DOI.例如：

［1］梁福军.SCI 论文写作与投稿［M］.北京：机械工业出版社，2019.

［2］梁福军.科技语体语法、规范与修辞：上册[M].北京：清华大学出版社，2016.

［3］中国图书馆分类法编辑委员会.中国图书馆分类法[M].4 版.北京：北京图书馆出版社，1999.

［4］唐绪军.报业经济与报业经营[M].北京：新华出版社，1999：117−121.

［5］赵凯华，罗蔚茵.新概念物理教程：力学[M].北京：高等教育出版社，1995.

［6］康熙字典：已集上：水部[M].同文书局影印本.北京：中华书局，1962：50.

［7］中国社会科学院语言研究所词典编辑室.现代汉语词典[M].7 版.北京：商务印书馆，2019.

［8］亨利·基辛格.世界秩序[M].胡利平，林华，曹爱菊，译.北京：中信出版集团，2015.

［9］RICHARD O D，PETER E H，DAVID G S.模式分类[M].李宏东，姚天翔，等译.北京：机械工业出版社，中信出版社，2003.

［10］KOESTLER A. The ghost in the machine［M］. London: Hutchinson & Co（Publishers）Ltd，1967.

［11］ROOD H J. Logic and structured design for computer programmers［M］.3rd ed.［S. l.］: Brooks /Cole-Thomson Learning，2001.

［12］赵耀东.新时代的工业工程师[M / OL].台北：天下文化出版社，1998［1998-09-26］.http：//www.ie.nthu.edu.tw/ info / ie.newie.htm（Big5）.

［13］TURCOTTE D L. Fractals and chaos in geology and geophysics［M /OL］. New York: Cambridge University Press，1992［1998-09-23］. http：//www.seg.org/ reviews / mccorm30.html.

［14］FAN X，SOMMERS C H. Food irradiation research and technology. 2nd ed. Ames，Iowa: Blackwell Publishing，2013：25−26［2014-06-26］. http：//onlinelibrary.wiley.com /doi / 10.1002/9781118422557.ch2 / summary.

2）会议文献（论文集、会议录）

会议文献著录格式：主要责任者.会议文献名：其他会议文献信息[2]［会议文献标识/会议文献载体标识］.其他责任者.出版地：出版者，出版年：引文页码［引用日期］.获取和访问

---

① 引用整本图书时无引文页码项。

② 其他会议文集信息可以包括有关会议的一些信息，如会议召开地点、国家和日期。

路径. DOI. 例如：

[1] 辛希孟. 信息技术与信息服务国际研讨会论文集：A 集[C]. 北京：中国社会科学出版社，1994.

[2] 中国力学学会. 第 3 届全国实验流体力学学术会议论文集[C]. 天津：［出版者不详］，1990.

[3] ROSENTHALL E M. Proceedings of the Fifth Canadian Mathematical Congress，University of Montreal，1961［C］. Toronto：University of Toronto Press，1963.

[4] YUFIN S A. Geoecology and computers: proceedings of the Third International Conference on Advances of Computer Methods in Geotechnical and Geoenvironmental Engineering，Moscow，Russian，February 1-4，2000［C］. Rotterdam: A. A. Balkema，2000.

[5] 陈志勇. 中国财税文化价值研究："中国财税文化国际学术研讨会"论文集［C /OL］. 北京：经济科学出版社，2011［2013-10-14］. http：//apabi.lib.pku.edu.cn / usp / pku / pub.mvc?pid=book.detail & metaid=m.metaid=m.20110628-BPO-889-0135 & cult=CN.

3）报告

报告著录格式：主要责任者. 报告名［报告标识/报告载体标识］. 报告地：报告单位，报告年[①]：引文页码［引用日期］. 获取和访问路径. DOI. 例如：

[1] 宋健. 制造业与现代化[R]. 北京：人民大会堂，2002.

[2] 宁波市科学技术局. 2003 年度宁波科技进步报告[R]. 宁波：宁波出版社，2004.

[3] 康小明. 大型整体结构件加工变形问题研究：博士后出站站报告[R]. 杭州：浙江大学，2002.

[4] U. S. Department of Transportation Federal Highway Administration. Guidelines for handling excavated acid-producing materials: PB 91-194001［R］. Springfield: U. S. Department of Commerce National Information Service，1990.

[5] World Health Organization. Factors regulating the immune response: report of WHO Scientific Group[R]. Geneva: WHO，1970.

[6] CALKIN D，AGER A，THOMPSON M. A comparative risk assessment framework for wildland fire management: the 2010 cohesive strategy science report: RMRS-GTR-262［R］. [S.l.: s.n.]，2011: 8-9.

[7] 中华人民共和国国务院新闻办公室. 国防白皮书：中国武装力量的多样化运用［R /OL］. (2013-04-16)［2014-06-11］. http：//www.mod.gov.cn /affair /2013-04 /16 /content_4442839.htm.

[8] 汤万金，杨跃翔，刘文，等. 人体安全重要技术标准研制最终报告：7178999X-2006BAK04A10 /10.2013[R /OL]. (2013-09-30)［2014-06-24］. http：//www.nstrs.org.cn /xiangxiBG.aspx?id=41707.

4）学位论文

学位论文著录格式：主要责任者. 学位论文名［学位论文标识/学位论文载体标识］. 保存地点：保存单位，年份：引文页码［引用日期］. 获取和访问路径. DOI. 例如：

[1] 梁福军. 可重构制造系统（RMS）理论与方法研究[D]. 北京：北京理工大学，2005.

[2] SON S Y. Design principles and methodologies for reconfigurable machining system［D］. Michigan: University of Michigan，2000.

[3] 杨保军. 新闻道德论［D /OL］. 北京：中国人民大学出版社，2010［2012-11-01］. http：//apabi.lib.pku.edu.cn /usp /pku /pub.mvc?pid=book.detail&metaid=m.20101104-BPO-889-1023&cult=CN.

[4] 马欢. 人类活动影响下海河流域典型区水循环变化分析[D /OL]. 北京：清华大学，2011: 27 [2013-10-14]. http：//www.cnki.net / kcms / detail / detail.aspx?dbcode=CDFD&QueryID=0&CurRec=11&dbname=CDFDLAST2013& filename=1012035905.nh&uid=WEEvREcwSIJHSldTTGJhYIJRaEhGUXFQWVB6SGZXeisxdmVhV3ZyZkpoUnozeDE1b0paM0NmMjZiQ3p4TUdmcw=.

5）标准

标准著录格式：主要责任者. 标准名标：标准编号（代号 顺序号—发布年）［标准标识/标准载体标识］. 出版地：出版者，出版年：引文页码［引用日期］. 获取和访问路径. DOI. 例如：

[1] 国家技术监督局. 量和单位：GB 3100～3102—1993［S］. 北京：中国标准出版社，1994.

[2] 中华人民共和国国家质量监督检验检疫总局，中国国家标准化管理委员会. 信息与文献　参考文献著录规则：GB / T 7714—2015［S］. 北京：中国标准出版社，2015: 17-20.

---

① "报告地：报告单位，报告年"也可为"出版地：出版者，出版年"。

［3］全国广播电视标准化技术委员会. 广播电视音像资料编目规范：第 2 部分　广播资料：GY／T 202.2—2007［S］. 北京：
　　　国家广播电影电视总局广播电视规划院，2007：1.

［4］国家环境保护局科技标准司. 土壤环境质量标准：GB 15616—1995［S／OL］. 北京：中国标准出版社，1996：2—3
　　　［2013-10-14］. http：//wenku.baidu.com／view／b950a34b767f5acaf1c7cd49.html..

［5］Information and documentation-the Dublin core metadata element set：ISO 15836：2009［S／OL］. ［2013-03-24］.
　　　http：//www.iso.org／iso／home／store／catalogue_tc／catalogue_detail.htm?csnumber=52142.

6）汇编

汇编著录格式：**主要责任者. 汇编名［汇编标识/汇编载体标识］. 出版地：出版者，出版年：引文页码［引用日期］. 获取和访问路径. DOI.** 例如：

［1］机械工业信息研究院. 国外机械工业要览［G］. 北京：机械工业出版社，2001.

［2］中国职工教育研究会. 职工教育研究论文集［G］. 北京：人民教育出版社，1985.

［3］中共中央文献编辑委员会. 邓小平文选：第 3 卷［G］. 北京：人民出版社，2013.

［4］法律出版社法规中心. 婚姻家庭注释版法规专辑［G／OL］. 北京：法律出版社，2011［2016-03-03］. http：//baike.baidu.
　　　com／link?url=I-Pk0O0_CcPKLlUjPACIhtYMn.

13.5.2　专著中的析出文献

专著中的析出文献著录项目：析出文献主要责任者、析出文献题名项、析出文献其他责任者（任选）、出处项、版本项、出版项、获取和访问路径（电子资源必备）、DOI（电子资源必备），如图 13-3 所示。

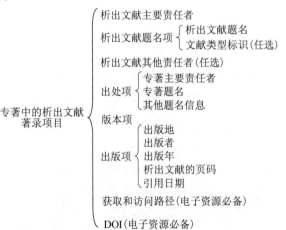

图 13-3　专著中的析出文献著录项目

专著中的析出文献著录格式：**析出文献主要责任者. 析出文献题名［文献类型标识/文献载体标识］. 析出文献其他责任者**①**//专著主要责任者. 专著题名：其他题名信息. 版本项. 出版地：出版者，出版年：析出文献的页码［引用日期］. 获取和访问路径. DOI.**

普通图书中的析出文献示例：

［1］黄蕴慧. 国际矿物学研究的动向［M］//程裕淇. 世界地质科技发展动向. 北京：地质出版社，1982：38—39.

［2］邓小平. 科学技术是第一生产力［M］//中共中央文献编辑委员会. 邓小平文选：第 3 卷. 北京：人民出版社，1993.

［3］WEINSTEIN L, SWARTZ M N. Pathogenic properties of invading microorganisma［M］//SODEMAN W A，Jr，SODEMAN
　　　W A. Pathologic physiology：mechanisms of disease. Philadephia：Saunder，1974：745—772.

［4］ROBERSON J A，BURNESON E G. Drinking water standards, regulations and goals［M／OL］//Ameriacan Water Works

---

① 若无析出文献其他责任者，则著录格式中［文献类型标识］后的"."去掉.

Association. Water quality & treatment: a handbook on drinking water. 6th ed. New York: McGraw-Hill, 2011: 1. 1–1. 36 ［2012-12-10］. http: //lib. myilibrary. com / Open. aspx?id=291430.

会议文献中的析出文献示例：

［1］周国玉，肖定华，张建军. 成组技术的优越性及发展［C］//鄢萍. 制造自动化技术研究与应用：全国高等学校制造自动化研究会第十届学术年会论文集，成都，2002-7. 北京：机械工业出版社，2002：20–24.

［2］裴丽生. 在中国科协学术期刊编辑工作经验交流会上的讲话［C］//中国科协学术期刊工作经验交流会资料选. 北京：中国科协学术协会工作部，1981：2–10.

［3］ZHOUGYM C.The wetting characteristics and interfacial reactions of aluminium-graphite system［C］//LIN R Y. Interface in Metal-ceramics Composites：International Conference on Interface in Metal-ceramics Composites，California，1990. Pennsylvania: A Publication of TMS，1990：233–240.

［4］FOURNEY M E. Advances in holographic photoelsticity［C］//American Society of Mechanical Engineers. Applied Mechanics Division. Symposium on Applications of Holography in Mechanics，August 23–25，1971，University of Southern California，Los Angeles，California. New York: ASME，c1971：17–38.

［5］METCALF S W. The Tort Hall air emission study［C / OL］//The International Congress on Hazardous Waste，Atlanta Marriott Marquis Hotel，Atlanta，Georgia，June 5–8，1995：impact on human and ecological health ［1998-09-22］. http: //atsdrl. atsdr. cdc. gov: 8080 / cong95. html.

汇编、标准中的析出文献示例如下：

［1］韩吉人. 论职工教育的特点［G］//中国职工教育研究会. 职工教育研究论文集. 北京：人民教育出版社，1985：90–99.

［2］马克思主义新闻出版观重要文献选编编委会. 马克思主义新闻出版观重要文献选编［G］//《习近平总书记系列重要讲话读本》之六：创造中华文化新的辉煌（节选）. 北京：人民出版社，2014：117–128.

［3］国家标准局信息分类编码研究所. 世界各国和地区名称代码：GB / T 2659—1986［S］//全国文献工作标准化技术委员会. 文献工作国家标准汇编：3. 北京：中国标准出版社，1988：59–92.

扫一扫
视频讲解

13.5.3 连续出版物

连续出版物著录项目：主要责任者、题名项、年卷期或其他标志（任选）、出版项、获取和访问路径（电子资源必备）、DOI（电子资源必备），如图 13-4 所示。

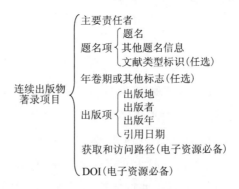

图 13-4 连续出版物著录项目

连续出版物著录格式：主要责任者. 题名：其他题名信息［文献类型标识/文献载体标识］. 年，卷（期）–年，卷（期）.出版地：出版者，出版年［引用日期］.获取和访问路径. DOI. 例如：

［1］中国地质学会. 地质论评［J］. 1936，1(1)–. 北京：地质出版社，1936–.

［2］中国机械工程学会. 中国机械工程学会会讯［J］. 2018(1)–2024(12). 北京：中国机械工程学会，2018–2024.

［3］American Association for the Advancement of Science. Science［J］. 1883，1(1)–. Washington，D. C.：American Association for the Advancement of Science，1883–.

13.5.4　连续出版物中的析出文献

连续出版物中的析出文献著录项目：析出文献主要责任者、析出文献题名项、出处项、获取和访问路径（电子资源必备）、DOI（电子资源必备），如图 13-5 所示。

连续出版物中的析出文献著录项目
- 析出文献主要责任者
- 析出文献题名项
  - 析出文献题名
  - 文献类型标识(任选)
- 出处项
  - 连续出版物题名
  - 其他题名信息
  - 年卷期标识与页码
  - 引用日期
- 获取和访问路径(电子资源必备)
- DOI(电子资源必备)

图 13-5　连续出版物中的析出文献著录项目

连续出版物中的析出文献著录格式：析出文献主要责任者.析出文献题名［文献类型标识/文献载体标识］.连续出版物题名：其他题名信息，年，卷（期）：页码[1]［引用日期］.获取和访问路径.DOI.

期刊中的析出文献示例如下：

［1］刘兴云，刘晓倩，向媛媛，等. 人工智能大数据之于心理学[J]. 科技导报，2019，37（21）：105-109.

［2］莫少强. 数字式中文全文文献格式的设计与研究［J / OL］. 情报学报，1999，18（4）：1-6［2001-07-08］. http：// periodical. wanfangdata. com. cn / periodical / qbxb / qbxb99 / qbxb9904 / 990407. htm.

［3］武丽丽，华一新，张亚军，等. "北斗一号" 监控管理网设计与实现［J / OL］. 测绘科学，2008，33（5）：8-9［2009-10-25］. http：//vip. cails. edu. cn / CSTJ / Sear.dll?OPAC_CreateDetail. DOI：10.3771 / j.issn.1009-2307.2008.05.002.

［4］ZUO J，CHEN Y P，ZHOU Z D，et al. Building open CNC systems with software IC chips based on software reuse［J］. The International Journal of Advanced Manufacturing Technology，2000，16（9）：643-648.

［5］WALLS S C，BARICHIVICH W J，BROWN M E. Drought，deluge and declines：the impact of precipitation extreames on amphibians in a changing climate［J/OL］. Biology，2013，2（1）：399-418［2013-11-04］. http://www.mdpi.com/2079-7737/ 2 / 1 / 399. DOI：10.3390 / biology2010399.

［6］FRANZ A K，DANIELEWICZ M A，WONG D M，et al. Phenotypic screening with oleaginous microalgae reveals modulators of lipid productivity［J/OL］. ACS Chemical Biology，2013，8：1053-1062［2014-06-26］. http：//pubs.acs.org / doi / ipdf / 10.1021 / cb300573r.

报纸中的析出文献示例如下：

［1］常志鹏. 清洁高效燃煤技术离我们还有多远[N]. 科技日报，2005-07-18（3）.

［2］傅刚，赵承，李佳路. 大风沙过后的思考［N/OL］. 北京青年报，2000-01-12［2005-09-28］. http：//www. bjyouth. com. cn / Bqb / 20000412 / GB / 4216％5ED0412B1401. htm.

［3］刘裕国，杨柳，张洋，等. 雾霾来袭，如何突围［N/OL］. 人民日报，2013-01-12［2013-11-06］. http：//paper.people.com.cn / rmrb / html / 2013-01 / 12 / nw. D110000renmrb_20130112_204.htm.

13.5.5　专利文献

专利文献著录项目：专利申请者或所有者、题名项、出版项、获取和访问路径（电子资源必备）、DOI（电子资源必备），如图 13-6 所示。

---

① 报纸的 "年，卷（期）：页码" 改为 "出版日期（版次）"，如 "2020-04-08（1）"。

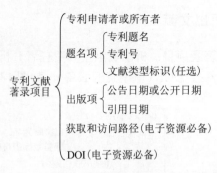

图 13-6　专利文献著录项目

专利文献著录格式：专利申请者或所有者. 专利题名：专利号［文献类型标识/文献载体标识］. 公告日期或公开日期［引用日期］. 获取和访问路径. DOI. 例如：

［1］姜锡洲. 一种温热外敷药制备方案：88105607.3［P］. 1989-07-26.

［2］MILLOR A L, KOTHLUSG J N. 机械密封装置的自适应控制系统：1007835B［P］. 1990-05-02.

［3］KOSEKI A, MOMOSE H, KAWAHITO M, et al. Compiler: US828402［P/OL］. 2002-05-25［2002-05-28］. http：// FF&p＝1&u＝netahtml / PTO / search-bool.html&r＝5&f＝G&1＝50&col＝AND&d＝PG01&s1＝IBM.AS.&0S＝AN / IBM / RS＝AN / IBM.

扫一扫

13.5.6　电子资源

视频讲解

凡属电子专著、电子专著中的析出文献、电子连续出版物、电子连续出版物中的析出文献以及电子专利的著录项目与著录格式分别按 13.5.1～13.5.5 节中的有关规则处理。除此而外的电子资源根据以下著录项目与著录格式来著录。

电子资源著录项目：主要责任者、题名项、出版项、获取和访问路径、DOI，见图 13-7。

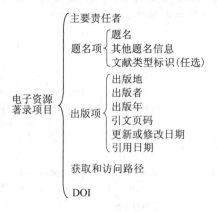

图 13-7　电子资源著录项目

电子资源著录格式：主要责任者. 题名：其他题名信息［文献类型标识/文献载体标识］. 出版地：出版者，出版年：引文页码（更新或修改日期）［引用日期］. 获取和访问路径. DOI. 例如：

［1］萧玉. 出版业信息化迈入快车道［EB/OL］.（2001-12-19）［2002-04-15］. http：//www. creader. com / news / 20011219 / 200112190019. html.

［2］北京市人民政府办公厅. 关于转发北京市企业投资项目核准暂行实施办法的通知：京政办发〔2005〕37 号［A/OL］.（2005-07-12）［2011-07-12］. http：//china. findlaw. cn / fagui / p_1 / 39934. html.

［3］PACS-L: the public-access computer systems forum［EB/OL］. Houston，Tex：University of Houston Libraries，1989［1995-05-17］. http：//info. lib. uh. edu / pacsl. html.

［4］HOPKINSON A. UNIMARC and metadat: Dublin Core［EB／OL］.（2009-04-22）［2013-03-27］. http:∥archive. ifla. org／IV／ifla64／138-161e. htm.

［5］Dublin core metadata element set: version 1.1［EB／OL］.（2012-06-14）［2014-06-14］. http:∥dublincore. org／documents／dces／.

［6］Scitor Corporation. Project scheduler［CP／DK］. Sunnyvale, Calif.: Scitor Corporation，c1983.

13.6　参考文献著录细则

13.6.1　主要或其他责任者

（1）个人著者采用姓在前名在后的形式。欧美著者的名可用缩写字母，缩写字母后省略缩写点即小圆点（也可不省略——笔者注）。欧美著者的中译名可只著录其姓；同姓不同名的欧美著者，其中译名不仅要著录其姓，还要著录其名的首字母。依据 GB／T 28039—2011《中国人名汉语拼音字母拼写规则》、GB／T 16159—2012《汉语拼音正词法基本规则》的有关规定，用汉语拼音书写的人名，姓全大写，其名可缩写，取每个汉字拼音的首字母。

示例 1：

李时珍　　　　　　　　　　　原题：（明）李时珍

示例 2：

乔纳斯　　　　　　　　　　　原题：（瑞士）伊迪斯·乔纳斯

示例 3：

昂温　　　　　　　　　　　　原题：（美）S. 昂温（Stephen Unwin）

示例 4：

昂温 G，昂温 P S　　　　　　原题：（英）G. 昂温（G. Unwin），P. S. 昂温（P. S. Unwin）

示例 5：

丸山敏秋　　　　　　　　　　原题：（日）丸山敏秋

示例 6：

凯西尔　　　　　　　　　　　原题：（阿拉伯）伊本·凯西尔

示例 7：

EINSTEIN A　　　　　　　　原题：Albert Einstein

示例 8：

WILLIAMS-ELLIS A　　　　　原题：Amabel Williams-Ellis

示例 9：

DE MORGAN A　　　　　　　原题：Augustus De Morgan

示例 10：

LIANG Fujun　　　　　　　　原题：Liang Fujun

示例 11：

LIANG F J　　　　　　　　　原题：Liang Fujun

（2）著作方式相同的责任者不超过 3 个时，全部照录；超过 3 个时，著录前 3 个责任者，其后面加"，等"或与之相应的词（英文为"，et al"——笔者注）。

示例 12：

钱学森，刘再复　　　　　原题：钱学森　刘再复

示例 13：

李四光，华罗庚，茅以升　　　原题：李四光　华罗庚　茅以升

示例 14：

印森林，吴胜和，李俊飞，等　　原题：印森林　吴胜和　李俊飞　冯文杰

示例 15：

FORDHAM E W, ALI A, TURNER D A, et al　原题：Evenst W. Fordham　Amaid Ali　David A. Turner　John R. Charters

（3）无责任者或责任者情况不明的文献，"主要责任者"项应注明"佚名"或与之相应的词（英文为 Anon）。凡采用顺序编码制组织的参考文献可省略此项，直接著录题名。

示例 16：

Anon，1981. Coffee drinking and cancer of the pancreas [J]. Br Med J, 283(6292)：628.

（4）凡是对文献负责的机关团体名称，通常根据著录信息源著录。机关团体名称应由上至下（英文机关团体名称由下至上）分级著录，作为限定语的机关团体名称可按照国际公认的方法缩写①。

示例 17：

中国科学院物理研究所

示例 18：

中央军委办公室综合局

示例 19：

American Society of Mechanical Engineering

示例 20：

Department of Civil Engineering，Stanford University

13.6.2　题名

题名包括书名、刊名、报纸名、专利题名、报告名、标准名、学位论文名、档案名、舆图名、析出的文献名等。题名按著录信息源所载的内容著录。

示例 1：

王夫之"乾坤并建"的诠释面向

示例 2：

张子正蒙注

---

① 笔者修改了标准中原有的表述。原有表述"机关团体名称应由上至下分级著录，上下级间用'.'分隔"不符合英文机关团体名称习惯表达，英文机关团体名称习惯表达是由下至上分级著录。笔者将标准中的示例 Stanford University. Department of Civil Engineering 改为 Department of Civil Engineering，Stanford University。

示例 3：

化学动力学和反应器原理

示例 4：

袖珍神学，或，简明基督教词典

示例 5：

北京师范大学学报（自然科学版）

示例 6：

Gases in sea ice 1975–1979

示例 7：

J Math & Phys

（1）同一责任者的多个合订题名，著录前 3 个合订题名。对于不同责任者的多个合订题名，可以只著录第一个或处于显要位置的合订题名。在参考文献中不著录并列题名[①]。

示例 8：

为人民服务；纪念白求恩；愚公移山　　　　原题：为人民服务　纪念白求恩　愚公移山　　毛泽东著

示例 9：

大趋势　　　　　　　　　　　原题：大趋势　　Megatrends

（2）文献类型标识（含文献载体标识）宜依据 GB／T 7714—2015 附录 B《文献类型和文献载体标识代码》著录。电子资源既要著录文献类型标识，也要著录文献载体标识。

（3）其他题名信息根据信息资源外部特征的具体情况决定取舍。其他题名信息包括副题名，说明题名文字，多卷书的分卷书名、卷次、册次，专利号，报告号，标准号等。

示例 10：

地壳运动假说：从大陆漂移到板块构造[M]

示例 11：

邓小平理论：第 3 卷[M]

示例 12：

世界出版业：美国卷[M]

示例 13：

ECL 集成电路：原理与设计[M]

示例 14：

中国科学技术史：第 2 卷　科学思想史[M]

示例 15：

商鞅战秋菊：法治转型的一个思想实验[J]

---

① 并列题名指在文献著录信息源中出现的对应于正题名的另一种语言文字的题名，包括对应于正题名的外文题名、少数民族文字题名等，但不包括汉语拼音题名。

示例 16：

中国科学：D 辑 地球科学［J］

示例 17：

信息与文献 都柏林核心元数据元素集：GB／T 25100—2010［S］

示例 18：

中子反射数据分析技术：CNIC-01887［R］

示例 19：

Asian Pacific Journal of Cancer Prevention：e-only

13.6.3 版本

第 1 版不著录，其他版本说明应著录。版本用阿拉伯数字、序数缩写形式或其他标识表示。古籍的版本可著录"写本""抄本""刻本""活字本"等。

示例 1：

3 版 原题：第三版

示例 2：

新 1 版 原题：新一版

示例 3：

明刻本

示例 4：

5th ed. 原题：Fifth edition

示例 5：

Rev. ed. 原题：Revised edition

示例 6：

2021 ed. 原题：2021 edition

13.6.4 出版项

出版项应按出版地、出版者、出版年顺序著录。

示例 1：

北京：科学出版社，2024

示例 2：

New York：Academic Press，2023

13.6.4.1 出版地

（1）出版地著录出版者所在地的城市名。对同名异地或不为人们熟悉的城市名，宜在城市名后附省名、州名或国名等限定语。（省名、州名、国名可按国际公认方法缩写——笔者注。）

示例 3：

Cambridge，Eng.

示例 4：

Cambridge，Mass.

（2）文献中载有多个出版地，只著录第一个或处于显要位置的出版地。

示例 5：

北京：科学出版社，2013　　　原题：科学出版社　北京　上海，2013

示例 6：

London：Butterworths，2000

原题：Butterworths　London　Boston　Durban　Syngapore　Sydney　Toronto　　Wellington　2000

（3）无出版地的中文文献著录"出版地不详"，外文文献著录"S.l."，并置于方括号内。无出版地的电子资源可省略此项。

示例 7：

［出版地不详］：三户图书刊行社，1990

示例 8：

［S.l.］：MacMillan，1975

示例 9：

Open University Press，2011：105［2014-06-16］.http：//lib.myilibrary.com / Open.aspx?id=312377

13.6.4.2　出版者

（1）出版者可以按著录信息源所载的形式著录，也可以按国际公认的简化形式或缩写形式著录。

示例 10：

中国标准出版社

示例 11：

Elsevier Science Publishers

示例 12：

IRRI　　　　原题：International Rice Research Institute

示例 13：

Wiley　　　原题：John Wiley and Sons Ltd.

（2）文献中载有多个出版者，只著录第一个或处于显要位置的出版者

示例 14：

Chicago：ALA，1978　　　原题：American Library Association / Chicago　Canadian Library Association / Ottawa 1978

（3）无出版者的中文文献著录"出版者不详"，外文文献著录"s.n."，并置于方括号内。

无出版者的电子资源可以省略此项。

示例 15：

哈尔滨：［出版者不详］，2013

示例 16：

Salt Lake City：［s. n.］，1964

13.6.4.3 出版日期

（1）出版年采用公元纪年，并用阿拉伯数字著录。如有其他纪年形式，将原有的纪年形式置于"（）"内。

示例 17：

1947（民国三十六年）

示例 18：

1705（康熙四十四年）

（2）报纸的出版日期按照"YYYY-MM-DD"格式，用阿拉伯数字著录。

示例 19：

2024-03-26

（3）出版年无法确定时，可依次选用版权年、印刷年、估计的出版年。估计的出版年应置于方括号内。

示例 20：

c2016

示例 21：

1999 印刷

示例 22：

［1936］

13.6.4.4 公告日期、更新日期、引用日期

（1）专利文献的公告日期或公开日期按照"YYYY-MM-DD"格式，用阿拉伯数字著录。

（2）电子资源的更新或修改日期、引用日期按照"YYYY-MM-DD"格式，用阿拉伯数字著录。

示例 23：

（2020-03-15）［2021-10-18］

13.6.5 页码

专著或期刊中析出文献的页码或引文页码，应采用阿拉伯数字著录（参见 13.6.8（2），13.2.1（3），13.2.2（4））。引自序言或扉页题词的页码，可按实际情况著录。

示例 1：

宗守云. 现代汉语句式及相关问题研究[M]. 北京：世界图书出版公司, 2015：20.

示例 2：

钱学森. 创建系统学[M]. 太原：山西科学技术出版社, 2001：序 2-3.

示例 3：

冯友兰. 冯友兰自选集[M]. 2 版. 北京：北京大学出版社, 2008：第 1 版自序.

示例 4：

李约瑟. 题词[M]//苏克福, 管成学, 邓明鲁. 苏颂与《本草图经》研究. 长春：长春出版社, 1991：扉页.

示例 5：

DUNBAR K L, MITCHELL D A. Revealing nature's synthetic potential through the study of ribosomal nature product biosynthesis [J / OL]. ACS Chemical Biology, 2013, 8：473-487 [2013-10-06]. http：//pubs.acs.org / doi / pdfplus / 10.1021 / cb3005325.

13.6.6 获取和访问路径

根据电子资源在互联网中的实际情况, 著录其获取和访问路径。

示例 1：

储大同. 恶性肿瘤个体化治疗靶向药物的临床表现[J / OL]. 中华肿瘤杂志, 2010, 32(10)：721-724 [2014-06-25]. http：//vip.calis.edu.cn / asp / Detail.asp.

示例 2：

WEINER S. Microarchaeology：beyond the visible archaeological record[M / OL]. Cambridge, Eng.：Cambridge University Press Textbooks, 2010：38 [2013-10-14]. http：//lib.myilibrary.com / Open.aspx?id=253987.

13.6.7 DOI

获取和访问路径中不含 DOI 时, 可依原文如实著录 DOI。否则, 可省略 DOI。

示例 1：获取和访问路径中不含 DOI

刘乃安. 生物质材料热解失重动力学及其分析方法研究[D / OL]//合肥：中国科学技术大学, 2000：17-18 [2014-08-29]. http：//wenku. baidu. com / link？url=GJDJxb4lxBUXnIPmq1XoEGSIr1H8TMLbidW_Lj1Yu33tpt707u62rKliyp U_FBGUmox7-ovPNaVIVBALAMd5yfwuKUUOAGYuB7cuZ-BYEhXa. DOI：10.7666 / d.y351065.

该文献的 DOI 为"DOI：10.7666 / d.y351065"。

示例 2：获取和访问路径中含 DOI

DEVERELL W, IGLER D. A companion to California history[M / OL]. New York：John Wiley & Sons, 2013：21-22 (2013-11-15) [2014-06-24]. http：//onlinelibrary.wiley.com / doi / 10.1002 / 9781444305036.ch2 / summary.

该文献的 DOI 为"DOI：10.1002 / 9781444305036.ch2"。

13.6.8 析出文献

（1）从专著中析出有独立著者、独立篇名的文献按 13.5.2 节的有关规定著录, 其析出文献与源文献的关系用"//"表示。凡是从报刊中析出有独立著者、独立篇名的文献按 13.5.4 节的有关规定著录，其析出文献与源文献的关系用"."表示。关于引文型参考文献的著录与标识参见 13.2.1（3）与 13.2.2（4）。

示例1：

姚中秋. 作为一种制度变迁模式的"转型"［M］// 罗卫东，姚中秋. 中国转型的理论分析：奥地利学派的视角. 杭州：浙江大学出版社，2009：44.

示例2：

关立哲，韩纪富，张晨珏. 科技期刊编辑审读中要注重比较思维的科学运用［J］. 编辑学报，2014，26（2）：144-146.

示例3：

TENOPIR C. Online databases: quality control［J］. Library Journal, 1987, 113（3）: 124-125.

（2）凡是从期刊中析出的文献，应在刊名之后注明其年、卷、期、页码。阅读型参考文献的页码著录文献的起讫页或起始页，引文型参考文献的页码著录引用信息所在页。

示例4：

2024，44（1）：23-30（年　卷　期　页码）

示例5：

2024，34：123-130（年　卷　页码）

示例6：

2018（1）：99（年　期　页码）

示例7：

2016，22（增刊2）：66-75（年　卷　期　页码）

（3）对从合期中析出的文献，按以上（2）的规则著录，并在圆括号内注明合期号。

示例8：

2020（3/4）：23-30（年　期　页码）

（4）凡是在同一期刊上连载的文献，其后续部分不必另行著录，可在原参考文献（即已著录部分——笔者注）后直接注明后续部分的年、卷、期、页码等。

示例9：

2024，44（1）：88-96；2024，44（2）：100-106（年　卷　期　页码；年　卷　期　页码）

（5）凡是从报纸中析出的文献，应在报纸名后著录其出版日期与版次。

示例10：

2024-08-28（2）（年　月　日　版次）

第14章

标 点 符 号

标点符号是辅助文字记录语言的符号，是书面语言的重要组成部分。它通过在句中的某种类别形式及所处位置，对语句进行分隔和组合，与字、词、词组、句子紧密妥当地组合在一起，赋予语句不同的意义和情感，同时表示语句的停顿、语气，具有标示某些句法成分的特定性质和作用，最终达到句子结构清晰、行文准确流畅、助于阅读理解的目的。标点符号是科技论文语言表达的重要因素，学好、用好标点符号对论文质量提升具有重要现实意义。本章主要讲述中文标点符号用法（基于 GB / T 15834—2011《标点符号用法》）、标点符号活用和英文标点符号用法。

14.1　标点符号类型与功能

常用标点符号有 17 种，分为点号和标号两类（见表 14-1）。点号的作用在于点断，主要表示语句的停顿和语气。点号分为句末点号和句内点号：前者用于句末，表示句末的停顿和句子的语气；后者用于句内，表示句内各种不同性质的停顿。标号的作用在于标明，主要标示某些成分（主要是词语）的特定性质和作用。

14.2　标点符号基本用法

14.2.1　句号

（1）用于句子末尾，表示陈述语气。使用句号主要根据语段前后有较大停顿、带有陈述语气，并不取决于句子的长短。例如：

【1】生物，即自然界中所有具有生长、发育、繁殖能力的物体，包括人、动物、植物、真菌、细菌和病毒等。

【2】（甲：咱们开车去吧？）乙：可以。

（2）有时也可表示较缓和的祈使语气和感叹语气。例如：

【3】请您稍耐心一些。

【4】我不由得感到，这些普通劳动者也同样是很值得尊敬的。

14.2.2　问号

（1）用于句子末尾，表示疑问语气（包括反问、设问等疑问类型）。使用问号主要根据语段前后有较大停顿、带有疑问语气和语调，并不取决于句子的长短。例如：

【5】许多研究都假设设计知识已经在手，但是设计师怎么能够得到最新的技术？不解决这个问题，又怎么谈得上新技术的应用？

【6】这是什么精神？这是一种高尚的、值得钦佩的爱国主义精神。

表 14-1　标点符号分类及功能

类型及名称			形式	位置	功能
点号	句末点号	句号	。	文字后，占一字，居左下，不出现在一行之首	主要表示句子的陈述语气
		问号	？	文字后，占一字，居左，不出现在一行之首	主要表示句子的疑问语气
		叹号	！		主要表示句子的感叹语气
	句内点号	逗号	，	文字后，占一字，居左下，不出现在一行之首	表示句子或语段内部的一般性停顿
		顿号	、		表示语段中并列词语间或某些序次语后的停顿
		分号	；		表示复句内部并列关系分句之间的停顿，以及非并列关系的多重复句中第一层分句之间的停顿
		冒号	：		表示语段中提示下文或总结上文的停顿
标号	引号	双引号	""	两部分标在相应项目两端，各占一字，其中前一半不出现在一行之末，后一半不出现在一行之首（左引号在右上角，右引号在左上角）	标示语段中直接引用的内容或需特别指出的成分
		单引号	''		
	括号	圆括号	（）		标示语段中的注释内容、补充说明或其他特定意义的语句
		方括号	[]		
		六角括号	〔〕		
		方头括号	【】		
	书名号	双书名号	《》		标示语段中出现的各种作品的名称
		单书名号	〈〉		
	破折号		——	标在项目间，占两字，上下居中	标示语段中某些成分的注释内容、补充说明或语音、语义的变化
	省略号		……	占两字，连用占四字	标示语段中某些内容的省略及意义的断续等
	连接号	短横线	-	比汉字—一半略短，占半字 上下居中，不出现在一行之首	标示某些相关联成分之间的连接
		一字线	—	比汉字—略长，占一字	
		浪纹线	～	占一字	
	间隔号		·	隔开的项目间，占半字	标示某些相关联成分之间的分界
	着重号		.	文字下边	标示语段中某些重要的或需要指明的文字
	专名号		＿＿		标示古籍和文史类著作中出现的特定类专有名词
	分隔号		/	占半字，不出现在一行之首或一行之末	标示诗行、节拍及某些相关文字的分隔

说明：①表中的"位置"是针对横排文稿标点符号的位置来说的。

②两个问号（或叹号）叠用时，占一字；三个问号（或叹号）叠用时，占两字；问号和叹号连用时，占一字；破折号不能中间断开分处上行之末和下行之首。省略号不能中间断开分处上行之末和下行之首。

③竖排文稿标点符号的位置：句号、问号、叹号、逗号、顿号、分号和冒号均置于相应文字之下偏右；破折号、省略号、连接号、间隔号和分隔号置于相应文字之下居中，上下方向排列；引号改用双引号"﹁""﹂"和单引号"﹃""﹄"，括号改用"︵""︶"，标在相应项目的上下；书名号使用浪纹线"＿＿"，标在相应文字的左侧；着重号标在相应文字的右侧，专名号标在相应文字的左侧；关于某些标点不能居行首或行末的要求，在横、竖文稿中通用。

（2）选择问句中，通常只在最后一个选项的末尾用问号，各个选项之间一般用逗号隔开。当选项较短且选项之间几乎没有停顿时，选项之间可不用逗号。当选项较多或较长，或有意突出各选项的独立性时，也可每个选项之后都用问号。例如：

【7】你怎么总是加班呢？是自己拓展工作的需要，还是领导有意的安排？

【8】这是巧合还是有意安排？

【9】要一个什么样的结尾：现实主义的？传统的？大团圆的？荒诞的？民族形式的？有象征意义的？

【10】（他看着我的作品称赞了我。）但到底是称赞我什么：是有几处画得好？还是什么都敢画？抑或只是一种对失败者的无可奈何的安慰？我不得而知。

【11】这一切都是由客观的条件造成的？还是由行为的惯性造成的？

（3）在多个问句连用或表达疑问语气加重时，可叠用问号。通常应先单用，再叠用，最多叠用三个问号。在没有异常强烈的情感表达需要时不宜叠用问号。例如：

【12】这就是你的做法吗？你这个领导是怎么当的？？你怎么竟然会安排如此不懂技术的人来开发技术？？？

（4）问号也有标号的用法，即用于句内，表示存疑或不详。例如：

【13】马致远（1250？—1321），大都人，元代戏曲家、散曲家。

【14】钟嵘（？—518），颍川长社人，南朝梁代文学批评家。

【15】出现这样的文字错误，说明作者（编辑？校者？）很不认真。

14.2.3　叹号

（1）用于句子末尾，主要表示感叹语气，有时也可表示强烈的祈使、反问语气等。使用叹号主要根据语段前后有较大停顿、带有感叹语气和语调，或带有强烈的祈使、反问语气和语调，并不取决于句子的长短。例如：

【16】不只是地球在自转和公转，太阳系、银河系、仙女星系乃至整个宇宙都不是静止的，它们都在运动！

【17】你给我停车！

【18】谁知道他今天是怎么搞的！

（2）用于拟声词后，表示声音短促或突然。例如：

【19】咔嚓！一道闪电划破了夜空。

【20】咚！咚咚！突然传来一阵急促的敲门声。

（3）表示声音巨大或不断加大时，可叠用叹号；表达强烈语气时，也可叠用叹号，最多叠用三个叹号。在没有异常强烈的情感表达需要时不宜叠用叹号。例如：

【21】轰！！在这天崩地塌的声音中，女娲猛然醒来。

【22】我要揭露！我要控诉！！我要以死抗争！！！

（4）当句子包含疑问、感叹两种语气且都比较强烈时（如带有强烈感情的反问句和带有惊愕语气的疑问句），可在问号后再加叹号（问号、叹号各一）。例如：

【23】这么点困难就能把我们吓倒吗？！

【24】他连这些最起码的常识都不懂，还敢说自己是高科技人才？！

14.2.4　逗号

（1）复句内各分句间的停顿，除了有时用分号，一般用逗号。例如【16】，再如：

【25】学历史使人更明智，学文学使人更聪慧，学数学使人更精细，学考古使人更深沉。

（2）用于下列各种语法位置：较长的主语之后，如【26】；句首的状语之后，如【27】；较长的宾语之前，如【28】；带句内语气词的主语（或其他成分）之后，或带句内语气词的并列成分之间，如【29】、【30】；较长的主语中间、谓语中间或宾语中间，如【31】～【33】；前置的谓语之后或后置的状语、定语之前，如【34】～【36】。

【26】苏州园林建筑各种门窗的精美设计和雕镂工夫，都令人叹为观止。

【27】1965 年，中国科学院上海生物化学研究所的专家们，成功合成了具有生物活力的结晶牛胰岛素，在世界上首开人工合成蛋白质的新纪元。

【28】现在许多人已经相信，还有比霸王龙更厉害的恐龙，那就是恐爪龙。

【29】他呢，倒是很乐意地、全神贯注地干起来了。

【30】（那是个没有月亮的夜晚。）可是整个村子——白房顶啦，白树木啦，雪堆啦，全看得见。

【31】母亲沉痛的诉说，以及亲眼见到的事实，都启发了我幼年时期追求真理的思想。

【32】那姑娘头戴一顶草帽，身穿一条绿色的裙子，腰间还系着一根橙色的腰带。

【33】必须懂得，对于文化系统，既不能不分青红皂白统统抛弃，也不能不管精华糟粕全盘继承。

【34】真壮观啊，这座巍峨挺立的中央电视塔。

【35】她吃力地站了起来，慢慢地。

【36】我只是一个人，孤孤单单的。

（3）用于下列各种停顿处：复指成分或插说成分前后，如【1】、【37】；语气缓和的感叹语、称谓语或呼唤语之后，如【38】～【40】；某些序次语（"第"字头、"其"字头及"首先"类序次语）之后，如【41】～【43】。

【37】房子，不用说，当然是每个人需要的。

【38】哎哟，这儿，快给我揉揉。

【39】大娘，您到哪儿去啊？

【40】喂，您是哪个单位的？

【41】为什么许多人都有长不大的感觉呢？原因有三：第一，父母总认为自己比孩子成熟；第二，父母总要以自己的标准来衡量孩子；第三，父母出于爱心而总不想让孩子在成长的过程中走弯路。

【42】《玄秘塔碑》所以成为书法的范本，不外乎以下几方面的因素：其一，具有楷书点画、构体的典范性；其二，承上启下，成为唐楷的极致；其三，字如其人，爱人及字，柳公权高尚的书品、人品为后人所崇仰。

【43】下面从三个方面讲讲语言的污染问题：首先，是特殊语言环境中的语言污染问题；其次，是滥用缩略语引起的语言污染问题；再次，是空话和废话引起的语言污染问题。

14.2.5　顿号

（1）用于并列词语之间。例如：

【44】这里有自由、民主、平等、开放的风气和氛围。

【45】射电天文、深空通信、航天等学科的发展，对大型天线结构提出了越来越高的要求。

（2）用于需要停顿的重复词语之间。例如：

【46】她不停地、不停地为答辩准备着。

（3）用于某些序次语（不带括号的汉字数字或"天干地支"类序次语）之后。例如：

【47】最近大力开展两项工作：一、改进工作流程制度；二、升级改造工作系统。

【48】风格的具体内容主要有以下四点：甲、题材；乙、用字；丙、表达；丁、色彩。

（4）相邻或相近两数字连用表示概数通常不用顿号。若相邻两数字连用为缩略形式，宜用顿号。例如：

【49】飞机在 6000 米高空水平飞行时，只能看到两侧八九公里和前方一二十公里范围内的地面。

【50】这种凶猛的动物常常三五成群地外出觅食和活动。

【51】农业是国民经济的基础，也是二、三产业的基础。

（5）标有引号或书名号的并列成分之间通常不用顿号。若有其他成分插在并列的引号或并列的书名号之间（如引语或书名号之后还有括号），宜用顿号。例如：

【52】我们一直执行"认真对待每位作者的每篇稿子""一切工作以质量为出发点"两大工作理念。

【53】《红楼梦》《三国演义》《西游记》《水浒传》，是我国长篇小说的四大名著。

【54】李白的"白发三千丈"（《秋浦歌》）、"朝如青丝暮成雪"（《将进酒》）都是脍炙人口的诗句。

【55】《机械工程学报》（中文版）、《中国机械工程学报》（英文版）是中国机械科学领域最知名的两本学术刊物。

14.2.6　分号

（1）表示复句内部并列关系的分句（尤其当分句内部还有逗号时）之间的停顿。例如：

【56】对于不同的梁长，$h = 1.5\,\mu m$ 时，$\theta = 10\,℃$ 和 $\theta = -15\,℃$ 两种变温下吸合电压之差在 11.05 V 和 11.36 V 之间；对于 $h = 2.0\,\mu m$，两种变温下吸合电压之差在 9.58 V 和 9.73 V 之间；对于 $h = 2.5\,\mu m$，两种变温下吸合电压之差在 8.58 V 和 8.73 V 之间……

（2）表示非并列关系的多重复句中的第一层分句（主要是选择、转折等关系）之间的停顿。例如：

【57】我国年满 18 周岁的公民，不分民族、种族、性别、职业、家庭出身、宗教信仰、教育程度、财产状况、居住期限，都有选举权和被选举权；但是依照法律被剥夺政治权利的人除外。

（3）用于分项列举的各项之间。例如：

【58】特聘教授的岗位职责为：一、讲授本学科的主干基础课程；二、主持本学科的重大科研项目；三、领导本学科的学术队伍建设；四、带领本学科赶超或保持世界先进水平。

14.2.7　冒号

（1）用于总说性或提示性话语（如"说""例如""证明"）之后，表示提示下文。例如：

【59】混合元胞自动机模型有三个要素：元胞栅格、每个元胞的状态集和与状态相关的规则集。

【60】她高兴地说："咱们好好庆祝一下吧！"

【61】他笑着点了点头："我是这么想的，也是这么做的！"

【62】实验证明：测试数据与模拟结果基本一致，为后期辐射场的设计提供了依据。

（2）表示总结上文。例如：

【63】培养数以亿计的高素质劳动者，培养数以千万计的具有创新精神和创新能力的专门人才：这是我们的一项重大战略任务。

（3）用在需要说明的词语之后，表示注释和说明。例如：

【64】此方法的原理是：在匹配追踪的每一次迭代中，不是去寻找与信号局部特征最匹配的基函数，而是首先递归调整模板信号⋯⋯

【65】（做阅读理解有两个办法。）办法之一：先读题干，再读原文，带着问题有针对性地读课文。办法之二：直接读原文，读完再做题，减少先入为主的干扰。

（4）用于书信、讲话稿中称谓语或称呼语之后。例如：

【66】尊敬的夫人：⋯⋯

【67】同志们、朋友们，女士们、先生们：大家上午好！

（5）一个句子内部一般不应套用冒号。在列举式或条文式表述中，如不得不套用冒号时，宜另起段落来显示各个层次。例如：

【68】第十条　遗产按照下列顺序继承：
　　　　第一顺序：配偶、子女、父母。
　　　　第二顺序：兄弟姐妹、祖父母、外祖父母。

14.2.8　引号

（1）标示语段中直接引用的内容。例如：

【69】爱因斯坦说过："最不可理解的事就是这世界竟然是可以理解的。"

（2）标示需要着重论述或强调的内容。例如：

【70】我国史书中提到的蝗虫经过某地后的情形是"赤地千里，寸草不留，饿莩载道"，危害之大令人触目惊心。

【71】古人对于写文章有两个基本要求，叫作"有物有序"。"有物"就是要有内容，"有序"就是要有条理。

（3）标示语段中具有特殊含义而需要特别指出的成分，如别称、简称、反语等。例如：

【72】1927 年在北京周口店发现几枚牙齿，定名为"中国猿人北京种"或"北京中国猿人"或简称"北京人"，1929 年 12 月 2 日又在此发现中国猿人第一个头盖骨，从此，北京周口店受到世界古人类学界的关注。

【73】有几个"慈祥"的老板把捡来的菜叶用盐浸浸就算作工友的菜肴。

（4）当引号中还需要使用引号时，外面一层用双引号，里面一层用单引号。例如：

【74】孩子问："爸爸，为什么 1 个月有的是'30 天'，而有的是'31 天'，甚至还有的是'28 天'或'29 天'呢？"

（5）独立成段的引文如果只有一段，段首和段尾都用引号；不止一段时，每段开头仅用前引号，只在最后一段末尾用后引号。例如：

【75】我曾在报纸上看到有人这样谈幸福：

　　"幸福是知道自己喜欢什么和不喜欢什么。……

　　"幸福是知道自己擅长什么和不擅长什么。……

　　"幸福是在正确的时间做了正确的选择。……"

（6）在书写带月、日的事件、节日或其他特定意义的短语（含简称）时，通常只标引其中的月和日；需要突出和强调该事件或节日本身时，也可连同事件或节日一起标引。例如：

【76】"5·12"汶川大地震

【77】"五四"以来的话剧，是我国戏剧中的新形式。

【78】纪念"五四运动"100 周年。

14.2.9　括号

（1）下列各种情况，均用圆括号：标示注释内容或补充说明，如【79】～【82】；标示订正或补加的文字，如【83】、【84】；标示序次语，如【85】、【86】；标示引语的出处，如【87】；标示汉语拼音注音，如【88】。

【79】我校拥有特级教师（含已退休的）17 人。

【80】我们不但善于破坏一个旧世界，我们还将善于建设一个新世界！（热烈鼓掌）

【81】在板坯与管坯的方案中，可优先选用管坯，且应是符合国标规格的拉制纯铜管（外径为 18～20 mm，最大壁厚为 4.5 mm）。

【82】对消费者来说，遵从一个好的建议意味着选择的简单化，这会鼓励探索，重新唤起对电影和音乐的热情，有可能创造一个远远大于从前的娱乐市场。（Netflix 的用户平均每月租 7 张 DVD，3 倍于传统租赁店的顾客。）

【83】信纸上用稚嫩的字体写着"阿夷（姨），你好！"。

【84】该建筑公司负责的建设工程全部达到优良工程（的标准）。

【85】语言有诸多要素：（1）语音；（2）语义；（3）词汇；（4）语法；……

【86】思想有三个条件：（一）事理；（二）心理；（三）伦理。

【87】他说得好："未画之前，不立一格；既画之后，不留一格。"（《板桥集·题画》）

【88】"的（de）"这个字在现代汉语中最常用。

（2）标示作者国籍或所属朝代时，可用方括号或六角括号。例如：

【89】［英］赫胥黎《进化论与伦理学》

【90】〔唐〕杜甫著

（3）报刊标示电讯、报道的开头，可用方头括号。例如：

【91】【新华社北京消息】

（4）标示公文发文字号中的发文年份时，可用六角括号。例如：

【92】国发〔2021〕3 号文件

（5）标示被注释的词语时，可用六角括号或方头括号。例如：

【93】〔科学〕反映自然、社会、思维等的客观规律的分科的知识体系。

【94】【爱因斯坦】物理学家。生于德国，1933 年因受纳粹政权迫害，移居美国。

（6）除科技书刊中的数学、逻辑公式外，所有括号（特别是同一形式的括号）应尽量避免套用。必须套用括号时，宜采用不同的括号形式配合使用。例如：

【95】（彳亍（chìchù））慢步走，走走停停。

14.2.10　破折号

（1）标示注释内容或补充说明（也可以用括号）。例如：

【96】"奇瑞"和"吉利"的国际合作模式——自己先学会走路、长本事，然后自主地与跨国公司平等合作——是一种值得赞赏的好模式。

【97】我一直坚持数字出版自主开发模式，想借此引领期刊与时俱进地发展——无论条件多么困难。

（2）标示插入语（也可用逗号）。例如：

【98】这简直就是——说得不客气点——无耻的勾当。

（3）标示总结上文或提示下文（也可用冒号）。例如：

【99】坚强，纯洁，严于律己，客观公正——这一切都难得地集中在一个人身上。

【100】画家开始娓娓道来——

　　　　数年前的一个寒冬，……

（4）标示话题的转换。例如：

【101】"好香的干菜，——听到风声了吗？"赵七爷低声说道。

（5）标示声音的延长。例如：

【102】"嘎——"传过来一声水禽被惊动的鸣叫。

（6）标示话语的中断或间隔。例如：

【103】"班长他牺——"小马话没说完就大哭起来。

【104】"亲爱的妈妈，你不知道我多爱你。——还有你，我的孩子！"

（7）标示引出对话。例如：

【105】——你长大后想成为科学家吗？

　　　　——当然想了！

（8）标示事项列举分承。例如：

【106】根据研究对象的不同，环境物理学分为以下五个分支学科：

　　　　——环境声学；

　　　　——环境光学；

　　　　——环境热学；

　　　　——环境电磁学；

　　　　——环境空气动力学。

（9）用于副标题之前。例如：

【107】飞向太平洋——我国新型号运载火箭发射目击记

（10）用于引文、注文后，标示作者、出处或注释者。例如：

【108】先天下之忧而忧，后天下之乐而乐。

　　　　　　　　　　　　　　　——范仲淹

【109】乐浪海中有倭人，分为百余国。

　　　　　　　　　　　　　　　——《汉书》

【110】很多人写好信后把信笺折成方胜形，我看大可不必。（方胜，指古代妇女戴的方形首饰，用彩绸等制作，由两个斜方部分叠合而成。——编辑注）

14.2.11　省略号

（1）标示引文的省略。例如：

【111】我们齐声朗读起来："……俱往矣，数风流人物，还看今朝。"

（2）标示列举或重复词语的省略。例如：

【112】最近出版的系列图书《宇宙》《地球》《生物》《人类》……，不仅能带我们回到 150 亿年之前宇宙大爆炸的那一瞬间……还能让我们深刻地认识到万事万物发生发展这一不变的运动规律。

【113】他气得连声说："好，好……算我没说。"

（3）标示语意未尽。例如：

【114】在人迹罕至的深山老林里，假如突然看见一缕炊烟，……

（4）标示说话时断断续续。例如：

【115】她磕磕巴巴地说："可是……太太……我不知道……你一定是认错了。"

（5）标示对话中的沉默不语。例如：

【116】"还没结婚吧？"

　　　　"……"他飞红了脸，更加忸怩起来。

（6）标示特定的成分虚缺。例如：

【117】只要……就……

（7）在标示诗行、段落的省略时，可连用两个省略号（即相当于十二连点）。例如：

【118】从隔壁房间传来缓缓而抑扬顿挫的吟咏声——
　　　　床前明月光，疑是地上霜。
　　　　…………

【119】由初生到老死，这个路程，是谁都要走过的。不过，有的人不幸，在半道得了急
　　　　症，或遇到意外，没有走完这条路，突然先被死神抓去了，那是例外。
　　　　…………

14.2.12　着重号

（1）标示语段中重要的文字[①]。例如：

【120】事业是干出来的，不是吹出来的。

（2）标示语段中需要指明的文字。例如：

【121】下边加点的字，除了在词中的读法外，还有哪些读法？
　　　　着急　子弹　强调

14.2.13　连接号

（1）标示下列各种情况，均用短横线：化合物的名称或插图、表格的编号（图序、表序），
如【122】～【124】；连接号码，包括门牌号码、电话号码，以及用阿拉伯数字表示年月日等，
如【125】～【127】；在复合名词中起连接作用，如【128】；某些产品的名称和型号，如【129】；
汉语拼音、外来语内部的分合，如【130】～【133】。

【122】均苯四酸又称 1，2，4，5-苯四甲酸，其英文名是 benzenetetr。

【123】复方氯化钠注射液，也称任-洛二氏溶液，用于医疗和哺乳动物生理学实验。

【124】实验结果列于表 2-6，数值模拟结果如图 2-4 所示。

【125】百万庄大街 26 号院 8-2-401 室。

【126】联系电话：010-88379056

【127】2024-03-27

【128】引入弹性、温度梯度因子获得热-机械载荷下梯度材料圆筒的应力解析解。

【129】在太平洋地区，除了已建成投入使用的 HAW-4 和 TPC-3 海底光缆之外，又有
TPC-4 海底光缆投入运营。

【130】shuōshuō-xiàoxiào（说说笑笑）。

【131】盎格鲁-撒克逊人。

【132】让-雅克·卢梭（“让-雅克”为双名）。

---

① 文章中有时会出现在文字下方加单线或双线的形式来标示语段中需要着重指出的文字（如字、词、词组、句子、句群，本书
示例中大量使用了这种表达形式），其中加单线与着重号的功能相同，但形式上与标号中的专名号相同。笔者认为，如果把这
种下画单线理解为专名号，那么 GB / T 15834—2011《标点符号用法》对专名号的定义就不够准确、全面。

【133】皮埃尔·孟戴斯-弗朗斯("孟戴斯-弗朗斯"为复姓)。

（2）标示下列各种情况，一般用一字线，有时也可用浪纹线：标示相关项目（如时间、地域等）的起止；标示数值范围（由阿拉伯数字或汉字数字构成）的起止。例如：

【134】沈括(1031—1095)，宋朝人。

【135】2020 年 10 月 14—30 日。

【136】"北京—上海"高铁

【137】人类的发展可以分为猿—猿人—古人—新人这四个阶段。

【138】由图 10～12 可以看出，柔性机器人第二构件末端点的 x 向位移，随着时间的增加越来越小，而且在起步阶段变化很慢。

【139】身高 1.2～1.4 m 的孩子需要买半价门票。

【140】第二～八课还没有复习好。

14.2.14　间隔号

（1）标示外国人和少数民族人名内部的分界。例如：

【141】1969 年美国威斯康星州参议员盖洛德·纳尔逊提议，在美国各大学校园内举办环保问题的讲演会。不久，美国哈佛大学法学院的学生丹尼斯·海斯将纳尔逊的提议扩展为在全美举办大规模的社区环保活动，并选定 1970 年 4 月 22 日为第一个"地球日"。4 月 22 日也日渐成为全球性的"地球日"。

（2）标示书名与篇（章、卷）名之间的分界。例如：

【142】《中国大百科全书·物理学》；《三国志·蜀志·诸葛亮传》。

（3）标示词牌、曲牌、诗体名等和题名之间的分界。例如：

【143】《沁园春·雪》；《天净沙·秋思》；《七律·冬云》。

（4）用在构成标题或栏目名称的并列词语之间。例如：

【144】《天·地·人》

（5）以月、日为标志的事件或节日，用汉字数字表示时，只在一、十一和十二月后用间隔号；当直接用阿拉伯数字表示时，月、日之间均用间隔号。例如：

【145】"一·二八"事变；"一二·九"运动。

【146】"3·15"消费者权益日；"9·11"恐怖袭击事件。

14.2.15　书名号

（1）标示书名、卷名、篇名、刊物名、报纸名、文件名等。例如：

【147】《红楼梦》（书名）；《史记·项羽本记》（卷名）；《21 世纪的制造技术》（篇名）；《科技导报》（刊物名）；《人民日报》（报纸名）；《全国科学技术大会纪要》（文件名）。

（2）标示电影、电视、音乐、诗歌、雕塑等各类用文字、声音、图像等表现的作品的名称。例如：

【148】《地道战》（电影名）；《红楼梦》（电视剧名）；《青藏高原》（歌曲名）；《沁园春·雪》（诗词名）；《东方欲晓》（雕塑名）；《焦点访谈》（电视节目名）；《社会广角镜》（栏目名）；《庄子研究文献数据库》（光盘名）；《保护视力系列挂图》（图片名）。

（3）标示全中文或中文在名称中占主导地位的软件名。例如：

【149】科研人员正在升级《360 杀毒》软件。

（4）标示作品名的简称。例如：

【150】我读了《念青唐古拉山脉纪行》一文（以下简称《念》），收获很大。

（5）当书名号中还需要书名号时，里面一层用单书名号，外面一层用双书名号。例如：

【151】《教育部关于提请审议〈高等教育自学考试试行办法〉的报告》

14.2.16　专名号

（1）标示古籍、古籍引文和某些文史类著作中出现的专有名词，主要包括人名、地名、国名、民族名、朝代名、年号、宗教名、官署名、组织名等。例如：

【152】屈原放逐，乃赋离骚；左丘失明，厥有国语。（人名）

【153】于是聚集冀、青、幽、并四州兵马七十多万准备决一死战。（地名）

【154】当时乌孙及西域各国都向汉派遣了使节。（国名、朝代名）

（2）现代汉语文本中的上述专有名词，以及古籍和现代文本中的单位名、官职名、事件名、会议名、书名等不应使用专名号。必须使用标点标示时，宜使用其他相应标号（如引号、书名号等）。

14.2.17　分隔号

（1）诗歌接排时分隔诗行（也可用逗号和分号）。例如：

【155】月落乌啼霜满天/江枫渔火对愁眠/姑苏城外寒山寺/夜半钟声到客船。

（2）标示诗文中的音节节拍。例如：

【156】横眉/冷对/千夫指，俯首/甘为/孺子牛。

（3）分隔供选择或可转换的两项，表示"或"。例如：

【157】除了上正常的课程外，还可选修钢琴和/或游泳课。

（4）分隔组成一对的两项，表示"和"。例如：

【158】G2545/G2546 次高铁。

（5）分隔层级或类别。例如：

【159】我国的行政区划分为：省（直辖市、自治区）/省辖市（地级市）/县（县级市、区、自治州）/乡（镇）/村（居委会）。

14.3　标点符号用法补充规则

14.3.1　句号

图或表的短语式说明文字，中间可用逗号，但末尾不用句号。即使有时说明文字较长，前面的语段已出现句号，最后结尾处仍不用句号。例如：

【1】试验中的航空母舰

【2】经过治理，本市市容市貌焕然一新。这是某区街道一景

14.3.2　问号

使用问号应以句子表示疑问语气为依据，而并不根据句子中包含有疑问词。当含有疑问词的语段充当某种句子成分，而句子并不表示疑问语气时，句末不用问号。例如：

【3】她的行为举止、审美情趣，甚至读什么书，坐什么车，都在媒体掌握之中。

【4】大家都不知道下一步究竟能发展到什么地步。

14.3.3　逗号

用顿号表示较长、较多或较复杂的并列成分之间的停顿时，最后一个成分前可用"以及（及）"进行连接，"以及（及）"之前应用逗号。例如：

【5】压力过大、工作时间过长、作息不规律、忽视营养均衡，以及缺少体育锻炼等，均会导致健康状况下降。

14.3.4　顿号

表示含有顺序关系的并列各项间的停顿，用顿号，不用逗号。用阿拉伯数字表示年月日的简写形式时，用短横线连接号，不用顿号。例如：

【6】对于表示人、事物、行为间的相互对待关系，须要深入研究。（其中顿号不得用逗号）

【7】2024-05-01（不得表示成 2024、05、01）

14.3.5　分号

分项列举的各项有一项或多项已包含句号时，各项的末尾不能再用分号。例如：

【8】目前广泛应用且较为成熟的典型增材制造技术可总结为五大类：一是粉末/丝状材料高能束烧结或熔化成形。主要有激光选区烧结、激光选区熔化、激光近净成形等。二是丝材挤出热熔成形。主要有熔融沉积制造等。……。五是片/板/块材粘接或焊接成形。主要有分层实体制造等。（其中表达五类增材制造技术的语句之间的句号不能改用分号。）

14.3.6　冒号

冒号用在提示性话语之后引起下文，但表面上类似实际上不是提示性话语的，其后用逗号，如【9】、【10】。冒号提示范围无论大小（一句话、几句话甚至几段话），都应与提示性话语保持一致（即在该范围的末尾要用句号点断），应避免冒号涵盖范围过窄或过宽，如【11】。冒号应用在有停顿处，无停顿处不应用冒号，如【12】。例如：

【9】郦道元《水经注》记载："沼西际山枕水，有唐叔虞祠。"（提示性话语）

【10】据《苏州府志》载，苏州城内大小园林约有 150 多座，可算名副其实的园林之城。（非提示性话语）

【11】艾滋病有三个传播途径：血液传播、性传播和母婴传播。日常接触是不会传播艾滋病的。（其中冒号涵盖的范围不包括最后一句话，因此第一个句号不得用逗号。）

【12】这事你得拿主意，光说"不知道"怎么行？（其中"光说"与"不知道"间无停顿，其间不用冒号。）

14.3.7　引号

"丛刊""文库""系列""书系"等作为系列著作的选题名，宜用引号标引。当"丛刊""文库"等为选题名的一部分时，放在引号之内，反之则放在引号之外。例如：

【13】"汉译世界学术名著丛书"

【14】"中国哲学典籍文库"

【15】"21 世纪心理学通览"丛书

14.3.8　括号

括号分为句内括号和句外括号。句内括号用于注释句子里的某些词语，即本身就是句子的一部分，应紧跟在被注释的词语之后。句外括号则用于注释句子、句群或段落，即本身结构独立，不属于前面的句子、句群或段落，应位于所注释语段的句末点号之后。例如：

【16】标点符号是辅助文字记录语言的符号，是书面语的有机组成部分，用来表示语句的停顿、语气以及标示某些成分（主要是词语）的特定性质和作用。（数学符号、货币符号、校勘符号、辞书符号、注音符号等特殊领域的专门符号不属于标点符号。）

14.3.9　省略号

不能用多于两个省略号（多于 12 点）连在一起来表示省略。省略号须与多点连续的连珠号相区别（后者主要是用于表示目录中标题和页码对应和连接的专门符号）。省略号和"等""等等""什么的"等词语不能同时使用。在需要读出来的地方用"等""等等""什么的"等词语，不用省略号。例如：

【17】全书内容按学科共分基础科学、地理、天文、生物、动物、医学等 10 部分。（其中"等"字前不能加省略号）

14.3.10 着重号

不应使用文字下加直线或波浪线等形式表示着重。文字下加直线为专名号形式；文字下加波浪线是特殊书名号。着重号的形式统一为相应项目下加小圆点。例如：

【18】下面对"科学"的解释，不正确的项目有几个？（"不正确"不应用"不正确"或"不正确"）

14.3.11 连接号

浪纹连接号用于表示数值范围时，在不引起歧义的情况下，前一数值附加符号或计量单位可省略。例如：

【19】100 kg～200 kg

【20】100～200 kg

14.3.12 间隔号

当并列短语构成的标题中已用间隔号隔开时，不应再用"和"类连词。例如：

【21】《天·地·人》（不要表达为《天·地和人》）

14.3.13 书名号

（1）不能视为作品的课程、课题、奖品奖状、商标、证照、组织机构、会议、活动等名称，不应该用书名号。例如：

【22】在中文网站升级的基础上，2020 年确立了"网站建设及英文系统升级"的新课题。（其中引号不能改用书名号）

（2）有的名称应根据指称意义的不同确立是否用书名号。例如文艺晚会指一项活动时，不用书名号；而特指一种节目名称时，可用书名号。再如展览作为一种文化传播的组织形式时，不用书名号；特定情况下将某项展览作为一种创作的作品时，可用书名号。例如：

【23】2020 年重阳联欢晚会受到观众的称赞和好评。

【24】本台将重播《2020 年重阳联欢晚会》。

【25】"雪域明珠——中国西藏文化展"今天隆重开幕。

【26】《大地飞歌艺术展》是一部大型现代艺术作品。

（3）书名后面表示该作品所属类别的普通名词不标在书名号内。例如：

【27】《读者》杂志非常有名。（不要表达为：《读者杂志》非常有名。）

（4）书名有时带有括注，如果括注是书名、篇名的一部分，应放在书名号之内，反之则应放在书名号之外。例如：

【28】《中华人民共和国民事诉讼法（试行）》

【29】《城市穿行者：地铁那些事儿》（视野拓展类）

（5）书名、篇名末尾如有叹号或问号，应放在书名号之内。例如：

【30】《日记何罪！》

【31】《如何做到同工又同酬？》

（6）在古籍或某些文史类著作中，为与专名号配合，书名号也可改用浪线式"︳︳"，标注在书名下方。这可以看作特殊的专名号或特殊的书名号。

14.3.14　分隔号

分隔号又称正斜线号，须与反斜线号"\\"相区别（后者主要是用于编写计算机程序的专门符号）。使用分隔号时，紧贴着它的前后通常不用点号。

14.4　标点符号若干用法说明

14.4.1　易混标点符号用法比较

1）逗号、顿号表示并列词语之间停顿的区别

逗号、顿号都表示停顿，但逗号表示的停顿长，顿号表示的停顿短。并列词语之间的停顿一般用顿号，但当并列词语较长或其后有语气词时，为了表示稍长一点的停顿，也可用逗号。例如：

【1】我们需要了解全局和局部的统一，必然和偶然的统一，本质和现象的统一。

【2】看游记最难弄清位置和方向，前啊，后啊，左啊，右啊，看了半天，还是不明白。

2）逗号、顿号在表列举省略的"等""等等"之类词语前的使用

并列成分之间用顿号，末尾的并列成分之后用"等""等等"之类词语时，"等"类词前不用顿号或其他点号；并列成分之间用逗号，末尾的并列成分之后用"等"类词语时，"等"类词前应用逗号。例如：

【3】现代生物学、物理学、化学、数学等基础科学的发展，带动了医学的进步。

【4】写文章前要想好：文章主题是什么，用哪些材料，哪些详写，哪些略写，等等。

3）逗号、分号表示分句间停顿的区别

当复句的表述不复杂、层次不多，相连的分句语气比较紧凑、分句内部也没有使用逗号表示停顿时，分句间的停顿多用逗号。在用逗号不易分清多重复句内部的层次（如分句内部已有逗号），而用句号又可能割裂前后关系的地方，应用分号表示停顿。例如：

【5】纵比就是以一事物的各个阶段作比，横比则是以此事物与彼事物相比。

【6】纵比，就是以一事物的各个阶段作比；横比，则是以此事物与彼事物相比。

4）顿号、逗号、分号在标示层次关系时的区别

句内点号中，顿号表示的停顿最短、层次最低，通常只能表示并列词语之间的停顿；分号表示的停顿最长、层次最高，可用来表示复句的第一层分句之间的停顿；逗号介于两者之间，既可表示并列词语之间的停顿，也可表示复句中分句之间的停顿。若分句内部已用逗号，分句之间就应用分号。用分号隔开的几个并列分句不能由逗号统领或总结。例如：

【7】有的学会烤烟，自己做挺讲究的纸烟和雪茄；有的学会蔬菜加工，做的番茄酱能吃到冬天；有的学会蔬菜腌渍、窖藏，使秋菜接上春菜。

【8】动物吃植物的方式多种多样：有的是把整个植物吃掉，如原生动物；有的是把植物的大部分吃掉，如鼠类；有的是吃掉植物的要害部位，如鸟类吃掉植物的嫩芽。

5）冒号、逗号用于"说""道"之类词语后的区别

位于引文之前的"说""道"后用冒号。位于引文之后的"说""道"分两种情况：处于句末时，其后用句号；"说""道"后还有其他成分时，其后用逗号。插在话语中间的"说""道"类词语后只能用逗号表示停顿。例如：

【9】他说："现在开始启动项目正是时候。"

【10】"现在开始启动项目正是时候。"他说。

【11】"现在开始启动项目正是时候！"他说，显得非常高兴。

【12】"现在开始启动项目正是时候，"他说，"我们要紧跟时代的步伐。"

6）不同点号表示停顿长短的排序

各种点号都表示说话时的停顿。句号、问号、叹号都表示句子完结，停顿最长。分号用于复句的分句之间，停顿长度介于句末点号与逗号间，而短于冒号。逗号表示一句话中间的停顿，又短于分号。顿号用于并列词语之间，停顿最短。通常情况下，各种点号表示的停顿由长到短为：句号＝问号＝叹号＞冒号（指涵盖范围为一句话的冒号）＞分号＞逗号＞顿号。

7）破折号与括号表示注释或补充说明时的区别

破折号用于表示比较重要的解释说明，这种补充是正文的一部分，可与前后文连续；而括号表示比较一般的解释说明，只是注释而非正文，可不与前后文连续。例如：

【13】在科技论文教材写作的启动时间——2023 年，必须取得突破性的进展。

【14】哈雷在牛顿思想的启发下，终于认出了他所关注的彗星（该星后人称为哈雷彗星）。

8）书名号、引号在"题为……""以……为题"格式中的使用

"题为……""以……为题"中的"题"，如果是诗文、图书、报告或其他作品可作为篇名、书名看待时，可用书名号；如果是写作、科研、辩论、谈话的主题，非特定作品的标题，应用引号。即"题为……""以……为题"中的"题"应根据其类别分别按书名号和引号的用法处理。例如：

【15】有篇题为《柳宗元的诗》的文章，全文才 2000 字，引文不实却达 11 处之多。

【16】今天一个以"地球·人口·资源·环境"为题的大型宣传活动在此间举行。

【17】《我的老师》写于 1956 年 9 月，是作者应《教师报》之约而写的。

【18】"我的老师"这类题目，同学们也许都写过。

14.4.2　两个标点符号连用说明

1）行文中表示引用的引号内外的标点用法

当引文完整且独立使用，或虽不独立使用但带有问号或叹号时，引号内句末点号应保留。除此之外，引号内不用句末点号。当引文处于句子停顿处（包括句子末尾）且引号内未使用点号时，引号外应使用点号；当引文位于非停顿处或者引号内已使用句末点号时，引号外不

用点号。例如：

【19】"纵浪大化中，不喜亦不惧，应尽便须尽，无复独多虑。"这首诗我很喜欢。

【20】房价上涨令大众难以接受，很多人发出"还能住得上自己的房子吗"的疑问。

【21】领导以"条件还不成熟，准备还不充分"为由，否决了大家的提议。

【22】你这样"明日复明日"地要拖到什么时候？

【23】司马迁为了完成《史记》的写作，使之"藏之名山"，忍受了人间最大的侮辱。

【24】在药品监管工作中要始终坚持"把质量当生命"。

【25】"言之无文，行而不远"这句话，说明了文采的重要性。

【26】俗话说："墙头一根草，风吹两边倒。"用这句话来形容此辈再恰当不过。

2）行文中括号内外的标点用法

括号内行文末尾需要时可用问号、叹号和省略号。除此之外，句内括号行文末尾通常不用标点符号。句外括号行文末尾是否用句号由括号内的语段结构决定：若语段较长、内容复杂，应用句号。句内括号外是否用点号取决于括号所处位置：若句内括号处于句子停顿处，应用点号。句外括号外通常不用点号。例如：

【27】如果不采取（但应如何采取呢？）十分具体的控制措施，事态将进一步扩大。

【28】3 分钟过去了（仅仅才 3 分钟！），从眼前穿梭而过的出租车竟达 32 辆！

【29】她介绍时用了一连串比喻（有的状如树枝，有的貌似星海……），非常形象。

【30】科技协作合同（包括科研、试制、成果推广等）根据上级主管部门或有关部门的计划签订。

【31】应把夏朝看作原始公社向奴隶制国家过渡时期。（龙山文化遗址里，也有俯身葬。俯身者很可能就是奴隶。）

【32】问：你对你不喜欢的上司是什么态度？

　　答：感情上疏远，组织上服从。（掌声，笑声）

【33】古汉语（特别是上古汉语），对于我来说，有着常人无法想象的吸引力。

【34】由于这种推断尚未经过实践的考验，我们只能把它作为假设（或假说）提出来。

【35】人际交往过程就是使用语词传达意义的过程。（严格说，这里的"语词"应为语词指号。）

3）破折号前后的标点用法

破折号之前通常不用标点；但根据句子结构和行文需要，有时也可分别使用句内点号或句末点号。破折号之后通常不会紧跟着使用其他点号；但当破折号表示语音的停顿或延长时，根据语气表达的需要，其后可紧接问号或叹号。例如：

【36】小妹说："我现在工作得挺好，老板对我不错，工资也挺高。——我能抽支烟吗？"（表示话题的转折）

【37】我不是自然主义者，我主张文学高于现实，能够稍稍居高临下地去看现实，因为文学的任务不仅在于反映现实。光描写现存的事物还不够，还必须记住我们所希望的和可能产生的事物。必须使现象典型化。应该把微小而有代表性的事物写成重大的和典型的事物。——这就是文学的任务。（表示对前几句的总结）

【38】"是她——？"老同学简直不敢相信自己的耳朵。

【39】"我终于考上研究生啦，我终于考上啦——！"他高兴得快要晕过去了。

4）省略号前后的标点用法

省略号之前通常不用点号。以下两种情况例外：省略号前的句子表示强烈语气、句末使用问号或叹号时；省略号前不用点号就无法标示停顿或表明结构关系时。省略号之后通常也不用点号，但当句末表达强烈的语气或感情时，可在省略号后用问号或叹号；当省略号后还有别的话、省略的文字和后面的话不连续且有停顿时，应在省略号后用点号；当表示特定格式的成分虚缺时，省略号后可用点号。例如：

【40】想起这些，我就觉得一辈子都对不起你。你对梁家的好，我感激不尽！……

【41】他进来了，……一身军装，一张朴实的脸，站在我们面前显得很高大，很年轻。

【42】这，这是……？

【43】动物界的规矩比人类还多，野骆驼、野猪、黄羊……，直至塔里木兔、跳鼠，都是各行其路，决不混淆。

【44】大火被渐渐扑灭，但一片片油污又旋即出现在遇难船旁……。清污船迅速赶来，并施放围栏以控制油污。

【45】如果……，那么……。

14.4.3　序次语后标点符号用法

（1）"第""其"字头序次语，或"首先""其次""最后"等做序次语时，后用逗号［见"14.2.4　逗号（3）"中关于逗号在序次语后的使用有关示例］。

（2）不带括号的汉字数字或"天干地支"做序次语时，后用顿号［见"14.2.5　顿号（3）"中关于顿号在序次语后的使用有关示例］。

（3）不带括号的阿拉伯数字、拉丁字母或罗马数字做序次语时，后面用下脚点（该符号属于外文的标点符号）。例如：

【46】总之，语言的社会功能有三点：1. 传递信息，交流思想；2. 确定关系，调节关系；3. 组织生活，组织生产。

【47】做好此项目有三个要点：A. 增加人员；B. 资金到位；C. 技术过关。

（4）加括号的序次语后面不用任何点号。例如：

【48】总之，语言的社会功能有三点：（一）传递信息，交流思想；（二）确定关系，调节关系；（三）组织生活，组织生产。

【49】做好此项目有三个要点：（1）增加人员；（2）资金到位；（3）技术过关。

（5）阿拉伯数字与下脚点结合表示章节关系的序次语末尾不用任何点号。例如：

【50】2 国际科学界已认识到立方星在空间科学探测中的作用

　　　2.1 已取得重要科学发现和成果的立方星任务
　　　2.2 正在研制的月球和小行星探测立方星任务

（6）用于章节、条款的序次语后宜用空格表示停顿。示例参见本书各章的总标题。再如：

【51】第一节　假设检验的原理与方法

（7）序次简单、叙述性较强的序次语后不用标点符号。例如：

【52】语言的社会功能有三点：一是传递信息；二是确定关系；三是组织生活。

（8）同类数字形式的序次语，带括号的通常位于不带括号的下一层。通常第一层是带顿号的汉字数字；第二层是带括号的汉字数字；第三层是带下脚点的阿拉伯数字；第四层是带括号的阿拉伯数字；再往下可以是带圆圈的阿拉伯数字或小写拉丁字母。一般可根据文章特点选择从某一层序次语开始行文，选定之后应顺着序次语的层次向下行文，但使用层次较低的序次语之后不宜反过来再使用层次更高的序次语。例如：

【53】一、……

　　（一）……

　　　1.……

　　　1）……

　　　（1）……

　　　①／a.……

14.4.4　文章标题标点符号用法

文章标题的末尾通常不用标点符号，但有时根据需要可用问号、叹号或省略号。例如：

【54】临近空间科学技术的发展现状及应用前景

【55】严防"新冠病毒"危害广大人民群众

【56】里面是湖，还是海？

【57】人体也是污染源！

【58】和平协议签署之后……

注意：GB／T 15834—2011《标点符号用法》增加了附录：附录 A 为规范性附录，主要说明标点符号不能怎样使用和对标点符号用法加以补充说明，以解决目前使用混乱或争议较大的问题；附录 B 为资料性附录，对功能有交叉的标点符号的用法做了区分，并对标点符号误用高发环境下的规范用法做了说明。

14.5　标点符号活用

每个标点符号都有一定的使用范围，有规范用法，但也有灵活性和变通用法，使用时应注意其活用问题。标点符号的用法有主要用法和次要用法，如句号和叹号、分号和逗号：

（1）句号主要表示陈述句末尾的停顿，叹号主要表示感叹句末尾的停顿，但两者又都可表示祈使句末尾的停顿，一个祈使句末尾用句号还是叹号就有灵活性，应根据语意和这两种符号的基本用法来判断（带有强烈感情时用叹号，否则就用句号）。

（2）分号常用在并列分句间，但并列分句内部没有用逗号时，其间一般就用逗号而不用分号，这是因为用逗号也能表达清楚句子结构层次，而且有时并列分句内部即使有逗号，分句间也还是可以用逗号而不用分号。

按表示停顿时间的长短，可以把点号作如下排队：句号＝问号＝叹号＞冒号（指涵盖范围为一句话的冒号）＞分号＞逗号＞顿号［见 14.4.1 节 6)］。这就是点号的"格"：句号表示的停顿时间最长，顿号表示的最短，即句号（问号、叹号）的格最高，分号（冒号）的格次之，逗号的格低，顿号的格最低。实际语句表达中，根据表达需要或为了标点符号间相互配合，可把某些点号变格（升格或降格）来使用。一个句子内部使用了不同格的点号，就可以清楚地显示出句子的结构层次，若其中某个点号的格变化了，其他相关点号的格也要随着发生变化。例如：

【1】实验系统的主要组成有：JTS—7 型超声波检测仪、中心频率 5 MHz 声束 10 mm×6 mm 的超声换能器、50 MHz 数据采集卡、TopView 数据采集软件。

此例中冒号后面的四个并列词语，其间的停顿本来用顿号是可以的，但因为这些词语较长，而且如果考虑在"中心频率 5 MHz"与"声束 10 mm×6 mm"之间加上顿号，则这四个并列词语间的顿号可改用格高其一级（或两级）的逗号（或分号），即逗号（或分号）降格作为顿号使用。此句参考修改：

✓实验系统的主要组成有：JTS—7 型超声波检测仪，中心频率 5 MHz、声束 10 mm×6 mm 的超声换能器，50 MHz 数据采集卡，TopView 数据采集软件。

✓实验系统的主要组成有：JTS—7 型超声波检测仪；中心频率 5 MHz、声束 10 mm×6 mm 的超声换能器；50 MHz 数据采集卡；TopView 数据采集软件。

【2】这为二维高精度、大厚件、大行程工件线切割加工提高加工效率、节省原材料、充分利用电极丝提供了有力支持。

此例中有两组并列词语，每组中并列词语间用顿号本是可以的，但都用顿号容易混淆这两组之间的区别，给阅读带来障碍。为了表示出这种区别，可将此句后一组中的顿号改用格高其一级的逗号，即逗号降格为顿号，这就是点号间配合问题。此句参考修改：

✓这为二维高精度、大厚件、大行程工件线切割加工提高加工效率，节省原材料，充分利用电极丝提供了有力支持。

【3】由于振动传播过程中的散射、混响、机械结构对振动的传播和滤波以及机械振动的耦合等诸效应作用，在机壳上测得的振动信号的混合模型为不同机械振动信号的卷积混合。

此例中画线部分为四个并列词语，前面两个与后面两个的结构不对称，其间都用顿号就不能有效表示出这种区别，为此可将第二个词语后边的顿号改用格高其一级的逗号，即逗号降格为顿号，并在"以及"前面加上逗号，这样表达的层次就清晰多了。此句参考修改：

✓由于振动传播过程中的散射、混响，机械结构对振动的传播和滤波，以及机械振动的耦合等诸效应作用，在机壳上测得的振动信号的混合模型为不同机械振动信号的卷积混合。

【4】机械系统中非线性阻尼的例子很多，包括有相对运动的零件间产生的摩擦力；用铆钉、螺栓和压力连接的结构受到载荷作用时在其接触面间产生的结构摩擦力；系统构件材料的内摩擦力；系统在气体或液体中振动而产生的介质阻力等。

此例中分号间的并列词语很长，其间用分号是可以的，但考虑到与谓语"包括"在叙述上的连贯性，可以将分号改为格低其一级的逗号，即逗号升格为分号。此句参考修改方案：

✓机械系统中非线性阻尼的例子很多，包括有相对运动的零件间产生的摩擦力，用铆钉、螺栓和压力连接的结构受到载荷作用时在其接触面间产生的结构摩擦力，系统构件材料的内摩擦力，以及系统在气体或液体中振动而产生的介质阻力等。

✓机械系统中非线性阻尼的例子很多，包括：有相对运动的零件之间产生的摩擦力；用铆钉、螺栓和压力连接的结构，当受到载荷作用时，在接触面之间产生的结构摩擦力；系统构件材料的内摩擦力；系统在气体或液体中振动而产生的介质阻力等。

【5】式中 p_1，p_2 分别为本年度工农业生产总值。

此例中"工"和"农"为并列的一字语素，其间有无停顿，表义有差异：有停顿，表示"工业生产总值"和"农业生产总值"两项；无停顿，表示"工业、农业生产总值两项之和"一项。此句明显属于后者，应与前面"p_1，p_2"间的逗号（也可改为顿号）相配合，在"工"和"农"间加上顿号，属于点号间配合。此句参考修改：

✓式中 p_1，p_2 分别为本年度工、农业生产总值。
✓式中 p_1、p_2 分别为本年度工、农业生产总值。

14.6　英文标点符号用法

科技论文有不少英文表达部分，如英文标题（论文题名、图题、表题），英文署名（作者姓名、工作单位），英文摘要，英文关键词，英文参考文献，英文项目名称等，涉及较多英文标点符号：分号、冒号、破折号、连字符、撇号（表所有格）主要用于连接词或承接句子各部分，成对出现的逗号、破折号、引号、括号主要用于封闭句子各部分，省略号、句号（缩写点）、撇号（表缩写）主要用于表示省略，句号、问号、叹号主要用于表示句子的结束。英文、中文标点符号虽在类别和形式上基本相同，但也存在差别。

14.6.1　逗号

逗号（comma，","）用来分隔句子或句子的各种成分，表示较小的停顿。英语中逗号使用很广，规则较多，再加上与中文逗号的形式相同，容易混淆二者用法的差异。逗号主要用在以下场合：

（1）在由多个同等成分（如单词、短语、子句以及数字、名称、量值、符号等）组成的句子中，除最后一个成分外，其他成分的后面都要用逗号，以分隔这些成分。例如：

● Water, sodium hydroxide, and ammonia were the solvents.（分隔单词）

● Parallel mechanisms are suited to applications that require high structural rigidity and accuracy, fast dynamic response, and large load-to-weight ratios.（分隔短语）

● **Keywords**：thick-thinned contraction, basement structures, salt structures, physical modeling, Kuqa depression.（分隔关键词）

● Rolling velocity is 10, 20, 30, 40 m /s, respectively, inlet oil temperature 27, 60, 90, 125℃, maximum Hertz pressure 0.8, 1.0, 1.1, 1.2, 1.35, 1.5 GPa.（分隔数字）

● Shaolin Zheng, Lidong Zhang, Wu Zhang, and YajunYang.（分隔人名）

● Yixin Yu[1,2,*], Liangjie Tang[1,2], Wenjing Yang[3], Wenzheng Jin[1,2], Gengxin Peng[3], and Ganglin Lei[3].（分隔文章署名中的作者姓名）

● The proposed SLA values are close to those expected for observations on infertile soils (*A. elatius* 35−37, *F. rubra* 13−15, *M.caerulea* 21−24; Poorter and de Jong,1999) .（分隔类名称）

● For the SRM, <u>the rated power</u>, <u>rated rotate speed</u>, and <u>rated torque</u> is <u>26.2 kW</u>, <u>2500 r / min</u>, and <u>100 N・m</u>, respectively.（分隔量名称；分隔量值）

● The wavelet network has six inputs and six outputs corresponding with the link length variables ($\underline{l_1}$, $\underline{l_2}$, $\underline{l_3}$, $\underline{l_4}$, $\underline{l_5}$, $\underline{l_6}$) and the position and orientation variables ($\underline{x}$, $\underline{y}$, $\underline{z}$, $\underline{\varphi}$, $\underline{\theta}$, $\underline{\psi}$).（分隔量符号）

此类表达中，连词 and 前面是否加逗号所表达的含义可能是不同的。例如：

● The complex consists of three conformable, well-layered units of <u>gabbro, diorite and granodiorite and granophyre</u>.

此句的 units 是由"①gabbro, ②diorite, ③granodiorite and granophyre"组成，还是由"①gabbro, ②diorite and granodiorite, ③granophyre"组成，还得考虑一番。

（2）在并列句中使用逗号分隔分句，如有并列连词（如 and，but，for，nor，or，so，yet 等），逗号就用在并列连词的前面，若没有并列连词，就直接用在分句间。例如：

● <u>The theory on nucleation and growth of martensite transformation is the core part of martensite theory</u>, but <u>it has been incomplete until now</u>.

● <u>Field relations indicate divergent geomorphic histories for the two formations</u>, yet <u>over broad areas they are nearly coextensive</u>.

● <u>Water is a compound</u>, <u>it is made up of hydrogen and oxygen</u>.

● Compared with the quenched martensites, <u>the size of fresh martensites is smaller</u>, <u>it is about 0.3−0.5 μm</u>.

以上四句中每个句子的两个画线部分为并列分句，前面两句中的并列连词分别为 but 和 yet，后面两句中没有并列连词。

一个句子虽然是并列句，但如果并列的分句非常简短，则各分句之间可不用逗号分隔；一个句子若有由两个并列谓语组成的复合谓语，则这两个并列谓语间也可不用逗号分隔，这种句子实际上是简单句而不是并列句。例如：

● <u>The survey was completed</u> and <u>we left the lab</u>.（并列句）

● The product distribution results <u>were obtained in sodium hydroxide</u> and <u>are listed in Figs. 5−8 and Table 10</u>.（并列谓语）

● Heat, light, electricity, and sound <u>are different forms of energy</u> and <u>can be changed from one form into another</u>.（并列谓语）

（3）在分词短语做状语的句子中，用逗号分隔分词短语和句子。分词短语可放在句首、句末或句中，句子的主语和分词的逻辑主语应相同。例如：

● <u>While burning</u>, fuel oil gives out heat energy.

● <u>While using these high-precision instruments</u>, we must be very careful.

● <u>Heating water</u>, you can change it into steam.

● <u>On cooling</u>, a crystalline phase may develop in coexistence with an amorphous phase.

● The computer works very fast, <u>handling millions of data with the speed of light</u>.

● We consulted many dictionaries, <u>searching for a correct answer to the question</u>.

- Once installed, this heater operates automatically.
- Compared with other products, the price of ours is very competitive.
- Considered from this point of view, the question under discussion is of great importance.
- Complicated in design and theory, the machine is not easy to manipulate.
- Held twice a year, the Guangzhou Fair is a mirror of Chinses economy.

（4）在分词独立结构做状语的句子中，用逗号分隔分词独立结构和句子。分词独立结构放在句首一般表示时间、原因或条件，放在句末一般表示附加说明或伴随、陪衬的动作。例如：

- With the experiments carried out, we started new investigations.
- The day's writing and editing being finished, I became relaxed and played a while.
- Christmas Day being a holiday, the shops were all closed.
- Time permitting, we shall do the experiment tomorrow.
- Machine tools are built in various, their general theroy and construcion being the same.
- The war was over, without a shot being fired.

（5）在分词短语（主要指现在分词短语）做插入语的句子中，用逗号分隔插入语和句中其他成分。插入语表示对整个句子内容的态度或看法，通常放在句首，有时也可放在句中或句末。这种分词短语结构已成为固定短语，常见的有 all things considered，beginning with…，considering…，generally (frankly，strictly，roughly，seriously) speaking，judging from (by)…，speaking of…，talking of…，talking…into consideration 等。例如：

- Judging from the appearance, the machine must be of good quality.
- All things considered, this car is better than that one.

（6）在有过渡语或插入语的句子中，用逗号分隔过渡语或插入语和句中其他成分。过渡语起桥梁的作用，插入语一般对前面一句做附加解释，通常放在句首、句中或句末。充当或引导过渡语、插入语的常见词语有：accordingly，after all，also，as a result，as a matter of fact，at the same time，basically，besides，by the way，consequently，e.g.，even so，finally，for example，fortunately，furthermore，hence，however，i.e.，in addition，in conclusion，indeed，in effect，in fact，in essence，in general，in other words，instead，in summary，in the first place，in the meantime，likewise，moreover，namely，nevertheless，of course，on the contrary，on the other hand，then，that is，therefore，thus，what is more，too 等。例如：

- These oxides are more stable in organic solvents (e.g., ketones, esters, and ethers) than previously believed.
- Many antibiotics, for example, penicillins, eephalosporins, and vancomycin, interfere with bacterial peptidogly can construction.
- However, these numerical techniques are computationally intensive.
- In addition, the wavelet network learns much faster than BP network.
- The direct displacement for parallel mechanisms is complex while the inverse displacement is, in general, simple.
- The new derivatives obtained with the simpler procedure, that is, reaction with organocuprates, were evaluated for antitumor activity.

- <u>Basically</u>, there are three types of locomotion mechanisms, wheeled, tracked, and legged styles, and many researchers have studied these mechanisms.（副词做过渡语或插入语时也可不用逗号分隔）
- Two steel plates, <u>320 mm in length and 200 mm in width of 12 mm thickness</u>, were butt welded with chamfer in V.（画线部分为插入语）
- Several individual flows, <u>each thicker than 25 m</u>, have been traced for more than 160 km.（画线部分为插入语）
- Beauty, <u>in its largest and profoundest sense</u>, is one expression for the universe. (Ralph W. Emerson)（画线部分为插入语）

注意：插入语是句子独立成分的一种（另外两种独立成分是感叹语、呼语，一般不会在科技论文中出现），与句中其他成分没有语法关系，用逗号与其他成分隔开，但不能脱离句子而独立存在，词、短语或固定短语均可做插入语。

（7）在有对比关系的一组单词、短语或独立句子的句子中，使用逗号分隔各个单词，或各个短语，或各个独立句子。例如：

- It is <u>orange</u>, not <u>red</u>.（分隔单词）
- <u>Another approach</u>, called <u>systematic mapping</u>, is more broad-brush.（分隔短语）
- <u>The greater the risks are</u>, <u>the greater the probable gain from the treatment will be</u>.（分隔句子）
- <u>Potassium compounds such as KCl are strong electrolytes</u>, <u>other potassium compounds are weak electrolytes</u>.（分隔句子）
- <u>One part is the weir and groove</u> ($r > R_g$), <u>the other is the dam</u>($r < R_g$) .（分隔句子）
- It is easy to draw a conclusion that <u>the smaller the value of the max ΔF is</u>, <u>the more robust a solution is</u>.（分隔同位语从句中的两个句子）

（8）在复合句中，使用逗号分隔从句和主句。例如：

- <u>After all ants finish their tours</u>, the pheromone trails of the best route are updated following Eq. (8).
- <u>Where data are inaccurate or insufficient</u>, results deviate from what is expected.
- <u>Although 40 different P450 enzymes have been identified</u>, only six are responsible for the processing of carcinogens.

以上三句中，画线部分为从句。

（9）在复合句中，使用逗号分隔非限制性从句和句子，或非限制性同位语和句子。例如：

- In Eq. (9), the resultant force matrix F_r comprises of the forces acting on the cylinders, <u>which include the forces produced by the pressures in the cylinders (pA)</u>, <u>the friction forces (F)</u>, <u>and the equivalent loads of the specimen (including mass of the test stand) acting on each cylinder (M)</u>.（画线部分为非限制性从句）
- Isaac Newton, <u>a British scientist</u>, <u>who lived over 300 years ago</u>, said he saw further than others, because he stood on the shoulders of giants.（第一画线部分为 Isaac Newton 的非限制性同位语，第二画线部分为非限制性从句。）

注意：对限制性从句或限制性同位语，一般不用逗号分隔。例如：

● The traditional linear dynamic analysis is based on the spring-mass-damp model <u>which is shown in Fig.1</u>.（画线部分为 the spring-mass-damp model 的限制性从句）

● The book *Grammar, Vocabulary and Rhetoric of English Academic Writing* will be released next month.（画线部分为 The book 的限制性同位语）

● This automobile is running at speed of <u>120 miles an hour</u>.（画线部分为 speed 的限制性同位语）

（10）使用逗号分隔以 such as 或 including 引导的非限制性短语。例如：

● $\eta_{ij}(g)$ is the heuristic pheromone on route (i, j) at iteration g, which is calculated by some heuristics, <u>such as earliest due date (EDD) heuristic, and so on</u>.

● Hydrogen-bonded complexes, <u>including proton-bound dimers</u>, are well-known species.

注意：对 such as 或 including 引导的限制性短语，不用逗号分隔。例如：

● Potassium compounds <u>such as KCl</u> are strong electrolytes, other potassium compounds are weak electrolytes.

● A virtual node <u>including parallel nodes with different subscript</u> represents the identical parallel machines.

（11）在有几个并列形容词分别修饰同一名词的句子中，若调换这些形容词的顺序并不影响句子意思，则用逗号分隔这些形容词。例如：

● Sample preparation is a <u>repetitious</u>, <u>labor-intensive</u> task.

● A <u>powerful</u>, <u>versatile</u> and <u>practical</u> tool for particle sizing is quasi-elastic light scattering.

注意：若调换形容词的顺序影响句子意思，则不用逗号分隔这些形容词。例如：

● Polyethylene is an <u>important industrial</u> polymer.

● The <u>rapid intra molecular</u> reaction course leads to ring formation.

（12）在介词短语做状语的句子中，使用逗号分隔介词短语和句子。例如：

● <u>In the 1940s</u>, the model of martensitic nucleation based on components fluctuation was presented by Fisher who thought the carbon-poor zone in steel could be the nucleation site of martensite.

● <u>For nearly four decades</u>, the development of semiconductor industry has been adhering to Moore's Law, which is found by Moore in 1965, and expressed as that the number of components per chip doubles every 18−24 months.

● <u>From the late 1980s to the 1990s</u>, numerical calculation model was adopted to research on adaptive control, by which the second generation welding quality controller for directly calculating the nugget diameter was developed.

● <u>For the complexity of the sealing ring model</u>, the deformation is usually calculated by finite element method(FEM).

（13）在有一系列以数字或字母标识的单词或短语的句子中，通常用逗号分隔这些单词或短语。例如：

● Damage resulted from (1) vibration, (2) ground cracking, and (3) subsidence, etc..

● For each solution we calculate the following two entities: (1) domination count n_p, the number of solutions which dominate the solution p, and (2) S_p, a set of solutions that the solution p dominates.

● At the end of its run, the GA provides the optimal platform settings and product family design solutions with satisfying performance, where the results from the optimization include a) which variables should be made common (i.e., platform variables), b) the number of common values on each platform variable for multiple-platform design, c) the values that platform variables should take, d) the values that the remaining unique variables should take.

在这类表达中，有时也可用分号分隔（若标识的是句子，则多用句号分隔）。例如：

● The design of GNSGA-II for Vehicle Routing Problem in Distribution contains six steps: ①Coding; ②Initializing population; ③Fitness; ④Selection; ⑤Crossover; and ⑥Mutation.

（14）在连续出现两个独立数字或符号（相邻但无关联）的句子中，用逗号分隔这两个数字或符号。例如：

● By the end of 1935, 1000 experiments had been completed.

● During 2000, \$876 000 worth of sales was financed through this plan.

● By October 10, 2020, 150 universities had submitted online reports for this project.（将 150 改为数量名词 one hundred and fifty 更恰当）

● The vibration model in the nodes is written as $^{i}A_{j}$, i on up left means the number of substructures, j means the number of nodes.

注意：当两个独立的数字做定语修饰同一个名词时，可以考虑将第一个数字用数量名词的形式表示，而第二个数字仍用数字的形式表示。例如：

● Each package contains twelve 2-inch nails.

● Be sure to order twenty-five 60 W bulbs for the lamps in the hall.

（15）在地名或机构名的表达中，用逗号分隔其中不同级次的组成部分。例如：

● The specimens of species newly identified were deposited in the museum in Cairo, Egypt.

● K J Chen, P Ji. A mixed integer programming model for integrating MRP and job shop scheduling. In *Proceedings of the Fourth International Conference on e-Engineering and Digital Enterprise Technology*, Leeds, UK, 2004: 145–150.（参考文献著录）

● Department of Mechanical Engineering, South China University of Technology, Guangzhou, China.

（16）在含有用"et al."（或 et al）表示人名省略的表达中，如果不是处于句末或参考文献著录，则可用逗号分隔它与其后面的部分（其前面可以加逗号，也可以不加逗号）。例如：

● In 1978, Jacobson et al., investigated mathematical models to predict man's comfort response in different automobiles and environments.（"et al."后加逗号，此逗号也可去掉。）

● J C Bean, J R Birge, J Mittenthal, et al. Matchup scheduling with multiple resources, release dates and disruptions[J]. *Operations Research*, 1991, 39(3): 470–483.（"et al."后不加逗号）（参考文献著录）

（17）在基于"顺序编码制"的参考文献引用的表述中，如果所引文献的序号不连续，则用逗号分隔这些序号。例如：

- This method can be used in visual tracking of welding seam[10, 19].
- Ar + H$_2$ become not uniform after entering arc space and the density of ［H$_2$］ in center is higher than the density in brim of arc column[2, 13–15].
- For more detailed information, refer to Refs. [8, 11, 15].

注意：如果有连续的参考文献序号，则用短破折号来分隔［参见本小节（17）第二个例句（引文上标[2, 13–15]）和后面"破折号"一节中的有关内容］。

（18）在基于"著者-出版年制"的参考文献引用的表述中，用逗号分隔括号内所引文献的作者与年份。例如：

- The mycorrhizal fungus supplies the orchid with organic nitrogen (N) (Cameron et al., 2006) and a further study has demonstrated P transfer to juvenile protocorms (Smith, 1966).

（19）在以"月、日、年"为次序排列的日期表达中，可用逗号分隔表示"日"与"年"的数字，但在以"日、月、年"为次序排列的日期表达中，不使用逗号。例如：

- August 8, 2008；June 18–22, 2020；8 August 2008；18–22 June 2024 等。

14.6.2　分号

分号（semicolon，"；"）通常用来分隔没有连接词连接的、语义关系密切的分句，这些分句因语义关系密切而组成一个句子。分号还可用来替代逗号，分隔冗长、复杂或含有逗号的分句。分号主要用在以下场合。

（1）在包含一系列其中含有逗号的单词、短语或数字的句子中，使用分号来分隔这些单词、短语或数字。例如：

- The compounds studied were methyl ethyl ketone; sodiumbenzoate; and acetic, benzoic, and cinnamic acids.
- The order of deposition was quartz and pyrite; massive galena, sphalerite, and pyrite; brown carbonates and quartz; and small amounts of all those named, together with fluorite, barite, calcite, and kaolin.
- Much of the unit is red, pink, or gray; medium to coarse grained; and equigranular or slightly porphyritic.

（2）在包含由连接副词连接或表示列举、解释的引导词引导的独立分句（引导词之后的列举、解释语句中含有逗号或构成另外相对完整的意思）的句子中，常用分号来分隔这些独立分句。这样的连接副词或表示列举和解释的引导词语通常有：accordingly，besides，but，consequently，for example (e.g.)，for instance，furthermore，however，hence，indeed，in fact，in other words，likewise，moreover，namely (viz.)，nevertheless，notwithstanding，otherwise，on the contrary，so，still，then，therefore，thus，yet，that is (i.e.)，that is to say 等。例如：

- Numerical method solves the direct displacement using any of the available numerical techniques; however, these numerical techniques are computationally intensive.

- By adjusting the magnet field generated by adjustable magnetic poles, the adjustable function of the main flux is accomplished; <u>therefore</u>, the assistant control of engine for optimizing operating performance can also be achieved.

- The efficiency of the cross-coupling depends on the nature of X in RX; <u>thus</u>, the reaction is performed at room temperature by slow addition of the ester.

- The growth of a digital organism's wisdom is basically from bottom up; <u>that is to say</u>, the digital life will evolve wisdom by itself.（that is to say 引导的独立分句有相对完整的意思）

- I want to write a series of books; <u>that is to say</u>, I want to develop myself and improve students' writing level.（that is to say 引导的独立分句有相对完整的意思）

当引导词语之后的列举、解释语句中不含有逗号且没有构成另外相对完整的意思时，引导词语前后通常都用逗号；当列举或解释语作为插入成分时也不用分号隔开。

- I want to write a series of books, <u>that is to say</u>, to develop myself and improve students' writing level.

- I want to write a series of books to improve my writing level <u>that is to say</u> to develop myself.

（3）在包含没有连接词（如 and，but，or，nor，yet，for，so 等）连接的独立分句的句子中，使用分号来分隔这些独立分句。例如：

- Computers were first developed in the 1940s; they have had a profound impact on our life today.

- A rotating feed machine is added to the spindle and the bearing becomes a complex one; its supporting rigidity and damp are also changed.

- Interface 1 between two axes is connected by a coupling; interface 2 is connected on taper faces.

- The participants in the first study were paid; those in the second were unpaid.

- In part A of Fig.3 (a), the joystick doesn't move; in part B, moving the joystick grasps the tire; in part C, the tire is grasped; and in part D, the tire is unlocked.

- The concussion frequency of induction heating equipment is 90 kHz, current density $5.8 \times 10^7 \text{ A/m}^2$; relative permeability of aluminum, $u_r = u/u_0 = 8$; electrical resistivity of Al-Si alloy, $2.1 \times 10^{-7} \Omega \cdot \text{m}$; density of ZL112Y alloy, 2740 kg/m^3.

（4）在对数学式中的符号进行解释的语句中，使用分号来分隔这些解释语。例如：

C—Number of customers;
w_i—Demand of each customer ($i = 1, 2, \cdots, C$);
W—Capacity of vehicles;
n_k—Number of customers that vehicle k served.

此例也可表述为：

C is number of customers; w_i is demand of each customer ($i = 1, 2, \cdots, C$); W is capacity of vehicles; n_k is number of customers that vehicle k served.

（5）在有一系列以数字或字母标识的单词或短语的句子中，有时也可用分号来分隔这些单词或短语。例如：

● Yet it has been criticized mainly for 1) $O(MN^3)$ computational complexity (where M is the number of objectives and N is the population size); 2) nonelitism approach; 3) the need for specifying a sharing parameter.

● The four basic arrangements are as follows: (a) liquid supply unit; (b) balance subsystem of storage hydraulic pressure; (c) injection structure; (d) liquid return unit.

● LARKS possess three properties that are consistent with their functioning as adhesive elements in protein gels formed from LCDs: (i) high aqueous solubility contributed by their high proportion of hydrophilic residues: serine, glutamine, and asparagine; (ii) flexibility ensured by their high glycine content; and (iii) multiple interaction motifs per chain (Fig. 3B), endowing them with multivalency, enabling them to entangle, forming networks as found in gels (Fig. 2).

14.6.3　冒号

冒号（colon，":"）属于句内标点，主要用来提示下文，或引出下文进行解释、说明、证明、定义或补充，也可用作特殊表达中的标识符。冒号主要用在以下场合。

（1）引导前文所预期的解释、说明、引语、事项列举或详细信息，引导的部分可以是几个词、短语或句子（特殊情况下也可以只有一个词、短语或句子），或若干、短语、句子的组合，其中还可嵌套简单或复杂的修饰成分（修饰成分可以是词、短语或句子）。例如：

● For the HER2 data shown, the cancers were grouped into ten cancer-type categories: <u>biliary</u>, <u>bladder</u>, <u>breast</u>, <u>cervical</u>, <u>colorectal</u>, <u>endometrial</u>, <u>gastro-oesophageal</u>, <u>lung</u>, <u>ovarian</u> or <u>other</u> (for all other cancer types). （冒号后为 9 个词和 1 个短语。）

● These authors contributed equally: <u>Ian B. Perry</u>, <u>Thomas F. Brewer</u>. （冒号后为 2 个人名。）

● This prevented bodies in the inner Solar System from accumulating large amounts of water ice, explaining why such bodies are mostly dry, and maintained an isotopic dichotomy between two types of meteorite: <u>ordinary and carbonaceous chondrites</u>. （冒号后为 1 个短语，由 2 个形容词加一个中心词构成，形容词做修饰语。）

● Most human solid tumours exhibit one of three distinct immunological phenotypes: <u>immune inflamed</u>, <u>immune excluded</u>, or <u>immune desert</u>. （冒号后为 3 个短语。）

● The composition of the alloy is as follows: <u>Si 9.86%</u>, <u>Cu 3.44%</u>, <u>Fe 1.29%</u>, and <u>aluminum the rest</u>. （冒号后为 4 个短语，相当于 4 个分句。）

● A bleaching record in our analysis consists of three elements: <u>the location</u>, <u>from 1 to 100</u>; <u>the year</u>; and <u>the binary presence or absence of bleaching</u>. （冒号后为词、介词短语、词、联合短语。）

● She first examined the "manuscript," and asked: *how the copyright of the illustrations in the book was considered*? （冒号前面为 1 个疑问词，后面为 1 个句子，用冒号引出疑问词所问的具体问题。）

● Furthermore, such analyses are labour-intensive and expensive: <u>in medical fields, systematic reviews generally take about a year to conduct and can cost between US\$30,000 and \$300,000 each</u>. （冒号后是 1 个有 2 个谓语的单句。）

- So it must be improved in design in two ways: <u>one is to increase the spindle diameter</u>, <u>the other is to add supporting on axis</u>.（冒号后为 2 个单句。）

- General psychological insights offer an explanation: <u>people may judge risk to be low without available personal experiences</u>, <u>may be less careful than expected when not observed</u>, and <u>may falter without an injunction from authority</u>.（冒号后为 3 个单句。）

- This structure (Fig. 2) is the same as the previous one, but the values of the following variables are different: <u>$S=35$</u>, <u>$d_0=15$</u>, <u>$\delta_p=1$</u>, <u>$h_f=10$</u>.（冒号后为 4 个式子，相当于 4 个单句。）

- Although our results are useful in a variety of contexts, their potential impact centres around a more unifying aim: <u>catalysing action to narrow gaps in opportunity by improving accessibility for remote populations and/or reducing disparities between populations with differing degrees of connectivity to cities.</u>（冒号后为 1 个有多重修饰成分的短语。）

- However, these models have difficulty in explaining the diverse composition of objects in the Solar System: <u>if all such bodies grew by accretion from the same flow of pebbles, then why do they have different compositions?</u>（冒号后为 1 个条件状语从句。）

- We assigned cellular function to these 400 proteins based on their UniProt annotations (Fig. 3C): <u>16% are DNA binding</u>, <u>17% are RNA binding</u>, and <u>4% are nucleotide binding</u>, <u>consistent with reports of nucleotide binding proteins in membraneless organelles.</u>（冒号后为 3 个单句和 1 个对这些单句的较长的补充性修饰语。）

（2）用于有明显引出列举事项属性的词或短语（如 as follows, including, such as, the following 等）后面，引出所列举的各个事项，列举事项较多或复杂时，各列举部分前可以加数字或字母编号。例如：

- Variation to the operational function is equal to do the same to the resource cell, <u>including</u>: the changing of number of production equipment and of the company.

- In systematic reviews, investigators generally pose a focused question, <u>such as</u>: 'Is surgery an effective treatment for knee osteoarthritis?'

- Previous discoveries include <u>the following</u>: LCDs can "functionally aggregate" (31); proteins with LCDs typically form more protein-protein interactions (32, 33); and proteins can interact homotypically and heterotypically through LCDs (1, 5, 34).

- With this in mind, we generated all 144 possible two-cell circuit topologies according to <u>the following</u> interactions (Figure 3B): (1) three possibilities for cross-regulation (positive, negative, or absent); (2) two possibilities for production of growth factors: each cell type can or cannot produce a growth factor for its own growth and survival; and (3) two possibilities for internalization of growth factors: each cell type can or cannot remove its growth factor by receptor-mediated endocytosis.

- Color values represent normalized mean accessibility of peaks overlapping known enhancers (<u>top</u>: erythroid and erythroid progenitor, <u>middle</u>: lymphoid and lymphoid progenitor, <u>bottom</u>: myeloidand myeloid progenitor).

（3）表示数字比或量比（如相除、比值、比例、比率）。例如：

- A <u>50:50</u> exchange rate in blood leukocytes was observed 1 week after surgery (fig. S2A), and lung and intestinal CD4T cells showed exchange rates of 50 : 50 and 30 : 70 to 40 : 60, respectively, 2 months after surgery (fig. S2B). （4 组数字比）

● Actin and tubulin antibodies came from Sigma Aldrich and were used at 1 : 5000 in 5% milk. （数字比）

● In brief, ~1000 cells were plated in 10 μL of 1 : 1 matrigel to culture media in 96 well angiogenesis plates and allowed to solidify for 30 min at 37 degrees before 70 μL of culture media was added.（数字比）

● In both model and experiment, CSF1 addition mainly affected macrophage number and MP:FB ratio, whereas PDGFB addition mainly affected fibroblast number, with all effects eventually returning to baseline.（量比）

还可以用数字比的形式表示时间。例如：23:20 p.m.（或 23:20 PM）；8:30 a.m.（或 8:30 AM）。

（4）作为标识符用在一些特殊标注或特殊表达中。例如：

● Reference architecture for holonic manufacturing systems: PROSA.（分隔主副题名）

● Gene therapy: The power of persistence.（分隔主副题名）

● Michigan: University of Michigan, 2020.（分隔出版地和出版机构）

● Chinese Journal of Laser, 2004, 31(4): 495−498.（分隔期刊卷、期与页码范围）

● **Keywords**: laser quench, laser shock wave, microstructure, martensite transformation.（分隔 **Keywords** 与其后具体关键词）

● Tel: +86-10-88379056.（分隔电话标志词 Tel 与电话号码）

● e-mail: dmacmill@princeton.edu.（分隔邮件标志词 e-mail 与邮件地址）

● https://doi.org/10.1038/s41586-018-0366-x.（分隔网址标志词 https 与网址）

● Received: 20 April 2020; Revised: 8 May 2020; Accepted: 6 June 2020; Published online: 1 August 2020.（分隔日期类别标志词 Received，Revised，Accepted 等与日期）

● Nd: YAG laser.（分隔标识、型号或编号等的各个组成部分）

● Note: all in vivo studies must report how sample size was determined and whether blinding and randomization were used.（分隔特别词与特别词所强调的内容）

（5）分隔动词（如 be）或前置词（如 as）与其受词。例如：

● The device numbers and associated colors are: 1, black; 2, green; 3, purple; 4, red; and 5, blue.

● The parameters used here are: $a = 0.6$ m, $b = 0.2$ m, $\rho = 7.80 \times 10^3$ kg/m^3.

● Cite as: F. Tian et al., Science 10.1126/science.aat7932 (2018).

● In systematic reviews, investigators generally pose a focused question, such as: "Is surgery an effective treatment for knee osteoarthritis?"

这类句子中的冒号完全可去掉，去掉后便形成完整的句子。这里将冒号插在动词（或前置词）与其受词之间，虽然"破坏"了句子的完整性，但能起到强调和列举作用，有一定的修辞效果。但是，如果不为达到这种修辞效果，或动词（或前置词）后面的项较为简单特别是只有一项时，则完全不必用冒号进行这种分隔。例如以下两句中的冒号冗余，去掉更妥当：

● The diameter increment, depth of angular distortion and grade of curvature are: three different concepts.

- The research on the control mathematic models is not in accordance with: the requirement of technique developments.

14.6.4　破折号

破折号（dash）分为短破折号（en dash，"–"）和长破折号（em dash，"—"）。前者的长度相当于英语字母 N 的宽度，约为连字符"-"（俗称小短横）的两倍；后者的长度相当于英语字母 M 的宽度，约为短破折号的两倍。在同一个句子中，最多只能用两个成对或一个单独的破折号。破折号在句中所表示的停顿比逗号明显。

1. 短破折号主要使用场合

（1）用于组成术语的两个同等重要的词语（或符号）间，与 and，to，versus 同义。例如：

temperature–time curve；cost–benefit analysis；nickel–cadmium battery；

vapor–liquid equilibrium；v–f_s characteristics；Al–Si alloy；austenite–martensite。

注意：表不同颜色的组合要用连字符连接而不用短破折号，如 blue-green，red-yellow 等。

（2）用于表示由两个数字、时间或字母等组成的区间，与 to，through 同义。例如：

Figs.2–5；Eqs. (4)–(7)；Tables 3–6；100–150 m/s^2；2–6 h；parts B–E；

Extended Data Figs 1–3, Supplementary Information。

注意：数字由某种符号（如正号、负号，负号在形式上与短破折号没什么区别）等修饰时，表示区间应该用 to，through 或其他形式，但不宜用短破折号或浪纹线。例如：

30 to +100 K；–145 to –30 ℃；–500 to 800；5 to >400 mL；< 20 to 25 mg；

$e_n = [–5×0.59, +5×0.59] ≈ [–3, +3]$ V（不是 $e_n = –5×0.59 – +5×0.59 ≈ –3 – +3$ V 或 $e_n = –5×0.59 ~ +5×0.59 ≈ –3 ~ +3$ V）。

另外，用"from...to...""between...and..."等连接两个词语时，不能用短破折号替代其中的 to 或 and。例如：

from 1500 to 2000 mL（不写为 from 1500–2000 mL）；

between 8 and 12 days（不写为 between 8–12 days）；

with temperatures of –15 to 35 ℃（不写为 with temperatures of –15–35 ℃）。

（3）用于由两个同等重要的人名所组成的复合性修饰语中。例如：

Jalm–Teller theory；Franck–Condon factor；Fisher–Johns hypothesis；

Beer–Lambert law；Lineweaver–Burk method；Diels–Alder reaction；

Bose–Einstein statistics；Garofalo–Arrheninus model。

复合性修饰语中的一部分可同时含有连字符（-）。例如：

Columbia-Presbyteran–Brigham cases（Columbia-Presbyteran 和 Brigham 为两个医疗机构）。

（4）用于表示几个连续参考文献序号的引用，或文献著录中引文页码范围的著录。例如：

- For more detailed information, refer to Refs.［8–12］.

● Although VITOR, et al.[3-5], have reported the growth of self-supported diamond tubes of different internal diameters and different external diameter to wall thickness aspect ratio, the diameter was only limited to 600 μm and uniform thickness could not be ensured.

● Tonghai Wu, Weigang Wang, Jiaoyi Wu, et al. Improvement on on-line Ferrograph image identification ［J］. *Chinese Journal of Mechanical Engineering*, 2010, 23(1): 1–6.

（5）用于表示不同组分的溶液或化学键。例如：

hexane–benzene solvent；$CH_3–CH_2–CH_2– CH_2–CH_3$。

（6）用于表示编号、型号等。例如：

DAQ–2010（一种数据收集卡）；HAW–4、TPC–4（两种海底光缆）。

2. 长破折号主要使用场合

（1）一对破折号用在句中非限制性修饰语（词、短语、句子或其组合）的前后，相当于替代逗号。其作用通常包括：对语句作解释、说明或总结；表示作者的态度和看法；用来强调，增强表达力；引起读者注意；转移话题，说明事由；承上启下，使语句衔接更加紧密。例如：

● Another attribute of the Mowry Shale—a diagnostic one, and an unmistakable clue to the identity of the formation—is the presence of countless well-preserved fish scales found with little effort on nearly every outcrop.

● At some point—determined by how the virus was programmed—the virus attacks.

● However, the granularity of the transcriptional assessment—factors such as sequencing quality and which kinds of RNA are analysed—is a key parameter in delineating cell types.

● Many countries have a long history of subsidizing fossil fuels, and it seems logical that removing these subsidies—as the G20 group of nations has agreed to do—would help them to achieve their Paris climate commitments.

● In addition, the three broad groups—rather than being independent compartments, as typically framed within the ecosystem services approach—explicitly overlap.

注意：在可用其他标点符号清楚表达时，尽量避免用破折号分隔非限制性修饰语。例如：

● Knauth, not Stevens, obtained good correlation of results and calculations.
Knauth—not Stevens—obtained good correlation of results and calculations.（不宜）

● The stress caused by the friction force σ_f, which is shown in Fig. 5, can be expressed as $\sigma_f = \sigma_1 - \sigma_2$.

The stress caused by the friction force σ_f—which is shown in Fig. 5—can be expressed as $\sigma_f = \sigma_1 - \sigma_2$.（不宜）

（2）一对破折号用在插入语的前后，相当于替代逗号。插入语也称独立成分，是插在句中的词、短语、从句或其组合，常用逗号或破折号隔开，与句子其他部分无语法关系，除具有非限制性修饰语所具有的那些作用外，还有举例、列示之类的作用。例如：

● These 2 participants—1 from the first group，1 from the second—were tested separately.

● In comparison, the success of the approach used in our study—notifying clinicians of a single fatal overdose—may have a number of explanations.

● However, by being apprised of studies that examine how a particular intervention has worked for an order—for birds in general, say—practitioners can better weigh up the chances of success for their intended programme.

● Two opposing—although not mutually exclusive—scenarios account for the generation of distinct kinds of neuron across the nervous system, and in the cerebral cortex in particular.

● We think that in fields in which data are sparse or patchily distributed, or where studies vary greatly in design and generalizability—as is the case in biodiversity conservation, international development and education, for example—a different approach might often be more appropriate.

● Although subdivision into internally consistent systems of categories is common in many local knowledge systems, a universally applicable classification—such as the one proposed in the generalizing perspective on NCP (table S1) —is not currently available and may be inappropriate because of cultural incommensurability and resistance to universal perspectives on human-nature relations.

（3）一对破折号用在非限制性同位语的前后，相当于替代逗号或圆括号，以表示、突出或强调同位语，使句义更加清晰。非限制性同位语常由逗号隔开，必要时才用破折号。例如：

● All three experimental parameters—temperature, time, and concentration—were strictly followed.

● Aerosols—solid and liquids—also are carriers of sulfur, nitrogen, and hydrocarbons.

● The program is known as GISP2—Greenland Ice Sheet Project #2—and its significance may someday be regarded to be as great as that of the Manhattan Project of World War II.

● Initial studies demonstrated that the maximum sensitivity of plasma DNA-based tests—liquid biopsies—was limited for localized cancers.

● In the United States, you must drive with the headlights—the large front lights of the car—on at night, whether you are driving in the city or not.

● The approach we're advocating—subject-wide evidence synthesis—combines elements of systematic reviewing and mapping, along with other techniques, to provide an industrial-scale, cost-effective way to synthesize evidence.

（4）用来引导对上文陈述的总结，说明内容，解释原因，概括事项，列举示例。例如：

● Whether we locate meaning in the text, in the act of reading, or in some collaboration between reader and text—whatever our predilection, let us not generate from it a straitjacket.

● The Japanese beetle, the starling, the gypsy moth—these pests all came from abroad.

● Several UK government departments have published Areas of Research Interest (ARIs; see, for example, ref. 7) —topics on which synthesized and new evidence would be most welcome.

● Only a select set of genes is differentially expressed between the three regions—a limited level of premitotic diversity that is consistent with the postmitotic model.

● In the second study, Nowakowski et al. focused on excitatory neurons that produce the neurotransmitter glutamate, in two neocortical areas in human fetuses—the prefrontal cortex and the primary visual cortex, which are involved in behavioural planning and in vision, respectively.

- They are typically physically consumed in the process of being experienced—for example, when organisms are transformed into food, energy, or materials for ornamental purposes.

（5）用来表示叙述突然停顿、转折或有意中断一下，以突出强调或引起读者注意。例如：

- The human race has survived, and the planet seems to have replenished itself—there are fish, ocean, forests—but what kind of society exists in 2195?

- A critically unanswered question remained from these studies to pave a path toward therapeutic potential—will it work in vivo?

- In a word, the spirit of the whole country may be described as—self-reliance and arduous struggle. （总之，整个国家的精神可以说是——自力更生，艰苦奋斗。）

- But regardless of the outcomes of the assessments, the consideration of different knowledge systems—and the fact that generalizing, context-specific, and mixed perspectives are considered as equally useful—matters in terms of making IPBES procedures and outcomes more equitable.

（6）分隔句中的多个成分。例如：

- Dr. Fitzpatrick of the USGS will "eyeball" a section of core sample to check the alternating cloudy and clear bands that represent deposits of summer snow—cloudy—and winter snow—clear.

- Many NCP may be perceived as benefits or detriments depending on the cultural, socioeconomic, temporal, or spatial context. For example, some carnivores are recognized—even by the same people—as beneficial for control of wild ungulates but as harmful because they may attack livestock.

（7）表示直接引语的来源。例如：

- Publication of this letter does not indicate that it represents a policy of the American Chemical Society.—The Editor. （编辑的声明）

（8）用来分隔主副题名。例如：

- Prediction of Right-Side Curves in Forming Limit Diagram of a Sheet Metal—Part Ⅰ: Predicting Fundamentals
- Prediction of Right-Side Curves in Forming Limit Diagram of a Sheet Meta 1—Part Ⅱ: Prediction Method

14.6.5 连字符

连字符（hyphen，"-"）又称连接号，其长度约为半个英语字母的宽度。不同词典或语法书对它使用的规定在某些细节方面不尽相同，写作时应勤查词典，力求论文中有连字符的复合词符合专业领域及相应期刊的表达习惯、规定，以避免因用词不当而造成在词义或拼读方面的错误。连字符与破折号在功能上的区别主要在于：连字符主要起连接作用，多用于复合词中，破折号主要起分隔作用。下面列出连字符使用的通用规则。

（1）连接单词与前缀，有以下方式：

- 前缀加普通词语。例如：semi-solid；super-plastic；self-configuration。

- 前缀加专有名词（或形容词，首字母大写）。例如：pre-Columbian；post-Copernican；non-Gaussian。
- 前缀的尾字母与后面所连接的词的首字母重复。例如：anti-infective；meta-analysis；co-ordination；co-operate（多见于英式英语）。
- 前缀加含有前缀的词。例如：mid-infrared；post-reorganization；bi-univalent。
- 前缀加含有连字符的词。例如：non-radiation-caused effects；non-tumor-bearing organ。
- 有前缀的化学术语。例如：non-alkane；non-hydrogen bonding；non-phenyl atoms。
- 有前缀的数字（表年代）。例如：pre-1900s；post-1800s。

（2）连接单词与后缀，有以下方式：

- 后缀的首字母与其前面单词的尾字母重复。例如：gel-like；shell-like；bell-like。
- 含 like，wide 等后缀的多音节词，或含 like，wide 等后缀且含有连字符的复合词。例如：resonance-like；radical-like；university-wide；rare-earth-like；transition-metal-like。
- 有后缀的数字。例如：6-fold；35-fold；4.8-fold。
- 有后缀的专有名词。例如：Kennedy-like；Claisen-type。

（3）用于区别易混淆或不同词性的单词或短语。例如：un-ionize，unionize；re-collect，recollect；re-form，reform；shut-down，shutdown，shut down。

（4）用于构成复合词，有以下方式：

- 由几个单词组成、含义上需紧密配合使用的修饰性复合词。例如：Chinese-language；real-time；high-alumina；load-to-weight；slow-moving；variable-gain；Parent-1；six-degree-of-freedom。
- 以 better，best，ever，ill，lower，little，still，well 等副词开头的复合形容词。例如：best-known；ill-informed。
- 包含名词、副词、形容词、分词的复合形容词。例如：machine-made；well-made；high-powered；state-owned；well-known；air-equilibrated；fluorescence-quenching；ion-promoted；steam-distilled。
- 有几处变换的复合性形容词。例如：sodium- and potassium-conserving drugs；high-, medium-, and low-frequency measurements；second- and third-order reactions。
- 由 east，south，west，north 中的三个词所组成的修饰语。例如：north-northeast；south-southeast。
- 某些姓名中的复姓或复名。例如：Maier-Speredelozzi V；Yip-Hoi D；Ait-kadi D；Yip-Hoi Derek M；John Edward Lennard-Jones。

（5）用于由数字、字母或元素符号，与名词或形容词组成的复合性修饰语，有以下方式：

- 含有数字的修饰语。例如：21th-century development；early-thirteenth-century architecture；six-coordinate system；one-way operation；three-dimensional model；two-layer structures；five- and nine-point finite-difference grids。
- 表示年龄的修饰语。例如：a 60-year-old scientist。
- 由数值和单位共同组成的修饰语。例如：a 3-g dose；a 5- to 10-m-thick unit；the 20-km circumference；3–5-h sampling time（a 3- to 5-h sampling time）。

注意：如果数值或单位由多个部分组成，或数值带单位，或单位中含有"。""′""″""%"，则不必加连字符。例如：1.2×10^{-6} mm^{-1} peak；a 100 ℃ water；90°angle；35% increase。

● 由单一数字、字母或元素符号，与名词或形容词组成的修饰语。例如：4-position；^{14}C-labeling；K-Ar age；O-ring；s-orbital；x-axis；U-Pb ratio；X-ray diffraction；α-helix；γ-ray；π-electron。

注意：表示同位素之比不用连字符而用斜线。例如：^{207}Pb/^{206}Pb；^{40}Ar/^{39}Ar。

（6）用于用全拼单词所表示的分数的分子与分母之间。例如：one-fourth；thirty-nine hundredths；one-half；five-fourths；one-third；three-tenths。

（7）用于 21～99 间的十位数和个位数间。例如：twenty-one；thirty-eight；forty-one；sixty-sixth；ninety-nine。

（8）用于表示原子核子数（质量数）。例如：C-12（也可表示为 ^{12}C）；iodine-127。

（9）用于文字录入、排版时同一单词的拆分转行。拆分转行是指一个英语单词在上行末排不下时分拆一部分移至下行之首。

英语单词拆分转行的一般原则有以下几个方面：

● 尽量避免拆分单词，可以通过调整词间距（必要时也可调整同一词中的字符间距）、段落对齐方式等方法解决。

● 按英语词典所标示的音节拆分，并遵循单词的词源学规律，使得转接部分看起来像一个独立的单词。例如：information 可拆分为 infor-//mation，不是 informa-//tion；pathologic 可拆分为 path-//ologic，不是 patho-//logic。

● 多音节词（包括双音节词）一般按音节来拆分，双辅音（重叠辅音除外）或双元音不能拆开；单音节词（如 through，brought，plough 等）和较短的双音节词（如 also，into，away，oval 等）一般不拆分。

● 相邻的两个音节之间有两个辅音字母时，转行应在两个辅音字母之间进行。例如：commune 拆分为 com-//mune；English 拆分为 Eng-//lish；doctor 拆分为 doc-//tor。

● 派生词的转行要根据构词法来进行，即在词根和词缀之间转行。例如：illegal 可拆分为 il-//legal；impatient 可拆分为 im-//patient；careless 可拆分为 care-//less；selfish 可拆分为 self-//ish。

● 含有连字符的复合词应在连字符所在位置拆分，尽量避免出现更多的连字符。例如：cost-benefit analysis 拆分为 cost-//benefit analysis；well-known 拆分为 well-//known。

● 长的化学名称或术语拆分后每行的字母不应少于 4 个，而且不能在描述性前缀的连字符处拆分。例如：2-acetylaminofluorene 可拆分为 2-acetyl-//aminofluorene，而不是 2-//acetylaminofluorene。

● 尽量避免缩写人名的转行或隔页转行；转行时不得在上行末或下行首只留一个字母；转行后的连字符应放在上行之末。

14.6.6　圆括号

圆括号（brackets 或 mark of parentheses，"( )"）主要用于涵括行文中相对独立的部分（如补充或说明材料、解释语，以及事后想法、建议等）。圆括号须成对使用，与成对出现的逗号和成对出现的破折号的作用相似，但在表示强调程度的方面略有差异：圆括号较弱，逗号中性，破折号较强。圆括号主要用在以下场合。

（1）表示补充信息，起解释、说明的作用，所括内容可以是单词、短语、句子（简单句、并列句、复合句），或数字、符号、式子，或几种要素的组合等。例如：

- The high transient energy is supplied by a series of accumulators (see Fig. 3).
- The dynamic rigidity declines when the ram is extending to the front (back constraint).
- The testing capacity of the shock machine is under 5000 kg (including fixture).
- The inside temperature is the average temperature of 8 inner corners, and the outside temperature is the average temperature of the center of each exterior surface of the refrigeratory (totally 5 centers, except for the ground).
- With the system，the grinding wheel (or disk milling tool) axial cross-section that corresponds to the three-arc flute cross section can be conveniently simulated.
- Some secondary martensites induced by laser shock wave are formed on the base of the martensites induced by laser quench (such as the martensites arranged in cross direction).
- The use of native functional groups (for example, carboxylic acids, alkenes and alcohols) has improved the overall efficiency of such transformations by expanding the range of potential feedstocks.
- Suppose that $y=f(s, z, x)$ denotes the vector of responses for a particular set of factors，where s, z and x are vectors of the signal, noise (for instance, the tolerance of design parameters), and control factors (design variables)，respectively.
- As the lengths of the links $L_i(i = 1, 2, \cdots, 6)$ change，the movable platform will move in all 6-DOF including translation motions (x, y, z) and rotation motions (φ, θ, ψ).
- After six openings (1-1, 1-2, 1-3, 1-4, 1-5, 1-6), six sloping pilot oil pipelines (2-1, 2-2, 2-3, 2-4, 2-5, 2-6) are arranged.
- Three scenarios are considered in the simulations：off-centered load along axis r ($a = 50$ mm), off-centered load along axis p ($b = 50$ mm), and off-centered load along axis r and axis p ($a = b = 100$ mm).
- Milligram morphine equivalents in prescriptions filled by patients of letter recipients versus controls decreased by 9.7% (95% confidence interval: 6.2% to 13.2%; $P < 0.001$) over 3 months after intervention.

所括内容为完整的句子时，若注释句子的局部，则括号内的句子的首字母小写（量符号除外）；若注释整个句子，则括号内的句子的首字母大写（量符号除外），末尾使用标点，且连同括号放在整个所注释句子末尾的标点之后。例如：

- If the distance function $d (x_i, x_j) < L$ (where L is the dynamic distance function), we regard that the individual x_i is similar to x_j, then compare their fitness.
- From this result, the transfer function of the joystick was estimated as one of the first order lag systems (T_m is 0.125 s, K_m is 0.18 N^{-1}) with a time lag element (L_m is 0.08 s).
- From Fig. 1 it is seen that the viscosity number is 4.12×10^{-2} N/(m·s) at 590 ℃ (the volume fraction of solid of the alloy is 20% at this temperature).
- K9 optical glass is used as confinement medium, one of whose sides connected with the sample was coated with black paint 86-1. (The thickness is about 0.025 mm.)
- The controller, servovalve, actuator, and test specimen models presented in the last three

sections can now be assembled to give a simulation to verify the performance of the proposed control strategy. (Experimental verification is planned for the future.)

（2）给出所用词语的缩略语或符号表达，或给出所用缩略语的全写。例如：

● Finite elements analysis (FEA) and modal synthesis analysis (MSA) are used to calculate the vibration state of 5-axis machine tool.

● The direct functionalization of carbon–hydrogen (C–H) bonds—the most abundant moiety in organic molecules—represents a more ideal approach to molecular construction.

● The world's first remote control system was a mechanical master-slave manipulator called ANL (Argonne National Laboratory) Model M1 developed by GOERTZ.

（3）表示起序号作用的数字或字母（如式号、分图号、语句或段落编号等）。例如：

● The fluid film thickness in the non-grooved area h_1 (r) and that in the grooved area h_2 (r) can be defined by Eqs. (1) and (2), respectively.

● However, we note two limitations of this method: (1) its performance is much less reliable on tissues with large class imbalance (dominated by a single-cell type, e.g., thymus) and (2) it does not handle cases where a cell type appears in one dataset but not the other.

● The input data for this design method are as follows: (a) meridional contour；(b) angular momentum distribution；(c) flow rate and rotational speed；and (d) blade number and thickness distribution, where the angular momentum distribution is very important.

● Greedy algorithms have the following sequence of steps：

① Calculate the initial population (see Fig. 2 (a)).

② If the program can go to a further step, calculate a sub-solution of the feasible solution according to feasible strategy.

③ Combine all the sub-solutions to make a feasible solution.

（4）表示复合单位中需要用圆括号括起的部分，或标目（量名称 量符号／单位）中复合单位的括起部分。例如：

● W／$(m^2 \cdot K)$; C／$(kg \cdot s)$; m^3／$(Pa \cdot s)$; m^2／$(sr \cdot J)$。

● Rotational speed n／$(r \cdot min^{-1})$; Coefficient of heat conductivity λ_m／$(W \cdot m^{-1} \cdot K^{-1})$。

（5）表示数学式、化学式中需要用圆括号括起的部分。例如：

● $\dfrac{\sqrt{a}}{2\pi}\displaystyle\int_{-\infty}^{+\infty} s(\omega)\varphi^*(a\omega)\exp(\mathrm{j}\omega b)\mathrm{d}\omega$；$\theta(n) = \arctan(C_{si}(n)/C_{sr}(n))$。

● $CH_3 (CH_2)_{10}CH_3$; $Fe (CN)_2 + 4NaCN \longrightarrow Na_4Fe (CN)_6$。

（6）注释引文、引语的出处。例如：

● Saying and doing are two different things. (John Heywood)

● Before everything else, gettting ready is the secret of success. (Henry Ford)

● Thinking is the talking of the soul with itself. (Plato)

（7）标注参考文献著录中的信息项，包括期刊年卷期标志中的年份或期号，报纸的版次，电子文献引用日期，以及非公元纪年、出版社信息等。例如：

● Crowley, P., Chalmers, I. & Keirse, M. J. *BJOG Int. J. Obstet. Gynaecol.* **97**, 11–25 (1990).

● Quinlan, A.R., and Hall, I.M. (2010). BEDTools: a flexible suite of utilities for comparing genomic features. Bioinformatics 26, 841–842.

● Tenopir, C. Online databases: quality control. *Library Journal*, **113**(3): 124−125 (1987).

● Turcotte, D. L. *Fractals and Chaos in Geology and Geophysics*. (Cambridge University Press, New York, 1992) (1998-09-23). http://www. seg. org/reviews//mccorm30. html.

14.6.7　方括号

方括号（square brackets，"[ ]"）主要用来标明行文中注释性的语句，主要用在以下场合。

（1）用在圆括号内的插入语或解释、注释语中，或用于表示含有圆括号的附加信息（或补充信息），使附加成分的层次更容易区分。例如：

● The auction of the Last Emperor's possessions (including jewelry, furs, furniture, movie costumes [from 1945 through 1975], china, silverware, and other memorabilia) is scheduled for July 17 and 18.

● In contrast, other clusters include cells from many tissues (e.g., cluster 4 derives from lung [44%], spleen [44%], bone marrow [5%], large intestine [2%], and others), and some tissues are distributed across many clusters (e.g., whole brain contributes to clusters 8 [34%], 5 [17%], 15 [13%], 21 [11%], and others) (Figures 2A, S2A, and S2B).

● However, primary refractoriness and acquired resistance after a period of response are major problems with checkpoint blockade therapy [reviewed in (38)].

● ΔR versus V_c for the 100-nm-wide gate on device 1 at $V_{tg} = 3.5$ V [white dashed line in (C)]

● Acetic anhydride [$(CH_3CO)_2O$].

（2）用在直接引语或其他语句中加入的插入语或解释说明中，这些插入语或解释说明可以带圆括号。例如：

● As Sir William Lawrence Bragg said, "The important thing in science is not so much to obtain new facts as to discover new ways [italics added] of thinking about them."

● The results of an analysis by Neyman, Scott, and Smith [Science, 163: 1445–1449] of a carefully conducted experiment were released to the press.

● However, in contrast to most reports on superconductors [for example, (41)], our study describes a beneficial effect from the light-induced lattice expansion.

● To check the above criteria in monolayer WTe_2, we fabricated devices with the structure depicted in Fig. 1A [see (26) and figs. S1 and S2].

（3）表示物质或材料的化学式、浓度、剂量等。例如：

$[W_{10}O_{32}]^{4-}$；$[Na^+]$；$[HCO_3^-]$；$[\%ID]$。

（4）用于式中需要用方括号括起的部分。例如：

$$\varphi[x(t)] = [x'(t)]^2 - x(t)x''(t);$$

$\theta_0 \notin [\min (\theta_{\min}, \theta_{\min} + \bar{\theta} - \psi) \pm 2k\pi, \max(\theta_{\max}, \theta_{\max} + \bar{\theta} + \psi) \pm 2k\pi]$；

$[Co(CO)_4]_2$；

$[\mu_f(\boldsymbol{x}, \boldsymbol{s}), \sigma_f^2(\boldsymbol{x}, \boldsymbol{s})]$。

（5）用于参考文献标引（标注）、著录（包括文献序号、文献类型标志、电子文献的引用日期以及自拟的信息）。例如：

- According to Ref. [15], we presented a new method to solve this difficult problem.

- There is limited research in this field[9−11].

- TURCOTTE D L. Fractals and chaos in geology and geophysics[M/OL]. New York：Cambridge University Press, 1992 [1998-09-23]. http://www.seg.org/reviews/mccorm30.html.

- T. F. Watson, S. G. J. Philips, E. Kawakami, D. R. Ward, P. Scarlino, M. Veldhorst, D. E. Savage, M. G. Lagally, M. Friesen, S. N. Coppersmith, M. A. Eriksson, L. M. K. Vandersypen, arXiv:1708.04214 [cond-mat.mes-hall] (14 August 2017).

14.6.8　引号

引号（quotation marks）分双引号（“ ”）和单引号（‘ ’），用于表示需要着重论述的对象及有特殊含义的词语（也可用斜体、黑体或加粗体、下画线等形式表示），主要用在以下场合。

（1）表示正文中某部分段落篇章的总结性用语，相当于标题，起总括作用，用以引起读者的注意。例如：

- *"Our team of researchers has searched every issue of nearly 250 journals for tests of some conservation intervention."*

- *"In 2017, the Conservation Evidence website had 15,000–25,000 page views each month."*

（2）表示直接引语。直接引语后面的标点符号若是直接引语的一部分，则放在引号的内侧，否则就放在引号的外侧。例如：

- A computer program of ray-testing approach was implemented by using the commercial CAD/CAM system "CAXA Manufacturing Engineer".

- As for China, a batch of scientific researchers were organized to study utilizing transfer function method to calculate air conditioning load, and got a series of achievements, which were represented concentrated in "air conditioning technology" (1983).

- Ralph Waldo Emerson said, "The reward of a thing well done is to have done it."

- "It is a chronic problem masquerading as an acute one, but chronic problems aren't sexy," said Finkelstein. "Computer systems fail all the time, and the world doesn't come to end."

- The joystick ("SideWinder Force Feedback 2", Microsoft Co., Ltd.) can be operated to the *X*-axis and *Y*-axis directions.

注意：对于大段的直接引语，也可以采取另起段排版、两端或一端缩进的方式，或采取其他方式，具体情况视目标期刊的规定以及行文表达的实际情况而定。

（3）表示出版物的各级标题。例如：

- A complete description of the oils is given in the section "Flavonoids in Citrus Peel Oils", and other references are listed in the bibliography.

● In the article, "Product Gene Representation and Acquisition Method Based on Population of Product Cases", Ligang Tai, et al., proposed a new methodology of product gene representation and acquisition from a population of product cases.

（4）表示强调、突出或表达某种特殊的含义。例如：

● $\hat{\psi}(\omega)$ is the Fourier transformation of $\psi(x)$, $\psi(x)$ is called "mother wavelet".

● The UNDEX environment is very complex, composed of a "kick" from the incident shock wave followed by the effects of cavitations, bubble pulse, and structural whipping.

● The GA is used to train the PID neural network for control applications according to the performance index of the received error signal and evaluate the "goodness" of the control actions.

● The other pressure change from the valve's inlet to its outlet can be calculated by a model of "pressure and flow of valve" as below.

● The model provides a safe and easily controllable way to perform a "virtual testing" before starting potentially destructive tests on specimen and to predict performance of the system.

● To be consistent with data used in previous accessibility mapping research, we selected the 'high-density centres' variant of the GHS dataset, which is defined as "contiguous cells with a density of at least 1500 inhabitants per km^2 or a density of built-up greater than 50% and a minimum of 50,000 inhabitants".

● Now that our rations of food, particularly of meat and wheaten bread, have been so appreciably reduced the necessity of arranging our diet so as to ensure a sufficient supply of those elusive substances, the so-called "vitamines", is more important than ever.

● The natural sciences, and ecology in particular, were used to define "ecological production functions" to determine the supply of services, conceptualized as flows stemming from ecosystems (stocks of natural capital).

（5）表示用于举例或解释的单词、短语、名称字符串或某种符号等。例如：

● Colbaugh, et al., discussed different resolutions for actuator redundancy and categorized them into two approaches, the "direct inversion" and "indirect inversion".

● The change of pressure of conical and converging pipelines and openings that are the key parts of this actuator can be simulated by models of "tube flow" and "converging opening".

● The term "silt" refers to unconsolidated rock particles finer than sand and coarser than clay.

● The markers "O" are the results from the measurement.

● The liquid used is usually machine oil; so we will use one word, "oil", to represent any available liquid as a medium of transition of force in the following description.

● As an advanced form of tele-operation, the concept of "tele-presence" was proposed by MINSKY.

● In Windows operation system, the function of "AfxBeginThread" can be used to create and start a thread, and the functions of "SuspendThread" and "ResumeThread" can be used to suspend and resume the thread.

● As a result of some recent work, McCollum and Davis concluded that two distinct types of vitamine exist, the "fat-soluble A" and the "water-soluble B".

按中国习惯，使用引号时应优先使用双引号，在双引号内如果还需引用，则再使用单引号。但是，按国际习惯，论文中直接使用单引号的现象较为普遍。例如：

- Generally, the prostrate leaves had a higher total photosynthesis rate than the 'erect' leaves.

- Alternatively, a practitioner asking, 'What can be done to conserve seabirds?' might want to read about all 48 interventions pertaining to the conservation of seabirds.

- In this paper, we use 'dormancy strength (weak-strong)' for a general description of a seed bath or taxa, and 'degree of dormancy (low-high)' for describing any specific moment on the continuous scale.

14.6.9　斜线号

斜线号（slash，virgule，solidus 或 shill，"/"）的主要作用是分隔供选用的词语，前后一般不留空。斜线号主要用在以下场合。

（1）用在两个对立、两者择一或若干并存的词语间，这些词语当作一个词语来看待。例如：

- It shows the feedforward/feedback control block diagram of the damping system.

- Tele-presence enables a human operator to remotely perform tasks with dexterity, making the user feel that she/he is present in the remote location.

- The Google roads data provided information critical for maintaining connectivity in areas where OSM coverage was sparse and/or fragmented owing to its piecemeal data collection approach.

- For box plots, centre mark is median, whiskers are minimum/maximum excluding outliers, and circles are outliers.

- In Eq. (7), the parameters f_e/f_c that are summation of friction, inertial force and weight of piston are called expanding/contracting motions threshold of driving forces.

- The concept of "tool-path loop tree" (TPL-tree) providing the information on the parent/child relationships among the tool-path loops (TPLs) is presented.

- However, the experienced designer may not always be available and/or may only have experience in a small number of turbine blade types.

- The grade C/gravelroad/2.56×10^{-4} m^3 may be chosen as the test road.

（2）表示除号或带有比值关系的数字、常量、量名称、量符号、单位符号及量值（含数值和单位）等。例如：

$-\pi/2$；the efficacy/toxicity ratios of PI3K inhibitors；$\partial I/\partial P_i = 0$；$\lambda = \left|\sigma - \sigma_0\right|/\sigma_f$；optimum mass ratio ($m_2/m_1$)；$f_e/f_c$；about 2.0 GW/cm^2 in density；Oil density ρ/(kg・m^{-3})；Extension coefficient δ/%；Flow of valve opened fully，m^3/s；2 kN・s/m；maximum power of 48 kW/5500 r・min^{-1}；([W$_{10}$O$_{32}$]$^{5-}$/[W$_{10}$O$_{32}$]$^{6-}$) =-1.52 V。

（3）表示各种编号。例如：

DOI：10.3901/CJME.2023.08.001；Paper No.97-DETC/DAC3978；

GB/T 7714—2015；Test standard BV043/85 等。

（4）用于参考文献著录，"/"主要用在合期的期号间以及文献载体标志前，"//"主要用在专著或连续出版物中的析出文献的出处项前。例如：

● A Hopkinson. UNIMARC and metadata：Dublin Core [EB/OL]. [1999-12-08]. http://www. ifla. org/IV/ifla64/138-161e. htm.

● Jinhua Xu, D W C Ho. Adaptive wavelet networks for nonlinear system identification [C]// Proceeding of the American Control Conference, San Diego, California, USA, June 2–4, 1999: 3472–3473.

14.6.10　撇号

撇号（apostrophe，"'"）主要表示单词所有格或构成缩写，表示所有格主要用在以下场合。

（1）表示单数名词的所有格，在其后面加一个撇号和一个 s。例如：alloy's temperature；Biological Diversity's strategic plan；container's outlet；doctor's degree；Europe's railways；machine tool's static and dynamic rigidity；nature's contributions；season's greeting；the HITACHI's TEM；the world's first remote control system；valve's inlet；wave's opening；ZL112Y's liquidus。

（2）表示以 s 结尾的复数名词的所有格，只在其后加一个撇号。例如：two days' paid vacation；martensites' growth；machine tools' quality；drivers' operating demands；French railways' TGV；testees' contact pressure or electromyography；bidders' private information。

（3）表示不以 s 结尾的不规则复数名词的所有格，在其后加一个撇号和一个 s。例如：women's studies；children's toys；people's quality of life。

（4）表示系列名词的所有格，如果它们共享所有权，只加一个撇号和一个 s；如果所有权是分开的，则在每个名词的后面加一个撇号和一个 s。例如：Palmer and Golton's book on European history（Palmer 和 Golton 合著关于欧洲历史的论著，指一部书）；Palmer's and Golton's books on European history（Palmer 和 Golton 各自著关于欧洲历史的论著，指两部书）。

（5）表示单数专有名词的所有格，在其后加一个撇号和一个 s。例如：Bernoulli's theorem；Descartes's philosophy；Marx's precepts；Newton's second law；Taylor's series expansions。

（6）表示复数专有名词的所有格，在其后加一个撇号。例如：the Dickenses' economic woes（Dickens 全家的经济困难）。

撇号还可以构成缩写，如 can't（can not），wouldn't（would not），it's（it is），isn't（is not），doesn't（does not）。

撇号也可以表示时间，如 1990's（1990's 与 1990s 表意相同）；也可以构成地名、会议名等，如 Xi'an，ICME'2000（第一届国际机械工程学术会议）等。

14.6.11　省略号

省略号（ellipsis，"…"）表示句中某一（些）成分或语句被有意省略，这样既可避免把一段材料中不必要的、不甚相关的、不愿写出的或按某种语境无须写出的部分写出来，又可把一段话中没有表达出来的部分在形式上以省略的形式告知或提示读者。省略号还可用在数学式中表示省去的部分。

省略号的形式为三个连续的句点，通常与句号、逗号等在同一水平线上，即处于底平齐的位置，如果用在句末，则加上句号（句点）就成了四个句点，但这个省略号后面的句点通常可以省去。数学式中的省略号与数学运算符和（或）关系符连用时，则应将省略号提至与其前、后运算符和（或）关系符的中轴线同一高度的位置（即上下居中）。例如：

- The British Home Office seems to be modifying slightly its attitude to the tests by which motorists in Britain can now be convicted of driving under the influence of alcohol. A recent paper ... by Professor J. B. Payne ... suggests that the methods used ... are far from accurate ... So far the Home Office has not been forced to act, because no motorist accused of driving under the influence of drink has quoted Professor Payne's work in his defence ... Originally ... police surgeons were advised to take small samples of capillary blood for use in the test, although it was also open to them to take venous blood if they preferred. The work at the Royal College of Surgeons suggests that the latter is likely to give more accurate results ... The Home Office has now sent a circular to police authorities pointing out that it is within their discretion to take venous rather than capillary blood ... The circular also points out that the motorist has the right to keep a sample of his own blood for independent analysis. （**From _Nature_ 23 March 1968**）

- The NCP approach aims at ... products that are ... more likely to be incorporated into policy and practice.

- Assign to groups based on even or odd number of groups (to create even distribution): (i) Odd # of groups, in straight sequential (1, 2, 3, 4, 5, 1, 2, 3, 4, 5 ... etc) and (ii) Even # of groups, in snaking-sequential (1, 2, 3, 4, 4, 3, 2, 1 ... etc).

- **Authors** Darren A. Cusanovich, Andrew J. Hill, Delasa Aghamirzaie, ... , Christine M. Disteche, Cole Trapnell, Jay Shendure

- 1, 2, ..., C indicate customers and 0 indicates distribution center. （其中省略号也可排为上下居中的形式）

- According to fuzzy inference system (FIS), there are input-output relationship matrices $\boldsymbol{R}_1$, $\boldsymbol{R}_2$, ..., $\boldsymbol{R}_n$ corresponding to fuzzy logic control rules.... （其中第一个省略号也可排为上下居中的形式）

- $K(x_i, x_j) = \tan\left[k(x_i, x_j) - \theta\right], \; i, j = 1, 2, \cdots, N.$

- $y_k = a_1 y_{k-1} + a_2 y_{k-2} + \cdots + a_p y_{k-p} + b_1 u_{k-1} + \cdots + b_q u_{k-q}.$

- $h(j) = b_1(\alpha_1^{j-1} + \alpha_1^{j-2}\alpha_2 + \alpha_1^{j-3}\alpha_2^2 + \cdots + \alpha_2^{j-1}) \; (j = 1, 2, \cdots).$

根据表达的需要，省略号有时也用竖排的形式，即"⋮"。

14.6.12　句号

句号（period 或 full stop，"."）也称句点，是句末点号的一种，主要用来表示一个陈述性句子或短语的结束。句号主要用在以下场合。

（1）用于完整的陈述性句子或短语的结束。例如：

- A wavelet network suiting to approach multi-input and multi-output system is constructed.
- Yes, for the most part. Our manufactures have increased their output since the new increased program was established.

注意：陈述句以含有缩写点的缩写符号结束时，末尾可以不加句号。例如：

- Most of these products were manufactured in the U. S. A.
- A technique for constrained B-spline curve and surface fitting was developed by ROGERS, et al.

（2）用于一些非科技语或拉丁语的缩写。例如：e.g.；i.e.；op. cit.；et seq.；s.t.；Mr.；Ph.D.；No.；Thomas A. Smith, Jr.；GOLUB G. H. 等。

注意：大多数计量单位的缩写后不加句点，但缩写后的单位若容易与其他单词混淆，则应加句点。例如：inch(es)的缩写为"in."；foot 的缩写为"ft."；cubic meter 的缩写为"cu.m."。

（3）在有一系列以数字或字母标识（或编号）的语句中，可用句号分隔这些语句。例如：

- The results show the following: (1) For rolling-sliding case, the thermal stress in the thin layer near the contact patch due to…. (2) For sliding case, the friction temperature and thermal stress of the wheel rise quickly in the initial sliding stage, and then get into a steady state gradually.

（4）用作小数点、提纲或层次标题（目录、标题）排序数字编号中的分隔符。例如：

- Of the customers responding to our survey, only 34.7 percent rated our service as "Excellent".
- 5.1 Profile curve from the engine cover of a car
- 2. Sealing of surfaces prevents excessive moisture absorption

14.6.13　问号

问号（question mark，"?"）是句末点号的一种。用在疑问句的末尾表示疑问语气，用在反问句的末尾表示反问语气，用于括号内则表示怀疑语气。问号主要用在以下场合。

（1）用于疑问句的末尾，直接提出问题或表示疑问。例如：

- What causes the moon to rise in the east and set in the west?
- Which is the more costly assimilatory structure to make—the leaf or the pitcher?
- Are *Nepenthes* species similar in nutrient status and limitation to other carnivorous plants?
- A critically unanswered question remained from these studies to pave a path toward therapeutic potential—will it work in vivo?
- Why might this stalling occur? The authors' tomographic reconstructions revealed numerous regions of electron density located between a poly (GA) ribbon and the site where the protein RAD23 binds to the proteasome.
- For example, conservationists might ask, 'How can we reduce fulmar by-catch at sea?'
- We first examined the "ceiling," and asked: which cell type is constrained by carrying capacity?

- Alternatively, a practitioner asking, 'What can be done to conserve seabirds?' might want to read about all 48 interventions pertaining to the conservation of seabirds.
- For example, if a drug that targets a specific protein can treat a person with breast cancer who has a mutation in the gene encoding the protein, could the drug treat another patient who has a different mutation in that gene? And could it treat a person with a mutation in the same gene, but in a tumour that has developed in a different tissue?
- Several important issues were discussed at the conference last week: Which style trends will be popular during the next decade? What comfort demands will the public make on furniture manufacturers? How much will price influence consumer furniture purchases?

（2）用于文章题名（标题）的末尾，表示疑问、探究或征询语气。例如：

- A death knell for relapsed leukemia?
- CDC25 phosphatases in cancer cells: key players? Good targets?

（3）用于一般陈述句的末尾表示反问。例如：

- The policy was overturned. The loss of 10 species were not too much?
- The conference of bioengineering technology in the future will be launched in 2022?

（4）用于疑问词带有逗号的陈述句的末尾表示强调。例如：

- The committee asked, why were so many species killed?

此句的正常表达是"The committee asked why so many species were killed."，之所以末尾用了问号，并改变了语序，就是为了强调。

（5）用于表达句中不确定或有疑问的部分。例如：

- Girolamo Fracastoro (1483?–1553) was in effect the father of the concept of infectious disease.

（6）引用文献原文时，所引部分包含问号时，此问号不要省去。例如：

- Another approach, called systematic mapping, is more broad-brush. But this typically does not describe the findings of the research, and so cannot be used to answer questions about policy (see 'Review or map?').

14.6.14　叹号

叹号（exclamation mark，"!"）又称惊叹号，属于句末点号的一种，用在句子的末尾表示强调某种语气。叹号在科技论文中一般很少用，偶尔也会出现，主要用于陈述句、祈使句或疑问句的末尾表达强调语气的场合。例如：

- Freud's "science" was pure metaphysics!
- By modifying the weakest component (spindle-tool part), the limit cutting depth is extended downwards 100%!
- Come, come, come! We all enjoy this beautiful music together.
- Isn't this new robot a product of artificial intelligence!

数学式中的"!"不是叹号，而是阶乘符号。例如：$[(n+1)\times(m+1)]!$；$100!$等。

14.7 中英文标点混用

英文句号为句点，省略号为连续排列的三个句点；英文没有顿号"、"和书名号"《》"；英文有撇号"'"而中文没有。科技论文中标点符号使用原则是，在中文部分用中文标点符号，英文部分用英文标点符号，避免随意混用两种标点符号，如以下几种情况。

（1）误以中文的顿号代替英文的逗号。例如：

· I_i $(i=1, 2)$ is the moment of inertia of the system，K_1 is the linearity torsional rigidity of the system，K_2、K_3 is the nonliearity torsional rigidity of the system，θ_i $(i=1, 2)$，$\dot{\theta}_i$ $(i=1, 2)$ are rotational angle and speed respectively.

此句的顿号使用不当，应改用逗号。英文中没有顿号，词、词组或字符间的停顿用逗号。

（2）误以中文的连接号（浪纹线）、破折号代替英文的破折号。例如：

· The age dated by fossil ice wedges shows that the ancient aeolian sand deposited during a period of 27 ka～10 ka BP.

· HOEIJMAKERS M J，FERREIRA J A. The electrical variable transmission［J］. IEEE Transactions on Industry Applications，2006，42（4）：1092～1100.（参考文献著录）

此两例中用中文的连接号"～"（浪纹线）表示数值范围不妥，应改用英文的短破折号"–"。

· Where P_e' ——Effective power flow transferred from the DRM to the SRM；η_{td}，η_{ts}——Working efficiency of the transducers on the DRM side and on the SRM side.

此例用中文的破折号"——"表示英文式注不妥，应改用英文的长破折号"—"。

（3）误以连字符代替短破折号，或以短破折号代替连字符。例如：

· BURTON A W，TRUSCOTT A J，WELLSTEAD P E. Analysis，modelling and control of an advanced automotive self-levelling suspension system［J］. Control Theory and Applications，1995，142（2）：129-139.（参考文献著录）

· This paper presents the advances obtained at State Key Laboratory of Advanced Welding Production Technology in development of ultrasonic stress measurement[7-10]，where the ultrasonic stress measurement experimental installation is established.（参考文献引用）

此两例中用连字符"-"表示数值范围不妥，应改用短破折号"–"。

· In this paper we proposed an improved method which changes the definition of the 4–neighborhood model.

此句的 4 与 neighborhood 间误用了短破折号"–"，应改用连字符"-"。

（4）误用中文的书名号表示英文书刊名。例如：

· 《Science》、《Cell》and《Nature》etc. are the authoritative journals in the world.

此句中使用中文的书名号及顿号是错误的。英文中没有书名号和顿号，书刊名一般用斜体表示，有时也可通过在其名称两端加引号的方式来表示。

第15章

数字、字母和术语

科技论文作为一个完整的语言文字篇章，还有诸如数字、字母和术语（科学技术名词）等其他要素。论文中数字使用极其频繁，了解数字使用规则进而正确使用数字，对准确、规范表达内容非常重要。字母使用也非常普遍，涉及字母、字体类别及大小写、正斜体、是否黑体（加粗）等多个方面，其使用应遵循或符合有关规定和惯例。术语及名词性词语如概念或定义、日期和时间、人名、机构名、缩略语等大量存在，其表达是否规范也影响论文的质量。本章主要讲述科技论文中数字、字母、术语及名词性词语的规范使用（或表达）。

15.1 数字

科技论文数字用法主要指涉及数字时究竟用阿拉伯数字还是汉字数字的体例问题。阿拉伯数字笔画简单、结构科学、形象清晰、组数简短、便于录入，国际通用，比汉字数字使用占优势。GB／T 15835—2011《出版物上数字用法》规定了出版物上这两类数字的用法。

15.1.1 数字形式的选用

15.1.1.1 阿拉伯数字的选用

1）用于计量的数字

（1）在使用数字进行计量的场合，为达到醒目、易于辨识的效果，应采用阿拉伯数字，包括整数、小数、分数、百分比、比例等。例如：

68，−225.03，$1.586×10^6$，4／5，56%，99.99%，80%～90%，1：2000。

（2）当数值伴随有计量单位特别是当计量单位以字母表达时，应采用阿拉伯数字。例如：

5 cm，$88\ m^2$，$2\ km／s^2$，24 h，10 min，100 t，0.10 A，110 V，39 ℃，
88 kg～90 kg（或 88～90 kg），400 mm×500 mm×300 mm。

数值与单位符号间应该留一空隙。

2）用于编号的数字

在使用数字进行编号的场合（如表示产品设备、仪器仪表、元器件等的型号、编号、代号、序号，文件的编号、部队的番号、非古籍参考文献的著录等），为达到醒目、易于辨识的效果，应采用阿拉伯数字。例如：

DF4 型内燃机车；SS8 型电力机车；G2545／G2546 列车；88339056（电话号码）；
ISSN 0577-6686，CN 11-2187／TH；GB／T 15835—2011；HP-3000 型电子计算机；
118 路公交车；5.2.1（章节编号）；京 NMX706（汽车牌号）；DOI：3901. CJME.2016.10.001；
国办发（2024）10 号文件；2019，36（1）：7-10（参考文献著录）。

3）已定型的含阿拉伯数字的词语

现代社会生活中出现的事物、现象、事件，其名称的书写形式中包含阿拉伯数字，已经

广泛使用而稳定下来，应采用阿拉伯数字。例如：

> 5G 手机；92 号汽油；MP3 播放器；G8 峰会；维生素 B_{12}；"5·27"事件；
> "12·5"枪击案。

15.1.1.2　汉字数字的选用

1）非公历纪年

干支纪年、农历月日、历史朝代纪年及其他传统上采用汉字形式的非公历纪年等，应采用汉字数字。例如：

> 癸未年二月八日；七月初七；八月十五中秋；建武十五年（39 年）；
> 清道光二十年五月二十二日（1840 年 6 月 21 日）；日本庆应三年。

2）概数

数字连用表示的概数、含"几"的概数，应采用汉字数字。例如：

> 一两千米；二三十公顷；五六十种；四十五六岁；四百五六十万元；
> 十几；几百；几千；五百几十；三千几百万；几万分之一。

3）已定型的含汉字数字的词语

汉语中长期使用已经稳定下来的包含汉字数字形式的词语，应采用汉字数字。（月日简称中涉及 1 月、11 月、12 月时，应采用间隔号"·"将表示月的和日的数字分开。）例如：

> 一律；一方面；二倍体；星期五；三氧化二铝；二万五千里长征；四通八达；
> 五四运动；九三学社；十二指肠；"十五"计划；第一作者；一分为二；
> 三届四次理事会；航天五院；第三季度；第四方面军；一天忙到黑；
> 五一劳动节；"九一八"事变；"一二·九"运动；"一·一七"批示。

4）古籍参考文献引用标注和著录

在古籍参考文献引用标注和著录中表示年代、卷、期、版本、页码等的数字，应采用汉字数字。例如：

> 许慎：《说文解字》，四部丛刊本，卷六上，九页.

15.1.1.3　阿拉伯数字与汉字数字均可选用

（1）如果表达计量或编号所需用到的数字个数不多，选择汉字数字还是阿拉伯数字在书写的简洁性和辨识的清晰性两方面没有明显差异时，两种形式均可使用。例如：

> 20 号楼（二十号楼）；5 倍（五倍）；5 个月（五个月）；0.5（零点五）；
> 8 个百分点（八个百分点）；1/5（五分之一）；第 7 个工作日（第七个工作日）；
> 100 多元（一百多元）；10 余次（十余次）；100 多个（一百多个）；
> 30 天左右（三十天左右）；1000 多件（一千多件）；约 3000 名（约三千名）；
> 第 68 卷（第六十八卷）；第 26 届年会（第二十六届年会）；
> 30 个省、自治区、直辖市（三十个省、自治区、直辖市）；第 28 页（第二十八页）；
> 共 326 名委员（共三百二十六名委员）；55 岁（五十五岁）；130 周年（一百三十周年）；
> 公元前 10 世纪（公元前十世纪）；2008 年 8 月 8 日（二〇〇八年八月八日）；

20 世纪 90 年代（二十世纪九十年代）；14 时 16 分 18 秒（十四时十六分十八秒）。

（2）如果要突出简洁醒目的表达效果，应使用阿拉伯数字；如果要突出庄重典雅的表达效果，应使用汉字数字。例如：

北京时间 2008 年 8 月 8 日 14 时 16 分 18 秒；

十四届全国人大一次会议（不写为"14 届全国人大 1 次会议"）；

六方会谈（不写为"6 方会谈"）。

（3）在同一场合出现的数字，应遵循"同类别同形式"原则来选择数字的书写形式。如果两数字的表达功能类别相同（比如都是表达年月日时间的数字），或者两数字在上下文中所处的层级相同（比如文章目录中同级标题的编号），应选用相同的形式。反之，如果两数字的表达功能类别不同，或所处的层级不同，可以选用不同的形式。例如：

2008 年 8 月 8 日　二〇〇八年八月八日（不写为"二〇〇八年 8 月 8 日"）；

十四届全国人大一次会议（不写为"十四届全国人大 1 次会议"）；

第二章的下一级标题可以用阿拉伯数字编号：2.1，2.2，……；

截至 2020 年 5 月，该大学共有分校 3 个，学院 8 个，专业 26 个，专职教员 400 人，在校生 5000 人。（不写为"截至 2020 年 5 月，该大学共有分校三个，学院 8 个，专业二十六个，专职教员四百人，在校生 5000 人。"）

（4）应避免相邻的两个阿拉伯数字造成歧义的情况。两个不同类的阿拉伯数字连用或相邻时容易费解，这时可以将其中一个阿拉伯数字改为用汉字数字表达。例如：

高三 3 个班　高三三个班（不写为"高 33 个班"）；

高三 2 班　高三（2）班（不写为"高 32 班"）；

联立（9）～（12）四个方程式求解（不写为"联立（9）～（12）4 个方程式求解"）；

对以上 3～7 五种情况分析如下（不写为"对以上 3～7 5 种情况分析如下"）。

（5）有法律效力的文件、公告文件或财务文件中可同时用汉字和阿拉伯数字。例如：

2018 年 4 月保险账户结算日利率为万分之一点五七五零（0.015 750%）；

35.5 元（35 元 5 角　三十五元五角　叁拾伍圆伍角）

15.1.2　数字形式的使用

15.1.2.1　阿拉伯数字的使用

1）表示数值

（1）书写多位数时，为便于阅读，四位以上的整数或小数，可采用千分撇或千分空两种方式之一。

"千分撇"方式是指整数部分每三位一组，以"，"分节，小数部分不分节，四位以内的整数可以不分节。例如：

5188（5,188）；688,923,000；83,245；688,339.34169265。

"千分空"方式是指从小数点起，向左和向右每三位数字一组，组间空四分之一个汉字（即二分之一个阿拉伯数字）的位置，四位以内的整数可以不加千分空。例如：

5188（5 188）；688 923 000；83 245；688 339.341 692 65。

注意：各科学技术领域的多位数分节方式参照 GB 3101—1993 的规定执行。

（2）书写纯小数时，必须写出小数点前定位的 0，小数点是齐阿拉伯数字底线的实心点 "."，尾数 0 不能随意增删。例如：

"0.380 A, 0.580 A, 0.490 A"（不写成 ".380 A, .580 A, .490 A" "0.38 A, 0.58 A, 0.49 A" "0.380 A, 0.58 A, 0.490 A" "0。380 A, 0。580 A, 0。490 A"）

（一组应有 3 位有效数字的电流值）

（3）书写尾数有多个 0 的整数和小数点后面有多个 0 的纯小数时，应该按照科学记数法改写成 "$k \times 10^n$" 的形式，其中 k 为 10 以下的正整数或小数点前只有 1 位非 0 数字的小数（即 $1 \leq k < 10$），n 为整数。例如：

"86 600 000" 可写为 "8.66×10^7"（保留 3 位有效数字），或 "8.7×10^7"（保留 2 位有效数字），或 "8.660×10^7"（保留 4 位有效数字）；

"0.000 000 866 0" 可写为 "8.66×10^{-7}"（保留 3 位有效数字），或 "8.7×10^{-7}"（保留 2 位有效数字），或 "8.660×10^{-7}"（保留 4 位有效数字）。

（4）阿拉伯数字可与数词 "万、亿" 及可作为国际单位制（SI）中单位词头的 "千、百" 等其他数词连用。例如：

"二十三亿六千五百万" 可写为 "23.65 亿"，不写成 "23 亿 6 千 5 百万"，这里数词 "千" 不是单位词头；

"4 600 000 千瓦" 可写成 "460 万千瓦" "460 万 kW" "4.60×10^6 kW"，不写成 "4 百 60 万千瓦"，这里数词 "百" 不是单位词头；

"8000 米" 可写成 "8 千米" "8 km"，其中 "千" 是单位 "米" 的词头，但 "8000 天" 不能写为 "8 千天"，单位 "天" 不允许加词头。

不得使用词头的还有平面角度单位 "度（°）、分（′）、秒（″）"，时间单位 "日（d）、时（h）、分（min）"，质量单位 "千克（kg）"。

（5）一组量值的单位相同时，可以只在最后一个量值的后面写出单位，而其余量值后面的单位可以省略，各量值间可以用逗号或顿号分隔，整篇文章统一即可。例如：

"10.40 m／s，11.20 m／s，4.40 m／s，6.80 m／s，16.30 m／s，9.40 m／s，0.98 m／s" 可写成 "10.40，11.20，4.40，6.80，16.30，9.40，0.98 m／s"。

2）表示数值范围

在表示数值的范围时，可采用浪纹式连接号 "～" 或一字线连接号 "—"。例如：

－0.148～－0.004；200～600 kg（200—600 kg）；1～8 页（1—8 页）；

10 万～15 万元（10 万元—15 万元）；20%～40%（20%—40%）。

为避免与数学中的负号混淆，中文表达中常用 "～" 而非 "—" 作为数值范围的连接号。

前后两个数值的附加符号或计量单位相同时，在不造成歧义时，前一个数值的附加符号或计量单位可省略。如果省略数值的附加符号或计量单位会造成歧义，则不应省略。例如：

"50 g～150 g" 可写成 "50～150 g"；

"100 m / s²～180 m / s²" 可写成 "100～180 m / s²"；

"3°～10°" 不可写为 "3～10°"（角度单位 "°" 与弧度单位 "rad" 相混淆时，可能将 3° 错误理解成 3 rad）。

使用 "～" 还应注意以下具体规则。

（1）不要用浪纹号表示非数值范围（如表示年份、月份、日等的时间范围）。例如：

"1996～2024 年" 表述不妥，1996 和 2024 年是两个年份，不是数值，其间 "～" 应改为 "—"；"4 月 13 日～6 月 12 日" 表述不妥，应改为 "4 月 13 日—6 月 12 日"。

（2）用两个百分数表示某一范围时，每个百分数中的百分号（%）都不能省略。例如：

"0.2%～80%" 不能写成 "0.2～80%"，后者容易理解为 "0.2～0.80"。

（3）用两个有相同幂次的数值表示某一范围时，每个数值的幂次都不能省略。例如：

"1.67×10^4～2.29×10^4" 不写成 "1.67～2.29×10^4"，后者容易理解成 "1.67～22 900"。

（4）用两个带有 "万" 或 "亿" 的数值表示某一范围时，每个数值后的 "万" 或 "亿" 都不能省略。例如：

"2 万～3 万" 不写成 "2～3 万"，后者容易理解为 "2～30 000"。

（5）用两个单位不完全相同的数值表示某一范围时，每个数值的单位都应该写出。例如：

"6 h～8 h 30 min" 不写作 "6～8 h 30 min"，最好写成 "6～8.5 h"；
"4′～4′30″" 不写作 "4～4′30″"，最好写成 "4′～4.5′"。

3）表示公差及面积、体积

（1）中心值与其公差的单位相同且上下公差也相同时，单位可写一次。例如：

"22.5 mm±0.3 mm" 可写作 "（22.5±0.3）mm"，但不能写成 "22.5±0.3 mm"。

（2）中心值的上下公差数值不相等时，公差应分别写在量值的右上角、右下角。若公差的单位与中心值相同，则在公差后面统一写出单位；若公差的单位与中心值不同，则分别写出中心值与公差的单位。例如：

可写成 "$22.5 \text{ mm}^{+0.20\,\text{mm}}_{-0.10\,\text{mm}}$" 或 "$22.5^{+0.20}_{-0.10} \text{ mm}$"，但不能写成 "$22.5^{+0.20\,\text{mm}}_{-0.10\,\text{mm}}$"；
可写成 "$2.25 \text{ cm}^{+0.20}_{-0.10} \text{ mm}$"。

（3）中心值上下公差的有效数字不宜省略。例如：

"$22.5 \text{ mm}^{+0.20\,\text{mm}}_{-0.10\,\text{mm}}$" 不宜写成 "$22.5 \text{ mm}^{+0.20\,\text{mm}}_{-0.1\,\text{mm}}$" 或 "$22.5 \text{ mm}^{+0.2\,\text{mm}}_{-0.10\,\text{mm}}$"。

（4）中心值上或下公差为 0 时，0 前的正负号可以省略。例如：

36^{+1}_{-0}cm 宜写成 36^{+1}_{0}cm。

（5）用两个绝对值相等、公差相同的数值表示某一范围时，表示范围的符号不能省略。例如：

"（−22.5±0.3）～（22.5±0.3）mm" 不能写成 "±22.5±0.3 mm"。

（6）中心值与公差是百分数时，百分号前的中心值与公差用括号括起，百分号只写一次。例如：

"（50±5）%"不要写成"50±5%"或"50%±5%"。

（7）用量值相乘表示面积或体积时，每个量值的单位都应该一一写出。例如：

"80 m×40 m"不要写成"80×40 m"或"80×40 m^2"；

"50 cm×40 cm×20 cm"不要写成"50×40×20 cm"或"50×40×20 cm^3"。

4）表示数值修约

在数据处理中，经常会遇到一些准确度不相等的数值，若按一定规则对这些数值进行修约，则既能节省计算时间，又能减少错误。所谓数的修约就是用一个比较接近的修约数代替一个已知数，使已知数的尾数简化。数的修约可参照 GB／T 8170—2008《数值修约规则与极限数值的表示和判定》和 GB 3101—1993《有关量、单位和符号的一般原则》中的附录 B《数的修约规则》（参考件）。

5）表示数值增加或减少

（1）数值的增加可以用倍数和百分数来表示，但必须注意用词的准确性，用词不同，所表示的含义也就不同。例如：

"增加了 2 倍"，表示原来为 1，现在为 3；
"增加到 2 倍"，表示原来为 1，现在为 2；
"增加了 50%"，表示原来为 1，现在为 1.5。

（2）数值的减少一般用分数或百分数来表示，但必须注意用词的准确性，用词不同，所表示的含义也就不同。例如：

"降低了 20%"，表示原来为 1，现在为 0.8；
"降低到 20%"，即原来为 1，现在为 0.2；
"降低了 1／4"，表示原来为 1，现在为 0.75。

6）表示约数

表示约数时，"约""近""大致"等与"左右""上下"等最好不要并用（除非语义表达需要），如"电流约为 10 A 左右""大致有 60 台上下"等表述不规范；"最大""最小""超过"等不要与约数或数的大致范围并用，如"超过 200～300 字""最低气温为 0～10 ℃""最小电压为 110 V 左右"之类的表述均是不妥的。另外还应注意表达结构，如不能将"20∶1 到 50∶1"表示成"20～50∶1"或"20∶1～50∶1"。

7）表示年月日

（1）年月日的表达顺序应按照口语中年月日的自然顺序书写。例如：

2008 年 8 月 8 日；1997 年 7 月 1 日。

（2）"年""月"可用"-"替代，但年月日不完整时不能替代。例如：

2008-8-8；1997-7-1；8 月 8 日（不写为 8-8）；2008 年 8 月（不写为 2008-8）。

（3）四位数字表示的年份不应简写为两位数字。例如：

2024 年（不写为 24 年）；2000 年（不写为 00 年）。

（4）月和日是一位数时，可以在数字前补 0。例如：

2008-08-08；1997-07-01；2024-04-02。

8）表示时分秒

（1）计时方式既可采用 24 小时制，也可采用 12 小时制。例如：

6 时 50 分（上午 6 时 50 分）；22 时 50 分 36 秒（晚上 10 时 50 分 36 秒）。

（2）时分秒的表达顺序应按照口语中时、分、秒的自然顺序书写。例如：

6 时 50 分；22 时 50 分 36 秒。

（3）"时""分"也可用"："替代。例如：

6：50；22：50：36。

9）含有月日的专名

含有月日的专名采用阿拉伯数字表示时，应采用间隔号"·"将月、日分开，并在数字前后加引号。例如：

"3·15"消费者权益日。

10）书写格式

（1）字体。出版物中的阿拉伯数字，一般应使用正体二分字身，即占半个汉字位置。

（2）换行。一个用阿拉伯数字书写的数值应在同一行中，避免被断开。多位数在同一行写不下而转行时，应将整个数字全部转入下一行，而不能将其断开转行，尤其不能将小数点后的数字或百分数中的百分号转至下一行。

（3）竖排方向。竖排文字中的阿拉伯数字按顺时针方向转 90°，旋转后要保证同一个词语单位的文字方向相同。

15.1.2.2 汉字数字的使用

1）概数

两个数字连用表示概数时，两数字之间不用顿号"、"隔开。例如：

二三米；四五个小时；一二十个；一两个星期；五六十万元。

2）年份

年份简写后的数字可理解为概数时，一般不简写。例如：

"一九八九年"不写为"八九年"。

3）含有月日的专名

含有月日的专名采用汉字数字表示时，如果涉及一月、十一月、十二月，应用间隔号"·"将表示月和日的数字隔开，涉及其他月份时，不用间隔号。例如：

"一·二八"事变；"一二·九"运动；五一国际劳动节。

4）大写汉字数字

（1）大写汉字数字的书写形式是：零、壹、贰、叁、肆、伍、陆、柒、捌、玖、拾、佰、仟、万、亿。

（2）法律文书和财务票据上，应采用大写汉字数字形式记数。例如：

9806 元（玖仟捌佰零陆圆）；469,731 元（肆拾陆万玖仟柒佰叁拾壹圆）。

5）"零"和"〇"

阿拉伯数字"0"有"零"和"〇"两种汉字书写形式。一个数字用作计量时，其中"0"的汉字书写形式为"零"，用作编号时，其中"0"的汉字书写形式为"〇"。例如：

"8093"（个）的汉字书写形式为"八千零九十三"（不写为"八千〇九十三"）；

"100.067"的汉字书写形式为"一百点零六七"（不写为"一百点〇六七"）；

"公元 2018（年）"的汉字书写形式为"二〇一八"（不写为"二零一八"）。

15.1.2.3 阿拉伯数字与汉字数字同时使用

（1）如果一个数值很大，数值中的"万""亿"单位可以采用汉字数字，其余部分采用阿拉伯数字。例如：

我国 1982 年人口普查人数为 10 亿零 817 万 5288 人。

（2）除上述情况之外的一般数值，不能同时采用阿拉伯数字与汉字数字。例如：

"108"可以写作"一百零八"，但不应写作"1 百零 8""一百 08"；

"8000"可以写作"八千"，但不应写作"8 千"。

15.1.3 罗马数字的使用

罗马数字在科技论文中有时也会出现，其基本数字只有 I（1），V（5），X（10），L（50），C（100），D（500），M（1000）七个。罗马数字的记数法则有以下几条：

（1）一个罗马数字重复几次，表示该数增加到几倍。例如：II 表示 2，III 表示 3，CCC 表示 300。

（2）一个罗马数字右边附加一个数值较小的数字，表示这两个数字之和。例如：VII 表示 $5+2=7$；XII 表示 $10+2=12$。

（3）一个罗马数字左边附加一个数值较小的数字，表示这两个数字之差。例如：IV 表示 $5-1=4$；IX 表示 $10-1=9$。

（4）一个罗马数字上方加一横线，表示该数字扩大到 1000 倍。例如：$\overline{\mathrm{L}}$ 表示 $50\times1000=50\,000$。

（5）一个罗马数字上方加两横线，表示该数字扩大到 100 万（10^6）倍。例如：DLXI 表示 561，$\overline{\overline{\mathrm{DLXI}}}$ 表示 $561\times10^6=5.61$ 亿。

15.2 字母

15.2.1 字母类别

常见的字母有英文字母（见表 15-1）和希腊字母（见表 15-2）。前者主要用来构成英文词，表示量和单位的符号；后者主要用作量的符号，少量也用作单位或单位词头的符号。

表 15-1　英文字母表

序号	大写		小写		读音
	正体	斜体	正体	斜体	
1	A	*A*	a	*a*	［ei］
2	B	*B*	b	*b*	［bi:］
3	C	*C*	c	*c*	［si:］
4	D	*D*	d	*d*	［di:］
5	E	*E*	e	*e*	［i:］
6	F	*F*	f	*f*	［ef］
7	G	*G*	g	*g*	［dʒi:］
8	H	*H*	h	*h*	［eitʃ］
9	I	*I*	i	*i*	［ai］
10	J	*J*	j	*j*	［dʒei］
11	K	*K*	k	*k*	［kei］
12	L	*L*	l	*l*	［el］
13	M	*M*	m	*m*	［em］
14	N	*N*	n	*n*	［en］
15	O	*O*	o	*o*	［əu］
16	P	*P*	p	*p*	［pi:］
17	Q	*Q*	q	*q*	［kju:］
18	R	*R*	r	*r*	［a:］
19	S	*S*	s	*s*	［es］
20	T	*T*	t	*t*	［ti:］
21	U	*U*	u	*u*	［ju:］
22	V	*V*	v	*v*	［vi:］
23	W	*W*	w	*w*	［′dʌblju(:)］
24	X	*X*	x	*x*	［eks］
25	Y	*Y*	y	*y*	［wai］
26	Z	*Z*	z	*z*	［zed, zi:］

表 15-2　希腊字母表

序号	大写		小写		英文注音	中文读音
	正体	斜体	正体	斜体		
1	A	*A*	α	*α*	alpha	阿尔法
2	B	*B*	β	*β*	beta	贝塔
3	Γ	*Γ*	γ	*γ*	gamma	伽马
4	Δ	*Δ*	δ	*δ*	delta	德尔塔
5	E	*E*	ε	*ε*	epsilon	艾普西隆
6	Z	*Z*	ζ	*ζ*	zeta	泽塔
7	H	*H*	η	*η*	eta	伊塔
8	Θ	*Θ*	ϑ, θ	*ϑ, θ*	theta	西塔
9	I	*I*	ι	*ι*	iota	约塔
10	K	*K*	κ	*κ*	kappa	卡帕
11	Λ	*Λ*	λ	*λ*	lambda	拉姆达
12	M	*M*	μ	*μ*	mu	缪（米尤）
13	N	*N*	υ	*υ*	nu	纽
14	Ξ	*Ξ*	ξ	*ξ*	xi	克西
15	O	*O*	o	*o*	omicron	奥密克戎
16	Π	*Π*	π	*π*	pi	派
17	P	*P*	ϱ, ρ	*ϱ, ρ*	rho	柔
18	Σ	*Σ*	σ	*σ*	sigma	西格马
19	T	*T*	τ	*τ*	tau	陶
20	Υ	*Υ*	υ	*υ*	upsilon	宇普西隆
21	Φ	*Φ*	φ, ϕ	*φ, ϕ*	phi	斐
22	X	*X*	χ	*χ*	chi	希
23	Ψ	*Ψ*	ψ	*ψ*	psi	普西
24	Ω	*Ω*	ω	*ω*	omega	奥米伽

　　有些字母在外形上与其他字母或符号相似，尤其是手写体，更不易分清。必须正确区分字母类别容易混淆的英文字母与希腊字母，大小写容易混淆的字母，与数字容易混淆的字母，形状容易混淆的字母。例如：

　　（1）英文字母 a，B，v，w 分别与希腊字母 α，β，υ，ω 易混淆；

　　（2）英文字母 C 与 c，U 与 u，V 与 v，O 与 o，P 与 p，K 与 k，Z 与 z，S 与 s，X 与 x，Y 与 y，W 与 w，L 与 l，希腊字母 Φ 与 ϕ，B 与 β，Ψ 与 ψ，K 与 κ，O 与 o，Π 与 π，在大小写上易混淆；

　　（3）英文字母 O，b，s，I，1 分别与数字 0，6，5，1，1 易混淆；

　　（4）英文字母 U 与 V，希腊字母 Φ 与 ϕ 的手写体极易混淆。

15.2.2　大写字母使用场合

扫一扫

视频讲解

　　（1）化学元素符号或化学元素符号中的首字母。例如：

　　H（氢），O（氧），C（碳），Na（钠），Cu（铜），Co（钴），Au（金），Lr（铹），Rf（𬬻），Mt（䥑）。

　　（2）量纲符号。例如基本量纲符号：

　　L（长度），M（质量），T（时间），I（电流），Θ（热力学温度），N（物质的量），J（发光强度）。

　　（3）源于人名的计量单位符号或计量单位符号中的首字母。例如：

　　SI 单位 A（安［培］），C（库［仑］），S（西［门子］），Pa（帕［斯卡］），Hz（赫［兹］），Bq（贝可［勒尔］）。

　　我国法定计量单位中的非 SI 单位 eV（电子伏）和 dB（分贝），其中 V 和 B 分别来源于人名"伏特""贝尔"；非 SI 单位 Ci（居里）和 R（伦琴）。

　　（4）表示的因数等于或大于 10^6 的 SI 词头符号。例如：

　　M（10^6），G（10^9），T（10^{12}），P（10^{15}），E（10^{18}），Z（10^{21}），Y（10^{24}）。

　　（5）专有名词（如国家、机关、组织、学校、书刊、项目等的名称及术语）英文名的每个实词的首字母。例如：

　　大不列颠及北爱尔兰联合王国（The United Kingdom of Great Britain and Northern Ireland，简称英国）；

　　亚太经济合作组织（Asia Pacific Economic Cooperation）；

　　北京大学（Peking University）；

　　中国机械工程学报（Chinese Journal of Mechanical Engineering）；

　　中国日报（China Daily）；

　　国家自然科学基金（National Natural Science Foundation of China）；

　　铁血风暴（Gathering Storm）。

　　专有名词处于句首时，其第一个字母无论是否为实词，一般均应大写。

（6）专有名词或术语的字母缩略语。例如：

DNA（deoxyribonucleic acid，脱氧核糖核酸）；
CEO（chief executive officer，首席执行官）；
CBD（central business district，中央商务区）；
AGV（automated guided vehicle，自动导引小车）；
BMS（bionic manufacturing system，生物制造系统，也称仿生制造系统）；
STEP（Standard for the Exchange of Product Model Data，产品模型数据交换标准）。

（7）人的姓氏（即家族的字）、名字的首字母或全部字母。例如：

Valckenaers P（或 VALCKENAERS P）；McFarlane D C（或 McFARLANE D C）；
Koren Y（或 KOREN Y）；Bazargan-Lari M（或 BAZARGAN-LARI M）；
Gindy N N Z（或 GINDY N N Z）；Goetz W G Jr（或 GOETZ W G Jr）；
Qin Honglin（或 QIN Honglin）；Richard O Duda；Erich Gamma。

（8）月份和星期的首字母。例如：

February（二月）；October（十月）；Monday（星期一）；Sunday（星期日）。

（9）地质时代及地层单位的首字母。例如：

Neogene（晚第三纪）；Holocene（全新世）。

（10）机械制图中基本偏差的代号、孔偏差。

扫一扫

视频讲解

15.2.3　小写字母使用场合

（1）除来源于人名的一般计量单位符号。例如：

m（米），kg（千克），mol（摩），lx（勒），s（秒），t（吨）。

注意：法定计量单位"升"，虽属一般计量单位，但它有两个单位符号，分别是大写英文字母"L"和小写英文字母"l"。

（2）表示的因数等于或小于 10^3 的 SI 词头符号。例如：

k（10^3），m（10^{-3}），μ（10^{-6}），n（10^{-9}），p（10^{-12}），f（10^{-15}），a（10^{-18}），z（10^{-21}），y（10^{-24}）。

（3）附在中文译名后的普通词语原文（德文除外）。例如：

研制周期（lead time）；质量亏损（mass defect）；
大射电望远镜（large radio telescope）；元胞自动机（cellular automata）；
内芯切断（core shear）；深度优先搜索和回溯（depth first search and backtrack）；
粒子群优化（particle swarm optimization）；二次分配问题（quadratic assignment problem）。

这种词有的也可按专有名词来处理，即其英文实词首字母用大写。

（4）法国人、德国人等姓名中的附加词。例如：

de，les，la，du 等（法国人）；von，der，zur 等（德国人）；do，da，dos 等（巴西人）。

（5）由三个或三个以下字母组成的冠词、连词、介词（前置词）。例如：

the，a，an，and，but，for，to，by，of 等

这类词除处于句首位置或因特殊需要全部字母用大写外，一般用小写。

（6）机械制图中基本偏差的代号、轴偏差。

扫一扫

视频讲解

15.2.4　正体字母使用场合

正体字母用于一切有明确定义、含义或专有所指的符号、代号、序号、词和词组等。

（1）计量单位、SI 词头和量纲符号。例如：

m（米），A（安），mol（摩），kg（千克），pm／℃，J／(kg·K)，J·mol^{-1}·K^{-1}；
k（千），M（兆），G（吉），da（十），μ（微），n（纳）；M（质量），N（物质的量），
Θ（热力学温度），J（发光强度）。

（2）数学符号。数学符号包括以下类别：

①运算符号，如 $\sum$（求和），d（微分），Δ（有限增量，注意不同于三角形符号△），lim（极限），$\overline{\lim}$（上极限），$\underline{\lim}$（下极限）。

②有特定定义的缩写符号，如 min（最小），det（行列式），sup（上确界），inf（下确界），T（转置），const（常数）。

③常数符号，如 π（圆周率），e（自然对数的底），i（虚数单位）。

④有固定定义的函数符号，如三角函数符号 sin，cos，tan，cot，指数函数符号 e，exp，对数函数符号 log，ln，lb，反三角函数符号 arcsin，arccos，arctan，arccot。

⑤特殊函数符号，如 Γ(x)（伽马函数），B(x, y)（贝塔函数），erf x（误差函数），注意函数的变量仍用斜体。

⑥特殊集合符号，如 **Z**（整数集），**R**（实数集），**N**（非负整数集，自然数集）。

⑦算子符号，如 Δ（拉普拉斯算子，与"有限增量"的符号容易混淆时，可以用∇^{2}），div（散度），grad 或 **grad**（梯度），rot 或 **rot**（旋度）。

⑧复数的实部和虚部符号，如 Re z（z 的实部），Im z（z 的虚部）。

（3）化学元素、粒子、射线、光谱线、光谱型星群等的符号。例如：

O（氧），H（氢），Ca（钙），Ra（镭），AlMgSi 或 Al-Mg-Si（一种合金的名称）；
p（质子），n（中子），e（电子），γ（光子）；α，β，γ，X（射线）；
i，h，H，k（光谱线）；A$_5$，B$_4$，M$_6$（光谱型星群）。

（4）设备、仪器、元件、样品、机具等的型号或代号。例如：

NPT5 空压机，JZ-7 型制动机，iPhone 14 plus 手机，IBM 笔记本，PC 机，
JSEM-200 电子显微镜，F／A-18 战斗攻击机，松下 TH-42PZ80C 型等离子电视机。

（5）方位、磁极符号。例如：

E（东），W（西），N（北，北极），S（南，南极）。

（6）字母缩略语中的字母。例如：

ACV（气垫船），PRC（中华人民共和国），CAD（计算机辅助设计），

ICBC（中国工商银行）。

（7）生物学中属以上（不含属）的拉丁学名。例如：

Equidae（马科），Mammalia（哺乳动物纲），Chordata（脊索动物门），
Gramineae（禾本科），Graminales（禾本目），Angiospermae（被子植物亚门）。

（8）计算机流程图、程序语句和数字信息代码。例如：

IF GOTO END；D_0，D_1，…，D_n（数字代码）；
A_0，A_1，…，A_n（地址代码）。（其中下标也可用平排形式）

（9）表示酸碱度、硬度等的特殊符号。例如：

pH（酸碱度符号）；HR（洛氏硬度符号），HB（布氏硬度符号）。

（10）表示序号的连续字母。例如：

附录 A，附录 B；图 1（a），图 1（b）。

（11）外国人名、地名、书名和机构名；螺纹代号，如 M20×100，M30-5g6g-40；金属材料符号，如 HT200（灰口铸铁），T8A（特 8A 钢）；标准代号，如 GB，TB，NY／T；基本偏差（公差）代号，如 H8，f7。

（12）作量符号下标的英文单词（或拼音）的首字母（或缩写），或有特定含义的不作量符号的字母。例如：

F_n（法向力，下标 n 是英文单词 normal 的首字母，表示法向）；
l_{cor}（修正长度，下标 cor 是英文单词 correction 的缩写，表示修正）；
M1，M2（机床 1，2）。

扫一扫

视频讲解

15.2.5　斜体字母使用场合

（1）物理量、特征数的符号。例如：

E（弹性模量），P（功率），q_V（体积流量），c_{sat}（质量饱和热容），A（核子数），μ（迁移率）；Re（雷诺数），Eu（欧拉数），We（韦伯数），Ma（马赫数）。

表示矩阵、矢量（向量）、张量的符号要用黑（加粗）斜体。注意：特征数符号在有乘积关系的数学式中作为相乘的因数出现时，应当在特征数符号与其他量符号之间留一空隙，或者用乘号（或括号）隔开，以避免将特征数符号中的两个连写的斜体符号误认为两个量相乘。

（2）表示变量的字母、函数符号。表示变量的字母一般包括变量符号、坐标系符号、集合符号，几何图形中代表点、线、面、体、剖面、向视图的字母，以及直径、半径数字前的代号等。例如：

①变量 i，j，x，y。

②笛卡儿坐标变量 x，y，z；圆柱坐标变量 ρ，φ，z；球坐标变量 γ，θ，φ；原点 O，o。

③A，B（点、集合）；$\overline{AB}$，AB（［直］线段）；$\overset{\frown}{AB}$（弧）；$\triangle ABC$（三角形）；$\angle A$（［平面］角）；ABC 或 Σ（平面）；$P\text{-}ABC$（三棱锥体）；$A-A$（剖面）；B 向（向视图）。

④$\phi 30$（直径），$R9.5$ m（半径）。

函数符号是函数关系中表示自变量与因变量之间对应法则的符号。例如：

"$f(x)$，$f(y)$" 中的 "f"；"$F(x)$，$F(y)$" 中的 "F"。

（3）生物学中属以下（含属）的拉丁学名。例如：

Equus（马属），*E.caballus*（马），*Equus ferus*（野马）；
Oryza（稻属），*O.sativa*（水稻）；
Elephas（象属），*Elephas maximus*（亚洲象）；
Medicago（苜蓿属），*Medicago sativa*（紫花苜蓿）。

（4）作量符号下标的表示变量、变动性数字（连续数）或坐标轴的字母。例如：

q_V（V 表示体积）；c_p（p 表示压力）；I_λ（λ 为波长）；

u_i（$i=1, 2, \cdots, n$）（i 为变动性数字）；

$\sum a_n \theta_n$（n 为变动性数字）；$\sum a_x \theta_x$（x 为变动性数字）；

c_{ik}（i, k 为变动性数字）；p_x（x 表示坐标轴 x）。

15.2.6　字体类别

科技论文中表示矩阵、矢量（向量）、张量的字母用加粗斜体（黑体）字母。特殊集合符号用加粗正体字母（或空心正体字母），如 **N** 或 $\mathbb{N}$（非负整数集，自然数集），**Z** 或 $\mathbb{Z}$（整数集），**Q** 或 $\mathbb{Q}$（有理数集），**R** 或 $\mathbb{R}$（实数集），**C** 或 $\mathbb{C}$（复数集）。

15.3　术语

术语是科学技术名词的简称，也称科技名词，是专业领域中科学和技术概念的语言指称，是某学科中的专门用语，是限定专业概念的约定性语言符号。人类在认识客观世界及用语言表达各种科学概念的过程中产生了各类术语，建立起各门学科，促进学科之间相互交流，推动科学技术发展。科学技术迅猛发展，一些术语适时产生，一些可能被更新，另一些则可能被淘汰。术语不断丰富着一个民族的语言宝库，一旦规范化就在客观上成为科学知识在语言中的结晶；术语作为科技发展和交流的载体，反映科学研究的成果，与科技同步产生和变化。科技论文必须重视术语，达到概念清晰准确，语句流畅通顺，保障学术质量。

15.3.1　术语定名规则

了解术语定名规则，可为论文选用术语及判断术语使用是否规范提供科学依据。

1）单义性

单义性指一术语只对应一概念（一词一义），一概念只对应一术语（一义一词）。

例如力学中："力矩"指力对一点之矩，等于从该点到力作用线上任一点的矢径与该力的矢量积；"力偶矩"指两个大小相等，方向相反，且不在同一直线上的力的力矩之和；"转矩"是力偶矩的推广。再如核反应和电磁辐射中："宏观截面"指在给定的体积内，所有原子发生某种特定类型的反应或过程的截面总和除以该体积；"宏观总截面"指在给定的体积内，所有原子发生各种类型反应或过程所对应的总截面的总和除以该体积。

由于各学科使用习惯不同或词语的多义性，音形相同的词语可表示不同的意义，而音形不同的词语也可表示相同的意义。例如："质量"属一词多义，既可指物体惯性的大小或物体中所含物质的量，也可指产品或工作的优劣程度，而"体积质量""密度"属一义多词，均指物体的质量除以其体积。

2）科学性

除约定俗成外，术语应尽可能准确反映事物或定义中所涉及概念的内涵或特征。例如："心肌梗塞"（myocardial infarction）命名缺乏科学性，因为从科学概念上讲，血管可以阻塞，而肌肉只能坏死而不能阻塞，故定名为"心肌梗死"更好。

跨学科术语应按其概念产生和发展的"源"与"流"，由主学科确定（副科靠拢主科），同时充分考虑副学科使用习惯（主科尊重副科），若同一概念在不同学科或领域中的名称不一致，则要协调。例如：物理学中曾使用的"几率""偶然率"（probability），应服从其在主学科数学中的名称"概率"。再如："维里方程""维里系数"在化工界曾广泛使用，但"维里"（virial）不反映科学概念，常被误作人名；《物理学名词》中按其所反映概念的内涵及发音，将"维里方程""维里系数"相结合定名，用"位力"取代"维里"，《化学工程名词》中将二者分别定名为"位力方程""位力系数"。

3）系统性

一个学科中的术语是有层次、成系统的，反映在学科概念体系、逻辑相关性和构词能力等多个方面，术语定名要体现出上位与下位（属与种）、整体与部分、部分与部分之间的关系。例如：制造学科中，若将"能够在需要的时间，根据生产需求以及系统内部的变化，在充分利用现有制造资源的基础上快速提供合适生产能力和功能的制造系统"定名为"可重构制造系统"（reconfigurable manufacturing system，RMS），其三个组成部分就应相应定名为"可重构加工系统""可重构物流系统""可重构控制系统"；若将其定名为"可重组制造系统"，则这三个组成部分应相应定名为"可重组加工系统""可重组物流系统""可重组控制系统"。

4）习惯性

术语相对稳定，一旦在业界被确认并已推行使用，就不会轻易改变，尤其对约定俗成的术语更不宜变更。因此可以沿用使用较久、应用较广、约定俗成的专门用语，以避免由重新定名而引起的混乱，使所用专门用语的定名可能不尽合理。例如：金属材料及力学中的"机械运动"（mechanical motion）不宜写作"力学运动"，而"力学性能"（mechanical property）不宜写作"机械性能"。

当然，习惯性与科学性之间对立时，习惯性应服从科学性。例如：有机化学中的"官能""功能"两个术语以往使用较为混乱，现按科学含义做了明确规定，"官能"指官能团，用于单体、引发剂；"功能"指性能，用于类名，如"功能高分子"。

5）简明性

术语应简短明了，易懂、易记、易写，便于使用，过长也不利于推广，因此更适合以省略的简明形式出现。例如："艾滋病"源于英文词语 acquired immune deficiency syndrome，直译为"获得性免疫缺陷综合征"，中、英文名称都很长，选英文词语中各单词的首字母 AIDS，音译为"艾滋病"，则简单明了，便于使用。再如：医学名词 coronary heart disease，直译为"冠状动脉粥样硬化性心脏病"，定名为"冠心病"，既名符其义，又简单明了。

　　6）民族性

　　为汉语中引入的外来语的定名，宜用有中国特色的词语，如天文学中的金星（Venus）、木星（Jupiter）颇具中国民族特色，若用爱神、大力神命名就不大适合。定名最好意译，以语言特点和表达习惯更好地体现术语的内涵，必要时音译、音译加意译，如足球（football）、马力（horsepower）为意译，苏打（soda）、克隆（clone）、奥林匹克（Olympic）为音译，激光（laser）、因特网（Internet）、维他命（vitamin）为音译加意译。涉及国外科学家人名时，应按名从主人、约定俗成、服从主科、尊重规范等原则。名从主人是以科学家本人的国家民族语言和习惯为准。对于科学界通行很久、人所共知的著名科学家人名，即使音译不准或用字不当也不宜更改，如牛顿、爱因斯坦、诺贝尔、居里夫人，对新出现的科学家人名也要规范化。

　　7）国际性

　　术语的定名还要考虑与国际接轨，以利于国际交流。例如：大气科学中的"强台风"（violent typhoon）这一名称，国际上采用的是"severe tropical storm"（强热带风暴），因此就用"强热带风暴"取代"强台风"。

　　8）准确性

　　术语的名称应以国家科学技术名词审定机构、国家标准化主管部门及术语在线（www.termonline.cn/index.htm）公布的为准，准确书写。例如以下括号内为不推荐或不宜使用的名称：胡克定律（虎克定律），力偶矩（偶矩），引力常量（万有引力常数），电流（电流强度），肋板（筋板），图样（图纸），剖视图（剖面图），驾驶人（司机），辐角（幅角），通信（通讯），砂土（沙土），荧光灯（日光灯），B／s（Bps），bit／s（bps），等等。

　　术语构词应符合语言学基本原理、词汇法、构词法及语法规则，不与国家有关语言标准、规范相抵触，通常不要使用未经国家颁布的简化字，更不能随意创造新字。

　　9）学术性

　　术语用词应体现学术性，不宜用普通生活用词。例如：石油工程中的 wild cat well 和 watchdog 曾分别称为"野猫井""看门狗"，现分别定名为"预探井""把关定时器"。

　　10）统一性

　　不少术语涉及多个学科，指称同一概念的术语，无论在一个专业内部使用，还是在专业之间、部门之间、行业之间交叉使用，都应统一；有的术语在不同学科中确实不宜或难以统一命名时，可分别定名，暂时并存。例如："电动机"与"马达"，"阴、阳"与"正、负"，"耦合"与"偶合"等，在不同学科或对同一学科不同内容使用习惯不同，很难求得一致。

　　11）差异性

　　由于历史的原因，我国大陆与台湾、香港、澳门地区在术语的使用上存在差异，虽然都使用汉语，但有时不统一。例如：台湾地区计算机界把计算机上用的"鼠标"叫作"滑鼠"，出版的计算机图书中将"鼠标指针"称为"滑鼠指标"；sustainable development 这个英文术语，中国大陆学者译为"可持续发展"，台湾地区多译为"永续发展"。

15.3.2　术语使用要求

　　CY／T 119—2015《学术出版规范　科学技术名词》规定了中文学术出版物中科学技术名词（术语）使用的一般要求、特殊要求和异名使用的要求。

1）使用的一般要求

（1）应首选规范名词即由国务院授权的机构审定公布、推荐使用的术语，简称规范词。

（2）不同机构审定公布的规范名词不一致时，可选择使用。例如：对"截面积很小、长度很长且以盘卷供货的钢材产品"的概念，国家科学技术名词审定机构审定公布的《材料科学技术名词》中称"线材"，而在国家标准化主管部门发布的有关标准中称"盘条"。

（3）同一机构对同一概念的定名在不同的学科或专业领域不一致时，宜依据出版物所属学科或专业领域选择规范名词。例如：国家科学技术名词审定机构审定公布的规范名词中，对"既有大小又有方向的量"的概念，在《计算机科学技术名词》中称"向量"（数学中也称"向量"），而在《物理学名词》中称"矢量"。

（4）尚未审定公布的术语，宜使用单义性强、切近科学内涵或行业惯用的名词。

（5）同一出版物使用的科学技术名词应一致。

2）使用的特殊要求

（1）基于科技史或其他研究需要，可用曾称或俗称。曾称是曾经使用、现已淘汰的术语。俗称是通俗而非正式的术语。例如：研究化学史，使用"舍密"，研究物理史，使用"格致"。

（2）规范名词含有符号"［　］"的，"［　］"内的内容可省略。例如：《物理学名词》中有"偏［振］光镜"，"偏振光镜"和"偏光镜"均可使用。

（3）应控制使用字母词。字母词是全部由字母组成或由字母与汉字、符号、数字等组合而成的术语。

（4）未经国家有关机构审定公布的字母词在文中首次出现时，应以括注方式注明中译名。

（5）工具书中的实条标题宜使用规范名词，异名可设为参见条。异名是与规范名词指称同一概念的其他术语，包括全称、简称、又称、俗称、曾称等。全称是与规范名词指称同一概念且表述完全的术语；简称是与规范名词指称同一概念且表述简略的术语；又称是与规范名词并存但不推荐使用的术语。

3）异名使用的要求

（1）全称和简称可使用。例如：规范名词"艾滋病"，全称"获得性免疫缺陷综合征"；规范名词"原子核物理学"，简称"核物理"。

（2）又称应减少使用。例如：规范名词"北京猿人"，又称"北京人"，曾称"中国猿人"。

（3）俗称和曾称不宜使用。例如：规范名词"施工步道"，俗称"猫道"。

15.4　名词性词语

15.4.1　日期和时间

日期指发生某一事情的确定的年、月、日或时期。例如：

【1】<u>2005 年 10 月 9 日</u>中国宣布珠穆朗玛峰高度为 8844.43 米。

【2】<u>2008 年 8 月 8 日至 24 日</u>在北京召开了第 29 届奥林匹克运动会。

时间指物质运动中的一种存在方式，由过去、现在、将来构成的连绵不断的系统，是物质的运动、变化的持续性、顺序性的表现；指有起点和终点的一段时间；指时间里的某一点

（时刻）。例如：

【3】地球自转一周的时间是 <u>24 h</u>。

【4】<u>1977 年 10 月</u>，当第一具质量达 40 t 的恐龙骨架化石展现在人们面前时，人们惊讶无比。

【5】在距今 <u>1.5 亿年前的三叠纪</u>，喜马拉雅山地区还是烟波浩渺的古地中海的一部分，直到<u>距今 5000 万年的第三纪</u>，由于印度板块与亚欧板块相撞，使古地中海东部的海底受到强烈的挤压，从而形成今天的喜马拉雅山和珠穆朗玛峰。

【6】据美国约翰·霍普金斯大学实时数据显示，截至北京时间 2020 年 4 月 11 日上午 9 时 25 分，全球新冠肺炎确诊病例超 169 万例。其中，美国确诊病例已突破 50 万例，达 500 399 例。

年份不能简写，如"2008 年"不要写成"08 年"、"〇八年"或"零八年"。"时刻"可用标准化的格式表示，如"14 时 28 分 04.1 秒"可写为"14：28：04.1"。日期与日的时刻组合的形式是"年-月-日 T 时：分：秒"，其中 T 为时间标志符，"时""分""秒"之间的分隔符是冒号（：）而不是比例号（∶），如"2008 年 8 月 8 日 20 时 0 分 0 秒"，可表示为"2008-08-08T20：0：0"。这种表示方式多用在图表中。

以下列举日期和时间使用不当的几个例句：

【7】<u>08 年 9 月 25 日</u> 21 时 10 分，载着翟志刚、刘伯明、景海鹏三位航天员的神舟七号飞船在中国酒泉卫星发射中心发射升空。

此句中的日期"08 年 9 月 25 日"表达不完整，应将"08"改为"2008"。

【8】从<u>公元前 1450—1400 年前</u>开始……

此句中"从"与"开始"之间的时间应是时间里的某一点，而"公元前 1450—1400 年"是表示有起点和终点的一段时间，其后面又加了"前"字，表意混乱；对"1400 年"可理解为公元前、公元后的两种年份。此句（省略号前面的部分）应根据表意来修改，例如可改为"从公元前 1450 年至公元前 1400 年……"，或"公元前 1450 年—公元前 1400 年……"，或"从公元前 1450 年开始……"，或"在公元前 1450 年至公元前 1400 年的这段时间里……"，不同的修改，表意有差别。

还要注意区分时间和时刻的不同。例如：不能把时刻"14 时 16 分 30 秒"写成时间"14 h 16 min 30 s"，也不能把时间"3 小时 20 分 50 秒"写成时刻"03：20：50"。

15.4.2　人名

科技论文中作者署名、参考文献著录、文献引用或回顾、作者简介，以及其他涉及人名的地方都会有人名的使用。对于作者署名及参考文献著录中的人名的使用，参见本书前面章节有关内容。人名使用一般规则：

（1）对外国人名特别是不为大众熟悉的外国人名，宜先写出其中文译名，并在中文译名后以括注的形式写出原人名，若难以或没必要写出中文译名，则可直接引用原人名。

（2）对中国人名应直接写出其中文全名，即使与其对应的文后参考文献著录是用非中文语言书写的，正文中也不宜使用由中文以外的其他语言书写的该人名。

（3）中国人名的英文译名有汉语拼音和韦氏拼音两种书写方式，使用时应确认采用的是何种拼音书写方式，对用韦氏拼音书写的人名不得强行改用汉语拼音方式来书写。

（4）尽可能用统一的格式、形式来书写一组英文人名，若有与文后参考文献著录中相对应的人名，通常还应考虑与参考文献著录中的人名一致。

（5）尽量采用相对固定的英文人名表达形式，以减少在文献检索和论文引用中被漏检、误检，漏引、误引，或误读、错解的可能性。

【人名使用不当实例】

【1】HUGHES 等[4]和 OÑATE 等[5]发展了各自的稳定化方案。值得注意的是，LI 等[6]在有限增量微积分的理论框架下，通过引入一个附加变量，发展了……

[4] HUGHES T J R, FRANCA L P, BALESTRA M. A new finite element formulation for computational fluid dynamics: V. circumventing the Babuska-Brezzi condition: A stable Petrov-Galerkin formulation of the stokes problem accommodating equal-order interpolations [J]. Comput. Methods in Appl. Mech. Engrg., 1986, 59(1): 85–99.

[5] OÑATE E. A stabilized finite element method for incompressible viscous flows using a finite increment calculus formulation [J]. Comput. Methods in Appl. Mech. Engrg., 2000, 182(3-4): 355–370.

[6] LI Xikui, DUAN Qinglin. Meshfree iterative stabilizaed Taylor-Galerkin and characteristic-based split(CBS) algorithms for incompressible N-S equations [J]. Comput. Methods in Appl. Mech. Engrg., 2006, 195(44-47): 6125–6145.

本例中，姓氏 OÑATE 后有"等"字，与文献［5］中只有一位著者矛盾，而且"HUGHES 等[4] 和 OÑATE 等[5]"表述啰唆，可去掉一个"等"字而改为"HUGHES 和 OÑATE 等[4-5]"；文献［6］的著者为中国人，引用中文名更合适（笔者查证其中文名应为"李锡夔"）。

【2】BAIR[1]，DANIEL 等[2]基于对液体应力张量的分析指出，高剪切速率会导致流体内部的应力状态由压应力变成拉应力……

[1] BAIR, WINER. Influence of ambient pressure on the apparent shear thinning of liquid lubricants—an overlooked phenomena [C]//Institution of Mechanical Engineers Conference Publications, London, 1987, 1: 153–160.

[2] DANIEL D J. Cavitation and the state of stress in a lowing liquid [J]. Journal of Fluid Mechanics, 1998, 366(3): 367–378.

本例中，姓氏 BAIR 之后无"等"字，与文献［1］中有两位著者矛盾；DANIEL 之后有"等"字，与文献［2］中只有一位著者矛盾。可改为"BAIR 和 DANIEL 等[1-2]……"。

【3】ZHUANG 等[4]利用电子经纬仪测量了 Stewart 平台的位姿误差全集，并提出可避免求解正解的参数识别方法，但所用设备极其昂贵。鉴于直接测量末端执行器六维位姿的困难，HUANG 等[5]提出一种……进而推广到少自由度并联机构[6]。

[4] ZHUANG Hanqi, YAN Jiahua, MASORY O. Calibration of stewart platforms and other parallel manipulators by minimizing inverse kinematic residuals [J]. Journal of Robotic Systems, 1998, 17(7): 395–405.

[5] HUANG Tian, CHETWYND D G, WHITEHOUSE D J, et al. A general and novel approach for parameter identification of 6-DOF parallel kinematic machines [J]. Mechanism and Machine Theory, 2005, 40(2): 219–239.

[6] 黄田，唐国宝，李思维，等. 一类少自由度并联构型装备运动学标定方法研究 [J]. 中国科学(E 辑), 2003, 33(9): 829–838.

本例中，文献［5］和［6］的第一著者是同一中国人，应将"HUANG 等"改为"黄田等"或"黄田等人"或"黄田，等"，并将引文号［5］和［6］合并为［5-6］或［5, 6］。注意：也可考虑将引自文献［4］的姓氏"ZHUANG"改成中文，但其中文姓名是什么，需要查证，不得随意猜想、翻译，有一定难度，弄不好会出错。在互联网如"Google 学术版""百度"上可以非常方便地查到该文献第一、二作者的工作单位是"Robotics Center and Department of Electrical Engineering, Florida Atlantic University, Boca Raton，Florida 33431"，属于国外机构名，但 ZHUANG Hanqi 的中文姓名是什么，需要进一步查证。

【4】<u>FIRBY[5]</u>在所提出的混合式结构 <u>RAPS 中研究</u>了一种反应规划算法……做出决策。<u>文献［6］中</u>提出的体系结构利用一个规划执行器……机器人的自主行驶。

［5］FIRBY R J. An investigation into reactive planning in complex domains［C］//Proceedings of Sixth National Conference on Artificial Intelligence，1988.

［6］PARK J M, SONG I, CHO Y J, et al. A hybrid control architecture using a reactive sequencing strategy for mobile robot navigation［C］//Proceedings of the 1999 IEE / RSJ International Conference on Intelligent Robots and Systems，1999.

本例中，文献［5］和［6］的引用前后相邻，引用形式应一致，不宜一个用人名，另一个用文献号。可将"FIRBY[5]"改为"文献［5］中"，并将"RAPS 中研究"改为"RAPS 的基础上，研究"；或将"文献［6］中"改为"PARK 等[6]在"，并将"体系结构利用"改为"体系结构的基础上，利用"。

【5】<u>文献［6］</u>概括了用实心坯料一道工序能复合挤压的 7 种典型零件的形式，如图 1 所示。<u>工藤英明等</u>列出了包括有空心坯料复合挤压的 8 种典型形式。<u>吴诗惇</u>介绍了 8 种复合挤压原理的最新研究成果……

［6］日本塑性加工学会. プレス加工便覧［M］. 東京：丸善株式会社，1975.

［7］［日］工藤英明，太和久重雄，竹内煌. 冷锻手册［M］. 北京：第一机械工业部机械研究院机电研究所，1977.

［8］吴诗惇. 挤压理论［M］. 北京：国防工业出版社，1994.

本例中，文献［6］的著者是机构名，直接引用文献号本是可以的，但考虑到不同文献在引用形式上的一致性，可在"文献［6］"后加"中"字，将"工藤英明等"改为"文献［7］中"，"吴诗惇"改为"文献［8］中"。这样，原来的主语"文献［6］""工藤英明等""吴诗惇"就变成状语"文献［6］中""文献［7］中""文献［8］中"，有主语句变成省略主语句。

15.4.3　机构名

科技论文中作者署名、参考文献著录、正文、作者简介等都会出现机构名。机构名使用一般规则：

（1）对外国机构特别是不为大众熟悉的外国机构，应先写出中文译名（可加所属国家名称），并在中文译名后以括注的形式写出原机构名（可附上缩写名），不宜直接使用原机构名。

（2）对中国机构，应直接使用中文全名，不宜使用由中文以外的其他语言书写的机构名。

（3）无论外国还是中国机构，其名称在文中任何地方（含参考文献著录）出现均应一致。

（4）宜用机构全名，但为了表述的需要和方便，可将机构名写成缩写的形式。

（5）以机构官方公布或公认的机构名为准，不宜自行翻译机构名。

（6）按层级由大至小（英文为由小至大）书写，不同机构名同时出现宜写到相同层级。

【机构名使用不当实例】

【1】KYPRIANOU 等基于 <u>Freudenberg 公司</u>提供的数学模型进行参数识别，该模型为一系列高度非线性、分段连续的微分方程。

本例"Freudenberg 公司"属外国机构，宜先写出中文译名。它是德国一家专业从事密封件和减震技术的跨国公司，全球最大的密封件和减震器制造商之一，中文译名为"德国麦克-弗罗伊登贝克公司"。画线部分可改为"德国麦克-弗罗伊登贝克（Merkel Freudenberg）公司"。

【2】并联机床的腿长变化可以用激光干涉法来精确测量。但成本很高，难以推广应用，如美国 <u>Giddings and Lewis 公司</u>的 Variax 机床，其每条腿的造价达 3 万美元。

本例"Giddings and Lewis 公司"属外国机构，宜先写出中文译名，且英文连词 and 有可能让不熟悉的人将 Giddings 和 Lewis 理解为两家公司。该机构是美国一家制作用于发电设备、航空零件生产的大型镗铣设备的制造商，中文译名为"吉丁斯-列维斯公司"。画线部分可改为"美国吉丁斯-列维斯（Giddings & Lewis）公司"，其中 Giddings & Lewis 后可加 Co.。

【3】<u>美国 Honeywell 技术中心</u>将 Ring-Laser-Gyro 类型的惯性传感器用于机床的标定，使机床在正常加工操作中的系统误差得以确定和补偿。

本例画线部分可改为"美国霍尼韦尔（Honeywell）公司技术中心"，它是一家从事高科技产品研发、生产制造及服务的多元化跨国公司，其总部设在美国新泽西州莫里斯镇。

【4】<u>北京航空航天大学</u>的赵玮等于 2001 年向公众介绍了一套完整的微操作机器人实验系统……建立起来的。<u>华中科技大学</u>的余顺年等将串并联机构应用于一种高强度聚焦超声治疗床，<u><u>北京工业大学机电学院</u></u>的岳素平等构思了基于虚拟轴运动原理的 7 自由度串并联专用机床结构，<u>湖南大学</u>的周兵等提出一种由 3 自由度平动并联机构和放大机构组成的新型并串联复合机器人。2002 年，<u><u>美国加利福尼亚大学的机器人与机械设计实验室</u></u>的 TSAI 等向世人展示了一种新型的 3 自由度万能直角坐标串并联机器人 UCR。

本例中，三个机构名（画单线部分）写到一级机构，另外两个（画双线部分）写到二级机构，机构层级不一致。改法一：将画双线机构名改为一级机构名"北京工业大学""美国加利福尼亚大学"；改法二：在画单线机构名后面补上相应的二级机构名（如"北京航空航天大学机械工程及自动化学院""湖南大学机械与汽车工程学院"）。

【5】<u>学术与专业出版商协会</u>（ALPSP）、<u>欧洲科学编辑学会</u>、<u>威立-布莱克威尔出版公司</u>（Wiley-Blackwell）、<u>泰勒弗朗西斯出版集团</u>（Taylor & Francis）、<u>《自然》</u>杂志等机构，都是世界上有重要影响的期刊研究组织和出版企业。

本例中有很多外国机构名，有的用缩写名，有的没用，不统一。外国机构名首次出现时，应先写中文译名，后写原机构名、缩写名，或用纯中文的简洁形式。此句参考修改：

✓英国学术与专业出版商协会（The Association of Learned and Professional Society Publishers，ALPSP）、欧洲科学编辑协会（European Association of Science Editors，EASE）、威立-布莱克威尔出版公司（Wiley-Blackwell）、泰勒弗朗西斯出版集团（Taylor & Francis Group，T & F 或 Taylor & Francis）、《自然》（Nature）杂志社等，都是世界上有重要影响的期刊研究组织和出版企业。

✓英国学术与专业出版商协会、欧洲科学编辑协会、威立-布莱克威尔出版公司、泰勒弗朗西斯出版集团和《自然》杂志社等，都是世界上有重要影响的期刊研究组织和出版企业。

15.4.4　缩略语

缩略语（缩语、缩写、简写、简称）是一个词语缩略为短的词语形式。分普通和字母缩略语两类：前者是汉语词语的缩略形式，主要由汉字组成；后者也称字母词，主要是外语词语的缩略形式。缩略语所表示的原词语应是大众所熟知和常用的，有使用范围或非公知公用时应小心使用，必要时应注明。缩略语等同于一个词，有些最终演化为词而不再是缩略语。

1）普通缩略语使用

普通缩略语按缩略方式分为简称、数字缩略语和特殊缩略语三类。

简称是把长的词语减缩（截取原词语的部分）或紧缩（抽出原词语中有代表性的语素）成短的词语。例如：

> 清华（清华大学），南开（南开大学），计算机（电子计算机），
> 科技（科学技术），外长（外交部长），理化（物理化学），
> 机能学院（机械与能源工程学院），中促会（中国对外应用技术交流促进会），
> 企事业（企业、事业），中美俄（中国、美国、俄罗斯）。

数字缩略语是用数字概括几种具有共同性质的事物。例如：

> 四化（农业现代化、工业现代化、国防现代化、科学技术现代化），
> 五谷（稻、黍、稷、麦、豆）。

特殊缩略语的字面意义与原词语没有关联，但有特殊的含义。例如：

> 973 计划（国家重点基础研究发展计划）、攀登计划（国家基础性研究重大关键项目）。

普通缩略语来源于原词语的全称，是语言运用中一种经济、简洁、方便的表达形式，运用时必须语义明确，符合语言习惯，让人看了容易明白其全称，必要时应注明全称。

【缩略语使用不当实例】

【1】中国科协学会学术部和中国科学技术协会对外应用技术交流促进会（简称中促会）领导在培训团启程前专门对学员们进行了出国教育，提出了具体的学习要求和希望。培训具体由中促会和盛联承办，准备工作很充分。

"中国科协"是"中国科学技术协会"的简称，此例中先出现简称后出现全称不妥当，且不必混用简称和全称，应择其一，或干脆将第二画线部分去掉。"盛联"是一个外国机构的简称，但不为国人所熟悉，应在其后注明全称，或先写出全称再注明简称。"盛联"可改为"盛联（英国盛联科技发展有限公司）"，或"英国盛联科技发展有限公司（盛联）"。

【2】生产需求可描述为生产能力需求集与设计集（需求能力集和设计能力集）间的关系。

此例"需求能力集""设计能力集"应是前面词语的简称，但指代欠明。此句参考修改：

✓生产需求可描述为生产能力需求集（需求能力集）与生产能力设计集（设计能力集）间的关系。

【3】每个系统均存在不同于其他系统的具体属性和特征（特性），但在不同类型、层次的系统间可能存在某些共有特性，这些特性的特征值可能会有差异。

此例的"特性"是指前面哪个词语，是"属性和特征"还是"特征"？此句参考修改：

✓每个系统均存在不同于其他系统的具体属性和特征（"属性和特征"下称"特性"），但在不同类型、层次的系统间可能存在某些共有特性，这些特性的特征值可能会有差异。

【4】基于图论把多工艺路线转换为加权有向图（简称多工艺路线图），用节点表示设备，弧表示设备间的先后加工关系，弧上权值表示设备对间的加工量，直接表现形式是"设备从到表"和"入出度差表"等。

此例的"多工艺路线图"比"加权有向图"的字数还多，将字数多的词语作为字数少的词语的简称不合适。可将"简称"去掉或改为"即"，这样"多工艺路线图"就是"加权有向图"的另一名称，而不是其简称。

2）字母词使用

字母词是外语词语的缩略形式，多是全部由字母组成，有的由字母与汉字、符号、数字等组合而成。例如：

NBA，GDP，IT，MP3，WTO，APEC，ATM，BBC，B2B，CCTV，CD，DNA，E-MAIL；AA 制，BP 机，A 股，B 超，e 时代，GB 码，卡拉 OK，PC 机，SOHO 族，T 恤衫，.com。

字母词的优势：①使用方便、实用，比如"脱氧核糖核酸"不仅难写而且难记，远不如用 DNA 简单方便；②造词简单、形象，比如"T 型台"；③可作造词手段，有的字母词已经或即将进入汉语词汇系统而成为其中一员。

为表达方便，科技论文中可以使用自定义字母词。它首次出现时，应先写中文名称，后面以括注写出原文全写及缩写（即自定义字母词），再次使用时就可直接使用。

【字母词使用不当实例】

【1】 由 <u>CAD</u> 技术开发的非 H 封闭式周转轮系<u>计算机辅助设计（CAD）</u>系统有几何建模、工程分析、总装图效果模拟、图形处理及工程数据库的管理与共享等功能。

此例的字母词 CAD 首次出现时，没有给出其中文名称，再次出现时却给出中文名称，不妥当。CAD 是计算机等领域的一个常用术语，可直接使用。第二画线部分可改为"CAD"。

【2】 借助<u>扫描电子显微镜（scanning electron microscope，SEM）</u>和<u>能谱分析仪（energy dispersive spectrometer，EDS）</u>进行分析，揭示金刚石与结合剂界面之间的作用机制。

此例的字母词 SEM 和 EDS 在后面的行文中若没有再次用到，就没有必要在这里出现（包括其英文全写）。这样，画线部分可统统去掉。

【3】 早在 1967 年，美国宇航局倡导成立了<u>机械故障预防小组（MFPG）</u>，20 世纪 70 年代英国机械保健中心成立，并用于核发电、钢铁、电力等诊断。1971 年日本开始发展自己的 <u>TPM（全员生产维修）</u>，并应用于钢铁、石油、化工和铁路等领域。之后，欧美许多国家都在重视发展，如瑞典 <u>SPM</u> 轴承监测、挪威船舶诊断、丹麦 <u>B&K</u> 的振动与声发射诊断等。

此例的字母词 MFPG 和 TPM 在其后面的行文中若不再引用，就没有必要出现，若后面有引用，则其首次出现时，其英文缩写和全写最好都给出；另外，前者"先中文全写，后英文缩写"，后者"先英文缩写，后中文全写"，表达形式不一致。SPM、B&K 均为公司的名称，可直接使用。（SPM 是瑞典一家为设备状况监测技术和工具提供全方位技术服务支持和培训的公司，B&K 是丹麦一家提供声学及振动测量产品的公司。）以下给出两种参考修改：

✓早在 1967 年，美国宇航局倡导成立了<u>机械故障预防小组</u>，20 世纪 70 年代英国机械保健中心成立，进行核发电、钢铁、电力等的诊断。1971 年，日本开始发展<u>全员生产维修</u>，并将全员生产维修机制应用于钢铁、石油、化工和铁路等领域。之后，欧美许多国家都在重视发展，如瑞典 SPM 的轴承监测、挪威的船舶诊断、丹麦 B&K 的振动与声发射诊断等。

✓早在 1967 年，美国宇航局倡导成立了<u>机械故障预防小组（mechanical fault prevention</u>

group, MFPG）……1971 年，日本开始发展全员生产维修（total productive maintenance，TPM），并将 TPM 机制应用于钢铁、石油、化工和铁路等领域。之后，欧美许多国家都在重视发展，如瑞典 SPM 的轴承监测、挪威的船舶诊断、丹麦 B&K 的振动与声发射诊断等。

【4】最近启动的研究计划包括，2001 年美国的 NNI（national nanotechnology initiative）计划、英国的多学科纳米研究合作计划 IRC（interdisciplinary research collaboration in nanotechnology），2002 年日本的纳米技术支撑计划。

此例字母词混乱，存在缺中文名称（第一画线部分），字母词位置不对（第一、二画线部分），缺英文全写（第三画线部分），英文名称实词首字母未大写等问题。以下给出两种参考修改：

✓最近启动的研究计划包括，2001 年美国的国家纳米技术计划（National Nanotechnology Initiative，NNI），英国的多学科纳米研究合作计划（Interdisciplinary Research Collaboration in Nanotechnology，IRC），2002 年日本的纳米技术支撑计划（Nanotechnology Support Project，NSP）。

✓最近启动的研究计划包括，2001 年美国的国家纳米技术计划，英国的多学科纳米研究合作计划，以及 2002 年日本的纳米技术支撑计划。

【5】产品微型化已成为工业界不可阻挡的趋势，特别表现在通信、电子、微系统技术（MST）、微机电系统（MEMS）等领域。

此例按是否使用字母词（MST、MEMS）有两种修改：

✓产品微型化已成为工业界不可阻挡的趋势，特别在通信、电子、微系统技术、微机电系统等领域。

✓产品微型化已成为工业界不可阻挡的趋势，特别在通信、电子、MST（微系统技术，Micro System Technology）、MEMS（微机电系统，Micro Electro-Mechanical Systems）等领域。

【6】在充分利用光纤 Bragg 光栅既是敏感元件又是传光元件这一特点的基础上，提出一种在曲面空间间隙小于 1 mm 的窄间隙条件下，测量两曲面间相对位移的方法。

此例中，可在"光纤 Bragg 光栅"的后面补出其英文全写及缩写"（fiber Bragg grating，FBG）"，以便后面的行文中再次引用它时可直接用这一缩写。

【7】双离合器式自动变速器（DCT）综合了液力机械式自动变速器（AT）和电控机械式自动变速器（AMT）的优点，是一种新型的自动变速器。

此例为某论文引言的开头，若在字母词 DCT、AT、AMT 之前补上其英文全写，表意会更清晰，效果会更好。以下给出参考修改：

✓双离合器式自动变速器（dual clutch transmission，DCT）综合了液力机械式自动变速器（hydraulic automatic transmission，AT）和电控机械式自动变速器（automated mechanical transmission，AMT）的优点，是一种新型的自动变速器。

字母词是汉语和外语在语言接触、交流中自然产生的，直接使用外文词语在其他语言中也有，比如英语中有不少法语词，日语中也有很多直接用罗马字母书写的外文词，可以说所有语言都曾从或正在从外语中汲取营养来丰富自己。我国科技、出版界应该用对、用好，科学地使用字母词。

15.4.5　型号编号

科技论文中还会出现有关型号、编号等的表达，如产品设备、仪器仪表、元器件、试剂等的型号、编号、代号、序号，以及文件的编号、部队的番号等。编号的书写必须真实、完整、清晰，严格区分字母的类别、大小写、正斜体，对数字不用分节，对连接号的类别（如短横线、一字线、破折号），以及字母与数字间是否留有空宜给予区分。例如：

（1）"GB / T 7714—2015" 中的 "2015" 不写成 "15"，"—" 不宜写成 "-" 或 "–"；

（2）"UJ-33 型电位差计" 中的 "UJ-33" 不写成 "UJ—33"；

（3）"瑞典 SPM 轴承检测仪 T30 / A30" 中的 "T30 / A30" 不写成 "t30 / a30"；

（4）"6061 大型铝型材" 中的 "6061" 不写成 "6 061"；

（5）"编号为 JY0100696 的防静电无尘布" 中的 "JY0100696" 不写成 "JY0 100 696"；

（6）"DF4 型内燃机车" 中的 "DF4" 不写成 "DF 4"。

15.5　中英文混用

中英文混用是指在中文语境中直接用英文词语，即把英文词语当中文词语用。这种混用通常是不规范的，不提倡，除非必要，科技论文中最好不出现或少出现这种现象。例如：

【1】国外学者如 RAO 等提出 <u>Principal axis 方法</u>，PI 等提出 <u>Grind-free 方法</u>，LIN 等发展出<u>误差自适应生成算法</u>。

此句画线部分为三个并列词语，前两个均为中英文混用，与最后一个中文词语并列显得不协调。前两个中的英文词语译为中文也较容易，没有必要混用，可先给出中文词语，再以括注的形式给出其英文词语。以下给出两种参考修改：

✓国外学者如 RAO 等提出主轴（principal axis）法，PI 等提出免磨（grind-free）法，LIN 等发展出误差自适应生成算法。

✓国外学者如 RAO 等提出主轴法，PI 等提出免磨法，LIN 等发展出误差自适应生成算法。

【2】1996 年，<u>美国密执安（Michigan）大学</u><u>工程研究中心（ERC）</u>在 <u>National Science Foundation（NSF）</u>和 25 家公司资助下开展了有关 <u>RMS</u> 的研究。

此句中多处混用中英文词语，表达混乱，容易造成阅读障碍。实际上，对有些词语如 "工程研究中心"，没有必要给出英文缩写。以下给出两种参考修改：

✓1996 年，美国密执安大学工程研究中心在美国国家科学基金会和 25 家公司资助下开展了有关 RMS 的研究。

✓1996 年，美国密执安大学工程研究中心（Engineering Research Centers of University of Michigan），在美国国家科学基金会（National Science Foundation，NSF）和 25 家公司……

【3】零件任务 <u>Agent</u> 的结构如图 8 所示，除了产品数据库和知识库外，还有四个构成部分，即 <u>Agent</u> 控制器、<u>Agent</u> 通信接口、<u>Agent</u> 执行器和 <u>Agent</u> 评价器。

此句中多次使用英文词 Agent，但并没有给出中文名称，不规范。可考虑将第一个 Agent 改为 "代理（Agent）"，随后再直接使用 Agent。

【4】它的内核是建立在遗传算法基础上的多目标搜索引擎，该引擎采用基于 SPEA (strength pareto evolutionary algorithm)[11]的多目标分解算法，如图 6 所示。

此句英文与中文混用不妥，可先给出 SPEA 的中文名称，再用括注给出英文全写及缩写。画线部分可改为"强度 Pareto 进化算法（strength pareto evolutionary algorithm，SPEA）"。

【5】CAI 等提出了 NeighBlock 块阈值去噪的方法(DWT_NeighBlock)，分块对小波系数进行阈值操作，能充分利用邻域小波系数的信息，提高了估计的精度以及收敛的速度。但是 DWT_NeighBlock 采用的是常规的离散正交小波变换(DWT)，而基于 DWT 的降噪会产生伪 Gibbs 现象，使降噪后的信号在急剧变化部分产生振荡现象，从而对具有奇异点或不连续点的信号的降噪效果影响比较大，这对于在强噪声背景下提取出弱信号影响尤其明显。

由此提出一种基于对偶树复小波变换(dual-tree complex wavelet transform, DT-CWT)的 Neigh-Block 降噪方法(DT-CWT_NeighBlock)，并将其成功应用于机械故障诊断中。理论和实验均可以说明，这种方法能获得比 DWT_NeighBlock 降噪法更好的效果，不仅能有效抑制高斯白噪声，还能够去除脉冲噪声，可以更好地凸现故障信息，因而可以为机械故障诊断提供一种新的方法。

这两段的主要问题：①NeighBlock 多次出现，但首次出现时未交代其意思；②NeighBlock 的英文名称应一致，不应混用另一种形式 Neigh-Block；③DWT 的意思不明确，首次出现时未给出英文全写，不好理解；④DWT_NeighBlock 是中心词语，但表意不明确，且与中文有几处混用，阅读困难；⑤"离散正交小波变换"首次出现时，未给出英文全写，对其后括注的 DWT 是否为其缩写以及与前面的 DWT 是否为同一概念均未交代。此句参考修改：

✓CAI 等提出邻域子块法（NeighBlock）与离散小波变换法（discrete wavelet transform，DWT）相结合的块阈值降噪法（DWT_NeighBlock）。该方法通过分块对小波系数进行阈值操作，能充分利用邻域小波系数的信息，提高估计精度和收敛速度。但是，它采用的是常规的正交 DWT 法，而基于 DWT 的降噪会产生伪 Gibbs 现象，使降噪后的信号在急剧变化部分产生振荡现象，从而对具有奇异点或不连续点的信号的降噪效果影响较大，这对在强噪声背景下提取出弱信号的影响尤其明显。

由此提出一种基于对偶树复小波变换（dual-tree complex wavelet transform，DT-CWT）的 NeighBlock 降噪方法（DT-CWT_NeighBlock），并将其成功应用于机械故障诊断中。理论和实验表明，该方法能获得比 DWT_NeighBlock 法更好的降噪效果，不仅能有效抑制高斯白噪声，去除脉冲噪声，还可以更好地凸现故障信息，因而可以为机械故障诊断提供一种新的方法。

科技论文中合理混用一些字母词及不必翻译的外文词语（如软件名称，难译或不为人熟知的人名、地名、机构名等）是必要的，但若为省事而懒得翻译、解释和说明，随意直接将外文词语放到中文中，甚至还放到错误的位置上，或将不完整的外文词语当作完整的中文词语来使用，甚至大量混用，使得行文零乱，表意不清，这样就不可取了。

参考文献

[1] 梁福军. 科研论文写作与发表 [M]. 北京：清华大学出版社，2024.

[2] 梁福军. 科技书刊语病剖析：修辞 818 例 [M]. 北京：清华大学出版社，2022.

[3] 梁福军. 科技论文规范写作与编辑 [M]. 4 版. 北京：清华大学出版社，2021.

[4] 梁福军. 科技论文规范写作与编辑 [M]. 3 版. 北京：清华大学出版社，2017.

[5] 梁福军. 科技论文规范写作与编辑 [M]. 2 版. 北京：清华大学出版社，2014.

[6] 梁福军. 科技论文规范写作与编辑 [M]. 北京：清华大学出版社，2010.

[7] 梁福军. SCI 论文写作与投稿 [M]. 北京：机械工业出版社，2019.

[8] 梁福军. 英语科技论文语法、词汇与修辞：SCI 论文实例解析和语病润色 248 例 [M]. 北京：机械工业出版社，2021.

[9] 梁福军. 英文科技论文规范写作与编辑 [M]. 北京：清华大学出版社，2014.

[10] 梁福军. 科技语体语法与修辞 [M]. 北京：清华大学出版社，2018.

[11] 梁福军. 科技语体标准与规范 [M]. 北京：清华大学出版社，2018.

[12] 梁福军. 科技语体语法、规范与修辞（上、下册）[M]. 北京：清华大学出版社，2016.

[13] 钱龙，常思江，倪旖. 旋转稳定弹扰流片气动外形多目标优化设计 [J]. 兵工学报，2021，42(12)：2575-2585.

[14] 余焯燊，梁展耀. 临床应用小剂量中药处方的思考 [J]. 中华中医药杂志，2022，37(11)：6522-6524.

[15] 何凡，孙娟，陈立明. 高铁接触网悬吊线索疲劳寿命研究进展 [J]. 科技导报，2019，37(20)：84-93.

[16] 伊文静，王春莹，刘长松，等. 梯度润湿性 ZnOHF 薄膜上液滴定向铺展行为 [J]. 中国表面工程，2023，36(3)：113-120.

[17] 薛亚娟，刘思聪，张立. 基于时机理论对 HIV/AIDS 肛瘘手术患者不同阶段疾病体验的质性研究 [J]. 中国艾滋病性病，2022，28(4)：402-405.

[18] 黄仕辉，方斌，李欣，等. 基于县域尺度的稻田土壤碱解氮空间异质性研究 [J]. 生态与农村环境学报，2020，36(2)：179-185.

[19] 黄安林，傅国华，秦松，等. 黔西南三叠统渗育型水稻土重金属污染特征及生态风险评价 [J]. 生态与农村环境学报，2020，36(2)：193-201.

[20] 张旺. 基于 PB-LCA 的湖南省建筑碳足迹测算及其机理分析 [J]. 科技导报，2019，37(22)：133-142.

[21] 张宇航，彭文启，刘培斌，等. 永定河流域春季大型底栖动物群落结构和空间格局 [J]. 中国环境监测，2019，35(4)：31-39.

[22] 王寅，黄瑶，张军，等. 2 例新型冠状病毒肺炎病例的流行病学及基因特征分析 [J]. 实用临床医药杂志，2022，26(19)：76-82.

[23] 童本德，马莉，蔡东联，等. 红景天苷对不同状态下小鼠能量代谢的影响 [J]. 中国临床营养杂志，2008，16(6)：357-360.

[24] 李轶群，梁桓熙，刘长振，等. 大黄素-8-O-β-D-葡萄糖苷抑制肿瘤细胞迁移和转移的体内外实验研究 [J]. 中国药物警戒，2019，16(12)：705-710.

[25] 周云，何玉洋，杨泽檀，等. 复合织构刀具切削铝合金的性能 [J]. 中国表面工程，2022，35(3)：281-288.

［26］刘亚丽，宋道志，赵明升，等. 基于力位混合控制的踝关节外骨骼机器人四段式助力技术［J］. 兵工学报，2021，42（12）：2722-2730.

［27］朱永清，崔云霞，李伟迪，等. 太滆运河流域不同用地方式下土壤 pH 值、有机质及氮磷含量特征分析［J］. 生态与农村环境学报，2020，36（2）：171-178.

［28］游鹏，周克栋，赫雷，等. 含运动弹头的手枪膛口射流噪声场特性［J］. 兵工学报，2021，42（12）：2597-2605.

［29］李富娟，李仕华，韩朝武，等. 一种新型 5-R 柔性并联指向机构的设计与分析［J］. 机械设计，2020，37（1）：14-20.

［30］张蕾，赵艳红，姜胜利，等. CL-20 及其共晶炸药热力学稳定性与爆轰性能的理论研究［J］. 含能材料，2018，26（6）：464-470.

［31］梁莉，杨晓丹，王成鑫，等. 修正的布龙-戴维斯森林火险气象指数模型在中国的适用性［J］. 科技导报，2019，37（20）：65-75.

［32］班巧英，刘琦，余敏，等. 氧化还原介体催化强化污染物厌氧降解研究进展［J］. 科技导报，2019，37（21）：88-96.

［33］崔丽英，张澍田，于康，等. 北京大医院住院患者营养风险、营养不良（不足）、超重和肥胖发生率及营养支持应用状况［J］. 中国临床营养杂志，2008，16（6）：341-345.

［34］刘洪宾. 基于计算机网络下路由交换技术的应用探讨［J / OL］. 通讯世界，2017（2）：19-20［2023-05-20］. https://d.wanfangdata.com.cn/periodical/txsj201702010. DOI: 10.3969/j.issn. 1006-4222.2017.02.010.

［35］谢倩倩. 制造企业成本管理体系研究［J / OL］. 管理观察，2017（2）：1-4［2023-05-20］. https://wenku. baidu.com/view/0705cd5d580102020740be1e650e52ea5418ce17.html?_wkts_=1684550926819&bdQuery. DOI: 10.3969/j.issn.1674-2877.2017.02.007.

［36］梁晓坤，蒋朱明，于康. 常用营养风险筛查工具的评价和比较［J］. 中国临床营养杂志，2008，16（6）：361-366.

［37］时蓬，苏晓华，王琴，等. 国际基于立方星平台的空间科学发展态势及启示［J］. 科技导报，2019，37（21）：63-72.

［38］中国社会科学院语言研究所词典编辑室. 现代汉语词典［M］. 7 版. 北京：商务印书馆，2019.

［39］国家市场监督管理总局，国家标准化管理委员会. 学术论文编写规则：GB / T 7713.2—2022［S］. 北京：中国标准出版社，2022.

［40］国家技术监督局. 量和单位：GB 3100～3102—1993［S］. 北京：中国标准出版社，1994.

［41］国家新闻出版署. 学术出版规范 插图：CY / T 171—2019［S］. 2019-05-29.

［42］国家新闻出版署. 学术出版规范 表格：CY / T 170—2019［S］. 2019-05-29.

［43］中华人民共和国国家质量监督检验检疫总局，中国国家标准化管理委员会. 信息与文献 参考文献著录规则：GB / T 7714—2015［S］. 北京：中国标准出版社，2015.

［44］中华人民共和国国家质量监督检验检疫总局，中国国家标准化管理委员会. 标点符号用法：GB / T 15834—2011［S］. 北京：中国标准出版社，2012.

［45］中华人民共和国国家质量监督检验检疫总局，中国国家标准化管理委员会. 出版物上数字用法：GB / T 15835—2011［S］. 北京：中国标准出版社，2012.

［46］国家新闻出版广电总局. 学术出版规范 科学技术名词：CY / T 119—2015［S］. 2015-01-29.

读者来信一

梁博士，您好：

  最近，学习了您的《科技论文规范写作与编辑》（第4版），感触颇深。第4版中增加的行业新标准和部分科技期刊的典型论文案例，具有很好的参考价值，与第3版相比，第4版的内容安排更系统，与实践结合更紧密。您凭一己之力，能将一本著作出版到第4版，在国内亦是屈指可数，实属不易。

  第一次阅读您的著作《科技论文规范写作与编辑》（第3版）是我正在为学生修改论文、忙得焦头烂额，不知如何给学生讲解的时候，这本书清晰的脉络、严谨的表述，给我留下深刻的印象。我建议课题组的研究生，在论文写作前先学习、掌握这本书的内容，以有效应对学术论文写作。每个人的逻辑架构不一样，素材组织和表达方式也不相同，论文中体现出来的问题既有结构组成问题，也有语言表述细节问题，在指导学生写作时，我常常感到无从下手。《科技论文规范写作与编辑》（第3版），从论文结构形式出发，准确地概括了论文各个组成部分及其特点，并给出写作建议、深入浅出的讲解及紧密配套的案例分析，对学生的写作技巧提升帮助很大，对我辅导学生时提高沟通效率的帮助也很大。

  随后，在网络上看到您撰写的公众号文章，针对写作问题进行评析，并给出修改意见，这些文章关注的虽是某具体问题，给人的启示却很大，也深深地吸引了我。我便去搜索您的其他著作，先后阅读了《SCI论文写作与投稿》、《英语科技论文语法、词汇与修辞：SCI论文实例解析和语病润色248例》、《科技论文规范写作与编辑》（第4版）、《科技书刊语病剖析：修辞818例》等著作。这些著作围绕中、英文科技论文写作规则进行撰写，涵盖了科技论文的基础概念、结构组成，以及量和单位的规范使用等内容，无论是关于论文规范写作的探讨，还是语法规则的阐述，均可为读者撰写学术论文提供参考和指导。

  最后，期待梁博士能够结合科技期刊的发展以及科技论文的质量要求，整理科技论文的新认识、新理解，撰写佳作，更新公众号，也期待尽早推出《科技论文规范写作与编辑》（第5版），为更多的读者提供指导。

西南林业大学土木工程学院
教授、博士研究生导师 徐国林

徐国林

2023年8月18日

个人介绍

  徐国林，教授，博士研究生导师，2009年获中国地震局工程力学研究所结构工程专业博士学位，2014—2015年在美国肯塔基大学做访问学者，发表中文核心及以上级别期刊文章30余篇，主持省部级及以上级别科研、教研项目8项，担任 *Bulletin of Earthquake Engineering*、*Earthquake Engineering and Engineering Vibration* 等期刊审稿专家。

读者来信二

梁老师好!

获悉您的《科技论文规范写作与编辑》一书即将推出第 5 版,这是一件很值得祝贺的事情!

在进入大学从事教学与研究工作之前,我曾经从事编辑工作十五年。进入大学后,自己仍然习惯性地关注编校、语言文字规范等问题。除了仍然受原同事、同仁的邀请,业余偶尔参与书刊的编校审读等工作外,主要做的事情就是在学校开设了一门选修课程"编辑与语言文字规范",希望能够以自己此前的工作实践为镜鉴,在大学生现有相关语文课程的基础上,加强学院化知识与社会语文应用之间的对接与磨合,使学生能够切实掌握基本的、具体的语言文字规范,以便于在走向社会后能够在各个领域高效地参与社会语文生活。

因为上述这样的编校经历,经常有人向我询问具体的编校与语言文字规范方面的问题,包括科技书稿编校常见问题。然而,我此前一直从事人文社科方面的编校工作,主要是文学编辑工作。虽说编辑是"杂家",但术业有专攻,编辑事实上是分专业的,对于科技编校实践中的微观问题,除了有限的数字、计量规范等,对其他的问题,我是真正的外行。所以,每次碰到师友、学生问及或者在审读时碰到科技编校方面的问题,我总是临时抱佛脚,向您和其他相关专家请教,更多的时候是求助于书架上的科技编校方面的参考书,其中用得最多的就是您的《科技论文规范写作与编辑》。大作非常全面、实用,不仅按科技论文的绪论、主体部分、辅体部分顺序,对科技论文写作各个环节的内容与要求作了说明,以实例进行点评、提供参考,又以"量和单位""插图""表格""式子""参考文献""数字、字母和术语"六个专章,对科技编校中的主要编校规范与要求进行了翔实的梳理与介绍。我只要根据目录的指引,就可直接找到问题对应处,了解相关的标准与规范,参考其中的语例,找到问题的答案。翻读多了,我这个科技编校盲,对科技编校中一些专业、艰涩的规范,也就有了更为深入的认知与掌握。这对于我来说,确实是编校知识的补课。

去年,我指导出版专业硕士研究生吴庄完成毕业论文《我国编校实务类出版物(1949—2021)研究》。我们初步的想法是,通过文献计量与分析,对 1949—2021 年间出版的我国编校实务类出版物的数量、编写者、关键词、出版种类、重印率、再版率、内容构成、被引次数等进行统计与分析,厘清其出版情况,为其出版与使用提供借鉴。论文收集了大量的编校实务类出版物实例,对其中不多的图书品牌进行了个案式的介绍与分析。除了出版界所熟知的"黑皮书"即广西师范大学出版社出版的《图书编辑校对实用手册》,我让学生重点分析了您的《科技论文规范写作与编辑》。从出版物研究的角度来看,我认为大作有个案性的意义,除了它已经修订印行 4 版、近 3 万册——这对小众的编校实务类出版物来说,称得上取得了难得的成功,主要原因还在于:其一,大作的内容涵盖科技论文写作与编校所涉及大多数层面、要素的规范使用和表达,适于作高校师生、科研人员和科技编辑群体从事科技论著写作与编校的参考书。其二,大作与时俱进,不断填漏补缺、更新再版,而且每次再版都会针对有关标准、规范做出相应修订,并在前言中给予详细说明,逐渐提升书的品质。其三,大作还催生出您的其他相关著作,诸多语法与语病案例因内容过多,便与大作分离而单独成书,如《科技书刊语病剖析:修辞 818 例》《科技语体语法与修辞》《科技语体标准与规范》

等。这些著作与您的其他著作如《SCI 论文写作与投稿》《英语科技论文语法、词汇与修辞：SCI 论文实例解析和语病润色 248 例》等，已组成一个科技论著写作与编校规范类出版物的"矩阵"了。

　　总之，于我而言，大作不仅是编校实践中实用性的参考书，而且也成为编辑出版研究的个案、对象之一。限于专业背景与编校分工，对大作我谈不上有专业性的理解，但作为曾经的编辑、现在的研究人员，我深知如此自觉、主题集中、成规模且与时俱进地对科技论著写作与编校中的规范进行研究，嚼饭哺人，奉献出成熟的、实用性极强的参考书，对广大科技研究人员、作者与编校人员来说，功莫大焉。这种研究精神，也值得人文编辑界的从业人员借鉴与学习。

　　后出转精，相信您的新版著作会受到更多读者的欢迎！

南昌大学人文学院

编审、博士研究生导师

张国功

2023 年 9 月 1 日

个人介绍

　　张国功，1972 年出生，江西遂川人。文学博士，曾从事出版工作十五年，编审。现任教于南昌大学人文学院，博士研究生导师。主要从事中国现当代文学、编辑出版学、语言文字规范等方面研究。著有《中国出版家冯雪峰》《中国出版家韦君宜》《风流与风骨——现当代知识分子其人其文》《纸醉书迷》《长沟流月去无声——重温民国人与事》《温情与敬意——一个出版人的编余零墨》等著作。在《读书》《文艺争鸣》《南方文坛》《中国出版》《出版科学》《现代出版》等报刊发表论文数十篇。兼任江西省文联《创作评谭》杂志特约主编、江西省委宣传部书报刊审读专家等。

后　记

　　每当那圆圆的细小手指在长方形键盘上那些再熟悉不过的字母和数字方块上完成所有必要细节，一朵花由花苞到盛开一路走来的这段旅程就行将结束，又一收获季节即将来临。我自然地长舒了一口气，《科技论文规范写作与编辑》又一再版（第5版）新作将要问世，一个梦想又将如期实现，激动之情溢于言表。

　　然而，小小的激动只能短暂停留，未来的路还很长，这个梦想只是伟大宏图中的一个小成员，后面还有更多的小梦想，待我去一一实现。"路漫漫其修远兮，吾将上下而求索"，长路有多远，何时才是头？我不能想，也不敢想。但毫无悬念的是，一段旅程结束，就意味着另一段旅程即将开启，想到这里，不免又有些伤感。

　　伤感之余，我想起了几个时间点和几位好友。时间点很重要，我保存了；好友太难得，我珍藏了：

　　2020年3月23日，上版（第4版）撰写完成之日，我立下雄心壮志：为满足高校师生需求，尽早撰写一系列教材，让自己的论文观及写作思想走进大学课堂。

　　2023年4月16日、6月4日，与清华大学出版社冯昕编辑分别在"洪湖水""柳林小馆"一聚，自由沟通，全面畅谈，商讨我的著作选题及写作计划。

　　2023年4月28日，与西北农林科技大学闫锋欣老师电话交谈数小时；6月17日，与他在线视频讨论好久；6月29日，与他在"巷品"痛饮畅聊到深夜。他观点独到，见解深邃，经验丰富，鼓励我加油奋进，由资深编辑向教育大家迈进。

　　2023年7月5日，新天地文化集团董事长、中图时代（北京）出版策划有限公司总编辑张百天老师打来电话，对我上版书提出具体修改意见和建议，并与我对有关问题进行了详细沟通和探讨，期待我再版新作更上一层楼。

　　对我影响和帮助较大的还有，天津理工大学现代设计与工程创新研究所所长兼《机械设计》杂志编委、副主编张磊博士，他兼有学者、编辑和艺人的多重素养，为我释疑了诸多论文写作困惑，还特别支持我对科技论文的分类增加了一个新类"设计型论文"。对我系列教材写作计划提出重要意见的还有北京理工大学出版社曾仙编辑，她的意见让我的著作不仅更加符合时代需求，而且更加规范合理。

　　还有好多人我也必须铭记，如郭洪飞老师为本书作序，徐国林、张国功老师为本书撰写读者来信，以及为前几版书作序的石治平先生、钟群鹏院士、周守为院士、张品纯总编辑，为第3、4版撰写读者来信的杜文亮教授、王应宽编审和秦红玲教授、张磊博士，对他们的感谢、感激之情永存！

　　接下来，我将继续努力，工作之余仍将继续往返于家和工作室，即使步履蹒跚，也不会退缩，既然能在过去的岁月中完成一个个小梦想，那么在未来的日子里也应能继续实现更多小梦想，最终成就大梦想。

　　最后，对家人长期以来给予的默默支持也道一声感谢！

梁福军

2023年9月3日